EL UNIVERSO COMPLEJO
Libro dos

Por Dolores Cannon

Traducido al español por
Laura Mitre, QHHT nivel 2

© 2005, 2007 por Dolores Cannon
Primera impresión: Ozark Mountain Publishing, Inc. - 2005
Primera Imprenta Española - 2023

Todos los derechos reservados. Ninguna parte de este libro, en parte o en su totalidad, puede ser reproducido, transmitido o utilizado de ninguna manera o por ningún medio, electrónico, fotográfico o mecánico, incluyendo fotocopiado, grabado, o ningún tipo de sistema de guardado o recuperación sin permiso por escrito de Ozark Mountain Publishing, Inc. excepto por breves citas incluidas en artículos literarios y revisiones.

Para permisos, serializaciones, condensación, adaptaciones, o para nuestro catálogo de otras publicaciones, escriba a Ozark Mountain Publishing, Inc., PO box 754, Huntsville, Arkansas 72740, ATENCIÓN: Departamento de permisos.

Biblioteca del congreso catalogación en datos de publicación.
Cannon, Dolores, 1931- 2014
El universo confuso – Libro dos, por Dolores Cannon
    Es una secuela de El Universo complejo – Libro uno. Proporciona información metafísica obtenida por medio de numerosos sujetos usando hipnosis de regresión a vidas pasadas.

1. Hipnosis 2. Reencarnación 3. Terapia de vidas pasadas 4. Metafísica
5. Civilizaciones perdidas 6. La nueva tierra
I. Cannon, Dolores, 1931- 2014   II. Reencarnación III. Metafísica
IV. Título

Biblioteca del congreso, carta de catálogo número: 2023933662
ISBN: 978-1-956945-59-1

        Diseño de portada: Arte de Victoria Cooper
        Traducido al español por Laura Mitre
        Libro en: Times New Roman
        Diseño del libro: Nancy Vernon
        Publicado por:

P.O. Box 754
Huntsville, Arkansas 72740
WWW.OZARKMT.COM
Impreso en los Estados Unidos de América

Lo más hermoso que podemos experimentar es lo misterioso. Es el origen de todo verdadero arte y ciencia.

> Albert Einstein

Un ser humano es parte del todo llamado "universo", una parte limitada en el tiempo y el espacio. Se experimenta a sí mismo, sus pensamientos y sentimientos como algo separado del resto... un tipo de desilusión óptica de su conciencia. Esta desilusión es un tipo de prisión para nosotros, restringiéndonos a nuestros deseos personales y afección hacia algunas personas muy cercanas a nosotros. ¬¬Nuestra tarea es liberarnos de esta prisión agrandando nuestro círculo de compasión para aceptar a todas las criaturas vivientes y a la naturaleza entera en su belleza.

> Albert Einstein

La autora de este libro no da consejos médicos ni prescribe el uso de ninguna técnica como tratamiento de problemas físicos o médicos. La información médica incluida en este libro se tomó de consultas y sesiones individuales que Dolores Cannon hizo con sus clientes. No tiene intención médica de ningún tipo, ni reemplaza el consejo médico o el tratamiento recomendado por su médico. De tal manera que tanto la autora como el publicista no asumen responsabilidad por la interpretación individual o uso de la información.

Se ha hecho todo el esfuerzo para proteger la identidad y privacidad de los clientes involucrados en estas sesiones. La ubicación donde se hicieron las sesiones es correcta, pero solo se han usado los primeros nombres, y estos han sido cambiados.

Índice

Sección 1: Beneficios de terapia de vidas pasadas
1... Mi inicio en la hipnosis. 3
2... Terapia normal de vida pasada 14

Sección 2: Conocimiento antiguo y civilizaciones perdidas
3... La gente gato (Una Esfinge diferente) 37
4... la Diosa Isis 60
5... La ciudad oculta 76
6... Escape de Atlántida 94
7... Conocimiento antiguo 110
8... Llevados a salvo 140

Sección 3: Seres avanzados y el karma
9... Los niños crean karma. 153
10... Vida en cuerpos no humanos 172
11... Extraño a la tierra 182
12... Trabajo durante el estado de sueño 195
13... El primero de siete 221
14... Seres avanzados 248

Sección 4: Gente sabia
15... Recordando al sabio 277
16... Buscando al sabio 292

Sección 5: Otros planetas
17... Vida en otros planetas 313
18... El planeta con el sol morado 322

Sección 6: Portales del tiempo
19... El Guardián del portal 345
20... El Aborigen 364
21... Portales del tiempo para seres futuros (Viajeros del tiempo) 386

Sección 7: Seres de energía y seres creadores
22... Misterios 407
23... Otro ser de energía 436
24... Si piensas, creas 447
25... Un ser de energía crea 461
26... Un ser creador vuelve a casa 483
Sección 8: Saliendo del extremo profundo
27... El soñador sueña el sueño 501
28... Una alternativa diferente a los "walk-ins" 516
29... El alma multifacética 537
30... La nueva tierra 570
31... Final 605
32... Página sobre la Autora 611

SECCIÓN UNO

BENEFICIOS DE TERAPIA de VIDA PASADA

CAPÍTULO UNO

Mi inicio en La hipnosis

Mis aventuras en el campo de la hipnosis han resultado en otros doce libros además de este. A veces me siento como el personaje de "Star Trek" que va a donde ningún hombre ha ido antes. He viajado a través del tiempo y el espacio para explorar la historia del pasado, y las posibilidades del futuro. He viajado a planetas y dimensiones desconocidas y he conversado con muchos seres que se podrían llamar especies "alienígenas". He visto las maravillas de civilizaciones perdidas y he recibido información de su caída. Todo esto se ha hecho sin el uso de máquinas del tiempo tan comunes en ciencia ficción. Lo único que se requiere para este trabajo aventurero es el uso de la mente humana. Todo lo conocido y lo desconocido está oculto en los recovecos del subconsciente donde espera ser descubierto. Este es mi trabajo y mi pasión. Me considero reportera, investigadora del "conocimiento perdido", aunque la mayor parte de mi trabajo es hipnoterapia a través de la regresión a vidas pasadas. Considero mi trabajo como el trabajar con lo desconocido, porque he descubierto un método o técnica de hipnosis mediante el cual los reinos de lo misterioso e inexplorado pueden ser investigados y examinados.

Poco tiempo después de empezar a trabajar en este campo descubrí que mi trabajo se alejaba de lo mundano hacia el "conocimiento perdido"; así llamado porque descubrí que estaba descubriendo información que se había olvidado, enterrado o nunca conocido en primer lugar. Nos estamos moviendo hacia un nuevo mundo, una nueva dimensión donde esta información será apreciada y aplicada. Eso estaba enterrado y perdido, o resguardado por razones definidas. Muchas civilizaciones perdidas abusaron de sus poderes y no apreciaron lo que habían logrado, por lo que el conocimiento se les fue quitado. Quizás es tiempo para que esos talentos, potestades y conocimiento resurja otra vez y sea apreciado y aplicado en nuestro tiempo.

Por supuesto, el objeto principal de mi trabajo es la terapia y ayudar a la gente a recuperarse de sus problemas o ayudar a resolverlos. Pero la parte más emocionante y satisfactoria de mi trabajo, la salsa, la guinda del pastel, es descubrir la historia. Y para traer información y nuevas teorías de nuevo a nuestro tiempo. Es realmente como descubrir tesoros enterrados. Dicen que nada es realmente nuevo. Solo estamos recuperando el conocimiento que todos tuvimos alguna vez en otras vidas, pero que hemos olvidado durante eones de tiempo. Sin embargo, en mi trabajo he descubierto que nunca realmente se ha olvidado, porque eso ha sido almacenado en los bancos informativos de la computadora de la mente subconsciente. Solo ha estado esperando el tiempo correcto para ser traído a la luz una vez más. Esto es lo que he intentado hacer en mi trabajo con la hipnosis.

He dado conferencias por todo el mundo constantemente sobre los temas de mis libros. Siempre empiezo mi conferencia con una breve información personal para que la audiencia entienda cómo mi información es obtenida. He sido acusada de inventar la mayoría de los casos en mis libros, de ser una maravillosa escritora de ficción. Para mí, eso sería incluso un mayor engaño, inventar el material que escribo, en lugar de sólo reportar los hechos que salen a relucir en trance profundo. Realmente he descubierto una forma de abrir la proverbial caja de Pandora. El material continúa brotando de la mente subconsciente de mis clientes. Lo único que tengo que hacer es organizarla y ponerla en libros. Y esa no es una tarea pequeña.

Mis raíces en hipnosis datan de 1960, así que he estado involucrada en este campo durante aproximadamente cuarenta años. En esos primeros días de mi trabajo el proceso de inducción consumía mucho tiempo y era tedioso. Conllevaba lo que yo llamo "mirar el objeto brillante" dónde algo es colgado o balanceado en frente del sujeto mientras el hipnotizador procede con la inducción. Y el largo proceso para lograr la relajación de todos partes del cuerpo. Después se hacían varias pruebas para determinar la profundidad de trance antes que el hipnotizador pudiera continuar. Alguno de estos procedimientos todavía se usa hoy en día y son todavía enseñados, pero principalmente son vistos en películas o en el televisor para efectos dramáticos. La mayoría de los hipnotizadores han progresado a métodos mucho más rápidos. Así fue como yo desarrollé mi técnica propia, por proceso de eliminación de aquellas partes de la inducción que consumían mucho tiempo y eran innecesarias. Las técnicas modernas implican el uso de la voz, la imaginación y visualización.

Primero me involucré con la reencarnación y la regresión a vidas pasadas en 1968. La carrera profesional de mi esposo Johnny por más de veinte años, era en la Armada Naval del ejército de los Estados Unidos, y acababa de regresar del servicio en Vietnam. Estábamos estacionados en Texas y tratábamos de volver a nuestras vidas normales después de una separación de cuatro años causada por la guerra. Mi esposo (quién era el principal hipnotizador) y yo estuvimos trabajando con una mujer joven que tenía problemas por comer de nervios. Ella tenía exceso de peso y problemas de riñón, así que su médico sugirió que quizás la hipnosis pudiera ayudarla. Hasta este momento solo habíamos hecho hipnosis convencional enfocada en hábitos; principalmente trabajando con personas que querían dejar de fumar, perder peso, etc. Ni en nuestros sueños más locos pensamos que se podría lograr algo más allá de eso. Mientras trabajamos con la mujer, la retrocedimos a su pasado en busca de eventos significativos cuando de repente saltó a otra vida como chica moderna en los locos años veinte en Chicago. Decir que nos sorprendió es decirlo suavemente. La vimos transformarse en una personalidad diferente con diferentes patrones vocales y gestos corporales. Literalmente se convirtió en otra persona ante nuestros ojos. Esta fue nuestra primera experiencia en reencarnación. La historia completa de este evento es relatada en mi libro Cinco Vidas Recordadas (Five lives remembered). Este fue el primer libro que escribí y nunca ha sido publicado. No sé si alguna vez lo será porque parece demasiado mundano ahora comparado a la luz de los eventos que han ocurrido en mi carrera. Pero algunas personas piensan que podría haber interés en la historia de mi inicio en la hipnosis.

A medida que trabajábamos con la mujer, nuestra curiosidad hacía que quisiéramos saber más sobre este fenómeno de la reencarnación. Queríamos descubrir hasta dónde nos llevaría la hipnosis. La hicimos retroceder hacia cinco vidas diferentes hasta cuando ella fue creada por Dios.

Todas las sesiones fueron grabadas en carretes portátiles de cinta grabadora de aquellos tiempos. Se le llamaba "portátil" a pesar de que era extremadamente pesado y usaba ocho grandes carretes de cinta de una pulgada. En aquellos días no había libros de instrucciones para guiar a un hipnotizador en como clasificar si algo así ocurría. El único libro de este tipo que estaba en impresión era En busca de Brady Murphy, por Morey Bernstein. En ese entonces ese libro se consideraba un clásico, pero ahora es tan mundano que ni siquiera sería publicado. Llegó en el momento indicado. Así que no teníamos nada para guiarnos mientras retrocedíamos con la mujer en el tiempo, y literalmente la vimos convertirse en las otras personalidades a medida que atravesábamos cada período de tiempo. Inventamos nuestras propias normas como íbamos progresando, y los resultados fueron notables. También durante la experimentación, porque nadie nos había dicho que eso no podía hacerse, la hicimos avanzar hacia el futuro para ver qué estaríamos haciendo todos. Nos vio viviendo en un entorno campestre y teníamos nietos. No le dijimos a nadie la identidad de la mujer con la que trabajábamos. Sin embargo, varios amigos de la Marina se enteraron y vinieron a la casa para escuchar el último episodio. La experiencia cambió nuestras vidas y nuestro sistema de creencias para siempre.

1968 fue un año muy significativo en mi vida porque todo cambió para siempre. Mi vida nunca volvería a la normalidad. Mi esposo, Johnny, casi muere una noche en un horrible accidente automovilístico camino a la base Naval. Un conductor ebrio lo golpeó de frente y lo destrozó entre los restos de nuestro autobús Volkswagen. Los médicos dijeron que era un milagro que vivió, porque sus lesiones eran tan extensas que él debería haber muerto esa noche. Una de las razones por las que Johnny se salvó, fue gracias a que un ayudante médico quién recién había vuelto de Vietnam viajaba en el auto detrás de Johnny. Estaba acostumbrado a tratar heridas de emergencia en el campo de batalla, por lo que pudo ayudar a Johnny antes que se desangrara de muerte en la carretera. Cuando llegó el equipo de emergencia de la base, el asistente médico había controlado la hemorragia, pero Johnny seguía destrozado entre los restos del coche. Fue necesario un gran trabajo por parte del departamento de bomberos para liberarlo. Luego fue transportado por helicóptero al hospital Naval de Corpus Christi.

Cuando llegué a la Unidad de Cuidados Intensivos cinco doctores diferentes vinieron de uno en uno y dieron varias razones por la que no posiblemente Johnny no sobreviviría la noche. Estaban perplejos de que yo no estuviera molesta. Les dije que estaban equivocados. Él no moriría. Pero por supuesto que no les podía decir cómo yo sabía eso. ¿Cómo podía morir si se le había visto en el futuro con nietos?

Sabía que era verdad. Yo creía en lo que habíamos hecho y lo que nosotros habíamos descubierto. Si yo iba a creer en esto, yo tenía que creer en todo. Esta creencia ayudó a preservar mi cordura durante un tiempo horrible.

En aquel tiempo no me di cuenta, pero el sistema de creencia de muchas personas en la base también estaba siendo probado. Algunos dijeron que el accidente era castigo de Dios, porque estábamos ahondando en algo que se consideraba trabajar con el diablo; explorando la reencarnación. Explorábamos las esquinas de la oscuridad, abriendo puertas que era mejor dejar cerradas. Yo no pude creer eso, porque durante nuestro trabajo con la mujer se nos había estado mostrando un Dios que era cariñoso y bueno, no vengativo. No podía comprender el razonamiento detrás de lo que había sucedido cuando mi mundo se había puesto patas arriba, pero definitivamente sabía que nuestra curiosidad y búsqueda de conocimiento hacia lo desconocido no era un castigo.

Era muy irónico que Johnny hubiera sobrevivido la guerra solamente para morir por la negligencia de un conductor borracho. Esto no iba a ocurrir. Los médicos lo llamaban el "hombre milagroso", porque contra todo pronóstico y desafiando toda lógica, él sobrevivió. Esto era el comienzo de la pesadilla que iba a durar muchos años.

Después de meses en cuidado intensivo y pasar un año en el hospital (de los cuales ocho meses estuvo enyesado) fue dado de alta de la Naval como veterano incapacitado. Fue entonces que decidimos movernos a las colinas de Arkansas dónde pensamos que podríamos vivir de una pensión y mantener a nuestros cuatro hijos. En ese tiempo era una necesidad, pero luego me alegré de tener este santuario en las colinas como mi retiro. Johnny pasó veinticinco años confinado a una silla de ruedas. Como amputado parcial, podía caminar afuera con muletas y conducía un automóvil controlado a mano. Durante ese tiempo yo estaba completamente enfocada en mi esposo y mis hijos.

Mi aventura en la reencarnación con hipnosis tenía que ponerse en pausa para poder ajustarme a mi nueva vida. Mi interés en hipnosis seria reavivado hasta que mis hijos dejaron el hogar para casarse o ir a la universidad. Entonces el "síndrome del nido vacío" llegó, y me enfrente a la pregunta de qué iba a hacer con el resto de mi vida. Decidí hacer algo muy inusual, no lo que una mujer "normal" haría en esta circunstancia. Decidí volver a la hipnosis, aunque no tenía idea de dónde encontraría clientes en las colinas de Arkansas. Sólo supe que esto era algo que yo quería hacer. Pero no me gustaban los métodos de inducción pasados de moda y prolongados que eran populares en los 1960s. Yo sabía que debería haber técnicas más fáciles y rápidas. Así que estudié los métodos más nuevos y descubrí que el estado de trance podía inducirse a través de imágenes y visualización. Ya no quería enfocarme en la hipnosis regular para ayudar a la persona a romper hábitos: dejar de fumar, perder peso, etc. Mi interés se había enfocado en la reencarnación, y eso era en lo que quería enfocarme. Hacia fines de los años 1970s y temprano en los 1980s, todavía había pocos libros en impresión para ayudar al hipnotizador en el campo de la terapia de regresión a vidas pasadas.

Así que tuve que inventar mi propia técnica. Pronto descubrí que la mayor parte de lo que se enseña en la hipnosis tradicional es innecesario. Así que comencé a eliminar algunos de estos pasos y los sustituí por métodos más rápidos. Mientras la persona no esté siendo dañada, creo que el hipnotizador puede experimentar para encontrar qué funciona y que no. Después todo, en el comienzo alguien en algún lugar ha tenido que hacerlo para descubrir cómo llegar más eficazmente al estado de trance. Yo sabía que estaba abriendo nuevos caminos, entrando en un nuevo territorio. Ahora, después de casi treinta años de afinar y perfeccionar mi técnica, desarrollé mi propio método. Me gusta trabajar en el estado de trance sonámbulo (el cual es el estado de trance más profundo posible), porque yo creo que allí es dónde están todas las respuestas. Muchos hipnotizadores no les gusta trabajar en ese estado, porque dicen que "pasan cosas extrañas allí". Cualquiera que haya leído mis libros sabe que en ese estado de trance suceden cosas extrañas. La mayoría de los hipnotizadores están capacitados para mantener al cliente en un estado de trance más ligero. Al nivel en el que la mente consciente es muy activa y a menudo interfiere e interviene. Alguna información puede ser obtenida a ese nivel, pero no la cooperación completa de la mente subconsciente que ocurre al nivel del estado sonámbulo dónde no hay interferencia de la mente consciente. Las personas normalmente no recuerdan nada y piensan que se quedaron dormidos. Las posibilidades normales son que una persona de cada veinte o treinta automática y espontáneamente vayan al estado de trance sonámbulo. Pero en la técnica que yo he desarrollado lo opuesto es verdadero: uno de cada veinte o treinta no lo hará. Así que es un método muy eficaz de quitar a la mente consciente y permitir al subconsciente encontrar las respuestas. Este es el método que enseño ahora en mis clases de hipnoterapia, y mis estudiantes han reportado los mismos increíbles resultados.

Cuando empecé mi terapia formalmente al final de los años 1970s, pronto descubrí un patrón. Esto fue antes de que descubriera mi método para contactar a la mente subconsciente. Después de eso el patrón se hizo aún más claro. Descubrí que la mayoría de los problemas que tiene la gente: físicos, mentales, alergias, fobias o relaciones, etc. pueden ser rastreados a eventos que se originaron, no en la vida presente, pero en otra vida. Mucha de mi clientela ha pasado años yendo de médico a médico o en el campo médico y/o psiquiátrico, teniendo poco éxito en encontrar la respuesta a sus persistentes problemas. Esto se debe a que los médicos solo se estaban enfocando en los síntomas físicos obvios y eventos que han ocurrido en la vida presente. Algunas veces el problema puede rastrearse a eventos que ocurrieron en la infancia, pero en la mayoría de los casos que yo he trabajado, la respuesta está enterrada más allá del pasado.

Yo creo que las vidas pasadas viven en otra dimensión o frecuencia. Cuando regresamos a esas vidas, cambiamos de frecuencia para ver y experimentarlas. Al igual que cambiamos los canales en la radio o televisión. A veces, estas otras frecuencias están demasiado cerca o se superponen y causan estática o enfermedad.

En mi técnica tengo los mejores resultados contactando (lo que yo llamo) la mente subconsciente. En un punto crucial de la sesión después que el sujeto ha situado una vida pasada que tiene las respuestas a los problemas en la vida presente, yo después pido hablar con el subconsciente de la persona. Siempre responde y da la información deseada.

En la hipnosis tradicional, se le enseña al practicante cómo recibir respuestas del subconsciente mediante el uso de señales con las manos. Dónde ellos piden a la persona elevar un dedo para "sí" y otro para "no". Para mí esto es extremadamente lento y muy limitado. Por qué usar este método cuando tú puedes hablar directamente al subconsciente y te responderá verbalmente. Con mi método puedes conversar y tener una conversación bidireccional con él, y tú puedes encontrar las respuestas a absolutamente cualquier cosa tú quieras preguntar.

Mi definición del subconsciente es: la parte de la mente que se ocupa del cuerpo. Regula todos los sistemas del cuerpo. No tienes que decirle a tu corazón que lata o a ti mismo que respires. Identifico esto como el trabajo del subconsciente, porque está constantemente monitoreando y sabe todo lo que está pasando con el cuerpo de la persona. Por eso podemos obtener respuestas a preguntas de salud utilizando este método. He encontrado que cada síntoma físico, enfermedad o dolencia es un mensaje del subconsciente. Está tratando desesperadamente de llamar nuestra atención de una forma u otra. Está tratando de decirnos algo, y persistirá hasta que finalmente entendamos. Si no prestamos atención, la enfermedad o el problema seguirá empeorando hasta que no tengamos alternativa, o hasta que sea demasiado tarde para revertir la situación. Sé que esto es cierto porque los mismos síntomas tienen relación a los mismos problemas en muchas personas en sus vidas presentes. Ojalá el subconsciente pudiera encontrar una forma menos dolorosa para entregar el mensaje. Con frecuencia digo, "¿Acaso no sería más fácil darles una nota?" el subconsciente piensa que está transmitiendo el mensaje de una manera directa a la persona y que ella debe entender, pero a menudo este no es el caso. Estamos demasiado concentrados en nuestra vida cotidiana para preguntarnos por qué tenemos dolores de espalda o de cabeza persistentes, etc.

Cuando tenemos la sesión y descubrimos la razón del malestar (y a menudo las razones pueden ser tan extraordinarias que nadie puede hacer la conexión consciente), entonces el mensaje ha sido entregado, y el malestar cesa. No hay necesidad de que siga, ya que el mensaje ha sido entregado y entendido. La persona entonces puede recuperar su salud si hacen los cambios requeridos en su vida. La responsabilidad siempre cae en la persona. El subconsciente solo puede hacer cierta parte, y siempre se respeta el libre albedrío de la persona.

Sé que estas declaraciones suenan radicales y no encajan con los métodos tradicionales, pero sólo puedo reportar lo que he descubierto y observado después de ayudar a miles de personas.

También creo que el subconsciente y el guardián de los registros, son el equivalente a una computadora gigante que graba todo lo que ha pasado en la vida de la persona y por eso esta información se puede acceder por medio de la hipnosis. Si se le pidiera a la persona que regrese a su fiesta de cumpleaños número 12 podría recordar todo lo que pasó en ese evento, incluyendo el pastel, las personas que asistieron, los regalos, etc. El subconsciente graba cada pequeño detalle y me pregunto qué es lo que hace el subconsciente con todos los detalles diminutos. Por ejemplo, en cualquier momento eres bombardeado con miles de pequeños detalles de información, visión, sonido, olores, sensoriales y mucho más. Si estuvieras consciente de todo esto, estarías sobre saturado y sin poder funcionar. Debes de enfocarte solo en la información necesaria para poder vivir tu vida. Aun así, el subconsciente siempre está alerta y constantemente grabando y guardando esta información. ¿Para qué? – Lo exploraremos más adelante en este libro. Esto también puede explicar de dónde vienen repentinas revelaciones psíquicas e intuiciones. Eso es parte de información que estamos recibiendo en otro nivel que no necesariamente necesitamos. Pero ya que esta allá ocasionalmente se filtra dentro de nuestro mundo consciente. Cuando esto ocurre es considerado un fenómeno milagroso, aunque este vasto almacén de información siempre está allí, y listo para ser recibido con la formación adecuada.

El subconsciente no solo registra todo lo que le ha sucedido a la persona en esta vida, sino todo lo que alguna vez les ha sucedido en todas sus vidas pasadas, y existencias en el estado de espíritu. Mucho de esto no tiene aplicación a la vida presente. Se puede investigar por curiosidad, y sería interesante para la persona. Pero ¿qué propósito tendría responder a los problemas de la vida presente?

Este es uno de los errores que cometen muchos hipnotizadores. No ven el valor de llevar a la persona a una vida pasada, a menos que sea solo por curiosidad, fantasía o disfrute. (Aunque muchas de estas vidas pasadas están lejos de ser felices). Esta es la razón por la que desarrollé mi técnica. Llevo a la persona a la vida que es la mayormente relevante e importante o adecuada al problema en su vida presente. Yo nunca dirijo. Permito que el subconsciente se lleve a la persona a la vida que considera ser la más importante a visitar en el momento de la sesión. Siempre me sorprende, si la vida es aburrida o mundana (lo cual son el 90% de ellas), vivir en civilizaciones antiguas o modernas, o lidiando con extraterrestres y vida en otros planetas o dimensiones. El subconsciente hace la conexión y siempre es una que yo o el sujeto nunca haríamos conscientemente. Aun así, hace perfecto sentido viéndolo desde esta perspectiva.

Cuando contacto al subconsciente siempre me asombra porque se hace evidente que no hablo con la personalidad del cliente, sino a una entidad separada o parte de ellos mismos. Yo siempre me doy cuenta cuando he conectado con el subconsciente y obtengo las respuestas a las preguntas. Siempre habla de la persona en tercera persona (el, ella). Es impasible y parece estar alejado o desprendido de los problemas, casi como un observador objetivo. Castigará a la persona porque no ha estado escuchando. Algunas veces la primera observación del subconsciente es, "Bien, finalmente tendré la oportunidad de hablar. He intentado hablar con (Jane o Bob) por años, pero no escuchan." El subconsciente puede ser tan objetivo que a veces suena cruel. No se anda con rodeos, pero dice la verdad sobre la situación, tal como la ve. Cuando ha terminado de intimidar a la persona para hacer su punto objetivo, siempre les dice lo mucho que son amados, y lo orgullosos que están de ellos por los avances que han hecho. Esta parte también me reconoce y, a menudo, me agradece por poner a la persona en este estado de trance y permitir que ocurra este proceso. Con frecuencia habla de sí mismo en la plural (nosotros) como que no es solo una entidad única, sino que varios. Esto es explorado más adelante en este libro.

Los escépticos no entenderán ni creerán esto, y tendrían una buena razón para no creer, si este contacto estuviera sucediendo solo a través de una persona. Pero cómo puede la gente alegar que esto es fantasía, fraude, engaño, manipulación deliberada, lo que sea, si está pasándole a todas las personas con las que trabajo, sin importar en qué parte del mundo se encuentren. Tengo aproximadamente un 90% de éxito con la técnica de hipnosis, llevando a la persona a la vida pasada adecuada, y de este alrededor de 90% de éxito contactando a su subconsciente. El subconsciente siempre habla de la misma manera, y responde a las preguntas en la misma manera. Este no pasaría si fuera una circunstancia aleatoria.

Las personas a las que más me ha costado poner en trance suelen ser hombres de negocios de alto nivel, aquellos que juzgan y son analíticos. En lugar de relajarse e ir con las sugerencias, quieren intentar mantener el control de la sesión. Hay otros que dicen que están listos para encontrar las respuestas, pero en secreto tienen miedo de lo que saldrá a la luz, por lo que sus mentes conscientes sabotean la sesión. Pero como dije, estos son solo alrededor del 10% o menos de los clientes que veo. El resto (90%) siempre encuentra una vida pasada. Así que yo creo que esta es una evidencia muy persuasiva a favor de la reencarnación.

Esto me ha hecho pensar. Si esta parte de la mente de la persona parece ser la misma en todos los casos, ¿con qué estoy contactando? Si solo perteneciera a la persona individual con quien estoy trabajando, y sólo tiene acceso a su información (lo cual es la manera lógica de observar esto), entonces ¿por qué y cómo pueden acceder información a mayor escala? El subconsciente mismo proporciona la respuesta a esa pregunta en este libro, porque a medida que mi trabajo se expande, me doy cuenta que estoy adentrando más en algo, y estoy lista (o creo que lo estoy) para explicaciones más complicadas.

Se que lo he estado limitando, y simplificándolo. En realidad, es como comunicarse con una terminal de computadora conectada a una base de datos gigante. La base de datos trasciende el tiempo, el espacio y todas las limitaciones de la conciencia individual. Esta es la parte asombrosa de mi trabajo. Parece que siempre estoy hablando con la misma parte (o entidad o lo que sea), una parte que ahora he descubierto parece ser omnisciente. No solo tiene las respuestas que busca el cliente, tiene respuestas sobre cualquier cosa que yo deseo preguntar. Una parte de quien todo lo sabe y posee el acceso a toda la información. Algunas personas eligen llamar a esta parte el "Yo Total", el "Yo Superior", el "Alma Suprema", el "Inconsciente Colectivo" de Jung, o "Dios". Estas pueden estar todas relativas a la misma cosa con nombres diferentes. Yo solo sé que he encontrado en mi trabajo lo que responde al nombre de "subconsciente".

Hay muchos otros términos en la ciencia y religión que podrían intentar explicar esta parte con la que he logrado conectar. Sea lo que sea, es un placer trabajar con él, sobre todo por mi curiosidad y deseo de información. Amo investigar en bibliotecas, y esto es como tener acceso a la biblioteca más grandiosa de todas. Así que viaja conmigo mientras exploro más de los complicados conceptos metafísicos. Yo sé que no tengo todas las respuestas, pero he logrado arañar la superficie un poco más adentro. Quizás sus mentes sean estimuladas con lo que he encontrado. Sigue buscando y haciendo preguntas. Esa es la única forma en que se encontrarán las respuestas. Recuerda el dicho: "Un paracaídas es como la mente. Solo funciona si está abierto".

CAPÍTULO 2

TERAPIA NORMAL DE VIDA PASADA

La gente no se da cuenta del poder que tiene su propia mente para curarse. Mi técnica permite el acceso a esa parte de tu mente que puede encontrar la causa de tus problemas. El subconsciente puede ser muy literal en los síntomas físicos que utiliza para transmitir sus mensajes. Si más personas se dieran cuenta de esto, escucharían con más atención lo que su cuerpo quiere decirles.

De las miles de sesiones que he realizado normalmente puedo identificar un patrón o secuencia de síntomas que indica la posibilidad de que los problemas físicos de la persona puedan provenir de eventos actuales en la vida presente. Por ejemplo, si alguien dice que tiene persistente dolor de espalda o dolor en los hombros, les preguntaré si están llevando una carga pesada en su vida. Invariablemente, responden que sí se sienten así, debido a su vida cotidiana, ambiente de trabajo, etc. y sienten que están bajo mucha presión. Este tipo de condiciones se manifiestan como malestar en la espalda o área del hombro. Dolores en las muñecas y manos pueden significar que están aferrándose a alguna cosa en su vida que necesitan soltar. He encontrado que dolores en las caderas piernas o pies significa que están en una situación dónde podrían ir en una dirección diferente en su vida. Suele implicar alguna decisión importante que cambiaría radicalmente su vida. Se manifiesta como malestar en esa parte del cuerpo porque el subconsciente les está diciendo que tienen miedo de salirse de esa situación, y dar el siguiente paso, así que el dolor los está deteniendo físicamente. Los problemas estomacales a veces son causados por la incapacidad de la persona de "digerir" algo que sucede en su vida. El cáncer, especialmente en los intestinos, está reteniendo cosas dentro hasta que causa estrés y comienza a comerse a los órganos porque no puede ser liberado. Epilepsia puede ser la incapacidad de procesar un alto nivel de energía presente en el cuerpo.

He tenido clientes que se han ahogado cuando comen ciertos alimentos, o cuando toman cierto medicamento. En esos casos el subconsciente nos ha dicho que no necesitaban tomar el medicamento, porque causarían más problema al cuerpo. El reflujo causa asfixia y malestar como una forma de rechazo, para prevenir que la persona ingiera el alimento o medicamento ofensivo. El subconsciente puede ser muy dramático y controlador algunas veces.

Si bien algunas de las respuestas se pueden encontrar en las circunstancias de la vida actual, la mayoría de mi trabajo se enfoca en otras vidas y presentaré algunas regresiones "normales" a vidas pasadas para mostrar cómo se usan para trabajar con problemas que el cliente está experimentando en la vida presente. El resto del libro se enfocará en las regresiones anormales o diferentes, y cómo el sujeto se ayudó también explorándolas.

Se debe recordar que esas explicaciones no pueden aplicarse a todos los casos como tal y única causa de la enfermedad o malestares. Ahí no puede haber un tema de declaración general que: el sobrepeso es siempre causado por esto, o migrañas son siempre causadas por aquello. Las explicaciones son tan variadas como la persona, y el subconsciente suele ser muy inteligente. El hipnotizador deber ser flexible y usar su propio instinto para hacer las preguntas adecuadas. La respuesta y solución que se aplica a una persona puede no ser la respuesta para la siguiente.

Ejemplo de una vida pasada que está influenciando la vida presente creando problemas físicos: muchos casos de artritis provienen de ser torturado en un estante de tortura o por artilugios similares en mazmorras en tiempos medievales. La humanidad posee un historial de hacerse cosas horribles el uno al otro, y esto a veces se carga en la memoria del cuerpo.

* * *

Tuve una explicación interesante para los tumores fibroides en el útero. La mujer había tenido varios abortos. Tenía buenas razones para ellos porque en ese momento ya tenía varios hijos, y la estaba pasando muy difícil para trabajar y mantenerlos. Sintió que, dadas las circunstancias, no podía aumentar la carga teniendo más hijos. Dijo que los abortos no le molestaban y que ya se había conformado con eso, pero su subconsciente y su cuerpo sabían lo contrario. Ella empezó a tener problemas con tumores fibroides. Durante la sesión, su subconsciente dijo que se sentía más culpable de lo que creía, y los tumores fibroides representaban a bebés nonatos. Una vez que aceptó esto, los tumores comenzaron a encogerse y desaparecieron sin necesidad de cirugía.

Enfermedades sexuales: herpes/histerectomía/quistes en los ovarios/problemas de próstata, etc. se han atribuido a mala conducta sexual o mal trato del sexo opuesto en otra vida. Estas pueden además ser un método para mantener al sexo opuesto alejado en esta vida, o ser auto recetado como castigo. Una mujer tenía endometriosis, problemas con sus órganos femeninos que le afectaban la espalda. Nunca tuvo hijos, aunque estuvo casada por 19 años. Su médico quería remover los ovarios y tubos para curar el problema sexual. Sus vidas pasadas revelaron: los problemas de órganos femeninos a veces se derivan de un patrón de vivir varias vidas como sacerdotes y monjas quienes han tenido que ser célibes. Esto provocó la supresión (represión) de los sentimientos y actividades sexuales.

Los votos en otras vidas son muy poderosos. Especialmente votos de pobreza, a menudo se prolonga y causa problemas de dinero en la vida presente. Estos deben ser reconocidos como necesarios en la vida anterior, pero ahora se puede renunciar a ellos como inapropiados.

A veces la persona ha sido de un sexo a lo largo de muchas vidas y de repente se encuentra en el cuerpo del sexo opuesto. Desarrollan enfermedades y problemas como una manera de rechazar el cuerpo, especialmente las partes del cuerpo que tienen que ver con las hormonas. He encontrado que esta es también una explicación para la homosexualidad. Las personas han tenido muchas vidas como un sexo, y tienen dificultad para adaptarse a esta vida como el sexo opuesto.

* * *

He tenido muchos sujetos que sufren de migrañas, y estas pueden con frecuencia rastrearse a vidas pasadas que tienen que ver con trauma en la cabeza. Los golpes en la cabeza, causado por humanos, armas o animales generalmente son remanentes para recordarle a la persona que no debe repetir un error en esta vida que puede haber causado su muerte en la otra vida. Fue el caso de una mujer que revivió otra vida como un hombre joven, quien sufrió un disparo en la cabeza durante la guerra civil. Hubo un caso en Inglaterra donde la mujer tuvo horribles dolores de cabeza toda su vida que originaba en el puente de su nariz y se extendía hacia arriba hasta su frente y sobre la parte superior de su cabeza. Ningún medicamento podía darle alivio. Encontramos que la causa vino de haber sido golpeada por una espada en ese lugar exacto en su cabeza durante una de las numerosas guerras que se han librado en Europa a lo largo de la historia. El entendimiento de la causa es suficiente para alejar el problema físico.

Un caso de migraña se fue en una dirección diferente. La clienta era una agente de viajes, y como tal podía viajar por todo el mundo. Sus dolores de cabeza se desarrollaron después de que fue a Indonesia y regresaba a su hogar. Fueron unas vacaciones muy hermosas y relajantes, y se había sentido como en casa allá, por lo que no podía asociar la aparición de los dolores de cabeza con las vacaciones, ya que nada traumático o desagradable ocurrió allá. Durante la regresión, ella fue a una vida muy idílica en esa parte del mundo con una maravillosa familia y un hombre quién la amaba mucho. Su subconsciente explicó que cuando ella regresó a esa parte del mundo, motivó los recuerdos de la maravillosa vida, y estaba molesta de tener que abandonarla otra vez. Esto creó los dolores de cabeza. Ella anhelaba volver al lugar donde había sido tan feliz. Mi trabajo era convencer a la otra personalidad que, aunque volviera a vivir allí no sería lo mismo, porque las personas que amaba ya no estaban allí y las circunstancias eran diferentes. No podría recuperar esa vida, así que ella tendría que encontrar felicidad en el presente, quizás con las mismas personas ya que tendemos a reencarnar con nuestros seres queridos. Una vez que se entendió esto, los dolores de cabeza desaparecieron inmediatamente y no han regresado.

* * *

También hay muchas explicaciones para el sobrepeso. Algunas son fáciles de predecir: la persona murió de hambre en otra vida, o hizo que otros murieran de hambre. Algunas veces el sobrepeso es protección. Es como que la persona se protege acolchonándose para protegerse de algo (ya sea real o percibido) en la vida presente, o como un esfuerzo por volverse poco atractivo para evitar ser lastimado. Mi trabajo es tratar de encontrar de qué se están protegiendo, etc. A menudo, la persona es la última en darse cuenta de que esta es la causa, y cuando eso es explicado bajo hipnosis tiene perfecto sentido. Entonces el cliente puede tener una recuperación.

También he tenido explicaciones inesperadas por tener sobrepeso. Una mujer fue a una vida pasada donde toda la vida fue líder de un clan en Escocia. El trabajo era muy exigente y sentía mucha responsabilidad. Cuando murió todavía lo sentía, y dio una pista muy importante cuando dijo (después de la muerte): "Nunca me libraré del peso de esta responsabilidad". Palabras muy importantes que el subconsciente había tomado en serio y llevado a la vida presente.

Se describió un caso inusual en Legacy From the Stars (Legado de las estrellas) donde una mujer se vio a sí misma como un extraterrestre que se estrelló en la Tierra por accidente, y estaba siendo cuidada por los nativos. Tenía muchas habilidades anormales que atraían atención. Una era que la gravedad diferente en la Tierra causaba que él flotara inesperadamente. Esto desencadenó el deseo de evitar flotar y atraer la atención en la vida actual añadiendo peso extra, aunque lógicamente no tenía sentido.

Otra explicación inusual para el sobrepeso surgió cuando un cliente, Rick, quería ayuda con su problema de peso. Nada parecía funcionar, especialmente dietas que lo hacían comer solamente comida seleccionada y se excluían otras. Durante la regresión fue inmediatamente a una vida de algún tipo de cultura antigua. Los edificios y estructuras no se parecían a nada que haya encontrado o leído en la historia. Parte de la descripción me recordó a los aztecas, especialmente lo que los arqueólogos han descubierto. Había un patio rectangular rodeado por estructuras extrañas que se usaban como lugares para espectadores similar a las gradas. Un atleta de cada una de las comunidades competía en un juego. Rick era un atleta quién había sido entrenado para esto. Este juego era muy importante porque decidía quien sería el gobernante de las comunidades combinadas por una temporada. El gobernante era rotado cada temporada, y esto se decidía con el atleta que ganara el juego. Rick tenía un extraño uniforme y su cara estaba pintada con rayas. La dinámica del juego sonaba como baloncesto. Corrían alrededor de la cancha con la pelota y la tenían que lanzar a través de aro de piedra que estaba montado al lado de la cancha. Por eso pensé en los aztecas, porque los arqueólogos dicen que descubrieron canchas de pelota en México donde los aztecas jugaban un juego similar, pero afirman que se jugaba con una cabeza humana que se lanzaba a través del aro de piedra. Si esta es la misma ubicación, acaso el juego se deterioró a usar cabezas humanas, ¿o los arqueólogos están equivocados?

Rick era muy buen atleta y ganó consistentemente. Esto quería decir que su lado elegiría al líder por muchas, muchas temporadas. No le gustaba laborar así de difícil, y con frecuencia deseaba que los líderes jugaran en su lugar. No se le permitió casarse y se le restringió a una dieta estricta que estaba diseñada a mantenerle delgado y en una forma física maravillosa. A menudo envidiaba a las otras personas porque se les permitía socializar y comer lo que quisieran. Su dieta consistía en carne de tortuga, algún tipo de raíz blanca, mucha agua, y un líquido blanco de sabor amargo que se extraía de alguna planta carnosa. Tenía que beber el líquido todas las mañanas y tardes. A menudo le daba un poco de sueño, pero era esencial porque se suponía que mantendría sus músculos en forma. Odiaba el sabor y nunca se acostumbró.

Finalmente se cansó de jugar el juego, e intentó encontrar una manera de salirse. La gente lo amaba, pero después de un tiempo se empezaron a aburrir de su constante victoria. A las otras comunidades no les gustaba porque no tenían la oportunidad de gobernar. Decidió que perdería, pero no podría ser tan obvio. Cuando empezó a perder se decidió reemplazarlo. Así se le permitió vivir una vida normal, incluso comer cualquier cosa que quisiera. Decidió ir a vivir con la comunidad opuesta, porque estaban muy felices de finalmente conseguir una oportunidad de gobernar. Allí descubrió que sus atletas no seguían dietas restrictivas, sino que llevaban una alimentación normal. Allí era feliz, pero no vivió por mucho tiempo. Cuando estaba muriendo sintió como si sus entrañas estuvieran en llamas. El curandero le dijo que era el resultado del líquido blanco que había sido forzado a beber todos esos años. Había dañado su cuerpo.

Cuando hablamos con el subconsciente era obvia la conexión entre esa vida y su problema de peso. El subconsciente dijo que la bebida era una droga, un narcótico que hacía que su corazón latiera más rápido y que la digestión o metabolismo del cuerpo se acelerara para producir buenos músculos y mayor velocidad. Eventualmente hizo agujeros o úlceras en sus intestinos, y esto fue lo que lo mató. Cuando le pregunté si podía ayudarlo con su problema de peso, el subconsciente dijo que no era tan simple. Había muchos factores involucrados que estaban todos entremezclados. Debido a la figura de autoridad (el gobernante) que lo obligaba a hacer lo que no era en su mejor interés, él aprendió a desconfiar y no confiaba en las autoridades (gobierno, iglesia, médicos, etc.). También el comer se ha asociado con placer y actividad social. Sería difícil separar todos estos componentes, y él gozaba de buena salud, así que el subconsciente pensaba que no valía la pena de todos modos. Era obvio por qué a Rick no le funcionaban bien las dietas que fueran restrictivas, donde solo podía comer ciertos alimentos. Esto traía el recuerdo de la otra vida. Ahora le encantaba cocinar y comer una gran variedad de alimentos. Esta era una razón inusual para tener sobrepeso y sería difícil de solucionar.

Cuando Rick despertó no recordaba nada, pero él quería un trago de agua debido a que tenía un sabor amargo muy desagradable en su boca. Dijo que le recordó una vez cuando era niño y exploraba el bosque con su amigo. Encontraron unas plantas carnosas y las masticaron. (Me pregunte si no se habría dañado ya que muchas plantas en el bosque son venenosas.) Tenía un sabor amargo. Le dije del líquido blanco que había bebido durante muchos años en la otra vida. Había traído ese sabor a esta vida. Se sintió bien después de beber un poco de agua embotellada.

* * *

He rastreado muchos casos de asma yendo a vidas pasadas donde la persona generalmente moría por asfixia, o algo relacionado con los pulmones o la respiración, como su entorno (polvo, arena, etc.). Un caso significativo ocurrió en la etapa temprana de mi trabajo. Vino a verme un médico que había tenido ataques de asma durante muchos años. Él estaba usando un inhalador, pero sabía que le estaba formando hábito así que quería dejar de depender de él. Sabía suficiente acerca de lo paranormal y metafísica para pensar que la respuesta podría estar en una vida pasada. Él regresó a una vida como nativo que vivía en la selva de África. Era durante la época en que los franceses extraían asbesto debajo de la tierra. Capturaban a los nativos y los llevaban adentro de las minas a trabajar como esclavos. Él fue uno de los capturados y llevados bajo tierra. La exposición constante a las fibras de asbesto durante el proceso de extracción generaba síntomas físicos en los nativos, como sangrado por la boca desde los pulmones. Esto creaba problemas respiratorios y eventualmente los mataba. Cuando esto sucedía, los mineros franceses simplemente llevaban el cuerpo a la jungla y capturaban a otro nativo para que ocupara su lugar. El hombre comenzó a tener síntomas familiares y sabía que moriría por la irritación de sus pulmones. En su cultura no estaba mal suicidarse si se estaba en una situación insoportable, por lo que se clavó una estaca en la zona del hombro derecho y murió.

Cuando me comunique con el subconsciente eso explicó que la memoria de aquella vida se estaba presentando, y en momentos de estrés el problema respiratorio volvía en forma de ataques de asma. Ahora que el médico comprendió de dónde se originaba el problema, se pudo sanar. Cuando se despertó, dijo: "Siempre me pregunté por qué a veces tengo dolores en esa parte del pecho". Frotando el lugar exacto donde había clavado la estaca. Este médico posteriormente se convirtió en un buen amigo, y aproximadamente cuatro o cinco años después de la sesión le pregunté sobre su asma. Él sonrió y dijo: "¡Oh, de verdad! Solía tener asma, ¿correcto?"

***

Muchos miedos y fobias pueden rastrearse fácilmente con la forma en que una persona murió en una vida pasada. El miedo a las alturas, el miedo a la oscuridad, la claustrofobia, la agorafobia son fáciles de entender cuando se ven de esta perspectiva. Un caso (de cientos en que he trabajado) de una mujer que era claustrofóbica, tenía terror de tener las manos o los pies atados, y no podía dormir toda la noche sin despertarse cada hora. Tuvo un incidente de deja vu cuando visitó el Sitio Histórico Nacional en Fort Smith, Arkansas, donde hay un antiguo museo y un juzgado. Aquí fue donde el juez Parker, el infame "juez ahorcador" tenía su tribunal de juicios de 1875 a 1897. Además, han preservado la celda y reconstruido la horca. Sabía que había estado allí y que había sido una experiencia horrible. El viaje fue una experiencia espeluznante para ella.

Durante la sesión fue a una vida cuando ella era un soldado confederado que había sido capturado con varios otros. Fueron abarrotados dentro de una habitación que estaba en un espacio oscuro con ventanas muy pequeñas. El miedo de tener sus manos o pies atados procedía de estar encadenado a la pared. El no poder dormir toda la noche era causado por tal situación, y también por el miedo a lo que estaba pasando o que fuera a suceder. Pocos días después todos ellos fueron colgados.

Este caso es solo un ejemplo de cómo las experiencias de deja vu pueden ser un recordatorio inconsciente de una vida pasada. Así como la fascinación por ciertas épocas y culturas (países). Estas atracciones no siempre son negativas, pero tienen una fuerte emoción que indeleblemente se lleva consigo durante varias vidas.

* * *

Otro cliente era una enfermera profesional, quién posee maestría en psicología. Había estado yendo a un terapeuta durante bastante tiempo, tratando de encontrar las respuestas a su problema, pero no estaba teniendo mucho éxito con eso. Solamente conclusiones sobre que algo ocurrió durante su infancia que ella no podía recordar. Aun eso no daba respuestas a sus preguntas. Estaba teniendo problemas con su hijo mayor. Cuando quedó embarazada de él, no estaba casada y quería abortar. El padre del niño eventualmente quería casarse con ella y la convenció de tener el bebé. Pero desde que nació el bebé tubo la sensación de sentirse amenazada por él, intimidada por él. Pensaba que tal vez podría haberse dado cuenta de que ella trató de abortarlo. A pesar de que ahora era un adulto, todavía había problemas.

Durante la sesión ella se fue inmediatamente a una escena donde ella era un hombre y estaba extremadamente enojado. Tenía en sus manos la garganta de alguien y lo estaba asfixiando. En cuanto pudimos ver quién era el hombre, ella dijo que era su hijo en esta vida. Lo había encontrado con su esposa y lo iba a matar. Se dio cuenta que la esposa, era su madre en esta vida presente con quién tiene una muy mala relación. Había matado al hombre que ahora es su hijo. Las autoridades vinieron y se lo llevaron (a él), muy lejos y lo pusieron dentro de una horrible celda de prisión que estaba repleta de ratas y cucarachas sin ventanas al exterior. Muy sucio, muy triste. Finalmente él murió en ese lugar. El hijo regresó a esta vida para poder resolver su karma negativo, pero él regresó con mucho resentimiento hacia ella. No es de extrañarse que se sintiera amenazada e intimidada por este chico.

En su presente vida, nunca pudo comprender su absoluto asco por los alcohólicos. El olor al alcohol, como son, como hablan y la forma en que actúan, realmente le repugnaba. Cuando preguntamos sobre el porqué, era que ella definitivamente asociaba al alcohol con aquella escena donde ella estaba asfixiando a la otra persona. Tal vez ambos habían estado bebiendo, y esto se sumó a la ira extrema. Sea lo que sea, tuvo terribles consecuencias. Entonces ella tenía que venir de vuelta a esta vida con toda la gente involucrada para intentar resolver el karma negativo. Al darse cuenta de esto y ver que realmente pertenecía a esa otra vida, podía perdonarse a sí misma y a todos los participantes. Podemos dejarlo en el pasado, y esto resolvería todo el problema.

En mi trabajo he encontrado que hay tantas formas de pagar el karma como hay tantas estrellas en el cielo. Pero la manera menos deseable de pagar un asesinato es regresar y ser asesinado por tu víctima. Eso no resuelve nada. Sólo mantiene la rueda del karma dando vueltas y reproduce más karma. Se me ha dicho que la mejor manera que un asesino pague su delito es "la forma suave", a través del amor. Por ejemplo; la persona quién era el asesino tendría que ponerse en una posición en la que tendría que cuidar de su víctima. Podrían tener que dedicar toda su vida a cuidar de esa persona: un padre dependiente, un hijo discapacitado, etc. No se les permitiría tener una vida propia. Esta es una forma mucho más sabia de pagar que "ojo por ojo".

Su psicólogo le había dicho que no se oponía a que ella tuviera terapia de experiencias de vidas pasadas, pero él no creía en eso. Ni en un millón de años habrían podido encontrar la causa de estos problemas a través de la terapia ortodoxa tradicional. Me hubiera gustado ser una mosca en la pared para ver qué dijo el, cuando ella le dijo que no era necesario más tratamiento. Encontró las respuestas en esta forma de terapia.

* * *

Otro caso en Nueva Orleans fue el de una joven con mucho sobrepeso que desesperadamente quería tener un bebé. Había estado en tratamiento con drogas de fertilidad y nada funcionaba. Tenía experiencias horribles con sus períodos y pasaba sangrando durante meses. La única solución era darle pastillas anticonceptivas para tratar de regular su periodo, lo cual invalidaba el propósito de concebir. Ella también estaba tratando de perder peso. Durante la regresión pregunté sobre la incapacidad de tener un bebé. El subconsciente dijo que en su última vida fue madre adoptiva y tuvo hasta once hijos adoptivos. Tan pronto como uno se iba del hogar, otro venía. Era muy buena con la sucesión de niños, y los disfrutaba mucho, pero en esta vida le estaban dando un descanso. Dijeron que no se preocuparan, que tendría un hijo. Su cuerpo estaba siendo regulado ahora, y estaba comenzando a volver a la normalidad. El sobrepeso era una prueba que tenía que pasar, especialmente como joven y hacia la edad adulta, para ver si podía tomar las burlas y los comentarios molestos que incluso los adultos hacían. Había pasado la prueba, y ahora se le permitía perder peso. Para cuando llegara el tiempo de que tuviera a su bebe, el cuerpo estaría en buena condición. Y, por supuesto, el bebé vendría cuando tenga que venir.

Además, había sido demasiado sensible toda su vida, con periodos de depresión, sintiéndose sola y abandonada. Finalmente tuvo un colapso dónde no pudo parar de llorar. De sus notas, dijo: "Me siento muy vacía por dentro. A menudo siento que la vida que llevo transcurre sin incidentes y aburrida. Algunas veces siento que estoy descansando. Otras veces temo que estoy esperando que ocurra un desastre. Siempre la tristeza está ahí. ¿Cómo lo identifico y qué debo hacer para cambiar eso? La tristeza ha estado conmigo desde que era una niña pequeña, de ocho o nueve años". El subconsciente hizo un comentario muy interesante. Dijo que ella habría sido gemela. Que la otra entidad había hecho un convenio para venir a esta vida con ella, pero al último minuto cambió de opinión y decidió que no quería venir esta vez. Así que el otro "cuerpo" no se desarrolló, y ella fue la única que nació. Toda su vida sintió inconscientemente que la otra parte, la gemela que no estaba allí, la dejó sola y abandonada. Ahí estaba el sentimiento de tristeza, de que faltaba algo, junto con la depresión. Esa era la razón: extrañaba a esta otra entidad que se suponía debía acompañarla en esta vida. Nunca lo dije, pero me preguntaba si podía ser posible que el bebé que tendría en el futuro pudiera ser esa otra entidad que finalmente decidió encarnar.

Cuando le contamos eso a su madre, dijo que fue una verdadera sorpresa, porque nunca había tenido ninguna indicación. Los doctores nunca le dijeron que posiblemente tendría mellizos. Mi cliente nació en 1972. No sé si buscaban lo que se conoce como "mellizo fantasma" o "mellizo desaparecido", lo cual es un fenómeno ahora. Luego cuando todos cenamos juntos, su madre dijo que cuando ella nació había un médico suplente desconocido. Tal vez su médico habitual le habría dicho si hubiera algún indicio de un bebé adicional. Supongo que nunca lo sabremos.

He encontrado otros casos de infertilidad por morir en el parto en otra vida. Un intento del subconsciente de prevenir que suceda otra vez. Algunas veces el subconsciente utiliza una lógica extraña.

* * *

Esta regresión tuvo lugar en San José, California, en mayo del 2000. Una mujer padecía de extrema tristeza toda su vida, depresión, etc. Tenía un patrón de vida repetible de abandono, rechazo, sentimiento de ser indigna, el niño que se tira a la basura, y miedo de "¿qué?" Fue abandonada cuando era una niña pequeña y criada en un orfanato. Hubo problemas con hombres, matrimonio, trabajos, siempre el sentimiento de no ser valorada y sin poder lograr nada. También sufría de migrañas, que comencé a pensar que eran su forma de castigarse a sí misma. Una persona muy triste y lamentable.

Visitamos una vida importante que explicó su situación. Se vio a sí misma correr por la calle de una ciudad cargando a un bebé de un año. Toda la gente corría desesperada, gritando, porque eran perseguidos por muchos soldados a caballo. Obviamente algún tipo de invasión estaba ocurriendo. Temiendo por su vida, buscaba encontrar un lugar para esconderse. Su bebé estaba llorando y tenía miedo de que eso llamara la atención y la encontraran. Así que puso a su bebé al lado de una pared y corrió a esconderse dentro de un edificio. Pensó que seguramente no le harían daño a un bebé. Pero vio como los soldados se agruparon en la calle y mataron al bebé. Ella estaba tan abrumada por el dolor que ni siquiera le importó cuando la encontraron la violaron antes de asesinarla. Se culpaba por la muerte del bebé, pensando que ella debía haberlo mantenido a su lado. De cualquier manera, ambos habrían muerto, pero ella no estaba pensando en eso. Solo se culpaba a sí misma por abandonar al niño. Estaba angustiada incluso en el lado espiritual.

Ella trajo el dolor y el tormento a esta vida y repitió el patrón de castigo. Le pregunté si podía perdonar a los soldados por matar a su bebé. Dijo que sí, que podía, porque ellos sólo hacían sus cosas de "hombres". Pero ella nunca pudo perdonarse por desertar al bebé. Después de mucha negociación con el subconsciente, finalmente logré que se perdonara a sí misma. Fue muy difícil, pero un gran alivio una vez que pudo hacerlo. Cuando despertó y hablamos sobre lo ocurrido, le dije que se había estado castigando durante demasiadas vidas, y ya era hora de soltar. Además, si hubiésemos retrocedido a más vidas anteriores, casi apostaría que encontraríamos que ella estaba pagando karma por hacer lo mismo como a soldado. Lo que se hace, se paga. Sintió un tremendo alivio después de la sesión. El sentimiento de indignidad desapareció y fue reemplazado por uno de esperanza y expectativa. Sentí que había dado un giro a su vida. Era hora de dejar de castigarse a sí misma, y empezar a vivir.

* * *

Esta siguiente regresión se trató de una mujer de Checoslovaquia bastante joven que vivía en Londres. Había estado estudiando metafísica durante varios años en la Facultad de Estudios Psíquicos, pero aún no tenía ningún título. Ella sabía la información, pero siempre aplazaba tomar los exámenes finales o escribir los ensayos finales, etc. Su principal preocupación era el eczema que tenía sobre su cuerpo entero. Lo padecía desde que tenía tres meses de edad. Nada de lo que intentaron los médicos tuvo mucho efecto. De niña fue hospitalizada durante varios meses tratando de encontrar algo que funcionara. Probó los esteroides, pero tenían efectos secundarios. Probó la medicina herbolaria china y obtuvo algo de alivio, pero también le causó infecciones en el estómago. Usaba actualmente una crema que prevenía que se mostrara en su cara. En la peor etapa, su cuerpo entero le daba picazón y ardor. Quería ayuda para aliviarse de esto, a pesar que lo había padecido por casi toda su vida y definitivamente era parte de ella. Sentía que, si se lo quitaban, le quitarían una parte de ella. Tendría que ser reemplazado por algo.

En cuanto entró en trance profundo, vio una luz brillante y se dio cuenta de que estaba mirando un fuego. El fuego estaba a sus pies y se extendía por su cuerpo. Empezaba a molestarse, así que la moví a dónde pudiera observar objetivamente. Se vio a sí misma (como hombre) y a otros que estaban atados a estacas en un campo cerca de algún bosque, y estaban siendo quemados en la hoguera. Cuando retrocedimos al comienzo de la historia vio que ella y otros varios hombres vivían en una gran casa señorial o hacienda y eran gnósticos. Vivían en silencio estudiando y escribiendo en libros grandes, sin molestar a nadie. Sin embargo, los funcionarios locales pensaban que eran peligrosos y que trabajaban con el diablo. Los oficiales fueron motivados por la comunidad religiosa, quienes también los veían como un peligro. Una noche fueron despertados por perros y hombres que entraron a su casa. Él y otros corrieron al bosque siendo perseguidos por los perros. Los capturaron. Los llevaron a un lugar en el pueblo donde fueron cruelmente torturados, tratando de hacerlos confesar donde habían escondido los libros. Durante la tortura su cara fue severamente dañada, especialmente la quijada y el ojo (los cuales le han dado a esta mujer muchos problemas en esta vida). Finalmente, cuando no pudieron obtener más información los gnósticos fueron llevados a una larga habitación para ser enjuiciados. Para entonces ya tenía mucho dolor y estaba completamente desorientado para poder participar en el juicio, o responder a las acusaciones. Sólo se quedó allí sentado en estupor y escuchando todo lo que sucedía a su alrededor como si estuviese en un sueño. De cualquier manera, no hubiera importado porque el juicio era una farsa, una formalidad. Luego fueron llevados al campo cerca del bosque y los quemaron en la hoguera. Él y los otros no habían hecho nada malo. Solo poseían conocimientos secretos que estaban tratando de preservar. Dijo que algunos de los libros fueron ocultos dónde la gente de aquel tiempo nunca los encontraría.

Esto sucede incontables veces durante la historia. Siempre ha habido grupos de gnósticos tratando de preservar conocimiento, y siempre ha habido otros grupos tratando de obtener ese conocimiento para utilizarlo para sus propios fines. Esta fue la verdadera razón de los llamados "juicios de brujas" durante la inquisición. La Iglesia estaba tratando de deshacerse de aquellos que poseían conocimiento secreto que ellos habían estado tratando de obtener sin éxito. Ahora sabemos que nada se pierde nunca. El conocimiento estaba escondido en el lugar más seguro de todos: el subconsciente humano.

El subconsciente admite que mirar el fuego subiendo por el cuerpo era la causa del eczema. El ardor y comezón era simbólico de esa muerte. Era fácil ver porque no podía finalizar sus cursos de metafísica en su vida presente. Inconscientemente tenía miedo de que sucediera lo mismo si otra vez obtenía conocimiento, a pesar de que esto no le impidió buscar y estudiarlo. Tuve que convencer al subconsciente que es muy poco probable ser quemado en la hoguera nuevamente, porque ella estaba viviendo en un período de tiempo diferente. El eczema también se pudo quitar porque la causa fue reconocida, y la necesidad de tenerla se acabó.

Recordé su petición de que si se lo quitaban tendría que ser sustituida con alguna cosa más. Se le mostró otra vida en Holanda para que pudiera ver que en un momento ella había poseído un cuerpo fuerte y saludable. De verdad le gustaba ese cuerpo, entonces el subconsciente dijo que podía reemplazar el eczema con la visión del cuerpo saludable de la chica Holandesa. Eso la hizo muy feliz y permitió que así sucediera.

* * *

Una clienta tenía dolor en la parte baja de la espalda causada por un problema de disco, y sus médicos la querían operar. Ella revivió una vida pasada como un soldado negro en Corea. Había bombas explotando por todo al rededor. Fue golpeado en la espalda y arrojado a una zanja llena de agua. Paralizado, no pudo salirse y se ahogó. Regresó demasiado pronto y llevaba el recuerdo en la espalda. Esto también explica su miedo a los espacios cerrados y a la falta de aire. (También bronquitis ocasional.)

* * *

He descubierto en mi trabajo que hay más almas esperando en línea por cuerpos minusválidos que por uno normal. Esto es fácil comprender desde el punto de vista espiritual. El plan para reencarnar en la Tierra es pagar tanto karma como sea posible en una vida, para evitar tener que regresar una y otra vez. Se puede pagar más karma a través de un cuerpo discapacitado. El alma está aprendiendo grandes lecciones, y también los cuidadores (padres, etc.). Y estas personas han acordado antes de venir a esta vida que ellos cuidarán de la persona y les ayudarán lo más posible. Todo en la vida se trata de lecciones, aunque algunas son más difíciles que otras. Además, ¿qué lecciones están aprendiendo todos los que ven a la persona con discapacidad? ¿Cómo reacciona el observador? Los discapacitados están enseñando a todos con los que entran en contacto con ellos. Por lo tanto, no deben ser compadecidos ni rechazados. Deben ser aceptados y admirados por elegir un camino difícil en esta vida.

* * *

Las personas que son adoptadas saben que esto sucederá. Todo es planificado, y del otro lado los preparativos son entre los padres biológicos y los adoptantes. Los padres biológicos han accedido a dar los genes que diseñan el cuerpo físico, y aprenden una lección regalando al bebé. Los padres adoptivos han acordado a criar al bebé en el entorno que decidió que quería, para aprender las lecciones que desea en esta vida. Sin embargo, los planes no están escritos en piedra. Siempre hay libre albedrío (no solo de la persona, sino todos con quien entra en contacto). Todos los involucrados pueden cambiar el resultado.

* * *

El siguiente caso se remonta a mi primer amor: el descubrimiento del conocimiento perdido o desconocido. Es una pieza interesante de la posible historia.

Un hombre en Inglaterra era el director de una imprenta, especialmente bueno con el don de tratar a la gente y negociación. Sin embargo, se sentía atrapado por su trabajo y responsabilidades, especialmente el matrimonio. Había desarrollado el inquietante hábito de entrecerrar los ojos y parpadearlos. Le molestaba, y pensó que lo hacía parecer extraño cuando hablaba con la gente de su trabajo. Pretendía que era simplemente una irritación de los ojos. También era sensible a la luz.

Principalmente quería saber si debería cambiar la dirección de su vida, conseguir un trabajo diferente y tal vez dejar a su esposa y sus cuatro hijos. Para buscar una vida con su novia. Algo de esto podría ser el resultado de su edad (40 años), como cuando se empiezan a preguntar sobre su destino y creen que "se les ha ido el barco". Tenía muchas aficiones peligrosas: volar en ala delta, bucear, escalar montañas. Amaba la emoción y el peligro de muchos pasatiempos que eran lo contrario a su trabajo (que ahora lo encontraba aburrido.)

Su regresión fue muy extraña, y me pregunto si adentramos en una parte desconocida de la segunda guerra mundial. Al principio fue a una vida mundana como herrero con una familia que vivía feliz, en un pequeño pueblo en algún lugar del oeste americano. No había nada inusual en la vida, y le pedí que se fuera más adelante a un día importante. Cuando lo hizo de repente jadeó con horror y dijo que estaba viendo una nube en forma de hongo proveniente de una explosión atómica levantándose en lo alto del cielo. Después una luz extremadamente brillante que lo abrumaba. Naturalmente, pensé que se trataba de la explosión atómica en Hiroshima o Nagasaki, porque esas son los únicas con los que estaba familiarizada. Pero no era así.

Exclamó: "¡Era demasiado poder! ¡Deben haber cometido un error! ¡Era mucho más poderosa que lo que pretendían!" Él estaba totalmente en estado de shock, y luego comenzó a convulsionar y temblar y sacudirse. No podía hablarme porque estaba atorado con las reacciones físicas, puse mi mano sobre el para calmarlo, y le pedí que se removiera de la escena y que podía verla desde una posición objetiva, para que pudiera explicar lo que estaba pasando. Pasaron unos minutos antes de que pudiera hacerlo. Estaba tan atrapado en las vibraciones y convulsionándose que no podía hablar. Casi como si hubiera sido atrapado en una violenta onda expansiva. Cuando finalmente fue capaz de hablar, dijo que era miembro de un equipo científico que estaba experimentando con este tipo de energía. Esto estaba sucediendo en Alemania, lo cual me sorprendió totalmente. Estaban en una zona montañosa y tenían un laboratorio en un cañón entre dos montañas. Pensaba que era ruso en lugar de alemán. Cada uno de los científicos tenía una pieza de la fórmula o ecuación. Tenían que ponerlo todo junto para hacerlo funcionar. Nada pudo ser hecho por separado porque cada uno no conocía las otras partes. Había sido elegido para participar por su excelente conocimiento de física y matemáticas. Los científicos comprendían los conceptos en papel, y la manera en que se suponía debía funcionar, pero no lo había realmente intentado. Estaban involucrados en una guerra y trataban de encontrar un arma nueva. No importaba si la gente moría, porque estaban tratando de salvar a su propia gente. Aparentemente estaban experimentando cuando ocurrió la explosión, intencionalmente o por error. Pero estaba asombrado por el poder de la explosión. Pensó que no debía haber sido tan grande. Pensaba que estaban trabajando en algo que podría aniquilar un área grande, pero él jadeó sobre que esto destruiría una ciudad completa o más. Era mucho más poderoso de lo que él (y supuso que los demás) posiblemente habían imaginado. Al mirar la escena desde arriba, no quedaba nada. El laboratorio y todo estaba totalmente destruido. Mientras lo veía desde esta posición fue capaz de hablar coherente y objetivamente. Si hablaba de la explosión y se desviaba de vuelta a la escena, empezaba a temblar y convulsionar otra vez. Así tuve que calmarlo cada vez y llevarlo nuevamente a su punto de vista seguro.

Su subconsciente dijo que se le permitió revivir esta vida para poder ver que, si había sobrevivido algo de esta magnitud, entonces nada podría perturbarle. Podría sobrevivir cualquier situación en la vida. (A pesar de que literalmente no sobrevivió, su alma salió ilesa.) Esto explicaba el entrecerrar los ojos, parpadear y la aversión a la luz brillante en su vida presente cuando estaba en una situación estresante. Trataba de recordarle que podía manejar cualquier cosa.

¿Estaba Alemania experimentando con energía atómica antes de o al mismo tiempo que los Estados Unidos? La gente me ha dicho que los alemanes estaban involucrados en la experimentación con "agua pesada". Quizá esta fue la razón por la que no tuvieron éxito. Tal vez sus grandes científicos, que poseían todas las partes separadas del conocimiento, fueron todos aniquilados en el fatal experimento, y no había manera de obtener rápidamente el nivel del experimento nuevamente. Las personas a las que les he contado sobre esto dijeron que alguien habría notado la nube y las repercusiones. Tal vez no. Estuvimos experimentando en White Sands, Nuevo México, durante años antes de que se lanzara la bomba atómica sobre Japón. Estaban realizando explosiones experimentales en el desierto. Si alguien lo viera desde la distancia, probablemente no habría sabido lo que estaba viendo. Recuerden, que este fue el secreto que se guardó más cuidadosamente en la guerra: el desarrollo de la bomba atómica. Solamente aquellos en posición de saber supieron algo hasta el lanzamiento final de las bombas en Japón. Quizás lo mismo estaba pasando en Alemania. Indicó que el laboratorio estaba situado en un aislado lugar en la montaña. Tal vez (como White Sands), estaban ubicados a millas de la civilización, así que ¿quién pudo tener conocimiento sobre eso? Si alguien vio la explosión no sabrían lo que era, porque nada de esto existía como punto de referencia en la humanidad. Incluso los bombardeos normales eran lo suficientemente horribles. Este fue probablemente el secreto mejor guardado de Alemania también. Después de la guerra, los mejores científicos alemanes vinieron a los Estados Unidos para trabajar en nuestro programa de cohete. Sabemos que estaban experimentando y lanzando cohetes con éxito. (V-2) durante la segunda guerra mundial. Pienso que es enteramente posible que además estaban experimentando con energía atómica. Simplemente les ganamos. Nuestra bomba atómica estaba originalmente destinada a ser lanzada en Alemania, pero la guerra terminó antes de que estuviera lista, por lo que tuvo que ser lanzada en Japón a ver si funcionaba. Este es un hecho de la historia. (Véanlo en mi libro Un alma recuerda Hiroshima.) Pienso que es enteramente posible que ambos países estaban trabajando en proyectos secretos, y pueden haber estado al tanto del progreso del otro.

* * *

Todos estos casos encontraron respuestas que nunca serían aceptadas o incluso consideradas por la comunidad médica lógica. Sin embargo, tienen perfecto sentido a través de la lógica de la mente subconsciente. Además, muestran como el terapeuta debe intentar convencer esa parte del cliente que el problema ya no es necesario. Que el problema es de otro cuerpo que cesó de existir muchos años atrás. No hay libros que enseñen al hipnoterapeuta qué a hacer o decir. Mucho sucede en el estupor del momento, y simplemente vuelve al "sentido común" cuando se trata de manejar una situación inesperada. Lo principal es que el cliente debe estar protegido en todo momento. Debemos practicar con el mismo juramento que los miembros de la profesión médica: "¡Primero que nada, no hacer daño!"

Estas muestras son solamente muy pocos ejemplos de los miles de casos que he realizado en terapia. Traté de elegir algunos que mostraran la variedad de explicaciones a problemas físicos y de otro tipo. Problemas que el cliente pueda que tener, y cómo eso puede ser rastreado a otra vida. También, demuestra la facilidad con la que el problema puede ser manejado con la invaluable ayuda del subconsciente de la persona. Los escépticos dirán que la persona estaba fantaseando una historia que explicaría el problema físico. Si fuera así, ¿por qué eligieron algo tan extraño (y a menudo espantoso) para ofrecer una explicación? Hay formas mucho más simples de hacerlo si quisieran crear una existencia de fantasía. Si estos casos son observados objetivamente, eso mostrará que definitivamente no exhiben las características de fantasías. Incluso si fuera su imaginación, lo principal es que encontraron la respuesta a sus problemas. Y con la respuesta llegó la libertad. Esa es mi mayor compensación por los años de trabajo: poder ayudar a los demás.

Por supuesto, las preguntas son una parte esencial de todo el proceso. "Ellos" me han dicho muchas veces que la forma en que se hace la pregunta es de extrema importancia. Cuestionar se convierte en un Arte. Si la pregunta no se preguntó correctamente, sólo recibiré información parcial o de ninguna importancia. La pregunta debe formularse con precisión, y esto es lo que he aprendido al ir desarrollando mi técnica por casi treinta años. La práctica es muy importante para el desarrollo de cualquier técnica de terapia.

Una vez que la persona ha aceptado la realidad del concepto de reencarnación, el siguiente paso es comprender que la Tierra no es la única escuela a la que la persona puede elegir asistir. Todos hemos vivido vidas en otros planetas e incluso otras dimensiones dónde es posible no tener un cuerpo físico. Es posible ser un ser de energía. No estamos limitados por el mundo físico que conocemos como Tierra. Todo es posible. Esto es lo que exploro en los siguientes capítulos. Otros mundos, otras realidades, otras posibilidades.

Este capítulo se enfoca en casos de terapias de vidas pasadas "normales". Los próximos capítulos se centrarán en los casos "anormales" o inusuales en los que el cliente también obtuvo información valiosa sobre sus problemas, incluso aunque el subconsciente les tomó por rutas inusuales y desconocidas para llegar allí. En el camino también se suministra inestimable información para mi mente curiosa como reportera e investigadora del conocimiento "perdido" o desconocido.

SECCIÓN DOS

CONOCIMIENTO ANTIGUO Y CIVILIZACIONES PERDIDAS

CAPÍTULO 3

LA GENTE GATO (UNA ESFINGE DIFERENTE)

Esta fue una sesión privada que hice en junio del 2001 en Kansas City, Missouri en la convención de la "Iglesia de la unidad".

En mi técnica de hipnosis hago que el cliente descienda de una nube blanca a una vida pasada. Se puede tener resultados muy predecibles en terapias de vidas pasadas, pero muchas veces los resultados no son muy predecibles y cualquier cosa puede pasar. Eso es lo emocionante de mi trabajo, porque nunca sé a dónde va a ir la persona. En este caso cuando Jane bajó de la nube, estaba sorprendida y confundida porque se encontró en Egipto. Podía ver las pirámides, pero se enfocó en un templo hermoso y muy alto que estaba cerca de ella.

"Las pirámides hoy están arruinadas. Se ven más viejas. Se ven como las veo ahora, pero las conocí antes de que se arruinaran. Recuerdo cuando eran nuevas, brillantes y hermosas. Las pinturas eran muy hermosas. Podía ver las pinturas en las ruinas antes de que se decoloraran. Es como mi casa. Conozco estos lugares. Esta es un área cómoda para mí. Por eso vine aquí. No es ¿gracioso? estoy retrocediendo al entonces en lugar del ahora. Antes cuando eran, Oh, Oh, tan preciosas. Puedo ver las estatuas de oro en el templo. Puse mi cara contra la figura de oro, el gato dorado. Y es gracioso cómo el oro posee tal calor en sí. Hay una energía en ese oro. Trabajo con los faraones, y soy uno de los pocos que se les permite estar en los templos. He ido a un templo donde siento un amor tan grande. Lo veo todo. ¡Oh, Dios mío! Toda esa gente".

D: ¿Hay gente ahí?
J: No en este lugar. No se les permite entrar aquí. Es uno de los pocos lugares que en realidad solamente a los elegidos se les permite sentarse. Estoy tratando de sentirme más cómodo aquí, porque mi

parte cognitiva sigue apareciendo, diciendo: "¡Esto es ridículo!" Y yo le digo, "¡Cállate!"

Esto ocurre a menudo cuando la persona entra por primera vez en la escena de una vida pasada. La mente consciente trata de distraer y confundir. Cualquiera que intente meditar por primera vez sabe exactamente cómo la mente puede farfullar y tratar de detener el proceso. Lo mejor que se puede hacer es ignorarla. A medida que la persona profundiza en la descripción de las escenas la mente consciente se va callando, porque nadie le hace caso. La técnica de hipnosis que he desarrollado está diseñada para hacer a la mente consciente a un lado para que no pueda interferir. Se cierra y permite que el subconsciente suministre la información libremente. Sin la mente consciente cuestionando e interfiriendo la información es más pura y precisa.

D: *No te preocupes sobre esa parte. Solo di lo que estás viendo.*
J: Siento que otros no se atreverían a entrar aquí, porque no es seguro para ellos, por la energía. Es el templo de la luz blanca. Aquí es donde existe en este plano. Y necesito caminar hacia esa luz. (Todo esto, desde que entró en la escena, fue dicho con una sensación de asombro e incredulidad). Y hay tal presencia en esa luz.

Había tanto asombro y reverencia que sabía que tenía que regresar su atención a describir su entorno para que pudiéramos encontrar su ubicación.

D: *¿Es el templo un lugar separado de la pirámide?*
J: Cuando bajé de estar flotando en la nube vine a este templo. No creo que lo hayan descubierto todavía. Están cerca. Vas a través de las tumbas y por allí van los muertos. Pero este es un templo dónde vienen los vivos. Y aquí es donde vivo. Aquí es donde trabajo. Para esto nací.
D: *¿Pero dijiste que hay otras personas?*
J: Hay ayudantes allí. Traen a los otros que trabajan aquí, trabajan en la luz. Vienen a nosotros para pedir consejo. Y es muy gracioso, porque piensan que somos los que sabemos, pero sólo viene a través de la luz. Y no se atreven a caminar en la luz.

D: *Dijiste que hay mucha energía en ese lugar. ¿La persona promedio no puede estar en esa energía?*
J: No en ese lugar. No en la luz blanca.

Le pregunté que se describiera y estaba confundida de nuevo, porque no estaba segura
de ser hombre o mujer.

J: (Confundido) Sigo dudando. Un minuto siento que soy mujer, pero luego siento que soy hombre.

Vestía una túnica blanca, larga, fluida, pero no tenía nada de pelo. Le habían afeitado la cabeza.

J: No queremos interferir. Casi siento que soy mujer, pero no lo soy, porque nos alejamos de ser masculino y femenino. (Risas) Pero creo que este cuerpo habría sido normalmente categorizado como femenino, porque creo que puedo sentir mis senos. Soy muy, muy delgada, así que no hay mucho de mi cuerpo.

Usaba joyas elaboradas, descritas como algo hecho de oro y piedras que se abrochaba por la parte inferior de su brazo y se retorcía alrededor de su muñeca, extendiéndose hasta los dedos.

J: Nos adornan estupendo. (Risa) Es más por ellos que por mí. A la gente que viene a curarse les gusta ese tipo de cosas elegantes. Eso los hace sentir que están recibiendo... ¿Cómo le llamaremos a eso? "Más por su dólar." (Risa) Por eso hay una estatua de gato de oro. Hacen nuestra joyería de oro, porque los que hacen las joyas sienten algo en el oro. Es como amor en la alquimia del oro. Eso es ¡eso! Está en la alquimia. Nos hacen estas joyas. (Sorprendido) Caramba, el oro ayuda Eso es ¡eso! la manera en que ilumina. Es la energía pura que llega. Y pasa por el oro, previniendo que se lastimen cuando los toque para que se curen.
D: *¿Se lastimarían si no tuvieras el oro?*
J: Sí, es como un sintetizador de lo etérico a lo físico. Cuando entro a la luz, me quito mis joyas. Y creo que a veces hasta me quito la túnica, porque no quiero nada entre esa incredulidad y yo. Y luego

me pongo la túnica, así que eso los escuda del cuerpo de energía que obtengo.

D: *¿Así que tu produces más energía cuando estás en ese campo de energía?*

J: Oh, no. Sólo la porto. Es un sentimiento tan maravilloso. Se mete en tu... en los átomos. Es tan maravilloso.

D: *No te hiere, pero lo tienes que escudar.*

J: De los otros. Es demasiado poderosa para ellos. Es como que los tocas y se hacen "¡Poof!" (Risa) No es nada personal. Por eso tengo que estar al pendiente de ellos.

D: *¿La energía está en una parte de este templo?*

J: Sí. Tenemos nuestra propia piedra allí. Y los que llevamos esa energía, cuando nos acercamos a esa piedra, simplemente cobra vida.

D: *¿Dónde está esa piedra?*

J: La gente viene al frente, y hay un salón dónde los habituales pueden estar, se reúne y la gente. Y luego está el área dónde la energía empieza a cambiar un poco. Después van dentro de la otra parte, dónde han puesto más obras de arte, y ponen más joyas en las paredes. Y después está el área dónde mantenemos la piedra que está lejos y alejada de las demás, para que esté segura. Y hay cortinas para ayudar a protegerle.

Cuando investigué, descubrí que los templos antiguos en Egipto fueron diseñados como ella dijo que eran. El templo era considerado la casa del dios, no la casa del sacerdocio. El más alto sacerdote era el faraón, quién nombraba a los altos sacerdotes y a otros a llevar a cabo sus deberes de Dioses. Había dos partes del templo típico: el templo exterior dónde los iniciados principiantes tenían permitido venir, y el templo interno donde uno podía entrar solo después de demostrar su valía y estar listo para adquirir el conocimiento y las percepciones más elevadas. A los adoradores nunca se les permitía ir más allá del atrio exterior, donde podían dejar sus ofrendas. La estatua del dios a quién el templo estaba dedicado, estaba situada en el templo interno. Pero en el caso del templo en esta regresión, había algo mucho más poderoso ubicado allí.

En Jesús y los esenios, también había un cristal gigante en la biblioteca de Cumrán donde los estudiantes esenios proyectaban su energía, y era dirigido por el maestro de los misterios. Jesús aprendió a usar esta energía mientras estudiaba allí. Este cristal también estaba en un área protegida para que los estudiantes no se lastimasen por estar demasiado cerca. Este es además similar al Arca de la Alianza, que se guardaba en el lugar Santísimo detrás del velo en el Templo de Jerusalén. Solo los sacerdotes calificados podían entrar en contacto con él. En Guardianes del Jardín Phil habló de una vida pasada en otro planeta dónde su trabajo era como director de energía, dónde él dirigía energía que era dirigida a él. Entonces parece que muchos en la antigüedad tenían acceso a piedras poderosas similares, y también al conocimiento de cómo usar y dirigir la energía que contenían. Esto es parte del conocimiento antiguo que hemos perdido. Parece que ha llegado el momento de volver a utilizar esta información en nuestro período de tiempo.

D: *La persona promedio no va dentro la habitación dónde está la piedra.*
J: No pasan de esas áreas No es seguro.
D: *No tienen la capacitación para poder aguantar esa energía.*
J: Es dejar ir. En eso he estado trabajando tanto en esta vida, solo dejar ir. (Una revelación.) ¡Oh, acaso no es increíble! Nosotros los que podemos trabajar con la piedra sagrada, pusimos un pedacito de ella en las pirámides para esos faraones. Y por eso la gente puede morir si entran a esas partes de las pirámides. En realidad, esa piedra es tan poderosa que solo puede haber una pequeña pieza allí. Y los que entraron en las pirámides después, en el tiempo de ahora; los asaltantes de tumbas hablan sobre las maldiciones. No hay maldición. Es la piedra.
D: *Es sólo energía, y probablemente no es compatible con todos.*
J: ¡NO! ¡NO!
D: *Y lo perciben como algo negativo.*
J: Pero mira, la piedra manifiesta cualquier cosa. Ese es el secreto de la piedra. Y si su corazón no es puro, es por eso qué pueden ser destruidos, porque se acercan a esa energía pura.
D: *Manifiestan sus temores, sea lo que sea. (Sí) Eso tiene sentido. Pero ¿qué tipo de piedra es la principal?*
J: Eso es gracioso, porque pensarías que tendría que ser una piedra especial. Pero es una cosa doble. Los cristales trabajan bien, y es difícil encontrar un buen cristal puro. Y después tienes el cristal puro, y lo llevas a la energía sagrada. Y eso es lo que hace al cristal

especial. No es que el cristal en sí es especial. (Risita) ¿No es gracioso? La gente compra todos estos cristales ahora, y piensan que son los cristales los que los están ayudando. (Risita) Es la energía. No es el cristal mismo. Es la energía divina.

D: *¿Pero es como una piedra de cristal?*

J: Bueno, no, eso es lo único que puede, en lo físico, aguantarlo, además de estos cuerpos que han acordado a eso. Nosotros usamos los cristales grandes, porque cuando vamos a nuestro lugar en común y nos abrimos a esa energía, ese cristal puro puede sostenerla por nosotros. Es casi como las baterías de Energizer. La podemos guardar allí, y después nosotros salimos a trabajar con la gente.

D: *Puedes tomar la energía contigo y usarla.*

J: Sí, y darla. Y luego tratar de ayudarlos a ver. Les podemos dar una buena ración, porque la alquimia del oro en los brazaletes ayuda para que no se lastimen. Y entonces la energía se queda con ellos un poco más. Con sólo tocarlos puedo dárselas bien, porque las joyas lo amplifican. También los protege de sí mismos, porque esa energía brillante pura es muy fuerte.

D: *¿De dónde proviene esta energía?*

J: Viene de otras fuentes de energía. De lo más extremo de la misma. (Suavemente) La fuente de Dios.

D: *¿Cómo puede ser dirigida a esa cámara única? ¿Acaso no estaría en todas partes? Se disiparía.*

J: Cuando reencarnamos en este plano físico, los que cargamos la energía, hicimos un acuerdo. Y en realidad tenemos esa energía dentro. Hay una alquimia en ese cuerpo. Y eso le causa mucha inconveniencia al cuerpo cuando encarnamos. Por eso los riñones de Jane seguían dejando de funcionar en su vida actual, porque era la filtración del karma de esa alma, ese espíritu. Porque pase lo que pase, debemos tener esas malas experiencias, porque queremos saberlo todo. Pero esas energías existen. Así que cuando vienen a este cuerpo en ese estado tan poderoso, hay tanta, tanta limpieza, que los riñones no podían soportarlo.

Jane tuvo varias situaciones de enfermedades serias cuando era niña y casi muere. Pasó meses en el hospital y los médicos luchaban con síntomas inusuales y desconocidos.

J: Por eso se puso tan enferma y por eso tuvo que estar en el hospital. Fue esa energía que trajo consigo.

D: *¿Por qué no se pudo quedar esa energía con el cuerpo en Egipto?*

J: Bueno, técnicamente no. Esa energía blanca en el templo de sanación, - eso es lo que es, un templo de sanación – podríamos poner la energía dentro del cristal por lo que haría más rápido que entremos y nos re energicemos. Y eso le dio un enfoque.

D: *Pero yo pensaba que cuando el alma dejó ese cuerpo, esa energía se quedaría con ese cuerpo. Y no traerlo a esta vida. Porque el cuerpo en Egipto es el que lo dirigía, trabajando con esa energía.*

Mi primera preocupación es ayudar a sanar el cuerpo en la presente encarnación. Así que yo trataba de separar a las dos personalidades para que le energía remanente dejara de dañar el cuerpo de Jane.

J: Sí, pero estamos aquí para traer esa energía. En realidad, es el espíritu el que lleva esa energía. Y ese espíritu va con ese cuerpo. Así que es el espíritu que posee eso. Y entonces es el grado en que el espíritu va a estar en ese cuerpo en lo físico. Yo no creí que fuera así de técnico, pero de verdad lo es. En Egipto, en ese tiempo en ese cuerpo, la alquimia de lo físico era una cosa. Pero los azúcares, los contaminantes del cuerpo en este tiempo físico, el ambiente, el aire. Incluso el sol es diferente. En Egipto casi podías salir a caminar y ser curado por el sol. Y ahora en esta vida hay tanta basura en ese aire, que el cuerpo presente, cuando sale a jugar, y trata de curarse, no puede. Cuando se operó este cuerpo fue difícil manejar el dolor. Ella pudo decir, "No, me voy de este cuerpo. Estoy fuera de aquí." Y este cuerpo es realmente afortunado, por el equipo de encarnación, los padres, el amor. El amor, especialmente de esa madre a este cuerpo. (Risita) Podía escucharla desde el otro lado llamándome para que encarnara. Y yo esperé un tiempo, porque yo sabía que esta vida no iba a ser muy divertida.

D: *(Tratando de hacerla volver a la historia original.) Pero es interesante para mí que el espíritu pueda traer esa energía aquí.*

J: Pero mira, eso es lo que es el espíritu, es energía. Todos somos una chispa de Dios.

D: *Sí. Pero el cuerpo físico en Egipto fue expuesto a esa energía y supo cómo a trabajarla. Por eso estoy sorprendida que esa energía aún permaneciera con el espíritu.*

J: Realmente no era que estuvieran separados. En el océano del amor y misericordia, está toda esa luz blanca brillante. Y después nos rompemos en una chispa pequeña. Y después reencarnamos. Y cuando ella vino de esa encarnación en Egipto, mucha de esa luz blanca vino con ella. Y luego queríamos traer esa luz blanca en el ahora. Y cuando lo hicimos, debido al ambiente ... quiero decir, no era esa energía de entonces y esta energía de ahora. Porque es todo ahora. Es sólo un cambio repentino, y por eso, debido al medio ambiente, es ahora el problema.

D: *Pero la energía, dijiste que proviene del omnipotente, la Fuente. E ingresó y se dirigió a este cristal. ¿Fuiste entrenado para saber cómo crear y dirigir esta energía?*

J: No. Naces con eso. Lo aprendiste. Pero no puede ser enseñado en este plano. Lo llevas contigo de tus otras escuelas en otros planos.

D: *Me pregunto si fuiste enseñado junto con otros cómo crear esta energía con el cristal en ese lugar.*

J: No, en ese entonces era más duro para los padres, porque los niños sólo lo hacían. ¿Cómo te explico esto? Sólo lo hacíamos. El niño simplemente lo hacía. Y por eso este niño tenía que estar alejado de los padres y de las cosas físicas, porque el cuerpo hacia cosas. Si aquellos padres lo hubieran visto, se habrían asustado. Habrían estado demasiado sorprendidos. Porque de niño, cuando encarnas, solo lo haces. Y en el tiempo de las pirámides cuando la criatura nacía, sucedían cosas cuando ese bebe era pequeño. Así que los padres sabían que este bebé iba a ser llevado a esta escuela. Tomado al templo, dónde aquellos que también hacían esas cosas fueran capaces de criar a ese niño, porque esos padres sabían que no podían.

Esto fue similar al caso de Molly, contado en otro capítulo, quién tenía increíbles habilidades en esta vida como bebé y niña muy pequeña, lo que asustó totalmente a sus padres.

D: *Tiene que ser en un ambiente diferente. (Sí.) Pero allá había otros allí también contigo.*

J: Y ellos nacieron así también.

D: *Y fueron traídos allí. Pero dijiste que este templo está cerca de las pirámides. ¿Puedes verlos?*

J: Sí. las pirámides están alejadas. Tenían el templo a una altura, un lugar más alto. Y después puedes mirar afuera, y puedes ver dónde están las pirámides.

D: *¿No crees que ese templo haya sido alguna vez descubierto?*

J: No. El templo se dejó como polvo, porque era su tiempo. No era su momento de ser conocido, como lo fue para las pirámides. Y hay algo sobre la Esfinge. La parte gato y la parte de la cara. Eso es gracioso. Es casi como si alguien supiera mi apego a la estatua del gato. El templo tuvo que ser disuelto. Por eso construyeron la Esfinge.

D: *¿El templo estaba allá antes que la esfinge?*

J: Sí. Y lo único que se permitió que fuera un recordatorio de ese templo que fue destruido, es esta Esfinge. Representaba a la gente gato. Nos llamaban la gente gato, porque teníamos a nuestros gatos de oro y nuestros templos de gatos. Era para aquellas personas que necesitaran nuestra ayuda. La vida en la que estaban, no les dejaría venir al templo. Así que íbamos a ellos en gatos.

D: *¿Cómo haces eso?*

J: Verás, los gatos son muy especiales. Por eso tienen esa actitud. (Risita). Podíamos recogerlos y podíamos comunicarnos con ellos mentalmente. Si tú alguna vez intentas hablarle a un gato en lo físico, te mirarán como si estuvieras loco. A no ser que seas uno de nosotros, entonces te entenderán. Pero sosteníamos al gato y le hablábamos. Y después lo enviábamos a ayudar a alguien. Después de que terminaban, regresaban, y nos decían lo que sucedió. Por eso construyeron una Esfinge con cuerpo de gato, o de león. Por supuesto, ese es el mejor gato de todos. Teníamos leones en el templo. Eran nuestros mejores gatos. Pero, ya sabes, si envías a un león entre las multitudes de gente .... (Risas fuertes)

D: *No les gustaría eso. (Seguía riéndose con la imagen mental.) Y luego, cuando regresaron, podías entender lo que el gato ...*

J: Sí. Porque visualizábamos, y el gato nos mostraba a donde habían ido, y habían frotado a esa persona. Y tal vez esa persona se abrió al gato, y los cargaban y sostenían. Y así obtenían la energía que les enviamos.

* * *

De enciclopedia:

"En Egipto, los gatos se tenían como mascotas no solo por su ayuda, sino también por su belleza, inteligencia y gracia, y estaban asociados con los dioses. En Egipto eran consagrados al dios principal, Ra, que a veces tomaba la forma de un gato, e Isis, la diosa principal, quien se presentaba con orejas de gato. Es más, los egipcios veneraban a una diosa con cabeza de gato, Pasht, que estaba estrechamente relacionada con Isis y de cuyo nombre se cree que se derivó la palabra "Puss" (gato en inglés). Se han excavado miles de cuerpos de gato embalsamados en templos de gato, también en cementerios de gatos en diferentes partes de Egipto. Muchos otros animales fueron sagrados para los egipcios, pero ninguno, excepto el toro fue adorado en todo el país como el gato, el cual inmortalizaron además en textos de pirámide y en sus joyas, cerámica y muebles."

Quizás los arqueólogos no comprenden completamente el papel que jugaron los gatos en la cultura.

* * *

D: *¿Dónde estabas cuando el templo fue disuelto?*
J: No, yo estuve allí al principio, cuando el templo era nuevo. Cuando funcionaba con energía. Cuando les ayudaba. Si fuera ahora, solo encontraría el montón de polvo que es. En configuración a la vista.
D: *¿La destrucción fue a propósito?*
J: Sí. La gente necesitaba entrar en tiempo de oscuridad.
D: *¿Fue la disolución hecha por gente como tú, que vivían allí en ese momento?*
J: No. Creo que pensaban que eran responsable por ello. Que la energía misma, la fuente divina, estaba enfadada. Y dijo: "Bien, si no quieres mi ayuda, entonces yo dejaré de existir para ti." Y justo así, ... se fue. No era necesario estar en el plano de la Tierra. Simplemente "swoosh".
D: *¿Qué significa "si no quieres mi ayuda"? ¿Cambiaron los tiempos después que estuviste allí?*
J: Sí. La gente creía más en el oro que vestimos, que en la energía que le poníamos. Así que empezaron a hacer esas estatuas, esas malditas estatuas. Y rezaron a esas estúpidas estatuas. Y rezaron a ese oro. Y dijeron: "Ahora estoy curado a causa del oro".

Tratamos de enseñarles que no era el oro. Que era la energía, pero no lo pudieron entender. En aquella vida decidí quitarme el oro una vez y curar a alguien, porque pude ver a dónde iban. Los toqué, y murieron. Era mucha energía. Incluso me maldijeron después. Pensaban que yo los maté. Y me arrastraron y me apedrearon hasta morir. Después que dejé de usar el oro, ahí fue cuando esos tontos locos tuvieron la idea de que era el oro que los estaba curando. No sabían, por supuesto. No pudieron comprender a no ser que tuvieran un hijo en su vida como éramos nosotros. Y aunque los padres trataron de explicar, ya era demasiado tarde.

Esta parte sobre el templo disolviéndose sonó muy, muy parecido a lo que sucedió a los templos del Sol y la Luna en la historia de Bartolomé en el libro uno.

D: *Yo habría pensado que la energía simplemente podría irse, pero el edificio permanecería.*
J: Por lo que habíamos podido hacer, era como molecularizar a Dios, en cierto sentido. Y cada pequeña parte de ese templo tenía esa energía, especialmente en esa área. Y por eso tenía que ser disuelto, porque si la gente entraba allí después, hubieran muerto. Así que tomaron todo el oro, por la energía que el oro tenía. El oro todavía curaba a la gente.
D: *Así que eso hizo algo bueno.*
J: Oh sí. Pero el templo mismo, y la pieza de cuarzo, la piedra sagrada, se convirtió en polvo al disolverse. (Una revelación.) ¡Oh, por todos los cielos! Cuando miras a la arena en esa área, ves un poco de piezas cristalinas. Y son las piezas pequeñas de la piedra sagrada. Pero la piedra ha tenido que ser rota en esos pequeños fragmentos para que no mate más.
D: *¿Pero todavía hay mucha energía en esa área, no es así?*
J: ¡Claro que sí! Y a eso le llamamos, una rosa es una rosa es una rosa. Y cuando lo divino está de acuerdo con algo, no solo cambia de opinión como hace el humano. (Risa) Sí, eso es lo que hace.
D: *Así que el templo estaba allá al mismo tiempo que las pirámides.*
J: Sí, las pirámides eran más antiguas.
D: *¿La Esfinge vino después?*

J: Sí, porque después de que el templo se fue, aunque la gente no entendía lo que hacíamos, estaban agradecidos por el oro. Y el misterio de la gente gato se convirtió en una leyenda. Los sacerdotes no podían continuar con lo que hacíamos porque no conocían nuestros secretos. Crear una leyenda fue lo mejor que pudieron hacer.

D: *¿Para que usaban las pirámides en esa época?*

J: Eran como los satélites de ese templo. Como dije, tomamos un pedacito de la piedra sagrada de nuestro templo y lo pusimos en la pirámide, porque era para honrar a los grandes. Los grandes faraones. Y eran geniales. Ellos fueron los elegidos para trabajar con la gente. Los faraones nacieron con sus secretos, así como nosotros nacimos con nuestros secretos para curar y ayudar a las personas. Y nosotros los del templo éramos de energía extranjera, y los de las pirámides eran de otra energía. Y la energía de la pirámide tenía más de lo negativo. Por eso todavía existe, porque pudo asimilarse a este entorno mucho más fácilmente. Y era la manera de intentar llevar y explicar algo del gran templo. (Pausa) Nosotros fuimos quienes sobrevivimos a Atlantis y su destrucción. Ese fue el primer lugar donde se trajo esa energía. Y ahí es donde aprendimos primero que la energía tenía que ser protegida. Tenía que ser en ese templo especial, porque ese fue el primer lugar en que la energía divina fue usada. Y tan pronto como esa gente loca empezó a tener sus ideas locas... no puedes tener ninguna negatividad alrededor de lo que es divino. No es porque lo divino lo apunte y diga, "¡Oooh, eso es malo!" – No es así. Lo divino no hace eso. Lo divino está más allá del bien y del mal. Pero lo que sucede es que, si tienes eso negativo y lo traes a lo divino, se multiplica. Esa era la parte más sorprendente. No era así en los tiempos de Atlantis. No es que fueran malvados. No es que eran perjudiciales, pero fue el comienzo de lo negativo. Supongo que el Grande se dio cuenta de que no estábamos aprendiendo lo suficiente siendo positivos. Eso es lo que el espíritu es. El espíritu nunca se detiene. Y no podemos dejar un cuerpo y pasar al otro.

D: *Sólo llevas la información de una vida a otra.*

J: Sí. Hubo algunos a quien se les dijo sobre la Atlántida, y que su final se aproximaba. Eso fue muy difícil para nosotros, porque creíamos que podíamos enseñar. Y no era que no pudiéramos enseñar. La alquimia de los cuerpos estaba cambiando. Y esa era la parte que estaba llevando a la destrucción de la Atlántida. Por eso tenía que ser destruida en su totalidad otra vez en Egipto, porque esa energía no se podía quedar suelta.

D: *¿La energía se había vuelto muy poderosa?*

J: Sí. Dejé ese templo y me he ido a la antigua Atlántida ahora. Lo puedo entender mejor si tengo los pies en la Atlántida, porque, Oh, era tan hermosa. Y yo estaba decepcionado cuando dijeron que tenía que llegar a su fin.

D: *Pero la energía estaba siendo mal usada en Atlántida, ¿no fue así?*

J: Oh sí. Lo llamaron el siguiente paso. ¿Puedes creerlo? A eso lo llamaron el siguiente paso. Lo llamé salto al acantilado. Porque si puedo saltar del acantilado y hago un ¡"salpicadero"! ¿Qué he aprendido? Aprendí que puedo "salpicar". ¿Cuál es el punto? Pero dijeron que no era el salpicar, fue la caída. Aprendiendo de la caída. Nuevamente, estamos tratando de ver una dirección y estamos hablando de evolución. Eso es en lo que estamos tratando de evolucionar. La alquimia del cuerpo empezó a cambiar. La alquimia de nuestros cuerpos entonces... ¡oh, Dios mío, ¡lo que nuestros cuerpos podían hacer! Estos cuerpos aún pueden hacerlo. Pero la alquimia empezó a cambiar, y así que la energía empezó a cambiar. Después no podíamos acercarnos a los puros. Teníamos que estar más y más y más lejos de ellos. Y por eso ahora podemos ir a ese cuerpo. Todavía se esconde debajo de todas esas capas.

D: *¿Todavía posee el conocimiento?*

J: Sí. Y por eso podemos mirarlo y decir, "De acuerdo, Voy a sanar esto." (Risita) Y por eso este cuerpo tiene una gran dificultad para sanar esta parte, (Apuntó al centro de su frente) porque no podía aceptar esa parte divina.

D: *¿La parte del tercer ojo? (Sí)*

Yo quería regresar a la información sobre la Esfinge.

D: *Estabas hablando de la Esfinge. Dijiste que fue creada después, en memoria de la gente gato. ¿Tenía la cara que tiene ahora?*

J: No, era más bien una cara de mujer, la rehicieron después.

D: *Eso es lo que he escuchado. La gente ha dicho que la cara original era diferente.*

J: La cara original era hermosa. Era una mujer. Era una hermosa, hermosa mujer. ¡Oh, acabo de ver algo! ¿a quién apedrearon? Esa es la cara que pusieron.

D: *¿Quién eras en aquella vida?*

J: Sí. No me di cuenta de que pensaban que era tan hermosa. (Risita) No lo era. Era su sentimiento de culpa por apedrearme. Pero me apedrearon porque me temían, porque maté a alguien. Nunca había matado a alguien. Todo lo que quería hacer era mostrarles que su maldito oro no era lo que curaba a la gente. - También el tocado. Yo llevaba un tocado también cuando curaba. Llegaba a los hombros. ¡Ay, por eso me molestan mis hombros! De ese maldito tocado. Era muy pesado. Ah, y esa es mi culpa. ¡Eso es! Por eso me molestan los hombros en este cuerpo, porque yo pensaba que yo causé la destrucción del templo.

D: *Tú no lo hiciste.*

J: Oh, no. Lo sé ahora.

D: *¿Cómo es el tocado? Trato de conseguir una imagen mental de cómo se veía la cara original en la Esfinge.*

J: El tocado tenía como un arco en el hombro, y luego subía, y luego cruzaba. Y tenía una elevación. Intentaron hacerlo como un sol alrededor de la cabeza. Trataron de representar el resplandor de energía que tratábamos de irradiar hacia afuera. Se ajusta sobre la cabeza. Y hasta los hombros, y debajo de esta manera, y afuera a la patas. Y así pusieron esa parte en el cuerpo del gato. Originalmente era nuestra pieza de hombro a ese tocado, porque era como un manto que nos poníamos. (Aparentemente aquí ella cambió y comenzó a describir su propio tocado de nuevo.) Y había joyas en la parte superior. Tal vez eran como diamantes, tal vez eran como cristales, pero esa parte estaba clara, y estaba fija en el oro. Y era terriblemente pesado, es lo que esa maldita cosa era. Y el recuerdo de ello causó dolor en el hombro en esta vida presente. El dolor también fue causado porque yo pensaba todo este tiempo que yo había causado la destrucción del templo. Las patas salían de la parte del hombro del tocado. Era como si se echara el gato, y luego tú pones el manto en parte superior así las patas salen al final. Pero esto era parte del manto de ese tocado.

Hizo mociones de mano demostrando la pieza del hombro bajando hasta sus muñecas, con las manos sobresaliendo únicamente.

J: Y por eso la cabeza de la Esfinge tenía que haber sido mucho más grande, por el tocado. Y por eso se vino abajo, porque esa pieza del manto no aguantó la intemperie.

D: *¿Cambiaron la cabeza a propósito, o se cayó sola?*

J: Bueno, fue lo femenino. Los faraones, los chicos con las pirámides que todavía están allí, no estaban muy interesados en tener a esa gran mujer allí. (Risita) Entonces lo hicieron más genérico, porque ahora no parece exactamente un hombre o una mujer.

D: *Correcto. La cabeza es muy pequeña para el cuerpo.*

J: Sí, demasiado pequeña para el cuerpo. Los faraones la hicieron más pequeña, porque querían ponernos en nuestro lugar a medida que pasaba el tiempo. El cuerpo era de gato. Y tan proporcionalmente intentaron poner la cabeza de un humano sobre un gato. Y después hicieron los cálculos. ¿Qué es sesenta y dos veces? Sesenta y dos veces el tamaño del cuerpo del gato, tenía que haber sido la relación. Sesenta y dos, algo así. Tal vez eso fue. Has visto las cosas que los faraones usaban sobre sus cabezas. Lo obtuvieron de nuestro manto.

D: *Se habla de algo debajo de la Esfinge. ¿Sabes algo de eso?*

J: Tal vez es parte de nuestro antiguo templo. ¿Tal vez se construyó a la Esfinge encima de donde estaba nuestro templo? ¿Es así? ¿Secretos?

Durante toda esta sesión, Jane parecía estar recibiendo información que la sorprendía, que lógicamente no esperaba. Además, muchas de sus respuestas fueron casi susurradas. Muy suave, pero la grabadora pudo captarlo.

D: *la gente ha dicho que quizás hay algo debajo de las patas de la Esfinge.*

J: Debajo de la parte del cuerpo. Guardaron algunos de nuestros secretos en esa parte del cuerpo, antes de que el templo fuera destruido. Porque si registramos parte de nuestro aprendizaje. Los aprendizajes se guardaron.

D: *¿Puedes ver dónde está situado?*

J: Sí, el gatito está sentado en el. (Risas) ¿Alguna vez has visto a un gato cuando ha capturado a un ratón, y está orgulloso de sí mismo? Se sienta en él. Eso es lo que la esfinge ha estado haciendo. (Risa)

Esta descansando en su gran captura, en su gran premio. Las patas, tal vez esa es la manera en que ingresan. Por supuesto, claro, eso es. Ahí es donde entras. Casi lo puedo ver. Debajo de las patas hay una entrada. Y lo hicieron así a propósito, porque en nuestro templo original... ¿recuerdas que te dije que poníamos la parte más energetizada en la parte trasera? Pienso que quizás pudieron poner allí parte de la arena del templo que fue destruido. (Risa) Y nadie ... (Encontró esto divertido) esto es curioso. Van a pasar por debajo de esas patas, van a encontrar la entrada, van a estar muy emocionados. Van a volver a entrar ahí, y van a encontrar (Risas)... polvo y arena. Y van a decir, "¿Para esto?" (Risa) Dirán, "Oh, que cosa, esto ya fue allanado".

Eso sin duda sería un shock para los descubridores, porque no se darían cuenta de la importancia y el simbolismo de la arena unida a la energía original del templo de sanación.

D: *Esperan encontrar registros y cosas así.*
J: Hay registros. Pero les tardará tiempo tratar de descifrarlos, porque era nuestro lenguaje secreto.
D: *¿Hay manera de encontrar esa sección si encontraran la entrada?*
J: ¿Laberintos? Pienso que hicieron un laberinto. (Pausa) Se supone que no debo decir.
D: *¿Qué es lo que no debes decir?*
J: Bueno, los que no fueron destruidos en el templo estaban enojados. Así que hicieron esto muy, muy difícil. Y no lo van a hacer fácil para nadie. Aquellas cosas fueron enterradas. Pero cuando la gente logre entrar, encontrarán un idioma completamente diferente que no han encontrado antes. Diferente de lo que normalmente piensan que se habló en aquel entonces, porque teníamos nuestras propias maneras. Y no fue tanto que tuvimos nuestras propias maneras. Es qué fue lo que nos enseñaron. Era tan bonito poder estar en ese templo, porque era una manera muy diferente de ser de lo que era fuera del templo. Teníamos nuestros propios idiomas. Teníamos nuestras propias habilidades. Teníamos nuestra propia manera de hacer todo. Pero tenía que ser diferente, porque nuestra energía era tan diferente. Y era lo mismo en la Atlántida, para que aprendiéramos más. Teníamos que establecer el templo, porque con nuestras pláticas con lo divino y

lo que tratábamos de aprender aquí, suplicamos que aun pudiéramos enseñar. Pero el divino dijo, "No van a aprender." Y nosotros dijimos, "Nos tienes que dar una oportunidad." Y el divino dijo: "Muy bien, aquí". Eso es lo que hizo. Y él dijo: "Pero tienes que estar totalmente separado, totalmente diferente, totalmente …" Así que cuando entren allí, no van a entender lo que encuentran. Ni siquiera sé si los jeroglíficos....

D: *¿Los tallados?*

J: Sí, sí. Ni siquiera sé si entenderán esos. Van a estar tan asombrados. Me pregunto si finalmente se les permitirá entrar allí. Pero supongo que con las cosas que vienen, las cosas que vienen ... (Suavemente) quizás. Así que estarán confundidos. (Risa)

D: *¿Puedes ver, si la entrada por debajo de la patas será difícil de encontrar?*

La razón por la que insistía en obtener más detalle fue porque tenía una sesión con un amigo sobre lo mismo tan solo una semana antes. Ella está trabajando con investigadores en Egipto, como a psíquica, para intentar descubrir túneles ocultos. Ella ya había estado abajo dentro de la parte de debajo de las patas, entre la Esfinge y la pirámide. Ella planeaba regresar e investigar más.

J: Está escondido en plena vista. Es así de obvio. Energéticamente, creo si fuera allí, podría simplemente decir: "Empiecen cavando aquí, muchachos". Es muy profundo. Hicieron todo lo posible para hacerlo complicado, pero no imposible. Los que hicieron esto entendían que la lógica sería ahora, y así que lo usaron en su contra. (Risita) Así que, si tratan de hacer una progresión lógica, solo se van a alejar más. (Ella encontró esto divertido.)

D: *Pero cuando lleguen a entrar allí abajo, van a encontrar un laberinto.*

J: Eso es lo que los va a detener, porque hay tantos callejones sin salida diferentes. Y hay muchas áreas entre donde están las patas y la espalda.

D: *Pero solo las personas adecuadas podrán encontrar eso, ¿no?*

J: Bueno, ellos son los que han preguntado. Ellos han pedido traer eso al ahora, porque les va a llevar mucho tiempo entenderlo. Puede que no sea tan impactante para ellos, porque las imágenes mostrarán que el cuerpo puede curarse a sí mismo. Pero no lo van a entender.

Después pregunté las preguntas que Jane quería saber. Este era el verdadero propósito de la sesión. Solo incluiré comentarios que relatan la historia. Los demás pueden no ser pertinentes.

Le pregunté al subconsciente cómo se relacionaba esa vida en Egipto con los eventos de su vida actual.

J: La experiencia más grande es darse cuenta de que ella no destruyó el templo. También la cuestión del hombro. Cargó mucho de eso en esta esta vida.

Ahora sabíamos que la incomodidad se podía quitar, porque habíamos encontrado el origen del problema.

J: Lo que ella necesita entender es que lo divino, sí, puede controlar. Y a veces, cuando entramos en lo físico, pensamos que solo estamos probando cosas, pero no es eso. Ella pensó que ella era la causa de la destrucción del templo.
D: *Ella no tuvo nada que ver con eso, pero fue apedreada.*
J: Era hora de que se le mostrara a la gente que no era el oro lo que hacia la curación. Pero el divino lo sabía, y se le mostró que sería apedreada por eso. Ahora, ¿por qué se le olvidaría eso? ¡Vaya! Se olvidó porque era tan terrible. Eso tiene sentido. Pero era tiempo que la conciencia hiciera un cambio. La gente necesitaba hacer ese cambio. Excepto que ese fue un gran paso hacia atrás. Hubo miles involucrados cuando la apedrearon. Y fue una gran tragedia.
D: *Sí, lo fue, porque muchas de las habilidades y el uso de energías se perdieron en ese momento.*
J: Y por eso se ha ganado el privilegio de traerlo de vuelta en esta vida.
D: *Por eso vino a esta vida con tanta energía, que tuvo que estar en el hospital cuando era una bebé. ¿Para aprender a asimilar las energías, para que el cuerpo pudiera manejarlas?*

Jane tuvo que permanecer en el hospital durante meses cuando era bebé debido a síntomas inusuales que los médicos nunca pudieron entender. Aparentemente era hora que el cuerpo asimilara y pudiera adaptarse a la alta energía que llevaba en esta vida de la vida en Egipto. Pero esto también ha sido rastreado a antes de eso. A la vida en Atlántida cuando el uso de estas energías era algo común.

J: El divino ha estado trabajando con personas así, para que puedan tener esas experiencias fuera de lo común. Eso es natural. En la época de Atlantis si no lo hacías es porque había algo mal en ti, era algo que se hacía naturalmente. Y lo que hacíamos en aquel entonces en Atlántida ... caminábamos dentro de lo negativo. Y después de caminar tantos años fuimos más y más profundo, más y más profundo, hacia lo negativo, ahora hemos aprendido a dónde nos lleva lo negativo.

A Jane se le había permitido recordar este conocimiento para que lo utilizara para curar en su vida actual. Las energías estaban disponibles, en realidad nunca se habían ido. Habían estado esperando en un estado durmiente hasta que ella reencarnara en una vida en la que pudiera hacer uso de ellos. El conocimiento de cómo usar estas habilidades saldría a la superficie de su mente consciente, y se volvería muy fácil y natural usar estas energías para su trabajo de sanación. Estoy descubriendo que muchas, muchas de las personas vivas ahora están aprovechando estas energías latentes, porque ahora es el momento de revivirlas. y darles un uso positivo.

J: Construyeron la Esfinge por ella, porque amaban lo que hizo. Pero también le temían, y es por eso qué enterraron los secretos profundamente debajo de ella. Porque sintieron que ella era la única que lo sabía. Y así que cuando ella murió, el templo fue destruido. Había tanto miedo, que los enterraron profundamente. Y construyeron la Esfinge para honrarla, y con eso esperaban también apaciguarla para que no hiciera más daño a la gente.

Eso debe también haber sido muy alarmante para la gente cuando el templo estaba siendo totalmente destruido y disuelto a un montón de polvo y partículas. Es fácil ver cómo eventos antinaturales pueden crear leyendas, monumentos e ídolos para simbolizar lo que ocurrió. En años más tarde, la gente tendría la historia completa sobre los eventos (debido a sus componentes antinaturales) y otras explicaciones podrían ser presentadas por aquellos en el poder. Sobre todo, si quieren descreditar el evento original. Este ha sido el papel de muchos gobernantes y sacerdotes a lo largo de la historia, y la razón por qué gran parte de nuestra historia de la Tierra (especialmente los tiempos antiguos) se ha perdido. Parte de mi trabajo ha sido traer esta historia a nuestro tiempo.

* * *

Hubo una consecuencia extraña y bastante inusual de esta sesión. Fuimos a la ciudad de Kansas, Misuri, para asistir a la conferencia de la Iglesia de la unidad. Mi hija, Nancy y sus niños estaban en el hotel donde se realizaba la conferencia, vendiendo mis libros en un puesto designado. Cuando se terminara la conferencia nos regresaríamos a casa en Huntsville, con una escala en casa de mi hija Julia en Lamar. Mientras tratábamos de encontrar la calle correcta que nos llevara a la autopista fuera de la ciudad, nos perdimos y llegamos a una calle desconocida. Pasamos un enorme templo Masónico. Estaba completamente asombrada de ver dos estatuas enormes, una a cada lado de los escalones que conducen al edificio. Eran estatuas de esfinges echadas. Tenían la cara de mujer y un inusual tocado sobre su cabeza que cubría hasta la mitad de la espalda y los hombros por debajo de la coyuntura de las patas. Ambas estatuas parecían ser idénticas. Me quedé estupefacta y comencé a contarle a Nancy sobre la coincidencia con la regresión que acababa de terminar. Manejamos por varias cuadras antes que le pidiera a Nancy que se diera la vuelta y regresara. Yo quería salir del auto y mirar las estatuas más de cerca y además yo quería tomar algunas fotos. Regresamos y nos estacionamos. Tomamos fotos a las estatuas por todos los ángulos. Yo quería prueba visual y algo sustancioso para usarlo como referencia en el libro, y para ayudar a mi investigación. Seguí preguntándome por qué los masones de Kansas City tenían este símbolo de la esfinge. Definitivamente era una desviación de la versión tradicional de Egipto. Sabía que tendría que investigar el trasfondo de este símbolo. Además, ahora yo sabía que la regresión había tenido una base de hecho, y yo debía escribir sobre eso. ¿Quién sabe lo que podría descubrir? Además, tenía ahora la certeza que no había sido un error que nos fuéramos por la calle "equivocada".

* * *

Desde que tuve esta regresión, he intentado encontrar a través de la investigación alguna evidencia de que realmente existió una esfinge con cabeza de mujer, pero ha sido en vano. He encontrado mención de que se pensaba que existió una segunda esfinge gigante al lado opuesto del Nilo, pero no he podido encontrar nada más al respecto. Me han dicho que hay muchas, muchas esfinges en Egipto, y alguna de ellas tienen cara de mujer, pero normalmente se representan con alas. Un sitio de Internet decía: "Rara vez se representaba a la esfinge egipcia como una mujer. Cuando simbolizaba la diosa Isis y/o la reina gobernante." Este mismo sitio web dijo que en tiempos antiguos había un templo al Sol que yacía frente a la Gran Esfinge para recibir ofrendas al Sol naciente. (Otra vez la referencia al oro representado por el Sol.)

Hay muchas, muchas pirámides de varios tamaños en Egipto. La Esfinge y pirámides principales son las que conocemos que están cerca del Cairo.

Si no podía averiguar nada más acerca de la antigua esfinge, decidí averiguar por qué los masones de Kansas City colocaron las estatuas de esfinges con cabeza de mujer en la entrada de su templo. Me encontré con resultados sorprendentes. La magnífica estructura es el templo del rito escoces, situado en el 1330 Linwood Bulevar, en Kansas City, Misuri. Fue construido en 1928, y Jorgen C. Dreyer fue el arquitecto y escultor de las estatuas de esfinge. Finalmente pude contactar a alguien con autoridad en el templo y estaba confundido por mi pregunta, "¿Por qué las esfinges en la entrada del edificio tienen la cara de mujer?" Él dijo que nadie le había hecho esa pregunta antes. Dice que pasan todos los días por las estatuas para llegar al trabajo cada mañana, y nunca se había cuestionado eso. Pero, sí, ¿por qué un lugar Masónico, - una organización orientada a los hombres, - tiene estatuas de una mujer en su entrada? Él dijo que se supone que el edificio y estatuas son una copia exacta de la sede del Rito Escocés en Washington, DC. Este fue construido a finales de 1800 durante la era Napoleónica, cuando la arquitectura egipcia estaba influyendo fuertemente en los edificios en América.

Fui al internet a encontrar más información sobre este edificio en Washington que precedió al de Kansas City, pero el misterio se profundizó. Se suponía que eran copias exactas cada uno del otro. La arquitectura del edificio lo era, pero no las estatuas. Las esfinges en

Washington que flanquean los escalones son masculinas. No son idénticos, uno tiene los ojos abiertos y el otro los ojos cerrados. Se dice que representan la sabiduría y el poder.

Intenté encontrar más información sobre el escultor, Jorgen C. Dreyer, para descubrir por qué esculpió las estatuas como mujeres. Ahí había información sobre el hombre y el edificio, pero no sus motivos. Del sitio web de la Biblioteca de Kansas City: "Las esfinges del Templo del Rito Escocés se completaron en 1928 y pesan 20,000 libras cada pieza. Cada una de las dos cabezas femeninas están sobre cuerpos de león con detalles de grifo y llevan un medallón que representa la orden masónica". Traté de averiguar más investigando los archivos del periódico en la fecha de dedicación al edificio en 1928. Pensé que habría más mención de por qué las estatuas fueron diseñadas de esa manera. Pero otra vez sin suerte. El Kansas City Star ya no permite que nadie vea sus archivos. ¿Cómo suponen que la gente haga sus investigaciones si no se puede tener acceso a los archivos de periódicos antiguos?

Tampoco tuve suerte de encontrar ninguna mención de "La gente gato", excepto que se sabía que los gatos eran muy respetados y adorados en Egipto.

Así que decidí seguir adelante con este libro a pesar de que no me gusta dejar cosas sin terminar. Quizás alguien por allí tenga las respuestas y pueda compartirlas conmigo.

Esfinge con cabeza de mujer a la entrada del Templo del Rito Escocés, Kansas City, Missouri.

Poder   Sabiduría

Esfinges con cabeza de hombre en el Templo del Rito Escocés en Washington, D.C.

CAPÍTULO 4

LA DIOSA ISIS

Esta sesión se realizó mientras yo estaba en Las Vegas, Nevada, hablando en una conferencia en abril del 2002. Ingrid era una mujer pequeña de unos cincuenta años que había sido criada en Sudáfrica. Tenía acento, pero me acostumbré a él durante la sesión. Los acentos siempre me dan problemas. Tengo que escuchar muy de cerca. A veces, el tema no será tan profundo si el inglés es su segundo idioma, pero en el caso de Ingrid eso no parecía hacer alguna diferencia. Ella se fue profundo rápidamente. Incluso ni tuve oportunidad de preguntarle dónde estaba cuando descendido de la nube. Empezó con un estallido emocional. Tuve que encender el micrófono rápidamente.

I: Vine aquí para hacer ¡paz! Otros no comprenden nuestros caminos. Pelean mucho. Destruyen tanto. Hemos estado tratando de traer algo de equilibrio, pero no lo entienden.

Estaba tan emocionada que estaba al borde de las lágrimas. Me preguntaba qué causó este arrebato. ¿Estaba relacionado con una vida pasada, o era algo que Ingrid había estado guardando en su interior durante mucho tiempo?

I: No deseo venir aquí, y mis ancianos me forzaron a venir aquí, porque el planeta necesitaba un cambio. Y vine. (Llorando)
D: ¿Has estado en la Tierra por mucho tiempo?
I: Estuve aquí hace treinta y seis mil (36.000) años, en el tiempo de Menfis. (Sus palabras fueron difícil a entender porque ella estaba sollozando.) Después vine de Sirio a hacer bien la destrucción en este planeta.

No puedo liderar, pero debo permitir que el sujeto cuente su propia historia. ¿Se refería a la destrucción de la Atlántida?

D: *¿Vivías aquí en el tiempo de la destrucción?*
I: Vine después de la destrucción. A ayudar a la gente. La raza que hubo en la Tierra.

Calmó su emoción. Era más fácil de entender.

I: Los supervivientes. Para enseñarles las nuevas maneras. Para enseñarles el amor. Para enseñarles armonía. Para enseñarles la unidad.
D: *¿Vinieron otros contigo?*
I: Fuimos pocos los que venimos en una nave. Aterrizamos en el lugar que hoy conoces como Egipto. Algunos de los sobrevivientes estaban allí, porque eso era parte de la Atlántida. Una porción importante de Atlántida está debajo del océano. Y mucha tierra nueva surgió. Egipto era parte de la Atlántida.

Su pronunciación era muy deliberada, como si los nombres de estos países eran extraños y difíciles de pronunciar.

I: Algunos de los sobrevivientes estaban en Egipto. Y hubo otros en islitas, que se trasladaron después de un tiempo a otras tierras altas.
D: *¿Pero tu habías estado viviendo en lo que llamas "Sirio"?*
I: Sí. Somos una raza o frecuencia o nivel de energía muy evolucionada. Comemos de la luz. No comemos cosas físicas, como lo hacen en este planeta.
D: *Pero ¿dijiste que otros te han hecho venir?*
I: Hay un consejo de ancianos en nuestro planeta que supervisa gran parte del cosmos. Son responsables de la vida y de la creación. Ellos crean muchas de las especies, y muchos de los planetas. Ese es su trabajo.

Esta declaración sobre la creación de nuestra especie no me sorprendió, porque he recibido la misma información a través de muchos de mis sujetos. Eso dio resultado a mis libros, "Guardianes del jardín" (Keepers of the Garden) y Los guardianes (The Custodians), que cubren el material en detalle.

D: *¿Tienen que ir físicamente a los planetas a hacerlo?*
I: No necesariamente tenemos que ir físicamente, pero a veces si se hace. Cuando están reprogramando cosas. Cuando reestructuran cosas. Cuando rehacen especies que se han extraviado totalmente por así decirlo. Cuando los niveles de frecuencia y energía no son no útiles para la paz y la armonía.
D: *¿Originalmente crearon a los animales allí y luego los llevaron físicamente al planeta?*
I: No fueron llevados físicamente al planeta. Los diseñamos donde estábamos, y luego vinimos físicamente aquí para energizarnos a ellos. Con cualquiera de las sustancias y frecuencias que el planeta Tierra tiene; las energías y las frecuencias de este planeta.
D: *¿Así que tú también fuiste a muchos otros planetas?*
I: (Interrumpe) ¡Ay, sí! Hemos habitado, no sólo este planeta, pero muchos, muchos más. Porque somos los guardianes de este planeta, y muchos, muchos más. Estamos preocupados por lo que está pasando aquí. ¿No ves? (Se puso muy emotiva otra vez.) Con la destrucción que está pasando. (Sollozando) Les dimos libre albedrío, pero para experimentar amor, no desarmonía y destrucción. Se han extraviado.
D: *Pero dijiste que no querías venir. ¿Por qué te enviaron?*
I: (Se tranquilizó.) Me enviaron la primera vez después el diluvio de Atlántida a ayudar a las especies. Ahí otros vinieron conmigo. Ahí muchos de nosotros fuimos. Y después cuando las especies estaban listas para ser autosuficiente, nos fuimos.
D: *¿Tenían cuerpos físicos en esa ocasión?*
I: Tuvimos que cambiar nuestra estructura para alinearnos con el nivel más básico de las especies de la Tierra. Así tomamos cuerpos físicos - ¿qué puedo decir? - para estar más alineados con la estructura y las energías y los niveles de frecuencia de este planeta. Lo cual es muy bajo, y lo llamaríamos "muy básico". El sistema solar que ustedes llaman "Sirio", la estrella más brillante que tú miras en los cielos, de ahí venimos.
D: *¿Cómo eras en tu forma original de ese entonces?*
I: Somos cuerpos de luz ahora. Sólo frecuencias de energía. Nos ves como luz. No nos ven verdaderamente como una forma física, solo seres de luz.
D: *¿Entonces vivías en uno de los cuerpos que orbitan a Sirio? ¿Es eso lo que quieres decir?*

I: Vivíamos en Sirio.

D: *Pero yo pienso que una estrella es como nuestro Sol. Sería ser muy caliente y luminosa.*

I: No es solo brillante. Es brillantemente brillante. Pero nuestras frecuencias y nuestras energías están alineadas con ese sistema. Como sus cuerpos están en alineación con el sistema de la Tierra, los nuestros también están con nuestro sistema. Nuestras frecuencias resuenan con la estrella que llamas "Sirio".

D: *¿Serías una energía que es parte de ese sol, como le llamamos? (Sí) Eso es lo que estaba tratando de aclarar. Dijiste que hay un consejo allí. ¿Están ubicados también en la estrella?*

I: Están ubicados allí, y también están ubicados en lo que ustedes llaman "el sol central". Estamos continuamente en contacto con lo que ustedes llamarían "los Señores de la Palabra".

No pude comprender esto. Pensé que había dicho Leyes, pero me corrigió y dijo que era "Señores de la Palabra".

I: Los señores de la Palabra del Cosmos, o como tú le llamarías "la Palabra". Y como nosotros le llamaríamos, "el Cosmos", o "Los señores del sol central", o los seres más altos, o los seres de luz del sol central. Ellos son parte de lo que ustedes llamarían "Dios" o Diosas, o de donde parte nuestra luz.

D: *He escuchado del Consejo, pero no de dónde estaban ubicados. ¿Pero, ellos son los que cuidan de todos los planetas?*

I: De todo el Cosmos.

D: *Hacen todas las normas y reglamentos.*

I: Sí. Hay muchas leyes, pero no son leyes controladoras. Son leyes hechas desde el amor. Son leyes que funcionan con libertad, y con amor.

D: *¿Siempre fuiste un ser de energía, o tuviste otras vidas?*

I: Tuve la habilidad de moldearme a la frecuencia de la energía. A veces tuve que tomar una forma física para elevar la frecuencia vibratoria de los niveles de energía. No solo en tu planeta, sino también a veces en otros planetas.

D: *Pero aquella vez, cuando te dijeron que vinieras por primera vez, ¿el consejo sabía que algo le iba a pasar a Atlantis?*

I: El consejo espero para que el diluvio sucediese en Atlantis. Era hora. Era demasiado tarde para salvar a Atlantis. Pero necesitaba ayudar al planeta y a los sobrevivientes, y al sistema ecológico, y otras formas de vida. Asistirle y ayudarles a su supervivencia.

D: *Porque había mucha confusión en ese entonces.*

I: Ah, la hubo. Demasiado. Muchísimo, demasiado. También fue el giro del eje, así que puedes imaginar los problemas y la destrucción con algo totalmente desequilibrado.

D: *Entonces tu trabajo fue aterrizar en Egipto y ayudar a los sobrevivientes allá.*

I: Sí, y viví allí mucho, mucho tiempo. Viví de mi tiempo de llegada, y de mi tiempo tomando un cuerpo terrenal, para poder ser parte de esta frecuencia. Y para poder resonar con esta frecuencia, tuve que adoptar un cuerpo terrestre. Y ese cuerpo terrestre estuvo en forma física durante al menos seiscientos años. La mayoría de nosotros vivimos durante ese tiempo, Hasta que la gente se convirtiera en autosuficiente. Después nos fuimos

D: *Así que viviste con ellos ese tiempo completo, con este cuerpo físico que habías formado.*

I: Así es. Y algunos de nosotros nos casamos con las especies de la Tierra para darle un ser superior que ayudara cuando nos fuimos.

D: *¿Sabía la gente que eran diferentes?*

I: Vaya, que lo sabían. Nos llamaban "dioses", porque nos conocían. Por eso a mí me conocían como Isis, la diosa. Yo era mujer. Isis, la diosa. Tomé el cuerpo de mujer. Y mi nombre entonces no era como ustedes lo conocen como Isis. Lo cambiaron un poco. Era Ezi (fonético). Ese era el nombre original. Ezi, quien ahora llamas Isis. Ayudábamos a la gente. Les hicimos entender todo sobre ecología. Les enseñamos sobre las diferentes hierbas. Les enseñamos sobre los diferentes métodos de curación. Les enseñamos cómo a elevar frecuencias. Les enseñamos sobre la unidad. Les enseñamos sobre lo que ustedes llaman "Dios". Quien nosotros conocemos como el gentil creador. Les enseñamos sobre él. Les enseñamos a amarse unos a otros, a respetarse unos a otros, a respetar el espacio de los demás. Y respetar a toda la vida. Que todo era parte del uno. Que no había separación.

D: *Supongo que estaban listos para escuchar esto después de la destrucción.*

I: Oh, estaban muy, muy listos. Estaban listos para girar. Estaban realmente listos para cambiar.

D: *¿También les enseñaste cómo construir edificios?*

I: Oh sí. Las pirámides son antiguas, querida. Más de doce mil años de antigüedad (12.000). Son antiguas, antiguas, antiguas. Más de lo que puedes pensar. Fueron hechas con una forma de energía luminosa. Esas piedras grandes que ves fueron hechas con energía de luz.

D: *¿Lo hizo tu gente de Sirio, o les enseñaste a los otros cómo hacerlo?*

I: Fuimos en parte responsables. Pero algunas de las especies que creamos mediante matrimonios mixtos también resonaron con algunas de nuestras frecuencias. Y ellos también podrían trabajar con la energía de la luz y teletransportar la mayoría de esas enormes piedras y estructuras. Y diseñar las cosas exactamente y de acuerdo con lo que nosotros teníamos planificado, así que ellos estaban en alineación con el planeta, y en alineación con Sirio. Y en alineación con recibir las frecuencias y energías con quienquiera que haya entrado en estos enormes templos. Eran realmente templos de sanación. No son, como la gente piensa que son, templos de entierros. No lo son.

Jane dijo lo mismo en el capítulo tres, "La Gente gato".

D: *Nunca pensé que fueran tumbas.*

I: No son a dónde va la gente después de morir. Son templos para elevar frecuencias para elevar energía. Para eso son. Muchas de las energías no son tan poderosas como antes, pero queda algo de frecuencia. Lo que ha pasado con el tiempo es que la gente ha venido con cambios en energías y vibraciones. Y han estropeado gran parte de la esencia original de esos templos. Lo han degradado.

D: *Han pasado muchos años también. ¿Eso haría una diferencia también?*

I: Lo hace hasta cierta medida. Pero si la gente va allí con intención pura, entonces su vibración habría sido mucho, mucho más alta. Y se hubiera mantenido como cuando se hizo, y habría ayudado a muchas, muchas, muchas personas.

D: *Pero el mundo no se quedó así.*

I: No. Hicieron que las energías y las vibraciones se contaminaran tanto, todas las formas de vida. Y han contaminado el océano. Han contaminado la tierra, los ríos, todo. Todo. Los océanos, los bosques, las montañas, su energía. está en todas partes. Nosotros respiramos eso también. Está en todas partes. Todo lo que tiene vida es afectado.

D: *Ahora ya no se puede alejarse de eso.*
I: No, está en todas partes, en todas partes.

Esto la estaba molestando nuevamente, tuve que cambiar el tema.

D: *Me han dicho que la gente en Atlantis tenía habilidades de hacer cosas con la mente.*
I: Ellos usaron mal sus mentes. Trabajaban mucho con cristales. Usaban mucha de la luz del cristal para hacer sus trabajos de energía. Estaban abiertos a esto, pero no sabían tanto como nosotros sabíamos. No sabían mucho de la terapia de luz, como sabían de la energía cristalina con la que trabajaban. Le dieron mal uso a la energía cristalina. Después la destrucción, les mostramos cómo hacer las cosas de la manera correcta y despejar sus mentes.
D: *¿Y qué me dices de la esfinge? ¿Fue construida al mismo tiempo que las pirámides?*
I: La esfinge fue construida más o menos por la misma época, como en unos mil años. La Esfinge fue construida más por los atlantes, porque usaron la esfinge para algunos de los sitios de entierros. Notaras que hay cámaras debajo la esfinge que se usaba para los sitios de entierro, o lo que también llamarías "tumbas". Ese era el propósito de la Esfinge. Y el león era el protector de esas tumbas. Ese era el sistema de creencia atlante. Eso representa la energía del león. El león es el rey de las bestias. Y se supone que debe proteger y rugir a cualquier posible ladrón de tumbas o sepulcros.
D: *Han encontrado cámaras ocultas debajo de la esfinge.*
I: Hay muchas, muchas más que aún necesitan encontrar. Y en cuanto a la Sala de los Registros, no está bajo la Esfinge. Está debajo de la pirámide principal. También hay túneles allí debajo. Muchos, muchos túneles que conducen a lugares lejanos en medio de este planeta. A Razas de las cuales no conoces. Puedes ser conducido desde esos túneles a otras razas que habitan este planeta, que viven debajo de la superficie.

Sobre las ciudades subterráneas se hablará más a fondo en el próximo capítulo.

D: *Pero la gente que está ahora encargada de la pirámide ¿no saben que eso existe?*

I: Son conscientes de ciertas cosas, pero debido al sistema de creencias, debido a la doctrina religiosa que tienen, no quieren que la gente sepa que han tenido vidas pasadas. Que han sido otras formas de vida. Que no es su religión la que reina supremo. Que hay otras formas de adorar a otras formas de adoración. Que hay otras maneras de ir a la fuente, en lugar de sus medios de ir a la Fuente.

D: *¿Son conscientes de las aberturas que van debajo de la superficie?*

I: Si, están conscientes de los túneles. Algunos están cerrados. Hay algunos que están abiertos. Pero tienen miedo hacerlo público. Al igual que tienen temor a lo desconocido.

D: *Así que no dejan que la gente sepa que los túneles están ahí. (Sí) ¿Pero se puede acceder desde dentro de la pirámide?*

I: Solo se pueden acceder desde la gran pirámide.

D: *¿Pero nunca los han explorado ellos mismos, porque tienen miedo?*

I: Tienen mucho, mucho miedo a lo desconocido. Si ellos traen esto a los occidentales, los occidentales no son como - lo que llamarías "cobarde". - No tienen miedo de explorar. Podrían tener maneras y medios de ir a través de este túnel sin sofocarse, ni ser asfixiados. Podrían ir por los túneles, pero sería más sabio que no. Porque estos túneles son muy, muy largos. Millas y millas de largo. No quieren que nadie lo sepa. Número uno sería ser el riesgo. Y número dos sería por el sistema de creencias.

D: *¿Tu gente fue responsable de edificar estos túneles?*

I: Sí, fue muy simple para nosotros. Sólo usamos energía luminosa. Y nuestra forma de transportación también era muy, muy simple. Viajamos a través de la luz.

D: *¿Cuándo hicieron los túneles usaron sus herramientas?*

I: No necesariamente tuvimos que usar herramientas. Simplemente visualizábamos mentalmente lo que queríamos crear y lo hacíamos. Y después lo creábamos con nuestra mente.

D: *¿Por qué los hicieron ir bajo la Tierra?*

I: Había una especie de la superficie que quería experimentarlo. Eran una especia muy evolucionada. Querían alejarse de la locura de la superficie. Así que decidieron ayudar a la madre Tierra e ir en sus adentros para ayudarle. Porque, como sabes, ella es un ser vivo. Así que son parte de sus ayudantes, y parte de sus asistentes Y ellos trabajar muy cercanamente con ella. Están muy muy evolucionados.

D: *¿Había gente viviendo bajo la Tierra antes de eso?*
I: No que yo sepa. Pero este vino a ser después que viniéramos aquí.
D: *¿Hicieron los túneles y luego algunas personas querían vivir allí?*
I: Sí. Tienen un nivel de frecuencia y un nivel vibratorio donde no necesita un sol físico, como tú. Pero tienen medios para obtener luz del sentido físico.

Ver el capítulo cinco, "Las ciudades ocultas". También mencionado en Guardianes del Jardín.

D: *¿Los túneles fueron construidos antes que la pirámide?*
I: Los túneles se construyeron después que se hicieran las pirámides, porque nadie debía saber sobre ellos. Solo unos pocos elegidos.
D: *¿Hay todavía descendientes de estas personas que viven bajo la superficie?*
I: Hay muchos de ellos que todavía viven, están tan vivos como tú y yo.
D: *¿Alguna vez han intentado salir de los túneles a la superficie?*
I: Ah, lo han hecho. Son muy, muy evolucionados. Tienen maneras y medios para salir algunas veces a la superficie. Y tienen formas y medios para regresar. Es muy simple para ellos. Utilizan diferentes frecuencias y diferentes terapias de luz para hacerlo, porque conocen de la terapia de luz.
D: *Eso suena como que tomaron lo que tú viniste a enseñar y lo mantuvieron puro. Mientras que los demás en la superficie lo contaminaron.*
I: Así es. Decidieron mantener la pureza, y ayudar a evolucionar al planeta cuando estuviera lista para moverse y cambiar a una vibración más alta y a una frecuencia más alta. Y ahora está actualmente en el proceso de hacerlo.
D: *¿Existen otras aperturas en otras partes del mundo que podrían acceder a estas personas que viven bajo tierra?*
I: Que yo sepa, en alguna otra de las pirámides. Veo Yucatán, las pirámides allá. Y hay una más, creo en Bolivia. No la conocíamos como Bolivia, como la conoces ahora. Su nombre era diferente.

D: *Pero la otra gente hizo estas aberturas para acceder el mismo lugar.*

I: Fue la misma raza que creamos la que fue allí, porque el transporte era muy fácil. Nos transportamos a través de la energía de la luz y a través de las frecuencias de luz. Y donde había gente que necesitaba ayuda, allí íbamos. Y se construyeron pirámides allí para enseñarles maneras superiores. Y luego, al mismo tiempo, también creamos estos túneles, ya que algunos de nosotros necesitábamos ir con ellos. Para trabajar de cerca con la Madre Divina. Para ayudarla en su proceso de evolución.

D: *Dijiste que viviste en Egipto durante seiscientos años. ¿Y durante todo el tiempo fuiste conocida en ese entonces como la sacerdotisa Isis? - y dijiste que se pronunciaba diferente*

I: Sí, lo era. Era conocida por el amplio mundo. Yo era conocida en todo este planeta. Y también fui conocida en muchas otras esferas.

D: *¿Pero tú no pretendías ser adorada como lo hicieron?*

I: Fue una completa tontería que me adoraran, por quien yo era, por el poder que tenía, por las frecuencias y las energías que cargaba. Me miraban como alguien que podía ayudarles y asistirles. No era principalmente una forma de adoración, sino más bien una señal de respeto.

D: *Luego, después de seiscientos años, ¿habían evolucionado hasta el punto de que pensaste que podrías irte?*

I: Para entonces ya habíamos creado suficientes especies para que se casaran sí para tener esa frecuencia y ese nivel de energía para ayudar a la raza en ese momento. E incluso la ecología en ese momento. Para traer un equilibrio en este planeta. Entonces, después de seiscientos años, muchos de los que vinimos en forma original nos fuimos. Dejamos atrás a los híbridos, y a los que fueron creados de nosotros, para continuar con el trabajo.

D: *¿En ese tiempo te regresaste a Sirio?*

I: Sí, dejamos nuestros cuerpos físicos y nos regresamos a Sirio. Y retomamos nuestra forma antigua.

D: *¿Si ya habías regresado a tu hogar, por qué decidiste volver al planeta Tierra ahora?*

I: Esta ocasión decidimos que tenían que ser muchos de nosotros, Y hay muchos de nosotros que estamos aquí para enmendar lo que se hizo en los tiempos de la Atlántida. Y esta vez evitar esa especie de diluvio. Porque vemos que esta vez con más y más gente despierta, podrían suceder más cosas, porque, como tú dices, esa deuda debe ser tirada a la basura. Así que esto es lo que estamos haciendo. Estamos saldando la deuda. Resurgiendo toda la negatividad para despejar el aire. Para que las cosas puedan volverse más equilibradas, más armoniosas y pacíficas. Habrá problemas. Geofísicamente, geológicamente, habrá problemas con las razas humanas que luchan entre sí. Pero no hay que estresarse o enojarse por eso. Hay que quedarse en nuestro lugar de amor. Y creer que todo es un orden divino. Y creer también, que todos estarán bien y que todo estará bien. No será tan malo como lo fue durante Atlantis. Esta es la razón por la que muchos de aquellos que estuvieron en Atlántida tuvieron que regresar esta vez, para reparar los errores que cometieron en ese entonces.

D: *Cuando te regresaste a Sirio después del tiempo en Egipto, ¿permaneciste allí hasta la presente encarnación?*

I: Sí, así es. Esta es mi primera encarnación desde entonces.

D: *Pero esta vez regresaste por medio de un nacimiento físico, verdad ¿verdad?*

I: Si. Así es. Pero había suficiente frecuencia y energía en esa forma física. Era una fracción muy pequeña de mí misma. Y luego, después de que Ingrid se preparara para asumir mi esencia, he estado viniendo más y más dentro este cuerpo físico, para integrarse con este cuerpo.

D: *¿Por qué decidiste hacerlo de esta manera, en lugar de crear otro cuerpo nuevamente?*

I: Era mejor hacerlo así, porque tu planeta tiene un nivel de frecuencia diferente y un nivel vibratorio diferente. Después del diluvio era mucho más fácil hacerlo, porque estaban buscando respuestas. Estaban buscando dioses. Y vinimos como dioses.

D: *Entonces ahora es más fácil venir en el cuerpo de un bebé.*

I: Es más fácil venir en este tiempo de frecuencia, porque el diluvio no ha pasado. Es una forma diferente, una forma diferente de eventos que están ocurriendo. Esto no es después de un diluvio, sino tratando de prevenir un diluvio.

D: *Ya veo, estaba pensando eso sería más difícil para ti, más limitante de este modo.*

I: Por eso un aspecto muy pequeño de mí misma entró después al nacer. Muchas veces de niña miraba a las estrellas y les pedía que me llevaran a casa. No podía entender a la gente. No pude comprender que la gente sufriera. Cuando vi mendigos de niña en África, lloré.

D: *Pero en la otra forma tenías mucho más poder y habilidades. Debe sentirse muy frustrante estar limitado de esta manera.*

I: Es limitante en muchas maneras.

D: *Y has tenido que vivir una vida frustrante como humana también.*

I: Lo ha sido, muchísimo, demasiado, pero he tenido que aprender como ser humano. Tuve que aprender sobre la tristeza. Tuve que aprender diferentes formas de religiones. Tuve que aprender cómo se comporta la gente. De todo tipo de sentimientos y emociones humanas. y experiencias humanas por las que pasan, para poder entender realmente. Así que tenía que hacerse de una manera diferente, porque hay mucho más de tu raza ahora que durante y después del diluvio de la Atlántida.

D: *Pero dijiste que parte de ti, de tu esencia, vino como un bebé. ¿Y que se está incorporando más ahora?*

I: Sí, cada vez más se está incorporando a este cuerpo físico. La frecuencia y la vibración de este cuerpo físico se elevan día a día. Ha estado haciendo mucho trabajo nocturno. Estamos trabajando con su ADN. Estamos trabajando con otros aspectos de su cuerpo físico también. Ella no lo sabe, pero la llevamos muchas veces en su estado de sueño y trabajamos en ella. El conducto te dijo antes que sus chacras giraban todo el tiempo. Y esto es lo que le sucede todo el tiempo. Cuando está acostada o en un estado de tranquilidad, o hablando con alguien, su vibración está continuamente girando y siendo reintegrada todo el tiempo. Ahora entiende lo que le está pasando. Antes no lo comprendía.

D: *Es una de las preguntas que ella quería hacer: ¿Por qué ha estado sintiendo la vibración y el zumbido en su cabeza?*

I: Ahora lo entiende, así que no preguntará más. Pero aceptará más lo que está pasando.

D: *Que la energía se está incorporando más y más y cambiando. (Sí, Sí.) ¿Es esta una de las razones por las que cuando fue a Egipto por primera vez tuvo esas experiencias?*

Cuando Ingrid fue a Egipto, en un recorrido en grupo pocos años atrás, tuvo reacciones muy emotivas cuando visitó las ruinas del Templo de Isis. Le afectó tanto físicamente que tuvo que acortar el viaje y regresar a Estados Unidos. Le tomó varias semanas para regresar a la normalidad mental y físicamente, pero ella nunca pudo comprender la reacción tan extrema. Esta era una de las preguntas a las que quería una respuesta.

I: Se le dijo que retomara su camino, pero no lo ha estado haciendo. Ha estado, como dices, (lenta y deliberadamente) postergando. Es una palabra que es difícil para mí pronunciar. Ella debe saber lo que tiene que hacer y ponerse a trabajar, como dirías. Y empezar a hacer lo que se supone que debe hacer.
D: *Pero es muy humano dudar.*
I: Lo sé. Ella tiene todos estos sentimientos humanos y emociones con los que ya estaba integrada, intentando aprender la experiencia humana. En cierta medida, la ha agobiado. Creo que ahora es el momento de que ella siga adelante. Debe seguir adelante. Para ella es bueno que mantenga su conexión en silencio con Isis. Porque la gente no comprenderá. La gente tendrá una impresión equivocada. Se enfocarían de manera egoísta. Y por eso no debe mencionarlo a nadie.
D: *Solo lo puede compartir con quien piense la pueden comprender. (Sí). Por eso cuando fue al Templo de Isis, tuvo esas reacciones.*
I: Sí, gran parte de su energía se activó entonces. Mucho de sí misma se activó después. Porque tenía partes de sí misma cuando estaba en forma física en esa área. Ella vivió por un largo, largo, largo tiempo en ese lugar. Así que cuando ella fue allí recogió su energía de los niveles de frecuencia de allí, y la integró. Y en realidad, ese era su propósito para ir allí. Porque era parte de su integración. Se integró con todas aquellas energías de allá. Con la tierra, con el río, con los árboles. Se integró con todas las formas de vida cuando estuvo allí.
D: *Era más o menos para desencadenar y activar eso.*
I: No regresará a Egipto otra vez, porque no es realmente necesario que regrese. Depende de eventos mundiales. Están sucediendo muchas cosas en el Medio Oriente. Y hay más cosas por venir.
D: *Estaban muy preocupados por ella aquella vez, la llevaron al hospital.*
I: Aquella vez casi muere. La mantuvimos viva.
D: *Llevaba cargando mucha energía. (Sí) ¿La puedes ayudar a que sepa que no volverá a suceder?*

72

I: La ayudaremos en todo lo posible. Nos aseguraremos de que no vuelva a suceder.
D: *Fue criada en el Sur África. ¿Por qué se tuvo que ir de allí? Fue una decisión muy traumática y drástica de moverse de allá.*
I: Era parte del divino orden. Fue la voluntad de espíritu que ella viniera al centro. Fue voluntad del Consejo que ella viniera aquí, porque este es el país que necesita la vibración del amor. Este país necesita comprender la unidad. Necesita entender el amor. Necesita entender el respeto por toda vida, porque es el mayor poder de este planeta.
D: *Así que era parte de su destino trasladar su energía a este país.*
I: El mundo de verdad necesita despertar al amor. Realmente necesita respetar el lugar de las personas. Realmente necesita hacer las paces. Realmente necesita crear un equilibrio. Estos niveles de frecuencias. No necesitas ir a matar porque necesitas petróleo. No tienes que crear circunstancias debido al poder y la codicia. No se crean esas cosas a costa de vidas. No se crean esas cosas para tener más poder financiero. Más codicia y más control. Ahora es un estado de compartir. Debes compartir tus recursos globales. Debes alimentar a los hambrientos. Deberían amarse unos a otros. Respetarse y amarse.
D: *Eso es muy difícil, porque los que están en el poder son los que controlan todas estas cosas.*
I: Estamos llegando a una etapa en la que ahora están viniendo tantas energías de vida. Hay tantas altas energías que están siendo proyectadas y emitidas hacia este planeta. La gente no tendrá otra alternativa más que cambiar. Todas las estructuras rígidas que se han hecho hasta ahora se caerán. No tienen otra alternativa, masque romperse y colapsar. Todos se derrumbarán con el poder de la luz, o con el poder de amor. Es también muy poderoso. No hay nada que reemplace el poder del amor. El amor lo es todo. El amor es lo que respiras. Impregna los universos, el cosmos. Y amor es de lo que todo está creado.
D: *Eso es verdad. Sera muy interesante ver cómo se puede dominar las estructuras de poder, porque ellos controlan todo.*
I: Serán los maestros de su propia caída. Crearán su propia destrucción. Crearán su propia caída. Serán verdaderamente responsables de lo que les suceda.

Nos dijeron que los problemas de salud de Ingrid estaban siendo causados por la presión de un mal matrimonio con un hombre dominante. No sucedía por karma, porque ella nunca había vivido en la Tierra desde la vida en Egipto. Puede haber muchas razones para experimentar una vida negativa con otra persona además de trabajar en el karma de otras vidas. En este caso era aprender a sobrellevar otras energías humanas. Y como sabemos, algunas de estas pueden ser negativas. Claro, esto es difícil para el humano porque no tiene memoria consciente o conocimiento de lo que está involucrado.

I: Tenía que comprender la psicología humana, patrones de comportamiento humano, mentiras y engaños humanos. Y la manera en que se conducen. La única manera de aprender eso, era experimentándolo.

El patrón de habla de Ingrid había cambiado a un recorte, acortando las palabras. Esto había ocurrido al principio, pero luego se normalizó. Parecía que tuviese dificultades con palabras, como si el método de comunicación fuese incómodo. Algunas veces separaba las palabras más largas por sílabas. Sonaba incómodo y antinatural. Hacia el final de la sesión, su voz volvió a la normalidad.

I: Ingrid trabaja más con todo el sistema de energía y frecuencia. Y trae la vibración de la energía de amor divino en sus sistemas de frecuencia. Sólo al traer este amor divino, el amor impregna y reemplaza todo lo demás. Transforma y transpira todo. El amor es la fuerza más poderosa del mundo. Si la gente te dice que lo contrario de amor es miedo, no es así. Amor sólo es. Amor no tiene opuesto. Recuerda eso, querida. El amor no tiene opuesto. El amor simplemente es. El amor no tiene opuesto, no hay nada opuesto al amor. El amor lo es todo. Todo. Dondequiera que haya desarmonía. Dondequiera que haya dolor. Donde haya hambre. Dondequiera que haya tristeza. Solo envía amor. No sólo a la humanidad, sino a toda la vida. A los ríos, los océanos, los bosques. A los animales, los pájaros, las abejas, el aire que respiras. A todo el cosmos, porque tú eres parte del uno. Todos somos parte del uno. No hay separación.

* * *

Cuando investigué sobre la Diosa Isis se hizo evidente que ella estaba asociada con las cosas que Ingrid dijo que vino a hacer a la Tierra. Instituyó el matrimonio y enseñó a las mujeres las artes domésticas de moler el maíz, hilar el lino y tejer. Introdujo la práctica de la agricultura y las artes de medicamento. Que adecuado que fuera recordada así. Porque dijo que vino después de la destrucción de la Atlántida para ayudar a la gente a reconstruir la Tierra. Ella es considerada el arquetipo femenino principal. O la energía representante de la fertilidad divina de la naturaleza. Es el enfoque de la maternidad divina y la reina de toda regeneración. Está asociada con ciclos lunares mensuales, y las estaciones crecientes anuales. Ella quería que la gente aprendiera a cómo cuidar la tierra. Isis encarna las fortalezas de lo femenino, la capacidad de sentir profundamente las relaciones, el acto de creación y la fuente de sustento y protección.

Otra cosa que encontré que acompaña a esta sesión fue que Isis también se llamaba Eset. Esto es similar al nombre fonético que Ingrid le dio a Ezi, y pudo ser la misma cuando tomamos en cuenta el acento de Ingrid.

Isis desempeñó un papel importante en el desarrollo de las religiones modernas, aunque su influencia se ha olvidado en gran medida. Era adorada a lo largo del mundo Greco-Romano, principalmente como la personificación de las cualidades femeninas. Con adviento del cristianismo, muchas de las capillas de Isis se convirtieron en iglesias. Durante el siglo IV, cuando el cristianismo se afianzaba en el Imperio Romano, sus adoradores fundaron los primeros cultos de la Madonna. Para mantener viva su influencia. Algunos de los primeros cristianos incluso se auto llamaron pastóforos, que significa los "pastores o sirvientes de Isis", que puede ser de donde se originó la palabra "pastores". Las antiguas imágenes de Isis amamantando a su pequeño hijo Horus inspiró el estilo de retratos de madre e hijo durante siglos, incluidos los de "Madonna y Niño" que se encuentras en el arte religioso. De este modo las imágenes de Isis con el niño Horus se convirtió en la Virgen María sosteniendo a Jesús.

CAPÍTULO 5

LA CIUDAD OCULTA

Fui a la ciudad de Menfis, Tennessee, a dar un discurso en la Iglesia de la Unidad en el verano de 2001, y me quedé durante una semana para hacer sesiones privadas en un motel con cocina americana.

Al hacer este tipo de trabajo hay que estar preparado para lo inesperado. Ahora estaba sucediendo con más frecuencia que cuando tenía una sesión con alguien, no entraban en lo que sería considerado una vida pasada "normal". Era casi como si la persona tuviera que estar consciente de que somos mucho más de lo que imaginamos. Y ser más consciente de lo que imaginan. De tener una vida espiritual mucho más colorida de lo que posiblemente se dan cuenta. Quizás esta es la época en nuestra historia en que debemos tomar conciencia de otras partes de nosotros mismos. No era inusual que mis clientes fueran a otras vidas en otros planetas, a otras dimensiones, a vidas en civilizaciones perdidas hace mucho tiempo. A donde quiera que fueran, yo tenía que hacer preguntas pertinentes a lo que ellos iban describiendo Porque seguramente lo estaban viendo eso por alguna razón que era importante para su vida y su ritmo actuales de crecimiento y comprensión.

Así sucedió con Mary. Cuando la hice descender de la nube, ella comenzó a describir su entorno sin ningún tipo de motivación por mi parte. No sonaba a nada de la historia con la que yo estaba familiarizada. Se encontró dentro de un edificio enorme e increíble. Había muchas habitaciones grandes con techos altos, y la arquitectura no era nada con lo que ella estaba familiarizada. Era muy singular. Había enormes puertas de madera cubiertas con increíbles tallados floridos. Ella miro por una gran ventana, hacia afuera que daba a un patio, vio un lago con un pequeño puente que parecía bastante oriental. El tamaño del edificio era inmenso, e indescriptiblemente hermoso. Todo sobre él era elaborado y los colores eran reales y ricos.

Le pedí que se describiera a sí misma y ella era un hombre vestido en una túnica muy elaborada y hermosa en rojo y oro. De un material de apariencia aterciopelada. También llevaba un tocado que no podía ver, y sus zapatos eran como de un tipo de madera.

Cuando le pregunté qué tipo de trabajo hacía, se encontró en una de las muchas habitaciones de este enorme lugar.

M: Creo que soy un monje o algún tipo de persona espiritual. Hay otras personas aquí ahora. Están vestidos más sencillos que yo soy. No todos son iguales, pero sólo simple. Hay libros aquí por todas partes en esta habitación en la que he entrado. Hay de todo tipo de tamaños y formas, y llenan la habitación, del piso al techo. Hay libros por todas partes. Libros. Registros.
D: ¿Del tipo de libros que abres?

Quería distinguir entre libros y pergaminos. Esto me ayudaría a encontrar el período de tiempo.

M: Sí puedes. Estoy en un nivel superior mirando hacia abajo en la habitación. Y hay gente en el piso de abajo haciendo cosas.
D: Esta habitación suena como algún tipo de biblioteca. ¿Correcto?
M: Parece que lo es. Creo que algunas de las personas son cuidadores de los libros. Parecen estar investigando o grabando. Se siente como una antigua sala de conocimiento. Creo que esta es una gran colección. Esto es tan vasto.
D: ¿Cuál es tu responsabilidad si ellos están cuidando?
M: No estoy muy seguro. Veo también, algunas paredes de roca ahora. (Una repentina revelación.) Parece que estoy bajo tierra. Parece haber ora parte de este vasto complejo. Casi me hace preguntarme si todo está bajo tierra.
D: Bueno, antes dijiste que viste un gran lago y un puente.
M: Me pregunto si es una gran ciudad subterránea. Parece ser. Una de mis primeras impresiones me hizo pensar que en Shambala (tenía dificultad con la palabra) o Shangri-la, o algo así. Es porque es tan enorme. Pero las rocas y los túneles y las escaleras me hacen pensar que esta escondida. El lugar entero es un lugar oculto, incluso aunque tenga luz y agua. Y veo túneles. Es como un lugar

que está cerrado. Oculto. Es por protección. Para conservar los registros.

Uno de los temas principales que sigue recurriendo durante las regresiones que he estado haciendo en los años pasados parece ser que somos registradores o acumuladores de información y conocimiento, y el trabajo principal es preservar esto en varias formas, incluso por codificación dentro nuestro ADN o subconsciente, así no puede ser olvidado. El conocimiento parece ser muy importante en el esquema de las cosas. Quizás porque la Fuente o Dios necesita que acumulemos toda la información que podamos. Los Extraterrestres también son acumuladores de conocimiento e información. Este es uno de los propósitos principales de los implantes (especialmente los de la cavidad nasal), transmitir y registrar información. Entre más exploro esto sigo encontrando que todo está grabándose. Habrá más sobre esto en los otros capítulos.

D: *¿Quieres decir que poner los registros bajo tierra es un lugar seguro?*
M: Sí, es un lugar seguro. Hay pirámides arriba sobre tierra, pero esto está muy profundo bajo tierra. Tengo la imagen de una pirámide. Pero ahora también tengo una imagen de una alta cadena montañosa, así que no pueden ser las pirámides con las que estamos familiarizados. Hay escalones que suben a este lugar que están afilados en las montañas. Cosas que no se saben. Cosas que están escondidas en las montañas. La pirámide está en la montaña. (Sorprendido) Este es un puerto espacial. Y hay un mundo por fuera y un mundo por dentro.
D: *Los escalones que mencionas estaban perfeccionados en la montaña. ¿A dónde van?*
M: Van a la entrada de esta ciudad oculta.
D: *¿Entonces la pirámide está afuera, pero la entrada va dentro de la cordillera?*
M: Sí. La pirámide no es lo que era importante. Se pensó que era lo importante, pero no lo es. Lo importante es lo que hay en las montañas a su alrededor, detrás de ella, debajo de ella está lo oculto.
D: *¿Tiene la pirámide algún tipo de uso?*
M: No. Sólo es un marcador.

En el capítulo de "Isis" dijo que la entrada a los túneles que conducen a las ciudades subterráneas están situadas cerca de las pirámides.

D: *Pero dijiste que es un puerto espacial.*

M: Era un puerto espacial, sí, cuando se construyó originalmente, hace mucho tiempo. Veo esta enorme, enorme, profunda, profunda, profunda abertura en la tierra. Este lugar se está construyendo. (Pausa larga)

D: *¿Qué son estas viendo?*

M: Acabo de ver esta grieta increíblemente enorme y muy profunda que se abre en la tierra. Y sé que hay naves que están sumergiéndose dentro de este. Y están tomando suministros. Están tomando gente. Y están tomando materiales. Están construyendo bajo tierra. Es casi como si fuera una apertura de lo que yo llamaría un volcán, solo que no sé qué tan grandes son. Pero es hacia abajo, y estoy llegando a un punto dónde ya no puedo ver. Es muy oscuro dentro. Así es como llegaban a la entrada, a tomar suministros para construir este lugar subterráneo. Sólo haciendo zum bajando por la increíble grieta, como un volcán. Y pasando por enormes aberturas.

D: *¿Esto se hizo para que la gente no pueda encontrarlo eso?*

M: Sí, eso fue hace mucho tiempo atrás. Hay personas primitivas que viven al otro lado, abajo de la montaña en el valle. Viven en tipos chozas. Son el pueblo nativo. Están asustados. Y hay muchas cosas en el cielo arriba.

D: *¿Por eso tienen miedo? (Sí) Dijiste que están trayendo gente y provisiones.*

M: Sí, tenemos que ir al interior. Sólo estaba viendo la caverna. A medida que desciendes más profundo, puedes ver la luz en el fondo.

D: *¿Encontraron la manera de crear luz ahí abajo?*

M: Es tecnología que ha venido de otros lugares. No es de la Tierra.

D: *¿Por qué elegirían venir acá, y construir esta ciudad en el interior de la montaña?*

M: Había una guerra destruyendo el planeta.

D: *¿Estaba sucediendo en el planeta Tierra?*

M: Sí, así lo creo. Era una guerra que destruyó gran parte de la superficie. Mucha, mucha destrucción.
D: *¿Esta gente lucha contra los nativos?*
M: No, eran otros seres de afuera. eran malvados ... eran muy malos. Eran malvados. Vinieron a este planeta Eran muy feroces. Muy poderosos.
D: *¿Había otro grupo aquí en el comienzo?*
M: Había más de uno. Hay muchos, muchos grupos. Un grupo (pausa larga).
D: *¿Qué estás viendo?*
M: Una imagen de algo que parecía un glaciar junto a un lago. Y lo era… Lo que yo llamaría una nave, de aspecto muy extraño. Nada que alguna vez viera en Star Trek, Largo y elegante, pero con diferentes apéndices.

Hubo una larga pausa mientras ella observaba. Aquí es cuando se vuelve frustrante, cuando no puedo ver lo que ella está viendo. Ella trató de describirlo.

M: Hacían algo por allí cerca. Es algún tipo de…. no sé qué es lo que estoy viendo. Es como un tipo de planta, una especie de fábrica. Y siento que están tomando recursos. Están minando. Hay un aparato muy, muy grande que... Yo solo veo cosas que no sé qué son.
D: *¿Dices que están alrededor de un glaciar?*
M: El glaciar está en lo alto. Pero algo de esto comienza a descender a la parte baja de la montaña y del valle.
D: *¿Es de dónde están haciendo la minería? (Sí) ¿Qué conexión tiene eso con la guerra de la que hablabas? (Pausa) Dijiste que había varios grupos.*
M: Veo que hay cosas de tipo misil que se disparan y se lanzan. Veo el glaciar surgió debido a estas guerras. Veo una increíble luz. Mucho de la superficie exterior de este planeta fue devastado por esta luz. Increíbles explosiones. Mucha gente abandonó el planeta en naves espaciales y se fue lejos. Algunos viven bajo tierra. Muchos fueron destruidos.
D: *¿Dijiste que el glaciar surgió por eso?*
M: Sí. Lo que hicieron causó el hundimiento de las tierras, el levantamiento de tierras. Causó días de oscuridad. Frío.

Destruido. Destrucción masiva. Se que estoy aquí para ayudar. Estoy aquí para vigilar los registros.

D: *Por eso han transportado estos registros.*

M: Sí. El conocimiento.

D: *¿De dónde obtuvieron esos registros que están intentando proteger en esta gran biblioteca?*

M: Es el conocimiento que no sabíamos que alguna vez tuvimos. Había civilizaciones florecientes. Atlántida. Lemuria. Tecnología que habíamos recibido de otros. Cómo se había mezclado el ADN con el de los humanos.

D: *¿Es todo parte de los registros?*

M: Sí. Es increíble, increíble lugar.

D: *¿Y tu trabajo es proteger este conocimiento y vigilarlo?*

M: No estoy muy seguro. Yo no lo registro. No le pongo atención. Creo que soy un consejero o .... (pausa larga) Me veo yendo a una larga escalera iluminada. No es alta, es pequeña y solo entra a este espacio. Está muy bien iluminada. Tiene cristales. (Pausa) Otros seres se reúnen conmigo en esta habitación. Ellos vienen en su luz. No tienen un cuerpo real. Afectan la forma de un cuerpo, pero son muy, muy hermosos. (pausa larga) Y hay una pelota. Y tiene todos estos colores y es bonita, e irradia y emerge. Y siento que se comunican conmigo. (pausa larga) Como si yo fuera con quien hablan, y luego voy y se lo digo a los demás.

D: *Pero tú tienes cuerpo, y ellos no.*

M: Si tengo un cuerpo físico. Y vivo bajo la tierra allá.

D: *Los viste traer las cosas antes cuando lo estaban construyendo. Aparentemente ya está terminado ahora. ¿Es eso lo que dijiste? (Sí) ¿Puedes ir a la superficie otra vez y vivir allí, o tienes que permanecer bajo tierra?*

M: Algunos regresaran a la superficie. Otros elegirán no regresar. Pero con el tiempo la superficie será habitable una vez más.

D: *¿Estos registros son de la Tierra, o vienen de otro lugar?*

M: La Tierra y otros. Es como todo el conocimiento.

D: *¿Y estos seres lo trajeron allí para que no fuera destruido?*

M: Son muy, muy amorosos. Están ahí para ayudarnos. y enseñarnos. Soy su voz, creo.

D: *¿Tenían miedo de que todo esto fuera destruido cuando terminara la guerra, por lo que ocurrió en la superficie?*

M: Sí, fue para protegernos. Era para proteger y salvar, y para ayudarnos en el camino.

D: *¿Trajeron humanos bajo tierra?*

M: Sí, hay muchos seres diferentes bajo tierra.

D: *Cuando construyeron esta hermosa ciudad, ¿fue después la destrucción de la Atlántida?*

M: La construcción de la ciudad comenzó antes de la destrucción. Se sabía que esto estaba pendiente. Que esto estaba por suceder. Se sabía. La violencia había cambiado. La construcción de la ciudad y la acumulación de registros comenzaron hace mucho tiempo, incluso antes de la Atlántida. Mucho antes de la Atlántida.

D: *He oído que hubo muchas civilizaciones antes y después de la Atlántida.*

M: Había ciudades muy muy avanzadas. Y también lugares muy primitivos durante el tiempo de Atlántida. Estoy viendo el mundo exterior ahora. Y veo puertas a una ciudad que está rodeada de montañas, pero está asentada sobre el agua. Esto es sobre terreno. La otra ya estaba allí bajo tierra.

D: *¿La que estaba sobre tierra fue construida por humanos?*

M: Los humanos que estaban más evolucionados que los humanos que conocemos ahora. Esa ciudad estaba más poblada. La ciudad bajo tierra estaba en un área escasamente poblada. Humanos y extraterrestres vivían y coexistían allí. Había algunos que estaban aquí para ayudar, y estaban los que vinieron a conquistar. Una parte de los humanos se había vuelto mucho más evolucionada. Otros humanos eran muy, muy primitivos. Más parecidos a un animal. Y había lugares donde los humanos fueron tratados muy, muy mal. Muy pobremente. Mutaciones.

D: *¿Esto fue en el tiempo de la Atlántida? Si podemos obtener una secuencia de tiempo.*

Claro, yo estaba pensando en las mutaciones mitad humano/mitad animal que ocurrieron durante la época de la Atlántida. No sabía si este era el período de tiempo del que ella estaba hablando.

M: Uno es un poco antes que el otro, pero cerca. (Pausa larga) ¡El consejo! hay un Consejo. Hay una reunión para decidir detener a los malvados. Una gran reunión. Galaxias. Más galaxias. Más pueblos.

D: *¿Quieren detener a quienes estaban haciendo las mutaciones?*
M: Si estaban siendo destructivos. Eran controladores. Actos crueles. El tiempo entre estos dos es tan cercano, es difícil especificar - diez años quizás. Un área del mundo estaba en gran parte evolucionada y es próspera. Otra área muy primitiva, siendo saqueada, siendo minada. Minado por oro. Eran como guerreros. Trataban de mantener sus obras ocultas. Estaban cerca, pero no en la misma zona. Fueron descubiertos. Y hay un consejo en un lugar alto discutiendo esto. No les gusta lo que está haciendo este grupo. Una mesa grande. Mucha discusión.
D: *¿Hicieron una decisión?*
M: Sí. Deciden que deben proteger, deben detenerse. (Pausa larga) Les piden que se vayan. Cesar, partir. Este líder, este portavoz, vestido en mucho metal. Casi parece como si tuviera un tocado de pájaro. No creen que el Consejo es una verdadera amenaza. Y dicen que tienen todo el derecho a este planeta también, y se niegan a irse. Han estado trayendo armas. Hay un puerto espacial. Hay armas en el suelo. Quieren este espacio. Se habían estado preparando para cualquier ataque. Su conciencia es guerrera, por lo que guardan muchas defensas.
D: *Así que creen que no tienen que obedecer al consejo. (No) (Pausa) Puedes condensar el tiempo y decirme lo que sucede como resultado de sus acciones. ¿Qué decidió hacer el consejo?*
M: Por eso decidieron mover a la gente a un lugar seguro, y trasladarse. Las amenazas se conocen. Esto pudo ser muy costoso, muy devastador. Hay mucho movimiento para reubicar a la gente, pero todo pasa demasiado rápido.
D: *¿Acaso los negativos no saben que si entran en guerra también destruirán lo que vinieron a buscar?*
M: Realmente, en verdad no lo pensaron. Ha habido destrucción masiva. Ha habido muchas guerras galácticas.
D: *¿Entonces no piensan que además estén invalidando sus propósitos?*
M: No, no. El Creador ha dado libre albedrío. Se les ha permitido dejar su lado oscuro al caudal. Se les ha permitido ser. Así que cuando se les quita el podio a los que son de la luz, la tierra cae en un período de gran oscuridad. Hay muy poco que sobrevive en la superficie. Muy poco. Hay algunos lugares que estaban protegidos, pero mucho, mucho está destruido. Hay grandes

cambios. Hay otros planetas alrededor que también se ven afectados por esto, que en realidad están totalmente aniquilados. Esto no es sólo de la Tierra. Fue una guerra galáctica en este sistema.

D: *¿Qué otros planetas fueron afectados?*

M: En esta galaxia, en este sistema solar, Marte fue muy afectado. No siempre fue el planeta estéril que es ahora.

D: *Nos han dicho que eso sucedió por una guerra en Marte.*

M: Estas guerras estaban relacionadas. Algunos de los daños fueron parte de una guerra galáctica.

D: *¿Entonces no fueron las repercusiones de lo que sucedió en la Tierra? ¿Quieres decir que estaba pasando al mismo tiempo?*

M: Parece ser lo que entiendo. Eran muchos grupos. Me parece sentir que yo estaba entre ese consejo de los doce. No sé por qué dije consejo de doce, porque hay más en la mesa.

D: *Quizás ellos eran lo más importantes.*

Nótese que el grupo que primero nos dio información a través de Phil en Guardianes del jardín se identificaron a sí mismos como el Consejo de los Doce.

M: Y yo era en portavoz entre ellos, asignado para vigilar esa ciudad subterránea durante mucho, mucho tiempo.

D: *Entonces la destrucción en la superficie no afectó a las ciudades subterráneas.*

M: No, estaba segura. Todavía existe

D: *Dejarme decirte una cosa que escuché en mi trabajo; que Atlantis se hundió porque sus propios científicos estaban haciendo cosas que no deberían haber hecho.*

M: Muchos en Atlántida se habían convertido al lado oscuro. No siempre fueron así. El mal uso provocó la guerra galáctica. Todo estaba interconectado.

D: *¿Entonces los seres negativos se alearon a la gente de la Atlántida?*

M: Sí, muchos cayeron en el lado oscuro. Todo estaba pasando al mismo tiempo, y quizás más temprano. Había muchos de la luz que tuvieron gran previsión. Quienes tenían grandes poderes que ni hoy sabemos. (Pausa larga) Todo esto podría haberse detenido, pero habría ido en contra del libre albedrío. Era necesario permitir que todo lo que fue y ha sido, sea. Ha ido y venido al círculo completo de los millones y miles de millones de años de la Tierra. Y hay mucho, mucho conocimiento. Mucho, mucho cambio que está por venir. Mucho será conocido.

D: *Siempre he pensado que los atlantes lo ocasionaron a sí mismos.*

M: Estaban sucediendo más cosas. No comenzaron los experimentos sin la interferencia de los negativos oscuros. Es como si se hubieran olvidado de quiénes eran. Se olvidaron de su iluminación. Quedaron atrapados en el mundo material, y esto empezó el desequilibrio que trajo toda la destrucción.

D: *¿Quieres decir que ellos trabajaban con los negativos?*

M: Sí. Fueron atraídos por el lado oscuro.

D: *¿Entonces los negativos les ayudaron dándoles el conocimiento?*

M: Sí, fueron tentados.

D: *El Consejo permitió que esta guerra tomara lugar, a pesar de que conocían las circunstancias; Los resultados.*

M: Tenía que ver con el libre albedrío. Y para aprender. La conciencia se fue muy lejos dentro los reinos de oscuridad a aprender, a explorar. Yo sigo viendo un enorme tornado, como una rueda, pero no es una rueda. Es como estar viendo un sistema solar girando en círculo completo.

D: *¿Cómo ciclos? (Sí) Entonces, después de la destrucción, ¿tardó mucho tiempo antes de que la vida y la civilización volvieran a la superficie?*

M: Sí. Algunos de los indígenas fueron transportados de vuelta a la Tierra. Y empezaron nuevas civilizaciones. Como comenzando todo de nuevo.

A esto se hará referencia más adelante en esta sección. Uno de mis clientes reportó una vida pasada cuando él y muchos otros fueron llevados del planeta justo antes de una catástrofe, y devueltos después para comenzar sus vidas de nuevo.

D: *¿Y también dijiste que esto ocasionó que se formaran los glaciares?*

M: Sí. Cambió la Tierra.

D: *¿Pero no había algunos que transportaban el conocimiento, que vivían en la superficie?*

M: Si había. Pero ha sido transmitido y escondido por miedo a la ... aquellos que siempre han querido poder y control siempre... las fuerzas oscuras han regresado. Después de que la tierra comenzó a sanar, regresaron en menor cantidad, y han trabajado con los gobiernos No son necesariamente de apariencia humana. Algunos son de tipo humanoide. Algunos tienen aspecto de reptil. Algunos son híbridos, que son humanos y extraterrestre. Ellos han regresado. Muchos del lado oscuro se han pasado a la luz. Pero hay algunos que todavía tratan de mantener control y poder. Parece haber cosas que no se me permite a ver. Solo puedo ver hasta cierto punto. No comprendo por qué no puedo saber tiempo exactamente, y solo veo imágenes. Y sigo sintiendo que solo soy como un vocero, liaison, la conexión.

D: *Sí, Ya me han dicho antes que hay cosas que todavía no estamos listos para ver. No está permitido. Tiene que ir en una secuencia de tiempo. Pero ¿Sientes que se te está mostrando esto ahora, porque se está cerrando el círculo?*

M: Sí. Realmente hay mucha belleza por venir. Hay cambios que vienen. Hay luz dónde había oscuridad. Como una matriz de ... no podemos ver lo que está frente a nosotros. Es como mirar a través de un velo. Está ahí frente a nosotros. Imágenes distorsionadas. Información distorsionada. Cambiará.

Después pedí hablar con el subconsciente de María para tratar de encontrar más información que no se le permitió ver.

D: *¿Por qué se le mostró esto a María? estábamos buscando alguna cosa de importancia, y esto es de gran importancia. Pero ¿por qué el subconsciente eligió presentar esto para que ella lo viera en este momento?*

M: Ella siempre ha sentido ese vínculo con la Atlántida. Que ella estaba allí. Que así fue. Que realmente existió.

D: *Pero esto demostró que ella estaba más conectada con la ciudad subterránea.*

M: Solamente por un tiempo. Ella se fue allá a supervisar. A ser un enlace. Ella estaba siempre allá. Fue elegida para la misión.

D: *Su trabajo consistía en supervisar el conocimiento y los registros ocultos. (Sí) Pero ¿por qué se le ha mostrado esto ahora? ¿Qué tiene que ver con su vida actual?*

M: (Gran suspiro) Ella siente muchas cosas y, sin embargo, ha tenido miedo de saber algunas cosas. No estaba preparada para algunas cosas. Y algunas cosas no era, aún, tiempo de saber.

D: *El subconsciente es muy sabio cuando permite que se presenten esas cosas a su tiempo. ¿Significa que ella tendrá algo que ver en esto en su vida actual?*

M: Hay una comunicación. Hay una puerta, un portal, una abertura, ella tiene su mano parcialmente en medio. Pero aún no ha dado el paso. Pone su mano, y después la retira. Es una conexión entre ella y su guía, los ángeles, a través del portal. La comunicación de conectar la conciencia. Convertirse en uno y mudarse afuera y dentro de cada uno. La puerta, el portal se abrirá donde pueda ver lo que ha anhelado ver. El mundo de los espíritus como ella lo recuerda. Otras dimensiones. Ella eligió venir a la vida en la Tierra después de dejar el lugar donde era el enlace. Hubo muchos que vinieron a la Tierra, que eligieron un cuerpo físico.

D: *¿Decidieron venir a ayudar?*

M: Sí, se les dio a elegir. No tenían que hacerlo.

D: *Pero ella todavía tiene este recuerdo de que había algo más allá de lo físico. ¿Es eso lo que quieres decir?*

M: Todos somos atemporales. Hubo otras vidas. Otras dimensiones. Otras realidades.

D: *La información que ella dio sobre las guerras y la ciudad subterránea, ¿tendría permiso para usar esa información en mi trabajo?*

M: Sí, tienes permiso. Más conocimiento vendrá a ti que hará esto más completo de lo que es hoy. Hay algunos espacios en blanco que hoy no se te puede dar, que se llenará en un momento posterior. Lo entenderás más claro. Ya estás escribiendo esto, has escrito esto, este es un proceso. Hay más conocimiento que tendrás. No está claro en este momento de dónde vendrá. Hay una puerta abriéndose para ti a este pozo de conocimiento. Está cerrado en este momento para ti. Es la misma puerta que se abrirá para ti, y podrás entrar y revisar el conocimiento. Es posible que te lleven allí a través de otra entidad, o que te lleven allí en un viaje espiritual con tu propio guía. Este es un lugar real y maravilloso. Las puertas están cerradas en este momento. Las puertas se abrirán para ti y tendrás una calurosa bienvenida.

D: *¿La ciudad que estaba debajo de la tierra, sigue ahí esa ciudad?*

M: Sí, todavía está allá.
D: *¿La información, la biblioteca, sigue estando ahí?*
M: Sí, todavía está allá. Hay muchas, muchas ciudades subterráneas completas.
D: *Me agrada escuchar eso, porque yo pienso que la destrucción del conocimiento es una cosa muy horrible. (Sí) Ese es mi trabajo, intentar recuperarla.*
M: Sí, lo es. Esa es tu misión. Y es tu misión ayudar a otros a recordar.
D: *Eso es lo que me han dicho. No es encontrar más, es recordar más.*

* * *

Tomó tres años, pero estaban en lo correcto. Más información me llegó hasta el 2004 después que abrí mi oficina en Huntsville, Arkansas, y comencé a ver clientes con regularidad. Bob era un hombre que se mudó al norte después de que su esposa murió. Llegó a nuestra área sin ser visto, trayendo solo sus libros y su perro. Lo había dejado todo atrás. Cuando compró su casa junto al lago, la antigua propietaria dejó todos sus muebles, por lo que todo salió bien. Una nueva vida en una nueva área, aunque no conocía a nadie.

Era un lector voraz, sobre todo consumiendo todo lo que pudo encontrar sobre metafísica. Era propietario de algunos libros raros y únicos. Esa era su pasión. Sin embargo, creo que la información que llegó durante su sesión sería difícil de encontrar en cualquier lugar. No creo que estuviera inconscientemente influenciado por su lectura.

Tuvo dificultad para ver algo al comienzo de la sesión. Aunque sintió que estaba parado sobre algo sólido como una roca, no podía ver nada más que gris a todo su alrededor. Después de varios intentos de que visualizara e imaginara cómo sería su guía o ángel de la guarda. Vio a una hermosa mujer de cabello rubio con una túnica azul brillante y flotante. Se sintió cómodo con ella y estuvo de acuerdo en permitirle que lo llevara a algún lugar que fuera apropiado. Él tomó su mano y ella lo condujo hacia abajo a través de una abertura en un túnel subterráneo. El túnel inesperadamente se convirtió en un lugar inusual

B: Estamos en este gran espacio al aire libre. Pero puedo sentir que hay un techo arriba de nuestras cabezas. Una distancia muy diferente arriba. Es como estar dentro de una caverna. Una muy, muy grande. Está muy bien iluminado. Hay árboles en todas partes. Siento que es un lugar muy gentil para estar. Muchos edificios muy hermosos, todos en tonalidades pastel. Hay árboles y prados y jardines, y hermosas flores, y animales corriendo en todas direcciones.

D: *¿Todo está bajo tierra?*

B: (Entusiasmado) ¡Sí! ¡Sí! ¡Sí! Está muy bien iluminado. Parece irradiar de un sol central que se puede ver con bastante facilidad. No es el mismo brillo que nuestro Sol en la superficie. Tiene un tono grisáceo, pero emite una hermosa luz. Los edificios aquí y todo lo demás se miran como si los estuvieras viendo afuera en nuestra luz del sol. Y mantiene una temperatura de aproximadamente 72 a 75 grados, y nunca se calienta. Llueve, pero eso, por supuesto, está programado.

D: *Mmm, ¿Suena inusual tener todo esto bajo tierra, no así?*

B: Bueno, ha estado allí por muchos, muchos millones de años. Y por supuesto su tecnología ahora sobrepasa la nuestra, al punto dónde algunos de nosotros vamos y venimos de aquí con bastante frecuencia. Pero nunca nos damos cuenta de que lo hacemos. Y he sido una de esas personas que han estado allí muchas veces en el pasado.

D: *¿Dijiste que hay animales ahí abajo?*

B: Vaya, ¡sí! Sí, sí. Muchos animales que vemos en este planeta todo el tiempo. Pero hay muchos otros tipos que la gente se pregunta. Que nunca ves tan a menudo. Por ejemplo, hay uno que es un gran animal nadador del que solo pueden vislumbrar. Una especie de monstruo del Lago Ness. Ellos vienen de debajo de la tierra a través de canales subterráneos. Y ocasionalmente se asoman cuando nadan por esos lugares, porque pueden ir por cualquier lado.

D: *Así que hay agua allí también.*

B: ¡Oh sí! Realmente hay casi tanta agua subterránea como hay en la superficie del planeta. Llega allí fluyendo a través de varias fisuras por la corteza del planeta. Y, por otro lado, también, viene de las aberturas polares en ambos extremos del planeta.

D: *¿Dijiste que hay ciudades ahí debajo?*

B: Sí, todo lo que puedas imaginar, incluso uno de los ordenadores más grandes en el universo. Mucho más que cualquier cosa que veas en la superficie.

D: *¿A qué se parece?*

B: Realmente no es sólo una pieza de algo, como la que vemos aquí. me gusta nosotros mira aquí. Pero es literalmente hectáreas y hectáreas y millas y millas, todo autónomo. Almacena todos los principales conocimientos universales. Tú puedes caminar a lo largo de estos hermosos senderos de este bonito jardín, como si estuvieras en una granja de veinte acres, por ejemplo. Hay camas de flores, algunas secciones de rosas y todos tipos de plantas exóticas. Puedes caminar a lo largo de estos senderos, e ir hasta donde hay varios jardines con parcelas de parcelas de flores. Y podrías encontrarte en una silla elevada, o es más como un sillón cama. Y puedes subirte como cuando te subes a una hamaca. Y no se balancea, se estabiliza. Pero cuando te sientas en él, y luego pones tus piernas sobre él y te inclinas hacia atrás, te envuelve como una cáscara de plátano. Es una máquina a la que luego puedes hacer una pregunta, y automáticamente puedes viajar a cualquier sitio en el universo que tú desees. Lo puedes hacer de esa manera. Es además una máquina aprendizaje. Te enseñará cualquier cosa que necesites o quieras saber. O también es una máquina de realidad virtual que te permitirá viajar. Puedes usar ese tipo de transporte. O si tú no desear a usarla, podemos hacer un transporte corporal físico. Puedes subir los pequeños escalones hacia lo que llaman "portales", pero básicamente lo que la gente de la superficie llama "puertas estelares". Caminas por allí, y literalmente puedes transportarte a cualquier parte de los universos conocidos a los que quieras ir. Te llevas tu cuerpo contigo, y además puedes regresar. También hay túneles de alta velocidad entretejidos como una telaraña, por donde pasan los trenes del interior de la Tierra a más que 3000 millas por hora. Eso es muy común. Toma meramente una hora para ir a algún lugar. Este es solamente uno de los planetas en todos los universos conocidos. Pero generalmente es el caso, porque todos son huecos. La mayoría tiene civilizaciones viviendo en el interior. Y tenemos una continua flota de naves interestelares que viajan bastante entre todos estos mundos regularmente. Algunas veces los ves aquí, pero en general, tenemos unos dispositivos llamados de "encubiertos" que digamos salen de esas películas de ciencia ficción que la gente de la superficie mira en sus sistemas de televisión. Se llama ¿"dispositivo de encubrimiento Klingon"?

Todas las naves lo tienen. Es solamente un procedimiento estándar.

D: ¿Por qué preferiría la gente vivir bajo la tierra en lugar de en la superficie?

B: Es más seguro. Hay razones secundarias. Tienes en el planeta Tierra algo que se llama la barrera de "frecuencia". La barrera de frecuencia está disminuyendo ahora, porque estás viajando cerca del nuevo cambio de frecuencia en el planeta Tierra. Eso es básicamente lo que todo el mundo está esperando. Es por eso qué hay mucho interés de razas intergalácticas. Podemos venir aquí y ver cómo sucede todo esto. Porque si bien no necesariamente puedes verlo en tus instrumentos de la Tierra, nosotros lo sabemos. Y ahora podemos medir eso con nuestros instrumentos que son mucho más refinados que los tuyos. Así que todos estamos esperando, porque llegará muy pronto.

Él hablaba de los cambios de frecuencia que encaminaban a la creación de la Nueva Tierra. Consulte el Capítulo 30.

D: Pero nosotros no pensamos que la Tierra es hueca, porque creemos que hay magma en el centro de la Tierra.

B: Pero esa es una de esas historietitas lindas que les hacen creer en la superficie. Les dicen muchas cosas que son falsedades. En realidad, la superficie de este planeta tiene 800 millas de espesor. Debajo de eso está enteramente hueco. El sol que tenemos dentro es de 600 millas en diámetro. Lo trajeron hace millones de años atrás, y lo instalaron allá. - Pero la gente que permanezca aquí va a estar dentro del planeta. No está afectado por dentro. Es solamente afectado por fuera. De la corteza de 800 millas dentro es de dónde realmente viene el magnetismo planetario. No del centro. Sus volcanes todos provienen de la fricción de las rocas que se deslizan hacia adelante y hacia atrás dentro del borde. El centro es muy hueco, y por supuesto, tiene el sol como he indicado. Todos los otros planetas son muy similares con la misma construcción. Así que con la fricción de las rocas deslizándose sobre cada uno, es lo que construye tus volcanes. Todos tus volcanes son subsuperficie. Quizás algunos de ellos son 300 millas de profundidad, pero no todos van al centro del planeta. El centro del planeta no es magnético. Porque si eso llegara a suceder yo sospecharía - y yo no soy quién puede hablar de ese tipo de cosas - pero si algún otro cuerpo planetario en el sistema solar roza la Tierra. Esto es lo que te hubiera pasado. (Se golpeó las manos.)

D: Se implosiona.

B: No, no. Lo atraería como un imán. Un imán literalmente chuparía al planeta con núcleo sólido fundido justo dentro de él. Y no dejaría que se liberara necesariamente. El otro cuerpo planetario está diseñado para que cuando fluya por la Tierra será atraído magnéticamente hacia un extremo o hacia el otro. Cualquier orilla es como un imán. El norte atrae al sur, como lo haría. Si el planeta Tierra fuera un cuerpo sólido, literalmente lo conectaría. Y no se soltaría. Pero en la realidad, no es tan fuerte, pero el tirón podría hacer que el planeta se volcara. Cualquiera que sea el tirón más fuerte. Cualquiera que sea el lado más fuerte.

D: ¿Has tenido muchas vidas dentro del planeta?

B: He estado en el interior varias veces en el curso de mis vidas en este planeta. Es diferente allá. Porque afuera tienes vidas, o en otros lugares tienes vidas. Y dentro de los planetas literalmente puedes vivir para siempre si quieres. Realmente la mayoría de mis vidas fueron afuera y en algún lugar u otro.

D: ¿Otro planeta?

B: Sí, te mueves de una vida a otra. Es lo que sea que necesites lograr. Todo el universo es como una súper gran escuela. Vas de un lugar a otro, dependiendo de lo que necesites aprender.

D: ¿Te quedas un largo tiempo en cada lugar?

B: El tiempo que sea necesario para completar la lección o lo que sea en lo que estés trabajando. Tu proyecto. Y no olvides que algunos de nosotros tenemos millones de años de edad. Vivimos por siempre, técnicamente.

D: Así que venir a la Tierra es básicamente como regresar al jardín de niños, ¿no es así?

B: Oh, sí, es algo como un intercambio. Pero a veces haces un curso de actualización. (Risa) Una gran manera de hacerlo, cuando hay tantos miles de millones de cosas que puedes hacer en el universo. Planetas que puedes visitar. Estilos de vida. Todo tipo de cosas. Es ilimitado Pero mi vida como Bob es muy discreta. Me da la oportunidad de aclarar mi mente, y relajarme y dejar que todo fluya. Simplemente sentarme allí y observar, y observar a la gente.

Son vacaciones. Lo que otras personas hacen en vacaciones, lo estoy haciendo aquí ahora. Soy un observador.

CAPÍTULO 6

ESCAPE DE Atlántida

He encontrado varios ejemplos de gente escapando del cataclismo que causó la destrucción de la Atlántida. No todo el mundo pereció a pesar de que las convulsiones alcanzaron a todo el mundo. Muchos pudieron encontrar su camino a través de los mares hacia otros países y trataron de preservar su forma de vida en un entorno totalmente diferente. El siguiente es un ejemplo:

Marie era una enfermera que trabajaba en una unidad de obstetricia en un hospital. Vino a mi oficina en Huntsville en 2004 en busca de respuestas a problemas, como todos los que vienen. La sesión, sin embargo, no era la vida pasada habitual, y al principio parecía no tener relación con su vida presente. Cuando bajo de la nube dijo que estaba flotando en medio del océano.

Esto puede significar varias posibilidades diferentes. Una criatura marina, alguien nadando, o alguien que está llegando al día de su muerte y se están ahogando. Sin embargo, su voz no mostró ningún miedo como sucedería si hubiera ido al día de su muerte.

Mientras miraba alrededor vio que estaba en un barco pequeño. "El mar está en calma en este momento. Y siento que va a empeorar antes de que se calme de nuevo. Dondequiera que miro hay agua por todas partes. No hay nada más que agua. Es un barco de madera. No es muy largo. Caben tres o cuatro personas. Siento que estamos en el océano. Y no tenemos mucho control sobre dónde vamos. Estamos más o menos a la deriva. Pienso que tenemos unos remos, pero no hacen mucha diferencia, con el tamaño del barco y el tamaño del agua. Estamos en la corriente, y simplemente te lleva más o menos a donde quiere que vayas".

D: *¿Entonces no estas intentando ir a algún lugar en particular?*
M: Siento como estamos abandonando algún lugar, y fuera difícil encontrar un lugar donde estemos seguros.

D: *¿Sabes a dónde vas?*
M: No. Donde sea que el barco nos lleve. No tenemos elección.

Había otra persona en el barco. "Siento como que es un amigo muy cercano. Un compañero cercano. No estoy seguro si es hombre o mujer. Es alguien con quien tengo una relación muy cercana." Vio que era un hombre de mediana edad vestido con una túnica de tela áspera atada con un cinturón de cuerda.

D: *¿Qué haces en el barco?*
M: Siento que tuvimos que irnos. Y.... siento que soy de la Atlántida o Lemuria. Y que nuestra isla ya no iba a existir, y hemos tenido que abandonarla cuando aún había tiempo.
D: *¿Pensaste que un barco pequeño sería seguro?*
M: No creo que hubiera mucha oportunidad de elección. Muchos otros ya se han marchado. Y nosotros nos ofrecimos a viajar en el barco más chico, porque los otros tomaron los barcos más grandes. Definitivamente habrían sido más seguros. Era algo que sabíamos que iba a pasar, que nos teníamos que ir. Y permitimos que los otros salieran primero.
D: *¿Estaba sucediendo algo cuando te fuiste?*
M: Había estado sucediendo por un tiempo. Y sabíamos que nuestro mundo dejaría de ser. Y luego tratamos de hacer los preparativos para ello. Y tomar las cosas que necesitábamos. No queríamos que toda la civilización terminara, así que tomamos recuerdos de ello. Alguna información, algunos cristales que nos ayudarían en el nuevo mundo.
D: *¿Has usado algunas de estas cosas?*
M: Sí, son parte de nuestra civilización. Y eran cosas que podríamos traer con nosotros que serían útiles, si las necesitáramos en el nuevo establecimiento de una nueva vida.
D: *¿Cuál era tu trabajo, tu ocupación?*
M: Y estaba en el templo. (pausa larga) pasaba la mayor parte de mi tiempo aprendiendo sobre el uso de la energía. Y hacer de nuestro mundo un lugar mejor para diferentes formas. Trabajé con la curación y ayudando a los demás. No era uno de los exaltados. Todavía era alumno, pero estaba progresando. Estaba aprendiendo, pero también enseñando. Ayudaba a otros.

D: *La otra persona que está contigo en el barco, ¿es uno de los estudiantes?*
M: Estaban en el templo conmigo, trabajaban conmigo. Como un asistente.
D: *¿Te estaban enseñando, y usaban la energía?*
M: Sí. Cristales, y el uso de la energía. y como crear cosas. Cómo cambiar situaciones. Cómo sanar. Como ayudar gente que ha caído afuera de balance. Podía hacer estas cosas, pero no lo había perfeccionado. Todavía estaba aprendiendo la combinación de la mente de uno y la presencia de la energía. Que podrías alterarle y ayudar a darle una forma física. Y entonces podría usarse para el bien de todos. Que la manifestación fuera utilizada en la comunidad, o incluso para uso individual, o que los seguidores de este camino puedan usar.
D: *Que bien que estuvieras trabajando con lo positivo.*
M: Sí. Me estaba volviendo mejor en eso. Pude influir en los patrones climáticos si era tan necesario. Por otra parte, mi interés se centró más en ayudar a los demás. Sus dolencias físicas y mentales.
D: *¿Venían a ti al templo? (Sí) ¿Y cómo hacías las curaciones?*
M: A veces usábamos los cristales. Algunas veces sólo usábamos la manipulación de energía al tocarla. Algunas veces ni siquiera tendríamos que tocarlos necesariamente, sino simplemente traerles la energía con las manos.
D: *Así que estos cristales eran muy poderosos.*
M: Sí. Hacía amplificar las energías que tú mandabas. Y las hacían más fuertes. A veces ayudaban a cambiar las energías en positivas.
D: *Dijiste que controlabas los patrones del clima. ¿Por qué querrías hacer eso?*
M: Si teníamos un período de tiempo en el que había demasiada sequía, y no había agua. O si había tormentas que amenazaban destruir dónde estábamos. Podíamos intentar alterar las energías así no sería tan devastador. Había mucha agitación en el área. Había mucha gente con energías negativas. Y así tratábamos de contrarrestar eso.
D: *¿En el mismo lugar donde vivías?*
M: Sí. Había quienes estaban experimentando con el lado oscuro de las energías y los poderes. Y estaban creando caos. Estaban creando agitación entre mucha de la gente de allí.
D: *Así que es posible usar las energías de manera negativa también.*

M: Sí, lo es. Nunca fue la intención que las energías se usaran de esa manera. Pero debido a tantas entidades o energías, los patrones de pensamiento de las entidades las alteraron. Aprendieron a hacerlo. Había fuerzas negativas creando todo tipo de problemas.

D: *Pensarías que ellos debían saber que así no se debían usar.*

M: Hay muchos que no son tan avanzados. Que no entendían como deben ser las cosas.

D: *Porque todo lo que envías regresa a ti, ¿no es así?*

M: Es correcto.

D: *¿No había nada que pudieras hacer para combatir lo negativo?*

M: Hubo muchas cosas que hicimos para combatirlo, pero finalmente se volvió demasiado abrumador. Y hubo más vibraciones y energías negativas que fueron enviadas, y más gente siendo atraída a eso. Nos asustamos. Y finalmente no había nada que pudiéramos hacer en ese punto de tiempo, en ese lugar. Así que hicimos lo que creímos que teníamos que hacer para salvar nuestros conocimientos y nuestras maneras. Y por eso mucha gente decidió irse. Irse en las barcas y llevar consigo las cosas que pudieran.

D: *¿Qué viste que estaba sucediendo para hacerte tomar una decisión tan drástica?*

M: La tierra en la que vivíamos se estaba fragmentando. Hubo muchos terremotos. E iba a ser arrastrada por debajo del océano. Y sabíamos que no podíamos detenerlo.

D: *¿Así que ya habían estado ocurriendo terremotos?*

M: Si, habían estado ocurriendo. Sabíamos que era solo asunto de tiempo antes de tuviéramos totalmente un nuevo plano de existencia. Que algunos de nosotros estaríamos dejando nuestros cuerpos físicos. Y que otros de nosotros trataríamos de salvar algunos de los restos del viejo mundo y llevarlos al nuevo.

D: *Pensarías que la gente que estaba usando la negatividad se detendría al ver lo que estaba sucediendo.*

M: Estaban ebrios con la capacidad de alterar cosas, de cambiarlo con la energía. No les importaba. Otros planeaban también partir en barcos.

D: *¿Sabes qué específicamente estaban haciendo con la energía negativa? ¿Para qué la estaban usando?*

M: Estaban tratando de alejar a la gente de la luz. Intentando alejarles de lo positivo. Y que solo tuvieran miedo y vieran lo negativo.

Querían tenerlos bajo su control. Y así ser sus líderes, y tendrían muchas personas que tuvieran miedo y solo los escucharían a ellos.

D: *Usando el miedo. (Sí) Pero algunos de ellos también intentaron alejarse al ver lo que pasaba.*

M: Sí. Habían llegado demasiado lejos con eso. Y la tierra y el área no podían recibir ninguna disrupción más. No podría seguir existiendo así por mucho tiempo más. Que se hundiría debajo de las aguas.

D: *Dijiste que los barcos más grandes ya estaban ocupados. (Sí) Así que mucha gente sabía lo que iba a suceder. Entonces tú y tu asistente tomaron el barco más chico. ¿Y tú tienes alguno de los cristales contigo?*

M: Tenemos cristales y tenemos algunos pergaminos. Algunas enseñanzas o información que nosotros deseamos preservar. Mucha gente tiene copias. Muchos tienen más artículos con ellos con la esperanza de que algunos de nosotros lo logremos. No todos partieron en la misma dirección. Todos tratamos de ir en diferentes direcciones. Nuevamente, con la esperanza de que podamos continuar con algunos de los aprendizajes, las enseñanzas, la información que tenemos.

D: *Así que nadie de ustedes sabe de verdad a dónde están yendo. (Pausa) ¿No has estado en estos lugares antes?*

M: Algunos han viajado. Sobre todo, en barco, pero también los han podido visitar en el sueño. Podían ir por medio de levitación. (¿Meditación? Sonaba como levitación.) Podían moverse de esa manera. No necesariamente necesitaban lo físico con el barco. Pero en ese tiempo con tantas disrupciones y los poderes – era casi como una tormenta viciosa – que no podíamos usar esos métodos para viajar. Teníamos que ir en barco.

D: *Pero tampoco podrías haber llevado estas cosas contigo si fueras en forma de espíritu.*

M: Es verdad.

D: *Tenías que cargar los objetos físicos contigo.*

M: La información seria preservada por siempre en el reino etérico, y en los planos más altos arriba, pero sería tan fácilmente accesible en forma física si no lleváramos esas cosas con nosotros.

No habían visto lo qué sucedió a la tierra porque ya estaban adentrados en el mar. Solo querían irse lejos, e iban a donde los llevara la corriente.

D: *¿Tienes algo de comida contigo?*
M: Sí, tenemos algo. La hemos racionado. Y hemos aprendió existir con muy poca cantidad, porque queremos que nos dure lo que más se pueda. Porque no tenemos forma de saber cuánto tardaremos en llegar a tierra.
D: *¿Qué tipo de comida tienes contigo?*
M: Es como una forma de energía altamente concentrada. Es un tipo de grano. Y unos pocos pastelillos que podemos comer. Nuestra agua, por supuesto, es muy valiosa, y solo tomamos sorbos de ella. Porque solo podemos traer cierta cantidad. Y así tratamos de no usar mucho los remos. Tratamos de conservar nuestra energía. Y dormimos mucho cuanto más podamos. Comemos lo menos que podamos.
D: *Eso tiene sentido. Porque cuando estás dormido no estás utilizando tanta energía.*
M: Es correcto.
D: *Suena como que es el tipo de comida que no se echa a perder.*
M: No, se conserva por largos periodos de tiempo.
D: *¿Ya has estado en el mar por mucho tiempo?*
M: (Pausa) No estoy seguro si son días o semanas. Pero eso parece que ha sido un largo tiempo. Podemos marcar en el barco los días que van pasando.
D: *Pero es como si fuera un día tras otro.*
M: Así es. Especialmente cuando duermes bastante. Y te despiertas y te vuelves a dormir.

Lo hice adelantarse en el tiempo para ver qué pasaba después, porque podría haber estado flotando en el océano durante bastante tiempo.

D: *¿Encuentras un lugar para detenerse?*
M: Sí, ya. Hay mucha gente allí de pie y observándonos cuando llegamos a tierra. Preguntándonos de dónde venimos, y en un bote tan pequeño. Y creemos que es en…. parece que es Egipto, donde

hemos desembarcado. Las personas que están alrededor tienen la piel más oscura.

D: *¿Se entienden el uno al otro?*

M: Somos capaces de comunicarnos telepáticamente, pero hay una barrera de idioma.

D: *¿Pueden entenderse telepáticamente?*

M: Algunos son capaces, pero nosotros somos capaces de entenderlos más de lo que pueden entendernos.

D: *¿Ha pasado algo en la tierra dónde ellos viven?*

M: Ha habido muchas tormentas y cambios de estación. Saben que algo inusual está ocurriendo. Y se asustan con eso. Los mares se han agitado, y el clima es inusual para ellos. Y después con personas que llegan en un bote pequeño y que se ven obviamente diferentes, eso las hace aún más sospechosos.

D: *¿Puedes decirles lo que ha sucedido?*

M: No compartimos con cualquier persona el conocimiento general de lo que sucedió. Sólo les decimos que hemos perdido nuestro hogar y que hemos a=navegado por mucho tiempo en barco para llegar hasta aquí. Y parece que hay alguien allí que puede traducir. Pero no le contamos a todos con quien entramos en contacto la historia general de toda la travesía. Y no tienen una buena comprensión de toda la civilización de la que venimos.

D: *¿La civilización de ellos no es así de avanzada?*

M: No. No es como lo fue la nuestra.

D: *¿Te permitirán quedarte?*

M: Sí. Somos una especie de rareza para su curiosidad. Nos permiten venir.

D: *¿Cuáles son tus planes ahora?*

M: Los planes inmediatos ahora son recuperarnos, sólo obtener algo de comida y agua y cobijo por un tiempo. Y hay un hombre que nos acoge y nos permite quedarnos con él.

D: *¿Las cosas que trajiste contigo sobrevivieron? Los cristales, y los pergaminos y la información.*

M: Sí, así es. Los mantenemos envueltos en nuestro ... es como una tela. Puede incluso ser como un bulto de material en lo que lo tenemos envuelto. Tememos que puedan ser destruidos, o que alguien lo robe si los viera.

D: *Si supieran lo que son.*

M: Sí. los escondemos en una cueva.

D: *¿Crees que podrás enseñar a alguien el conocimiento?*

M: Estamos justamente seguros de que aquí hay gente que son maestros, o hay fagistas (fonético) (?) con quienes podríamos compartir estas cosas. Y una vez que comprobemos que podemos confiarles, entonces podremos gradualmente empezar a compartir esto con ellos.

D: *Eso tomará tiempo. Y tienes tiempo ahora, ¿no?*

M: Sí, lo tenemos.

D: *Por lo menos has encontrado un lugar para quedarte. Sabes si los otros lo lograron o no.*

M: Ha habido informes de algunos que han desembarcado en diferentes lugares. Y entonces sabemos que algunas personas en diferentes áreas lo han logrado. De algunos no hemos oído hablar. Pero sabemos que ha habido algunos que han sobrevivido.

D: *Eso muestra que el conocimiento no desaparecerá entonces.*

M: Es una noticia muy alegre escuchar eso. Hay otros. Que no somos los únicos supervivientes. La responsabilidad era seguir llevando esta información y estos dones.

Lo adelanté a un día importante en esa vida para avanzar en la historia.

M: Hemos encontrado un lugar para guardar los cristales, y los pergaminos. Sentimos que podemos descansar ahora que no tenemos que preocuparnos por su bienestar en todo momento. Hemos compartido algo de la información, pero estas personas no están listas para todo esto. Así que debemos tomar las cosas y guardarlas por ahora.

Cuando le pregunté dónde los habían escondido, se puso aprensivo. Tuve que convencerlo que no era una amenaza, que era seguro decírmelo.

M: Está almacenado lejos ... dentro de una pirámide. Pero es casi un tipo de área de almacenamiento interdimensional. No es uno que se pueda encontrar a menos que sepa cómo acceder a él. No lo verías fácilmente, ni sabrías que está allí. Tomará ciertas energías para que los elementos se vuelvan perceptibles. Para que aparezcan. Los artículos son físicos, pero están almacenados como... un área con... es como si estuvieran ahí, pero tú no puedes verlos. Es como un espacio interdimensional. Los pusimos en una caja y luego la cerramos. Y sólo ciertas energías pueden abrir la puerta a esto, y entonces serían visibles.

D: *¿Es este espacio interdimensional algo que tú sabes cómo crear?*

M: Tuve la ayuda de algunos de los otros que sobrevivieron, y finalmente nos encontramos. Trabajando juntos pudimos crear este espacio.

D: *Así que es no un lugar físico dentro de la pirámide.*

M: Es un lugar físico, pero es como si fuera invisible. Está allá. Y mientras esté sellado... una persona no puede simplemente pasar y verlo. Debe tener cierta energía mental, conocimiento, e incluso algo de simbología, algunos símbolos son necesarios para abrirle.

D: *¿Es como si lo pusieras en la pared?*

M: Sí, es similar. Es como el interior de una de las piedras grandes, está allí, pero no puedes ver la manera de entrar. No hay indicios de que esté allí.

D: *No hay manera de abrirle físicamente.*

M: Es correcto. No lo puedes abrir físicamente. Eso tiene que ser hecho con energía. Tiene que ser un cierto tipo de patrón de pensamiento. y tiene que ser la persona correcta con los símbolos. Tienen que llevar en su campo de energía estos símbolos que se necesitan para desbloquear la piedra.

D: *¿No son símbolos físicos que debe tener?*

M: Antes de encarnar. Antes de encarnar aquí, eran conscientes de eso, y los símbolos estaban en su campo de energía.

D: *¿Así que fueron puestos antes que la persona encarnara?*

M: Sí. Y a veces han tenido que ganárselos. Tuvieron que aprender ciertas cosas o pasar por ciertas pruebas para que los símbolos empezaran a funcionar. Activarlos. Para que empezaran a funcionar. Así que, si quizás la misma persona estaba en el lugar correcto en cierto tiempo, nada pudo haber sucedido. Necesitaban aprender. Pero ahora si habían logrado ciertas cosas en esta vida. Si hubieran pasado ciertas pruebas mostrando sus verdaderas intenciones, sus buenas intenciones, entonces eso activaría estos símbolos en su campo de energía. Y si van allá, entonces se les permitiría abrir esto. Para saber a dónde ir. Y con sus pensamientos mentales abrirían como una llave. Y hay más de una persona con esto. Tiene que haber muchos, en caso de que uno falle.

D: *Eso tendría sentido. Cuando las personas encarnan, ¿tienen ciertos símbolos que se les ponen en su ... espíritu, aura o lo que sea?*

M: Sí, todos los llevamos. Y así es como a veces nos complementamos, o nos reconocemos. No nos vemos con ojos físicos, pero nuestro cuerpo lo sabe, o nuestro campo de energía lo sabe. Y podemos experimentar ciertas sensaciones. Hay repulsión o atracción, o sensación de bienestar.

D: *¿Así que estos símbolos son importantes? (Sí) ¿Estos símbolos son creados en el plano espiritual? (Pausa) Me pregunto de dónde vienen. ¿Quién decide ponerlos dentro la ... me imagino el campo áurico, por falta de una palabra mejor?*

M: Son parte de la mente universal. La inteligencia universal. Y coinciden con lo que es nuestro proyecto de vida antes de encarnarnos. Son como llaves a lo largo de nuestra vida. Si vamos a un determinado punto o cierto lugar, si nos encontramos con cierto individuo, y la llave encaja en la cerradura. O los dos símbolos se fusionan. O símbolos opuestos. Nos ayudarán a saber qué debemos hacer. A veces puede desbloquear recuerdos. A veces puede desencadenar una respuesta dentro de nosotros que nos ayude a tomar decisiones y cambiar nuestra vida. Nuestro estilo de vida, nuestras decisiones de vida. Así que ellos son casi como un pequeño sistema de orientación. Que en un momento determinado se pueda activar y ayudarnos a saber qué hacer, cuándo hacer.

D: *Pero estas son cosas que la persona promedio no sabe, y de las cuales no están conscientes:*

M: No, pero todos los tenemos.

D: *Y normalmente no los puedes ver o saber que están ahí.*

M: Algunas personas pueden, pero la mayoría de nosotros no podemos ver con nuestros ojos.

D: *Sólo tienes sentimientos, instintos.*

M: Sí, sí. Ese es eso.

D: *Eso es importante. Y eso quiere decir que estos símbolos son muy importantes para la mente universal.*

M: Eso es correcto. Es un lenguaje universal.

* * *

Esto va con la información que he recibido y reportado en mis otros libros. Que los ETs se comunican en símbolos, y estos contienen bloques de información y conceptos que pueden ser transferidos mentalmente. También eso parcialmente explica los numerosos informes que he recibido de gente que han recibido una inundación de símbolos en su mente. Algunos han reportado que estando en el sofá de su sala o estancia, vieron un rayo de luz entrar por la ventana que contiene una cantidad de símbolos geométricos y otros. Estos rayos de luz se concentran en el área de su frente. Otros han informado una compulsión de sentarse durante horas dibujando símbolos. o inusuales diseños (Mucha gente me ha enviado copias de sus dibujos, y es asombroso que se parezcan y sean similares.) Los ETs me han dicho que los símbolos de los dibujos de los campos o Crop Circle también contienen bloques de información. El observador no tiene que estar en el interior de los círculos para recibirles. Sólo viendo el símbolo en una revista, periódico, etc. es suficiente para descargar la información. Han informado otras formas variadas en que se produce la descarga. Dijeron que es su idioma. La persona que lo recibe no necesariamente tiene que entenderlo. Se implanta en el subconsciente de la persona a nivel celular. El propósito es que eventualmente necesitarán la información, y la tendrán y ni siquiera sabrán de dónde vino. Lo cual trae a colación la pregunta: si encarnamos con un patrón simbólico impreso en nuestra alma, aura, como sea que se haga, ¿La descarga de los ETs se suma a este patrón o lo activa? Él dijo que este patrón cambia según las experiencias de vida de la persona.

* * *

D: *Sé que hay muchas, muchas pirámides en Egipto. ¿Acaso los colocaste en la grande?*

M: (Pausa) Pienso que fue en la pata de la Esfinge, en lugar de la pirámide misma. Eso creo. Hay muchos túneles subterráneos y cámaras allá. Pienso eso fue puesto - si estoy mirando a la Esfinge - sería probablemente, creo, sería la pata izquierda.

D: *¿Estos túneles van por debajo de la pirámide también?*

M: Sí. Hay muchos debajo de las pirámides.

D: *¿Pero la mayoría de la gente no sabe cómo accederlos?*

M: No, solamente ciertos iniciados, los sacerdotes, cierta realeza. La persona común promedio no lo sabe. Hay rumores de que existen, porque tenían que ser construidos. Y siempre hay fuga de información que sale. Pero la persona promedio no conoce los detalles. Solo han escuchado rumores de que existen.

D: *Pero si la Esfinge y las pirámides ya estaban allí cuando llegaste allá, ¿Alguna vez has escuchado historias de quien las construyó?*

M: (Pausa) Sí. Creo que la civilización – aunque no era tan avanzada como la nuestra - tuvo ayuda de los extraterrestres. Debido a que el nivel de inteligencia general de esa sociedad en particular no era tan altamente desarrollado. Les dieron información. Pero, de nuevo, a una pequeña parte de la población. No se les dio a todos. Y muchos de ellos eran más seguidores que pensadores independientes.

D: *¿Alguna vez escuchaste cómo pudieron construir con piedras tan grandes?*

M: Fue hecho con manipulación de energía. Fue hecho con un tipo de dispositivo gravitacional. Levitación. Hubiera sido casi imposible construirlas físicamente.

D: *¿De dónde tú vienes, podrías haber hecho algo como eso?*

M: Sí. A pesar de que mi pericia no era en arquitectura o el edificar cosas, yo sabía lo esencial de manipulación de energía. Y levitación. La mayoría de los estudiantes, los iniciados, aquellos que trabajaban en los templos, todos ellos todos saben esto. Eso era parte del aprendizaje. Levitación y el uso de la energía.

D: *Así que esto se les enseñaba a todos.*

M: Sí. Y hubo quienes eran muy avanzados en esas cosas. En arquitectura y creando cosas materiales. No era sólo material. No sólo era tridimensional. Era un entretejido del material y vibraciones superiores, lo cual es más cercano a las manifestaciones espirituales. No eran solo físicos.

D: *Pero dijiste que la gente que vivía en Egipto no estaba lo suficientemente avanzada para haber hecho esto por sí mismos.*

M: No. Hubo algunos que eran más avanzados, y más dispuestos a escuchar. Y eran más abiertos... por lo general más educados que la persona común que vivía allá. Y se les dio esta información con la esperanza de que ayudaría a avanzar la civilización. Así que fueron contactados por extraterrestres, los que vigilan. Y vinieron y les ayudaron con esas cosas. Y debido a nuestro conocimiento y de dónde venimos, también pudimos ayudarlos en su aprendizaje y progresión.

D: *¿Para qué se construyeron las pirámides? ¿Tenían un propósito?*

M: (Pausa larga) Eran fuentes de energía muy compactas. No eran como un cristal, pero casi podían amplificar y ayudar en la creación de muchas cosas dentro de la pirámide. Y dentro de la vibración de las pirámides. Había centros de aprendizaje, pero también era como entrar en otra dimensión, por la energía que tenían. Y podían también amplificar y además transmitir vibraciones y energías a otras áreas. Eran como un campo de energía o fuerza gigante - quizás no necesariamente una fuerza. Era un centro de mucho poder y energía.

D: *¿Por eso los extraterrestres quisieron construirlas?*

M: Esa fue parte de la razón para la que fueron construidas, o su función. Los extraterrestres sólo deseaban que la humanidad creara un mundo de más armonía, y más paz. Y un lugar más feliz para vivir, en lugar de uno de pobreza, dolor y desesperación. Tenían la esperanza de que pudiéramos usar esa información y estos dones para expandir esa posibilidad.

D: *Tienen que ser personas que poseen el conocimiento de cómo a usarlas.*

M: Así es. Y por eso solo hubo ciertos individuos a los que se les dio este conocimiento sobre los poderes de las pirámides, y las posibilidades que pueden ayudarles a desarrollarse en esa zona. Pero también con ese poder viene la posibilidad - al igual que en Atlantis - de lo negativo.

D: *Del mal uso.*

M: Es correcto. (Gran suspiro) Libre albedrío, se puede cambiar de cualquier manera.

D: *Por eso podría ir en cualquier dirección. Pero en lugar de usar tus pergaminos y tus cristales, decidiste esconderlos allí donde estarían a salvo.*

M: Sí, la gente no estaba lista para toda esa información. Le dieron mal uso. No la usaban como debía ser usada. Ahí ya había abuso de poder en algunas áreas, donde podría convertirse como la Atlántida muy fácilmente. Si tuvieran el conocimiento y el uso del poder absoluto.

Decidí adelantar a Marie al último día de la vida como ese hombre. Porque pensé que ya no habría más que aprender después de haber escondido los secretos.

M: Soy muy viejo. Y mi cuerpo ha permanecido en bastante buen estado, Debido a mi conocimiento de cicatrización y uso de energía, y los pensamientos que nuestro maestro nos dijo forman el físico. Pero mi cuerpo ha envejecido. Y está muy cansado. Y estoy listo para irme.
D: *Así que no hay nada mal con el cuerpo.*
M: Ha envejecido. Ha cambiado por los efectos de esta vida en la tierra. No hay nada terriblemente mal.
D: *¿Viviste en Egipto por mucho tiempo?*
M: Sí. Yo creo que tal vez unos cuarenta años más.
D: *Pudiste pasar algo de tu conocimiento.*
M: Sí, pude. Compartí lo que pensaba era apropiado de lo aprendido. Los que han sido entrenados en estas maneras. Pero nuevamente, no pude compartirlo todo porque no habría sido apropiado en ese momento.
D: *Sí, pero hiciste mucho con tu vida.*
M: Lo intenté. Siempre había unas decisiones equivocadas. A veces se dice algo a la gente o les enseñas algo, y no lo hacían ... sólo como cualquier ocasión en su vida, la gente toma cosas y las usa, y luego ya no. Y alguno abusa de ello.
D: *Así es en todas partes. (Sí) Hay alguien contigo en el último día de tu vida?*
M: No, estoy solo. No tengo miedo, pero sé que estoy listo para irme.

Después que salió del cuerpo físico y pasó al espíritu, le pregunté que revisara la vida que había visitado y viera si había alguna lección que aprender.

M: Creo que necesitaba aprender paciencia, porque siempre estaba ansioso a aprender, pero quería aprender más. Y nunca sentí que estaba donde podía estar. Alcanzaba un hito, y nunca era suficiente. Pensé que debería saber más y saber más rápido. Y esa fue una lección muy dura.
D: *¿Piensas que lo aprendiste?*

M: ¿Hay alguien que pueda aprenderlo todo? Esa es una pregunta difícil. Sí, aprendí a ser más paciente.
D: *También tenías un gran conocimiento.*
M: Sí, y esa fue otra parte de la lección. (Gran suspiro profundo) Aprender a usar el don de repartir el conocimiento. La responsabilidad que va con eso. Que, si se te ha dado el conocimiento, debes aprender a usarlo sabiamente. Que a veces está destinado a otros, y a veces no. Que si se lo das a la persona equivocada en el tiempo equivocado puede ser desastroso. Y si se los das en el momento adecuado puede causar resultados maravillosos, maravillosos.
D: *Así que tienes que ser discriminatorio.*
M: Es correcto. Yes una responsabilidad muy grande.

Luego hice que la entidad retrocediera e integré la personalidad de Marie nuevamente en el cuerpo para poder hablarle a su subconsciente.

D: *¿Por qué escogiste esta vida para que Marie la viera en este día?*
M: Porque es muy paralelo a lo que está pasando ahora. Está en un camino de aprendizaje. Y tiene grandes oportunidades de hacer mucho para cambiar este mundo. Para ayudar a traer el nuevo mundo. Es una responsabilidad muy grande.
D: *Pero en la superficie no parecen realmente ser similares.*
M: Ella posee la capacidad de hacer mucho bien en este mundo con relación al uso de su energía, conocimiento de todas sus vidas pasadas. Puede comunicarse con muchos. O lo hará cuando pueda y cuando esté lista. Y si no lo hace en el tiempo correcto, en la secuencia correcta, entonces allí habrá muchas cosas valiosas perdidas. Y es muy importante que entienda: número uno, la paciencia es muy importante. Que todas las cosas llegarán cuando sea el momento. Y número dos: conforme vaya obteniendo estas potestades y habilidades, debe usarlas muy discriminadamente, aunque el deseo es de ayudar a los demás es correcto, no siempre hay que ayudarles por el camino más fácil. Algunas veces deben aprender por sí mismos. Entonces darles todo, aunque por fuera parezca que podrían usarlo o necesitarlo, no siempre es la decisión correcta. Debe dárselos cuando sea el momento adecuado, posiblemente poco menos de lo que realmente podrían usar.

D: *¿De dónde vendrá este conocimiento?*
M: Es el conocimiento que tiene, que ha adquirido mediante todas sus vidas pasadas. Y cuando llegue el momento adecuado, le será dado.
D: *¿Quieres decir que todo se le regresará?*
M: Sí. Y eso se ha estado organizado de partes de si ... de mí, del alma superior, en el momento correcto ingresaremos y traeremos estos dones. Estas energías y este conocimiento que necesita para pasar al siguiente paso, al siguiente nivel.
D: *Pero su presente personalidad todavía permanecerá ¿no es así?*
M: Sí, bastante.
D: *¿Es como una superposición o una fusión? Del que tiene la información.*
M: Eso es correcto. Solo se fusionará con su ser presente.
D: *¿Entonces no tiene que estudiar o tomar algunas clases?*
M: Sí, todavía necesita hacer estas cosas. Ayudará a desencadenar recuerdos. Y la ayudará a reaprender. A veces es muy difícil traer ciertos patrones de pensamiento. Y al volver a aprenderlos con los diferentes circuitos de su mente, la ayudará en esta vida presente. Ella está siendo entrenada desde este lado.
D: *Tiene otra pregunta. ¿Por qué se marea tanto? Le encanta el agua y los delfines, pero se marea mucho.*
M: El nivel de energía del océano es muy alto. Eso crea energías muy fuertes. Y como su cuerpo, su esencia, es transmutador de energías, solamente puede absorber cierta cantidad antes de empezar a sentirlo físicamente. También tiene que ver con el período prolongado de tiempo que pasó en el océano cuando dejó Atlantis por primera vez. Fue muy estresante estar en el océano. Y como dije antes, los niveles de energía fueron muy altos. Aunque ella tenía algo de poder y habilidad sobre los elementos, y la habilidad de alterar energía para evitar que los océanos fueran demasiado violentos, estaba en estado debilitado por falta de comida y agua.
D: *El trauma de la situación.*

CAPÍTULO 7

CONOCIMIENTO ANTIGUO

Esta sesión se llevó a cabo en mayo de 2002 en un rancho en las afueras de Bozeman, Montana, donde me hospedaba en una casa de huéspedes. Fui a Bozeman a dar unas platicas, pero la principal razón que allí fue para finalmente conocer a Leila Sherman, la mujer de 100 años que fotografió la imagen de Jesús que usé para la portada de Jesús y los Esenios. Supe que esta podía ser la única oportunidad de verla. Una mujer que estaba trabajando con Leila en la producción y comercialización de la foto. Leila me dijo que pensaba que estaba lista para morir, pero cuando armaron el sitio web www.christpicture.com y el plan de mercadeo, fue tan divertido que dijo que pensó que podría quedarse otros 100 años. Leila vive en un centro de jubilados, pero todavía es muy activa y capaz de cuidarse. Dijo que es la mayor del hogar y la única que no necesita asistencia.

Lorraine voló desde otro estado para estar en Bozeman al mismo tiempo. Era una curandera y trabajaba con médicos y hospitales para introducir y combinar la curación natural con métodos tradicionales. En la gran ciudad donde vive, está trabajando con cinco hospitales y comenzando a enseñar a las enfermeras. Ella es muy inteligente y piensa que esto se convertirá en algo muy importante.

En la sesión, cuando bajo de la nube, se encontró como una niña de 14 o 15 años con cabello largo, castaño rojizo, en un ambiente pacífico que pensé que probablemente era un pueblo costero. Eso es lo que parecía, pero lo fui encontrando diferente mientras progresamos. Describió su casa situada en la ensenada, y muy grande con arcos que miraban a ambos lados del agua. Quería vivir allí una vida normal con sus padres y hermanos, pero un grupo poderoso de la isla tenía otros planes para ella. Habían descubierto que era diferente que la demás gente, y querían usar sus habilidades. Tenía que irse a vivir a un gran templo en la colina sobre la ciudad.

L: Tengo el don, puedo ver.

D: *¿Qué puedes ver?*

L: (Susurró.) El futuro. (pausa larga) Puedo ver el futuro. Quieren enseñarme como dirigirlo.

D: *Aunque tengas ese don, no sabes cómo controlarlo, ¿es eso lo que quieres decir?*

L: ¡No! Quieren controlarlo - a través de mí. (en susurrando) La orden. Los hombres que gobiernan todo. El mar. La gente. Tengo que ir a vivir a un templo grande en la colina y hacer lo que me digan que haga.

D: *¿Los hombres del templo controlan las cosas?*

L: (Curiosamente). Sí. Me controlarán. Yo quiero quedarme con mi familia. Quiero irme lejos por el océano. Mis hermanos pueden hacer lo que quieran. Quiero cantar. No se me permite cantar. Suceden cosas cuando hago esos sonidos.

D: *No veo nada malo en cantar. ¿Qué sucede cuando haces sonidos?*

L: ¡Lo que yo quiera! – Los hombres de la colina me tienen miedo.

Le aseguré que podía hablar conmigo al respecto, porque yo no era una amenaza para ella. "¿Qué tipo de sonidos haces?" Lorena tenía su boca fruncida como si hiciera un sonido de oooh. "Estás moviendo la boca, pero no puedo escuchar nada".

L: ¿No escuchas el sonido? Es como el viento. Son los sonidos del viento.

Después empezó a hacer un misterioso, estridente, tono alargado. Fue gradual, pero constante, de Ooooooooooooooooooh (medio tono) Ooooooooooooooooh (tono alto) Oooooooooooh (tono más alto, luego demasiado alto para escuchar) y luego abajo otra vez Ooooooooooooooooooh (medio tono). Luego cuando Lorraine escuchó la cinta, dijo que era un sonido que le sería imposible hacer. Especialmente la parte que gradualmente creció en tono hasta que era demasiado alta para escuchar.

Explicó lo que hizo el sonido, "Eso abre puertas". No entendí a qué se refería. ¿Puertas físicas? "Puedes atravesar esas puertas. No pueden verlas". Así que obviamente no era físico. Se estaba refiriendo a algo aparentemente en el mundo invisible.

L: Son puertas doradas con bordes de joyas incrustadas y luz blanca y de colores en el centro. No son – realmente - puertas físicas. Son aberturas, portales.

D: *¿Dónde los ves?*

L: En frente de mí. Ahí en el espacio.

D: *¿Cuándo estás afuera?*

L: No, donde quiera que yo esté, están conmigo. Están en el espacio. El sonido crea las puertas y abre las puertas. Cuando se abren, puedo atravesar las puertas.

D: *Y nadie más pueden ver estas puertas. ¿Cuándo te diste cuenta de que podías verlas?*

L: Tenia cinco años. Mi familia, mi tío. Les dije de cosas que puedo ver a través de las puertas. Pensaban que yo inventaba las historias – y que eso me hacía gracia.

D: *¿Qué veías a través de las puertas?*

L: (Susurro) Veo el futuro.

D: *¿Cómo sabias que era el futuro?*

L: Porque les decía las historias y luego sucedían. Empezaron a creer cuando tenía ocho años. Entonces los hombres de la colina me llevaron. Empezaron a hacerme pruebas. Me pusieron en una habitación para que les mostrara. Y escribían lo que yo les decía. Y luego comenzaron a entrenarme para cambiar lo que veía. Querían que lo cambiara para ayudarlos. Para redirigirlo. Para hacer que pasaran cosas buenas para ellos, y hacer que la tragedia vaya a alguien más.

D: *Así que ¿veías cosas negativas?*

L: Podía verlo todo. Sabía lo que venía. Había tres ventanas en el interior de las puertas, podía ver cómo podría suceder. Tres maneras diferentes en que podría suceder.

D: *Así que el futuro no es sólo de una manera.*

L: (Susurro: No.) Puedo cambiarlo. Enviarlo a otra parte. Moverlo. Hacerlo diferente.

D: *¿Está permitido hacer eso?*

L: Es como la suerte. La buena suerte viene. La mala suerte se tiene que ir a otro lado. Ellos no veían eso. Pensaban que podían tomar toda la suerte y quedársela. Lo tomaron para sí mismos y controlaron a todos. Vivimos en una isla grande, muchas calas. Lo vi desde la nube cuando iba bajando. Es hermoso. Y tienen estructuras altas en la parte superior de la colina y gobiernan a toda la gente de abajo.

Pensé que se trataba de alguna religión organizada.

L: No hay iglesia todavía. Todavía no es religión. Es poder. Es el templo. Es el lugar de todo ser.

Aparentemente estábamos más atrás en el tiempo, antes del comienzo de la religión organizada. Pero no importa, poder y codicia han estado presentes desde que el hombre comenzó a vivir en la Tierra. Parece haber habido una constante batalla entre las fuerzas del bien y del mal.

D: *¿Y quieren controlar a todos los que viven en la isla cambiando lo que tú ves?*
L: Así es. Todas las mentes con poder viven en el templo. Tengo que ir a vivir al templo. Tengo que dejar a mi familia.
D: *¿Cómo se siente tu familia al respecto?*
L: Se han vuelto muy prósperos gracias a lo que he hecho. Les di la suerte. Lo piensas y sucede. Y lo tomas y le das esa dirección y envías al otro a algún otro lugar. Es sólo la dirección. Tendrán todo el control de todo el poder si me voy a vivir allá. Tengo que mostrarles cómo.
D: *¿Y les enseñas como hacerlo?*
L: No. (Empezó a hacer el sonido ooooh de nuevo.) Todo lo que estoy haciendo es abrir la ventana. El portal se abre con un sonido. Y después puedo ver más por la puerta si miro. El sonido transporta ondas. Y las olas abren la ventana. Y puedo mirar lo que está por venir.
D: *¿Dijiste que se supone que les tienes que enseñar cómo hacerlo?*
L: Sí, piensan que lo pueden aprender. (Risita) yo no sé de dónde viene.
D: *¿Cómo puedes mostrarles cómo hacer algo si no estás segura como lo haces?*
L: No sé cómo no darles la información. Me obligan a hacerlo o mi familia sufrirá.
D: *Ya veo. Pero ellos son hombres, y probablemente no podrán hacer los sonidos del mismo modo.*

L: (Susurro) No, no es posible. Aprendí este año cómo no decirles la verdad. Voy a hacer que hagan las cosas de modo correcto. Estoy aprendiendo de mi tío cómo controlar su poder. Pero tengo que fingir que no quiero saber. Y después ellos me enseñan más y más. Pronto voy a tener todo su conocimiento. Cada uno de los grupos tienen diferentes dones en áreas diferentes. Y saben cosas diferentes de cómo controlar las mentes de la gente. Y me están enseñando cada don – tengo que hacer algo. Están haciéndolo por la razón equivocada. Nos van a destruir. Toman toda la energía positiva y están tirando toda la energía negativa en un agujero. Y pronto será muy grande... y entrará en erupción.

D: *Tiene que ir a algún lado, ¿es eso lo que quieres decir?*

L: ¡Sí, ellos no ven eso! Todos piensan que solo puedes tener el bien. Yo no sé si podré tener todo su conocimiento a tiempo.

D: *¿Qué ves que sucederá?*

Ella dudó, después empezó a llorar.

L: Todo se desmorona y se cae al océano.

D: *¿Has tratado de decírselos?*

L: Sí. Dicen que depende de mí. Enviarlo y cambiarlo. Podría hacerlo, si usaran su poder de la manera correcta. Pero no lo hacen y siguen dando más del lado malo al hoyo. Y está creciendo, y se vuelven más y más desconsiderado y desconsiderados. Me temo que tendré que controlarlos. Tan pronto como conozca todos sus dones, puedo quitarles su poder y redirigirlo de vuelta a la gente.

D: *¿Ese es tu ¿plan? (Sí.) ¿Te fuiste a vivir con ellos al gran templo?*

L: Sí. Es hermoso. Tiene muchas escaleras y columnas. Y arcadas que miran hacia abajo del agua. Y hay pájaros grandes y coloridos. Y hermosa música. Es muy hermoso. Tengo un leopardo negro. (Me sorprendió.) Su nombre es Sasha. Es mi mascota. Escucha mis pensamientos. Está conmigo todo el tiempo.

D: *Yo pensaría que un leopardo sería peligroso.*

L: (Risita) Lo puede ser. Pero elige no serlo.

D: *¿Las otras personas también tienen animales como mascotas?*

L: Sí, muchos las tienen. Hay animales en todas partes. Viven en armonía en este gran lugar. Hay grandes pasillos y muchas hermosas habitaciones aquí. hablo con la gente diariamente. Les miento a esta gente. Les digo lo que los hombres quieran.

D: ¿Sobre qué les mientes?
L: Los peligros de vivir así, con tantos dones. Nadie se enferma más. Hemos aprendido a sanar. Ahora tengo como 25 años.
D: ¿Cómo haces la curación?
L: Ya no hacemos sanación.
D: Cuando lo hacían, ¿Cómo lo hacían?

Hizo el sonido estridente Ooooh de nuevo.

D: Dime lo que estás haciendo.
L: Estaba girando el techo para alinear la luz.
D: (No entendí.) ¿Qué luz?
L: Somos luz por dentro. Se fractura y debe realinearse para que fluya. Y a todos se les enseñan los tonos para realinear su luz.
D: Dijiste que estabas girando el techo. ¿Qué quieres decir con eso?
L: Uso los colores y los tonos a través de la luz para realinearlos. Hay un patrón del sistema solar en el techo. Y los colores y los tonos tienen que combinar. Los colores están en los paneles de luz en el techo. Se ven como breves ráfagas de luz en diferentes colores. Parece ser una pieza sólida de vidrio, pero son pequeñas luces de color. Una especie de tubería que los conecta. Y las luces parecen sólidas, pero son pequeños destellos de luz dentro de los diferentes paneles. Creando el panel. El patrón del sistema solar cambia para cada persona quién viene debajo de la luz. Es leída por una luz en tu muñeca, y eso es desplegado en un patrón en el techo. Entonces las luces se alinean y descienden a través de la base de tu cráneo. Y dentro de tu cuerpo y eso realinea tu luz.
D: Entonces ¿es algún tipo de máquina? (Sí.) Así que el patrón del zodíaco cambia para cada persona individual.
L: Son sus cartas astrales. Yo lo hacía para cada una de estas personas. Y eventualmente les enseñé a usar los tonos ellos mismos. No tenemos más enfermedades.
D: ¿Hay algo más en el techo, o solo esos patrones, y losas y la luz?
L: Hay un objeto largo en el centro que dirige los rayos: Es una serie de objetos de aspecto cristalino colocados en ciertos segmentos de espacio. Y la luz se fractura mediante eso girando rápidamente. Muy, muy rápidamente. No lo ves moverse. Sólo sabes que se mueve. Dispara fragmentos de luz por el vidrio, y los números hacen clic y jala las luces de los paneles de colores (Dijo con tono

de descubrimiento). Lo hace rebotar a través de todas las pequeñas capas de cristales hasta que alcanza los números que forman el patrón personal del individuo. Y luego lo dispara a la base del cráneo hacia abajo a través de los puntos del cuerpo. Puntos pequeños en el cuerpo que corresponden a cada una de las luces y de vuelta hacia arriba por el chakra raíz y afuera por el chakra corona.

D: ¿Y esto cura a la persona?

L: ¡Eso alinea su luz individual!

D: ¿Y cada uno tiene su propio patrón? (¡Sí!) ¿Y este encuentra el patrón para que la luz pueda activarlo y curar a la persona?

L: Sí, sabemos cómo alinear la luz. Cuando la luz se fractura, la información de enfermedad en estos cuerpos desaparece. Mientras su luz esté alineada, los cuerpos no envejecerán.

D: Y tendrán que ser ciertos tonos que los activan. (Sí.) ¿Los hombres saben cómo activarles?

L: No. Sólo yo. Estoy en problemas por hacerlo. A la gente se les cobraba mucho solo por ser sanados. Solamente los ricos podrían ser sanados. Están muy enojados conmigo por enseñarle a los otros cómo a sanarse a sí mismos. Pero no me importa. Nuestra forma de vida está llegando a su fin.

D: ¿Puedes ver lo que pasará?

L: Sí. Toda la mala suerte ha estado creciendo a tanta proporción que estallará. Y no les importa. No me creen. Es por mi cuenta que yo cambie esto. Enviar la mala suerte a algún lugar más. Han elegido un lugar. Es una tierra donde vive mucha gente. No soy gente rica. Aunque si son el apoyo de nuestro sistema. Y creen que ya no los necesita. Son los pescadores, los agricultores. Solían sostener la tierra. ¡No los necesitan mientras me tengan a mí para dirigir la suerte!

D: ¿Qué harán con respecto a los alimentos?

L: Ya no la necesitan más.

D: ¿Ya no necesitan que comer?

L: No como antes lo hacíamos.

D: ¿Entonces esta gente es imprescindible?

L: Eso piensan ellos. Es incorrecto, porque las personas es lo único que es importante. Lo que no saben es que se llevara todo. No sólo aquella gente, todos de nosotros, porque es tan grande, tan poderoso.

D: *¿Aprendiste todo su conocimiento?*

L: Sí, pero todavía no tengo suficiente aún. No creo que haya suficiente tiempo. Necesito cerrar el círculo completo para tener todo el conocimiento y controlarlo. Para poder cambiar lo que estamos haciendo y aceptar la mala suerte. Y dejarle salir poco a poco para aliviar la presión sobre la que está asentada, para que no entre en erupción. Creen que puedo enviarlo y destruir a otros lejos. Y que se irá. Pero no se dan cuenta que es tan grande que nos llevará a todos.

D: *¿Entonces qué sucede?*

L: (Larga pausa) Lo dejo destruirnos.

D: *¿Lo pudiste dirigir un poco a la vez?*

L: No. Era lo que yo quería hacer, pero ya no se me permitió. Nadie estaba dispuesto a vivir con la mala suerte. Soltarlo poco a poco significaría que la gente tuviera que vivir con fracaso y hambruna y enfermedad y desarmonía. No les dije lo que se veía venir. Dejé que estallara. (Lamentable) Y se llevó todo. Hubo una gran sacudida proveniente de debajo de la tierra. Todo empezó a derrumbarse alrededor de nosotros. Rodamos hacia el mar.

D: *¿La isla entera?*

L: (Susurro) Todo.

D: *¿Qué hiciste al ver que esto sucedía?*

L: (Débil susurro.) ¡Horror... horror! Todo fue destruido. Nada sobrevivió. Era como terremotos y bombas atómicas todo al mismo tiempo. Sólo enorme poder. Rojo y negro y oscuro de las entrañas de la tierra. Estallando y llevándose todo consigo, de modo que todo volvió a ser igual.

D: *¿Todo se equilibró de nuevo? (Sí.) ¿Dónde estás mientras lo observas?*

L: Estoy parada entre una columna debajo de uno de los arcos mirando hacia afuera viendo como sucede todo. Estoy mirando como se abre la tierra para tragarlo todo y lo eructó de nuevo. Hay nubes negras en el cielo y fuego. Y todo el arte y belleza se ha ido. Yo también me he ido.

Empezó a hacer sonidos de jadeo y le sugerí que podía ver la escena como un observador si quería, para que así no experimentara sensaciones físicas.

L: (Susurro) Agua. Me ahogué Desde nuestro alto punto de vista fuimos los últimos en irnos. (Susurro) Vimos a todos morir.

D: *Entonces, ¿lo estás viendo desde arriba ahora que estás fuera del cuerpo?*

L: (Fuerte y claro) ¡Sí!

D: *¿Qué ves desde esa perspectiva?*

L: Cosas que caen al mar. Cadáveres y animales flotando en el agua. Mi familia está conmigo. ¡Están todos conmigo!

D: *¿Cómo te sientes sobre lo que sucedió ahora que lo miras desde ese lado?*

L: Es un grave error permitir que la codicia controle el poder. Había una terrible codicia. Sobre cosas: animales, árboles, plantas, humanos. Y de alguna manera el lado negativo de las fuerzas dominó al lado positivo.

D: *Pero no fue tu culpa. No tienes que sentirte responsable de nada.*

L: Me siento triste que fallé.

D: *Intentaste hacer lo correcto.*

L: Sí. El mar se ha calmado. Está en calma ahora. El cielo rosado está de vuelta. No hay nada para siempre; solo agua.

D: *¿Qué sucedió finalmente?*

L: Regresamos a una tierra que es desierto.

D: *¿La tierra eventualmente reapareció?*

L: (Con curiosidad) Sí. Las aguas retrocedieron. Es muy bonito aquí.

D: *¿Por qué decidiste regresar a un lugar que es desierto?*

L: A empezar otra vez. ¡Debemos hacerlo correctamente!

D: *¿Todavía tienes los mismos poderes?*

L: ¡No! Somos gente simple. Es más seguro. Toma tiempo ... muchas, muchas generaciones. Y con el tiempo proviene comprensión. Lo construiremos nuevamente a ese nivel, pero este tiempo lo haremos bien. ¡Y los hombres no gobernarán! No codicia.

D: *¿Crees que podrás traer nuevamente el conocimiento y poder que tenías en ese entonces?*

L: Ya viene. Lo tendremos.

D: *Pero, la gente siendo gente, ¿crees que podrán controlarlo o dirigirlo esta vez de la manera correcta? (Sí.) ¿Crees que están preparados para ello? (Sí.) Porque sabes que siempre hay esa gente codiciosa en el mundo que desea controlar todo.*

L: Están expuestos. No están en contacto con el poder. Estarán fuera de habito. Los guardianes del poder no los dejaran controlar más.

D: ¿Quiénes son los guardianes del poder?
L: Las mujeres. Ellas lideran el mundo con amor.
D: ¿Quieres decir que en este tiempo los hombres no serán partícipes?
L: No, están involucrados. Tardan mucho más en venir al poder.
D: Las mujeres serán quienes decidan como usar el poder. ¿Crees que esta vez se utilizará de la manera correcta?
L: Por muchos, muchos años. cientos y cientos de años.
D: ¿Será en todo el mundo o solo a cierta parte?
L: El mundo entero.
D: ¿Pasará rápidamente o tardará algún tiempo para cambiar el mundo?
L: Eso toma tiempo.
D: Tienes que empezar en algún lugar, ¿no es así?
L: Sí. Para ese conocimiento que ha sido mal utilizado.

Después pedí permiso para hablar con el subconsciente para que pudiéramos averiguar por qué se eligió esta vida para que Lorraine la viera.

D: ¿Por qué elegiste que viera esta vida en este momento? ¿Qué intentabas decirle?
L: Que sus pensamientos están bien. Que los viejos modos ya se van y las nuevas maneras ya vienen. No volverá a ser lo mismo. Debe prepararse para estar sola.
D: ¿Qué quieres decir?
L: El papel que ella juega es el de la energía femenina.
D: Pero ella es casada.
L: (Pausa) La vida tiene un camino diferente para ella. No podemos decirle más sobre eso en este momento.

Esta es una manera en la que yo sé que me estoy comunicando con el subconsciente. Puede ser muy objetivo sin emoción, y puede ser muy contundente. A veces incluso cruel.

Muchas veces cuando Lorraine estaba relajada o meditando veía la habitación donde hacia la sanación, con el cristal y los signos del zodíaco en el techo. El subconsciente estuvo de acuerdo, era la misma habitación.

D: *Ella siente que posee este poder de sanación, pero no lo puede desarrollar.*
L: Tiene que traerlos de vuelta. Siempre es el mismo. Ya que lo que comienza al principio se terminará.
D: *Ella intentaba usarlos de la manera correcta. Lo que sucedió no fue su culpa, ¿verdad?*
L: No hay culpa. No hay nada que lamentar. El poder se cortó por un tiempo, hasta que todos entiendan el equilibrio de poder.
D: *Parece que se supone que debe enseñar a las mujeres, pero la mayoría de los médicos son hombres.*
L: Muchas más mujeres se están convirtiendo en médicas. Ya verás en el futuro, muy pocos hombres serán médicos. La curación viene a través de lo femenino. Energía positiva. Eso es donde comienza la curación; es donde comienza la vida.
D: *Subestiman el poder de la energía femenina, ¿no?*
L: Lo han controlado desde siempre.
D: *Sobre todo creo que porque le tienen miedo.*
L: Umm, deberían tenerlo. Te la trajimos para que pudiera encontrar algunas respuestas. Esperamos que tome lo que vio hoy y lo pueda usar.

Esta sesión contenía información sobre la destrucción de la Tierra en un pasado lejano. Me han dicho que las civilizaciones de la Tierra han alcanzado un desarrollo notable sólo para desaparecer por completo muchas, muchas veces. esto ha ocurrido mucho antes de que apareciera en escena el hombre "moderno". Hay una gran parte de la historia de la que no sabemos nada. Eso es parte de mi trabajo: recuperar este conocimiento perdido.

* * *

En otra de mis sesiones, el sujeto describió una situación similar. Un grupo de personas altamente desarrolladas que viven en una civilización lejana del pasado. Rita, una productora de televisión, se encontró en un gran salón con columnas. El techo era una cúpula de 60 pies de altura. Las paredes estaban hechas de hermoso alabastro dorado o ágata. Los pisos también parecían ser de alabastro engastado en diseños geométricos con una fina capa de plata separándolos. Había una escalera muy ancha de tres o cuatro grandes peldaños de losa que conducen a un área central elevada debajo de la cúpula. Aquí era donde ella y otras once mujeres trabajaban.

"Esta cámara redonda es un lugar muy especial en el que nos reunimos para hacer cierto tipo de trabajo. La estructura abovedada está en el centro de este edificio para un propósito energético. Es aquí donde invocamos energía con intención de ajustar los campos de energía".

Estaban vestidas con prendas ligeras y holgadas, atadas con un cordón suelto alrededor de la cintura. Le recordó los dibujos de seres clásicos tipo diosa. La ropa era de tonos pastel claros. Ella tenía poco más de 30 años con cabello rojo oscuro y piel pálida.

"No se permiten hombres en este edificio. Solo las mujeres hacen este trabajo. No somos el único grupo de mujeres que hacen esto. Hay un grupo de ancianas que trabajan con un diferente tipo de energía. Todo lo que sé es que hay mujeres ancianas que hacen esto, y nosotras somos las mujeres más jóvenes. Hay una mujer mayor en nuestro grupo. Tenemos que hacernos cargo del trabajo porque es su turno de no tener que trabajar tan duro. Cuando se necesitan diferentes tipos de energías con sus viejas formas de conocimiento, entonces vienen por eso. Eso es muy específico para sus linajes y sus formas de saber. Somos las más jóvenes o la próxima generación. Entonces nos entrenan, y ahora somos lo suficientemente mayores y lo suficientemente experimentadas como para que todavía tengamos una sabia con pelo blanco que trabaja con nosotros. Y podemos enseñar a las más jóvenes. El conocimiento no debe perderse".

Cuando todos se habían reunido, describió la ceremonia o ritual que utilizaban para iniciar el trabajo energético. "Es muy tranquilo. La mayor marca la pauta, literalmente. Es un tono. Yo no sé de dónde proviene, pero ella está llamando o creando un tono en la habitación. Y el tono está operando en una forma circular, en el sentido de las agujas del reloj. Ella pide el tono y establece la frecuencia vibratoria en la habitación para el trabajo que vamos a hacer. Entonces debemos preparar nuestros propios campos áuricos. Entramos en nuestros campos áuricos y creamos un huevo azul alrededor de cada uno de nosotros para nuestra protección. Pero es para algo más que protección. El huevo azul nos lleva a un lugar donde podemos oír y ver más claramente. Es casi como un lugar tanto de transmisión como de recepción. Así que hay un huevo azul, y recibimos y transmitimos ambos desde este campo de energía especial que rodea a cada una de nosotras".

Se habían reunido para trabajar en un problema particular de gran importancia. "Algo está teniendo un efecto en la vegetación afuera en la región, y parece haber un problema con el Sol. Lo que obtengo es algo que tiene que ver con las manchas solares, erupciones solares, algo de esta naturaleza. Estamos teniendo problemas en este momento en la Tierra de alguna interferencia, algún nivel de radiación del Sol que está afectando la vegetación y los seres aquí. Esta perturbando los campos de energía de algunos individuos y algunas plantas, y no están respondiendo bien a eso. Es muy intenso y estamos tratando de hacer correcciones en los resultados. Podemos sentirlo en los patrones vibratorios que nos rodean".

Pensé que el Sol sería un gran objeto para trabajar porque tiene tanto poder. "No para nosotros. No podemos alterar el Sol mismo, pero podemos mejorar la intensidad de los efectos que las anomalías solares están teniendo en algunas de las personas, porque se está friendo y lastimando y dañando algunos de los campos emocionales de las personas. El ambiente se ha debilitado, porque cada vez que hay eventos extraordinarios del Sol estamos muy sujetos a las influencias de este. Es muy notorio e incómodo para todos los seres vivos aquí. Peces también. El agua también. El agua está caliente".

Luego continuó con el proceso del ritual. "Todos hacemos nuestra oración masiva juntos y hablamos con los seres que interceden y trabajan entre nosotros y el Sol, pidiendo que mejoren los efectos. Preguntamos e invocamos una capa de protección que en esencia es como una burbuja protectora para protegernos de algunos de los efectos que aquí hemos creado".

Por supuesto, quería saber más sobre los seres con los que estaban en contacto. "Son grandes seres como las divas de naturaleza y el espíritu del Sol, y todo lo que opera en medio. Hay una jerarquía de seres angélicos y dévicos que operan entre el Sol y nosotros como agentes de un modo cooperativo. Esto permite la asimilación de las energías del Sol para ser utilizado y absorbido y tomado de una manera adecuada en el planeta. Algo ha cambiado. Esto es muy importante. No sé si podamos seguir contando con su apoyo. De este modo. Estamos en un punto de inflexión. Siento mucha tristeza, y todo mi cuerpo tiembla. Siempre hemos podido llamar a los seres para que nos ayuden, y lo harían si pudieran. Pero ellos no pueden hacerlo ahora. Este es un período de tiempo muy intenso".

Las doce mujeres se pararon en un círculo para invocar la protección. "Entramos en los huevos azules o no podemos funcionar. Es una barrera protectora entre los elementos que suceden en un nivel vibratorio aquí para que las doce podamos funcionar. Esto seguirá pasando durante mucho tiempo. Podemos estar de pie durante mucho tiempo. No sentimos nuestros cuerpos. No somos conscientes de nuestros cuerpos. Estamos pidiendo permiso a los seres dévicos por ayuda, y permiso tanto para proyectar nuestras energías en lo que se convertiría en una burbuja protectora de tipo para darnos aislamiento una vez más. Se nos está acabando el tiempo. Nos han concedido esto muchas veces para evitar un cierto destino, un tipo de evento eclíptico. Eclipse es una palabra que es prominente aquí. Este es el eclipse de un evento y no sé qué significa eso. Un tiempo eclíptico, sea lo que sea que signifique. Ahora nos enfrentamos a un momento en el que no sabemos si nos van a dejar seguir evocando la protección de los seres, por el miedo de la gente que está en el planeta ahora. Porque las cosas están cambiando dramática y rápidamente ahora. Aquí todo se está afectando y sabemos que solo podemos pararnos aquí y preguntar, y aceptamos lo que sea. Eso es todo lo que podemos hacer. Hemos sido muy afectivos en el sostenimiento en tiempos pasados. Hemos trabajado con estas energías antes, esta no es la primera vez. Han estado trabajando con nosotros durante generaciones y generaciones. Estamos en una longitud muy diferente de tiempo aquí como generaciones son períodos de tiempo muy largos. Y en el transcurso de las últimas generaciones hemos estado invocando esta misma protección. Funcionó en el pasado, pero estamos en un entendimiento de que esto está llegando a su fin. Tenemos que hacer lo que podamos".

A pesar de sus mejores esfuerzos, fracasaron. Ella hizo una extraña afirmación que no entendí. Dijo: "No podemos continuar de esta manera por más tiempo. Vamos a dormir ahora. No hay otro procedimiento después de este. Todos tenemos que ir a dormir por un largo tiempo." Pedí más explicaciones. ¿Quiso decir que murieron y estarían dejando su cuerpo físico?

En parte era eso, pero más. "Significa que después nuestros cuerpos no podrán soportar los impactos de esta radiación por más tiempo, nuestros cuerpos van a morir, y luego tendremos que dejar el cuerpo. Soy como todos los demás. Yo también tengo miedo. La forma de ser como la conocemos hasta ahora será consumida por alguna fuerza que parece ser la del Sol. Lo va a consumir y ya no existiremos, como conocemos en este tiempo. Este será el final de una época. Pero va a pasar mucho tiempo antes de que podamos regresar y reanudar las operaciones. Tenemos que pasar por un período de sueño en el que tenemos que dejar que otros pasen cosas, aparentemente para volver a un punto para volver a empezar dónde estábamos y reconstruir esta época dorada. Iremos a dormir un rato. Significa que nuestro conocimiento consciente no será lo que es hasta ahora. No va a ser lo que fue antes que nosotros y las generaciones anteriores. Se va a ir a dormir y cerrar, mientras pasamos por este ciclo más oscuro. Puede volver a despertar cuando sea el momento adecuado, y habrá tiempos y lugares como este de nuevo de una manera nueva. Con estos seres femeninos una vez más viniendo a invocar a todas las fuerzas, y todos los seres dévicos del Sol y la atmósfera y las esferas de la Tierra y el cosmos, todos juntos para trabajar de nuevo. A volver a un tiempo dorado como este alabastro en el que estaban rodeados. Nos vamos a unir de nuevo un día de una manera nueva. Señalando el despertar de nuevo. Estamos muy tristes. El conocimiento se irá a dormir hasta que... es casi como si ya estuviera preprogramado en nosotros que habría un momento en que, simplemente como la Bella Durmiente, nos despertaríamos de nuevo, y será muy hermoso una vez más".

Aparentemente ella quiso decir que el conocimiento y la capacidad humana de usarlo se cerraría durante mucho tiempo, hasta que sea el momento adecuado para que estas habilidades y talentos aparecieran en la Tierra de nuevo. Me dijeron que esto fue lo que sucedió después del abuso de las habilidades en Atlantis. Fue como fundir un fusible, y la mente humana sería incapaz de revivirla hasta que llegara el momento correcto. Tenía que ser cerrado a la humanidad. También me han dicho que hemos llegado al momento de despertar ahora, y estas habilidades están comenzando a resurgir en muchos humanos. Sé que está pasando con la gente que viene a sesiones conmigo. Uno de los propósitos de la sesión parece ser para permitirles saber que tenían estas habilidades, y que pueden tenerlas nuevamente ahora.

Desde su perspectiva fuera del cuerpo, sabía que podía ver todo lo que pasó, así que le pedí que me dijera lo que ella podía ver. "¡Fríe todo! ¡Todo! Las formas de vida no pueden sobrevivir a la radiación. Estamos fritos por la radiación, pero está impregnado de esta energía y luz doradas. No entiendo nada de esto. Se ha ido todo." Pregunté acerca de los edificios. "Creo que ya no es más relevante. Todo lo que tenía que vivir dentro de esa frecuencia, dentro de esa dimensión, todas las cosas que son delicadas que se sustentan en el equilibrio electromagnético adecuado, los niveles adecuados de radiación, la temperatura adecuada y niveles de humedad. Como toda la vida es sensible a todo lo que hay dentro esa gama de vida tal como la conocemos, que incluye las plantas y los animales, no está allí ahora. Está terminando".

Luego describió cómo se veía después de que las cosas se calmaron. Aparentemente no fue el fin de la humanidad, porque vio que algunos humanos sobrevivieron. "Está muy oscuro. La gente ha vuelto. Es solo un lugar diferente. Es diferente una ubicación geográfica diferente. Es mucho más oscuro. La masa de tierra parece ser lo que se llamaría el Medio Oriente, tal vez en África. Se ve similar excepto que hay más masa de tierra entre Oriente Medio y África".

Quería más información sobre la causa de la catástrofe. "Estaban experimentando y jugando. Estaban utilizando energía, porque nos habíamos alejado mucho en nuestro conocimiento de energía y luz y poderes de cristal/silicona. Y aprovechamos mucho de eso, excepto que aparentemente esto fue llevándolo al límite. No trabajé en esa zona. Eso no fue mi trabajo. Estuve aquí en el área abovedada, porque era mujer y eso era lo que hacía. Pero había otros, los hombres, afuera y se les permitió trabajar con las energías. También hubo algunas mujeres a las que se les permitió trabajar con eso también. Y trabajaron juntos con estos generadores y cristales y cosas así. Puedo verlos ahora. están realmente amplificados, pero están creando algunos problemas reales que no podemos revertir. Y no está funcionando bien con los efectos de la radiación del Sol interactuando con lo que han creado. Eso tuvo un efecto muy devastador. No había forma de detenerlo. Ellos lo crearon. Se excedieron. Porque molestaron los balances de radiación aquí en gran medida. Lo hicieron para que fuéramos totalmente vulnerables y no teníamos absolutamente ninguna barrera atmosférica para protegernos del sol y su radiación. Y eso de alguna manera interconectado con lo que estaban haciendo. Los destruyeron, evaporaron nuestras barreras protectoras, porque se supone que no debemos estar totalmente sujetos a los efectos del sol. Estamos demasiado cerca de él. Todo tipo de elementos extraordinarios sofisticados ya estaban colocados para nuestra protección, y fueron destruidos. Estaban jugando con fuentes de energía. Ahora tenemos que volver a la oscuridad. Ahora tenemos que redescubrir todo de nuevo".

Le pregunté: "¿Fue tu área la única de la Tierra en que sucedió esto, o había otros lugares en el mundo?"

"Esa es la masa de tierra y el área que fue quemada. Sin embargo, había grandes problemas en otros lugares. Ni siquiera sé cuánto tiempo ha pasado. Hay vida que es sombría. Es tenue, pero está allí en el área del Medio Oriente y se extiende hasta África. Hay algo de vegetación, pero no mucha. No hay nada muy sofisticado. Solía ser muy verde. Solo veo donde estaba antes. No está ahí. Eso está terminado. Pero hubo efectos ambientales que también afectaron a otras áreas. No solo estaba localizado, y tomó mucho tiempo para la vida en un cierto sentido para restablecerse realmente, porque otras áreas parecían ser afectadas. Y lo que quedó no era tan bonito y agradable. No eran los lugares más deseables para ir, pero teníamos que ir allí. Y no había mucho follaje y no es atractivo. Está seco."

Me preguntaba si esto era lo que causaba los desiertos, que son los más grande del mundo, y se forman en esa zona. "Es muy posible que no hay mucha vegetación que se haya reformado. Al mirar hacia el futuro, hay muchas energías negras y oscuras. Hay mucho reseco, seco, lo que conocemos como regiones de aspecto desértico. Escarpado, desierto marrón. No mucho follaje en absoluto, pero pequeños pedacitos de pedacitos desaliñados aquí y allá. Nada que ver como lo conocíamos. Tuvimos hermosos cultivos y hermosas plantas, y una hermosa manera de criar las plantas. Y tenía la energía para crecerlas en formas totalmente hermosas, únicas y limpias. Todo florecía diez veces más en comparación con los tiempos modernos sin productos químicos en lo absoluto. Solo porque supimos usar bien la energía para hacer crecer nuestras cosechas y para un rendimiento abundante nunca se agotará o debilitará o algo así. Y ahora ni siquiera veo cómo vamos a vivir en esta tierra de aspecto asqueroso".

"Dijiste que tenías que irte a dormir un rato".

"Sí, y ese poder no se despertó. Ese conocimiento no se despertó. Todo lo que se despertó fueron nuestras mentes primitivas y cuerpos; superviviente. El alma está protegida de nosotros mismos. Ni siquiera sabíamos realmente lo que era el alma ya".

"¿Así que empezaste de nuevo en una vida más primitiva?"

"No primitiva como en la de la gente de las cavernas. Somos personas, humanos que sabemos ahora. Pero primitivo en el sentido que es una existencia de tipo desesperada y hambrienta. Sin recompensa, sin más abundancia. El conocimiento se fue. Y la comida y las plantas. Ni siquiera ves ningún animal por aquí. Algunas cositas que gatean. Solo aquellos que pueden sobrevivir ambientes realmente difíciles están aquí. Eso es todo. Incluso comemos algunos de esos. - Uno de mis últimos entendimientos fue que teníamos tanta belleza aquí, y se brindó mucha ayuda. y tanta interfaz de tantas dimensiones y reinos, que hizo de esta una vida tan hermosa y habitable y abundante, verde experiencia para nosotros. Y eso no lo respetamos. No respetamos todos los intrincados niveles de inteligencia que se necesitaron para hacer este el lugar funcionar como una entidad holística. Éramos muchos entre nosotros que no respetaron eso, porque estaban tan obsesionados con solo amplificarlo. Más poder es mejor poder, y tomaron las fuentes reales del cristal y silicona y todas esas fuerzas elementales. Y lo amplificaron tanto pensando que más sería mejor. No tengo claro por qué pensaron esto, porque yo no estaba involucrado en el campo de la energía, en la producción de energía como lo estaban ellos. Todavía no tengo muy claro incluso desde mi perspectiva exactamente lo que pensaban que estaban haciendo. Ya lo teníamos todo. No necesitábamos nada más. Ni siquiera entiendo por qué pensaron que necesitábamos más poder. Debe haber algo que estaban tratando de lograr o recordar. No sé."

"¿Crees que hubo una lección allí?"

"Más no es mejor. Abuso de energía, abuso de poder, ir contra todo el orden dévico, angélico, natural que estaba maravillosamente creado para nosotros. Ir en contra de todo eso desechándolo como si no tuviera sentido, porque el poder es energía. El poder bruto y sus experimentos, para unos pocos, parecían ser más importante que honrar lo que ya existía aquí que nos protegía. Porque no entendieron que hay un poder mayor que cualquier cosa que podrían haber concebido que nos podría freír. Parece que estamos haciendo algo similar ahora. La historia se está repitiendo. Pero había mucho daño a todas las almas y seres que vivían allí. Mucho daño, gran tristeza. Gran conmoción, tristeza y solo oscuridad y el daño descendió sobre esas almas. Todos estábamos allí en ese momento y acordamos estar allí en ese momento. Algunos eran los encargados de los registros.

Algunos estaban allí simplemente para mantener el registro para cuando despertamos. Otros estaban allí para precipitar activamente el evento, y concedido, no fue lo más inteligente, lo más sabio que hacer. Pero se hizo y todos jugaron su papel exactamente como habían acordado hacerlo al venir. No entiendo por qué tenía que ser así. Debe haber habido algún tipo de proceso por el que necesitábamos pasar. No entiendo por qué alguna vez tuvo que ser de esa manera, pero así se hizo. Así que ahora eso requirió el proceso que siguió."

Luego llamé al subconsciente para preguntar por qué esta vida había sido elegida para que Rita la viera. ¿Qué podría tener esto que ver con su vida actual?

Dijo: "Aquí es donde el corazón fue herido. Aquí es donde toda el alma estaba herida. A muchos les dolía todo esto. Aquí es donde caímos. Fue muy impactante en todos los niveles. Cada nivel. Un asalto al alma. En los niveles astrales, cada nivel del ser estaba tan conmocionado. No se podía permitir recordar, porque la angustia de saber lo que había sucedido permitiría una depresión tan profunda en los días del 'no tanto' que venían. Los días más oscuros por venir. Simplemente no tenía sentido recordar eso porque sería mucho tiempo antes de volver. El centro del corazón de Rita ha estado protegido durante demasiado tiempo, y esa misma protección ya no es apropiada. Ella puede traer los recuerdos nuevamente. Este es un período de tiempo muy importante para todos. Es interesante ver que hemos aprendido una vez más cómo crecer cosas, y hacer las cosas abundantes. Y tenemos una proliferación de animales y plantas y todo. Y lo estamos destruyendo otra vez. Esto no se puede tolerar".

La ciencia se había salido de control durante ese tiempo, y los científicos jugaban a controlar el clima y la atmósfera. "Aparentemente hicieron algo que nos permitió volvernos extraordinariamente vulnerables a nivel electromagnético. Nos volvimos muy vulnerables a las influencias del Sol y sus anomalías. Ellos fueron los responsables de esto. De alguna manera hubo un adelgazamiento de una barrera protectora del sol. Y el Sol está haciendo lo que puede hacer si la Tierra no está correctamente insolada."

Este grupo del que ella formaba parte sabía que este uso negativo de la naturaleza sólo podía significar un desastre. Intentaron usar su energía positiva para contrarrestarlo, pero no tuvieron éxito. El mal uso de la energía logró abrir un enorme agujero en la capa de ozono.

El poder directo del Sol vino a través de y quemó la tierra en ciertos puntos. Muchos millones perdieron la vida y el clima cambió. Enormes desiertos se formaron donde el poder directo bajó y la vida y la fertilidad nunca regresaron a esas áreas. Esto suena terriblemente familiar para nuestro propio período de tiempo. ¿Cuántas veces más se tiene que repetir la historia antes de que la humanidad finalmente reciba el mensaje? La Tierra es un ser vivo, y se rebelará si se hace demasiado daño. Y tiene el poder para contrarrestar si los simples mortales creen que tienen el poder para tratar de gobernarla.

* * *

Otro ejemplo de una civilización que fue destruida en tiempos antiguos:

Carol es una psíquica muy talentosa que trabaja con la policía, y también con personas de todo el mundo que están tratando de descubrir información perdida de sitios históricos. Hemos sido amigas durante muchos años, y esta sesión ocurrió cuando la visité en su casa en Little Rock, Arkansas. Estábamos buscando información que ayudaría en sus investigaciones en Egipto. Como de costumbre, comencé haciendo que el subconsciente llevara a la persona de a la vida pasada más apropiada que pueda explicar lo que está pasando en su vida ahora. Carol entró en trance muy rápidamente, pero como psíquica estaba acostumbrada al estado de trance; además me conocía y confiaba en mí.

Salió de la nube en un entorno desconocido y tenía dificultad para describir lo que estaba viendo. "Son viviendas, pero están apiladas una encima de la otra". Estaban construidas con arcilla de diferentes colores pastel. "No tengo nada con que compararlo. Están escalonados. Muchas, muchas viviendas individuales con aberturas, escalonadas una sobre la otra, como una montaña o una colina de viviendas." No estaban construidos en una montaña, pero fueron erigidos como una montaña o acantilado. "Algunos sobresalen más que otros. Algunos están empotrados, y algunos no. Y algunos de los que están empotrados son para pasarelas. Son muy extraños. Hay edificios a mi izquierda que no están en este apilado montañoso. También son muy extraños. Los techos se inclinaban extrañamente. Ángulos planos e impares. No hay mucha vegetación. Solo esta gran ciudad de extraños edificios".

Le pedí una descripción de sí misma y vio que era una joven de unos catorce años con el pelo rojo y la piel muy clara. Estaba vestida con una prenda tipo túnica de capas sueltas atada con un cordón en la cintura. Lo más notable era que tenía una gran piedra roja en una cadena alrededor de su cuello. Su voz se convirtió infantil ya que se identificaba más estrechamente con la personalidad.

C: Un collar. (Tomó esta palabra como si no fuera en la que hubiera pensado.) Con una piedra roja.
D: Suena hermoso.
C: Bonito, no. Una herramienta. Es natural. Es muy largo. No es perfecto. Es una herramienta para usar... (Tenía dificultad con el idioma y en encontrar las palabras adecuadas. Ella estaba hablando de manera primitiva, a menudo usando una palabra en lugar de una oración.) Corazón. Se utiliza para el corazón. Abierto. Mantén el corazón abierto.
D: ¿Sabes cómo usarlo de esa manera?
C: Siempre lo he sabido. Cada uno de nosotros sabe de qué manera debemos usar estas piedras. Cada uno de nosotros lo sabe.
D: ¿Hay diferentes piedras para diferentes cosas? (Sí) Cada uno de ustedes tiene su piedra?
C: Cada uno de nosotros, sí. La mía es roja. Para mantener el corazón abierto y fluyendo con unidad.
D: Dijiste que hay otros. ¿Hay un grupo de ustedes?
C: Sí. Y siempre hemos hecho esto.
D: ¿Incluso de niños?
C: Siempre.
D: ¿Alguien te enseñó a usarlo?
C: (Confundida.) ¿Enseñar?
D: ¿Mostrarte cómo?
C: Mmm. Muchos.
D: Mucha gente te mostró....
C: (Interrumpe) Gente, no. No gente. La gente no sabe. La gente no entiende.
D: ¿Quieres decir que la persona promedio no entiende cómo hacer esto?
C: No, los ayudamos.

Había doce niños y niñas en su grupo, y ellos eran todos de la misma edad. Sus respuestas fueron dadas en la forma más sencilla. Casi infantil.

D: *Pero dijiste que siempre has sabido cómo hacer esto. y alguien más te mostró cómo?*
C: (Confundida.) Ummm. Necesito nombre para esto.
D: *Bueno, tal vez no es un nombre, sino solo una descripción. ¿Dijiste que no son gente común?*
C: No son humanos. (Tuvo dificultad para encontrar las palabras para describirlos.) Son los hermosos.
D: *¿Qué aspecto tienen?*
C: Brillante, hermoso. Son de la Fuente. De la unidad. Me hacen recordar quién soy. Pero no siempre.
D: *¿Por qué no siempre?*
C: No es seguro.
D: *¿Por qué no sería seguro?*
C: Juicio. Demasiada atención.
D: *¿De la gente de la ciudad?*
C: No. Fuerzas oscuras. Estamos a salvo. Estamos protegidos. (Esa palabra se dijo como si fuera una palabra extraña.) Pero si llamamos demasiado la atención - porque todavía somos jóvenes – podría ser peligroso para nuestra fisicalidad.
D: *Entonces, ¿no es la gente de la ciudad de la que tienes que preocuparte?*
C: Mmmm, no. Están en una edad de comprensión y apertura. No todo. Pero en su mayor parte. Son jóvenes en su sabiduría.
D: *¿Tienes familia allí?*
C: Familia. Sí.
D: *¿Tu familia sabe lo que te enseñaron?*
C: No tenían otra opción. Ellos son nuestra familia. Son físicos, y los amamos. Pero no entienden completamente.
D: *Dijiste que no tenían otra opción. ¿Qué quieres decir?*
C: (Tenía dificultad para encontrar las palabras.) ¿Obligada? (Confundida) Aún no tengo pleno conocimiento. Ellos deben permitirnos hacer lo que tenemos que hacer. No pueden detenernos, ni querrían realmente. Pero entienden que somos diferentes. Y entonces, por eso, no intentan interponerse en lo que hacemos. Pero ellos no entienden por qué se ven obligados a

permitirnos hacer lo que tenemos que hacer. No saben por qué. Están obligados.

Esto era similar a los capítulos anteriores sobre los que nacieron en familias normales que no podían entender sus habilidades especiales. En los demás casos los niños fueron entregados a los templos para su crianza, porque sus padres no los entendían. En este caso se les permitió desarrollar y practicar sus capacidades sin la interferencia de los padres.

Quería saber más sobre la piedra especial que ella llevaba alrededor de su cuello. "Dijiste que los otros en el grupo tienen diferentes piedras. ¿Son para otras partes del cuerpo? ¿Como la tuya es para el corazón?"

C: Sí, sí. Energía. Centros de energía.
D: *¿Cuáles son algunos de los colores que tienen?*
C: Azul. Eso es para ayudar con la comunicación. Para hablar la palabra, para canalizar, para traer información. (Esto fue dicho muy deliberadamente, casi como si las palabras eran desconocidas y difíciles de pronunciar.) Amarillo. Para salud. Equilibrio sagrado.
D: *¿Te refieres al equilibrio entre lo espiritual y lo físico? (Sí) ¿Hay otras piedras?*
C: Otras piedras, sí. Verde. El verde es para la curación. Verde es también para mantener el equilibrio con las energías de la tierra. Y plantas. Ayuda a la comunicación con las plantas.
D: *Oh, ¿puedes comunicarte con las plantas?*
C: (Enfático) ¡Sí! Así nos enseñan.
D: *Nunca he pensado en eso. ¿Qué te puede enseñar una planta?*
C: Cómo usarles.
D: *¿Ah? ¿Cómo puedes usar las plantas?*
C: De cualquier forma, para la que fueron creadas. (Como si cualquiera debiese saber esto.) Para ayudar a la gente. Para ayudar a otras plantas. Para ayudar a los entornos. Para ayudar a los animales. Ayudar con la creación de unidad. ¡Pueden hacer cualquier cosa!

Su tono de voz era de incredulidad de que yo no sabía estas cosas. Era tan obvio y fundamental para ella, que debería haber sido lo mismo para mí.

D: *Supongo que nunca lo había pensado de esa manera. ¿Usas las plantas para ayudar a las personas?*
C: Sí. Se nos dice qué hacer. Ellas saben cómo necesitan ser usadas.
D: *Supongo que estaba pensando en recoger hojas o lo que sea.*
C: No tenemos que destruir la planta para usarla.
D: *Pensé en usar las plantas, o las hojas, bayas o flores. ¿No tienes que hacer eso?*
C: Uno puede.
D: *¿Cómo lo usarías sin destruir a la planta?*
C: (Simplemente, como si le hablara a un niño.) Usas la conciencia. La vibración y la esencia. y les pides que hagan lo que hacen.
D: *Ah, nunca pensé en que tuvieran conciencia.*
C: Todo tiene conciencia. Pero tenemos que ser muy cuidadosos en cómo lo usamos, porque llamaría la atención.
D: *Las otras personas simplemente no entienden, ¿verdad?*
C: No importa. Algunos sí.
D: *Esta ciudad en la que vives, ¿tienes transporte en la ciudad?*
C: (Confundido) ¿Transporte?
D: *¿Cómo llegas de un lugar a otro?*
C: (Pausa, todavía confundido.) ¿Para quién?
D: *Bueno, si fueras a ir de una parte de la ciudad a la otra. ¿Cómo podrías hacerlo? ¿O incluso fuera de la ciudad? (Todavía confundida.) Yo Supongo que tengo curiosidad por la ciudad.*
C: ¿La ciudad? ¿Movimiento? (Sí) ¿Vehículos? (Una palabra desconocida.)
D: *Sí. ¿Conoces esa palabra?*
C: A través de la mente del ahora.
D: *Mente del ahora. ¿Qué significa eso?*
C: (Pausa confusa y frustrada.) Traduciendo. Traduciendo con la mente de la palabra de ahora. (Deliberadamente) Traduciendo esta vez a través de la mente del ahora.
D: *Traducir este tiempo a través de la mente del ahora. (no entendí, pero seguí con su terminología.) ¿Hay vehículos? ¿Usas esa palabra?*

C: Vehículos. (Tuvo dificultad para explicar.) Vehículo singular. Algunos vehículos dobles con movimiento y movimiento normal, y como magnético.
D: ¿Te puedes sentar en estos vehículos e ir a lugares?
C: Sentarse, sí.
D: ¿Van sobre el suelo? (dudando) ¿Van sobre la superficie?
C: Si.

Se volvió cada vez más difícil entenderle tanto más entraba en trance. Sabía que se estaba identificando más y más con la otra personalidad, y tenía más dificultad para describir las cosas en términos que pudiéramos entender. Estaba cada vez más desasociada de la mente de Carol, pero intentaba usar su vocabulario.

C: No puedo... Intento traducir con la mente de ahora. Electromagnético.
D: Entras en el vehículo ¿Y luego que haces?
C: Ir.
D: ¿Solo así te vas? (Uh- huh) Usando la mente de ahora.

No entendí que se refería a la mente de Carol. Quería decir que estaba traduciendo, usando la mente de Carol. Usando su vocabulario.

C: No. Traduciendo con la mente de ahora.
D: (Todavía no podía entender.) Traduciendo con la mente de ahora puedes hacer que el vehículo se mueva, ¿es eso? (estaba frustrada) Siento mucho tener tanto problema, realmente quiero entender.
C: Quiero traducir lo que está aquí en la mente que es.... (confundida)
D: Creo que ahora entiendo. ¿Estas tratando de encontrar palabras, es eso? (Si.) Y la otra mente, tu mente, no tiene las mismas palabras.

Sintió un alivio cuando al fin pude entenderle. Al fin podía comunicarse conmigo.

D: Haz lo mejor que puedas con las palabras que tienes, es lo único que espero.
C: (despacio) Pulso electromagnético.

D: *¿Lo tienes que controlar en algún momento? ¿Cómo lo haces que se mueva?*
C: Pensamiento.
D: *Tu mente debe ser muy poderosa si puedes hacer eso. ¿Solo con pensar a donde quieres ir?*
C: El vehículo coopera.
D: *¿Coopera con tus pensamientos? Si. ¿Todos en la ciudad tienen la misma habilidad?*
C: (Dudando nuevamente) Algunos. Algunos no. Pueden ser llevados por los que si pueden.
D: *Ya veo. Los que no saben cómo hacerlo tienen que ser transportados por alguien más. La ciudad parecer ser un buen lugar para estar.*
C: Si, por ahora. Vienen tiempos oscuros.
D: *¿Cómo sabes que vienen tiempos de oscuridad?*
C: (Triste) Lo sabemos. (casi llorando) Lo sabemos.
D: *¿Qué es lo que ves? (Estaba llorando)*
C: Todo se perderá. Se acabará.
D: *¿Que ves que sucede?*

Empezó a llorar y le era difícil hablar.

C: (Entre sollozos) Habrá oscuridad... y un cambio. No hay nada que podamos hacer.
D: *¿Quién causará la oscuridad? ¿Lo puedes ver?*
C: (Sollozando) No lo sé todo. No despiertan. No se suscriben... en el proceso del despertar. El proceso de la unidad.
D: *¿No sabes que causa la oscuridad?*
C: Ya vienen. (dudosa y confundida) ¿Las fuerzas oscuras? No son de aquí.
D: *¿Vienen de otro lado?*
C: Una parte. Es terrible. No podemos lamentarnos sobre eso. Sabemos que vendrá. Pero haremos lo que podamos mientras podamos.

Decidí removerla de esa escena para saber que iba a ocurrir. Le instruí que se moviera a un día importante, y le pregunté qué es lo que estaba observando. Llego allí instantáneamente, y parecía molesta. Se quejaba.

D: ¿Qué está pasando?
C: (No contesto por algunos segundos, pero pude ver por la expresión de su rostro que algo estaba pasando) Ya me fui. (Simple y directo, sin emoción.)

Sabía que la tenía que retrocederla a antes del evento para saber que paso. Le instruí que podía verlo como observadora si quería. Parecía ser algo traumático y parecía ser más fácil si ella lo observaba desde una perspectiva objetive. Sus expresiones faciales indicaban emoción. Luego tomo un respiro profundo y me empezó a relatar lo que estaba viendo.

C: Círculo. Todos estamos en un círculo. Y nos movemos en círculo y hay algo en el centro. (confundida mientras trataba de explicar lo que estaba pasando). Es un obelisco que tiene una piedra en la parte superior y estamos dando vueltas alrededor, en contra… en contra de las manecillas del reloj.
D: ¿Por qué están haciendo una ceremonia?
C: Para traer la luz. La oscuridad viene. Debemos hacerlo por lo más largo posible.
D: ¿Y luego que pasa?
C: Hay explosiones. Hay explosiones de la oscuridad. Temblores. Rugidos. ¡Gritos! Debemos continuar.
D: ¿De dónde vienen las explosiones?
C: Vienen del oeste.
D: ¿Sabes que es lo que está causando las explosiones?
C: No lo se. Hay… (totalmente confundida, no podía articular las palabras de lo que estaba ocurriendo) La tierra… cambia. Algo explota, lo cual genera más explosiones. No lo sé. Oscuridad. Una oscuridad que … la ves venir. Debemos sostener la luz para la conexión, y esperanza.
D: ¿Luego que sucede?
C: Todo se termina.
D: ¿Qué lo ocasionó?
C: Todo, es como si… (confundida) ¿explosiones? Es como una ola gigante. De agua. (confundida.) Energía. Agua. Explosión. Calor. Todo lo que había … (frustrada) hay una palabra. ¿Escombro? Montañas de escombro.

D: *Oh, ese tipo de ola, de escombro. Y entonces no podía escapar de algo así, ¿cierto?*
C: No, teníamos que continuar.
D: *¿Tanto como pudiste? (Sí) Y luego te golpeó todo esto, oscuridad y explosiones. (Sí) ¿Fue entonces cuando dejaste tu cuerpo? (Sí) ¿Todos abandonaron el cuerpo al mismo tiempo? (Si, eso fue bueno. Al menos no estabas solo, ¿verdad?*
C: No, no estábamos solos.
D: *A medida que lo miras desde esa perspectiva, ¿puedes ver lo que sucedió?*
C: Tierra... cambio. Enorme cambio de la tierra. ¡El cambio!
D: *¿Sucedió en todas partes?*
C: (Confundido, entonces:) Sí. Masivo.
D: *Si esto sucedió en todos los lugares a la vez, debe haber habido muchas personas que perdieron la vida.*
C: Millones.
D: *Al mirarlo desde esa perspectiva, puedes ver más ahora, porque ya te desprendiste del cuerpo. Tienes alguna idea ¿dónde estaba este lugar? ¿Tenía un nombre o algo que la gente lo llamara?*
C: (Gran suspiro.) No es lo que supieras ahora.
D: *Pero suena como si fuera una civilización.*
C: Lo fue.
D: *Muy avanzada. Excepto que tu grupo estaba más avanzado que los otros, ¿verdad?*
C: Teníamos que serlo.

Muchos expertos y arqueólogos niegan que estas civilizaciones antiguas podrían haber existido. Argumentan que si fuera cierto habrían encontrado alguna evidencia de ellos. Esta sesión explica por qué eso podría no ser posible. No solo algunas están sumergidas bajo las aguas del océano, también están enterradas bajo montañas de lodo y escombros, y bajo las implacables arenas movedizas de los desiertos. Como tal, sería muy poco probable que cualquier artefacto será encontrado alguna vez. Pasaría lo mismo si nuestra civilización actual fuera enterrada repentinamente en un monumental desastre. Todas nuestras maravillosas estructuras y tecnología desaparecerían de repente. Y la gente del futuro nunca sabría que existimos en un estado tan avanzado, excepto a través de leyendas que podrían ser transmitidas. Así que les digo a los escépticos que no sean estén tan seguros de que estas maravillas no estaban allí en el pasado. Podemos estar hablando de nuestro propio futuro.

D: *Cuando estuviste en esa vida, hablaste de otros seres que te enseñaban cosas (Sí) Desde esta perspectiva que miras, ¿conoces algo más sobre quiénes eran esos seres?*
C: Nuestros guías. También hubo muchos, muchos otros, que ayudaron y asistieron. Que eran seres espirituales de otro ... ¿espacio? ¿Dimensiones?
D: *¿Por qué estaban ayudando a tu grupo?*
C: La nuestra no fue la única. Había otros grupos también.
D: *Pero no le daban esta información a la persona promedio.*
C: Podrían. La gente no la quería. Solo algunos la querían. Pero aquellos que la querían, la querían por ego personal. Eso hubiera estado mal.
D: *Pero está bien ahora, porque sobreviviste, ¿no?*
C: Siempre sobrevivir. No puede no sobrevivir.
D: *Eso es cierto, porque nadie puede realmente matarte. Nunca mueres.*
C: Eso es correcto. Pero tenemos espacios limitados para hacer cosas mientras estamos en forma física. Y nunca hay suficiente tiempo.

Luego la alejé de la angustiosa escena y la personalidad de Carol volvió al cuerpo, así que podría hacer preguntas al subconsciente.

D: *¿Por qué elegiste esa vida para mostrársela a Carol?*
C: Siempre ha sido lo mismo. Siempre volvemos juntos. Siempre hacemos esto en los mismos marcos de tiempo cuando volvemos a estar juntos.
D: *¿Te refieres al grupo?*
C: Sí. Volvemos por separado, pero no en el mismo lapso de tiempo.
D: *¿En el pasado, quieres decir? (Sí) ¿Pero ahora están todos juntos de nuevo otra vez?*
C: Muchos se perdieron. En esa vida. Entre esa y esta vida.
D: *¿Quieres decir que no están todos juntos de nuevo?*
C: Muchos fueron tomados de otros grupos que estaban haciendo trabajo similar, con el fin de traer un equilibrio, para que el trabajo pudiera hacerse.
D: *¿Qué conexión tiene esa vida con su vida actual?*

C: El conocimiento. La unidad. El conocimiento de la conciencia. Todas las cosas que son una pueden conectarse, y todo el conocimiento puede ser usado y producido para el cambio.

D: *¿Quieres decir que estamos pasando por lo mismo otra vez? (Sí) Suena similar en algunos aspectos, ¿no? ¿Se supone que ella traerá este conocimiento a nuestra vida actual? (Sí) En esa vida ella tenía mucho conocimiento tratando con piedras y plantas, ¿no?*

C: Más. Conocimiento de armónicos. Conocimiento de frecuencias. Conocimiento de obtener información a través de frecuencias de cualquier persona o cualquier cosa. Viaje en el tiempo.

D: *¿Este grupo fue capaz de hacer eso por el conocimiento de los armónicos y frecuencias?*

C: Sí. El cerebro es... (buscando la palabra) holograma.

D: *Holográfica. ¿Cómo pudieron hacer los viajes en el tiempo?*

C: Portales.

D: *¿Y ella sabe cómo encontrar estos portales? (Sí) ¿Entonces ella tiene ese conocimiento de esa vida?*

C: Sí. Y de otros que tienen pase a este.

Quería saber si a Carol se le permitiría traer el conocimiento de vuelta a su vida actual, porque nunca nada es perdido. Siempre está esperando en el subconsciente si es aconsejable usarlo de nuevo. El subconsciente dijo que había un problema porque tenía un miedo muy arraigado, porque usó este conocimiento en muchas otras vidas y ha habido extremo peligro en algunas de ellas. Este miedo había sido implantado para su protección, para que no estuviera expuesta y tuviera la posibilidad de peligro para su cuerpo físico. El subconsciente estuvo de acuerdo en que ahora era el momento de liberar el miedo para poder traer el conocimiento a nuestro tiempo presente. Me instruyó que tenía la llave, pero yo era el que tenía que activar el procedimiento para desbloquearlo. Me dijeron que tenía que llamar al centinela. Esto era nuevo para mí. Pregunté qué significaba.

C: El centinela del conocimiento interno/externo.

D: *¿Y este centinela puede permitir que se salga lentamente y de manera segura?*

C: Lentamente no es necesario.

D: *Pero con seguridad.*

C: Con seguridad.

D: *No queremos sobrecargar su mente. Tiene que ser liberado de manera que ella pueda manejarlo.*

C: Sí, pero la protección... el miedo... el implante hay que quitarlo.

D: *El centinela suena como una persona muy importante. ¿Él tiene el poder para hacerlo, y permitir que la información sea divulgada en dosis medidas de esa manera?*

C: Te doy permiso para desbloquear el implante de protección contra el miedo. Todo lo demás caerá en su lugar. Ahora desbloqueo el implante de protección del miedo. Permanentemente.

D: *Y el conocimiento solo se usará para el bien. Para lo positivo. ¿Es correcto?*

C: Sólo para bien.

D: *Y entonces la información comenzará a regresar, eso ha estado oculto por mucho tiempo. (Gran suspiro) Y ella podrá usarlo. Eso es muy maravilloso Te agradezco por permitir que sea posible. Sin que ti, no podría haber sucedido.*

C: Sin ti no podría haber sucedido.

D: *Pero solo soy la herramienta para ayudar a obtener la información que Carol quiere usar. Te agradezco por permitir que suceda. ¿Cómo liberarás el conocimiento? ¿Se hará en sueños, o intuición?*

C: Conocimiento. Ella lo sabrá, ella recordará.

* * *

Estos ejemplos muestran que en el pasado muchos de nosotros hemos adquirido un gran conocimiento de cómo utilizar los poderes de la mente. A pesar de que hemos olvidado estas habilidades, todavía están allí esperando el tiempo de su renacimiento. Muchas de las personas vivas hoy llevan estos recuerdos de cómo usar la mente, y este parece ser el momento de que esto se reactive y sea utilizado para el bien de nuestro planeta. Estos son de hecho las personas especiales. Y mi trabajo muestra que son mucho más abundantes que cualquiera sospecha. ¡El tiempo de despertar es ahora!

CAPÍTULO 8

LLEVADOS A SALVO

Por medio de mi trabajo con los extraterrestres y mi trabajo de regresión. Me han dicho muchas veces que, si la Tierra se enfrentara a la destrucción, o si ocurriera otra catástrofe masiva que amenazara a la raza humana, que los extraterrestres nos sacarían del planeta. Ha habido varias versiones de esto en mi trabajo. En uno de ellos se dijo que se estaba preparando otro planeta que sería casi idéntico a la Tierra. Sería topográficamente diferente, pero los humanos serían capaces de sobrevivir allí. Fue llamado el "Nuevo Edén", y los animales y las plantas ya estaban preparándose allí para que los humanos se sintieran cómodos. Otro escenario sería que las personas fueran llevadas a bordo de naves espaciales a la espera de que se calme la Tierra después del cataclismo. En cualquier caso, asumí que tomaría miles de años para que la Tierra se calme y vuelva a ser habitable, porque todo tendría que empezar de nuevo, dependiendo de la gravedad de la catástrofe. Si los sobrevivientes fueran sacados de la Tierra para esperar, asumí que tendrían que ser sus descendientes que serían traídos de vuelta para restablecer la civilización de nuevo (aunque en etapas primitivas). Me han dicho que esto ha sucedido muchas veces mediante la turbulenta historia de la Tierra, que las civilizaciones han sido destruidas y la vida debe empezar de nuevo. El mensaje más importante de los extraterrestres es que ¡La raza humana no debe perecer! han invertido demasiado tiempo y energía en nuestro desarrollo para permitirnos destruirnos completamente por nuestra propia estupidez.

Estas fueron mis suposiciones en nuestra forma lógica de pensar. Que tendrían que ser los descendientes de los supervivientes originales que volverían a repoblar la Tierra, a causa de la increíble cantidad de tiempo que estaría involucrado. Después de la regresión siguiente, descubrí que mis suposiciones eran incorrectas.

* * *

    Cuando Marian bajó de la nube se encontró como un hombre de treinta y tantos años con el pelo largo y negro, vestido con sencillez túnica atada con un cordón. Estaba parado en el borde de un bosque, mirando a través de una llanura cubierta de hierba a un pequeño pueblo. Este era su destino, y había dejado su propio pueblo dos o tres días antes. Cuando entró en el pueblo había mucha confusión entre los habitantes. "Algo está pasando, y la gente no entiende. Están muy desorganizados. Están caminando, corriendo, tratando de averiguar qué está pasando." Parecía como si nadie supiera exactamente lo que estaba mal, pero estaban reaccionando de la misma manera como cuando los animales pueden sentir peligro. También se sintió aprensivo. "Se supone que debo hacer que un grupo en este pueblo se una con mi grupo o pueblo. Soy una especie de emisario, pero es como: bien, ¿por dónde empiezo con este lío? Hay un líder natural que esa será la persona que realmente lo unirá. Tengo que buscar a la persona que pueda ayudarme a lograr lo que necesito realizar. Puede que no sea el gobernante oficial. Algo está sucediendo. Este no es el único lugar. Algo está interrumpiendo las cosas. Está afectando a todo el mundo. Por eso debemos juntarnos."

    Cuando encontró a la persona que buscaba, era una mujer. "Ella está en una de las casas. Es de ideas afines. Ella sabe que hay que controlar las cosas. Esa organización necesita venir a la gente, al grupo. Y está dispuesta a trabajar conmigo. Está tranquila. Ella es respetada".

    Sabía que la gente la escucharía, y se paró en el fondo mientras hablaba con la gente. "Estoy confirmando lo que ella necesitaba saber y hacer. Entonces sale y lo hace. Empieza a hablar con ellos, por lo que comienzan a escuchar. Porque lo necesita. Lo quieren, porque tienen miedo. Necesitan algún tipo de guía y aparentemente el líder no la está proporcionando".

    No tenía idea de a dónde iba todo esto, porque era vago en cuanto a la causa de la confusión, y el papel de Marian en todo esto. Pero yo no podía liderar. Tuve que dejar que la historia se desarrollara con solo hacer preguntas. Le pregunté: "¿Qué estás decidiendo hacer?"

    "Déjala trabajar con ellos por un tiempo antes de que presente la idea de una alianza. De juntarnos con otros pueblos, así podemos discutir la estrategia. Hay otras personas que salieron a otros pueblos.

Va a ser algo así como un consejo. Hay una amenaza que es común a todos nosotros. No son otras personas la que amenazan."

Pensé que tal vez podría ser un ejército invasor, porque eso sucedió innumerables veces a lo largo de la historia. "Es difícil de definir, porque yo tampoco lo entiendo. no puedo decir si es que la tierra cambia, o si viene de afuera. Nadie está suficientemente seguro de lo que es. Si podemos organizarnos, podemos superar esto".

Decidí adelantarle para ver qué pasaba, con la esperanza de que pueda quedar más claro. Toda la gente estaba reunida en un gran claro. Soltó un gran suspiro y dijo: "Es una locura." Después de una pausa, me dijo a regañadientes lo que estaba viendo. "Veo naves. Naves extraterrestres. Están bajando. Crea miedo, pero no son hostiles".

Describió las naves como "algo redondeado, pero no en forma de esfera, más ovalada. No son pequeñas para dos o tres hombres. Son más grandes. Pueden llevar a mucha gente". Las naves no estaban aterrizando, sino flotando sobre el suelo.

D: ¿Qué haces?
M: (Risas histéricas) Intento fingir que no tengo miedo.
D: ¿Sabía la gente que algo así iba a pasar?
M: Nunca hemos visto algo así en nuestra vida. Quizás a nivel psíquico lo sabíamos. En un nivel animal, sabíamos que algo venía, pero no sabíamos qué era. Por eso nos estábamos organizando. Hubo una amenaza. Pero nadie entendió la amenaza.
D: Así que fue algo para lo que realmente no podrías haberte preparado.
M: No, pero teníamos que hacerlo. Porque de lo contrario la gente simplemente estaría corriendo como loca. Y por eso hay que organizarse. Y toda la gente de muchos pueblos está aquí.
D: ¿Qué sucede?
M: Tenemos que irnos. Todo el mundo tiene que ir en la nave.
D: ¿Alguien te está diciendo eso?
M: No, lo sé. solo lo se.
D: ¿Por qué tendrías que irte? Esta es tu casa.
M: Porque algo va a pasar. Y si no nos vamos moriremos. Así que esta señora de ese pueblo, y yo de mi pueblo estamos aquí con la gente que fue a diferentes pueblos. Sabemos que tenemos que hacer que la gente se vaya.
D: ¿Tienes alguna idea de lo que te mataría? ¿Qué pasaría si no vas?

M: Algo le va a pasar a la Tierra.
D: *¿Está la gente dispuesta a irse?*
M: Están todos asustados. Es difícil. No puedo hacerles saber que estoy asustado. Yo y esta mujer, y otras personas de otros pueblos los ayudarán a guiarlos en estas naves. Estamos tratando de juntarlos. Algunos van voluntariamente. Ellos están dispuestos a seguir. Y a los demás, hay que animarlos. Creen que es una locura.

Pedí una descripción del interior de la nave después de que todos estaban a bordo.

M: Es de buen tamaño. Hay sitio para todos y no este atestado.
D: *¿Dijiste que hay varias naves?*
M: Sí. En diferentes lugares. Puedes mirar a lo lejos y verlas. Puedes llevarte cosas contigo si quieres. O animales y lo que pienses.
D: *¿Puedes ver a las personas que han venido con el barco? ¿Cómo son?*
M: (Risas) Están tratando de parecer no amenazantes. Ellos están tratando de sonreír, extender la mano y ser amigables. Tienen cuidado de a quién se acercan.
D: *¿Parecen humanos? (Sí) No es tan aterrador de esa manera. Bueno, si los que van a venir se llevan a sus animales y lo que sea, ¿qué pasa entonces?*
M: (Pausa larga) Las naves salen al espacio y al cielo.
D: *¿Cómo te sientes al respecto?*
M: Hay mucho trabajo por hacer. En cuanto a hablar con la gente, y decirles que está bien. Es lo correcto a hacer. Y todo estará bien. Estoy empezando a relajarme. Estoy muy ocupado.

Pudo ver fuera de la nave y la Tierra debajo. Quería saber qué aspecto tenía. Suspiró profundamente mientras trató de describir lo que estaba viendo. "La Tierra se parece a lo que me imagino que se verán las erupciones solares. Cosas que brotan de la tierra. No puedo decir que sean volcanes. No sé qué es."

D: *¿Puedes preguntarle a una de las personas en la nave, qué está pasando?*
M: Podría. Están ocupados, pero podría.
D: *Solo pregúntales qué está pasando ahí abajo.*

M: Solo cambios planetarios que no entenderías. (Risas) Podrías intentarlo. (Risa)

D: *Sí, que lo intente.*

M: Es una especie de cruce entre un volcán y un cometa y una explosión nuclear. Eso es lo más cercano que puede describirse a lo que yo pueda entender. Sabían que se venía, y por eso querían llevarse a tantas personas como pudieran. Y volveremos.

D: *¿Volverás ahora mismo?*

M: Empiezan a explicar que podemos estar en una situación en la que el tiempo pasa, pero nosotros no cambiamos. Y luego regresaremos.

D: *Esa es una manera interesante de decirlo. El tiempo pasará, pero tú no cambiarás ¿Puede explicarlo mejor?*

M: No es animación suspendida. El tiempo pasará, pero tú no .... (Muy suavemente:) ¿Cómo lo explico? El tiempo pasa en la Tierra, el tiempo no pasa en la nave. La Tierra atraviesa cosas, pero la nave no.

D: *Es algo así como dos - No creo que "períodos de tiempo" sea la expresión correcta.*

M: El tiempo pasa por allá, el tiempo no pasa por aquí.

Esto es muy parecido al concepto que me han dicho, que el tiempo es una ilusión. El tiempo pasa desde la perspectiva humana: horas, días, semanas, meses, porque estamos atrapados en ese concepto. No tienen concepto del tiempo y por lo tanto no existe para ellos. Esta es una de las razones por las que pueden viajar tan fácilmente a través del tiempo y el espacio sin restricciones. Dijeron que la humanidad es probablemente la única especie en el universo que ha encontrado una manera de medir algo que no existe.

D: *¿Te van a mantener en la nave hasta que sea hora de regresar?*

M: Correcto. No va a ser por mucho.

D: *Pero en la Tierra sería mucho más largo. (Sí) No van a cualquier otro lugar. ¿Solo se quedan en la nave?*

M: Sólo flota.

Eso respondió a la pregunta que tenía anteriormente. Pensé que tendrían que ser llevados a algún lugar donde pudieran esperar a que pasara la catástrofe, y no poder volver hasta que la Tierra fuera capaz de soportar la vida de nuevo, lo que podría ser miles de años. Si no estuvieran atrapados por el concepto de tiempo, sería ser más bien como ver los eventos como un avance rápido en una video cinta.

M: Que bueno que no va a tardar mucho, porque la gente no se enfadará tanto. Hay mucho espacio, así que algunos de ellos trajeron sus animales con ellos. (Risas) Es como un ¡Arca de Noé!
D: *(Risas) Eso es lo que estaba pensando. Sonaba así.*
M: No sentiremos que es mucho tiempo en la nave.

La adelanté para que pudiera ver lo que estaba pasando abajo en la tierra.

M: Es casi como el cuatro de julio. Ya sabes, uno de esos conos que se disparan. Eso es lo que parece que va a estallar en diferentes partes de la Tierra. Había fuegos y nubes de ceniza. Puedes ver los colores cambiar.
D: *¿Qué quieres decir con los colores?*
M: Cuando se disparó por primera vez, eran verdes y azules. Y esas cosas como de nube blanca. Y luego las bengalas. Y a veces había nubes grises. Luego el gris, y las feas nubes marrones y grises asquerosas se aclaran lentamente. Y luego las cosas volvieron a los azules y los verdes y los blancos.

En un corto período de tiempo, vio lo que habría tardado miles de años en suceder. Luego se adelantó a cuando todos fueron devueltos a la Tierra.

D: *¿Te llevan de vuelta al mismo lugar?*
M: Es difícil de decir. Hay árboles y esas cosas de nuevo. Esos regresaron. Pero no hay pueblos ni cosas hechas por el hombre alrededor. No hay animales excepto los animales que tenemos con nosotros.
D: *Cuando te dejaron salir, ¿se quedaron contigo?*
M: Nos dijeron que íbamos a tener que empezar de nuevo.
D: *Entonces, ¿no es su responsabilidad ayudarte?*
M: Solo trataron de ayudar a las personas a ver que tendrán que usar sus habilidades, todo lo que saben.
D: *Es difícil empezar todo de nuevo. (Sí) Al menos salvaron a todos.*

M: Correcto. Y trabajan con la gente para levantar su moral y darles confianza. Diciéndoles por qué se puede hacer.
D: *¿Sabes si todo fue destruido? (Sí) ¿Todo el mundo? (Sí) ¿Entonces se van?*
M: Sí. Van a continuar con sus funciones.
D: *Vas a tener que empezar de nuevo. Eso mostró mucha perseverancia para hacer todo eso.*

Luego la moví hacia adelante tratando de encontrar otro día importante, aunque no pensé que nada podría ser más importante de lo que acababa de pasar. Anunció: "Yo no vivo mucho más tiempo. Algo me pasa. Hay un accidente. Un árbol cae durante el proceso de reconstrucción. Me aplastó". Luego la hice que se moviera hacia el espiritual y mirara la vida desde esa perspectiva Le pregunté qué había aprendido de la vida. "A veces hay que ir con lo desconocido".

Luego integré la personalidad de Marian nuevamente en el cuerpo, reemplazando a la otra entidad, y traer al subconsciente.

D: *¿Por qué elegiste esta extraña vida para que Marian la viera?*
M: Va a pasar de nuevo.
D: *(Esto fue una sorpresa.) ¿Crees eso?*
M: Va a pasar de nuevo. va a haber cambios en la Tierra. Y las naves van a venir de nuevo.
D: *¿Cuál es la conexión con la vida de Marian ahora?*
M: Porque ella sabe que va a volver a pasar. Ella ya lo ha pasado una vez, y ella va a vivir cuando la Tierra lo atraviese de nuevo.
D: *El hombre pudo ver que algo sucedía desde la nave. ¿Qué le pasó a la tierra?*
M: Hubo muchos cambios. Muchas interrupciones. Es un ciclo.
D: *¿Fue causado por el hombre la última vez?*
M: No, es un ciclo. Un ciclo natural.
D: *¿Que atraviesa la Tierra? (Sí) Pero no es para que toda la vida perezca, ¿verdad?*
M: No, no quieren que todo desaparezca.
D: *Eso es importante, porque es mucho trabajo empezar de nuevo. ¿Qué querían decir cuando dijeron: "¿El tiempo pasaría en la Tierra, pero no en la nave?"*
M: Porque así es el tiempo.

D: *Debe haber tomado mucho tiempo para que la Tierra volviera a ser habitable nuevamente. Sin embargo, la gente en la nave no cambió.*

M: El tiempo es donde te enfocas. En la Tierra vas paso a paso, paso a paso. No tienes que hacerlo cuando no estás en la Tierra. Solo te enfocas y estás ahí. Si te enfocas allí, estas ahí. No hay escala de tiempo. Estás fuera de escala, porque no necesitan báscula.

D: *Siempre es difícil de entender para nuestras mentes.*

M: Va a pasar de nuevo. Ni siquiera estoy seguro de si va a suceder en esta vida o no. Me refiero a la vida de Marian. Pero el trabajo es concientizar a la gente. El plan es que ella descubra lentamente la información, para que no la abrume. Pero la información está ahí y ella tiene que descubrirla. Y tiene que ver con... cosas extraterrestres. Este proyecto de cosas de la Tierra. Tiene que conseguir que la gente vea lo que hay ahí fuera. Preparar a la gente. Más gente consciente. Que hay más cosas que las prisas y las prisas en este mundo. Hay más cosas que ir a comprar mandado. Tienen que abrir sus mentes. No son estúpidos.

D: *He escuchado durante mucho tiempo que la gente está hiriendo a la Tierra. ¿Es eso lo que quieres decir?*

M: (Un gran suspiro) Es más que eso. Dejar de hacer daño a la Tierra hubiera aplazado las cosas. Sucederá, punto.

D: *¿No hay manera de detenerlo?*

M: Viene en camino.

D: *¿Qué tiene que hacer ella?*

M: Seguir despertando a la gente. Puede que no suceda en esta generación. Pero entre más personas estén conscientes que algo le puede sucederle a la Tierra misma, más gente estará dispuesta y lista para irse en las naves.

D: *¿Será lo mismo nuevamente? (Si) ¿Vendrán por algunos? (Si) ¿Habrá algunos que no se quieran ir?*

M: Los temerosos se pueden quedar con la Tierra.

D: *Yo creo que los temerosos son los que tienen miedo de irse.*

M: Ella debe hablarle a la gente sobre cosas en las que nunca han siquiera pensado. Cosas de las que nunca han visto. Cosas que siempre pensaron eran raras y chistosas.

D: *¿Quieres decir cosas de metafísica?*

M: Correcto. No tiene que ser extraterrestre.

D: *¿Esta sería una manera de avanzar?*

M: Sería una manera de salvar tu vida.

Es increíble que sigo recibiendo estas piezas del rompecabezas de tantas personas de todas partes del mundo. Es mi trabajo resolver el rompecabezas, y conforme lo voy haciendo empieza a tener algo de sentido. Aun si nuestro razonamiento consciente no puede realmente comprender la enormidad del todo. Parece haber mucho más que está lejos de ser alcanzado.

Sección 3

SERES AVANZADOS Y EL KARMA

CAPÍTULO 9

LOS NIÑOS CREAN KARMA

Un caso que realicé en California en 2001 mostró la dificultad que las almas que no han conocido la vida en la Tierra tienen para adaptarse a este planeta agitado. Una mujer joven vino a verme mientras estaba en San José para una conferencia de todo el día para el grupo A.R.E. (Fundación Édgar Cayce). Por lo general, trato de ver personas que están en mi lista de espera para sesiones privadas y las programo alrededor de mis presentaciones. Susan tenía sobrepeso, e inmediatamente pensé que este sería uno de los problemas que ella querría investigar. Pero su problema principal era que ella y su esposo querían tener hijos, y ella no había podido concebir. Yo siempre dirijo al subconsciente para que lleve a la persona al lugar más adecuado de sus vidas para explicar los problemas que están teniendo en esta vida presente. Este fue el procedimiento que seguí con Susan.

Cuando Susan entró en el estado hipnótico profundo, en lugar de encontrarse en una vida pasada en la Tierra, flotó por el espacio y se encontró de pie frente a una gran puerta de metal con una gran X en él. La X estaba compuesta por cuatro triángulos, y mientras hablábamos todos los triángulos se abrieron hacia afuera para que ella pudiera entrar. A través de la puerta pudo ver que definitivamente no estaba en la Tierra. Estaba en un acantilado con vistas a un valle, y todo: rocas, tierra y cielo, tenían un color rojizo. Ella vio una gran cúpula en el valle, pero no había árboles ni vegetación. Ella supo inmediatamente que no se podía respirar el aire. Nadie estaba a salvo afuera. Sabía que había gente en refugios debajo de la superficie, y allí era donde tenía que ir. Ella encontró la entrada en el lado del acantilado y bajó a un lugar muy oscuro en el área debajo de la superficie donde la gente se escondía. Susan parecía ser un hombre alto, delgado y rubio. "¡Sin grasa!" se rio.

Su trabajo consistía en entregar suministros a varios puestos de avanzada en planetas en su sistema de dos soles. Esta era una de las paradas en ruta y su trabajo era checar con la gente, y ver lo que necesitaban. La gente tenía comida, pero el agua escaseaba. No podían salir a la superficie, sino que tenían que vivir hacinados juntos bajo tierra. La gente parecía humana, pero estaban vestido con harapos. La cúpula contenía motores y tenía algo que ver con la generación de energía. Aparentemente también filtraba el aire que llegaba al refugio subterráneo. Explicó que había habido una guerra muchos, muchos años antes que había destruido la atmósfera y la hacía peligrosa para la población sobreviviente. Había sido causado por algo como una bomba nuclear, y la vida no había regresado a la superficie porque el aire estaba contaminado. Se habían adaptado a este tipo de vida, y construyeron el refugio subterráneo, pero ahora un nuevo peligro asomaba. Otro grupo había descubierto el planeta y estaba tratando de tomar el control de los minerales que contenía. Así que estaban ocurriendo más combates, por lo que era doblemente peligroso estar en la superficie.

Cuando la lucha se desaceleró por un tiempo, ella volvió a la superficie y regresó a su pequeña nave exploradora y abandonó el planeta. Entonces le pedí que fuera a un día importante en esa vida. Yo siempre elijo un día importante, porque en la mayoría de las vidas (incluso en nuestra vida presente) los días son muy parecidos. Lo que una persona considera un día importante, la otra no. Muchas veces estos son mundanos, pero eso es porque la vida es mundana y hay no es mucho para alterarla. La vida de Susan no fue una excepción. Incluso aunque parecía estar ocurriendo en otro planeta, parecía ser muy común. Solo un hombre entregando suministros de un puesto de avanzada tras otro. Incluso el lugar donde obtenía los suministros (un planeta estéril) parecían anodinos. Esta vez cuando le pedí que avanzara a un día importante, de repente anunció: "¡Me estoy estrellando!" No parecía molestarle decir esto. Era impasible y distante cuando describió el sentimiento de caer "Golpeamos algo, o algo nos golpeó. La mitad del frente de la nave se ha ido. No sé qué pasó." Ya había salido del cuerpo antes de que la nave se estrellara contra el planeta.

No podía entender cómo esta extraña vida de otro mundo podría explicar la incapacidad de Susan para concebir. La lógica del subconsciente siempre supera a la mía, y la respuesta que dio no fue una que yo esperaba.

El subconsciente le había mostrado esa vida para que ella recordara de dónde vino: el planeta con dos soles. Susan soñaba desde niña con un lugar que no era la Tierra y que tenía dos soles en el cielo. Incluso hizo dibujos de este extraño lugar, pero ella no podía entender de dónde venían estos recuerdos. El subconsciente dijo que la razón por la que ella no podía tener hijos era porque todavía se identificaba con la otra personalidad que se estrelló.

Sus otras vidas habían sido en su mayoría en otros planetas, y cuando decidió experimentar e intentar vivir en la Tierra tuvo dificultades para ajustarse. A ella no le gustaba estar aquí, y quería irse e irse a casa. Dijo: "Hay demasiada responsabilidad. Demasiado de todo. Demasiado duro. Más desafiante."

Sus otras personalidades habían sido en su mayora en un cuerpo que no tenía órganos sexuales y no podía definirse como masculino o femenino. Esto se llama "andrógino", y muchos extraterrestres que he investigado están viviendo de esta manera hoy en día en sus mundos. A ella no le gusta ser mujer o tener partes sexuales. Dijo: "No hay sexo cuando no hay sexo." Estos otros seres no se reprodujeron, pero fueron hechos". Esto suele ocurrir mediante un proceso de clonación y, por lo tanto, no se necesita sexo para reproducirse.

Traté de explicarle que entendía su identificación con las otras personalidades, pero para tener un hijo en esta vida, el sexo era la única forma en que los humanos sabían cómo traer niños aquí. Ella respondió que no quería ser humana. A ella no le gustaba este mundo en lo absoluto. Sintió que había aprendido lo suficiente y quería irse. Eso siempre es una señal de advertencia, y sabía que tenía que proceder con precaución. Aunque la personalidad consciente de Susan parecía estar bien adaptada y querer tener hijos, esta otra parte de ella era todo lo contrario. No le gustaba estar aquí y quería irse. Mi trabajo es siempre proteger a la persona con la que trabajo, y no permitir que ningún peligro les sobrevenga, incluso si es de otra parte de ellos mismos. Ella seguía insistiendo: "Ya terminé. He terminado. He terminado. Quiero irme."

También insistió en que no necesitaba tener un hijo. Un niño causaría conexiones con la Tierra. Quería cortar todas las conexiones. No quería crear karma con un niño que la hiciera regresar aquí. Si no tuviera lazos con la Tierra, le sería más fácil regresar a su planeta de origen. Este experimento no había resultado como ella había pensado. La causa de su sobrepeso era para protegerla contra el sexo para no tener hijos. He escuchado esto antes cuando las personas subconscientemente provocan tener sobrepeso para volverse poco atractivos para el sexo opuesto, y lo acolchado del peso extra actúa como protección y pone una barrera. Así que, aunque la mente consciente de Susan estaba diciendo que ella quería hijos, la parte subconsciente tenía otro escenario.

Intenté discutir con ella. Dijo que le gustaban los niños y le gustaba trabajar con ellos. Así que le sugerí que, dado que ella tenía tendencias amorosas que sería una buena madre. Si ella tuviera uno por su cuenta, podría enseñarle todo tipo de cosas maravillosas, y eso sería una nueva experiencia. Sería un reto para enseñar a un niño cómo vivir en este mundo. Sería un regalo que podría dar a este planeta. Todavía tenía miedo de crear conexiones que la atarían a este mundo. "Me haría volver aquí una y otra vez. No me gusta aquí. No me gustan las conexiones".

Insistía mucho en que su vida sería corta. Era casi la hora de irse porque quería volver a casa. Yo argumenté que, si lo acortaba, solo tendría que volver y volver a hacerlo hasta que cumpliera con sus obligaciones. Ella definitivamente no quería que eso sucediera, porque ella quería salir. Así que pensé que estaba haciendo algún progreso por mis persuasiones. Ella había estado soñando con su planeta natal la mayor parte de su vida, así que no olvidaría de dónde vino ni se quedaría atrapada aquí. Es demasiado fácil olvidar una vez que el alma entra en el cuerpo y la persona queda atrapada en este mundo y sus problemas únicos.

Cuando hablé de su pérdida de peso, dijo que este mundo era muy pesado. Una forma de deshacerse del peso era simplemente dejar su cuerpo. Ciertamente estaba decidida. Solo puedo esperar que mis afirmaciones positivas superaban su terquedad. Seguí insistiendo en que no podía irse hasta que hubiera completado sus responsabilidades. Ella no necesitaba quedar atrapada en el ciclo de volver a la Tierra. Ese es un ciclo más difícil de romper. Este fue un caso difícil porque no sabía que iba a encontrar tal resistencia del subconsciente de Susan. Mas tarde descubriría a otras almas que se ofrecieron como voluntarias para entrar en este mundo en este momento para ayudar. Ellos tampoco querían tener niños porque podría atarlos a nuestro mundo. Tuvieron que permanecer libres de karma para que pudieran irse cuando terminaran.

* * *

    Es interesante que muchas de las personas con las que he trabajado en los últimos años retroceden a vidas en las que eran seres de luz que vivían en un estado de bienaventuranza. No tenían por qué venir a la densidad y la negatividad de la Tierra. Todos se ofrecieron como voluntarios para venir a ayudar a la Tierra en este momento, pero no tenían idea de lo difícil que sería una vez que estuvieran en el cuerpo.
    Me he encontrado con lo que considero varias oleadas de almas que han venido en varios momentos. La primera ola eran almas como Phil en mi libro Guardianes del jardín (Keepers of the Garden). Estos están ahora en sus cuarenta. Tuvieron un ajuste difícil y muchos querían suicidarse para volver a "casa". Suelen tener una buena vida hogareña, excelente ocupación y todo lo que consideraríamos para componer una buena vida. Pero algo faltaba porque nunca sintieron que pertenecían aquí. No les gustaba la violencia y fealdad que encontraron en este mundo. Querían volver a casa a pesar de que no tenían idea, conscientemente, de dónde podría estar ese hogar. He oído de muchas personas en todo el mundo que piensan que son de este grupo. Creían que eran los únicos en el mundo que se sentían así, y se sintieron muy aliviados al leer mi libro. Descubrir que realmente no estaban solos.
    Una segunda ola que descubrí vino alrededor de diez o más años después. Ahora tienen entre veinte y treinta años. Alguno de ellos se ha ajustado muy bien. Bajo hipnosis, dicen que simplemente están aquí para actuar como un conducto o canal para conducir el tipo de energía a la Tierra que se necesita en este momento. Estas las personas llevan vidas muy anodinas, a menudo solteras sin responsabilidades (especialmente sin hijos). Tienen trabajos que les permite mucho tiempo libre para explorar sus verdaderos intereses, que parecen centrarse en ayudar a las personas. Parecen no tener problemas y se han adaptado a este mundo mucho más fácil que la primera ola.
    La tercera ola son definitivamente los niños especiales (llamados los Niños Índigo) que han venido y siguen viniendo. Algunos de ellos están ahora en la pubertad temprana. Estos son de hecho los especiales y han sido llamados la esperanza de la humanidad. Necesitan ser entendidos porque funcionan en un nivel diferente y frecuencia que otros niños de su edad. Ha habido muchos libros escritos sobre estos niños, y he hablado en conferencias centradas en ellos. De hecho, son

diferentes. Incluso se ha demostrado que su ADN es diferente. En mi trabajo se me ha dicho que tengo que enfatizar que no se droguen, especialmente Ritalín, que es una sustancia que altera la mente. Están aburridos en la escuela y a veces son disruptivos porque son capaces de aprender y absorber a un ritmo mucho más rápido que los niños de otras generaciones. Me dijeron que necesitan ser presentados con retos. Esto estimulará su curiosidad y agudizará sus habilidades Hay muchos niños en este grupo de edad que ya están ganando la atención de los medios debido a sus notables habilidades. A lo largo de la historia siempre ha habido historias de niños prodigio; niños que tenían talentos más allá de sus años. Estos eran pocos y distantes entre sí. La ciencia no podía explicarlos, pero creo que sus habilidades provienen de talentos aprendidos y perfeccionados en sus vidas pasadas. Sin embargo, el nuevo grupo parece ser diferente. Mientras que los del pasado eran raros y únicos, parece haber muchos más de esta nueva ola de niños que están exhibiendo las habilidades de genio. Los niños entrevistados en la televisión ya están en la universidad y están estudiando carreras. Pero cada uno de ellos destacó su deseo de formar organizaciones para ayudar a los niños menos afortunados del mundo.

    Tiendo a pensar a partir de mi trabajo, que estos talentos no solo vienen de sus vidas pasadas, sino de la diferencia en su patrón de alma. Todas estas tres olas que he observado vinieron a ayudar a la Tierra en su momento de necesidad. La mayoría de ellos nunca habían vivido en este planeta, por lo que les resulta un lugar difícil para vivir. Ellos están aquí para propósitos definidos y quieren terminar su asignación e ir a "casa". Aunque ellos no lo sepan conscientemente, son plenamente conscientes de su misión en la Tierra. No está oculto bajo capas de vidas pasadas y karma. La ola más nueva no esta tan escondida como las demás. Los poderes fácticos que toman estas decisiones sobre a quién enviar, lo hacen más notorios, porque el tiempo se está acortando para hacer los cambios que salvarán o destruirán nuestro mundo. Más y más de estas almas que no son nativas de nuestro mundo, pero han vivido la mayor parte de sus vidas en otros planetas u otras dimensiones están siendo enviados, porque se cree que pueden marcar la diferencia. Las almas "nativas" que han vivido innumerables vidas en la Tierra se han quedado tan atoradas por el karma y las presiones cotidianas de vivir en nuestro mundo agitado, que han perdido de vista su propósito de estar aquí. Esto hace que sigan regresando y repitiendo los mismos errores. Así la esperanza para nuestro futuro son las almas que no han sido contaminadas por la Tierra las que pueden ayudarnos a sobrevivir. Si pueden evitar quedar atrapados también y no olvidar su misión.

* * *

En los primeros días de mi trabajo pensé que sería imposible que un espíritu entre directamente en un cuerpo físico en nuestra cultura civilizada y agitada como su primera encarnación. Me han dicho que lógicamente primero encarnarían en alguna sociedad primitiva donde la vida sería más sencilla. De esa manera podrían adaptarse y aprender cómo vivir en la Tierra y cómo relacionarse con otros humanos, antes de entrar en nuestro estilo de vida moderno. Ahora me doy cuenta de que no siempre es así. me estoy encontrando más de las personas especiales que han sido enviadas o que se ofrecen como voluntarias para venir y ayudar durante estos tiempos difíciles. Dicen que han sido enviados como canales de energía, o como antenas, etc. Es, por supuesto, más difícil para estas almas gentiles porque no tienen el trasfondo de vidas terrestres para prepararlas.

En octubre de 2004 conocí a dos más de estas personas especiales. Y aún más inusual, era que eran marido y mujer. Lo pienso es maravilloso que hayan sido capaces de encontrarse entre millones de personas en el mundo, por lo que sus energías idénticas podrían trabajar juntos. Pero luego, también me han dicho que nada ocurre por accidente. Evidentemente habían acordado y hecho planes del otro lado antes de encarnar.

Ambos contaron historias idénticas mientras estaban en trance profundo, incluso aunque no eran conscientes de estas cosas. Cuando Tony salió de la nube, solo vio una luz muy brillante. "Está muy brillante. Irradia, tiene rayos que van en todas direcciones. Está muy bonito, pero no se puede mirar directamente. También tiene muchos colores diferentes por todos lados. Es muy relajante. Hay mucho amor que viene de ella. Te rodea como si estuviera abrazándote". Cuando esto sucede, sé que se han ido al lado del espíritu, o de regreso a la Fuente (o Dios). También varios seres de energía se ven así. Le pedí que llevara a Tony y le mostrara algo que era importante que él viera. En vez de entrar a una vida pasada, lo llevaron a una habitación donde había varios seres vestidos con túnicas. No pudo distinguir ninguna característica ya que los seres que flotan sin esfuerzo alrededor de la habitación.

T: No veo paredes, pero sientes que estás en un lugar cerrado. Es como un consejo, y hay una reunión, donde han venido a discutir todo tipo de cosas diferentes. Cosas del universo. Todos los planetas diferentes. Están teniendo que tomar decisiones para otros tipos de seres. O.... supongo que sería para vibraciones más bajas. Para esos que no han alcanzado los planos o vibraciones superiores. Este es el consejo que les ayuda a tomar decisiones en sus procesos o lo que estarán haciendo.

Vio que tenía el mismo tipo de cuerpo tenue y fantasmal, y sintió que era miembro de este consejo.

T: De lo contrario, no podría estar aquí. Esta vibración es más alta, una frecuencia más alta. y ayudan a hacer decisiones No necesariamente toman decisiones, pero ayuda en la toma de decisiones. Lo que sea apropiado para las vibraciones más bajas.
D: ¿Cómo ayudan a tomar estas decisiones?
T: Parece que, para cada vibración más baja, hay ciertas cosas que necesitan aprender para poder elevar su vibración a otro plano. Para ayudarlos. El consejo realmente les ayuda a tomar decisiones que verdaderamente eleven sus vibraciones.
D: ¿Esto no es interferir?
T: No, es solo una forma de guía.
D: ¿Tienes algo en particular en lo que estés trabajando ahora?
T: Sólo para ser de servicio. Ayudar. Para dar orientación. Es para lo único que estamos aquí. Para ayudarlos a obtener conocimiento.
D: ¿Hay algún proyecto en particular que te preocupe ahora?
T: Hay todo tipo de proyectos diferentes. Mientras ayudamos a las bajas vibraciones, también nos estamos ayudando a nosotros mismos. Porque al enseñarles nosotros también aprendemos. Si sirves, ganas. Esto te ayuda a adquirir conocimientos.
D: ¿Estás trabajando con algún planeta determinado en este momento?
T: Es trabajar con todos los universos. No es solo un planeta.
D: ¿Tuviste que pasar por vidas físicas para llegar a ese punto? ¿Dónde podrías estar en el consejo?

T: No. No tuve que pasar por vidas físicas. Solo por elección.
D: *Entonces, ¿cómo llegaste a ese punto en el que podrías estar en el Consejo?*
T: Puedes elevar tu nivel de vibración, aunque no hayas pasado por vidas físicas para estar en el consejo. A veces puede tomar más de un período de tiempo. Pero a veces puedes progresar muy rápidamente.
D: *¿Alguna vez tuviste el deseo de ser físico?*
T: No en este momento, no.
D: *Estabas haciendo tu trabajo allí entonces.*
T: Eso era todo lo que necesitaba hacer.
D: *Bueno, parece que es un trabajo muy importante.*
T: Esto fue todo lo que me pidieron que hiciera.

Luego le pedí que fuera a cuando tomó la decisión de entrar en lo físico, porque después de todo, me estaba comunicando con un cuerpo físico en nuestra dimensión. Debe haber decidido venir aquí y encarnar. Quería saber si alguien le dijo que viniera.

T: No, fue solo por elección. Y la oportunidad estaba ahí. La habilidad... o la forma física, en otras palabras, que encajaría, estaba allí en el momento de la elección.
D: *¿Pasó algo que te hizo tomar la decisión?*
T: Para experimentar. Porque eso era algo que nunca había hecho antes. Definitivamente era nuevo.
D: *¿Has elegido el cuerpo en el que vas a entrar? (Sí.) ¿Cómo se ve?*
T: Es el presente. No hay otro momento.
D: *Explícame lo que quieres decir.*
T: Es como la persona con la que estás hablando.
D: *Tony, ¿quieres decir? (Sí.) ¿Quieres decir que Tony nunca ha tenido otras encarnaciones físicas antes de esta? (No.) Siempre Pensé que, si ese fuera el caso, sería muy difícil, ¿No es así? Venir directamente del lado espiritual a la vida, como es ahora en la Tierra. Sin ninguna vida anterior para condicionar a la persona.*
T: Es muy difícil. Pero hay maneras en que ayudan a hacer cosas. Había ciertas cosas. No sé si puedo describírtelas.
D: *Te agradecería mucho si pudieras intentarlo. Las analogías son siempre buenas también.*

T: Es como si se proporcionara la información. Es como si entraras en una cámara. Y una vez que sales de esta cámara, la información ha sido colocada dentro de ti. Luego esta información, una vez que ha sido colocada dentro de ti, te daría un fondo. Algo con que relacionarse.

Sabía de lo que estaba hablando. Se estaba refiriendo a la impronta. Esto se habla en este libro, así como en Guardianes del jardín y Entre la Muerte y la Vida. Es una forma de brindar información de la vida de otras personas para que el alma pueda tener algún fondo para poder funcionar.

T: No creo que puedas venir sin nada. Aún es difícil incluso con esta información colocada en ti. Eso es extremadamente diferente aquí. Hay mucho que aprender y experimentar. Fue difícil dejar ese hermoso lugar, pero era algo que necesitaba ser experimentado. Esta vez en la historia es cuando hay un gran cambio que se avecina. Las cosas se están moviendo muy rápidamente; muy rápidamente. Él quería poder observar estas cosas.

D: *Así que nadie le dijo que tenía que hacer estas cosas.*

T: No, nadie te dirige y te dice que debes hacer estas cosas. Son elecciones. Y también discusiones. Y él fue ayudado por otros miembros del consejo. Lo ayudan o guían para que tome estas decisiones.

D: *Estamos acostumbrados a pensar en las vidas de la Tierra donde acumulamos karma, y luego tenemos que volver una y otra vez para pagarla.*

T: Él no tiene ese tipo de karma del que estás hablando. Él está aquí para observar la progresión de los humanos. Cómo en realidad están elevando sus niveles de vibración. Para ver cómo están aceptando el conocimiento. Y cómo están usando el conocimiento. Si lo están usando para el bien de la humanidad, o si está siendo utilizado para la codicia.

D: *Porque la Tierra es un planeta complicado.*

T: Es extremadamente complicado. Es diferente a cualquier otro planeta. Creo que la forma de negatividad en este planeta lo hace diferente. La raza humana es una raza muy guerrera. Tienen mucha dificultad para vivir en paz. Es casi como si su raza no pudiera coexistir en paz. Esto proviene de sus vibraciones inferiores. Creo que cada uno que viene aquí debe tener mucho cuidado y no quedar atrapado en estas vibraciones más bajas. Es un planeta muy desafiante. Tomé esa oportunidad. Creo que cada vez que entras en esta existencia, has creado karma. Y, sin duda, tendré que pagar este karma. Sin embargo, creo que lo principal que hago aquí es tratar de mantener un equilibrio de ser muy positivo, muy cariñoso, y que el karma que he creado con La Tierra no es de una forma negativa, por así decirlo. Es realmente encontrar maneras de trabajar para reducir eso. Y luego a cuidar ese karma Y no permitir que continue.

D: *¿Cuál es tu plan entonces?*

T: En este momento, es entrar en esta vida. voy a ver una vez que regrese.

D: *¿No quieres quedarte y experimentar otras existencias?*

T: No sé si volveré para otras existencias. Puede haber cosas más importantes para mí que regresar. Que ser físico. No sé si seré capaz de lograr esto o no. Sería muy fácil quedarse atrapado aquí. Hay tantas cosas que te atrapan. Es la razón por la que es tan difícil venir aquí, al mundo en forma física. Aunque muchos deseen esta presencia, es extremadamente difícil. Parece bastante simple hasta que llegas adentro. Una vez que estás en la forma física, entonces es extremadamente difícil.

D: *¿Uno de los problemas es que el físico se olvida y no sabe todas estas cosas?*

T: Oh, muy cierto.

D: *¿Sería más fácil si pudieran recordar?*

T: No creo que sea correcto que la forma física recuerde. Creo que sería demasiado. Recordar todas estas cosas sería demasiado grande. Sería demasiado confuso y luego tratarían de cambiar las cosas y probablemente en una manera más indeseable. Y tal vez no aprenderían las cosas que están aquí para aprender para su propio crecimiento.

D: *La gente siempre dice si supieran cómo era antes, sería más fácil.*

T: Creo que esto sería demasiada información para ellos. Si has tenido todo este conocimiento antes de ser tú, ¿cuál sería el propósito de venir? También enseñamos. Los niños enseñan a sus padres como los padres piensan que enseñan a sus hijos. Más bien es viceversa. Más de lo que nos damos cuenta.

D: *Parece que últimamente estoy trabajando con muchas personas que son trabajadores de energía y sanadores.*

T: Va a haber muchos más. Esto apenas está comenzando a abrirse. Y la gente está buscando otras alternativas. Están buscando diferentes caminos. Están viendo que eso a lo que están acostumbrados no les funciona para su mejor interés. Habrá algunos que se aferrarán a las formas viejas. Tienen problemas para superar eso. Es su condicionamiento y educación, pero tienes muchos aquí, y sobre todo los nuevos que van llegando, que estarán buscando toda esta nueva información. Y por supuesto, traerán esa nueva información también. La mayoría de la información no es nueva. Es nuevo para las personas que están presentes. Pero en realidad es información antigua. Hay sólo unas cuantas formas físicas que están disponibles. Y ahí hay muchas más formas espirituales que quieren venir, pero no hay suficientes formas físicas.

D: *Pero ahora mismo con el crecimiento de nuestra población, hay muchas formas físicas disponibles.*

T: Pero no las hay. También tienes algunos que están intentando controlar las formas metafísicas que están disponibles. Tú tienes líderes que están tratando de controlar la disponibilidad de formas físicas. Por supuesto, las enfermedades, las guerras.

D: *¿Quieres decir que están eliminando muchas de las formas físicas? (Oh, sí.) Entonces, hay formas físicas de las que se habla para las almas que quieren volver a pagar el karma también.*

T: Eso es muy cierto, sí.

D: *¿Es eso lo que quieres decir? ¿Solo hay formas físicas limitadas a las que podría venir un tipo de espíritu como tú?*

T: Sí. Eso es cierto. Es difícil encontrar comida apropiada por todos los químicos en los alimentos. Pero el cuerpo humano también está adaptándose. Estás viendo en este momento nuevos humanos que están llegando con el viejo conocimiento. La fuente de la comida va a ser más difícil a medida que pasa el tiempo. Será un verdadero problema.

D: *Todo esto va a afectar la elevación de las vibraciones.*

T: Tenemos que hacer el cuerpo más ligero. Y esto ayudará en el proceso.

A Tony se le dijo cómo podía usar su mente para sanar. "Tendrá que desarrollar su mente y también confiar en su mente. La mente es muy poderosa. Y observar el problema, viendo el problema, entonces su mente hará cambios. Será como que podrás ver el interior del cuerpo. Es como si fueras al interior de la persona y miraras a esa persona por dentro. Es como si entraras en la hoja del árbol y flotaras en los canales de la clorofila. Él los verá como imágenes. Y estos cambios puede tomar lugar. No debería tener la participación de la persona, pero debería tener su permiso. Porque algunos optan por tener estas condiciones por las razones que sean."

* * *

Por la tarde tuve una sesión con la esposa de Tony, Sally, y me sorprendió descubrir que ella era el mismo tipo de alma. Esta era también su primera vez en venir a la Tierra. ¡Qué notable que los dos pudieron encontrarse! Por supuesto, no pasa nada por accidente, pero nunca me había encontrado con dos casos así en el mismo día.

Al comienzo de la sesión, Sally también tuvo dificultad en ver algo, excepto colores cambiantes, y después de varios intentos de llevarla a una vida pasada o algo visual, finalmente contacté con el subconsciente. Me dio la información que se había negado. A veces, si el sujeto no está listo, la información no saldrá. Debido a la naturaleza protectora del subconsciente, es muy particular sobre a quién le da la información.

S: Lo que está pasando con Sally es un experimento. Nunca se ha hecho antes. Estamos tratando de aumentar los niveles energía. Hay reglas de energía en la encarnación en la Tierra y en todos lados. Pero por los tiempos y por la necesidad, lo que estábamos tratando de lograr es traer una vibración más alta en la Tierra y luego expandirla, elevar el nivel incluso después de la encarnación. Y también para traer el nivel más alto que pudimos sin dañar la forma física. Hay un nivel que la forma humana no puede sostener. Es muy importante para Sally porque fallamos en eso antes. Por eso se ofreció como voluntaria para venir y traer esa energía y pasar por eso y hacerlo. Y lo hicimos. Funcionó esta vez. Cuando falló antes fue como hacer corto a un circuito.

D: *¿Daño a la forma física en la que ella estaba tratando de adoptar?*

S: Correcto. Así fue. El cuerpo murió. Era demasiada energía, mucha información, una vibración demasiado alta en un cuerpo físico.
D: *Simplemente no lo puede sostener.*
S: Correcto. Pero este cuerpo lo ha podido hacer. Y también hemos sintonizado el cuerpo a medida que envejece. Para poder sostener más, y hemos agregado más desde entonces.
D: *¿Ha tenido encarnaciones físicas antes?*
S: Impresiones. Muchos de los problemas físicos se deben al estrés y la tensión en el cuerpo por retener la energía que está ahí.
D: *Entonces ¿quiere decir que Sally nunca ha estado en una encarnación física en ningún lugar? (No.) Pero siempre pensé que cuando se entra al cuerpo físico por primera vez, en este tipo de civilización, sería demasiado duro para el cuerpo y el alma.*
S: Ella ha sido una asistente de la Tierra. No encarnada en la Tierra, pero alrededor de la Tierra ayudando a otros a encarnar. Tiene un conocimiento práctico, pero no real. El conocimiento de la encarnación ha sido detrás de escena para ayudar a otros que encarnan.
D: *¿Entonces, por qué decidió venir esta vez?*
S: Porque era muy importante para la Tierra, y ella tenía la capacidad de traer la energía que se necesitaba en ese tiempo. De esa manera, en esa magnitud, y en las proporciones que necesitaban venir en ese momento. Es muy científico. No lo estoy explicando bien es casi como ecuaciones matemáticas de energía. Los suyos eran los más adaptables para venir porque había estado trabajando de cerca con la Tierra. Y sabía cómo funcionaban las cosas y las reglas y regulaciones y ese tipo de cosas, científicamente. Entonces pudo ajustar su energía y ajustar el cuerpo. Y también estamos ayudando con eso.
D: *Pero cuando alguien hace esto por primera vez, ¿no corren el riesgo de quedar atrapados en el karma?*
S: No. La razón por la que no se arriesga a quedar atrapada en karma, es porque ella no acumula karma. Está en un nivel diferente. O un contrato diferente, por decir, con la Tierra. No quedará atrapada. Su contrato era venir y traer esa energía. Para traer la energía a la Tierra. No es un contrato kármico.
D: *Eso es muy complicado.*

S: Y las personas con las que ella vino, son personas que vinieron con contratos y han sido atrapados. Y se sienten atraídos a ella porque de una manera a un nivel subconsciente, ella les ayuda a liberarse.

D: *Así que no tenían ningún karma con ella.*

S: No. Ella vino a ayudarlos a liberar su karma con otros, sin quedar atrapada en ella. Es casi como una máquina de bateo. Cuando practicas bateo, la pelota viene hacia ti y lo golpeas. Ella es el de fondo al que va la pelota. Pero no era un equipo real por ahí atrapando la pelota y corriendo con ella. Ella mantuvo un lugar para que pudieran liberar su karma con ella.

D: *Así que estas otras personas necesitaban a alguien que les ayudara a resolver sus problemas de karma.*

S: Cierto, porque estaban en un camino cuesta abajo. Porque se habían metido en un giro negativo. Ella hizo el contrato para ayudar a la Tierra, pero era en un nivel diferente. No era en un nivel de encarnación. Pero ahora, ella eligió hacerlo, para atraer más energía para este tiempo. Es un tiempo estratégico debido al libre albedrío, y porque... es un equilibrio. Es un momento de equilibrio en el que la Tierra puede ir en cualquier dirección y es un cambio importante. Es un lugar cambiante. Un lugar de encrucijada.

D: *¿Por eso más de estas, no quiero llamarles almas "nuevas", porque tienen mucho conocimiento y poder, pero ¿Por eso más de ellas están llegando en este momento? (Sí) sigo conociendo más. Algunos de ellos dicen que son solo observadores. No quieren quedarse atrapados aquí.*

S: No es que sean observadores, pero si puedes imaginar cómo te describí: es como si el bateador estuviera golpeando la pelota y se va en contra de algo. Así que estás golpeando y mandándola para allá, pero el trasfondo no reacciona de una forma u otra. Así que no está acumulando karma. Todo rebota. Pero esa persona está haciendo lo suyo, y está liberando sus cosas. y por eso no están acumulando karma. No vinieron a acumular. Y no son solo observadores. Son curanderos. Ellos están trayendo energía positiva para ayudar a otras almas a ver. Y sienten sus vibraciones y quieren aclimatarse a eso.

D: *Pero lo principal es que no se dejen atrapar.*

S: No hay peligro de que sean absorbidos. Porque su nivel de energía es el que es, es casi como si hubiera luz todo el tiempo. O energía saliendo e interactuando con otros de una manera curativa. Y no hay agujeros que puedan chupar. O no hay karma con el que conectarse. Así que es una cosa muy positiva.

Algunos de mis otros casos que eran como este tipo de seres especiales estaban protegidos de la acumulación de karma al tener dispositivos protección o escudos colocados alrededor de ellos. Esto se informa en otros capítulos. Pero el subconsciente de Sally dijo: "No hay necesidad de protección, porque está incorporada, debido al propósito y por el nivel de energía. Y como no hay ningún karma previo, no hay nada para conectarlo".

S: Su hija ha venido de manera similar a su madre, solo que ahora está más perfeccionado. Su cuerpo se ha aclimatado mejor. Por causa de los que vinieron primero, y trajeron la energía, no es tan difícil para los nuevos venir. Los primeros intentos no funcionaron. Era demasiado duro; demasiado estresante por la forma humana.

D: *Me han dicho que toda la energía del alma de una persona no podría posiblemente encajar en el cuerpo humano. Que destruiría el cuerpo.*

S: Eso es correcto. Su esposo, Tony, ha entrado, de una manera muy similar para abrir el camino.

D: *Y tampoco acumula karma. (Sí) ¿Fue por accidente que los dos se juntaran?*

S: No. No fue por accidente. Planearon reunirse en la misma área antes de encarnar. Son dos tipos de energía similares. No es lo mismo, pero muy similar. Sally fue un experimento. La cantidad de energía que hay en su cuerpo, normalmente sería tanta como para dos cuerpos separados. Y parte del problema era la cantidad de energía. Y el nivel de vibración. Las veces anteriores fallaron. No teníamos el tiempo ni el nivel de ajuste para que el alma ocupara el cuerpo ni el nivel exacto de energía al tiempo correcto. Es muy técnico.

D: *¿Pero tendría que ser una cantidad de energía que normalmente sería para dos cuerpos?*

S: Si, este era el experimento. Y ha funcionado. Es muy benéfico. No es la única que lo ha hecho. Igual que su esposo. Él fue uno de los que vinieron, es muy diferente pero muy similar. Hay otros, y ella también ayuda cuando sale de su cuerpo. Les ayuda a ajustarse y venir a encarnar. Ha ayudado a varios, pero el punto que ella no entiende es que desde ese tiempo que vino, ha habido más energía que ha venido a ella. Si has escuchado de "walk-ins", cuando un alma entra y la otra sale del cuerpo. No es así, no eran dos almas, sino que la porción normal vino al doble y es lo que ahora ha encarnado con ella.

D: *No intercambiaron entre las dos.*

S: No, no hubo intercambio. Fue una unión, una adición. Le dijimos dos veces que esta nueva parte de sí misma estaba llegando. Y ahora está aquí y ahora está unido.

D: *¿Sabía ella cuándo sucedió esto?*

S: No conscientemente. Pero ella sabía que iba a pasar y se preparó conscientemente, y eso fue de gran ayuda. Y sabe que se siente diferente ahora. Pero no había reconocido conscientemente que había más de ella, y que se había unificado. Ahora recibirá mucho conocimiento. No todo va a suceder a la vez, pero se desencadenará cuando ella se aclimate.

D: *Entonces, cuando esta vida termine, ¿regresará y no tendrá que seguir regresando?*

S: Correcto. Se quedará hasta que termine su trabajo. No hay que encarnar de nuevo. Se quedará hasta que el cambio se complete.

D: *El lugar de donde vino, ¿es lo que yo llamo el lado espiritual?*

S: Cualquier cosa que no sea una forma, es el lado espiritual. Existen múltiples, múltiples lugares. No es como que te mueres y te vas allá. Es más bien antes de encarnar, estás ahí. Es solamente un reino diferente.

D: *Algunas personas consideran que esos espíritus son ángeles que nunca han encarnado.*

S: No es un ángel. Es un alma como todas las demás. Simplemente no encarnada en forma. No era necesario. No había sentido la necesidad hasta ahora. Ella era forma, pero no en forma de cuerpo. Estaba en forma de espíritu. Y hay diferentes niveles. de... no las llamamos encarnación, porque no es una forma inferior como un cuerpo en cualquier planeta. Es una energía, y tiene un cuerpo. Tiene una individualidad, pero es solo energía. Pero está en un espacio. No es la energía que llamamos energía Única. Energía del lago. Es una energía individual separada. Pero no está en un cuerpo o en una forma física como una forma humana. O un cuerpo en cualquier planeta.

D: *Eso tiene sentido para mí. Pero ahora tengo más gente viniendo a mí que estamos aquí como sanadores y trabajadores de la energía.*

S: Eso se debe en gran parte al cambio de los tiempos. Es el fin de una era. Así que este tipo de seres como Sally y Tony están aquí para ayudar con esta transición. Te diré que con quien has estado hablando. Esta es la parte de Sally que acaba de conectarse.

D: *La nueva energía. (Sí.)*

* * *

Otro caso extraño en 2004 fue un hombre en la profesión médica cuya principal queja era que parecía estar sosteniendo lo que él llamó "miedo y ansiedad" dentro del área de su plexo solar. Sentía como un gran nudo y le causaba mucha incomodidad. Estaba constantemente inseguro y tenía miedo de algo que podría suceder. Aunque no había razón en su vida bien ordenada que explicara qué era ese "algo". Él quería saber de dónde venía este sentimiento, qué significaba y cómo obtener alivio de él.

Entró en una de las vidas pasadas más inusuales que he investigado. Estaba en otro planeta, y era una maquina asesina. En su estado consciente, se habría horrorizado ante el odio crudo en su voz cuando exclamó que quería matar todo. Este era su único propósito: matar todo con lo que entraba en contacto. Y lo hizo de una manera única. Su planeta hogar y otro habían estado en guerra durante muchas generaciones. Él era producto de la ingeniería genética. Su cuerpo fue diseñado para almacenar una enorme cantidad de energía. Él fue enviado al planeta enemigo en una nave espacial. Cuando aterrizó, iba a buscar al enemigo que había aprendido a esconderse de estas máquinas. No usó armas de ningún tipo. Él era el arma. Era una máquina suicida. Él podría activar la energía en su cuerpo, y explotaría con el poder de diez bombas de hidrogeno. Destruiría todo en kilómetros a la redonda. Su planeta estaba lo suficientemente avanzado que entendían metafísica. Cuando explotara y muriera, su alma reencarnaría inmediatamente en la misma sociedad. Y el proceso comenzaría de nuevo. Cuando llegó a cierta etapa de desarrollo y cierta edad, era enviado de nuevo. Era un círculo vicioso y parecía como si estuviera atrapado dentro de él. Nunca tuvo vida familiar o social dentro de la estructura del planeta. Simplemente fue diseñado como una máquina de matar. Esta era su mentalidad total: una de odio, asesinato y destrucción. Finalmente, después de muchas, muchas generaciones, los dos planetas se dieron cuenta de que la única forma de detener la matanza era levantar su conciencia, y esto comenzó a suceder.

En ese momento, finalmente fue capaz de separarse, y reencarnó en la Tierra. Incluso entonces el impulso era tan fuerte que experimentó muchas, muchas vidas en las que mató y asesinó. No había perdido la programación. Dijo que de una manera La Tierra era como su planeta natal, porque había mucha matanza aquí. Simplemente no fue en una escala tan grande. Su vida presente fue finalmente un intento de romper el ciclo. Nació en una familia que lo sobajó, quebró su espíritu y lo hizo manso y apacible. (Así que, incluso esos tipos de familias tienen una función). Dijo que cuando era niño tenía el deseo de convertirse en mercenario cuando creciera, lo que habría continuado el mismo ciclo. En cambio, ingresó a la profesión médica y ahora estaba ayudando gente.

La intensa sensación que sintió en su área del plexo solar era esta contención de la rabia, el odio y la violencia que había sido tan gran parte de su personalidad durante tantos eones. Él tenía miedo de lo que sucedería si se soltara, por lo que tuvo que mantenerlo reprimido. Estaba haciendo un buen trabajo y con la ayuda del subconsciente, parecía que sería capaz de ganar esta batalla. Dijo al despertar, que esta extraña explicación era la pieza que faltaba que nunca hubiera podido descifrar por su cuenta. Una de las razones por las que estuvo aquí en la Tierra en este momento, fue porque la Tierra también se estaba moviendo fuera de su ciclo violento y estaba a punto de elevar su conciencia en una nueva era.

Me pregunto ¿cuántos otros tienen estos sentimientos reprimidos y emociones que no tienen sentido para ellos, y no pueden ser explicados por su crianza? ¿Cuántos jóvenes tienen sentimientos similares exagerados y despertados por la violencia en nuestro mundo y en la televisión? Esto abre una nueva forma de ver estas circunstancias de las que las autoridades parecen no tener ninguna explicación.

CAPÍTULO 10

VIDA EN CUERPOS NO HUMANOS

Esta sesión se realizó en Clearwater, Florida, cuando estaba yo allí para una Expo en octubre de 2002.

Como humanos, nos acostumbramos a pensar (una vez que hemos aceptado el concepto de reencarnación) que sólo hemos experimentado vidas pasadas como seres humanos. Esta creencia es muy limitante, como he descubierto con mi investigación. La vida en cualquier forma tiene una lección que enseñarnos. De eso se trata la vida en la Tierra; ir a la escuela de la Tierra y aprender lecciones. No se puede continuar con el siguiente grado hasta que hayas completado con éxito el que estás trabajando en este momento. Por supuesto, la lección aprendida como ser humano es mucho más compleja que la vida como una roca o una mazorca de maíz, pero están igualmente vivos, simplemente vibrando a una frecuencia diferente.

En mi libro Legacy From the Stars (Legado de las estrellas), llevé a un joven de regreso a su primera vida en la Tierra, pensando que probablemente sería como un hombre de las cavernas o algo similar. En cambio, fue a la hora cuando la Tierra todavía se estaba enfriando para poder albergar vida. Todavía había volcanes que arrojaban lava y gases peligrosos en el Aire. Todavía no era un ambiente saludable para que se desarrollara la vida. El joven se encontró siendo parte de la atmósfera. Su trabajo, junto con muchos otros, era ayudar a limpiar el aire de amoníaco y otros gases tóxicos, a manera que la Tierra se enfriara, se volvería hospitalaria para que se desarrolle la vida en sus primeras etapas rudimentarias. A pesar de no tener lo que consideramos un "cuerpo", estaba vivo y consciente de su tarea. Definitivamente tenía una personalidad y vio todo desde su propia perspectiva única. Incluso se tomó el tiempo fuera de su "trabajo" para divertirse de vez en cuando entrando y saliendo de la lava que fluye para experimentar cómo se sentía.

Descubrí e informé en mi libro Entre la muerte y la vida que debemos experimentar la vida en todas sus formas antes de finalmente entrar en la etapa humana. Esto tiene un propósito que no es reconocido por nuestra mente consciente. Es para mostrarnos que toda la vida es una, y todos estamos conectados en un nivel más profundo del alma. Somos espíritus primero, y tenemos muchas aventuras diferentes a medida que avanzamos la escalera de todo conocimiento, para volver y volver a ser uno con el Creador. Así que ya no me sorprende cuando un sujeto informa de una vida no humana. El subconsciente elige una que cree que necesitan ver en este momento apropiado de su vida cuando buscan respuestas.

Algunas de las vidas no humanas que han sido reportadas eran: vida como un tallo de maíz donde el disfrute venía de tomar el sol y mecerse en la suave brisa. La vida como una roca donde el tiempo pasaba con una lentitud increíble. La vida como un mamut donde la sensación principal era la inmensidad y pesadez del cuerpo. La vida como un pájaro gigante sintiéndose protector de su huevo, y sentir la camaradería de otros de su especie. La vida como un simio gigante que sentía paz y satisfacción con los demás en su grupo. Poseía sólo la más simple de las emociones. Su líder era un simio mayor que esperaban que cuidara de ellos. Cuando murió, hubo mucha confusión entre el grupo, y pincharon el cuerpo para intentar despertarlo.

Todas estas vidas eran simples en comparación con los humanos, pero tenían sus cualidades distintivas que indicaban que estaban viviendo y seres sintientes. Tal vez si pudiéramos entender esto, y nos demos cuenta de que todos hemos pasado por estas etapas, tendríamos mejor cuidado de nuestro medio ambiente y nuestro planeta; dándonos cuenta de que todos estamos conectados en un nivel más profundo y vasto del alma.

Esta sesión con Rick fue otro ejemplo de un tema yendo a una vida inusual e inesperada como un no humano. Cuando Rick salió de la nube estaba confundido, porque no podía entender lo que era o dónde estaba. Normalmente, el sujeto desciende de la nube y se encuentra de pie sobre algo sólido, y las impresiones continúan después de eso. Los escépticos dicen que el sujeto fantasea con una escena para complacer al hipnotizador. Sin embargo, Rick no sintió nada debajo de sus pies después de que llegó a la superficie, y eso solo se sumó a su confusión. Le dije que confiara en cualquier impresión que viniera.

R: Bueno, es como si estuviera mirando hacia arriba. Y es un cielo purpúreo. (Confundido) Y eso está directamente frente a mis ojos mientras miro arriba. Y lo que está en mi visión periférica es... es difícil de describir. Es muy confuso. No siento ninguna presión contra mis pies.

Le indiqué que las sensaciones se aclararían.

D: *Mira a tu derecha y ve lo que hay en tu periferia. (pausa larga) Comenzará a ser claro, en lugar de ser borroso. (Pausa) Confía en todo lo que venga. La primera impresión.*
R: Bien, ahora hay más colores. Es más brillante, como el amanecer. Y tal vez como el agua.
D: *¿Como el sol en el agua?*
R: Sí, o como... ¿alguna vez has visto el sol bajo el agua?
D: *No lo he hecho, pero supongo que es posible.*
R: Es como... sí, me siento como si estuviera bajo el agua.

Esto fue una sorpresa. No estaba segura si estaba nadando o tal vez habíamos llegado al final de su vida y se había ahogado. Había varias posibilidades. Pero nunca podría haber predicho lo que verdaderamente estaba experimentando. Esta fue una primera vez.

R: Ese es el azul violáceo. Mirando hacia arriba a través del agua. Y a mi derecha es como el amanecer sobre el agua, si se ve bajo el agua. Mmm. Solo los colores se mueven y ondulan, como si las olas del agua distorsionaran los patrones de luz. Y es color dorado, como en la mañana, como cuando los rayos entran en el agua. Por eso no hay forma. Estoy en el agua.
D: *Por eso tampoco sientes ninguna presión. (Sí) ¿ves algo en la otra dirección?*
R: No, en realidad no. Sólo más oscuro. A lo opuesto, porque el sol está subiendo en la otra dirección.
D: *El sol suena hermoso filtrándose a través del agua. (Sí) ¿Cómo se siente el agua en tu cuerpo?*
R: Hmmm. Natural. No hay miedo. se siente muy cómodo.
D: *Toma conciencia de tu cuerpo. ¿Cómo es tu cuerpo?*

R: Es suave. (Encontró esto gracioso.) No lo sé. Es como un delfín. (Suavemente) ¿Cómo puede ser eso? Pero, sí, eso es lo que veo. Veo un delfín. Como si estuviera afuera mirándolo, o estoy mirando otro. Pero no estoy de espaldas buscando. Estoy boca abajo mirando hacia arriba. Como si estuviera durmiendo, algo así. Simplemente tirado allí en el agua. Subiendo y bajando. Por un ojo puedo ver el sol, y por el otro puedo ver la oscuridad. Y puedo ver hacia arriba también, sin tener que dar la vuelta y moverme. El panorama conjunto de este a oeste.

¿Cómo ven los delfines o las criaturas marinas y cuál es su rango de visión? ¿Sabemos realmente? Tal vez puedan ver un rango mucho más amplio con sus ojos ubicados a ambos lados de su cabeza. Ciertamente parecía ser así.

D: *Eso es interesante. ¿Y crees que hay otro allí?*
R: Creo. O vi. Estoy entrando y saliendo, mirando alrededor. Porque estaba adentro y luego me moví para ver cómo era el cuerpo. Así que creo que es mío. Es liso. Suave. (Con convicción.) Soy un delfín. Es muy pacífico. Es sorprendente.
D: *¿Se siente bien estar en el agua?*
R: Sí. Se siente libre. Sin restricciones. Tienes todo lo que tu necesitas allí mismo.
D: *Simplemente completa libertad en el agua. (Sí) ¿Qué haces con tu tiempo? Por supuesto, en este momento dijiste que estabas durmiendo.*
R: Durmiendo. Es hora de hacer algo ahora que estoy despierto. ¡Nosotros solo existimos... solo vivimos! No hay plan. Hay comida. Solo hay que comer. Pero ahora mismo parece... mientras flotamos y luego... es difícil de relacionar. No hay trabajo. No hay que hacer alguna cosa. Aparte de solo sentir. Y sentir - no sé – es agradable, de verdad. Esto es algo extraño para mí en este momento.
D: *¿Por qué es extraño?*
R: Porque no puedo ponerlo en el contexto correcto. No puedo etiquetarlo.
D: *Sólo haz lo mejor que puedas. ¿Qué es lo que tú comes?*
R: Oh, otros peces.
D: *¿Eres capaz de respirar en el agua?*

R: Sí. Pero aire. ¡Asombroso! (Pausa) Estoy viendo algo. Estoy viendo edificios que están... en la orilla.
D: *¿Estás encima del agua ahora?*
R: Algo así. Algo así como. Oblicuo. Puedo verlos con mi cabeza por encima del agua Son como cabañas. Como selváticas, con techos de paja. Solo me pregunto ¿Quiénes son? ¿Qué son?
D: *¿Alguna vez has visto gente? (No) ¿Has visto la orilla así antes? (No. No.) ¿La mayor parte del tiempo has estado en el mar? (Sí)*

Obviamente se estaba volviendo e identificando más con el delfín. Sus respuestas fueron lentas y sencillas.

D: *¿Y ahora puedes ver el borde donde se detiene el agua? (Sí)*

Estaba estructurando mis preguntas hacia un ser muy simple. No pensé que entendería nada demasiado complejo. Ya había demostrado que era un ser consciente y sintiente.

D: *¿Qué se siente eso?*
R: Curiosidad.
D: *¿Saber que hay un límite en el agua o qué?*
R: Sí. (Tuvo dificultad para encontrar las palabras.) Es... por qué... ¿qué es? Es diferente. Siento que tengo que irme a algún otro lugar.

Hubo una larga pausa. Obviamente estaba teniendo dificultad para encontrar las palabras adecuadas en el cerebro del delfín.

R: (Pausa larga mientras buscaba las palabras.) Es el... es sólo ... No sé. No lo entiendo no entiendo qué ... qué están haciendo aquí. ¿Qué... por qué estoy aquí? Y por qué lo estoy haciendo. Es algo nuevo. Y yo no entiendo. Y no lo sé. Entiendo las cosas donde yo estaba. No entiendo esto y no sé lo que es. Es simplemente diferente.

Era obvio que, como criatura marina, estaba acostumbrado a ver nada más que el agua. Ahora podía ver que el mar tenía límites, y el grupo de cabañas era algo que él desconocía, por lo que no había forma de describirlo.

D: *¿Pero dijiste que tenías la sensación de que deberías ir a otro lugar?*
R: Sí, por un momento sentí que debería irme.
D: *¿Qué quisiste decir con ir a otro lugar?*
R: Como lejos. Como moverse rápido.
D: *¿Lejos de donde estaban esas chozas?*
R: No, lejos de... de ahí donde estoy. Yo. Yo soy... (Pausa) ¿Fuera de ese cuerpo?
D: *Dime lo que está pasando. ¿Qué pasa?*
R: Estoy confundido. Porque puedo ver ese cuerpo. Que ... marsopa. Y luego es como si quisiera dejar eso. O quiero ir a otro lugar. Sentí que me estaba moviendo rápido por un momento. Luego se detuvo, porque me sobresaltó. Pero me gustaría volver allí. Me gustó en el delfín, pero no... era demasiado... (tenía dificultad) confuso... ¿demasiado diferente? no podía relacionarme con eso.
D: *Pero si quieres ir a otro lado, puedes. Se puede ir donde quieras ir. Estamos buscando algo que sea apropiado y tenga significado. Así que vayamos a donde está eso. Dime qué está pasando mientras te mueves. ¿Qué ves mientras vas a otra cosa que sea apropiada e importante que tu sepas?*

Luego Rick se encontró en una vida en la antigüedad cuando era un líder de un grupo de personas. Tenía una gran cantidad de responsabilidad y sintió que los traicionó cuando los condujo a una guerra que era imposible de ganar. Era más por la gratificación de su propio ego que para beneficiar a la gente. Todavía estaba cargando esa culpa en su vida actual, y eso explicó muchos de sus problemas físicos. Esto incluye problemas de espalda, porque murió al caer de un precipicio y vivió por varios días con dolor por una fractura en la espalda. Las memorias permanecieron en su cuerpo actual como un recordatorio en contra de tomar responsabilidad a la ligera en esta vida.

Luego me puse en contacto con su subconsciente para que pudiéramos hacerle sus preguntas. El principal que me preocupaba era la razón por la cual le mostró la vida como delfín o criatura marina.

D: *¿Por qué le mostraste esa vida?*

R: Porque es alienígena. Porque está en algún lugar de donde sus verdaderas raíces están. Él ha sido alterado de una manera para experimentar la "humanidad" desde las raíces de aquella primera encarnación.

D: *¿Fue esa su primera encarnación en la Tierra?*

R: No. Era otro lugar que no tiene humanos. Sólo ese tipo de seres.

D: *¿Los que viven en el agua?*

R: Sí. Por eso experimentó el momento de moverse rápido. Porque era curioso y se preguntaba cómo sería en ese lugar, esa orilla. Esa visión que tuvo de los árboles y las cabañas. Por eso no lo entendía. Era una visión de un lugar que nunca había visto.

D: *¿Entonces ese no era un lugar físico en su mundo acuático?*

R: Era un lugar físico del que tenía curiosidad. Él tenía curiosidad por saber cómo sería estar fuera del agua. Así que deseaba esa experiencia.

D: *¿Y esto lo llevó a reencarnarse como ser humano?*

R: Al final lo hizo. Estas son sus verdaderas raíces. Ahí es donde todo comenzó para él en este viaje.

D: *En el mundo del agua.*

R: Del mundo del agua.

D: *¿Y dijiste que tenía que ser alterado?*

R: Sí. Su alteración se produjo en una serie de procesos. Cambios vibratorios. Asistido por los que todavía están ayudando la infinimentación del planeta. El experimento ha estado continuando durante muchos milenios. Eligieron y pidieron. Buscaron núcleos y portainjertos, que podrían utilizarse y modificados para la experiencia humana.

D: *¿Pero no podría el alma, el espíritu simplemente venir y entrar en un cuerpo humano?*

R: Tuvo que ser modificado. Hay incompatibilidades entre el alma, la energía, las esencias de esa criatura acuática. Antes de llegar a esta experiencia, esas modificaciones fueron necesarias para que la criatura entienda correctamente los sentimientos, o los instintos, que fueron programados en el humano.

D: *Ya veo. Así que hubiera sido demasiado difícil - o imposible - para él pasar directamente de la criatura acuática a un ser humano.*

R: Eso es correcto.

Esto es similar a Estelle viniendo de la raza reptiliana y tener alteraciones en su cuerpo humano para acondicionar el tipo de energía diferente.

D: *Pero luego comenzó una serie de vidas en la Tierra. (Sí) Y por eso le mostraste el delfín al principio. (Sí) Toda su vida se ha preguntado por qué tiene interés en OVNIs y ETs. ¿Es por eso? (Sí) Aunque creo que está imaginándolo como la variedad de la película. (Risas) Así que esto es diferente, ¿no es así?*

R: Similares, pero diferentes. Hay programas establecidos en todo el universo. Todo tipo de tipos de material. Digamos que se consideraron todas las fuentes para esta experiencia. Esto pasa a ser su fuente principal, que es de las criaturas del mundo acuático. Había otros que también eran de varios otros grupos, todos juntos en esto.

D: *Entonces, no es necesariamente como si estuviera pensando, en naves espaciales y esos tipos. ¿Puede haber muchos tipos diferentes?*

R: Sí. Pero esos ciertamente estuvieron involucrados en el transporte. La modificación y lo experimental.

D: *El ajuste del cuerpo.*

R: A lo largo de los milenios.

D: *Entonces pudieron ayudar a ajustarse a aquellos que querían entrar en un cuerpo humano.*

R: Eran necesarios. La intención original era experimentar. Esa intención original fue concedida y facilitada por los otros. En la medida en que fue depositado aquí.

D: *Ya veo. ¿Ha tenido algún contacto con ellos desde que está en el cuerpo humano como Rick?*

R: No físicamente. En sus sueños. En su estado no físico. Al meditar, mientras duerme.

D: *¿En ese entonces está fuera del cuerpo?*

R: Sí. Cuando siente mucho frío o cuando siente mucho calor. Esta es la transferencia.

D: *¿Quieres decir cuando sale del cuerpo?*

R: Sí. O cuando entra. Cuando entra en su cuerpo físico, se calienta. Cuando se va en su cuerpo de luz cuerpo, se pone frio.

D: *Y él no recuerda esto.*

R: Se está volviendo más consciente de la anormalidad de sus sueños normales. Ahora está experimentando con lo que podría ser llamado "visión remota". Viene en un momento determinado cuando él está en su quietud. No sucede a menudo, pero él es consciente. Debería practicar esto más a menudo. El sería capaz de ver claramente eventos, tanto en el presente como en el pasado, y futuro potencial. Esta capacidad será importante no sólo para él, sino a los que desean protección.

* * *

Esto fue algo similar a otro caso que tuve algunos meses antes de trabajar con Rick. Una mujer vino a verme mientras yo estaba en Menfis. Ella era tan delgada que era como un esqueleto caminante. Me dijo que casi había muerto tres veces. Los médicos dijeron que había algo mal con cada órgano en su cuerpo. Se sorprendieron de que todavía estuviera viva. Naturalmente, sufría mucho dolor e incomodidad, y estaba muy infeliz con su vida. Quería respuestas desesperadamente, pero cuando llegaron era algo que ella nunca hubiera esperado. Ella regresó a una vida despreocupada y maravillosa como una criatura marítima parecida a un delfín. Ella disfrutaba mucho de su vida. Nadando en un ambiente totalmente libre y sin problemas. Entonces llegó el momento de que ella dejara esa vida. No importa que tan feliz una persona puede ser en una vida determinada, eventualmente las lecciones se aprenden y nada más se puede ganar permaneciendo allá. Es entonces el momento de que el espíritu se mueva hacia lecciones más profundas y complejas. El espíritu debe avanzar. Entonces ella tenía que partir y comenzar sus encarnaciones humanas. Ella odiaba ser forzada en el cuerpo humano con sus limitaciones. Anhelaba la libertad del agua, pero no podía ser. Así que en su frustración estaba tratando de destruir su cuerpo actual, para poder abandonarlo. Esto, por supuesto, era desconocido para ella en el nivel consciente, pero era la razón de muchos problemas físicos. Pero a ella no se le permitía salir de esta manera. Solo se estaba haciendo la vida miserable al no adaptarse a su cuerpo físico. Esto requirió mucha terapia para lograr que viera la razón de las enfermedades. Una explicación extraña, pero mostró el apego que una persona puede tener por una vida placentera, sin complicaciones y de libertad.

Cuando la vi un año después, parecía estar ganando peso, y no estaba teniendo tantos problemas con su salud. Finalmente estaba haciendo el ajuste con la decisión de permanecer en este mundo hasta que esta lección sea aprendida. Después de todo, si sale demasiado pronto, por la razón que sea, debe volver a completar la lección. Nunca sales de eso tan fácilmente.

También estaba el caso reportado en el libro El universo confuso, libro uno, del joven de Australia que pasó eones como espíritu que flota libremente en un hermoso planeta. No tenía obligaciones o responsabilidades, sólo una vida sin preocupaciones de puro disfrute. Le presentaron muchas veces la oportunidad de salir y progresar de otra forma, pero se estaba divirtiendo y no quería irse. Así que los destinos (o los poderes fácticos, o quienquiera que esté a cargo de estas cosas) finalmente tuvo que tomar mano en hacer la decisión por él. Y fue succionado de ese planeta tal como una aspiradora que succiona un trozo de papel de seda. Así fue cómo lo describió. Y fue depositado en un cuerpo físico, para su consternación y disgusto. Cuando vio por primera vez a su hermoso planeta al comienzo de la sesión, se volvió muy emocional. Lloró y lo llamó su "hogar", porque todos los recuerdos de estar allí en completa paz y armonía vinieron inundando de nuevo. Hubo un reconocimiento instantáneo y una intensa pena por haber sido obligado a partir. Así que es posible para nosotros llevemos un recuerdo de un lugar de completa felicidad que crea una profunda tristeza dentro de nosotros. Ya sea como un espíritu que flota libremente en un mundo hermoso, o como una criatura marina sin restricciones en un mundo acuático.

CAPÍTULO 11

EXTRAÑO A LA TIERRA

Sigo encontrando estas almas especiales, que no son originalmente de la Tierra, de las maneras más extrañas. El hecho de que sean diferentes y están aquí en una misión especial nunca es evidente en nuestra primera reunión. Aparecen físicamente como cualquier otra persona. La mayoría de las veces no son conscientes de que son diferentes, aunque a menudo se sienten fuera de lugar. Sus cualidades únicas solo son reveladas por el subconsciente, y luego sólo si cree que la persona está preparada para conocer dicha información. Es tan protector como yo, y es muy consciente de que alguna información puede causar más daño que bien. Pero parece que cuando la persona está lista para saber estas cosas, de alguna manera encuentran su camino hacia mí; y los secretos son revelados.

Aaron era un hombre que trabaja para la NASA como ingeniero, involucrado en proyectos espaciales. No quiero revelar el lugar donde trabaja, por razones que serán obvias. Manejó muchas horas para tener esta sesión. Trajo a su novia con él y ella quería ser parte de la sesión. Se volvió bastante insistente cuando le dije que a nadie se le permitía asistir a cualquiera de mis sesiones de terapia. Ella dijo que Aarón siempre le decía todo de todos modos. Insistí en que no iba a cambiar mi procedimiento, y de mala gana volvió a su habitación de motel. Después de que ella se fue, Aaron dijo que estaba contento de que yo no la dejara quedarse. Él no la quería allí, pero ella puede ser muy persuasiva. Sin ella, pudo relajarse y pudimos tener nuestra entrevista. Esta sesión se llevó a cabo en un motel en Eureka Springs, Arkansas, en febrero de 2002 durante el tiempo de una semana que me permití para tener sesiones con la gente local: Arkansas, Misuri, Oklahoma y Kansas. Sin embargo, cuando Aaron lo vio en mi sitio web viajó una larga distancia, porque estaba muy ansioso de tener una regresión.

Después de que comenzamos la sesión, Aaron bajó de la nube. Lo primero que vio fue un pequeño pueblo de chozas con techos de paja enclavados entre ondulantes colinas verdes. Vio que era un joven veinteañero, moreno, barbudo, vestido con ropa holgada. Esto sonaba como el comienzo de una regresión a una vida pasada normal, donde el sujeto revive una vida simple en el campo como agricultor, etc., pero rápidamente se hizo evidente que había una diferencia. Estaba en una colina mirando hacia abajo al pueblo y nervioso porque se estaba escondiendo. "Me siento ansioso por alguna cosa. Como si algo fuera a pasar en el pueblo. Yo creo que hay algún grupo, o algunos militares que vienen a buscarme." No eran gente del pueblo. Parecía ser el gobierno local o el ejército. Se sintió aprensivo, "Me están buscando por alguna razón. Y por eso estoy aquí arriba. No quiero estar en el pueblo. Temo que me atrapen o lo que sea." Originalmente no era del pueblo, pero se estaba quedando con una familia allí.

D: *¿Por qué crees que te están buscando?*
A: (Lentamente) Porque de alguna manera soy diferente. Estoy usando algunas cosas como la telepatía, o algunas cosas psíquicas con las que he crecido. Puedo mover objetos solo con mi mente, y hacer que las cosas pasen a través de otras cosas que son sólidas. Y puedo manipular las cosas de esta manera. Sólo algunos saben sobre esto. Y eso está causando un problema. Está atrayendo la atención. Creen que soy otro tipo de ser, o una especie de demonio. Intento no llamar la atención.
D: *Puedo ver por qué eso asustaría a algunas personas. ¿Cómo se enteraron los militares?*
A: Creo que alguien venía a visitar el pueblo, y algunos aldeanos simplemente les hablaron de mí. No creían que fuese algo que deberían mantener en secreto. Están acostumbrados a que haga estas cosas. Me temo que van a matarme o algo.

Sintió que tendría que irse por su propia seguridad, aunque no sabía dónde. "Ya he dejado otros lugares."

D: *¿Por qué tuviste que dejar los otros lugares?*
A: Las mismas razones. Pasó lo mismo. Estoy sintiendo que nunca tendré un lugar donde quedarme. Sintiéndome solo, atemorizado. (Gran suspiro)
D: *¿Cómo aprendiste a hacer esto?*

A: Creo que vengo de otro sistema estelar o de otro lugar. De alguna manera solo lo sabía. Simplemente tenía estas habilidades. Crecí con esto.

Definitivamente esta no iba a ser una regresión a una vida pasada normal. Me pregunté si habría venido directamente de otro sistema estelar completamente desarrollado, o si había entrado en el cuerpo como un bebé y fue criado en la Tierra. Esto era similar a gente con quien había estado trabajado, que entraron al cuerpo como espíritu en su vida presente, y más tarde descubrieron ser "niños de las estrellas".

A: Nací aquí, pero sé que no soy de aquí.
D: ¿Recuerdas el otro lugar del que viniste?
A: ¿Te refieres a los otros lugares donde viví?
D: Bueno, estabas hablando de venir de otro sistema estelar.
A: Creo que vuelvo allí de visita, en las noches o en otros momentos. Y así es como sé quién soy.
D: ¿Alguna vez trataste de mantener tus habilidades en secreto para que la gente no lo descubriera?
A: Sí, lo intenté. Y entonces sucedería algo inusual. Y luego pasaría otra cosa. Y de alguna manera sentían que yo era el responsable.
D: ¿Qué haces para ganarte la vida cuando estás en estos pueblos?
A: Sé cómo hacer cosas de vidrio. Como vidrio soplado, y puedo usar algunas de mis capacidades para manipular el cristal de formas que normalmente no se podría hacer.

Sus habilidades inusuales también le advertirían si había algún peligro. Por eso fue a las colinas del pueblo a esconderse. Tuvo la premonición de que se avecinaba daño. Cuando los soldados no pudieron encontrarlo, los vio irse. Ahora estaba decidiendo qué hacer, porque sabía que ya no estaba seguro en la aldea. "Debo encontrar otro lugar para vivir. Tal vez encontrar algunas personas que son - si no son como yo - al menos más abiertas, y quienes puedan ser un poco más protectoras".

Como había eludido temporalmente a sus perseguidores, lo moví hacia adelante a un día importante, y le pregunté qué podía ver.

A: Estoy en una plaza y me han dado un premio por hacer algún tipo de servicio meritorio en esta comunidad. Encontré algunos lugares donde podían obtener agua, y también otros tipos de minerales. Estoy viendo una cueva. Y algunos minerales que se utilizan para diferentes tipos de cosas que se puede hacer con ellos. Y estoy feliz. Soy mayor ahora. Más al mando de todo en realidad.

D: *¿Tus habilidades?*
A: Habilidades y también poder tratar con personas de manera más efectiva. Y no tan asustado.

Había descubierto estas cosas para la comunidad con sus habilidades psíquicas. Aparentemente había aprendido a controlar y usarles sin crear atención no deseada. Aparentemente estas personas eran más comprensivas, y él no tenía que seguir moviéndose.

D: *¿Crees que mucho de eso fue solo aprender a controlar las habilidades?*
A: Sí, solo concéntrate más. Se tiene que estar más enfocado con la energía. Estoy en un área diferente ahora. Y se siente como si fuera una civilización de nivel superior. No tan primitiva. Tengo una comunidad con la que estar ahora y puedo sentirme parte de.
D: *Dijiste que sentiste que volvías al lugar de donde viniste en las noches (el otro sistema estelar). ¿Todavía sientes que haces eso?*
A: No, creo que lo hago de una manera más directa. Reservo un tiempo para retirarme, y luego mentalmente vuelvo allí.
D: *Pensé que tal vez ya no necesitabas volver.*
A: Ahora es más como intercambiar información. Esta explicando cómo es la experiencia de mi vida aquí para los de allá. Es como una misión de entrenamiento. Un campo de entrenamiento. Eso está enseñándome a aprender a hacer estas cosas e interactuar con los seres humanos aquí.
D: *¿Quieres decir que la Tierra es como una misión de entrenamiento?*
A: No. Es como si esta vida se estuviera preparando para un tiempo futuro cuando mucho de esto va a ser necesario. Será un poco más como de segunda naturaleza y entender mejor cómo la gente reacciona a estas cosas diferentes.

Lo adelanté nuevamente a otro día importante, y Aaron seguía sorprendiéndome.

A: Me encuentro con estos seres del planeta de dónde vengo.
D: *¿En lo físico?*
A: Creo que está en lo físico.
D: *¿Puedes volver allí?*
A: No, creo que en realidad vinieron aquí donde yo estaba. En un tipo de vehículo. Al menos esa es la imagen que estoy viendo. Es solo una visita. Es como una recompensa por un buen trabajo, en lugar de simplemente volver mentalmente. Así que ahora es una presencia física, y es como encontrarse con viejos amigos. Ya sabes, solo abrazándolos.
D: *Entonces el cuerpo no murió. ¿Es eso lo que quieres decir?*

Este es el tipo de cosas que normalmente pasan después de la muerte, volver a "casa".

A: Todavía no en esta vida, no. Aunque soy bastante viejo. Es un buen sentimiento. Voy a volver con ellos.
D: *¿Te han dicho lo que vas a hacer ahora?*
A: Básicamente voy a deshacerme de este cuerpo humano y regresaré con ellos. Nuestra civilización no existe en esta densidad física. Es diferente. Es una frecuencia que vibra un poco más alto. Pero cuando venimos a la Tierra tomamos una forma física como lo hace cualquier otro ser aquí en la Tierra. Y entonces es así, excepto que estamos más informados sobre eso. Y solo estamos trabajando un poco con ese proceso. Un poco más directamente, eso es todo.
D: *Así que cuando regresas allí, tu cuerpo físico no puede existir allí. ¿Es eso lo que quieres decir?*
A: Sí, básicamente. Simplemente se disuelve, o se disolvería, así que sí.
D: *Porque ya no lo necesitas. (No) ¿Cómo te sientes acerca de volver?*
A: Muy bien. Es mi hogar. (Gran aliento) Y estar en la Tierra fue difícil, y no fácil de hacer. Es como una asignación muy difícil. Y cuando lo terminas, te sientes bien al respecto, y aliviado. Sé que probablemente regresaré a la Tierra en algún tiempo futuro, pero ahora es tiempo para un descanso. Ponerme al día con las cosas que han estado sucediendo.

D: *¿Fue la primera vez que estuviste en la Tierra en un cuerpo terrestre?*
A: No sé. Creo que fue la primera vez de esta casa. Desde este lugar. Creo que fue la primera. Aunque no lo sé.
D: *¿Este lugar es un lugar físico? ¿Un planeta físico?*

Siempre estoy tratando de determinar si estamos hablando sobre el plano espiritual donde vas entre vidas físicas, u otro lugar físico real.

A: Sí, tiene aspectos físicos para mí, al igual que la Tierra para ti y otros.
D: *Excepto que no necesitarías este cuerpo.*
A: Tenemos una forma. Es solo que vibra a un ritmo diferente. Es como estar en la Tierra, pero por otro lado el intercambio de energía con el medio ambiente es diferente. Eres más parte de él. Te sientes parte de todo, y puedes sentir cosas mucho más directamente.
D: *¿Cómo es tu forma?*
A: Somos bastante altos y un poco delgados. Como dirías apéndices o brazos – largos -. Tenemos un aspecto bastante flaco del punto de vista de la tierra, perspectivamente. Y supongo que podrías decir que somos un poco... como saltamontes en realidad.
D: *¿Larguirucho?*
A: Delgaduchos, sí. Y nuestro planeta tiene mucho color rojo, por lo que tendemos a ser rojos también.
D: *Entonces, cuando decidas, ¿puedes ir a otro lugar, o eres enviado?*
A: Podemos visitar, como en las misiones, para ir a ciertos lugares. Pero eso siempre implica cambiar a una baja energía. Y hay ciertos protocolos que tenemos que seguir que están establecidos por gobiernos - no gobiernos, sino seres que están cuidando diferentes áreas. Así que no es como que puedes despegar y ver a donde quieras ir.
D: *Hay ciertas reglas y regulaciones. (Si) ¿Deben decirte a dónde ir?*
A: Bueno, si tenemos interés en un área en particular, o tenemos una misión a realizar, podemos instituir o podemos pedir, o podemos planear una visita. Y luego si es compatible con otras restricciones podemos seguir. Ahora mismo tenemos este proyecto en el planeta Tierra con el que estamos trabajando. Es un proyecto a

más largo plazo en el que en realidad se nos pidió que ayudáramos participando.

D: *Hace tiempo mencionaste sobre hacer que estas habilidades se vuelvan más generalizadas. ¿Es eso parte del proyecto, o hay algo más con eso?*

A: Es parte de eso; permitir que los seres en forma humana comiencen a usar algunas de estas habilidades de una manera que ayudará a la transición de los humanos a ser seres de un estado de funcionamiento superior. Llegar a través de este período de crisis en el que todavía habría una tendencia a querer evitar que esto suceda. Para detener estos individuos, o de alguna manera restringir el movimiento de estos individuos, o verlos como una amenaza.

D: *¿No podría la gente de la Tierra desarrollar esto por su cuenta sin tu ayuda?*

A: Somos considerados asesores o guías.

D: *Estaba pensando en maestros, pero entonces les estarías enseñando.*

A: Sí. Más como un jugador de fútbol estrella, o algo así. Donde la gente los vea y los admire, y entiendan lo que pueden hacer. Es más como ser un ejemplo.

D: *Parece que es un proyecto en curso muy largo, si vienes a la Tierra en diferentes periodos de tiempo.*

A: Sí, todo tiene su tiempo y su lugar, y solo estábamos trabajando en una faceta de las cosas.

D: *Aparentemente tu grupo tiene paciencia, para quedarse con el proyecto.*

A: La Tierra no es su único proyecto. Hay otros que se enfocan en diferentes tipos de cosas. Estamos trabajando con otras civilizaciones también. Y por eso este servicio es parte de nuestro proceso evolutivo, o cómo avanzamos a través de este trabajo.

D: *Dijiste hace antes que era un período de crisis en la Tierra. ¿Qué quieres decir con eso?*

A: Hay energías que quieren controlar cualquier desarrollo significativo en esta área. Tienen miedo de perder su control. Y entonces esto lo hace difícil. Es como la experiencia que tuve en la Tierra antes. Es una cuestión de aprender a hacer esto sin atraer demasiada atención, o demasiada visibilidad. Tal que eventualmente llegarás al punto en que simplemente habrá sucedido, y no hay nada que hacer al respecto.

D: *Si fuera un período de crisis, entonces podría ir en cualquier dirección.*

A: Creo que por eso nos enviaron a los demás a ayudar, sí. Hay una preocupación que... no es que lo hubiera detenido completamente. Es solo que es una cuestión de tiempo y fase. Eventualmente habría sucedido, pero podría haber ocurrido después de que la civilización fue destruida y desaparecida, y reiniciado de nuevo.

D: *Eso sería más difícil, ¿no?*

A: Sí. Pierdes algo de impulso y tiene otros impactos en otra parte. Pase lo que pase aquí afecta a otras cosas en otra parte. Por lo tanto, es del interés de todos velar por el camino exitoso.

D: *Parece que eres una especie más avanzada que las de la Tierra.*

A: Hemos logrado muchos avances, pero tenemos nuestros propios desafíos, y nuestras propias direcciones de búsqueda.

D: *Así que todavía no estás en el estado perfecto. (No) Pero pareces estar más avanzados que los de la Tierra, si eres capaz de volver y ayudarlos.*

A: Sí, lo somos, sí.

D: *Cuando vuelves a ayudarlos, ¿siempre lo haces naciendo en un cuerpo como un bebé?*

A: Normalmente. Aunque a veces podemos fusionar nuestra frecuencia con otra persona que está dispuesta, que ya está aquí en forma humana. A veces hay un vínculo que puede estar de acuerdo. Y así trabajamos a través de ellos, o podemos trabajar con ellos, aconsejándoles o dirigiéndoles. Es una manera de lograr algo de ello sin tener que pasar por el proceso de parto.

D: *En tu planeta, ¿muere el cuerpo?*

A: También pasa por una transición. Y se necesita – quiero decir - miles de tus años para que esto ocurra. Pero ocurre con más del concepto de desprendimiento, en el sentido de que sabemos que también hay una parte más alta de nosotros mismos. Somos más consciente de eso. Y es casi como un evento planeado donde sabes que sucederá.

D: *Entonces no eres infalible ni inmortal. El cuerpo eventualmente tiene que morir.*

A: No realmente. No lo vemos de esa manera. Lo vemos como más de un período de regeneración donde vamos al yo superior, a las energías superiores y se regeneran, rejuvenecen. Y luego volvemos y tomamos una forma de nuevo.

D: *Cualquiera forma que quieras. (Sí) Eso es bastante interesante. Entonces también has tenido vidas en muchos lugares diferentes.*

A: Sí. Es algo que disfruto. Disfruto pasar por diferentes experiencias en diferentes civilizaciones.

D: *Aunque parece que cuando vienes a la Tierra es más limitante.*

A: Sí, no es tan divertido aquí. En la perspectiva más amplia es agradable, pero cuando estás aquí, sí, algo de eso no es tan bueno.

D: *Pero al menos no es aburrido. Tienes la oportunidad de probar cosas diferentes.*

Sentí que habíamos aprendido todo lo que pudimos de esta entidad inusual, así que le pedí que se fuera y traje de vuelta la personalidad completa de Aaron para contactar con su subconsciente. Aaron respiró hondo al hacer esta transición. Le pregunté al subconsciente por qué eligió esa cierta vida para que Aarón la viera.

A: Esta es parte de la razón por la que está aquí en este momento. Se trata de esa habilidad y aspectos de sí mismo que no ha permitido manifestarse, para existir aquí en esta vida. No ha salido a la luz muy bien todavía. Se ha estado conteniendo, asustado, como cuando tenía miedo al principio en su primera vida. Así que necesita dejar ir ese miedo, y llegar al punto donde estaba experimentando la sensación cuando estaba recibiendo el premio en esa vida. Ese sentimiento en lugar del otro. Él notó ciertas cosas que han sucedido, y ha tenido miedo de que esto llame la atención sobre él como un forastero. Provocar que se desarrolle una situación amenazante en la que sería visto como un extraterrestre o algo diferente.

D: *Pero probablemente no sucedería ahora, ¿o sí?*

A: No. Este es un miedo que puede dejar de lado ahora. Esta conexión es algo que no ha permitido que salga a la superficie muy bien.

D: *Suena como si él no fuera esencialmente una persona de la Tierra. ¿Es eso Correcto?*

A: Estaba camuflado, sí.

D: *Que él es realmente de otros lugares. (Sí) ¿Y solo viene a la Tierra de vez en cuando?*

A: Sí. Ha hecho ambas cosas. Como nacimiento y como fusión. Ambas maneras. Siempre ha hecho una o la otra. Pero sí, él no es como los demás, aunque tiene un vínculo con otro hogar.

D: *Tal como lo entiendo, cada vez que las personas tienen muchas vidas en la Tierra crean karma que requiere que sigan regresando aquí una y otra vez. Están más o menos atados aquí por un tiempo hasta que se paga.*

A: Él trabaja con los patrones kármicos que están en su lugar, como esos que están permitidos en términos de un ser humano; una experiencia humana que se despliega o desentraña. Pero su destino no está atado a ellas. Contribuye a la inconsciencia colectiva humana. Y en ese sentido, hay patrones de karma que se crean y se disuelven, pero él no está atado a esos. ¿Lo entiendes?

D: *Es difícil estar en la Tierra y no crear karma.*

A: Es casi imposible.

D: *¿Pero es de un tipo diferente, porque él no está obligado a tener que estar regresando una y otra vez?*

A: Así es. Es como una manga puesta sobre él. Debido a este servicio, esta responsabilidad, está protegido de la deuda kármica que de otro modo incurriría.

D: Para que no quede atrapado aquí. (Sí)

Aaron había pedido averiguar por qué su matrimonio había terminado en divorcio. Habría pensado que ese evento habría incurrido karma, pero el subconsciente no estuvo de acuerdo. Parte de ello fue la oportunidad de aprendizaje y asistencia. "Un sobre de inestabilidad emocional" que también le permitió experimentar las emociones humanas a las que no se habría enfrentado de otra manera. También fue una artimaña o un poco de camuflaje para que parezca normal al mundo exterior.

A: Estas son lecciones para que él las experimente. Él no puede crear karma porque está protegido de estas cosas terrenales por el escudo de protección que se ha colocado a su alrededor.

Decidí ir a las preguntas que Aaron quería hacer. Ya que le habían estado molestando la mayor parte de su vida.

D: Dijo que, en su primera infancia, recuerda haber tenido algún tipo de experiencias con otros seres. Sonaba como si fueran los de tipo saltamontes. No estaba seguro si estaba soñando, o si realmente lo estaba experimentando. ¿Puedes contarle sobre eso?
A: Sí, fueron experiencias reales. Estos eran los seres a los que se refirió quienes eran de su planeta natal. Lo visitaron en su vida temprana, para prepararlo específicamente para la lesión que tuvo de niño. Y otras cosas que sucedieran y así harían que fuera un poco más fácil terminar con su camino a través de esta vida.
D: Y se suponía que no recordaría mucho más que eso. ¿Sólo que eran como personas de ensueño, compañeros de juegos?
A: Correcto. Recibió instrucción y orientación. Ellos han estado allí todo el tiempo para ayudarlo y guiarlo, pero él no está consciente de ellos.
D: Ya que mencionaste la lesión, ¿por qué tuvo que experimentarla? ¿Cuál fue el propósito?

Aaron había experimentado una lesión accidental traumática cuando era niño. No quiero decir específicamente qué parte de su cuerpo, porque estoy tratando de proteger su identidad por razones obvias. Pero lo dejó con una leve desfiguración y deterioro. Yo no podía entender cómo consideraban que tal lesión haría que fuese más fácil para él pasar por esta vida.

A: Fue una desventaja que sentimos que sería lo mejor para él, ya que, se podría decir, un aspecto de camuflaje para permitirle funcionar en ciertas áreas sin llamar demasiado la atención. Instituyó y permitió entrar en una inestabilidad en su yo emocional, que juega con él a veces. Y, por lo tanto, le permite no sobresalir tan directamente.
D: ¿Quieres decir que tener algún tipo de discapacidad lo hace parecer más normal, más humano?
A: Sí, básicamente más humano. Este fue un juego de karma que necesitan los que lo rodean. Así que era para encajar otra vez. Era un sacrificio que estaba dispuesto a hacer. Tratamos de adaptarlo a las circunstancias. Es importante que no se sienta solo. Le estoy diciendo que mantenga su enfoque en las estrellas. Que no pierda la perspectiva de dónde viene, y a dónde está tratando de ir en esta vida. Hay muchas influencias diferentes que tratarán de

desalojarlo de allí. Pero si mantiene ese enfoque, tendrá éxito y será más feliz.

* * *

Una sesión con otro hombre también implicó la interacción con seres espaciales en una vida pasada. Tendemos a pensar que la participación de los ovnis es nueva y única en nuestros tiempos modernos, pero he tenido sesiones donde la gente en otras vidas experimentó los mismos avistamientos, interacciones y emociones que sus contrapartes modernas. Un hombre volvió a una vida que al principio parecía ser mundana y aburrida, al igual que lo son el noventa por ciento de los recuerdos de vidas pasadas. Era un simple pastor que vivía en una pequeña choza en un valle entre altas montañas. Su única compañía eran las ovejas que cuidaba. No tenía familia y no veía a nadie a menos que tuviera que ir al pueblo vecino. Era muy infeliz y ansiaba compañía.

También había un elemento de miedo en su existencia solitaria, porque de vez en cuando veía grandes luces sobre las montañas y se cernían sobre el pasto donde su choza y las ovejas estaban. En esos momentos, se escondía dentro de su casa hasta que las luces desaparecerían. Al menos esos eran sus recuerdos conscientes. En realidad, en varias ocasiones una de las luces, que resultó ser una nave espacial, aterrizó no lejos de su cabaña. Se despertaba y salía al campo y conversaba con sus ocupantes. En esos momentos les rogaba que lo llevaran con ellos. Quería ir a "casa". Le dijeron que todavía no era el momento apropiado. Se había ofrecido como voluntario para ser parte de este experimento, y tenía que quedarse hasta que terminara. Le dijeron que había muchos que se habían ofrecido como voluntarios para venir y vivir una vida como ser humano en diversas circunstancias, para ver cómo podían adaptarse a la vida en la Tierra. Algunos de los otros vivían otros tipos de vidas, pero la suya iba a ser una vida de soledad y soledad para ver cómo lo manejaría. Cuando la nave voló, él se paraba en el campo y lloraba, rogándoles que volvieran y se lo llevaran porque encontraba esta existencia intolerable. Luego él volvía a entrar en la choza, se dormía de nuevo y despertaba en la mañana sin recordar lo que había ocurrido durante la noche.

Esto era muy similar a los casos de ovnis modernos que he investigado. Los recuerdos conscientes de la persona de lo que ocurrió y la experiencia real son a menudo muy diferentes. Lo que la mente consciente recuerda con miedo es a menudo muy inofensivo y una experiencia benigna. Los seres humanos suelen tener miedo de lo que no entienden. Cuando se sepa la verdad, es más fácil de manejar porque nunca es tan malo como lo que piensa que sucedió.

El pastor no fue liberado de su vida solitaria en el valle hasta que finalmente se estaba muriendo como un anciano. En ese momento la nave regresó por última vez. Pudo caminar afuera y felizmente saludó a los ocupantes y entró en la nave para viajar a casa. Como en muchos de estos contratos de vidas pasadas y acuerdos para vivir en la Tierra y aprender cómo es ser humano, la vida no fue emocionante ni dramática. Tal vez hay más que aprender para el alma alienígena de una vida de monotonía y simplicidad, más que violencia o dramatismo. Era obvio que este tipo de vida no podía crear karma, porque no había interacción con otras personas.

Como dijo Aaron, es difícil escapar del karma mientras se vive en la Tierra. Cuando el alma crea karma entonces queda atrapada y condenada a volver para pagar el karma. Aarón dijo que, en su caso, se colocó una funda protectora a su alrededor para protegerlo de la influencia del karma, para evitar que le afecte. Sin tal dispositivo de protección sería imposible vivir entre humanos y luego regresar a "casa" sin la contaminación y atrapamiento del karma.

La cinta de Bobbi también mencionó un dispositivo de protección. Ella lo describió como una película protectora para evitar que se quedara atrapada en el papel matamoscas del karma, es como ella lo describió. Esto se expande en el Capítulo 28, "Una alternativa diferente a los Walk-Ins". La sesión con Bobbi se realizó en el mismo lugar en Eureka Springs. Directamente después de la regresión de Aaron. Casi como si "ellos" querían que tuviera dos ejemplos de almas individuales que podían bloquear el karma y evitar quedar atrapados.

CAPÍTULO 12

TRABAJO DURANTE EL ESTADO DE SUEÑO

Esta sesión se llevó a cabo en Clearwater, Florida en octubre del 2002 mientras estaba allí hablando para una Expo. Patricia era una enfermera y una trabajadora de cuidados paliativos que ayudaba a aconsejar a los moribundos y sus familias. Poco sabía cuando comencé esta sesión que ella también continuaba su trabajo durante el estado de sueño, y ayudaba a las almas a hacer la transición al otro lado. No me extraña que su ocupación le diera tanta satisfacción. Ella trabajaba con los moribundos durante el estado de vigilia y también durante el estado de sueño.

Cuando has estado haciendo regresiones tanto tiempo como yo, aprendes a reconocer cuando el cliente está describiendo algo diferente a una configuración normal de la Tierra. Cuando salen de la nube en una vida pasada el escenario puede ser una ciudad, campo, desierto, bosque, jardín, etc., pero la descripción suena normal y proceden a través de una vida pasada que se puede utilizar para la terapia. Aquí es donde escuchar es muy importante, porque si la ambientación es otro planeta, otra dimensión o el reino de los espíritus, las pistas se darán en su descripción. Siempre sigo la corriente y no intento corregirlo o cambiarlo. Su subconsciente ha escogido esta situación para que experimenten algo que necesitan saber que les ayudará en esta vida. Si también me ayuda en mi investigación, entonces le doy la bienvenida, pero nunca sé dónde nos dirigiremos.

Al principio la descripción dada por Patricia sonaba normal y terrenal, pero a medida que avanzaba, se hizo evidente que no lo era. Mientras se alejaba de la nube, vio tierra debajo de ella con verdes colinas y agua azul. Sonaba bastante normal, y mientras sus pies tocaba el suelo dijo: "Se siente muy cómodo. Es muy brillante. Muy, muy brillante, pero es cómodo. Todo parece un jardín. Se siente como un jardín, pero no es como que alguien tiene que cuidarlo. Simplemente es así. Hay un camino, y se está ramificando en diferentes direcciones. Estoy como en un parque. Y hay hierba verde y lugares pequeños para sentarse. Y hermosos árboles. Y el agua está frente a mí. Hay arena, y es un color dorado. Y cuando camino, siento que soy parte de todo. Estoy caminando sobre él, y no estoy separado de él, pero sigo siendo yo. Y puedo caminar en el agua sin mojarme, si quiero."

No, esto ya estaba sonando como algo más que un jardín normal.

P: Hay algunas flores creciendo por todas partes. Es solamente un hermoso lugar. Y camino, pero es diferente. Se siente como que solo quiero moverme, y lo hago. solo lo pienso y puedo hacerlo. Sin esfuerzo.
D: *¿Hay alguien ahí?*

Inesperada e ilógicamente se emocionó, "Oh, ¡ahí es donde está mi familia!"

D: *¿A qué te refieres con tu familia?*
P: Se siente como de donde soy. (Tristemente) Y no me quería ir.
D: *Suena muy bonito.*
P: Lo es. (Estaba a punto de llorar. Se tranquilizó a sí misma:) Es bueno. Solo estar aquí es bueno.

Esto ha sucedido muchas veces en mi trabajo, y ha sido informado en Guardianes del jardín y El universo confuso libro uno. La persona ve un lugar que le parece extraño a todo lo que conocen en la Tierra, y no hay razón lógica para sentir emoción. Sin embargo, solo verlo trae una emoción que se precipita a la superficie, y una tremenda sensación de melancolía y nostalgia. A pesar de que no tienen memoria consciente de este lugar, tienen la abrumadora sensación de volver a "casa" después de un largo viaje a un lugar tan especial, pero tan enterrado en la mente. Verlo de nuevo despierta todos los sentimientos perdidos y olvidados.

D: *Eso suena como un lugar hermoso. Pero ¿dijiste que hay muchos caminos que van en muchas direcciones diferentes?*

P: Sí, en muchas direcciones diferentes. Puedo ir a cualquier parte, y es diferente. (Risas) Es muy diferente.

D: *¿Por qué es diferente?*

P: (Gran suspiro, luego un susurro:) ¿Por qué es diferente? Es difícil encontrar las palabras. Estamos todos allí juntos todo el tiempo. Todo es como debe ser. Es difícil de explicar eso. Puedo tomar un camino o pensar en una dirección, y puedo estar con estas personas, y podemos hacer muchas cosas juntos. Podemos crear cosas juntos. Podemos estar juntos, y simplemente disfrutamos estar juntos, o tenemos proyectos que hacemos para ayudar a otras personas, porque este es un lugar especial. Veo que el aire es diferente. Tiene colores, y puede ser diferentes colores en diferentes lugares. Y vengo de un lugar donde el aire se ve dorado. Puedes tomar un camino e ir a – lo que llamaríamos "barrios". Es algo así. Y puedo mudarme a ciertos barrios de diferentes colores y estar muy cómoda. Y voy a otros en proyectos especiales.

D: *¿No son tus lugares favoritos? (Me di cuenta de esto por el tono de su voz.)*

P: No, no. Pero voy allí por mis colores.

D: *¿Qué quieres decir?*

P: Porque me siento cómoda en el color dorado. Y eso es un color muy útil, muy amoroso. Y ahí es de donde vengo.

D: *¿El cielo es de ese color allí?*

P: Miro a través del color dorado y el cielo puede ser cualquier color que yo quiera.

D: *Dices que te dicen que tienes que ir a otros lugares en proyectos.*

P: Voy en proyectos. Voy a las asignaciones cuando elijo. No soy forzado. Se sugiere. Puedo decir que "no", pero no lo hago.

D: *¿Estos lugares son de diferentes colores?*

P: Tienen un sentimiento muy diferente. Lugares diferentes, energías diferentes, y el color es diferente. No me gustan los lugares obscuros. Lugares obscuros, energías obscuras, energías más densas. Y no voy seguido a esos lugares obscuros. Algunos de esos lugares solo son elegidos por otros, porque su energía puede trabajar con eso mejor. Pueden lidiar con eso mejor. Pero puedo, si lo eligiera.

D: *¿Hay caminos hacia esos lugares también?*

P: Si. Todos vamos a lugares a donde estamos equipados para trabajar. Por eso vine. Quiero trabajar con energía que es más ligera.

(Pausa) No encuentro las palabras. Los que pueden lidiar con energías más duras van a los otros caminos. Los caminos más obscuros. No me gusta hacer eso. Pero me gusta estar en casa.

D: *¿Regresas de vez en cuando?*

P: Si. Cuando duermo.

D: *¿Siempre que Patricia duerme puedes regresar a este lugar?*

P: Si. Patricia, lo que soy, lo que tengo, lo que está conmigo. Estoy conectada a ese cuerpo.

D: *¿Cómo estas conectada?*

P: A través de la energía. La energía viene al cuerpo y ese cuerpo puede sostener mucha energía. Por eso estoy en ese cuerpo.

D: *Quieres decir que cuando el cuerpo duerme, ¿te gusta regresar a este lugar?*

P: A veces regreso allí. A veces voy a otros lugares. Mayormente me quedo en la tierra haciendo trabajo.

D: *¿Qué tipo de trabajo haces cuando duerme el cuerpo?*

P: Ayudo a la gente que se va a su hogar. Ayudo a la gente que está perdida a regresar a su hogar. Trabajo entre mundos para ayudarles a irse a casa. Ese es mi trabajo. Puedo sostener las energías de los dos lugares. La luz dorada es muy poderosa en la Tierra. Así que estoy aquí para ayudar a esa gente a sostener esa energía. Y para ayudar a las personas a irse a su hogar a través de esa energía. Siempre estoy trabajando.

D: *¿Estas personas no pueden encontrar el camino a su hogar por sí mismos?*

P: Algunos no pueden. Algunos tienen miedo. Algunos están confundidos. Algunos ni siquiera saben dónde es su hogar. Yo soy quien guía a las personas y les muestro donde es su hogar. Algunos saben que hay un hogar, pero tienen miedo; son tímidos. No saben hacia donde mirar. Yo puedo ir allí muy fácilmente. Aunque no entre en ese lugar, los guio hasta la entrada donde otros los esperan. Eso es lo que hago.

D: *¿Quieres decir que están buscando su hogar cuando dejar su cuerpo físico? (Si) ¿No solo en la noche, sino cuando lo dejan permanentemente?*

P: Correcto. Hay algunos que se irán pronto y digamos que están "practicando" pero no es práctica. Mas bien es un aprendizaje porque (suspiro) cuando muchos se van, se hace lo que... digamos "embotellamiento", porque no es como esta Tierra. Pero muchos se están yendo y es más fácil si ya saben el camino.

D: *¿De otra manera hay confusión con tantos espíritus yéndose al mismo tiempo?*

P: Si. Así que estamos ayudándole a la gente a que sepan cómo hacerlo.

D: *Siempre pensé que cuando dejaban el cuerpo y regresaban a casa era algo automático. Que sabrían que dirección tomar.*

P: Hay algunos que ayudan. Pero cuando la gente se va en una gran energía de miedo y confusión, el cuerpo emocional no se disuelve rápidamente. Y a veces no ven. Hay muchas maneras diferentes de ayudarles aun antes que partan. Le llamamos "práctica", o aprendizaje, o guía. Eso es lo que es.

En mi libro de Entre la muerte y la vida se me dijo que hay quienes se encargan de recibir a las personas cuando mueren, dejan el cuerpo y empiezan el viaje hacia la luz. Siempre supuse que estos eran espíritus o almas, parientes muertos o amigos, o el ángel o guía espiritual de la persona. Ahora parece ser que ese trabajo también lo hacen personas que todavía viven en un cuerpo. Se hace durante las excursiones nocturnas que todos hacemos mientras dormimos. Al menos Patricia dijo que su trabajo es de guiar a los muertos a la entrada donde otros se encargan a partir de allí, para guiarles por el resto del camino. Ella no puede ir hasta el final mientras siga conectada a su cuerpo físico por el cordón plateado.

D: *¿Sabes que estas son personas que pronto dejaran su cuerpo? (Si) ¿Cómo sabes que llega su hora?*

P: Porque es su plan. No siempre lo saben, pero su espíritu superior lo sabe. Lo ha acordado y sabe que es hora. Así que hay algunos que trabajan con ellos, con sus cuerpos. No su cuerpo físico, sino con la parte de su espíritu que está conectado a su cuerpo, porque tenemos muchos niveles del ser. Tenemos parte de nosotros que está en el camino espiritual, en el mundo espiritual. Y otras partes en medio. Y partes en el mundo físico. Y algunas personas no están conectadas con su parte espiritual, o no conocen esa conexión, es una mejor manera de decirlo. Así que ayudamos a esas personas a practicar. Para que cuando sea la hora, sepan como moverse. Saben cómo sentir, y sabrán como percibir la parte del espíritu.

D: *Pero no tienen que ir hasta el final. Solo se les muestra el camino.*

P: Ah, sí. Solo se les muestra la ruta para que puedan conectarse más fácilmente. Hay muchas reuniones de esta gente.

D: *¿Qué quiere decir con reuniones?*

P: Muchos lugares de luz cerca de la Tierra a donde se lleva esta gente. Nos estamos preparando.

D: *¿Pero ¿cómo sabes que es su momento? ¿Se te dice de alguna manera?*

P: Sí, porque soy diferente a la mayoría. Vine del hogar a ser voluntario para estar aquí, a hacer esto.

D: *¿Pero no venimos todos de casa?*

P: Sí, así es, pero de diferentes caminos a casa. No todos vinieron de ese camino donde está la energía dorada.

D: *¿Esto tiene que ver con el desarrollo de la persona?*

P: Tiene que ver con que tanto reconozcas y abraces tu espíritu, porque todos tenemos el mismo espíritu. Nadie es más espíritu que otros. Es lo mucho que lo has aceptado con entusiasmo.

D: *Simplemente pensé que era automático, pero cada vez que sucede, ellos no siempre se saben el camino a seguir.*

P: Así es. Cuando ocurre en circunstancias de confusión, o cuando le sucede a una persona que tiene miedo, o quien no quiere ir. Podríamos decir "ensayo". No es exactamente un ensayo, pero se muestra con anticipación, así es más fácil.

D: *¿Qué pasa si la parte consciente de la persona decide que no quiere irse en ese momento? ¿Puede cambiar de opinión?*

P: No siempre, no. Hay veces que se puede prolongar. Quizás otras veces, no. Depende de cuál sea el contrato. En algunos contratos hay un evento o circunstancia específica que involucra a muchas personas. Y uno no puede cambiar ese contrato. Hay otros donde hay posibilidades de tiempo o circunstancia. Depende del contrato.

D: *Porque sabes, los seres humanos siempre son muy reacios a irse. (Sí) Aunque el espíritu conoce el plan, el cuerpo humano quiere quedarse tanto como pueda.*

P: Sí. Y hay momentos en que eso no es una opción. Accidentes, catástrofes o incluso un evento personal como un accidente cerebrovascular o ataque al corazón. Muchas veces eso no se puede cambiar. Está en su contrato.

El contrato es el acuerdo que haces mientras estás en el lado espiritual antes de entrar de nuevo en el cuerpo físico. Hay más sobre esto en Entre la muerte y la vida.

D: *Pero dijiste que había algunos grupos de muchas personas yéndose a la vez.*
P: Se siente de esa manera. (Suspiro) Yo también lo sentí el año pasado (2001), antes del 11 de septiembre. Había muchos seres, y yo no comprendía. La parte de mí que está en la Tierra lo sintió. Sobre mucha, mucha gente que viene a ayudar. Más de lo usual estaban aquí. Sentí a todos los espíritus ayudantes. Estaban aquí. Y los sentí ayudando a la gente. Y lo siento venir también. Siento que vendrán más.
D: *¿Quieres decir que, debido a la confusión en ese momento, ellos querían mostrarles el camino correcto a seguir? (Sí) ¿O hubiera habido solo confusión masiva con tantos que se iban?*
P: Sí. Había demasiada... una energía de horror. Pero había muchos seres espirituales que estaban aquí, que ayudaron.
D: *¿Ayudaste en ese tiempo?*
P: (suavemente) Sí, lo hice.
D: *¿Alguna de esa gente no tuvo ensayos antes de tiempo? Fue tan inesperado.*
P: Todos habían ensayado.
D: *¿Todos sabían en otro nivel que era su hora de irse?*
P: Sí. Todos tenían ensayos. Por eso los que tenían que estar allí estaban. Los que no tenían que estar allí no estaban allá.
D: *Había historias de personas que escapaban por medios milagrosos.*
P: Sí. También hubo ensayos para eso. Y había ensayos para los que no estaban. Ahora mismo hay muchas posibilidades, y no quiero verlas.

* * *

Recibí un correo electrónico en 2004 de una fuente desconocida que creo es apropiado insertar aquí:

Después del 11 de septiembre, una empresa invitó al resto de los miembros de otras compañías que habían sido diezmados por el ataque a las Torres Gemelas para compartir su espacio de oficina disponible. En una reunión matutina, el jefe de seguridad contó historias de por qué la gente estaba viva. Y todas las historias eran PEQUEÑAS COSAS:

El jefe de la empresa llegó tarde ese día porque su hijo comenzó el jardín de niños.

Otra persona estaba viva porque le tocaba a él traer donas.

Una mujer llegó tarde porque su despertador no sonó a tiempo.

Uno llegó tarde porque estaba atascado en la autopista de Nueva Jersey debido a un accidente automovilístico.

Uno de ellos perdió su autobús.

Una derramó comida en su ropa y tuvo que tomarse tiempo para cambiarse.

El coche de uno no arrancaba.

Otro se regresó a contestar el teléfono.

Uno tenía un hijo que se entretenía y no se preparaba tan pronto como debería haberlo hecho.

Uno no podía conseguir un taxi.

Uno de los más inusuales fue el hombre que se puso un par nuevo de zapatos esa mañana, tomó los diversos medios para llegar al trabajo, pero antes de llegar allí, le salió una ampolla en el pie. Se detuvo en una farmacia para comprar una tirita. Por eso él está vivo hoy.

Ahora, cuando estoy atorada en el tráfico, pierdo un ascensor, regreso a contestar un teléfono que suena ... todas las pequeñas cosas que me molestan. Pienso a mis adentros, aquí es exactamente donde Dios quiere que esté. En este preciso momento.

La próxima vez que tu mañana parezca ir mal, los niños tardan en vestirse, parece que no puedes encontrar las llaves del coche, tienes que parar en cada semáforo, no te enojes ni te frustres;

Dios está obrando para cuidarte.

Que Dios te siga bendiciendo con todas esas pequeñas cosas molestas y que recuerdes su posible propósito.

(Para mí, esto suena como ensayos de supervivencia).

* * *

D: *¿Pero dijiste que tenías la sensación de que iban a haber muchas personas que se irán durante este próximo año? (Sí) ¿Son solo muchas posibilidades, probabilidades, o es algo definido?*
P: Este es un momento diferente. El evento que sucedió del que hablaba .... El del año pasado (2001), fue en lo que llamamos el "etérico", y luego pasó a lo físico. Existen muchos eventos en el etérico ahora. Algunos son grandes, algunos son pequeños. Hay muchas posibilidades diferentes, pero incluso los que ahora mismo trabajamos con potencial, no sabemos cuál podría ser. Porque este es un momento... Estoy viendo un círculo. Es como si todo estuviera contenido en el círculo de luz. Eso representa el todo, lo divino, el espíritu. Representa a todo lo que es. En eso hay muchos potenciales. Y no tenemos que saberlo ahora mismo. Se siente que estamos haciendo cambios. No todo se puede manifestar. Y estoy viendo más allá de eso. Y me siento mucho más cómodo, porque no me sentía cómodo pensar en ello.
D: *Pero si estás trabajando con personas para prepararlas durante este próximo año, hay tantas probabilidades y posibilidades, ¿qué pasa si las circunstancias cambian?*
P: Por eso es tan hermoso. Trabajamos con personas, ayudarlas poco a poco a ver más y más de la luz, de quienes son. Así que cuando llegue el momento no estarán atemorizados. Y lo que venga no importa, porque el tiempo vendrá para que conozcan su verdadera luz. Para entrar a una mayor expansión. Y no importa cómo venga ese tiempo, y lo sé. La parte de mí que está trabajando con la gente, lo sabe. Tenemos muchas formas diferentes de movernos hacia esa gran luz. Y vamos allí. Todos iremos allí pronto.
D: *¿Qué tan pronto? ¿Como eventualmente?*
P: Tan pronto como en.... para el cuerpo físico en esta vida.
D: *Sin embargo, estas vidas pueden tener muchas longitudes diferentes. (Sí)*

Sonaba como si pudiera estar refiriéndose a la ascensión a la próxima dimensión cuando la frecuencia y la vibración de nuestros cuerpos cambian, y nos convertimos en pura luz. Esto se ha hablado en muchas de mis sesiones, y se discute con más detalle en este capítulo y a lo largo del libro.

D: *Pero un poco antes dijiste que podría haber catástrofes donde mucha gente se irá.*

P: Es posible. Las puertas se abrirán. Aunque es difícil decirlo, las puertas se abrirán de diferentes maneras, dependiendo de cómo necesitemos tenerlos abiertos. Y hay muchas elecciones que hacer.

D: *Pero en las catástrofes sale más gente a la vez.*

P: Sí. Pero habrá aberturas y puertas en tiempos por donde muchos podrán pasar a la luz. Como un paseo por el sendero en mi casa.

D: *¿Qué le pasa a esa gente que está confundida y no quiere irse? ¿Los que no entienden lo que está pasando?*

P: Su cuerpo se ha ido. Pero a veces no lo saben, porque su cuerpo energético está unido al cuerpo físico. Y creen que todavía están en él. Simplemente están confundidos, sin saber qué hacer con él. Pero muchos están con ellos para ayudar, y ellos pueden ayudarlos. La forma en que ayudamos a estas personas es, enviando energía para abrazarlos. Y cuando nuestra energía los abraza, sienten un consuelo. Y porque han sentido este consuelo antes, son capaces de prestar atención a eso. Tienen mucho caos en su energía. Pero empiezan a sentir el consuelo calmante, porque lo han sentido antes. Y luego pueden poner más atención. Y pueden entender. Entonces su propio espíritu parte de ellos es capaz de hacer contacto. Así que estamos trabajando para ayudar a estas personas. Es una energía muy caótica que sucede en una catástrofe. Es como si todas las vibraciones empiezan a moverse de una manera que no es cómoda. Así que tienes que traer energía reconfortante y calmante, para que la gente pueda comenzar a sentirlo y disminuir el caos de su energía. Y no lo pasan tan mal los que, en su corazón, son pacíficos y están conectados con sus espíritus internos. Y hay muchos más de esos. Muchos, muchos más están viniendo. Esto es lo que hacemos. Por eso estamos trabajando con personas. La puerta es su propio espíritu. Se mueven a través de su espíritu a las vibraciones superiores. Y cuando lo hacen, pueden volver a casa en paz.

D: *¿Qué pasa con los sistemas de creencias de la persona? ¿No lo impide esto en algunas maneras?*

P: A veces lo hace. Por eso hay miedo. Los que tienen culpa, los que tienen miedo de lo que llaman "Dios". Están avergonzados, y tienen tanto miedo en eso. Les han enseñado a tener miedo de muerte, del infierno. Eso los previene de abrazar la luz, que es sólo amor. Es amor lo que reina, y el amor está en casa.

D: *Piensan que es algo malo.*

P: Así es. Y todo lo que somos es amor. Pero esa parte humana de nosotros es muy maleable, muy fácil de manipular. Es como arcilla, y a veces se convierten en lo que no son. Y entonces es muy difícil para ellos ver el camino a casa.

D: *Las personas están influenciadas por sus culturas, su educación.*

P: Y eso es parte de nuestra lección. Aprender de diferentes maneras.

D: *También dijiste que por esos otros caminos había otros proyectos. Este es tu proyecto, pero ¿cuáles son los otros proyectos que hay en los otros caminos?*

P: (Suspiro) Esas son personas, seres... (confundido sobre cómo decirlo) ... si tuviera que tomar yeso y ponerlo alrededor de algo y dejar que se endurezca. Y por dentro hay una hermosa joya, pero alrededor estaba este yeso oscuro y feo. Así es como son. No saben que son hermosos por dentro; creen que son oscuros y feos. Y hay seres grandes, cariñosos que están trabajando con ellos. Y eso es un proyecto muy diferente al proyecto aquí en el que estoy.

D: *¿Son estas las energías de las personas mientras todavía están en lo físico, o después de haber cruzado?*

P: No, no están en la Tierra, como tú la llamas.

D: *¿Dónde están? ¿En el mundo de los espíritus?*

P: Sí, es parte de un lugar de energía. Todo es energía, pero es una vibración diferente a tu alrededor. Es una energía que es muy densa. Es incluso más densa que este planeta.

D: *¿Son estos espíritus que han hecho cosas que se consideran negativas? (Sí) ¿Por eso están en el yeso, por así decirlo?*

P: Sí, así están, porque les llegó a gustar mucho lo negativo. Lastimar gente - o lo que sea - hacer cosas que causan que otras personas se sientan mal, o no puedan encontrar su luz. Les gusta la oscuridad. Así que ese es su camino, y eso es lo que siguen haciendo hasta que cambian.

D: *Debe tomar mucha paciencia para que los espíritus trabajen con esos tipos.*

P: Se necesita un gran amor y una gran luz para hacer eso.

D: *Y dedicación. (Sí) ¿Se les permite a esos espíritus negativos reencarnar en cualquier lugar?*

P: No, por ahora no. No.

D: *Me dijeron que este tipo podría traer esa negatividad de vuelta con ellos.*

P: Sí, ahora mismo no están reencarnando. Especialmente no pueden venir a la Tierra. Pero tampoco pueden venir a otros lugares, porque es un proyecto largo. Y tiene que venir del interior. Estos grandes seres de luz están ahí con ellos, y están brillando su luz. Y necesitan lograr atravesar esta gran oscuridad. Y está tomando tiempo - no tiempo, pero es vibratorio. Y está ocurriendo en un lugar diferente. Está ocurriendo de una manera diferente. Y no pueden estar aquí. Hay algunos aquí que todavía están en el estado físico que puede ir allí. Hay un punto en el círculo al que estamos llegando. Puedo verlo. Es un círculo. No es un descanso. Pero hay un punto al que estamos llegando donde podemos movernos hacia otro lugar. Y cuando lleguemos a ese lugar, la gente irá a diferentes lugares, dependiendo de su propia vibración, su propia energía. Y puede haber algunos que tengan que irse a ese lugar oscuro.

D: *¿Por lo que han hecho en la Tierra?*

P: Sí. ¡No muchos!

D: *Pero esto tiene que ver con el karma, ¿no?*

P: Es así. Sí, lo es. Podemos llamarlo así, pero es su energía. No es un castigo, porque les gustaría ir allí. Aquí es donde se sienten cómodos.

D: *¿Pero no están obligados a ir allí, como enseña la iglesia?*

P: No, ellos quieren ir. No es castigo.

D: *Estos seres quieren estar en esos lugares oscuros.*

P: Ah, sí. Y todavía tienen su luz, porque puedo ver la luz en ellos. Siempre está ahí. Pero está cubierta en el yeso, y creen que son el yeso.

D: *Pero no volverán aquí, porque la Tierra está cambiando.*

P: Exacto. Por eso ya no pueden venir. Las cosas han cambiado demasiado. No pueden ver la luz. Ven la oscuridad. Pero luego a través del cambio de vibración, a través de estos grandes seres que trabajan voluntariamente con ellos, comienzan a permitir que brille su luz interior. Y cuando esa luz interior se conecta con la luz exterior, entonces la oscuridad se va. Pero toma el tiempo que debe tomar. Y cuando eso sucede, entonces pueden ir a otros lugares, ir nuevamente y ser, para que puedan traer esa luz a la utilidad. Porque se trata de usar la luz. Y hay otros lugares además de este lugar en la Tierra al que todos vamos y venimos. Pero este lugar está llegando a la apertura de ese círculo. Es toda la energía. Un lugar diferente. Una energía diferente. es... veamos. (Tratando de encontrar las palabras.) ¡No es mi hogar! Pero es como el hogar. Ves, el hogar es la energía de dónde venimos.

D: *La energía original.*

P: Sí. Hay muchos niveles diferentes (no estoy segura si esa es la palabra correcta) de energía en este planeta Tierra. Y habrá una redirección de energías, de personas. Una redirección. Así que habrá gente tomando caminos diferentes a lugares donde estarán cómodos.

D: *No es necesariamente ir a casa. Se van a otro lado.*

P: Correcto. Algunos se irán a casa. Algunos que han venido a ayudar, que no tienen un propósito para estar en otro lugar. Su único propósito es ayudar. Ese es mi propósito.

D: *Volverían a casa. (Sí) Pero ¿los otros tendrían un propósito diferente cuando crucen? (Pausa) O dijiste está llegando a un punto en el círculo donde se abriría.*

P: Abrirá diferentes caminos, diferentes niveles. La gente va a ir a lugares donde estarán cómodos. Y a partir de ahí, podrán tomar otras decisiones y otras decisiones, cuando les convenga.

D: *¿Todo depende de lo que hayan hecho en sus vidas físicas? (Sí) Así que el karma también está involucrado de esa manera.*

P: Sí. Karma significando el equilibrio de su energía, donde los lleve. Y nadie necesita ser castigado. Y donde estamos ahora, ha sido un plan muy especial en un lugar muy especial en el universo. Y parece que viene mucho bien de esto.

D: *Siempre he sentido que todos, cuando cruzaban después de cada vida, se iban a casa. Que iban ese lugar al que estás describiendo.*

P: Sí, pero el hogar es diferente para las personas. Hogar para uno no es lo mismo que el hogar para los demás. Aunque es todo en lo mismo, pero son diferentes niveles de lo mismo. Eso es lo que quiero decir.

D: *Entonces, dijiste que a algunas de estas personas se les mostrarían otros caminos. (Sí) Ir a casa es diferente a ir al lado espiritual.*

P: Primero pueden ir al espíritu, luego elegirán ir a los otros lugares. Este planeta se va al espíritu.

D: *¿Todo el planeta?*

P: En cierto modo, porque va a tomar conciencia de su vibración superior.

D: *Sí, he oído esto. Dicen que la vibración, la frecuencia del planeta mismo está cambiando.*

P: Así es. Por eso estoy aquí. Y muchos otros están aquí también, porque hay muchas vibraciones diferentes de personas en el planeta. Muchos están aquí para ayudar.

D: *He oído que todo el planeta se va a mover en masa. ¿Es eso cierto?*

P: Eso es lo que veo.

D: *Tantas personas con tantas vibraciones diferentes, eso sería difícil.*

P: Por eso hay muchos caminos. Ves, esa es la entrada. Es como el círculo, y la apertura en ese círculo. Y cuando llegamos a la abertura se moverán en el círculo, pero yendo a diferentes lugares en el círculo. A diferentes caminos. Así que está bien para todos. Todo el mundo estará donde se supone que deben estar. Y hay otro círculo de seres alrededor de nuestra Tierra. Hay todas estas hermosas energías. Hermosos seres que están con nosotros trabajando con el plano físico. Y no son nuestros ángeles. Son lo que llamaríamos los "seres ascendidos", que han hecho esto. Se han movido a través de la energía. Y están extendiendo su energía como caminos para nosotros. Ellos son los seres de los que hablé antes.

Este era un momento perfecto para hacer algunas de las preguntas sobre lo que Patricia quería saber. Sabía que no tenía que llamar al subconsciente, porque, desde el comienzo de la sesión, había estado comunicándose con la parte de ella que tenía todo el conocimiento.

D: *Patricia mencionó que ha visto seres en su meditación que eran de oro y platino. ¿Son estos de los que hablas?*

P: Veo muchos seres diferentes rodeando el planeta. Muchos colores de diferentes vibraciones. Veo azul, y blanco y violeta, y oro y plata y platino. Pero son todos energías amorosas que vienen a ayudarnos a todos ahora. Los colores diferentes están ayudando a las personas de esas mismas vibraciones.

D: *Entonces, ¿todos tenemos diferentes colores, así como vibraciones?*

P: Los colores son vibraciones.

D: *¿Y estos seres se sienten atraídos por los diferentes colores? (Sí) Entonces estos espíritus ayudantes son diferentes a los ángeles?*
P: Sí, lo son. Los ángeles también están con nosotros, pero estos son diferentes, porque tienen un entendimiento. Muchos han pasado por esto, ya sea en este mundo físico, u otros mundos similares. Pero también saben cómo es estar moviéndose a través de los planos vibracionales. Eso es lo que hacen.
D: *Entonces, ¿cuál es su propósito, si los guardianes o espíritus ayudantes están para ayudar a las personas?*
P: Nos están ayudando, a los espíritus ayudantes. Son como transformadores de energía reduciendo energía. Y hay muchas personas que están aquí en la Tierra que no podrían sostener o sentir la energía de esos grandes seres. Pero hay otros que pueden ser intermediarios. Así que somos intermediarios.
D: *Cuando Patricia llegó a esta vida, ¿sabía ella que iba a estar haciendo estas cosas?*
P: No, Patricia no sabía. El alma de Patricia lo sabía.
D: *Sí, el físico es el último en enterarse.*
P: Sí. Patricia se metió en un armario autoimpuesto, para no saber. Y experimentó muchas cosas. Y ella tuvo que salir del clóset y decir: "Está bien, no estoy en el armario". Y lo hizo. Y también está conectada a la luz dorada. Esa es su energía.
D: *Pero como humanos no conocemos conscientemente los acuerdos que hemos hecho, y no sabemos las conexiones.*
P: No. Y ella sintió la familia espiritual. Y ella conoce el hogar. Ella lo conoce muy bien. Y a veces quiere ir allá. Solía querer ir allí intensamente, y estar fuera de esta vida, pero ella nunca podría suicidarse.
D: *Porque tenemos un contrato, ¿no es así?*
P: Sí, y ella sabía que tenía que estar aquí. Que había algo que hacer. Entonces se quedó. Y ella finalmente puede llegar a su verdadera comprensión de quién es ella. Muchos de los problemas que ha tenido con las relaciones fueron por un acuerdo.
D: *¿Qué tipo de acuerdo?*
P: Si ella eligió hacer eso, ese fue el camino difícil. Fue una elección. No tenía que hacerlo, pero eligió hacerlo.
D: *Dijiste que había una elección, y ella eligió la más difícil. ¿Cuál hubiera sido el otro camino? ¿Puedes ver eso?*
P: Sí. Creo que habría muerto joven.

D: *¿Por qué piensas eso?*

P: Porque... esto es complicado, pero ya es hora de que ella lo sepa. Tengo que encontrar las palabras. Si eligió el camino fácil, no habría tenido el conocimiento en su vida física para ayudar a tantas personas. Aceptar el camino difícil está enseñándole muchas experiencias y muchos conocimientos, pero muchas otras personas pueden ser ayudadas por ella. No lo tenía que hacer. Podría haber ayudado solo desde el otro lado. Desde casa. Es una broma, en cierto modo porque ella siempre ha querido regresar a casa y, sin embargo, ahí es donde ella está ayudando a que la gente vaya. Ese es su trabajo.

D: *Y ella va allí de noche, aunque no se da cuenta.*

P: Sí, va allí. Su cuerpo físico a veces tiene dificultad para mantener tanta energía como lo hace. Y aunque está sana, debe tener mucho cuidado y tomar cuidado extra, porque su cuerpo contiene mucha energía. Pero ahora debe tener mucho cuidado, especialmente porque las energías son cada vez más altas en vibración. Estoy viendo su cuerpo llenándose con la luz dorada, convirtiéndose en energía dorada. Y puede hacerlo. Aguantará más y más. Tornándose cada vez más y más a la luz dorada, que es de donde viene. Y a medida que el cuerpo físico se mueve hacia eso, está ayudando a muchos más a pasar a eso. Los que optan por tomar ese camino. Los que toman la autopista de la luz dorada, por así decirlo. Pero ahora está entrando en los tiempos finales. Los últimos días.

D: *¿Qué quieres decir con los "últimos días"?*

P: Antes de llegar a ese lugar en el círculo, donde todos se mudarán a lugares diferentes.

D: *Dijiste que en el lado espiritual cuando su cuerpo está durmiendo, ella trabaja con personas que van a morir, para ayudarlas a trascender. (Sí) Pero en lo físico, también es trabajadora de un hospicio.*

P: Ha hecho mucho. Siente ambos mundos. Siempre ha sentido ambos mundos.

D: *¿Por eso se siente cómoda trabajando como trabajadora de cuidados paliativos, por la conexión que tiene cuando duerme?*

P: Ah, sí. Es feliz ayudando a la gente a que vayan a casa, porque sabe lo maravilloso que es.

D: *Por supuesto, es más fácil trabajar en lado espiritual, ¿no?*

P: Sí, es más fácil para ella.

D: *Porque cuando estás en lo físico tratando de trabajar con personas que se están muriendo, te topas con la interferencia del físico - quiero decir programación -.*

P: La gente siente miedo, mucho miedo en lo físico. Y eso es lo que hace, ayudar a la gente a superar el miedo, porque ella misma no tiene miedo a la muerte. Y cuando la gente está con ella, ellos sienten su verdad, porque ella es real. Es ella. Ella está conectada a esa energía de amor.

D: *De esa manera ella puede ayudar a la gente mucho más efectivamente. Pero ha tenido otras vidas en la Tierra, ¿no es así? (Pausa) Porque dijiste que ella también existe en este lado espiritual al mismo tiempo que está viviendo la vida de Patricia.*

P: Se siente como que es sí, y es no. Parte de ella ha tenido vidas. Pero no Patricia, otras partes de su alma.

D: *Porque pensamos en ello como una reencarnación.*

P: Sí, en cierto modo lo es, pero es diferente. (tuvo dificultad para encontrar las palabras.) Ella ha venido de un alma que ha tenido muchas, muchas vidas de significado espiritual, trabajando en un camino espiritual. Y esas vidas le han devuelto la energía a su alma, su conocimiento, lo que han ganado. Así que la parte que es Patricia ha tomado pequeños pedazos de todas esas vidas. Debe recordar que siempre está conectada a su hogar, y siempre está conectada a su familia (es decir, la familia espiritual). Y es muy amada.

* * *

Durante otra sesión en Minneapolis en octubre de 2002, hubo un incidente similar. Estuve en Minneapolis para hacer una serie de conferencias y talleres, e iba a ir a Australia y Nueva Zelanda inmediatamente después. Esta sesión se estaba haciendo con una profesora jubilada a la que llamaré Ida.

Como he dicho, normalmente en mi técnica hago que el cliente visualice un hermoso lugar de su elección para iniciar la visualización. Luego completo la inducción, que incluye descender de la nube. En este caso Ida no me dejó terminar la inducción. Estaba describiendo su hermoso lugar y no sonaba como la Tierra. Ya estaba hablando sobre eso antes de que me diera cuenta de que no necesitaba el resto de la inducción. Esto sucede ocasionalmente, y he aprendido a diferenciar y cómo proceder. Encendí el micrófono. Describía un hermoso jardín en su planeta, que era un lugar lleno de luz.

I: Hay seres encantadores de luz caminando por todas partes. Hay solo amor Y es tan hermoso, tan pacífico, tan armonioso. Aquí es de donde vengo.
D: *¿Dijiste que había un jardín allí?*
I: Ah, sí. Es tan hermoso. Brilla con la luz dorada de Dios. Tiene iluminación, y una energía y frecuencia de completa paz, amor y armonía. Hay hermosas fuentes doradas. Parecen agua, pero es la esencia de Dios que fluye por todas partes. Es pura belleza, amor y felicidad.

Esto sonaba muy similar al lugar descrito por Patricia solo una semana antes.

I: Todos somos seres de luz. Nos reconocemos unos a otros por la esencia y las frecuencias vibratorias. No hay comunicación verbal. Solo hablamos sin palabras. Es solamente vibración de lo que queremos decir que uno percibe del otro. Aquí es de donde soy. Y aquí es donde hay felicidad y paz y armonía totales. Voy y vengo en mi estado de sueño. Me reúno con el consejo y hablamos sobre el trabajo que tengo que hacer en este plano terrestre.
D: *¿Dónde está ubicado el consejo?*
I: El consejo también se encuentra en este planeta. Y nos encontramos en los mismos hermosos jardines.
D: *Haces esto mientras duermes.*
I: Así es. Esa frecuencia en mi estado de sueño. Aunque mi forma y mi mente físicas no recuerda. Pero esto se hace todo el tiempo. Y también hago mandados en mi estado de sueño. Miramos toda la interacción que tengo con varios seres en este plano terrestre. Y cada vez que hay ayuda necesaria, soy guiado y dirigido para hacer cualquier trabajo que tengo que hacer.
D: *¿Es con gente que conoces o con otros o....?*
I: A algunas personas las conozco, y hay otras no las conozco.
D: *¿Qué tipo de guía les das cada vez que te encuentras con ellos por la noche?*

I: Trabajo con ellos en muchos niveles. Trabajo con la mente. Infundiendo patrones de pensamiento en ellos, para que puedan cambiar en su vida diaria. También curo a algunos de ellos. Trabajo con sanación frecuencial y energías curativas con muchos de ellos. Yo también voy a zonas de guerra y trabajo con los heridos. Trabajo con los que sufren. He estado trabajando mucho en Afganistán. (2002) Hay tanto trauma y dolor en ese país. No solo con los soldados estadounidenses y otras fuerzas guardianas de paz que están allí, pero los lugareños también están completa y totalmente traumatizados con lo que está pasando. No están acostumbrados a todas las bombas que han caído allá. Todo el daño que le ha pasado a su tierra. Hay tanta devastación allí. Ni la mitad es reportada por los medios o tus noticias.

D: *Puedo creer eso. Realmente no sabemos lo que está pasando.*

El resto de la sesión trató sobre predicciones sobre la guerra que estalló en Irak el año siguiente en 2003. Eran extremadamente precisas, pero estaba indecisa de incluirlo en este libro. Solo quería incluir aquí la parte que era relevante sobre el trabajo que hacemos durante nuestro estado de sueño que es desconocido para nuestra mente consciente. Nos advirtieron que habría muchas muertes durante la guerra, y gente como Ida estaría muy ocupada durante su estado de "sueño" llevándolos en la dirección correcta.

* * *

Hay muchas escuelas en el lado espiritual. Éstas son descritas en Entre la muerte y la vida. Las más avanzadas están ubicadas en el complejo del Templo de la Sabiduría que tiene los Grandes Salones de Aprendizaje donde absolutamente todo lo conocido y lo desconocido se puede aprender. Estos también se describen en Holiday in Heaven (Vacaciones en Cielo), de Aron Abramsen. Muchos de los profesores son guías avanzados que han completado el suficiente karma que ya no es necesario volver a la Tierra para recibir más lecciones. Están en una posición para enseñar y entrenar a otros. Como se narra en otro de mis libros, "No puedes convertirte en guía mientras necesites un guía". Normalmente, la formación para convertirse en guía comienza cuando la persona ha dejado el plano terrenal. Los guías y los ancianos deciden si la persona está lista para este avance, después de hacer una revisión de su vida. Sin embargo, las cosas en la Tierra están cambiando rápidamente. Y el entrenamiento debe cambiar con ella. Hay tantos problemas en la Tierra en la actualidad que muchas almas avanzadas han encarnado, no para resolver su propio karma, sino para ayudar a quienes están en lo físico. Por supuesto, ellos no saben esto conscientemente, que son almas avanzadas enviadas a la Tierra para propósitos específicos. Pero me estoy encontrando más y más de ellos a través de mi trabajo, y su subconsciente ya no está vacilante en decirles que tienen un trabajo que hacer, y es mejor que sigan adelante en lugar de perder un tiempo valioso. En mis primeros días de trabajar en el estado de trance, esto no se mencionaba. Ahora se plantea prácticamente con todos los clientes. El tiempo se acorta, y tienen que continuar con el trabajo se ofrecieron a hacer.

Porque hay tantas almas avanzadas que han regresado al plano de la Tierra, parte del entrenamiento espiritual es hecho en el estado de sueño. Algo del entrenamiento que estas almas reciben es ayudando a las almas que están partiendo de la Tierra a través del proceso de muerte. Durante el estado de sueño han ayudado a muchas de esas asistencias con la ayuda de un guía experimentado. No son enviados a hacer el trabajo por si solos hasta que hayan tenido suficiente entrenamiento o experiencia o confianza para sentir que pueden manejarlo. Su trabajo principal es liderar la persona en la dirección correcta y fuera de la confusión, para que un "recibidor" más experimentado y adecuado pueda hacerse cargo. Además, el ayudante no puede ir más allá de cierto punto hasta que sea su momento dejar el cuerpo.

* * *

En mi trabajo he descubierto que la parte real de nosotros: nuestra alma o espíritu, nunca duerme. El cuerpo físico es la parte que se cansa y debe descansar. El espíritu no tiene necesidad de esto. Siempre digo: "Se aburriría esperando que el cuerpo despierte para poder continuar la vida". Así que mientras el cuerpo está dormido, el espíritu está teniendo muchas aventuras diferentes por su cuenta. Puede viajar a cualquier parte del mundo, o ir al lado espiritual y conversar con sus guías y maestros y ancianos o para obtener más información, asistir a clases y recibir capacitación. Escucho de muchos de mis lectores que reportan sueños asistiendo a la escuela mientras están en el estado de sueño. Trato de explicarles que probablemente es real, porque este es un lugar favorito para que el espíritu vuelva a visitar. También pueden viajar a otros planetas u otras dimensiones. Normalmente, la parte consciente no tiene recuerdos de estos viajes. A menos que recuerde sueños de volar o lugares desconocidos. Este es lo mismo que se experimenta en el viaje Fuera del Cuerpo, cuando la persona se ha entrenado para salir de su cuerpo y recordar lo que ven. Durante toda la vida física, el espíritu está conectado al cuerpo por el cordón de plata que actúa como atadura todo el tiempo que estés vivo. El umbilical que no se rompe hasta la muerte del cuerpo físico. Con esta muerte, la cuerda se corta y el espíritu se libera para volver a "casa". Cuando el espíritu está viajando fuera del cuerpo por la noche, siempre está conectado por el cordón. En un momento determinado, el cuerpo debe despertar para continuar con su vida. En ese momento, el espíritu siente un tirón de cuerda, y se "enrolla", a falta de una mejor palabra. En ese momento el espíritu vuelve a entrar en el cuerpo y el cuerpo puede despertar.

    Muchas personas me han informado de una extraña sensación que a veces experimentan al despertar. Esto también puede ocurrir cuando el cuerpo se va a dormir. Dicen que tienen parálisis temporal, y esto puede ser bastante aterrador. Una mujer dijo que el médico le dijo que era una condición grave llamada "apnea del sueño", y cobró más de $1700 dólares para pruebas de sueño. Realmente no es nada complicado en absoluto, sino un fenómeno natural que ocurre algunas veces. Mientras el espíritu está desconectado del cuerpo, las funciones corporales están siendo atendidas por otra parte del cerebro. Más bien va en piloto automático. Cuando el espíritu regresa, las conexiones cerebro/cuerpo tienen que reconectarse. Si el cuerpo se despierta demasiado pronto antes de que las conexiones estén en su lugar allí puede haber una sensación temporal de parálisis. He investigado casos en los que un ruido repentino en el entorno de la persona los despierta repentinamente antes de que estén completamente de vuelta en el cuerpo. Si pueden relajarse unos minutos, todo volverá a la normalidad. La misma sensación puede ocurrir cuando el espíritu primero sale del cuerpo y se va desconectando. Esto muestra cómo el espíritu y el cuerpo están verdaderamente separados, pero uno. El cuerpo no puede existir sin la chispa de la vida que mora dentro, sin embargo, el espíritu o el alma puede existir sin el cuerpo. En la muerte cuando el espíritu se va para la última vez, la conexión se rompe y el cuerpo comienza a deteriorarse al instante. Sin el espíritu de vida, todos los sistemas se apagan. Luego, cuando el cordón de plata se corta al morir, el espíritu no puede volver a entrar en el cuerpo.

En esta sesión, así como en otras, vemos que nuestro yo "real", el espíritu, no sólo viaja y tiene aventuras mientras el cuerpo duerme, también está trabajando. Aparentemente hay mucho trabajo que se realiza en el estado astral del cual estamos totalmente inconscientes. Como me dijeron en una sesión, "Estas cosas están sucediendo de todos modos. No tienes control sobre eso. Son parte de tu existencia de la que no eres consciente. No hay nada que puedas hacer al respecto. Son naturales, así que no tiene sentido preocuparse por eso". Lo mismo ocurre con la reencarnación y otros conceptos metafísicos. Continuarán ocurriendo si la persona cree en ellos o no. Me dijeron que nunca entendería completamente la complejidad de todo esto. Es imposible. El problema de entender y comprender reside en la mente. No es el cerebro, sino la mente. No hay nada en él que pueda captar la totalidad de estos conceptos. Así que me dan pequeñas piezas y pistas de la enormidad de todo. Al pasar el tiempo, parece que se nos permite ver más, y podemos intentar comprenderlo. Pero es como mirar a través de una pequeña grieta en la pared del tiempo y el espacio, y permitirnos ver una diminuta parte de la imagen completa.

* * *

Cuando un espíritu elige regresar a la Tierra para otro ciclo de una vida humana en un cuerpo físico, viene con su plan para lo que desea lograr esta vez. Ya se ha reunido con los ancianos y maestros, repasó la vida que acababa de dejar, y tomó decisiones, planes y metas. Ha hecho acuerdos con otros espíritus con los que tenía asociaciones para pagar las deudas. Y con su permiso, ciertas cosas se resolverían. Y se aprenderían ciertas lecciones. Vuelve a la Tierra con su pequeño plan agradable envuelto como un regalo de Navidad. El problema es que este es un planeta de libre albedrío. Esto es lo que hace que la Tierra sea tan desafiante. Y todos los demás están entrando con sus lindos planes. Y debido al libre albedrío, estos planes y las esperanzas y los miedos a veces chocarán. También el espíritu encarna con todos los recuerdos borrados de lo que estaba en los planes en primer lugar. Sólo el subconsciente recuerda. Una vez pregunté, ¿por qué no podíamos recordar? ¿No lo haría más fácil? Me dijeron: "No sería una prueba si supieras las respuestas". Así que venimos a la Tierra y pensamos que estamos preparados para enfrentar el desafío que se pondrán en nuestro camino a medida que trabajemos hacia nuestras metas, sueños y aspiraciones o desafíos. Pero muchas veces, no estamos tan preparados como creemos que estamos. Siempre parece más fácil desde el otro lado. Mientras estamos viviendo las frustraciones de la vida física, nos dejamos absorber por todo lo que nos hace "humanos". Ojalá lo solucionemos y pasemos la prueba para avanzar al siguiente "grado". O nos equivocamos y tendremos que volver y hacerlo todo de nuevo. No puedes proceder al próximo grado o clase hasta que termines las lecciones y pruebas de este. Puedes retroceder en esta escuela, pero no puedes saltar una clase. Hay maestros de escuela muy estrictos con reglas y regulaciones muy estrictas. Sin embargo, paradójicamente, estos maestros de escuela también son muy amables, justos y comprensivos.

Así como venimos a la vida con un plan, también tenemos un plan para nuestra salida de esta vida. Cada uno decide antes de entrar como van a salir. Esto se dice con toda emoción eliminada, y debe entenderse de esa manera. Nada de esto se sabe en el nivel consciente, y probablemente sea muy sabio que no recordemos estos planes. La gente siempre dice que no quiere morir, no quieren enfermarse, y no planean dejar a sus seres queridos. Ellos negarían rotundamente que estuvieran planeando su muerte. Pero todo es parte de un plan mucho más allá de nuestro conocimiento y comprensión. Por lo tanto, la única manera de ver esto con nuestras limitadas mentes humanas es lógicamente removiendo todas las emociones.

Hay varias razones por las que un espíritu decide que es hora de dejar lo físico. Ha completado su objetivo, su plan y trabajó todo el karma que era necesario para esta vida. En este caso no hay necesidad de continuar. En otros casos, se decide que otras personas progresarán mucho más rápido si su presencia no actuaba como un riesgo. En estos casos el espíritu decide renunciar a su propio desarrollo ulterior para que otros los que son demasiado dependientes puedan continuar por sí mismos. Para que puedan "crecer", en otras palabras. Estas razones a menudo no son evidentes en la superficie, y puede descubrirse solo después de mucha búsqueda espiritual.

Otro escenario interesante es que la vida de algunas personas está tan rígidamente hermética en una cadena de eventos que cambiar en orden lograr su objetivo en la vida se vuelve imposible. Posiblemente fallaron en lograr su propósito terrenal debido a elecciones inapropiadas hechas a través del libre albedrío. Así que deciden morir, salir de la situación y empezar de nuevo. La próxima vez, con suerte, no quedarán atrapados en la misma dirección o situación.

Una alternativa interesante y más apropiada a esto es cuando la vida de la persona "muere" de otra manera. La persona también está trabada en una cadena de eventos que no les permitirán lograr lo que vinieron a hacer en esta vida. Demasiado tiempo se perdería si murieran físicamente para empezar de nuevo. O tal vez las condiciones físicas necesarias no estarían presentes en otra línea de tiempo. En lugar de morir, deciden empezar de nuevo creando la muerte de su vida de otra manera. Al perder todo lo que aprecian, especialmente todas sus posesiones físicas. Tal escenario también les permitiría concentrarse en lo que es realmente importante en la vida, y no son las posesiones, no importa lo fuerte que se aferren a ellos. Ahora que todo ha sido quitado, pueden comenzar de nuevo y comenzar de nuevo hacia su verdadero objetivo en la vida. Lo que realmente vinieron a hacer. Sen han sumergido tanto en el mundo material, así que todo tenía que ser quitado. Sin esta distracción material, ahora pueden proceder en la dirección correcta. Tal incidente le ocurrió a un miembro de mi propia familia. A través de un extraño conjunto de circunstancias fuera de su control, perdieron absolutamente todo lo material: casa, negocio, ocupación y todas las posesiones materiales. En ese momento parecía un giro cruel del destino o un castigo de Dios. Fue muy difícil comprender. Pero el tiempo demostró que era una forma de empujarles en otra dirección La dirección en la que deberían haber ido avanzando, pero quedaron atrapados en otra forma de vida. Dijeron que cuando una puerta se cierra, otra se abre. En este caso la puerta no solo estaba cerrada, sino que se cerró de un portazo. No tenían más remedio que ir en otra dirección. No hubo vuelta atrás. Muchas veces, lo que parece un desastre suele ser una bendición disfrazada.

Otro ejemplo de una solución drástica fue dado por un cliente. Durante mi entrevista con él, el hombre me habló de un terrible incidente que ocurrió cuando era más joven. Fue atacado en un callejón en una gran ciudad, apuñalado repetidamente por una pandilla, y luego dado por muerto. Se las arregló para arrastrarse hasta la calle donde alguien lo encontró y lo llevó al hospital. Casi murió y permaneció en el hospital durante bastante tiempo recuperándose. Una de las cosas que quería saber durante nuestra sesión era el propósito de la horrible experiencia. ¿Por qué sucedió? Durante la sesión, cuando contacté con el subconsciente y le hice esa pregunta, la respuesta fue muy sorprendente. Dijo: "Oh, fue un grupo de sus amigos que se ofrecieron como voluntarios a ayudarlo." Pensé, ¡Con amigos como estos, ¡quién necesita enemigos! no parecía el tipo de cosa que un amigo haría!

El subconsciente explicó que todo había sido orquestado desde el otro lado. La vida del hombre estaba entrando la dirección equivocada, y no iba a ser capaz de volver a su camino sin una acción drástica que cambiaría toda su vida. Había habido muchos intentos sutiles de conseguir su atención, y cuando estos no funcionaron, se dispuso el ataque. Drástico, dramático, inexplicable, sí, pero muestra los extremos a los que el universo irá para cambiar la vida de alguien sin tener que salir físicamente de este mundo. Eso probablemente hubiera sido el siguiente paso si este no hubiera funcionado.

Una vez que el alma ha decidido que es hora de dejar lo físico, organizará eventos para que pueda morir. Un punto interesante ha sacado a relucir a través de mi material de regresión: que uno de los problemas de hoy es el establecimiento médico. Si la persona está muriendo en un hospital, a menudo los médicos tratan de mantenerlos con vida con todo el maravilloso equipo que está disponible. También la familia es renuente a que se vayan a pesar de que el cuerpo físico está tan dañado que ya no puede sostenerlos, y ya no tiene sentido quedarse. Así que la forma más rápida y fácil con la menor probabilidad de interferencia, es morir en un accidente o desastre, etc. Algunos de estos métodos de salir de la vida se llaman "accidentes extraños" y puede ser bastante extraños. Siempre he creído que, si es tu hora de irte, sucederá incluso mientras estás sentado en tu sala. Hay casos reportados de aviones o autos chocando con una casa y matando a alguien.

Mientras escribía esto a finales del 2003, un terrible terremoto en Bam, Irán acababa de ocurrir y cobró la vida de más de 41.000 personas. Antes de que pudiéramos imprimir este libro el terrible terremoto y tsunami de 9.3 ocurrido en Navidad del 2004, frente a las costas de Indonesia. En el último conteo, casi 200.000 personas decidieron marcharse en un éxodo masivo. También al mismo tiempo, muchas personas murieron en deslizamientos de tierra y avalanchas en otras partes del mundo. Como se informa en este capítulo, a menudo la gente decide irse juntos. Todo esto se decide en el nivel subconsciente y arreglos (o como dijo Patricia, se hacen "ensayos"). También se harán arreglos para aquellos que se supone que no deben estar involucrados para milagrosamente escapar, o no estar allí en primer lugar. Esto ha pasado a muchas personas que simplemente perdieron un vuelo condenado o fueron golpeados en el último minuto. O se retrasaron en salir de casa por una llamada telefónica de última hora, para luego descubrir que acababan de perderse el quedar atrapado en un terrible accidente. Yo también creo que nuestros ángeles de la guarda también juegan un papel importante en todo esto. Están ocupado tratando de advertirnos con sutiles empujones y sugerencias, o la "pequeña voz en nuestra cabeza". Y a veces sus métodos de mantenernos a salvo no son tan sutiles. Tenemos que aprender a poner fuerte atención a nuestras intuiciones y sentimientos "viscerales".

CAPÍTULO 13

EL PRIMERO DE SIETE

Esta sesión se realizó mientras yo estaba hablando en la Conferencia de círculos de cultivos de Glastonbury en Glastonbury, Inglaterra en julio de 2002. Esta es una ciudad muy antigua con muchos lazos antiguos con el pasado. Hay una tremenda cantidad de energía que se puede sentir allí. La sesión fue en el Bed and Breakfast (hostal) en el que estábamos hospedados, justo al lado de la plaza. El cliente, Robert, tomó el tren de Londres para la sesión. Ha estado canalizando durante unos años y había escrito un libro sobre canalización. Él sintió, sin embargo, que no podía obtener información personal confiable, especialmente sobre el rumbo que debe tomar su vida, desde la canalización. Así que quería una sesión personal para aclarar algunas cosas. Trato de ayudar al cliente a encontrar la mejor opción para su vida, con la cooperación del subconsciente. Ya que estaba acostumbrado al estado de trance, se indujo muy rápidamente. Este suele ser el caso cuando se trabaja con canalizadores, psíquicos, curanderos o personas que meditan regularmente. El estado alterado es una condición conocida.

Cuando se le pidió que fuera al hermoso lugar, ya estaba contactando a alguien, así que no necesitaba completar la inducción que normalmente requiere el método de la nube. Me doy cuenta dónde están por las respuestas que dan. Y yo sé lo que no suena como el hermoso lugar normal. Si la descripción suena sobrenatural, esa suele ser la primera pista. Empecé la grabadora y traté de recapitular lo que había dicho.

Se vio a sí mismo en un hermoso lugar junto a una cascada. Allí había un anciano con una barba plateada. Este fue el primer indicio de que no estaba en un lugar normal. Robert continuó con una voz muy suave que apenas era audible, "Él está diciendo, 'Estás en tanto dolor. Ven aquí'". Quiere distribuir conocimiento. Dice que tengo que distribuir conocimientos. Y él es parte de la creación de ese conocimiento. "Tú eres el mediador de ese conocimiento Tienes que entender el dolor".

D: ¿Qué quieres decir con el dolor?
R: Sus efectos en el cuerpo humano. La carga que llevas. El niño. Está hablando con el niño. Este niño.
D: ¿Te ves como un niño? (Sí) ¿Cuántos años tienes?
R: El niño tiene tres años.
D: ¿Y está en este hermoso lugar con la cascada?
R: Él está allí ahora mismo. No tiene que ser hermoso todo el tiempo. Es la experiencia multidimensional de estructura molecular, de sus equivalentes en positivo y negativo. El niño está aquí para aprender, para enseñar. No solo hay flores, pero hay flores vivas y hay flores muertas. Y el ciclo evolutivo es creacional.

Su voz se estaba volviéndose más fuerte, y yo sabía por experiencia y por el tono de voz y el vocabulario, que una entidad estaba hablando a través de Robert. Esta entidad resultó ser diferente de varias maneras de las que normalmente estaba acostumbrada a conversar en este estado. Este usaba palabras y terminología complicada que a menudo era difícil de entender, y creaba nuevas palabras. Esto puede deberse a que no estaba acostumbrado al vocabulario humano, y estaba improvisando. La entidad también parecía tener un interés más frío, casi abstracto, en Robert. El subconsciente tendrá un punto de vista de observador independiente cuando habla de la entidad, pero esta era casi cruel en su observación. A medida que avanzábamos, describía a Robert como un tipo de humano que había encontrado antes. Mi primer propósito es para proteger al sujeto, pero esta entidad me hizo sentir incómoda, y era difícil y tedioso conversar con él. El idioma y la terminología era demasiado complicada para ser claramente entendida, así que he condensado y tratado de aclarar gran parte de la sesión.

El cuerpo de Robert comenzó a mostrar síntomas. Se estaba sacudiendo ocasionalmente con espasmos repentinos. Pregunté: "¿Qué pasa?" Ahí no hubo respuesta. Sabía que, si no me enfocaba en eso, se detendría por sí solo, porque no parecía estar causando a Robert ningún malestar físico.

R: La frecuencia multidimensional del niño viene aquí para aprender. Tiene varios elementos que ver con el pasado, el presente y el futuro. Hay mucha información que se puede tener con respecto a esto. Esta información es tan importante, y la carga que pone sobre el niño pequeño es a veces inmensa. Pero la importancia de esta información se vuelve en una forma de frecuencia de energía vibratoria. Para que la repolarización de la humanidad y los polos en los que trabaja puedan crear un nuevo proceso de reestructuración.

D: *¿Por qué esta carga tiene que recaer sobre un niño pequeño?*

R: El niño no es un niño. El niño es un componente de esta energía. El niño es la realidad detrás de su forma humana. Pero la realidad detrás del niño es que él está compuesto de energía. Y esa energía es la relevancia detrás del cambio del hombre, el cuerpo, el espíritu, la mente y la fisicalidad de la que es parte. La lucha entre lo tridimensional y lo no físico es muy difícil. Porque hay una pelea dentro de esta frecuencia humana. Y hasta que desista esa lucha, el niño seguirá con el dolor. Y él no saber qué es lo que se requiere.

D: *¿Entonces es el no-conocimiento lo que está creando el dolor? ¿Es eso lo que quieres decir?*

R: Es la no aceptación del no saber.

D: *Pero ya sabes, en la vida humana así es como somos. Venimos sin el conocimiento.*

R: Este niño entró con el conocimiento.

D: *Teníamos curiosidad por saber si tuvo otras vidas en la Tierra. (No) ¿Dónde fueron sus vidas anteriores?*

Robert comenzó una secuencia de sonidos ininteligibles, más bien como un galopar. Esto continuó durante aproximadamente un minuto, en sucesiones rápidas, como si tratara de sacar algo muy rápido, pero en una forma ininteligible. No sonaba como un idioma, sino sólo una serie de sonidos. Intenté detenerlo.

D: *Tendrás que hablar en inglés, para que pueda entenderte.*

Robert dejó escapar varias respiraciones silbantes muy profundas, casi como si frenara la efusión.

R: Tenemos que bajar formatos de energía a la frecuencia de la energía tridimensional que se sienta aquí. Para que pueda revocar en su formato para ti.
D: *Pero no debes dañar el vehículo de ninguna manera.*

Siempre tengo mucho cuidado cuando estas extrañas manifestaciones físicas ocurren. Siempre quiero asegurarme de que las entidades (o lo que sean) se den cuenta de que el vehículo físico por el que están intentando hablar podría verse perjudicado por su energía. Pero nunca he tenido que preocuparme, porque "ellos" parecen ser tan protectores (o incluso más) que yo.

R: El vehículo nunca se daña. El daño es creado por el propósito que el niño tiene en el nivel tridimensional, de no aceptación de quién es él. Él crea su propio daño. El daño viene de fuera, no de dentro de nosotros. La fisicalidad que este niño crea es el daño creado. Nosotros no creamos ningún daño dentro del niño.
D: *Porque eso es lo que requiero cuando hago estas sesiones, que no haya ningún daño al vehículo.*

Todavía estaba experimentando sacudidas espasmódicas, casi como cargas eléctricas. Esto y la reacción corporal a los extraños sonidos, me causó preocupación.

R: Esto nunca ha ocurrido. Relevamos tu información.
D: *Muy bien. Pero tengo curiosidad, si no tuviera una vida física en la Tierra antes, ¿dónde estuvo la mayor parte de su vida?*
R: No existe tal cosa como el formato "tenía vida".
D: *¿Él nunca ha tenido una vida física en ninguna otra dimensión?*
R: Sí. Una vida en la dimensión de la que no estás hablando.
D: *No en esta dimensión entonces. (No) Pero en qué otra dimensión estaba él antes de venir aquí?*
R: Una dimensión astral.
D: *¿Era física? (No) Porque sé que hay otras dimensiones donde existen ciudades físicas y personas.*
R: Un paquete de información de relevancia fue parte de la transición entre este niño y la vida que uno acepta en este momento. Este paquete de información es lo que lleva este niño. Es un cuerpo de luz. Él es un cuerpo etérico. Él es un cuerpo físico. Pero no solo

eso, él es una frecuencia multidimensional que lleva una inmensa cantidad de conocimiento. Esto a su vez está siendo paulatinamente transducido hacia abajo, a través de los niveles, a través de frecuencia tridimensional. Entonces este niño puede vibrar este conocimiento de manera vocal. En un formato en espiral hacia y con un entendimiento a aquellos que están trabajando con estos niveles en este momento.

La entidad usó la palabra "transductor" varias veces durante esta sesión como sustantivo y también como verbo. Finalmente pude encontrarlo en el diccionario de sinónimos. Se definió como algo similar a un transformador, o algo que transforma algo en algo diferente.

D: *Hay muchos otros que están haciendo lo mismo con quien he tenido contacto. (Sí) ¿Pasó esto a la edad de tres años, o fue antes de eso?*
R: El punto de transición, el cambio, ocurrió en este punto.
D: *Pero él nació como un ser humano físico. (Sí) Y el conocimiento estaba allí incluso cuando era un bebé. (No) Antes de eso él era... ¿qué? (Yo estaba tratando de entender.)*
R: El niño, antes de la existencia y del cambio, era un formato de pensamiento transicional visto por otros, pero no real.
D: *¿No era sólido y físico?*
R: No, era una aparición.
D: *Pero aun así fue alimentado y criado por los padres.*
R: Sí, parece ser, pero en realidad no. Así que ninguna infracción o proceso de creación se incurrió a la humanidad a través de la utilización de una forma humana. La forma humana que ves ahora es un proceso creacional. No es un proceso real. Es un producto. Un producto en el que no nos extenderemos en este momento. Eso es un producto.

El cuerpo físico de Robert que yacía en la cama ciertamente parecía real y lo suficientemente sólido, y no una ilusión. Yo esperaba que antes de terminar la sesión que estos comentarios quedaran más claros.

Uno de los incidentes que Robert había pedido explorar, trataba de su recuerdo de que algo le pasó a la edad de tres años. Sintió que hubo un cambiante. Ese era el único término que él podía encontrar que tenía algún sentido.

R: Un cambiante es la versión infantil de sus ojos. La realización detrás de esto es totalmente diferente.
D: *Sintió como si hubiera ocurrido un despertar en ese momento.*
R: Un despertar en tus ojos. Era la aceptación de un deber.
D: *¿A la edad de tres años?*
R: A tu edad de tres años, no a la de él. La dimensión del pensamiento y horas, minutos, tiempos, dimensiones, es un proceso que tenemos que adaptarnos. Para explicártelo, está funcionando con tus perímetros. Por lo tanto, aceptaremos lo que estás diciendo, pero no es la verdadera realidad detrás de la verdad.
D: *Sí. He escuchado esto muchas veces, así que puedo entender en mi forma limitada, de lo que estás hablando. Pero la escena que vio de la cascada y el hombre, ¿era ese un lugar físico real a dónde fue llevado el niño?*
R: Este es un punto de conexión del portal. Y esta conexión lo llevará, a él y a la energía de regreso a un punto de no existencia. Hasta un punto de la realidad. Hasta un punto en que esta energía y la carga detrás de la energía fue creada por los seres manifiestos que están aquí para ayudar a crear un nuevo objetivo. Un nuevo formato de pensamiento para que el hombre se alargue y extienda su mente. Este proceso no es uno que esté siendo forzado al hombre. Es uno de aceptación. Y los que desean trabajar con esta aceptación puede sintonizar con este conocimiento. Esto se llama "no saber". Es un nuevo conocimiento. No es uno que haya quedado en portales de información de tu tri-existencia. Es un no saber, una nueva aceptación. Un nuevo perímetro, una nueva estructura, una nueva comprensión. Un sentimiento nuevo y sensación que se le está dando al hombre. Este niño se sienta en este conocimiento. Él vibra con este conocimiento. Y es trabajar con este conocimiento en este momento. En este punto en el tiempo, el niño sabe tan poco acerca de lo que es. No es lo que es, es lo que lleva, lo que es importante es la línea la manera que lleva para su realización. No hay muchos de estos niños en este planeta. Calculamos el perímetro de cinco a siete niños haciendo el trabajo correcto en este momento, con respecto a esta expansión de la mente.

D: *Me han dicho que han venido otros niños que son más o menos como canales de energía, para ayudar a la humanidad en este momento.*

R: Todos vienen de diferentes aspectos de lo mismo. Hay muchos aquí ayudando a este planeta en este tiempo.

D: *¿Así que esto es solo un aspecto diferente?*

R: Este es otro aspecto. Otro producto. En la forma en que el niño es un producto, una energía, una posibilidad, una expansión.

D: *¿De modo que el espíritu que está en el cuerpo no ha tenido ninguna otra existencia en otros planetas o dimensiones?*

R: Esto no es correcto. Esta expansión de la mente no puede llevarse sola a estos puntos, porque afectará al cuerpo tridimensional que está aquí. No hay, y no puede haber, aceptación de donde ha venido este niño. Sería interferir con el trabajo actual. Es muy difícil cuando este niño ha elegido trabajar.

D: *Pero estoy hablando del alma. Sabemos que hay un alma y un espíritu presente en el cuerpo que es la chispa de la vida.*

R: La chispa de vida que arde en mi criatura fue creada por el propósito creativo detrás de la humanidad. Entonces, si estamos trabajando desde ese punto, el propósito de la creación puede recrear y poner un perímetro para este niño. Y tiene su propia alma nueva y perímetros desde los que trabaja. Teniendo en mente, un alma nueva no tendrá el estiramiento de expansión de existencias anteriores. Pero la programación, si quieres que se extienda en vidas, puedes extenderla en vidas que han sido programadas en este niño, pero no tienen relevancia. Si hicieras retroceder a este niño, lo harías regresar a reportes de memoria programada, pero no tendrían ninguna relevancia.

D: *¿Es esto lo que he encontrado como impronta?*

Para una definición más clara de impronta véase mi libro Entre la muerte y la vida. Este es un proceso mediante el cual el registro de otras vidas puede ser impresas en el espíritu. Estas son vidas que el individuo no ha vivido, pero proporcionan la información necesaria para permitirles funcionar en este mundo. Todos los recuerdos, incluso emociones, están incluidas en este procedimiento, y nadie (incluyendo la persona) puede saber si son reales o no. Estas son especialmente útiles si la persona nunca ha tenido vidas terrestres propias. Si esta es su primera vida en este planeta.

R: Podrías llamarle así. Ese es tu circunspecto. Es aceptable para nosotros.
D: He trabajado con otras personas que lo llamaron impronta. Lo cual eran en realidad programas de otras vidas que nunca vivió.
R: Correcto.
D: Así que estamos usando las mismas definiciones de todos modos.
R: Correcto.
D: Sé que es difícil para nosotros entender, porque he encontrado que el alma puede dividirse en muchas facetas diferentes. Esto es de lo que estás hablando, ¿no?
R: Absolutamente.

Este concepto se ampliará más adelante en este libro.

D: Siempre he regresado a la gente a vidas relevantes y apropiadas, para que entiendan lo que está pasando en su vida ahora. ¿Y quieres decir que esto no sería posible?
R: Esto no sería relevante.
D: Muy bien. Porque siempre queremos saber dónde originó el alma. Y muchas de estas personas se ofrecieron como voluntarias para venir aquí a hacer este trabajo.
R: Manifestado, creado, proporcionado.
D: ¿Quiénes son ustedes, los seres que están hablando, cuando dices "ellos"?
R: Somos parte del proceso de creación detrás del formato humano. Ser humano: los orígenes detrás del proceso de creación, la fachada de la humanidad y del planeta en el que vivimos. Somos parte de ese propósito creativo. Somos parte de la energía detrás de eso. Estamos aquí ahora para volver a iluminar a aquellos que desean comprender que hay otra existencia. Hay otro formato de energía al que avanzar. Hay muy pocos aquí que están preparados para aceptar los cambios y su relevancia. El cambio es tan relevante en este momento. La humanidad está en un punto de expansión de mente espiritual hasta el grado en que la existencia del hombre ya no pueda permanecer en este nivel de frecuencia energética. Esto no es una interferencia, sino una declaración de los hechos. Tiene que haber un cambio. Tiene que haber un entendimiento. Pero el avance necesita hacerse correctamente,

con entendimiento, con conocimiento, con la re-frecuencia de los cuerpos que se preparan para hacerlo. Y al hacerlo, pueden hablar y trabajar con estos niveles de energía. Estos pensamientos y formatos no son los procesos de la humanidad. Son el proceso de los esfuerzos de la creación detrás de la forma en que los humanos fueron creados.

D: *Sí, puedo entender eso, aunque hay muchos otros que no pueden, porque he estado trabajando con esto durante mucho tiempo. Pero se me ha dicho que hay decenas de miles de personas que han llegado al nivel en que serán parte de este cambio.*

R: Hay muchos. Decenas de miles siendo muy pocos en comparación con las personas sin nombre en este planeta. Decenas de miles sería correcto. Estás en lo correcto. La cuestión es, hay muy pocos que realmente llevan una energía de razón. Muchos están aprendiendo la razón, pero en realidad están diciendo la verdad detrás de la razón, esa es la razón de este niño. Esa es la razón.

D: *Sé que hubo muchos, muchos involucrados en esto, pero son ignorantes a ello. La persona no se da cuenta de lo que está pasando. Sin embargo, está ocurriendo un despertar. Más se están convirtiendo más conscientes del hecho de que algo le está ocurriendo a la Tierra. - Pero estas eran cosas que quería saber, lo que sucedió cuando tenía tres años.*

R: El niño sabe exactamente lo que pasó, así que no necesitamos dar más información al respecto.

D: *Bueno, tenía preguntas al respecto.*

R: El niño tiene todas las respuestas. Siempre las tiene.

Un recuerdo que persiguió a Robert desde que tenía tres años no tenía sentido, era que estaba parado en una playa mirando hacia un acantilado. Vio lo que percibía como sus "verdaderos" padres alejándose de él en la cima del acantilado. Estaba muy molesto, llorando y gritando para que regresen, para que no lo dejaran allí. Al recordar esto desde el punto de vista de un adulto, no tenía ningún sentido porque las personas a las que recordaba y llamaba a sus padres "reales" no eran sus padres biológicos quienes lo criaron. Por eso quería explorarlo.

R: (Suspiro) Estamos preparados para aceptar que al niño no le será dada esta información. Debes aceptar, y nosotros debemos aceptar que, en este momento, para expandir al niño al punto de donde ha venido, no le permitirá vivir y morar dentro de las dimensiones en las que él está. Existen frecuencias de energía que serían totalmente no conducentes con el marco en el que se encuentra. Trabaja muy poco con estas energías, pero le afectan mucho. Esta fue la elección. Esta fue la aceptación cuando este niño vino a hacer este trabajo. Los perímetros detrás de eso crearán algunos desequilibrios de la deformidad dentro de su estructura física. Esto tiene que ser aceptado. Se pondrán fines no correccionales en su lugar, pero nunca funcionarán correcta o físicamente. Su cuerpo sufrirá mucho con respecto a la energía que lleva. No podemos forzar el propósito detrás de su origen. Por la sencilla razón que: la energía de la que es no es la energía y realidad de su procedencia. Esto será tan confuso para aquellos que entiendan la verdad.

D: *Pero me han dicho que la energía de la creación completa nunca puede entrar en un cuerpo humano. Sería imposible. ¿Así que esto es solo un fragmento?*

R: Es un fragmento. Al niño se le ha dado un fragmento de su realidad.

D: *Pero crees que parte de este conocimiento de lo que sucedió cuando él tenía tres años, ¿es peligroso que lo sepa?*

R: El conocimiento de la existencia anterior de donde venga, la energía de la que ha venido no sería propicio para su elemento físico. Él puede tener este conocimiento cuando esté fuera de su elemento físico, que es no en este momento. Así que no se le permite aventurarse afuera de. Es parte del dolor que tiene que soportar. Él sabía eso cuando asumió este trabajo. Él es el formato de energía, que no podría comunicarse con la energía de vida de la que ha venido. Sólo hay un portal de aceptación que le permite hacer eso. Vimos el punto de entrada. La única vez que ese punto de entrada puede ser reingresado está en el punto de desaparición. Como y cuando este niño deje este planeta, será llevado. Él no va a pasar por los tubos normales paralelos, que le aguantarán nuevamente en una frecuencia de no aceptación. Como bien sabemos en este momento, cuando un espíritu terrenal se mueve hacia la cuarta dimensión, hay un tubo. Y dentro de este tubo, hay una luz hermosa. Pero expandidos dentro de esta luz hay muchas experiencias que te pueden llevar, y arrastrarte a expansiones de espectro que no le son propicios. Han sido creados por bajas frecuencias astrales. El niño no será relevante con estos. No tendrá que presentarse a sí mismo a través de estos procesos. El niño ha sido renacido de la luz, y ahora es muy consciente del trabajo que tiene qué hacer. Ha sido empujado a este trabajo.

D: *Entonces crees que esto no es recomendable hacer preguntas por su curiosidad de lo que pasó cuando tenía tres años.*

R: No. La verdad está ahí. Lo que ocurrió es desde el punto cuando se le permita recordar. Nada antes de eso será dado, y nunca será dado.

No me iba a dar por vencida. Intenté de nuevo obtener al menos una pequeña cantidad de información para Robert.

D: *Solo tenía curiosidad, por sus recuerdos de ver a sus verdaderos padres dejándolo.*

R: Energías reales dejadas en el formato humano. El momento en que él estaba en un formato humano, las energías crearon un formato humano para que él vea, para que ellos vean, para que tú veas, que esto produjo el cambio. Que se produjo una suspensión del anonimato en ese punto.

D: *Así que eso era algo para que él recordara.*

R: Eso es correcto.

D: *Ese sería un recuerdo seguro.*

R: Ha venido de algún lado, y no de aquí. Y hay amor que se puede tener en abundancia cuando su trabajo es completado, y está lejos de completarse.

D: *Sí, entiendo. Pero sabes que esto es difícil para los humanos cuando sienten que se han quedado aquí. Se sienten muy aislados. Y se sienten diferentes a los demás humanos.*

R: Ten en cuenta que de lo que estás hablando en este momento, no es físico. Pero el cuerpo al que miras, en este momento, es físico y sufre mucho por el trabajo y la incomprensión de los que él, en la manera de pensamiento físico tienen y ocurren.

Robert dijo que cuando era niño tenía fiebres muy altas y problemas físicos que los médicos no podían explicar. Estuvo cercano a morir varias veces, y pasó muchos días en el hospital mientras trataban de controlar su temperatura y entender lo que estaba pasándole. Hasta el día de hoy, a sus padres nunca se les dio ninguna explicación.

R: Esto tiene que ver con la transducción de transición de nuevas energías que se están enfocando. Hay muchas personas que son como lupas de energía. Este niño es uno. Lo que él es, es un curador de energía, pero la transmite. Él es un formateador. Él es un entendido. Él es un transductor. Él es como un fusible que mueve energía de un punto a otro. No siempre lo entiende. Esto tiene mucho efecto en el cuerpo físico humano que lleva. Él está entendiendo que gran parte de esta energía no es suya. Es una energía compartida. Es una transducción desde un punto portal, a un punto de entrada físico, a una humanidad física.

D: *¿Y esto es lo que causó las fiebres y los problemas físicos que sucedieron en aquellos primeros días?*

R: Esto fue un aprendizaje para lidiar con las energías. Este fue un punto en su vida donde tuvo que despertar a quien era. De lo contrario, habría dejado este planeta. No habría habido razón para que él esté aquí.

D: *Así que tuvo que adaptarse a... ¿qué? ¿Un aumento en la energía?*

R: ¡O se ajusta o se sale! ¡Hecho! ¡Cifras! ¡Ajustarse o salir! No hay relevancia en ninguno de ambos lados de eso.

D: *Entonces, ¿sería como un aumento en las frecuencias en ese momento?*

R: ¡Sí, o sal! Aléjate de la humanidad. Retrocede. Y deja que otra energía haga el trabajo correctamente.

D: *Dijo que fue muy traumático y que no podían entender lo que le estaba pasando.*

R: Increíblemente, demasiado para que lo soporte una energía física. Casi más allá de la resistencia. El niño tiene mucho por recorrer más allá de la resistencia. También se le permitirá tratar con energías a nivel físico, tienes que ser llevado al punto de no hay más resistencia. Entender eso es el punto donde ya no puedes ir. Se considera el tiempo probado. Es aprender a comprender que el planeta es de fisicalidad. Este niño tiene una forma de fuerza inmensa. más allá de muchos. Todavía tiene que entender el verdadero sentido y propósito detrás de lo que llevará a cabo. Hay tanto trabajo por hacer. Mucho de esto se hará en lo físico, pero se hará mucho en lo subliminal y niveles Superconsciente.

La voz estaba afectando la cinta. Tenía siempre un sonido ronco, pero ahora se estaba volviendo más pronunciado, como una señal electrónica comenzando a romperse. Algunas de las palabras tenían un sonido distorsionado y poco natural. En todo momento, mi voz sonaba normal en la cinta, solo la suya estaba distorsionada. No me di cuenta durante la sesión. Solo se hizo evidente en la cinta. Esto ha pasado muchas veces, que la entidad me ha afectado equipos electrónicos de alguna manera poco natural.

D: *Pero ahora se ha ajustado. Ya no tiene las fiebres y los otros dolores y molestias que tenía en el pasado.*
R: Tiene nuevos dolores. Esta es una mala interpretación de los formatos de energía.
D: *Dijo que estaban en la espalda y en las piernas.*
R: Estos son puntos de energía de la nueva energía.
D: *Entonces, ¿otro avance de energía está ocurriendo?*
R: Eso es correcto. Al niño se le ha explicado esto. No acepta. Va a aceptar. Se espera.

Robert inesperadamente dejó escapar un extraño gemido agudo, y su cuerpo se convulsionó y tembló. Fue inesperado y me sorprendió.

R: El sonido es la única forma de programar y aceptar.

Aparentemente, esta fue la razón del extraño sonido.

R: El sonido es una nueva programación creacional. Aceptar. Aceptar. Aceptar. Estamos preparados para aceptar que los nuevos límites de sonido que están creando una base curativa en este planeta, van a ser una fórmula para que los seres humanos acepten el dolor que soportan. Este niño ahora está trabajando hacia el trabajo con el sonido. El sonido permitirá que su cuerpo repolarice. Para volver a acceder. Para volver a aprender a desarrollar los límites de la energía que transporta. El niño tiene esto en su lugar ahora mismo.
D: *Por sonido, ¿te refieres a la voz humana o a la música?*
R: Con música. El niño está trabajando con la música. Dispensación de música y cantando y produciendo música. Y también está involucrado con sonido. Con gente trabajando con afinación de

sonido. Resonancias sonoras, frecuencias, sonido, color, extensiones.

D: *Todo es muy importante porque las frecuencias de la música afectan el cuerpo humano. Sería mejor si pudiera hacer estos ajustes de energía y los incrementos de energías sin molestias para el cuerpo.*

R: Sí, eso sería propicio, pero el cuerpo no sabe sus limitaciones hasta que hayan sido ganadas. Este es el punto. Este es un proceso de aprendizaje. Para que el cuerpo humano cambie, uno necesita entender que los elementos que la humanidad eligió no fueron por el aprendizaje a través del amor, pero aprendiendo a través de la angustia y la energía. Y angustia y energía crean una eliminación de energía no deseada, que crea, al final, dolor. Así que el dolor es el punto de aprendizaje. El dolor es el punto de evolución y estiramiento hasta el punto de comprensión. Entonces, por lo tanto, el dolor es el punto de aprendizaje.

Aquí la voz de Robert cambió y se volvió emocional, al punto de llorar. Lo que se estaba diciendo definitivamente estaba afectando Robert, y esa parte humana estaba anulando la entidad.

R: Entonces, por lo tanto, el dolor es el punto en el que este niño llegará al nivel de resistencia. Y luego tendrá la capacidad de enseñar a otros a hacerlo.

Robert ahora estaba llorando. Traté de ignorarlo en lugar de enfocarme en eso. De esta manera podría recuperar la entidad y mantener las emociones de Robert reprimidas. Además, mi trabajo es siempre alejar el dolor, no justificarlo ni prolongarlo.

D: *Pero en realidad no queremos dolor, porque el dolor incomoda al cuerpo.*
R: Sí, correcto. (La entidad volvió a tener el control).
D: *Entonces, ¿se puede hacer de una manera mucho más fácil?*
R: No, no en esta circunstancia. Lo que tiene que pasar es esto: Manejar el punto de dolor. Ha elegido este elemento, esta frecuencia, este ciclo de dos mil años para desarrollarse por medio de la energía del dolor a la evolución de un nuevo cuerpo. Así es cómo el hombre ha elegido aprender. Ahora nos estamos

mudando a un nuevo proceso de ambiente de amor donde el dolor será remitido. Y se permitirá que el amor sea la frecuencia de exposición a medida que surgen nuevas experiencias. Lo qué necesita ocurrir, es el proceso de aceleración donde el hombre se permita transducir todo el dolor que lleva y removerlo. Así pues, los nuevos sentimientos elementales de amor y sensaciones pueden trasladarse al cuarto y al tercero. Así es como esto está ocurriendo. Se muestra a través de este ciclo de experiencia de esta carga de este niño.

Este cambio del cuerpo humano para poder existir en el La Nueva Tierra se ampliará más adelante en este libro.

D: *¿Es el ADN del cuerpo el que está siendo afectado?*
R: Absolutamente.
D: *He escuchado esto de otras personas. Y dijeron que es definitivamente una elevación de las frecuencias.*
R: Sí, absolutamente.
D: *Pero me gustaría que sucediera con menos molestias para su cuerpo.*

Estaba decidida a aliviar la incomodidad del cuerpo de Robert, a pesar de que me estaba encontrando con una tremenda resistencia de la entidad obstinada.

R: Al principio aprendes que el dolor no lo es todo. A medida que aprendes, el dolor se vuelve y progresa para ser menos. El dolor, no necesariamente siendo la función del dolor. El dolor es el proceso evolutivo de aprendizaje. Si aprendes mucho, el dolor se produce a través del funcionamiento del cerebro. El dolor se produce al tener que trabajar duro. El dolor ocurre cuando se ama demasiado o se vive demasiado. Estos son los procesos que el hombre eligió para evolucionar.
D: *Sí, todo es parte de nuestras lecciones.*
R: Al hombre se le está dando un punto de partida, pero necesita saber sus perímetros. Necesita entender que estos escalones son puntos intermedios de realización. Necesitas quitar lo viejo para moverte a lo nuevo. Es tiempo de aclarar. Tenemos que trabajar con esto. Tiene que haber discípulos de este tiempo de limpieza. Este niño

es uno de los siete discípulos en este momento, haciendo el trabajo particular que ha elegido hacer. Este es el primero con el que te encontrarás. Conocerás más. Ya has trabajado con esta energía. Volverás a atraer esta energía. Puede que no sean sujetos difíciles con los que trabajar. Este niño ha sido programado con elementos que no le permitirán ir a este lugar de donde ha venido. Era el cuerpo de luz en el que eligió entrar. Los cuerpos de luz con el próximo niño con el que trabajarás, te permitirá volver al propósito detrás de este niño. Y la energía en la que han venido. Ahora conocerás a otro. Tú atraerás eso hacia ti, porque estarás interesado en conocer lo que hay detrás de este propósito. No lo obtendrás esta vez.

D: *Sé que parte del propósito tiene que ver con la creación de un nuevo mundo, y yendo a otra dimensión, cambiando la frecuencia y la vibración. Me han dado ese tipo de información.*

R: Sí, se te ha dado. Se expandirá en el espectro de esa información. Teniendo en cuenta la resonancia de esta información te permitirá resonar en muchos aspectos. Como lo apreciarás, mi querida señora que trabaja tan duro y pues llevas muy poco de la experiencia que tienes. Y la energía que llevas en un sentido no físico, es la inmensidad detrás de la obra que eres. Hija mía, se te tiene que agradecer. Pero tu elemento físico lleva tan poco, y el hecho de que este elemento físico lleve tan poco, es lo que llevas, no quién eres.

D: *Las energías detrás de todo esto.*

R: No solo las energías, sino las energías que están unidas a esa energía. Se necesita tiempo para que esas experiencias paralelas se reúnan. Es como el pez en la red de pesca cuando el arrastrero tira de la red. Gradualmente el cultivo queda expuesto al jalarse la pesca. Pero se necesita ganar fuerza para tirar de la red. Por lo tanto, el peso del conocimiento transportado dentro de esa red sólo ocurrirá si y cuando la persona o la resistencia se ha dado para ese propósito. Estás recopilando esa información. Tienes una aceptación detrás de quién eres y lo que eres, hija mía. También tienes una aceptación mucho más allá de eso, que eligió venir y trabajar con lo que trabajas. Fuera de tus elementos físicos, se te dará mucho. Pero dentro de tus elementos físicos se te da tan poco. De hecho, te dan muy pocas gracias con respecto a lo que haces en tantos niveles diferentes. Pero los muy pocos agradecimientos que te dan son verdaderos agradecimientos. Lo que te espera, en verdad real, está detrás de ti de lo que te queda. Del mismo modo con este niño. Todos ustedes vienen del mismo propósito. Todos nos damos cuenta de eso. Esta espiral de conciencia es espiral de otra espiral que salió en espiral de otra espiral que salió en espiral de otra espiral. Es un alargamiento de un proceso que no es posible comprender en las dimensiones de lo que tienes. Pero se te está dando más de lo que se te ha dado en el pasado. Se te está dando la habilidad para entender, si eso te hace sentido.

D: Mi parte es tratar de ayudar a otros a entenderlo y presentarlo de una manera en que puedan entender y aceptar.

R: Estás diciendo tantas palabras que tienen muy poco significado en ese momento. Pero las resonancias detrás de esas las palabras son el verdadero significado. Un alargamiento detrás de lo que esa energía es. Hay muchas visiones y proporciones que tenemos como y cuando hablas, pero no puedes hablar sobre ellos. Pero lo que en realidad estás haciendo con las palabras es transducir, transportando esa energía a través de estas personas. Entonces, por lo tanto, la estructura celular está reteniendo y asumiendo una energía que les sea propicia; eso les permitirá moverse. Hay tanta gente haciendo tan poco. Hay mucha gente haciendo muchísimo.

D: Así que resonará para ellos en otro nivel, aparte de lo que están leyendo en los libros.

R: Absolutamente, hija mía. Tus libros tienen una resonancia. Solo necesitas poseerlos para llevar la resonancia, la proporción de su información, de su energía.

D: ¿Así que la gente obtendrá más de lo que realmente obtienen al leer las palabras en la página?

R: Sentirán la inspiración. Ellos sentirán y tocarán los libros, y sentir la necesidad de que hay algo dentro de ese libro. Y puede ser una frase. Puede ser una idea, puede ser intuición. Puede ser expansión. Puede ser la proporción de solo escucharlo, eso alargará todo un formato nuevo de frecuencia de pensamiento para ellos. Eso permitirá transducir, aceptar toda una nueva espiral de información. De esto se trata. Tú, nosotros, siendo los curadores de la nueva fuerza. Y la fuerza no está donde vas. Es de donde has venido. Es tiempo de terminar para muchos. Y es hora de empezar por muchos otros. Es hora de una evolución de cambio. Ha comenzado un ciclo.

D: *Eso es lo que he escuchado, que no todos harán esta transición.*

R: Eso es correcto. Los que estén listos para ello serán los que serán capaces de comprender físicamente al menos diez por ciento de adónde van. Tendrán que ganar ese derecho.

D: *Los demás no entenderán lo que está pasando, y estarán muy confundidos.*

R: Pueden, en los últimos cinco minutos de su existencia, ser transpuestos o dárseles la información a su físico nivel, para que puedan seguir adelante. Y habrán trabajado en un nivel subliminal. En los últimos momentos de su vida se le dará a un nivel físico. Por lo tanto, tendrán la energía para moverse. Y con las enseñanzas a entender que cuando descienden por el tubo de conocimiento, cuando se alargan de una existencia a la otra, no se moverán a la cuarta dimensión. Regresarán a la proporción, al punto de energía de donde se separaron.

D: *¿Qué pasa con esas personas que se niegan a entender?*

R: Una vez más, la elección es la igual-liberación de lo humano.

D: *Eso es verdad. Tenemos libre albedrío.*

R: Eso es correcto.

D: *Entonces no entrarán en la transición.*

R: ¡Esta vez no! El tiempo es el elemento de su frecuencia.

D: *Sí, sé que el tiempo es una ilusión, pero estamos atrapados en él. Tenemos que usarlo.*

R: Según su experiencia, será su momento. En tu experiencia, no será nada. Tú, siendo quien ha pasado a otra experiencia. Será como si estuvieras esperando para reunir a tu rebaño, para que el rebaño pueda luego pasar a otros pastos. Si vamos a aceptar que las chispas divinas de conciencia humana se han desprendido desde un nivel, si esto va a ser una aceptación, tienes divinamente romperte en chispas de individualismo. Entonces estás trabajando y evolucionando en un estado de conciencia. Como has evolucionado en esta conciencia, has creado una densidad de frecuencia de este planeta. Las frecuencias de densidad de conocimiento energético detrás de este planeta. La vida, la muerte, la vida, la muerte. La densidad de frecuencia, el karma, la información que rodea eso. El punto en el que dejas este punto y vuelves a tu frecuencia multidimensional singular, esperarás a que el rebaño se reúna por sí mismo. Esto podría tomar milenios. Pero el punto es, cuando estás esperando que tu rebaño se reúna, estás en un abismo de amor y aceptación total. Se le dará exactamente lo que necesitas para disfrutar de lo que eres.

D: *Sí, he oído que es muy bonito. Va a ser totalmente diferente. Al principio pensé que era bastante cruel que los demás no irían al mismo tiempo. Se quedarían atrás.*

R: No es así en absoluto. No es como si tuvieras que irte; cuerpos, como lo que el niño ha experimentado, está experimentando, la prolongación de la emoción de dejar una familia física. Lo que en realidad ha dejado es una familia física de la dimensión de la que ha venido. Extraña el amor. También se da cuenta de que no puede volver a eso. Ha estado yendo y viniendo durante muchos milenios, para comprender cómo funciona el planeta. En esta ocasión ha elegido, o se le ha dado la opción de venir y trabajar con el planeta. Para transducir y cejar al rebaño. Si vamos a poner esto en una proporción de proceso de pensamiento, este niño es el discípulo del nuevo conocimiento. Este niño debe ser adornado con respecto a la información que ha sido dada por esta voz. El niño no trabaja dentro del karma. Él se ha alejado de las frecuencias energéticas de la espiral de frecuencia kármica y de tercera y cuarta dimensión.

D: *Porque sabes que con el karma puedes quedar atrapado en la frecuencia terrenal.*

R: Estás hablando con un propósito influyente no kármico en este momento. Elimina todos los niveles de pensamiento de eso. Elévate.

D: *Entonces él está aquí solo para cumplir este propósito. Y luego volverá a la dimensión de la que vino.*

R: Eso es correcto. Vivirá una vida humana normal. Y durante esa vida humana, llevará a cabo su propósito, pero tiene influencias. Él puede ser atraído a propósito tridimensional.

D: *Sí, es muy difícil vivir en este mundo y no dejarse arrastrar en él.*

R: Y si es atraído hacia un propósito tridimensional, es sacado de nuevo.

D: *Porque así es como se crea el karma. Estamos aquí para aprender lecciones.*

R: (Interrumpe.) Nos estamos irritando con este tema. Karma no se refleja con esta influencia aquí en este punto. No seremos groseros contigo. ¿Podemos promover esta información a otro lugar, por favor?

D: Muy bien. Solo quería aclararlo para su beneficio, porque él estaba preocupado per eso.

R: Aclarado aceptado. El niño sabe todas las respuestas.

D: Pero su mente consciente no. Estamos tratando de transmitirlo a la mente consciente.

R: Gracias por trabajar con su mente consciente. Sería mejor si trabajas con la información que necesita. El niño tiene todas las respuestas. No tienes necesidad de hacer estas preguntas. Todas las preguntas que ha estado haciendo, él tiene la información a ellas. Trabajarás del mismo lugar. Se te ha dicho que trabajarás con estas personas. Que eventualmente te ocurrirá. Eso tiene que ocurrir. Hay que esperarlo. Ocurrirá en tiempo.

D: Las otras personas con las que he trabajado que les llamamos "niños de las estrellas", o los que están viniendo, no tienen tanta dificultad como la que está teniendo Robert.

R: Estamos re expresando información antigua, pero volveré a explicar esto: (Parecía agravado) en este momento, el período de transición entre la frecuencia del amor y la experiencia de energía del formato de pensamiento del hombre se expande por el dolor. El punto en el que hay un punto de transición, donde el hombre puede pasar del dolor a la experiencia evolutiva aprendida, hasta el amor, la experiencia evolutiva aprendida necesita ser expandida por ejemplares. Necesita ser mostrado del punto de movimiento y volviéndose de un punto a otro. La única forma en que uno puede hacer esto es llegar a ese punto. Y aprender a moverse desde el punto más alto de la espiral hasta la próxima elongación de expresión. Así pues, los discípulos que vienen necesitan entender dónde está ese punto. El punto de paso. El punto donde te encuentras en el puente. El punto donde entiendes que es hora de amar. (Deliberadamente) ¿Tiene sentido esta aclaración?

D: Sí. Creo que los otros con los que he hablado, probablemente no sean de la misma frecuencia. Pero también se han ofrecido como voluntarios para venir y ayudar al mundo.

R: Están trabajando en las frecuencias de nivel que se están moviendo hacia este punto. Esto no significa que esta frecuencia de energía es más alta o baja. Son parte del escalón. Son parte de los pasos hasta el punto en la cima de la pirámide. Siendo la cima de la pirámide el punto en el que el niño está listo para informarse a sí mismo. La prolongación del estiramiento espiritual existente en la mente estará en el punto donde se les permitirá expandirse hacia volver al propósito de donde vinieron. Entonces buscar otra experiencia cuando el rebaño se haya reunido.

D: *Pero sabes lo difícil que va a ser que las personas ordinarias lo entiendan.*

R: El humano ordinario tiene tiempo en sus manos, pero el tiempo se está acelerando. Por lo tanto, esta prolongación se está acelerando. Así que, la expectativa se está acelerando. Entonces, la reestructuración del ADN se está acelerando. Así, la frecuencia vibracional se acelera. Todo se está acelerando. Así que el dolor también se acelerará y se prolongará hasta un punto. Dolor de nuevo, no es sólo dolor con respecto a la sangre. También es dolor con respecto a cada propósito evolutivo planeado. La resistencia del hombre a evolucionar y a la evolución.

D: *Me han dicho que estamos trabajando mucho más karma más rápidamente, porque estamos tratando de adaptarnos a estas frecuencias e irnos.*

R: Eso es correcto. Estamos descargando información actual, formatos de pensamiento energéticos, que han estado con nosotros durante muchos milenios. Hay un punto ahora donde a la gente se le está permitiendo descargar, borrar y se les permite salir del ciclo kármico. El momento en que pueden salir de la influencia del ciclo kármico, pueden entonces trabajar con la espiral de información que les está permitiendo salirse y regresar a la frecuencia de la cual han venido. Términos simplistas de explicación. Con lo que no es fácil trabajar. Trabajará. Y funcionará.

Parecía molesto porque tenía que explicarlo simplemente y ponerlo en palabras que yo pudiera entender, pero finalmente fue teniendo un poco más de sentido.

D: *Me han dicho que muchas de estas cosas son muy difíciles de comprender para nuestras mentes. Por eso no nos han dado la información antes.*

R: Aceptado.

D: *Que la mente humana física simplemente no tiene la capacidad.*

R: Eso es correcto.

D: *Así que siempre me han dicho que presente la información de una manera que la gente puede entender.*

R: Eso es correcto. Y lo estás haciendo.

D: *Pero la información que estás dando es mucho más complicada.*

R: Eso es correcto, porque estás pidiendo las respuestas.

D: *Pero creo que todavía será difícil para algunas personas entenderlo. Ese es el problema.*

R: La gente, en este momento, lo comprenderá. Por su propósito evolutivo, su frecuencia de energía corporal permite que este propósito sea aceptado. Este es el punto que estamos haciendo. Hemos enviado siete discípulos ahora a este planeta. Dos expandidos, dos estirados. Va a haber un tercero, y habrá un cuatro. Todos se encontrarán en algún momento. Pero el tres no conocerá al cuatro, y el cuatro no conocerá al tres. El primero en haber conocido uno se ha producido. El primero de los tres está a punto de posiblemente encontrarse.

D: *Pero nunca conocerán a los otros cuatro.*

R: Es correcto.

D: *¿Estarán trabajando en diferentes áreas?*

R: Es correcto.

D: *¿Pero me encontraré con algunos de ellos?*

R: Lo harás. Y a medida que te cruzas con ellos, no debes mencionar uno al otro, en un sentido físico. Puedes hablar subliminalmente, pero no debes hablar en sentido físico. Interferirá con las energías. Porque ellos portan las mismas energías, pero están usando diferentes fórmulas. Teniendo en cuenta que la crianza étnica es diferente. Llevan diferentes energías. Entonces, por lo tanto, energías del sur y del hemisferio este, oeste y norte no son totalmente conducentes entre sí en el planeta. Así que, no lo debes mencionar.

D: *Entonces serán diferentes razas y culturas.*

R: Diferentes culturas serían mejores que razas. Es posible que hablen el mismo idioma, pero los puentes culturales serán diferentes.

D: *Pero cuando los encuentre, ¿lo sabré?*

R: Lo sabrás.

D: *¿Lo sabré así, durante el trance?*

R: Lo sabrás inmediatamente.

D: *Porque aquí es donde generalmente me dan mi información.*

R: Absolutamente correcto. Por lo tanto, sabrás inmediatamente cuando te encuentras con uno de los otros. Lo sabrás subliminalmente antes de que ocurra.

D: *Y no debo conectarlos. No deben de contactarse entre sí.*

R: Eso es correcto. A menos que se te diga.

D: *Me han dicho lo mismo sobre otra información. He encontrado gente trabajando en los mismos inventos. Y me dijeron que no les dijera sobre el uno a otro en este punto.*

R: Es correcto. Las energías interfieren con las energías. Lo que tienes, es una conexión a través de un proceso de forma de pensamiento subliminal, que está conectado a través de una espiral de energía. Si conectas uno con el otro, puede fusionar los dos juntos y diluir la información. Sabes exactamente lo que se está diciendo, por lo tanto, la dilución no sería conducente al propósito de formato de pensamiento colectivo detrás de la energía. Así que, presentar uno al otro haciendo el mismo trabajo, confundiría. Teniendo en cuenta, como y cuando una invención está lista para ocurrir, necesita ocurrir en muchas diferentes avenidas. Luego, la energía está lista en un nivel subliminal. Así llega la aceptación consciente, lo subliminal ya está ahí. Así que se siente bien.

D: *Conocí a un hombre en California, y del otro lado del mundo en Australia, Conocí a otro hombre que trabajaba en el mismo invento. Y se me dijo que, en este estado, sería como dos olas en el océano moviéndose por su cuenta, pero si se fusionaran, sería solo una ola, y perdería su - ¿qué? - su energía o su potencia.*

R: Es correcto. Esa es una buena analogía con respecto a tus términos tridimensionales. También, muy pronto, si no las hecho ya, trabajarás con resonancia de sonido total.

D: *He conocido a personas que están trabajando con la profesión médica que están tratando de introducir la curación natural.*

R: Expandirás más tu mente a este pensamiento. Ahora tienes una proporción de energía transducida hacia ti en este punto en el tiempo. Podrás escribir sobre esto. Pronto funcionará contigo.

D: *He tenido otros clientes diciéndome que quieren trabajar con sonido y color. Esta será la nueva curación.*

R: El color viene antes que el sonido.

D: *Antes del sonido.*

R: El color viene antes que el sonido. Sonido de resonancias de colores. Y que resuena energía. Entonces ese formato de pensamiento resuena frecuencia. El color es lo primero. El espectro de color resuena el sonido. El espectro de sonido resuena color.

D: Así que funciona en conjunto.

R: Trabaja en alargamiento y estiramiento total. Lo que no estamos trabajando en este momento, es entender que cada producto, frecuencia elemental del cuerpo físico, resuena a un cierto nivel de sonido. El ADN, la estructura celular, todo funciona con resonancias sonoras. Por eso estamos siendo programados con una nueva estructura de ADN total. Para que las resonancias sonoras se puedan proteger y proyectar al formato de pensamiento humano. Por lo tanto, seremos capaces de aceptar nuevas frecuencias. Y estas están siendo transducidas a través de sonido. A través de sonidos de círculos de cultivos, a través de impresiones, a través de encuentro de entonaciones, a través de frecuencias de sonido. Estos son todos entonaciones de sonido y color. Y vienen en un sentido mucho más grueso, más próspero en este momento. También se nos está dando el elemento de introducción de conocimientos en un nivel tridimensional. Cómo entender y trabajar con esto. Por lo tanto, las enfermedades humanas pueden manifestarse y crearse en un formato más positivo, en lugar de vivir y morir con estas enfermedades, y aprendiendo qué energías llevan las enfermedades. Las enfermedades son información. Pero si el cuerpo no tiene la información de esta enfermedad, el cuerpo crea la muerte. Es un formato muy interesante para pensar que en realidad una enfermedad es una energía de importancia, no una energía de la negatividad.

D: También me dijeron que el cuerpo se volverá más resistente a las diferentes enfermedades.

R: El cuerpo se volverá resistente a diferentes enfermedades, solo si el propósito creativo del formato de pensamiento detrás del cuerpo está listo para volverse resistente. Si el propósito del formato de pensamiento creacional dentro del cuerpo es totalmente de tridimensionalismo, entonces las enfermedades actuarán en su curso normal. A menos que se cree una introducción de nuevos niveles.

D: Me dijeron que están tratando de hacer el cuerpo más resistente, y también aumentar la vida útil.

R: Es totalmente correcto.

D: *Porque estamos entrando en una dimensión, frecuencia, totalmente diferente, de lo que hemos hecho antes.*

R: Eso es correcto. Jamás, en un marco humano de comprensión, se ha movido un poco más lejos de este punto en el tiempo. Este es el primero. No te das cuenta de la importancia de este nuevo nivel de trabajo. Esta es la primera vez que esto ha sido introducido al planeta Tierra en estos niveles.

D: *¿Por eso me han dicho que todo el universo está mirando, para ver lo que va a pasar?*

R: Eso es correcto.

D: *Pero primero debemos superar este tiempo presente.*

R: Eso es correcto.

D: *Por eso se llama el "Tiempo de los trastornos". (así llamado por Nostradamus en mis libros de sus predicciones.)*

R: El Tiempo de los trastornos es básicamente el karma del mundo llegando al punto en que se está transduciendo a sí mismo. El mundo es una entidad viva que respira, así como todo lo que crea mismo dentro del mundo. La humanidad es solo una pulga en el ungüento del mundo. Todos somos parte de la transicionalización, el propósito. Toda una nueva energía que se extenderá al sistema planetario. Muchos de los planetas están aquí ayudando. No están aquí haciendo cumplir y vigilando. Están aquí ayudando.

D: *Creo eso, porque me lo han dicho muchos otros. Y también sé que el planeta es una entidad viviente, porque estos son conceptos que también me han dado. Así que estás reforzando alguna de la misma información.*

R: Absolutamente correcto. Hay mucho más que viene para ti. Te mereces tanto, por el trabajo que has estado llevando a cabo. Las bendiciones que se te darán son bendiciones de amor total.

D: *Entonces, ¿está permitido si uso esta información que se nos ha dado este día?*

R: Absolutamente. Esta información es de la población. No es información del individuo. Y Robert entenderá que las penas son penas de la obra que ha escogido realizar. Estos dolores, una vez comprendidos, serán aceptables, soportables. El trabajo que debe hacer ha estado detrás de los dolores. Y los dolores detrás del trabajo que debe hacer. Son todos parte del compromiso. Todos son parte del propósito procreador detrás del trabajo, y la energía con la que el niño ha elegido trabajar. Nunca puede ser interferido. Le han dicho esto. También hay otro propósito que necesita ser prolongado para ti en este momento, porque ahora estás a punto de encontrarte con esto.

D: *¿Qué es?*

R: Se te ha dado información esta tarde con respecto a un formato completamente nuevo de transicionalización de los seres. Siendo este el propósito detrás de algunos seres humanos que será totalmente diferente a lo que estás acostumbrada. Lo que realmente está ocurriendo en este momento, hay seres humanos que en realidad están aquí en un nivel físico, pero llevan una impregnación del alma que nunca podrá leerse. Este niño que se sienta aquí hoy no se puede leer en un nivel psíquico, en un nivel de radiestesia, no se puede leer al niño en ningún nivel. Porque bien sabemos que, en este planeta, una vez que te leen puedes ser sintonizado e interferido. Ese nivel de frecuencia ha sido eliminado. Él no puede ser leído. Así que, si lo lees en un nivel intuitivo, obtendrás un propósito ambiental diferente detrás de eso. Tú no lo harás personalmente, Dolores, porque eres un propósito de nivel de evolución. El nivel de tu cuerpo de luz es de belleza y amor. Los que no perduran en ese nivel, no serán capaces de sintonizar con él, y muchos otros como él, que trabajan con esto. Ahora empezarás a entender que hay dos diferenciales aquí. Están a quienes se les puede sintonizar y a los que no se puede.

D: *Es una forma de protección.*

R: Eso es correcto. Una protección subliminal que ha sido ordenado. Por lo tanto, lo que realmente está ocurriendo es que este niño no está involucrado en el proceso evolutivo kármico.

D: *Es importante que esté protegido.*

R: Es importante. Ha sido protegido. También es un proceso de experiencia aprendida para ti esta tarde, porque creo que comenzarás a experimentar más de este propósito, porque has invitado a esta energía a ti. Y la energía se ha invitado a sí misma.

D: *Y encontraré más gente de este tipo.*

R: Sí, lo harás. No te desconciertes.

Cuando estábamos llegando al final de la sesión, agradecí a la entidad por la información y le pedí que retrocediera. Respondió con los sonidos de clip-clop. Robert entonces fue reorientado y traído a la plena conciencia.

Un caso interesante de un apuesto joven que hacía armarios para vivir. En su estado consciente, había absolutamente ninguna indicación de lo que yacía justo debajo de la superficie de su personalidad.

Por supuesto, muchas de las cosas que dijo fueron confusas y desorientadoras porque eran difíciles de entender y comprender. Principalmente por la forma en que la entidad usó el idioma Inglés. Pero uno de ellos vino. Dijo que había siete discípulos ubicados alrededor del mundo. Estas son personas especiales que fueron enviadas a este mundo. Están vibrando a una frecuencia diferente, no estaban atados al karma y tenían un propósito específico. Dijo que acababa de conocer a uno de los siete, y que me encontraría con otro. Estarían viviendo en diferentes países y tendrían diferentes orígenes culturales. La advertencia principal fue que no los pusiera en contacto entre sí. Sorprendente e inesperadamente esto ocurrió unas semanas más tarde, después de que volví a los Estados Unidos. Conocí a otro discípulo mientras dirigía mi clase de hipnosis en Fayetteville, Arkansas. No tengo idea de si se me permitirá reunirme con los siete, o si basta sólo saber que existen. Tal vez ese conocimiento sería suficiente. Pero él tenía razón, están todos ubicados en diferentes continentes y tienen antecedentes culturales diferentes.

He conocido a muchas personas que, a través del trance, y desconocido por sus mentes conscientes, informaron que han venido a la Tierra esta vez para ayudar a la humanidad con la progresión a los próximos cambios. Pero aparentemente estos siete son de una vibración aún más diferente y en una tarea diferente.

CAPÍTULO 14

SERES AVANZADOS

Esta sesión fue un ejemplo perfecto de que "ellos" continuaban viniendo a través de muchos de mis clientes, a menudo bajo circunstancias inusuales e inesperadas. Este caso fue sin duda inesperado. Yo había regresado de Inglaterra sólo unas pocas semanas antes. Allí mientras hacía una sesión con Robert en Glastonbury, "ellos" dijeron que había conocido a una de las personas especiales que se ofrecieron como voluntarios o fueron enviados para ayudar con los cambios ocurriendo en el mundo de hoy. Dijeron que había siete de estas personas especiales o discípulos, y había conocido a uno de ellos cuando trabajé con Robert. Y que pronto conocería a otro. Pero me advirtieron que no los pusiera en contacto entre ellos. Debían continuar por sus propios caminos, aunque estuvieran ubicados físicamente un mundo aparte. Poco sabía que descubriría al segundo solo unas semanas después en circunstancias lejanas de ser normales.

"Ellos" me habían estado advirtiendo a lo largo de 2002, que estaba yo viajando demasiado dando conferencias en congresos y Expos. En el apogeo de mi trabajo durante 2001 y 2002, estaba en un avión cada semana hablando en todas partes del mundo. No era raro que fuera a dos o tres ciudades diferentes en una semana antes de regresar a casa, solo para empezar de nuevo. Estaba comenzando a sentir el estrés, así que sabía que estaban en lo cierto. Me dijeron que no necesitaba viajar tanto como lo había hecho en el pasado. Que mis libros podrían valerse por sí mismos ahora. Que la energía estaba ya por ahí y se intensificaría. Querían que escribiera más, y enseñar más mi técnica de hipnosis. Dijeron que se convertiría en la terapia del futuro. Dije que todavía tendría que viajar para enseñar, pero dijeron: "Déjalos venir a ti". Y sorprendentemente, eso es lo que sucedió. Empecé a dar mis clases en la ciudad vecina de Fayetteville, Arkansas, y gente ha estado viniendo de todas partes del mundo para aprender la técnica.

A mediados de agosto de 2002, estaba dirigiendo otra de mis clases de entrenamiento de hipnosis en la ciudad cercana. Mantengo mis clases pequeñas para que haya más interacción e interacción personal, para que sea más fácil entender mi técnica. No había hecho muchas clases, así que todavía estaba trabajando en el procedimiento de cómo realizarlas. En las clases anteriores, tenía a los estudiantes (que ya eran hipnotizadores calificados) practicando entre sí en el último día. En esta clase, decidí probar algo diferente, porque, aunque había enseñado mi técnica, no habían tenido suficiente tiempo para estudiarla. Tendrían que hacer esto cuando regresaran a sus propias prácticas. En el pasado, los efectos eran forzados porque no era familiar para a ellos. Así que al final del segundo día de entrenamiento, discutí esto en la clase. Todos decidieron que preferirían verme hacer una demostración en uno de los estudiantes, para que pudieran observar. Pensaron que esto sería más efectivo. Por supuesto, eso siempre pone al profesor en el punto de enfoque. Aunque tengo mucho éxito con mi técnica, esto estaría bajo diferentes circunstancias, un tipo de atmósfera de pecera. ¿Qué pasa si, debido al entorno de todos los que miran, el sujeto se pone nervioso y cohibido y se resiste a ir en trance? Tendría que trabajar más duro si eso sucediera, así que me preocupaba si funcionase. Varias personas querían ofrecerse como voluntarios para ser el conejillo de indias. La solución fue hacer que todos pusieran sus nombres en una caja, y yo elegiría uno para hacer la demostración a la mañana siguiente. Hurgué los nombres, y una hoja de papel pareció volar y pegarse a mi mano. Era Estelle.

Era una estudiante de última hora. No diré de donde vino por razones que se harán evidentes. Yo estaba dando un disertar en una conferencia, y dos personas querían tomar mi clase la siguiente semana. Ya tenía el número fijo que quería para la clase, así que no sabía si habría lugar. Cuando llamé a mi oficina y descubrí que dos personas habían cancelado en el último minuto, así que le dije a Estelle que había lugar si estaba interesada. Como había decidido venir en el último momento, tuvo que pagar más por su boleto de avión. Al principio, ella dudaba venir, pero decidió que la oportunidad se había presentado para una razón, y que valió la pena el gasto. También fue sorprendida por la facilidad con la que su jefe accedió a darle unos días fuera del trabajo. Más tarde dijo que ansiaba una sesión, por lo que no se sorprendió de que se eligiera su nombre.

Uno de los estudiantes tenía una habitación en el hotel que era más como una suite, así que decidimos que a la mañana siguiente nos reuniríamos primero en el salón de clases, y luego ir a su habitación. Algunos de los hombres trajeron sillas adicionales y la habitación estaba muy llena. Ahí éramos diez alumnos, mi ayudante y yo, lo que significaba doce gentes reunidas en la pequeña habitación del hotel. Durante la noche, yo tenía preocupaciones adicionales porque Estelle tenía acento, y a veces tengo problemas para entender los acentos cuando el cliente está en trance. Cuando están en un trance profundo, su voz se vuelve suave y arrastrada. Realmente tuve problemas cuando dirigí sesiones en Hong Kong y Singapur, pero eventualmente me acostumbré a los diferentes acentos. Todas estas cosas pasaron por mi mente mientras nos preparábamos para empezar. No necesitaba preocuparme, porque "ellos" estaban muy por delante de mí e iban a encargarse de todo.

La habitación estaba muy llena de estudiantes sentados en el sofá, en todas las sillas disponibles y en el suelo. Estelle estaba en la cama doble, y les dije a todos que estuvieran lo más callados posible mientras empezaba. No era consciente de que cosas raras ya estaban sucediendo hasta que terminó la sesión, pero "ellos" ya estaban encargados. Como normalmente no grabo la inducción, el micrófono estaba sobre la mesita de noche junto a la grabadora. Uso un micrófono de mano, porque lo sostengo justo al lado la boca del cliente. Su voz puede volverse muy suave durante el trance profundo, y así me aseguro de captar las palabras en la cinta grabadora. Otras personas usan micrófonos de solapa, pero así es como yo siempre he grabado mis sesiones. Este tipo de micrófono puede ser controlado presionando un botón en él, por lo que la grabación no comienza hasta que tomo el micrófono y lo enciendo. Más sobre esto luego.

Empecé la inducción y ella entro en trance inmediatamente. Así que mi primer temor fue injustificado. No prestó atención al número de personas en la habitación. No provocaron ninguna distracción. En mi técnica, generalmente hago que el sujeto se imagine un lugar que yo llamo un lugar hermoso, un lugar donde no hay preocupaciones o problemas. Les dejo elegir el lugar que consideran ser el lugar más hermoso y tranquilo. A partir de ahí el resto de la técnica los lleva a una vida pasada, que era el objetivo de la demonstración. Pero Estelle no esperó a que yo completara toda la inducción. Esto a veces sucede, y estoy tan acostumbrada a hacerlo que lo reconozco por su descripción del hermoso lugar. No sonaba como el lugar normal perfecto. De hecho, ni siquiera sonaba terrenal.

E: Es un lugar donde hay muchas flores exóticas y colores diferentes. El viento sopla. Siento la brisa. Hay muchos cristales allí. Muchos generadores. Pájaros volando, puedo ver sus diferentes colores.

Fue entonces cuando me di cuenta de que no estaba hablando de la Tierra. Se había adelantado y ya estaba experimentando algo, en alguna parte. Agarré el micrófono de la mesa y encendí la grabadora. El ambiente en la habitación llena de gente era tenso. Nadie hizo un sonido, pero todos instintivamente sabían que algo inusual ya estaba ocurriendo. Especialmente porque ni siquiera se me permitió completar toda la inducción que les había estado enseñando. Fue innecesario.

D: *¿Qué quieres decir con cristales y generadores?*
E: Cristales grandes que vienen del suelo. Y son altos, como tres o cuatro pies de alto. Tienen un punto en la parte superior.
D: *¿Por qué las llamas generadoras?*
E: Generan energía.
D: *¿Hay algo más alrededor?*
E: El color en el piso. El color es verde, pero no es pasto como conocemos el pasto. Es algo parecido al pasto. Pero, es verde y cubre el suelo.
D: *¿Y de ahí salen esos cristales?*
E: Sí, y están colocados estratégicamente para generar energía en esta área.
D: *¿Qué área es esta?*
E: Es un lugar lejano. Quiero decir... ¿otra galaxia?
D: *¿Hay algún edificio?*
E: No. Es como un área establecida específicamente para ir allí para energizarse y al mismo tiempo relajarse y sentirse en paz.
D: *Entonces es un lugar donde la gente no vive todo el tiempo, ¿quieres decir?*
E: Correcto.
D: *¿Es como ir a un lugar de vacaciones? Vas allí para ser específicamente energizado y relajado.*
E: Eso es correcto.

D: *¿Quiénes son los que van allí para energizarse?*
E: Todo tipo de seres diferentes van allí.

Aparentemente, esta fue la razón por la que inconscientemente eligió este lugar como su hermoso lugar. Algunas personas ven lugares donde recuerdan haber pasado unas vacaciones, que son muy especial para ellos.

E: Tan pronto como se percatan de ello, pueden proyectarse a sí mismos allí.
D: *Oh, ¿se proyectan sin ir en una embarcación?*
E: Eso es correcto. Cualquiera puede proyectarse allí si conectan con el lugar o toman conciencia de él. Te quedas por un tiempo, no demasiado. Suficiente para sentir la energía, y obtener la sensación de paz y tranquilidad, para que puedas volver a donde estabas. y continuar con lo que sea que estabas haciendo.
D: *¿Vas allí en un cuerpo físico?*
E: Puedes ir allí en un cuerpo físico o puedes proyectar tu energía allí.
D: *Cuando estás allí, ¿apareces en tu físico... como una forma de algún tipo?*
E: Algunos seres lo hacen. Pueden aparecer en su forma. Es un lugar donde todos son bienvenidos.
D: *¿Y vas allí a menudo?*
E: Si. Disfruto mucho el lugar. Me da una sensación de tranquilidad y conciencia.
D: *¿Y luego debes volver a donde haces tu trabajo?*
E: Eso es correcto.
D: *Cuando regreses de este hermoso lugar y te proyectes de regreso a dónde haces tu trabajo, ¿cómo es ese lugar?*
E: El trabajo se realiza simultáneamente en el plano Terrenal. Y el trabajo también se hace en un lugar lejano, en lo que llamarías base. Se hace en muchas galaxias, muchas dimensiones. Pero la base de operaciones en este momento es la Tierra.
D: *Así que estás haciendo ambas cosas al mismo tiempo, ¿quieres decir?*
E: Eso es correcto.
D: *Cuando lo estás haciendo en el plano de la Tierra, ¿cómo es ese lugar?*

E: Es un lugar donde interactúas con muchos seres también como haces en ese espacio sagrado. Reconoces a muchos otros mirando sus ojos. Los reconoces conectando con sus energías. Y a pesar de todas las máscaras que se ponen, te das cuenta de quiénes son. Ves profundo dentro en ellos y reconoces sus energías.

D: *¿Es esto algo que la persona promedio no sabría?*

E: Muchos saben de esto. Y muchos otros lo saben, pero no en un nivel consciente.

D: *Cuando estás trabajando en el plano de la Tierra, ¿cómo es tu cuerpo?*

E: Cuando trabajo en el plano terrestre, mi cuerpo se parece a la mayoría de la gente. Toma forma humana. Pero es como una máscara que uso. Lo proyecto para que los demás vean lo que están acostumbrados a ver.

D: *La forma física regular.*

E: Eso es correcto.

D: *¿Es esta la máscara de Estelle?*

E: Eso es correcto.

Me resultó interesante encontrar la definición de persona/personalidad como máscara. Tomado del latín: persona. Literalmente: la máscara de un actor, por lo tanto, una persona.

D: *Esa es la máscara que usas en este momento en la Tierra haciendo tu trabajo. (Sí.) Es una máscara muy buena, es bonita. Y esto es lo que ven los demás.*

E: Eso es lo que ven.

Robert también dijo que lo que la gente percibía como su forma física era sólo una ilusión. Aunque estas dos personas ciertamente me parecieron sólidos y humanas.

D: *¿Cómo te ves sin la máscara?*

E: Sin la máscara, también tengo forma física rodeada de luz. Es la forma física la que tiene forma, la que tiene sustancia. Pero dentro de esa forma física, en los bordes exteriores, también hay energía y luz.

D: *Me han dicho que la forma básica de todos es la luz.*

E: Eso es correcto. Así lo ven los demás. Pero si miran un poco más adentro, verán que tiene otra forma físicamente, como llamarías físicamente. Ya que tiene la forma de donde vino. Y del lugar de donde vino, era forma, pero era diferente.

D: *¿Cómo era esa forma?*

E: Se llamaría en la Tierra forma "reptiliana". Debo decir que hay muchos grados de forma reptiliana.

D: *Aquí es donde estás existiendo simultáneamente, ¿quieres decir?*

E: Eso es correcto.

D: *¿Así que tienes una forma de reptil en otro lugar? ¿Y forma terrenal en este lugar? ¿Estoy entendiendo correctamente?*

E: Hay una parte de la energía que está ahí en ese otro lugar, pero la experiencia presente se está experimentando ahora en este plano terrestre físico.

He escuchado tantas cosas inusuales en mi trabajo que esta declaración no me molestó. Siempre sigo haciendo preguntas, porque todo es posible en este tipo de trabajo. Pero miré alrededor de la habitación para ver cómo esta declaración estaba afectando a mis alumnos. Estaban absolutamente quietos, y su atención estaba pegada a la mujer que yacía inmóvil en la cama. Aquí una hermosa mujer de mediana edad con cabello oscuro decía que también estaba viviendo una vida simultánea como un reptil en otro planeta. Y no los estaba molestando o sorprendiendo en absoluto. Quizás habían leído lo suficiente de mis libros para saber que cualquier cosa es posible con este tipo de hipnosis, pero era inusual para mí tener a otros observándolo. Después de que terminó y nos íbamos a almorzar, uno de los estudiantes varones me dijo que era lo más notable que jamás había visto. En este caso, las acciones realmente hablaron más fuerte que las palabras. La demostración les enseñó más que la clase. Una cosa es decirles cómo se hace, y otra muy distinta mostrárselos. Libro de aprendizaje versus manos a la obra. Continué, "¿Cómo es en el otro lugar?"

E: En el otro lugar, observamos las otras galaxias para asegurarnos que todo está en orden, que nadie está haciendo y causando daño a otros. Y allí observamos y damos seguimiento a todo lo que está pasando.

D: *Eso suena como un gran trabajo. Observar todo.*

E: Es grande, pero estamos entrenados para eso. Y es algo que una vez que estás entrenado, se convierte en una segunda naturaleza. La manera en que todo se convierte cuando estas entrenado, no importa dónde estás.

D: *Sería un gran trabajo observar todo. ¿Usas máquinas para hacer esto?*

E: Lo haces con tu mente.

D: *Eso significaría que tienes una gran capacidad mental, ¿no es así?*

E: Sí, lo hacemos, proyectamos la mente a los lugares. Todos tienen ciertas áreas a las que están específicamente conectados, pero en cualquier momento pueden proyectarse a otros lugares. Los humanos aún no han desarrollado esa capacidad.

D: *¿Dijiste que esto es como una base de operaciones?*

E: Sí, tú lo llamarías una base de operaciones.

D: *¿Como una sede?*

E: Como una estación.

D: *¿Es una nave o es un planeta?*

E: No es una nave, y no es un planeta como tu percibes un planeta. Es más, de... un lugar, una estación.

D: *Estoy pensando en un lugar físico de algún tipo.*

E: Es como... un recinto... en un espacio abierto.... Si pudieras imagina el cielo, digamos, por ejemplo. Y en este cielo, existe este recinto, dentro de sí mismo, que vigila los diferentes lugares a su alrededor. Eso es lo que sería esto.

D: *Estoy pensando en el mundo de los espíritus al que vamos después de dejar el cuerpo físico. ¿Es así o diferente?*

E: Esto es diferente, porque este no es un mundo espiritual. Esto es un lugar físico. Este es un lugar donde está lo que tú llamarías forma física. No es físico como lo toman los humanos, sino una forma que seres de otros lugares tomarían para poder sobrevivir y vivir.

D: *¿Es como otra dimensión?*

E: Sería más como una galaxia diferente.

D: *¿Dónde todos ustedes están creando este lugar justo en el espacio, por así decirlo?*

E: Sí, es como si el lugar se creara porque sirve una función particular. Y ahí es donde existimos.

D: *Entonces, ¿se necesita el poder mental combinado de todos para mantenerlo en existencia?*

E: No. Una vez que se hace existir, permanece en existencia. Ya que tiene un propósito específico y es un propósito continuo.
D: *Entonces existe ya sea que tu o los demás estén allí o no.*
E: Eso es correcto.

Esto sonaba similar al caso donde el hombre como de las cavernas existía en el mundo del sol púrpura. Su subconsciente dijo que no era un planeta, sino una galaxia operando bajo un conjunto de reglas diferentes que no podíamos entender. Esos seres también crearon todo lo que necesitaban con sus mentes (Ver Capítulo 18)

D: *Y es más como el cuartel general, la base principal, por así decirlo, la estación donde se realiza el seguimiento de todos los mundos.*
E: Eso es correcto.
D: *Parece un lugar muy poderoso. ¿Cómo se almacena esta información si la reúnes con tu propia mente?*
E: No se almacena como lo harías en una computadora, ya que eso es obsoleto. Pero, sin embargo, está almacenado como pensarías almacenarlo en un disco. Pero es más una miniatura, disco diminuto que almacena millones y millones de piezas de información.
D: *Hmm, eso haría que nuestras computadoras quedaran obsoletas. ¿Cómo se lee esta información si es solo un disco diminuto?*
E: Se lee con la mente. Cuando lo sostienes en tu mano, recibes toda la información.
D: *¿Que estas buscando? (Sí.) De lo contrario, sería un bombardeo de información, ¿no?*
E: Eso es correcto, no quieres quedarte con exceso de información en la mente, porque eso no es necesario.

Otro fenómeno inusual que ocurrió poco después que comenzó la sesión, fue que Estelle perdió su acento una vez que entró en este otro mundo. El ser que estaba hablando a través de ella tenía una manera muy precisa, exacta de hablar y pronunciar las palabras. Por supuesto, esto lo hizo más fácil para mí. No tuve que escuchar tan atentamente. Era obvio para todos en la habitación que no era Estelle quien estaba hablando.

D: *No quiero insultarte, no quiero ofenderte, pero en nuestro período de tiempo algunas personas tienen la impresión de que la raza reptiliana es negativa.*

E: Eso es porque hay muchos que todavía son negativos. Debes entender, que, en todo, hay un equilibrio. Hay ese equilibrio aquí en este lugar. Hay equilibrio por todas partes. Y particularmente en el plano de la Tierra, cuando otros lleguen a existir, encontrarás esa dualidad más que en esos otros lugares. Por lo tanto, en cuanto a los reptilianos, hay muchos aquí en la Tierra que llevan esa energía. Y porque llevan esa energía negativa – por darle esa palabra, es más una energía olvidada equivocada del verdadero yo. Harán cosas que, sí, se verán como negativas.

D: *Pero esta no es la verdadera naturaleza de tu gente.*

E: No en el futuro, como dirías - a falta de una palabra mejor – llamado futuro.

D: *¿Es desde ahí desde donde hablas?*

E: Eso es correcto.

D: *Sabes que estás hablando a través de un vehículo, el que dijiste vive en el plano de la Tierra. Una de las preguntas que ella quiere saber es ¿está ella existiendo simultáneamente en el futuro?*

E: Hablo desde el futuro. Pero también hablo desde lo que tú llamarías el presente. Hablo simultáneamente de los dos lugares. Porque yo soy uno.

D: *Entonces, en esta vida futura, estás en esta estación accediendo y recopilando información. ¿Por qué entonces decidiste existir también en nuestro período de tiempo en el siglo 21?*

E: Por lo que estaba pasando aquí, y lo que está pasando aquí con la raza reptiliana. Hay muchos que están en un lugar de poder y posición que están abusando de ese poder para controlar y manipular. Y me pidieron que viniera aquí para ayudar, iluminar y dejar que otros sepan lo que está pasando. Porque unos pocos no pueden controlar el todo. Y porque el todo no es consciente, están permitiendo que unos pocos controlen y manipulen.

D: *¿Entonces elegiste regresar simultáneamente mientras existes allí, para que parte de tu energía, o lo que sea, entre en un cuerpo físico?*

E: (Suspiro) Yo no entré a cuerpo físico. Me transformé en un cuerpo físico. Pero para tener mis energías aquí para resonar con la energía del planeta, que es densa, para poder sobrevivir en esta energía densa, necesitaba nacer a través de un ser físico. Pero la gente que elegí por la cual venir, uno, el padre también es reptiliano. Él siempre ha sido reptiliano. En toda su existencia, ha optado por no experimentar otra cosa más que eso. Y para esta experiencia terrenal, eligió convertirse en un vehículo para permitir que mi energía viniera. La que es mi madre física solo me cargó durante nueve meses, como el tiempo es percibido. Se hizo mucho trabajo y preparación para que ella pudiera contener mi energía, porque ella no podía. Entonces ella tenía que estar preparada para poder quedarme en ese espacio y luego nacer y ser, más o menos, arraigada.

D: *Pero el cuerpo se formó genéticamente a partir del ADN de la madre y padre, ¿no?*

E: (Suspiro pesado) Es un proceso diferente que no es totalmente entendido por los humanos. Por eso parece humana. Pero si se trabajara para descubrir la verdadera composición, la composición genética, encontrarían que hay cosas que son diferentes.

D: *¿Si alguien examinara el ADN o los genes de quien conocemos como Estelle?*

E: Eso es correcto. Por eso el cuerpo físico no se enferma. Porque el cuerpo físico no puede ser sometido a sondeos y pruebas.

D: *¿Por eso no quiere que los médicos examinen el cuerpo?*

E: Eso es correcto. Encontrarán algo diferente y entonces querrán explorar. Y eso no será permitió. Así que no se le permite enfermarse. En cuanto a ella y yo – yo digo que ella y yo nos distingamos cuando nos estamos comunicando, y cuando yo me estoy comunicando, aunque somos lo mismo. A veces ella no permite que la información venga.

D: *¿Por qué es eso?*

E: Ella no ha hecho totalmente las paces con su experiencia en el plano de la Tierra.

D: *Pero sabes que es difícil para un humano entender esto.*

E: Me ha costado mucho verme en este planeta Tierra.

D: *(Risas) Es diferente, ¿verdad?*

E: Es muy diferente.

D: *Porque has evolucionado más allá de eso.*

E: Eso es correcto. He tenido muchas vidas, o debería decir, mi espíritu ha tenido muchas vidas en el plano de la Tierra. Fue una sorpresa para mí cuando me eligieron para volver y tener una experiencia de nuevo aquí.

D: Pensaste que habías terminado, ¿no?

E: Eso es correcto.

D: (Risas) Era hora de mudarse a otro lugar.

E: Eso es correcto.

D: Entonces dijeron que tenías que volver. Es casi como volver a jardín de infantes, ¿no?

E: Así es, y sentí una gran responsabilidad al tener que volver sabiendo las circunstancias de lo que iba a ser. Me sentí sola.

D: ¿Es porque no hay muchos de tu propia especie aquí?

E: Eso es correcto. Y sabía que a los muchos con quien me encontraría, serían del tipo que están trabajando con sus energías para causar daño y controlar. Que fue la razón por la que, a los tres años, tuve la experiencia que tuve. Porque eso era necesario para ayudar al cuerpo físico olvidar quién era y de dónde provenía y lo que tenía que hacer. Porque, si hubiera comenzado a esa temprana edad para decir las cosas que serían necesarias decir, habría sido eliminado.

Esa declaración fue una sorpresa inesperada.

D: ¿Tú crees que sí? ¿O pensarían que era solo un niño extraño?

E: Eso es correcto. Había muchos que estaban tratando de encontrar la energía, pero la energía estaba camuflada en un niño.

D: Para que no pensaran que era una charla infantil. Podrían ¿reconocerte?

E: Eso es correcto. Porque no estamos hablando sólo de seres físicos. También estamos trabajando con las diferentes energías, ya sea que se perciban como físicas o no.

D: Entonces, ¿era una salvaguardia?

E: Eso es correcto. Era una salvaguardia para proteger al ser de hablar. No era el momento

D: ¿Qué pasó cuando ella tenía tres años, porque eso fue una de las preguntas que ella quería saber?

E: Cuando tenía tres años, la llevaron a bordo de una nave. Su recuerdo de eso es correcto. Mientras miraba a su alrededor y vio dónde estaba, supo que no estaba en peligro. Pero fue una sorpresa para su ser físico encontrarse allí y no saberlo. A través de todas las existencias, hemos sido conscientes de cuándo nos comunicamos y de qué forma. En el tiempo, hubo un velo que se puso para que ningún recuerdo viniera de lo que estaba por venir. Como una niña de tres años, la experiencia es la de cómo reaccionas.

D: *¿Entonces, hasta que tenía tres años, tenía el recuerdo de quién era y de dónde venía?*

E: Eso es correcto.

D: *¿Pero ella no podía expresarlo todavía?*

E: No había palabras para expresar.

D: *Ella no tenía el vocabulario. Eso tendría sentido.*

E: Eso es correcto. Entonces, por lo tanto, se sintió aislada. Y, sin embargo, ella pudo comunicarse con nosotros y con muchos otros. Al tiempo de tener tres años, el velo fue levantado y ella vio un poco más, pero no pudo expresarse en ese momento, por lo que había que poner el recuerdo en un lugar hasta que fuera apropiado. La conexión todavía se hizo, pero ahora se hizo más en un nivel psíquico que a nivel físico.

D: *Y por su propia seguridad, pusiste el velo alrededor de ella cuando estaba en la nave a ... ¿qué? ¿Amortiguar o suavizar esos recuerdos?*

E: Para más o menos... amortiguar los recuerdos, eso sería una buena palabra.

D: *Para que pudiera funcionar como una niña sin llamar la atención indebida.*

E: Si. Y, sin embargo, de niña se sentía aislada, porque no podía relacionarse con nada de lo que estaba pasando a su alrededor.

D: *He encontrado muchas personas que sienten que han venido de otros lugares. Están muy solos aquí. Pero ¿cómo se colocó el velo cuando ella estaba a bordo de la nave? ¿Qué pasó en ese momento?*

E: Estaba tan atrapada en sentir la traición de no saber que estaba pasando, que creó en ese momento, un período de indiferencia de no querer comunicar más.

D: *Pero ¿las personas en la nave le hicieron algo físicamente para crear esta anteojera, este velo?*

E: Energéticamente, se colocó una caja dentro de su ser, que permitía una comunicación constante. Un intercambio de información, pero no a un nivel consciente. Donde antes, se hizo en un nivel consciente.

D: *¿Qué quiere decir con una caja?*

E: Era más bien, no quiero usar la palabra "implante" por sí, porque eso tiene una connotación negativa, pero en realidad fue como... cómo le llamarías.... (Tenía dificultad.)

D: *Bueno, para mí un implante no es negativo, porque los entiendo.*

E: Era más, digamos... como un panel.

Había oído hablar de los implantes muchas veces y entendía sus propósitos. Esto se explica en Los guardianes. Pero nunca escuché que se le pusiera un panel a nadie.

E: Un panel con profundidad en su interior. Adentro de... lo que se dice "caja" tenía pequeños chips. Los mismos que los de las estaciones de control.

D: *Oh, pequeñas piezas electrónicas.*

E: Si. Que, por cierto, también es parte de su composición física. Dentro de su constitución física hay - ¿Cómo lo digo? - la única palabra que me viene a la mente sería como cables.

D: *Estos cables están dentro de su cuerpo físico. (Sí.) ¿Por qué están allí?*

E: Porque siempre está conectada con todo lo que hay. Eso también es parte de su composición genética como reptil. Y, por lo tanto, al cambiar de forma, para parecer humana, retuvo todo de eso dentro de la apariencia del cuerpo físico.

D: *Entonces, si un médico fuera a examinarla, ¿encontraría estas cosas extrañas?*

E: Encontraría diferentes cosas sucediendo dentro. Encontraría que la energía fluye de diferentes maneras que lo que está acostumbrado y ahí es donde el deseo de investigar más entraría

D: *Hmm, entonces no podemos permitir eso, ¿verdad?*

E: No, no podemos.

D: *Porque no lo entenderían. De la misma manera que pensaste ella estaría en peligro a los tres años si supieran lo que estaba pasando. (Sí.) Pero ¿está bien que sepamos esto?*

E: Está bien que lo sepas, porque tú trabajas colectivamente como grupo. Hay muchas cosas que estarás haciendo juntos colectivamente para ayudar a todos.

D: *Entonces sabes que ella no está en peligro por nuestra parte.*
E: No, ella confía en todos aquí. O, debería decir, confiamos en todos aquí. Están conectados.
D: *No hubieras permitido que la información llegara si no confiabas en nosotros, ¿verdad?*
E: Eso es correcto.
D: *Porque nunca pondría el vehículo en ningún tipo de peligro.*
E: Eso es correcto.
D: *Entonces los que están aquí, son los que fueron elegidos para saber esta información.*
E: Por eso esperamos hasta el último momento para ser parte del grupo. Porque como sabes, no había espacio en el comienzo.
D: *Eso es cierto, ella fue la última en entrar.*
E: Teníamos que estar seguros de que las energías que iban a estar presentes, sería compatibles para revelar estas cosas.
D: *Y no fue casualidad que eligiera su nombre entonces.*
E: Sí, ella lo sabía cuando puso su nombre en la caja que iba a ser elegida, y su amiga que estaba sentada al lado a ella también lo sabía. Así que fue una confirmación para las dos cuando sucedió.
D: *Por lo tanto, no se habría permitido que llegara esta información. en absoluto si no hubieras confiado en todos en la habitación para protegerla. Porque no queremos que esto sea de conocimiento público. Eso le haría daño, ¿no?*
E: Eso es correcto.
D: *Así que creo que todos aquí lo mantendrán confidencial.*

Miré alrededor de la habitación a los estudiantes mientras decía eso, y todos asintieron afirmativamente. Sabía que entendían la gravedad de proteger su identidad, y la cosa especial que acababa de ocurrir cuando a todos se les permitió estar al tanto de esta extraña información. yo también tenía la sensación de que, si no honraban este compromiso de privacidad y protección para Estelle, que "ellos" lo sabrían. No sé qué pasaría si esta promesa fuera violada, pero había trabajado con ellos el tiempo suficiente para saber que tengo que escucharlos, y hacer lo que dicen. Si yo no sigo sus instrucciones, el intercambio de información sería detenido. No sé qué pasaría con los demás, pero creo que se dieron cuenta de la gravedad de la situación. Más tarde podrían cuestionar lo que realmente ocurrió esta mañana, pero cuando estaba sucediendo, era demasiado real. Yo estaba acostumbrada a comunicarme con este tipo de entidades durante muchos años, y sabía que era muy inusual que permitieran que este tipo de información saliera a la luz delante de tantos testigos. Quizás esto también tenía la intención de mostrar a los estudiantes gráficamente, lo que podría pasar al usar mi técnica de hipnosis, para que no se sorprendieran si sucediera durante sus sesiones. Una demostración vale más que mil palabras.

E: Estaremos atentos. Si desean compartir algunas de las experiencias, está permitido, pero simplemente no usen el nombre o el lugar donde se puede encontrar la información.
D: *Eso es verdad. Trabajo con mucha gente así y siempre se me dice que los proteja.*

Esta es la razón por la cual su nombre real, ubicación y grupo étnico no se revelan aquí.
Tenía curiosidad sobre el panel que dijo que estaba ubicado en su cuerpo, porque esto sonaba diferente a los implantes con los que yo estaba muy familiarizada. "¿Dónde está eso ubicado en su cabeza?"

E: Está ubicado en la parte posterior de su cabeza.
D: *Según tengo entendido, sería muy, muy pequeño, ¿no?*
E: En realidad, no. Este en particular cubre toda la parte trasera de su cabeza, la parte de abajo. Había demasiada información que necesitaba ser recibida y transferida desde un lugar al otro. Por eso fue diseñado de esa manera.
D: *Hmm, entonces es más grande que los que conozco. ¿Es de una sustancia física, o es una cosa de tipo etérico?*
E: Eran ambos. Primero fue etérico y luego se convirtió en una cosa física para que otros puedan sentirla y tomar conciencia de eso. Y, por lo tanto, al darse cuenta de ello, se volvieron más conscientes de quién es ella, quiénes somos nosotros y compartir ese conocimiento.
D: *¿Podría detectarse esto mediante rayos X si alguien la examinara?*
E: Ahí es donde estaba protegido por un escudo de energía que solo serían reconocido por aquellos a quienes se les permitió reconocerla.
D: *Esa es otra razón por la que ella no puede enfermarse. No quieres exámenes.*

E: Eso es correcto.

D: ¿También la estás protegiendo contra cualquier tipo de accidentes?

E: Si. La única vez que tuvo que ser examinada - y no era tanto – fue cuando tuvo a sus hijos. Desafortunadamente para el cuerpo físico, debido a la forma que es, no podría tener hijos de forma natural. Así que, hubo que hacer lo que se llama cesárea para sacar al niño.

D: Entonces el cuerpo no fue diseñado de una manera que pudiera tener hijos normalmente.

E: Eso es correcto, el cuerpo nunca pasó por lo que tú llamarías "trabajo de parto".

D: ¿Pero los médicos no habrían notado nada inusual en el cuerpo?

E: Eso es correcto, porque cuando fue a la cirugía, se había terminado y hecho, y no había ninguna razón para comprobar algo más.

D: ¿Y antes de que tuviera un hijo? Suelen hacer muchas pruebas mientras estás embarazada.

E: No se hicieron pruebas, porque estaba sana. Solo se aseguraron de que su dieta se mantuviera correctamente y eso fue todo. En lo que se refiere a la dieta, por lo general no come o necesita mucho del alimento que se come en este plano físico. Sus gustos en comida son muy simples. Ella no ingiere muchos de los alimentos que se comen, especialmente los alimentos muy procesados. Porque hará hacer más densa la apariencia del cuerpo físico, y ella y nosotros no nos sentiremos nada bien.

D: Entonces, ¿al comer algunos de los alimentos más pesados, el cuerpo se vuelve más denso. ¿Y esto haría más difícil que la otra parte entre y tenga control?

E: Eso es correcto.

D: ¿Por qué se le permite saber estas cosas ahora?

E: Porque es hora de despertar y educar. Porque cuanto más sabes cuanto más puedes compartir con los demás. Lo que nosotros estamos enfrentando ahora en el plano físico de la Tierra es una batalla, pero no es una batalla como otros percibirían. No tiene que ver con la batalla en la forma física. Aunque las batallas se pelean, las batallas que están ocurriendo ahora son sobre lo oscuro con la luz. Y la luz tendrá que venir junta para ser esparcidos para que estos que están controlando puedan ser detenidos.

D: ¿Esto es parte de su trabajo?

E: Eso es correcto.

D: ¿Hay muchos de ustedes que han regresado a lo físico en la Tierra?

E: En cuanto a mi especie, solo hay unos pocos, pero también hay muchos tipos diferentes que están aquí para ayudar en la misma manera.

D: *Porque me han hablado de muchos tipos diferentes de seres que están regresando. Y algunos de ellos son almas que acaban de existir en otros planetas que se han ofrecido como voluntarios para entrar en un cuerpo físico en la Tierra para ayudar en este momento.*

E: Eso es correcto. Tienes muchos ahora en este momento que han tomado una existencia física, pero, sin embargo, su espíritu de quiénes son realmente están conectados con muchas otras cosas. Y se les ha dado información para que puedan despertar a todo lo que son. Para tomar conciencia de que esto es una experiencia, sí, pero hay mucho trabajo por hacer.

D: *Algunas de las personas con las que trabajo a veces tienen dificultades para adaptarse al plano de la Tierra.*

E: Eso es correcto, porque cuanto más consciente eres de dónde vienes, más difícil es existir en un planeta que es tan denso, por la negatividad que se encuentra aquí. Aunque la negatividad que se encuentra aquí sirve bien para ayudar a otros a avanzar.

D: *Eso es lo que me han dicho, que el mundo es tan violento y hay tanta negatividad, no quieren estar aquí. Porque no es como de donde vinieron.*

E: Pero, aun así, se quedarán aquí, porque eso es lo que eligieron hacer.

D: *Pero algunos de ellos tienen tanta dificultad que están tratando de suicidarse y marcharse.*

E: Como sabemos, este es un planeta de libre albedrío.

D: *Eso es verdad. Y los casos en los que he trabajado se evitó milagrosamente.*

E: La ayuda siempre se recibe cuando se necesita, si se pide.

D: *Y ahora que se dan cuenta de para qué están aquí, han dicho que se quedarán, aunque no les guste este mundo.*

E: Eso es correcto.

D: *Pero déjame preguntarte, he notado diferentes oleadas de personas que vienen. Los de la generación de Estelle parecen haber tenido más dificultad a ajustarse que los nuevos que están llegando ahora.*

E: Eso es porque los que están llegando ahora tienen más conciencia de quiénes son realmente. Los niños necesitan ser nutridos. Los niños necesitan que se les entienda que sólo porque están en el cuerpo de un niño pequeño, no son ignorantes. Son más avanzados que la mayoría de los humanos que ahora están aquí.

D: *Por eso voy a muchos grupos y hablo, porque están tratando de educar a los educadores. Ellos no entienden estos nuevos niños.*

E: Eso es correcto.

D: *Los niños parecen estar más avanzados, pero los maestros no saben cómo tratarlos.*

E: Los niños pequeños necesitan que se les enseñe a trabajar con energías también, porque ellas asistirán en esta transformación. Cuanta más gente despierte, más fuerte se hará la energía.

D: *¿Entonces está bien si los nuevos son conscientes de dónde vienen?*

E: Eligieron volver como niños, porque los niños son muy abiertos. Para que tengan más conciencia y porque son conscientes de ello, pueden hacer más. Por lo general, en el pasado cuando los niños eran conscientes, la mayoría de los adultos les dirían que lo estaban inventando y no lo alentaban.

D: *¿Crees que ahora los adultos podrán entenderlo mejor?*

E: Más entenderán y los niños podrán educar a los adultos en la conciencia.

D: *Pero el problema ahora mismo es que algunos de los maestros y doctores están poniendo a estos niños en medicamentos.*

E: Depende de que los padres tomen una posición y digan que no. Allí es donde la conciencia de quiénes son estos niños empieza. Hay quienes están escribiendo libros sobre estos niños. Depende de todos compartir el conocimiento y hacer que estos padres sepan con quién están tratando.

D: *Me han dicho que son la esperanza del mundo.*

E: Eso es correcto. En forma de espíritu se puede hacer mucho, pero muchos han optado por hacerlo en forma física.

D: *Pero los medicamentos que les están dando son muy potentes, y esto no es bueno.*

E: Cualquier medicamento que se esté usando no es la forma natural de ser. Y ten en cuenta que muchos más medicamentos estarán tratando de adormecer la mente y enfermar el cuerpo físico. Esa sería una forma de eliminar a muchos.

D: *¿Quieres decir que algunos de los medicamentos son deliberadamente para eliminar a estos niños?*

E: No solo los niños, sino los adultos. Esa es la realidad de aquellos que tratan de controlar y manipular.

D: *He pensado que tal vez esta es una forma de eliminación, porque están hablando de dar a todos vacunas que no necesitamos.*

E: Eso es correcto. Mucha gente ignora mucho de lo que está pasando, pero no es culpa de ellos, porque se quedan con lo que se les dice. Allí es donde la conciencia de quién eres y qué estás haciendo aquí entra en juego. Porque te das cuenta de que las cosas no son lo que realmente parecen. Hay más de lo que está pasando que no es obvio.

D: *Pero utilizan el miedo para que la gente acceda a recibir medicamentos y vacunas.*

E: Eso es correcto, y las vacunas se van a usar para tratar de detener a muchos. La gente necesita recordar que donde hay miedo, hay control por parte de fuerzas externas.

D: *Entonces, ¿lo principal que tenemos que hacer es mantenernos saludables para que no necesitemos medicamentos?*

E: Eso es correcto, sé consciente de lo que te estás haciendo a ti mismo. Busca otras vías antes de simplemente ir y obtener medicamento. Habrá momentos en que el medicamento sea necesario para ayudar al cuerpo físico, pero una vez que hagas algo de investigación, a menos que sea una lección de vida que se eligió deliberadamente para aprender, se puede trabajar en cualquier otra cosa.

D: *¿Está bien usar sustancias naturales como hierbas y minerales?*

E: Está bien hacerlo, pero lo que realmente se necesita es permitir al cuerpo físico que se cure a sí mismo. Porque tiene esa capacidad de hacerlo.

D: *Pero ¿cómo evitamos que el gobierno nos de vacunas e inyecciones que no necesitamos?*

E: Es cuestión de tomar una posición. Si no se toma una posición, entonces el gobierno seguirá haciendo lo que está haciendo ahora. Llega un momento en que hay que tomar decisiones. Y si recuerdas que esta es una guerra espiritual, entonces, ¿qué hay que temer?

D: *Así que hay muchos seres que han venido a nuestro mundo para ayudar con todo esto. Y muchos de ellos están viviendo en cuerpos físicos como este.*

E: Eso es correcto.

D: *Y no son conscientes de que en realidad son de otros lugares.*

E: Algunos están conscientes, algunos están despertando aún más. Pero si, hay muchos que todavía no son conscientes en absoluto.

D: *Tal como yo lo entiendo, la raza reptiliana acaba de desarrollarse en otra dirección. Por eso te ves diferente, ¿correcto?*

E: Eso es correcto. Era una cuestión de dónde uno se desarrollaba como en cuanto a las condiciones del lugar. Porque eso es lo que determina cómo uno se ve, como uno es. El entorno del lugar donde uno existe determina cómo uno se vería. Qué forma tomaría uno para sobrevivir en ese lugar.

D: *Sí, eso tiene sentido. Eso es lo que me dijeron, algunos desarrollados en la línea reptiliana, algunos se desarrollaron en la línea de los insectos, y nosotros nos desarrollamos en la línea de los mamíferos.*

E: Eso es correcto. Y parte de eso se debe a las condiciones en el planeta.

D: *Sí. Las condiciones en el planeta y el medio ambiente y la "sopa primigenia", como se le llama, en cuanto a la forma en que se desarrollaron.*

E: Eso es correcto.

D: *Pero el espíritu, el alma, puede entrar en cualquier tipo de cuerpo que quiera.*

E: Eso es correcto. Eso es lo que hay que recordar. No importa qué forma física es el cuerpo, lo que realmente eres es tu forma espiritual. Y eso es siempre energía y luz.

D: *Simplemente entramos en diferentes cuerpos para tener diferentes experiencias y lecciones.*

E: Eso es correcto.

D: *Estelle quería saber sobre su propósito. ¿Por qué está ella aquí, que se supone que debe estar haciendo? Ella siente que tiene muchos obstáculos en su camino como ser humano, y quiere seguir adelante en su trabajo. ¿Qué puedes decirle sobre eso?*

E: Ella hará más de su trabajo ahora que ha hecho esto, porque ella tiene más claridad y conciencia de quiénes somos. Digo "nosotros" aunque somos uno. Y ahora que ella tiene esta conciencia y está haciendo las paces con ella, avanzará. Porque permitirá que esa guía entre y la seguirá.

D: *Ella tendrá más confianza ahora.*

E: Eso es correcto.

D: *Pero, será difícil, porque ella no puede decirle a la gente estas cosas, ¿Puede?*

E: Llegará un momento en que lo hará. Se supone que debe estar educando a la gente y ayudándola recordar quiénes son y de dónde vienen.

D: *¿Quieres decir de la Fuente?*

E: Sí, de la Fuente, pero ayudándoles a recordar en un base individual la experiencia de su alma y por qué eligieron estar aquí ahora. Ella también está aquí para educarlos sobre estos diferentes seres en otras dimensiones y otras galaxias, y por qué están aquí y cómo funcionan. Hay mucho concepto erróneo y miedo sobre los seres de otros lugares. Eso ha sido difícil para los humanos. A veces no les gustan sus compañeros humanos. ¿Cómo se podía esperar que se abran y reciban a otros de otros lugares? Es muy importante ahora porque las cosas se están acelerando. Los que están a cargo se están dando cuenta de que hay un despertar, y ellos intentarán hacer cosas para prevenir eso o al menos retrasarlo.

D: *Pero las cosas están cambiando. Sé que están acelerando. ¿Sería aconsejable si Estelle pudiera recordar la información que se le ha dado hoy? Porque normalmente la persona no recuerda.*

E: Sería conveniente que la ayude a conocer y conectar y hacer las paces con todo ello.

D: *¿Estaría bien si uso parte de esta información en mi trabajo?*

E: No es casualidad que esto sucediera. Ella lo sabe y tú también.

D: *Pero siempre pido permiso.*

E: Sí, tienes permiso para usarlo todo como quieras.

D: *Porque lo obtengo de muchas fuentes diferentes y lo junto todo como un rompecabezas. Y no divulgaré su identidad. Siempre mantendré en el anonimato a todas las personas sobre las que escribo.*

E: A ella no le preocupa eso, porque tú y ella tienen una conexión que viene desde hace mucho tiempo. Hubo un tiempo en la Atlántida donde trabajaron lado a lado. (Esto fue una sorpresa.) Trabajaste con cristales. Estabas muy conectada a la energía de utilizar los cristales.

D: *¿Fue en un laboratorio?*
E: No había laboratorios. Eran más bien espacios abiertos. Usando cristales para sanar. Eran más templos que laboratorios. En más bien un entorno de templo de cómo los templos eran percibidos en este tiempo. Ustedes dos estaban haciendo curaciones con cristales. El trabajo milagroso se puede hacer con cristales por aquellos que saben conectar con la energía. Hay muchos aquí en esta sala que estuvieron allí en diferentes tiempos trabajando con los cristales. Es un regalo que los cristales dieron, y es un regalo que puede ser utilizado ahora en estos tiempos para recopilar información y poder ir más profundo en el trabajo para ayudar a otros a sanar.

D: *Me han dicho que Atlantis existió durante miles de años. ¿Tantos en esta sala vivieron durante esos tiempos?*
E: La mayoría de los que están aquí tuvieron muchas vidas allá. Si lo cuestionan pueden usar este modo para recuperar el conocimiento.

D: *Sí, y están entrenando para poder usar este método para recuperar la información.*
E: Eso es correcto. Esa es una de las conexiones que todos tienen aquí. Nuestras vidas en la Atlántida. Pueden usar estos métodos para recuperar la información, y luego podrían recuperar y trabajar con cristales, porque los cristales almacenan una gran cantidad de conocimiento. Y los cristales también pueden funcionar en la curación de muchas cosas diferentes de las que la gente aún no es consciente. Es hora ahora de recuperar la información. Ya es tiempo para muchas cosas. Ha llegado el momento de volverse más consciente y ser empoderado. Si hay algún bloque que necesita ser despejado, debido a las creencias físicas, entonces eso necesita ser trabajado para que tu espíritu pueda comunicarse más contigo y tú puedas realizar lo que viniste a hacer. Este no es un momento de miedo. Este es un tiempo de despertar y regocijo y descubrir que eres un ser espiritual con muchas razones para estar aquí en este momento.

D: *¿Esta es una de las razones por las que todos se han reunido aquí?*
E: Eso es correcto. Todos sienten que no fue un accidente que se comunicaron. Y se están comunicando en un nivel más profundo. Muchas cosas que saldrán a la luz en un futuro próximo.

D: *Y se supone que deben recuperar este conocimiento y usarlo, y recuperar más conocimiento a medida que trabajan con diferentes personas.*
E: Eso es correcto.

Estaba llegando al punto de detener la sesión, así que pregunté (como siempre hago) si hubiera algún mensaje o consejo para Estelle antes de que nos fuéramos.

E: Ella encontrará que, en los próximos días, más cosas fluirán naturalmente de la forma en que han estado fluyendo durante las últimas semanas. Ella encontrará eso mentalmente, todo lo que tiene que hacer es pensar en las cosas y verá resultados. Eso es parte de la energía que llevamos.
D: *Y ella está siendo protegida y cuidada.*
E: Ella nunca ha temido o cuestionado que no lo estará. Eso era más una cosa para mantener a los demás fuera que para mantenerla dentro.
D: *Porque ella no sabía estas cosas conscientemente, ¿verdad?*
E: Eso es correcto. Ella puede conocerlos ahora, porque lo ha estado pidiendo por un tiempo. Porque ella entiende que trabaja mucho y entiende que hay muchas cosas que están pasando, pero necesitaba tener más confianza en un nivel consciente.
D: *Porque no queremos hacer nada que le cause daño o cualquier problema. Solo se le está dando lo que puede manejar en este momento.*
E: Eso es correcto.
D: *Muy bien. Quiero agradecerte por venir y darnos esta información. Es maravilloso que permitas que todos en la habitación lo escuchen.*
E: Es un honor y un placer estar aquí entre ustedes. Y recuerden, estaremos pendientes de cada uno de ustedes. Y tú, Dolores, encontrarás más de los que llevan esta energía especial para que puedas ganar más información.

Luego le pedí a la entidad que se fuera, le di instrucciones de integración y traje a Estelle de vuelta a la conciencia. Ella recordaba muy poco cuando se despertó en una habitación llena de observadores atónitos.

* * *

Esta sesión había sido una sorpresa en más de un sentido. Eso realmente impresionó a los estudiantes, porque creo que les mostró lo que serían capaces de hacer cuando exploran el subconsciente de esta manera. Había comenzado la sesión con reservas debido al entorno en el que estaría trabajando, tanta gente apiñada en una pequeña habitación de hotel. Y la sensación de que el ambiente no sería propicio para que Estelle fuera inducida. A nadie le gusta que lo exhiban. Por otro lado, pensaba que había la posibilidad de que no pasara nada en absoluto. Pero "ellos" lo sabían bien. Lo habían orquestado desde el comienzo cuando Estelle eligió venir a la clase en el último momento, y una cancelación sorpresiva dejó espacio para otro alumno. Hubo algunos otros que también cancelaron en el último minuto, pero "ellos" dijeron que no fue un accidente. Los que estaban allí eran los que se suponía debían presenciar esta increíble sesión. Aparentemente tampoco fue un accidente que yo escogí el nombre de Estelle de la caja. Esta fue una prueba más de que nada se podría haber arreglado de antemano, porque nadie sabía qué miembro de la clase sería elegido. Sí, esta sesión contenía muchas sorpresas tanto para mí como para los estudiantes. Pero otro estaba por venir, y no me enteraría hasta que volví a casa.

Les dije a los estudiantes que haría copias de la cinta de demostración y la enviaría a todos junto con sus certificados. Esa noche, después de que todos se fueron del motel y comenzaron sus viajes a casa, pensé en algo que debía haber hecho y se me había olvidado en lo repentino de la configuración de la sesión. Lamenté no haber grabado la inducción entera, porque sería valioso para los estudiantes tener un registro de ello. Durante la clase, le di a cada uno de ellos muestra de cintas de inducción para estudiar más tarde, pero pensé que habría sido valioso para ellos escuchar todo el procedimiento. Este descuido era natural porque cada vez que hago una sesión nunca grabo la inducción. Creo que es un desperdicio de cinta, y tampoco quiero que el cliente lo escuche más tarde cuando toquen la cinta. Mi voz tiene una tendencia a inducirlos de nuevo, y no quiero que nada de eso suceda si no estoy allí con ellos. Entonces siempre inicio la cinta cuando salen de la nube y están entrando en la vida pasada. En el caso de Estelle, ni siquiera me permitió completar la inducción antes de que ella ya estuviera en la escena apropiada que estaba destinada a que ella y la clase lo experimentaran. El micrófono estaba sobre la mesita al lado de la cama, y yo lo agarré de repente y lo encendí cuando me di cuenta de lo que estaba sucediendo. Más tarde me enfadé conmigo misma por no haber iniciado la grabadora al comienzo de la sesión. Pero yo no sabía hasta el día siguiente que "ellos" también habían estado involucrados en eso. Aún estaba por ocurrir otro evento paranormal para el cual yo no tendría explicación.

Al día siguiente en mi oficina, decidí tocar el principio de la cinta antes de empezar a hacer copias. Quería ver donde comenzaba, y si mi acción repentina hubiera cortado mucho del comienzo de la sesión. Mi hija, Nancy, estaba trabajando en su contabilidad en la computadora. Cuando comencé la cinta me escuchó jadear, y me preguntó qué pasaba. Yo dije, "¡No vas a creer esto! ¡Toda la inducción está en la cinta! ¡Empieza desde el principio! ¡Pero eso es imposible!" Inmediatamente llamé a mi amiga, Gladys McCoy, quien, con su esposo, Harold, es el director del Instituto de Investigación Ozark en Fayetteville. Ella es una amiga desde hace mucho tiempo y fue estudiante en esta clase. Ella había estado sentada directamente frente a mí en el otro lado de la cama durante la sesión. Ella tenía una visión clara de todo lo que pasó. Le dije que la inducción estaba en la cinta.

Ella comentó: "¡Eso es imposible! Te estaba mirando muy de cerca para ver cómo haces tus inducciones. El micrófono estaba tirado sobre la mesa, y no lo recogiste y lo encendiste hasta que ella estaba inducida." Tampoco tenía explicación para eso, porque ella sabía lo que veía, y yo sabía lo que había hecho. Cuando yo envié las cintas y los certificados a los estudiantes, incluí una breve carta contándoles lo que había sucedido. De esta manera sabrían que habían presenciado un evento aún más extraño de lo que pensaron. Todavía no tengo explicación para nada de esto, especialmente para la inducción que se grabó. La única respuesta puede ser que "ellos" estuvieran controlando todo. Tenían la intención de que los estudiantes contaran con la grabación del procedimiento, así como la sesión. Una sesión que todos acordaron que mantendrían en privado y confidencial. Y prometieron que no divulgarían la identidad o ubicación de Estelle. Creo que tenían la sensación de que, si violaban esta confianza, algo podría pasar. Todos éramos conscientes de que nos enfrentábamos a algo mucho más grande y mucho más informado y en control que nosotros meros mortales. Esta fue una experiencia que nunca olvidaré, estoy segura de que dejó una impresión imborrable en todos los presentes.

Pero poco sabía que se repetiría en mi próxima clase. Definitivamente estaban monitoreando mis acciones y mis clases.

* * *

Creo que Estelle podría ser la segunda de las siete discípulas o personas especiales que me dijeron que conocería mientras hacía la sesión con Robert en Inglaterra. Me dijeron que me encontraría con algunos de ellos, pero no todos. Y que no debía conectarlos entre sí, porque su trabajo tenía que hacerse por separado en esta vez. Si ella es una de este grupo especial y único de entidades que han regresado para ayudar a la Tierra a través de estos tiempos turbulentos, entonces sabemos que uno está ubicado en Inglaterra, y uno en América. Me dijeron que vivirían en continentes separados, y serían de diferentes herencias culturales. De los miles de millones de personas en el mundo, ¿cuáles son las probabilidades de encontrar a dos de estas personas únicas medio mundo de distancia entre ellos en dos semanas? Creo que las probabilidades serían asombrosas, pero no lo cuestiono. Sigo haciendo mi trabajo hacia lo desconocido, sin saber lo que tienen reservado para mí a continuación.

SECCION CUATRO

Gente sabia

CAPÍTULO 15

RECORDANDO AL SABIO

Esta fue otra de las sesiones que hice durante la semana extraordinaria que pasé en Laughlin, Nevada, en la conferencia de ovnis inmediatamente después de los ataques del 11 de septiembre en 2001. De las doce sesiones de esa semana, diez contenían información que podría usar o incluyeron mensajes personales para mí. Virginia estuvo presente en las reuniones de Experimentadores que Barbara Lamb y yo dirigíamos todas las mañanas durante la conferencia. Eran encuentros destinados a aquellos que pensaban que habían tenido experiencias con ovnis, abducciones, etc., para que pudieran compartir con otras personas que los entendieran. Durante la sesión, Virginia tenía la intención de centrarse principalmente en sus presuntas experiencias con OVNIs. Sin embargo, se fue en otra dirección. Ella era una mujer guapa que definitivamente no aparentaba su edad (principios de los 50). Había sido enfermera registrada en un gran hospital durante muchos años.

Cuando Virginia bajó de la nube se encontró en un ambiente árido y sombrío. Sin vegetación, solo tierra marrón extendiéndose por millas hacia las colinas marrones en la distancia. Un lugar muy desolado. No le gustaba el lugar porque era muy yermo. "Me gusta el verde y me gustan las palmeras, pero aquí no hay".

V: Eso es todo lo que puedo ver. A la distancia estoy empezando a ver algunas personas. Un largo flujo de personas. Y algunos camellos. La mayoría de las personas conducen los camellos, que van cargados. Y de vez en cuando puede haber alguien en un camello. Pero sobre todo es la gente que camina, y los camellos están cargados con sus tesoros, sus productos, sus bienes, sus productos. Se los están llevando para comercializarlos. Para intercambiarlos por otras cosas. Puedo verlos simplemente pasándome a la distancia. Se están moviendo de mi derecha a la izquierda, simplemente siguiendo este sendero, pero están un poco alejados. Y no veo a otras personas más que a estas. Está bastante desolado. La gente tiene que empacar bien, llevar comida y saber dónde están las fuentes de agua. Solo gente en un sendero largo y caliente.

Le pedí que se describiera a sí misma. Era una mujer con piel oscura y cabello negro largo y suelto, nada que ver con su color actual. "Tengo puestas unas simples sandalias de cuero. Creo que las hice yo mismo. Las esculpí de pieles y lo ajusté a mi pie. Visto una túnica holgada blanca, pero no blanco puro. Sueltos porque hace mucho calor. Y está bien ventilado y es el material tejido en casa. Pero se ajusta al propósito, cubre mi cuerpo, y permite la ventilación. Y es algo que podemos hacer nosotros mismos."

Cuando le pregunté si era joven o mayor, dijo: "Me estoy haciendo bastante vieja para mi cultura. Tengo casi treinta y cinco años. El cuerpo se siente sano, pero cansado. Hay una gran cantidad de trabajo físico. Y pasa factura a mi cuerpo. Estoy cansada. Trabajo muy duro y tengo demasiadas responsabilidades. Y no tengo tiempo suficiente para descansar y jugar. Hay cosas en mi vida. Es una lucha para sobrevivir."

D: *¿Vives ahí?*
V: Donde vivimos, es en parte una cueva y en parte una estructura construida alrededor de la entrada de una cueva. En el interior, podemos escapar algo del calor abrasador. A veces, por la noche, cuando hace más frío, podemos salir. Y tenemos una estructura de tipo ventoso construido fuera de la cueva, donde podemos tener algunos de nuestros utensilios y cosas.
D: *¿Hay muchos de ustedes viviendo allí?*
V: No hay tantos como antes. Fragmentos. No quedan familias. Siempre tenemos miedo. Hay bandas de merodeadores que pasan. Y siempre tenemos miedo de que seremos golpeados de nuevo. Muchos han sido asesinados y algunas de las mujeres han sido violadas. (emocionalmente) y a veces sus hijos son robados.
D: *¿Se llevan a los niños?*
V: (Llorando) ¡Si! Los educan a su modo. Ellos quieren aumentar su comunidad y disminuir la nuestra. Así que nos odian. (Llorando) ¡No sé por qué!

Tuve que distraerla para alejarla de la emoción, para que pudiera hablarme sin llorar.

D: Pero en esta comunidad ¿todos ustedes viven en las diferentes cuevas con estructuras en el frente?
V: (Sollozando) Eso es todo lo que sabemos. Se que hay otras personas que viven diferentes estilos de vida y en diferentes maneras, pero esta es mi gente. (Sollozando)
D: ¿Cuántos hay en tu familia?
V: Tengo un esposo y tengo dos hijos. Y tenía otro que... (Tristemente) que ya no está con nosotros. (Sollozando) Vinieron unas personas, y simplemente lo recogieron y se lo llevaron.
D: Por eso es tan emotivo para ti, porque perdiste a uno de los tuyos.
V: (Llorando) Si. No sé qué le pasó. Pero he oído que simplemente los crían como si fueran suyos. (Llorando) Quieren aumentar su... quiero decir "su rebaño".
D: Pero así no le harían daño.
V: No. (Sollozando) Escuché eso, y espero que sea verdad. (Sollozando) Pero lo extraño. y me gustaría saber que está bien, y no demasiado asustado.
D: Pero tienes otros hijos.
V: Sí. Tengo otro hijo y una hija pequeña. (Sollozando) Pero siempre tengo miedo de que vuelva a suceder. Es difícil. La vida es dura, y a veces me pregunto por qué es muy difícil. (Sollozando) ¿Por qué no podemos simplemente ser felices y libres? Recuerdo ser libre. No sé porque recuerdo ser libre, pero debe ser mejor que esto.
D: ¿Es difícil encontrar comida por ahí?
V: Lo es. Hay lugares donde hay agua. Y aquí hay algunas higueras y dátiles. Y podemos hacer viajes. Y recogemos comida y la traemos acá. Pero da miedo salir. Y hay personas con las que comerciamos para que podamos tener manera de hacer pan. (Sollozando) Pero es difícil. Tenemos que ser cuidadoso.
D: ¿Por qué no vives en un pueblo; en una ciudad? ¿No sería eso más seguro?
V: No conocemos esa vida. Es demasiado lejos. No somos gente de ciudad. Aquí es donde sabemos. Pero hemos oído hablar de otros asentamientos más grandes. Pero también hemos oído hablar de

cosas malas que pasan allí también. Así que no tratamos de ir a ningún asentamiento más grande.

D: *Si fueras a un lugar así, tal vez estarías más segura, porque habría más gente.*

V: Tal vez. Quizás. Aquí es donde siempre he vivido.

D: *¿Tienes algún animal?*

V: Algunos de nosotros aquí que tenemos burros en común. Ahí algunos que tienen un camello. Pero no muchos de nosotros tenemos esas cosas.

D: *Pensé que sería más fácil si viajabas y recogías comida con animales.*

V: Sí, vamos a lugares donde podemos intercambiar algunas cosas. Hago algo de tejido. Y tomo mis frazadas y mi cesta, y puedo cambiarlas por cosas para comer. Comerciamos, y existe una ruta comercial donde la gente camina hacia nosotros. Y no está muy lejos de nuestro campamento, donde vivimos. Y a veces podemos obtener cosas de ellos.

Esta fue probablemente la larga fila de personas que vio en el comienzo de la sesión. La caravana que seguía la ruta comercial.

D: *Así que puedes sobrevivir.*

V: Sobrevivimos. Pero es difícil.

D: *¿Es el tejido lo que haces la mayor parte de tu tiempo?*

V: Yo tejo y trato de poner belleza en mis mantas. Usando el colorante que puedo encontrar. Puedo conseguir lana. Hay algunas personas que tienen cabras. Y puedo hacer mantas. Y trato de poner algunos diseños cuando puedo hacer bien los tintes para colorear mi hilo. Puedo poner diseños en él que me hacen sentir más feliz. Y con suerte hará que otras personas se sientan más felices. Siento que necesito crear belleza. Es importante.

D: *¿Qué hace tu esposo para tu pequeño grupo?*

V: Tiene unas cabras que cuida y las lleva a lugares donde puedan encontrar algo de agua. Y a veces hay algo de hierba verde que pueden comer alrededor de los abrevaderos. Se las lleva y se va todo el día. A veces más de un día con ellos. Y podemos tener leche de ellas. Y podemos comernos algunas. ¡Eso me mata! ¡Me duele comerme a mis animales! No me gusta comerlos, pero debemos sobrevivir. Debemos nutrirnos. Los animales son mis amigos.

D: *Eso significa que pasas mucho tiempo sola, ¿no?*

V: Lo estoy. Hay otras personas no muy lejos en esta área. Y no me siento aislada. Pero él se va mucho, y yo hago mi tejido y mi pensamiento. Y eso es bueno

D: *Y tienes que cuidar a los niños.*

V: Sí, y son un placer.

D: *Parece que no eres tan feliz allí.*

V: Es mucho trabajo. De alguna manera sé que hay más en la vida que simplemente luchar por sobrevivir y cuidar de mi familia. Amo a mi familia, y quiero cuidar de ellos, pero hay una parte de mí que sabe que esto no es todo lo que es. Esto no puede ser todo lo que hay. Y a veces anhelo otros lugares, y ser más libre. Tiene que haber algo más. Y de alguna manera sé que recuerdo - no sé cómo recuerdo, o lo que recuerdo - pero recuerdo que no era de esta manera. (Sollozos) Y, sin embargo, los recuerdos son inquietantes. Me hace pensar en lo dura que es esta vida. Y yo sé algo acerca de que la vida no es tan difícil. Pero también me ayuda, para recordarme que hay cosas que vienen, que será así de nuevo.

D: *Eso sería confuso saber eso, y no poder realmente recordarlo.*

V: Lo es. Es. Lo sé, pero aún no sé por qué lo sé. Nadie más parece saberlo.

D: *¿No tienen estos recuerdos?*

V: Parece que no. (Llorando) ¿Por qué no lo saben también? (Ahora estaba llorando abiertamente.) A veces piensan que estoy loca. Creen que no estoy bien de la cabeza. (Sollozando) Cuando todo lo que piensan es en hacer pan o alimentarse, pienso en cosas. No sé porque pienso en cosas, pero pienso en otras cosas, y no sé cómo lo sé. (Sollozando) Las cosas eran diferentes. Eran pacíficos, y yo era feliz. Y no tuve que trabajar tan duro. (Sollozando)

Esto sonaba muy similar a algunas personas en nuestro mundo presente. Tienen recuerdos de otras vidas y otras existencias. No saben de dónde vienen, porque no tienen base en su realidad actual, especialmente en la forma en que han sido adoctrinados por la Iglesia. Esto puede ser muy confuso ahora, entonces es fácil ver cómo sería totalmente extraño para una mujer viviendo en el medio de la nada, con obviamente poca educación, que no había estado expuesta a ninguna otra forma de pensar. Aparentemente tenía vagos recuerdos de otras vidas, y no había explicación lógica. Sólo se sumó a su infelicidad y sensación de separación del grupo. Esta frustración de intentar encajar y ser incomprendido parece atemporal. Parece no conocer fronteras y ha existido desde que hay humanos pensantes en esta Tierra. También explica parcialmente el anhelo subyacente de "ir a casa".

D: *Se hace más difícil cuando tienes esos recuerdos.*
V: (Sollozando) Es difícil. Es difícil que la gente piense que yo no estoy bien de la cabeza.
D: *Pero sabes que estás bien.*
V: (Emocionado) A veces me pregunto si estoy bien.
D: *Eres un poco diferente, eso es todo. recuerdas cosas que ellos no. Pero está bien. Puedes hablar conmigo de todos modos. Yo te entiendo.*

La adelanté en el tiempo a un día importante. en una vida donde un día es igual al siguiente, a menudo es difícil para el sujeto encontrar cualquier cosa que sería importante. Y porqué sus vidas son tan mundanas, a menudo lo que ellos consideran importante no sería importante para nosotros.

D: *Es un día importante. ¿Qué estás haciendo ahora? ¿Qué es lo que ves?*

La emoción que había estado presente ahora se había ido. Su voz volvió a ser normal, incluso mundana.

V: Oh, estoy comenzando mi día, como todos los demás. Levantándome y preparándome para mi día, y para mis comidas familiares. Pero, aun así, este es un día para recordar. Voy a conocer a alguien este día, quien va a cambiar mi vida.
D: *¿Cómo sabes esto?*
V: Bueno, todavía no lo sé, pero este es el día. Mirando hacia atrás desde la perspectiva del "aquí", este es el día en que una persona muy inusual es parte de la caravana comercial con la que fui a

encontrarme. Salí con algunas frazadas y canastas. Y había alguien en este camino que va en la caravana. Solo estuvo de acuerdo con ellos por un tiempo. Tal vez él iba al mismo lugar al que ellos iban, pero él no era comerciante. Era un hombre mayor. (Seriamente) Pero él era alguien que sabía de otras cosas. La caravana se detuvo por un tiempo. Fue entonces cuando supe que podía llevarles mis mercancías. Estaban pasando la noche y este hombre viajaba con ellos. Era un hombre diferente. Un hombre de mansedumbre y fuerza y aprendizaje. Y muy, muy humilde. No como algunas personas en esta ruta, que piensan que simplemente no eres nadie. Y todos son importantes y todos con conocimiento. Este hombre me habló. Me habló como si yo también fuera importante. Me miró y me llamó. "hija mía". Y me habló de otras cosas, de otros lugares, e incluso de otros tiempos. Él podía mirarme y sabía todo sobre mí. Ni siquiera tuve que decírselo. Él sintió mi dolor. Él sintió mi confusión con la vida. Y cómo transcurría la vida. Solía preguntarme: "¿Qué estamos haciendo aquí? ¿Esto es todo lo que hay? ¿Por qué no hay otras cosas en mi vida que me parece recordar haber tenido antes?" Y anhelaba el agua. He oído que hay agua, mucha agua en otros lugares. Nunca lo he visto. Quiero estar donde hay mucha agua. Haría mi vida mucho más fácil. Y el habla de agua. (Llorando) Y habla del agua de la vida. Habla del agua como si en realidad no estuviera hablando de agua. (Lloriqueando) Habla de otras cosas que pueden liberarme. Se trata de quién soy en el interior. Me dice que, si puedo recordar lo suficiente, que... una parte de mi puede ir a lugares sin llevarme mi cuerpo. Que este cuerpo no soy realmente yo. Que puedo ir lugares y no tener que preocuparme por no ser rica, y no tener más oportunidades. Y puedo ser yo misma aquí donde estoy. Y puedo acceder a otros reinos, otros tiempos incluso. Y puedo visitar a mis amigos que he conocido en otros tiempos y otros lugares. Y habla de ángeles. (En voz baja) A veces he visto cosas, pero no las cuento. Ni siquiera le digo a mi marido. Pero veo gente que viene, y están hechos de luz. Y me hablan. Pero aún entonces me pregunto si estoy loca. Y me dice que estas son personas, grandes seres que me aman y que me extrañan también. Vienen y me visitan. Y puedo ir con ellos, y ni siquiera tengo que viajar de ninguna manera. Pero creo que tengo que hacerlo. Puedo ir con ellos y puedo visitar gente. Y puedo incluso comer todo lo que quiero. Puedo sentir que estoy comiendo todo lo que quiero. Supongo que no sería real. Pero puedo disfrutar la sensación de tomar conmigo todo lo que quiero, incluyendo un montón de aprendizaje. Porque quiero saber más cosas. (volvió a emocionarse.) Y no puedo saber más cosas aquí. No hay nadie que me enseñe. Pero él me dice que puedo. (Llorando) Y me cuesta creerlo. Quiero creerlo. Quiero saber más. Siento que sé más, pero aun así no creo. Es difícil de explicar. Pero me dice que me puedo ir a lugares. Y si puedo estar con estos grandes seres que yo veo, estos seres de los que no hablo. Son luz. Son como si estuvieran hechos de la llama de una vela o algo así.

D: *¿Vienen a ti cuando estás sola?*

V: Vienen a mí en la noche cuando todos están dormidos. A veces los veo, y a veces me hablan. Nunca traté de responderles, porque no quiero despertar a nadie. Pero los escucho. Entonces pienso que tal vez me estoy volviendo loca. Quiero escucharlos, pero...a veces simplemente no quiero que se vayan.

D: *¿Pero este hombre entiende estas cosas?*

V: Él entiende estas cosas, y me entiende a mí. Entiende mi anhelo, y entiende mi frustración. Y sabe que yo quiero saber. Y me dice que puedo ir a estos lugares. Puedo ir a lugares de aprendizaje. Y puedo hacer eso siendo quien soy, y donde estoy. Y esto es emocionante para mí.

D: *Esas son ideas muy extrañas, ¿no?*

V: Son ideas extrañas. Nadie habla de estas cosas.

D: *¿Sabes quién es este hombre?*

V: Me habla de alguien con quien ha estado asociado hace mucho tiempo. Y ambos se están haciendo muy viejos. Y me dice de la época en otro país del que tuvieron que huir. Y han estado en mi país durante muchos, muchos años, y su tiempo está llegando a su fin en esta vida. Y me dice de otras vidas. Y que no tenga miedo. Este hombre del que habla de es un hombre poderoso de paz y amor. Ha sido su amigo, y su protector por muchos, muchos, muchos años. Y se cansan y anhelan volver a donde vinieron. Siempre supe que vine de otro lado. Y me dice que cuando acabemos en esta vida, podemos volver allí. Y es maravilloso, y es hermoso. Y él va a estar haciendo esto. Él y su maestro – como él lo llama - van a estar haciendo esto muy pronto. Van a estar con sus amigos de otro lugar antes de entrar en esta vida. Pero ha aprendido muchas cosas. Este hombre sabe muchas cosas, y ha compartido muchas experiencias con el que él llama el "maestro".

Esto no sonaba como Jesús, porque el hombre era demasiado viejo. Me preguntaba si ella podría estar viviendo en Tierra Santa, y este podría ser uno de los discípulos que viajó y enseñó a otros.

D: *Este país en el que vives, ¿has oído que lo llamen por un nombre?*
V: Su nombre es algo así como un río que conozco. Escucho gente hablar de un gran río. Se llama río Indo. Es el país alrededor de ese río. Aquí no tenemos nombre para eso.
D: *¿Este hombre dijo de dónde venía?*
V: Había estado más al oeste, visitando el lugar donde alguna vez había vivido. Tenía importantes contactos con personas a las que necesitaba ver allá. Quería mantenerse en contacto con ellos. Estaba bastante lejos, pero estas rutas comerciales pasan por este camino, y él viaja con ellos para su protección.
D: *Bueno, este es un día importante cuando conoces a este hombre y encuentras alguien que te entienda.*
V: Él continúa. Pero me ha dado un regalo que no pueden quitarme. (Sollozando) Me ayuda a entender. Y él me dice cómo permitir más y no resistirlo. Y encontrar formas de aprender y visitar otros lugares. Y cómo hacerlo y vivir mi vida aquí también. Puedo cuidar de mi familia. Puedo ser una buena esposa. Puedo ser una buena madre. Y puedo tejer mis canastas y mis frazadas. Y también puedo ser libre de ir a otros lugares y de conocer otras cosas. Y para alimentarme de esa manera.
D: *Eso es muy importante. Él te ha dado un regalo muy grande.*

Luego hice que avanzara de nuevo a otro importante día en su vida.

V: Estoy (gran suspiro) preparándome para dejar esta vida. El cuerpo es débil, y soy vieja. Y estoy empezando a ver visiones. He visitado muchos lugares desde que conocí a este hombre. Este hombre de Judea me dice.
D: *¿Es de ahí de donde dijo que era?*
V: Era de Judea. No sé de Judea. Soy mucho más feliz al final de mi vida, porque él me enseñó cosas. Me enseñó a ser libre donde

estoy. Me habló de dejar al cuerpo permanentemente, en lo que llamamos "muerte". Me dijo que no le tuviera miedo. Y he aprendido de otros desde entonces también, con quien me he puesto en contacto. Grandes seres que nunca mueren. Y sé que solo estoy aquí por un rato. Y tengo otras cosas que hacer, otros lugares donde estar y otras personas con las que interactuar. Y me voy de este cuerpo, y no tengo miedo.

D: *Entonces, ¿no hay nada malo con el cuerpo? Solo está desgastado.*
V: Simplemente desgastado. Y he terminado mi tiempo aquí. Mi familia, lo que queda de ella, está triste. Pero les digo que no estén tristes. Sin embargo, no me entienden de todos modos. Nunca lo han hecho. Y se alegran de que me haya vuelto más feliz en mis años posteriores. Pero no saben por qué. Y les digo que no estén tristes por mi partida. Ellos tampoco entienden eso. He tratado de enseñar a otros. No lo han aceptado muy bien.

D: *Pero tú siempre fuiste diferente.*
V: Lo fui. Y mis hijos piensan que tal vez tenga razón, porque me aman y me respetan. Pero, sin embargo, son influenciados por los demás más que por mí, siento decirlo. Pero me voy. No estoy descontenta por irme. Sé que puedo velar por mi familia, mis hijos y ahora tienen vida propia. Pero puedo vigilarlos de la forma en que estos seres, lo sé, me han vigilado.

La trasladé hasta el punto donde dejó su cuerpo (murió), y le pedí que me dijera cómo era eso.

V: Es muy, muy, muy pacífico. Estoy viendo a mis amigos ángeles. Me están extendiendo los brazos. Y estoy sintiéndome más y más ligero. Y finalmente solo floto hacia ellos. Y estoy en este maravilloso lugar de paz y amor. Paz y amor y luz y libertad. Y es simplemente una sensación maravillosa de estar de vuelta donde pertenezco, de donde siento que recién vine. Como si fuera solo un minuto. Mi vida parecía tan larga y dura, pero ahora parece que fue un minuto.

D: *Mientras miras esta vida que acabas de dejar, puedes verla toda desde una perspectiva diferente. ¿Cuál fue el propósito de esa vida?*
V: Debía aprender a integrar este reino con el terrenal. La existencia terrenal mundana. Iba a aprender como incorporar mi

conocimiento de los reinos superiores en mi mundo laboral cotidiano. Este es un problema que todavía no tengo dominado. Aprendí mucho en esa vida. Y valió la pena todo el dolor que pasé para saber que puede hacerse. Y se puede integrar con éxito.

D: *A pesar de que tuviste oposición y burlas.*

V: Siempre habrá oposición en la vida terrenal. Cuando uno trae los recuerdos y el conocimiento de los reinos celestiales, cuando uno recuerda la existencia antes de esa vida y sabe que hay otras cosas, y no sólo estar cerrado a lo que está frente a nuestra cara. Siempre habrá quienes están justo en ese nivel. y lo arremeterán contra aquellos que incluso sugieren tales cosas. Entonces esto es para ayudarme en vidas futuras también. Porque cualquier vida a la que vaya, será una vida en la que haya resistencia.

D: *¿Pero eso no hace que sea más difícil tener estos recuerdos cuando estás en el mundo físico?*

V: Parece que siempre tendré estos recuerdos. Me dijeron que no soy de los que olvida por completo. Y esto es para ayudarme a prepararme para poder integrar esto, porque he elegido a un nivel superior no ser olvidarlo completamente. A no estar completamente detrás del velo. Elijo esto. Y al elegir esto, también tengo que aprender a integrarlo.

D: *¿Pero esto no hace que sea más difícil vivir en una vida en la que tienes los recuerdos?*

V: Es una vida difícil. Pero desde mi visión superior, elijo tener dificultades en la vida física que me ayudarán a crecer espiritualmente. No importa lo fácil que sea mi vida. Sólo es importante cuánto crezco. Y este es el camino en que he elegido hacerlo. No solo entrar en la vida ser completamente ciego y tonto del panorama general. Y olvidar lo que vine a hacer. Eso no tiene importancia. Vengo a la vida con el recuerdo de las cosas que debo aprender. A veces me toma un tiempo arreglarlo, recordar lo que es y cómo hacerlo. Pero este es el camino que he elegido después de consultar con los ancianos.

D: *Sí, pero lo hace más difícil.*

V: Es más difícil, pero he elegido este camino por el que irán los espíritus a través de las dificultades.

D: *Así siempre tendrás menos olvidos en todas tus vidas.*

V: Así es. Sabré cosas y recordaré cosas. Y me ayudará a recordar quién soy y a qué vine a hacer a esta vida. Siento que, si tengo estas experiencias difíciles, lograré más que ir de vida en vida, y olvidar lo que vine a hacer y cómo hacerlo. Así que vengo con memoria parcial. La suficiente para animarme, y saber que hay cosas que aprender y trabajo por hacer. Para saber que hay más. He tenido mucho, mucho miedo de la posibilidad de entrar en una vida con todas estas grandes visiones de las cosas que iba a hacer, y perderme y olvidarme de lo que vine a hacer. Y sería una pérdida de tiempo y de oportunidades. Y tal vez lastimando a otras personas y obstaculizando su camino. Elijo tener más iluminación para esto. A pesar de que muy a menudo es difícil para mí integrarme. Pero tengo amigos que vienen a vivir conmigo, y hemos hecho un pacto para ayudarnos entre si a recordar. Y esto lo hice con este maravilloso ser que conocí en el camino. Él sabía y yo sabía antes de venir a cualquiera de estas vidas lo que íbamos a hacer el uno con el otro. Fue una promesa kármica. Y también he establecido esto con otros en otras vidas. Sabré lo suficiente como para hacer preguntas, y otros me ayudarán a encontrar las respuestas.

D: *Entonces, en cualquier vida a la que vayas, siempre habrá alguien allí.*

V: Lo habrá. nunca estoy solo tengo muchos, muchos, muchos amigos a través de conocidos y asociaciones pasadas. Y todos conocemos los peligros de perderse en el lodo y estiércol. Y tenemos un mecanismo de seguridad.

D: *¿Qué quiere decir con un mecanismo de seguridad?*

V: Tal vez cuando voy a una vida donde olvide. Y tengo amigos amorosos que pasan vidas conmigo, o a quién conoceré en algún momento de mi vida. Y hemos hecho promesas que nos recordaremos unos a otros quienes somos. Y seguro que no todos lo olvidaremos todo. Así que, si uno recuerda una cosa y otro recuerda otra cosa, nos ayudaremos entre todos. E incluso lo tendremos cosas que llamamos "códigos". Si uno solo recordara una frase o una oración, desencadenará cosas en otra que abrirá montones de recuerdos y conocimientos.

D: *¿Entonces sabrán cómo identificarse entre sí?*

V: Haremos esto el uno por el otro. No es un código consciente. Pero hay cosas que alguien puede decir que hemos puesto de antemano. Como cuando dices esto, se descargará toda la caja de información para mí cuando esté listo. Y nos encontraremos cuando esté listo, o cuando estés listo. Y lo haremos el uno por el otro. Y es como una pequeña red de seguridad para ir a una vida aterradora donde tenemos miedo de olvidar.

D: *Y siempre estarás con estas personas en diferentes vidas. ¿es correcto?*

V: Es correcto. Me toma algo, lo que llamarías "tiempo", después de toda una vida, para descansar y pensar en todo lo que aprendí. Y cosas que no aprendí.

D: *Asimilar, sí.*

V: Asimilar es una buena palabra. Me toma un tiempo hacer eso, y entonces soy libre de hacer lo que yo elija. Puedo elegir muchos caminos. Uno de los cuales es ir a otra vida. Y he optado por volver a vidas con bastante frecuencia, con algún tiempo de espera entre sí para pasar a la educación superior y hacer algún trabajo con otros. A veces, solo paso el tiempo trabajando con otros en el plano terrestre. Visitándolos e inspirándolos. Y aún tengo a los que son mis compañeros del alma, como los llamo en vida. Y paso tiempo con ellos en sueños. Les susurro cosas, e influyo en ellos, y los cuido. Y hay veces cuando voy a visitar otras áreas de aprendizaje. Y a veces solo relajación. Y llegará un momento siempre cuando consulto con lo que llamo los "ancianos".

Luego moví a Virginia hacia adelante en el tiempo, dejando la otra entidad en el pasado, para poder hacer preguntas sobre su vida presente. El subconsciente tuvo dificultad para dejar a la otra personalidad en el pasado.

V: Es como si Virginia fuera ahora la mujer en el árido país de lo que ahora es la India. Como si ella fuera esa persona ahora. Y esta es una analogía que me gustaría que ella comprenda. Ella es, como esa persona, en algún nivel. Y el extranjero que venía por su área - no de su área, fíjate -, pero viniendo solo por un corto tiempo para quedarse, y mirar el lugar, y llegar a conocer a la gente un poco. Hay otros que son como el viajero que vino de paso y le trajo mayor iluminación. Y le mostró cómo mirar dentro de sí misma para encontrar la libertad, y recordar quién es ella.

D: *¿Por eso el subconsciente eligió esa vida para que ella la vea hoy?*

V: Este es el propósito de esa vida. Es una analogía. Ella es la de ahora, la mujer involucrada en trabajos forzados. Y ella trabaja duro. Y a veces le cuesta integrar su conocimiento con su mundo laboral cotidiano. Y hay quienes, especialmente en su lugar de trabajo, escucharán nada de su misticismo. (Virginia es enfermera en un gran hospital.) Y esto es a menudo frustrante. Y hay esos que vienen a ella por la noche, que le enseñan de otras cosas. La llevan a otros reinos y le muestran muchas cosas. Y es su forma de crecer por encima de esta vida. Y ella accedió a que esto sea, a que esto suceda. Fue para ayudarla recordar que hay otras cosas en la vida en lugar del aquí y el ahora, y el trabajo que está frente a tu cara en este momento. Hay muchas cosas sucediendo en muchos niveles. Pero para su nivel inmediato, fue un acuerdo antes de que ella viniera a esta vida, porque ella tenía mucho que hacer en esta vida. Mucho karma para terminar. Y su objetivo era ayudar a las personas a recordar quiénes eran. Y tenía miedo de olvidar quién era ella, y sería incapaz de ayudarse a sí misma o a cualquier otra persona.

Virginia había, durante meditación y sueños, visto destellos de una entidad que ella llamó "Heperon". Ella quería saber si esta era una entidad real y, de ser así, quién era.

V: Heperon es una parte muy integral de su ser. Ella nunca se habría ofrecido a ser voluntario para la experiencia de la Tierra si no hubiera sido por el conocimiento de que su "alma gemela" – como lo llamaré - esta persona muy, muy querida de su grupo de almas en otro planeta, estaba con ella. Él le aseguró que era su acuerdo de que ella vendría a la vida en la Tierra, y él velaría por ella. Él estaría con ella en algún nivel en todo momento. Él es, lo que llamarías, un ser "multidimensional". Puede estar haciendo muchas cosas en muchos reinos, y también velando por Virginia. Y esta es una parte muy integral de su vida. Su misma existencia en la tierra es el conocimiento que Heperon la está cuidando de su - se puede decir - posición algo elevada. Él puede estar en muchos lugares en muchas ocasiones. Él es, lo que podrías llamar, un ángel. Él es un ángel para ella de todos modos.

D: *Así que él es muy importante en su vida.*

V: Esa conexión es sumamente importante. Es el mismo corazón de su existencia en la Tierra.

D: *Eso es muy bueno. Ella tiene algunas preguntas más. Ella quiere saber si alguna vez tuvo alguna conexión con Jesús.*

V: Hubo un incidente en Cachemira donde conoció al joven hombre que era Jesús. Ella era un sacerdote en ese momento cuando Jesús viajaba con su tío José y estudiaba con los sabios maestros. Fue un verdadero encuentro. Fue un encuentro muy, muy verdadero. Un verdadero recuerdo. Uno muy profundo. Y el recuerdo de su serenidad la ha ayudado de muchas maneras en esta vida. Solo tocar el recuerdo de ese recuerdo del alma, del amor y la paz que de él emanaba ha sido una fuerza estabilizadora. Y el conocimiento de que él está allí. Es firme como una roca, y es amor y paz. Eso ha sido un conocimiento interno. Y también durante esta vida que fue revelada este día en esta sesión. Fue, además, la próxima encarnación de esta entidad, Virginia.

D: *¿Después del otro en Cachemira?*

V: Después del otro. Y este hombre - esto es difícil de decir, porque no es generalmente aceptado - pero este hombre que le enseñó vivió una larga vida con Jesús.

D: *Estaba pensando que no era Jesús, porque era mayor.*

V: Fue compañero de Jesús. Él llevaba el conocimiento, así que Jesús ha tocado su vida dos veces.

Terminé la sesión preguntando sobre los problemas del estado físico de Virginia. Eran causados porque ella continuó trabajando en la atmósfera negativa del hospital después que su utilidad allí se terminó. Ella pensó que estaba ayudando a la gente, pero las energías presentes en ese ambiente la estaban agotando. Era hora de que siguiera adelante en su trabajo. Todavía podía ayudar a la gente, y trabajar con los que se estaban muriendo, pero ella debía dejar el hospital.

CAPÍTULO 16

BUSCANDO AL SABIO

Esta es otra sesión que hice en Clearwater, Florida, mientras que estaba allí hablando en una Expo en octubre de 2002. También tuve una conexión con un hombre sabio, pero uno de un tipo diferente.

Cuando Nancy, la cliente, bajó de la nube, se encontró de pie descalza sobre grava afilada, pequeños trozos de roca triturada. Esto la hizo sentir incómoda, pero se volvió más molesta cuando vio que estaba al borde de un acantilado. Vio que era un hombre joven con cabello castaño corto vistiendo un chaleco acolchado grueso y pantalones hechos de material áspero. "Estoy muy cerca de un precipicio. Siento que quiero retroceder lejos del borde. Me dicen que no me dé la vuelta. Alguien está detrás de mí. Y quiero correr", dijo con un gran suspiro. "Quiero alejarme ¿Por qué están haciendo esto?" La respuesta fue una revelación, "Están tratando de asustarme".

Le pregunté si quería darse la vuelta y ver quién era. "Hay más de una persona. Siento que, si me acerco más a la borde, voy a resbalar y caer. Y me están haciendo pararme aquí para darme una lección. Pero no sé cuál es esa lección. Son personas muy pequeñas de pelo claro. Casi blanco. Soy mucho más grandes que ellos, al menos un pie o más alto. Y mi color es diferente. Yo soy moreno y ellos muy claros. Ellos son diferentes a mí. Yo no pertenezco a ellos. No soy parte de ellos. Me siento como si estuviera viajando a través de su pueblo. Me tienen miedo. No sabía dónde estaba, y encontré este lugar. Primero pensé que eran niños. No tienen ni armas, pero de alguna manera me forzaron aquí.

D: *¿Qué tipo de aldea tenían?*
N: Hmmm. Veo que se pueden esconder. No sé cómo decir esto. Pueden desaparecer. Pueden esconder sus casas, sus edificios entre la naturaleza, con el medio ambiente. Y cuando los vi por primera vez, parecía un pueblo de niños. Tenían techos de paja,

como pequeñas chozas, pero eso no era real. Eso fue solo un camuflaje que usaron. No era como realmente se ven sus casas. Como si me estuvieran jugando una broma. Es muy confuso.

D: *¿Eso es lo que viste cuando llegaste al pueblo?*
N: Sí. Vi las chozas con la hierba en los techos. Y parecían niños jugando. Pero en realidad sus casas están ocultas. Sé que los camuflan. Los esconden en la ladera. Es divertido, pero no sé cómo son realmente. Pero sé que están escondidos.

D: *¿Habías recorrido un largo camino para llegar allí?*
N: Muy alto en las montañas.

D: *¿Ahí es donde estaba tu casa?*
N: No, por ahí estaba cruzando. Es muy, muy alto. Yo solo estaba de viaje. (Gran suspiro) Quería irme al lejano oriente. Era mi viaje. Escuché historias de un hombre mágico que quería ver. Muy lejos, en lo alto de las montañas. Muy alto. Quién tenía magia. El hombre santo. Historias de esto hombre. Quería encontrarlo.

D: *Parece que iba a ser un viaje largo.*
N: Muy largo. Pensé que me llevaría un año o más para llegar allá. Tenía suministros, pero estas personas se los llevó.

D: *¿Tenías familia en el lugar que dejaste?*
N: Me siento como si estuviera solo.

D: *¿Así que eras libre de viajar si querías? (Sí) ¿Tuviste que ir más lejos de cuando te encontraste con este pequeño pueblo?*
N: Oh, sí, mucho más lejos. Yo había estado en camino durante mucho tiempo. Llegué a una curva, y en realidad no estaba poniendo atención. Era tan hermoso. Y luego vi chozas. Y escuché gente adentro. Pensé que eran niños jugando. Pero los asusté. Miré hacia abajo en el interior, y los asusté. Esto se sintió como un lugar donde nadie viene. Este es un lugar escondido. Es un lugar muy secreto para ellos.

D: *Así que los asustaste porque se suponía que no debías estar allí.*
N: Sí. Y no puedo comunicarme con ellos en mi idioma. No entienden lo que digo. Estoy tratando de decirles que no les voy a hacer daño, pero no comprenden.

D: *¿Dijiste que se llevaron tus provisiones?*
N: Sí. Tenía bolsas en correas sobre mí. (Movimientos de la mano indicando algo sobre sus hombros.) Cruzándome. Y agua. Y una bolsa de - no sé cómo llamarlo. - Algo de comida... cosas secas en la otra. Y luego de vez en cuando obtenía otros alimentos de

mis viajes. Lugares en los que me detenía donde la gente compartía conmigo. Pero este es un lugar diferente. Estas personas no se ven iguales. Son muy, muy pálidos y pequeños. De piel muy clara. Pelo muy, casi blanco.

D: *¿Son sus características diferentes?*

N: Sí, lo son. Todos tienen las mismas características. Sus ojos son de diferentes colores. No son azules, ni verdes, sino ambos. Casi turquesa, un color verde azulado. Pero sus características son muy pequeñas. Nariz muy pequeña, menuda. Mentón muy pequeño. Rasgos muy delicados. y agudos.

D: *¿Se ven masculinos y femeninos?*

N: Veo jóvenes con ellos que son sus hijos. Hay parejas adultas. ¡Familias! Son familias. Pero los padres se parecen mucho.

D: *¿Entonces es difícil distinguir el género? (Sí.) ¿Trataste de evitar que te quitaran tus suministros?*

N: No. Solo me quedé allí. Me sentí muy tranquilo. Muy quieto. Y simplemente se acercaron y me los quitaron. ¿Por qué se llevan mis zapatos? (Estaba desconcertada por su reacción.) Solo dejé que lo hicieran. Me quedé allí. Eso es muy extraño. Me quedé muy quieto. Y luego me acompañaron por este camino con piedras. Me lastimó los pies. (Haciendo una mueca) Me dolieron los pies. (Una revelación :) ¡Ay! Sus lugares son un secreto. Nadie se supone que debe saber que están allí. Y los encontré. Y no quieren hacerme daño, pero no pueden dejarme ir. Tienen miedo de que voy a traer a otros, o hablar de ellos. yo no lo diría. Traté de decirles que no diría nada. (Gran suspiro) Y quiero alejarme de eso acantilado. Están parados detrás de mí, pero están a una distancia lejos. No me tocan, y no hay armas, pero sus pensamientos me están empujando hacia el borde. (Con severidad) Y me resisto a ellos. ¡No lo voy a hacer! No voy a dejar que lo hagan. (Decidido) Voy a girar y dar la vuelta. Sé que puedo. Me voy a dar la vuelta, es muy difícil. Y les voy a decir que se detengan. ¡Alto! (respira profundo, y levantó la mano con la palma hacia afuera.) Les estoy diciendo que se detengan. (Gran aliento de alivio.) ¡Han parado! Y ahora estoy siendo muy firme con ellos. ¡Nole permitiré que hagan esto! Estaba pensando que si seguía haciendo lo que querían que hiciera, verían que no iba a hacerles daño. Pero ahora veo que tengo que decirles para detener. No me van a decir lo que haga. Y ahora uno de ellos trae mis provisiones y mis zapatos. Me los están entregando para que pueda seguir mi camino. Están muy afligidos. Están pidiendo disculpas. No me están hablando, pero puedo sentir cómo se sienten. Siento que están apenados.

D: *¿Pudiste comunicarles que no ibas a exponerlos?*

N: Sí. Cuando me di la vuelta y les dije que se detuvieran, estaba enfadado. Y me sentí fuerte. Les dije que no los iba a lastimar. No le diría a nadie. Pero no iban a hacerme caminar por el precipicio. Que estaba mal. Y ellos tenían mucha pena.

D: *Tal vez esta era la única forma en que pensaban que podían protegerse.*

N: Estaban muy asustados. Y ahora me voy. Estoy yendo arriba de la colina (Gran suspiro) Me están mirando. Han comenzado a irse. Me detuve en la cima de la colina, y caminaban hacia abajo. ¡Uf! Pero estoy bien, estoy a salvo, voy en mi camino de nuevo. Pero es muy curioso, porque sé no pertenecían aquí. Son diferentes siento que ellos no pertenecen aquí en este momento.

D: *¿Este tiempo?*

N: Sí. No pertenecen a este tiempo. (Tratando de pensar cómo para explicar.) Siento que son de otra época. ¡Lejos en el futuro! Muy lejos en el futuro. Y simplemente estaban allí. Pero Siento que han estado allí por mucho tiempo. Pero ellos pensaron que estaban a salvo en este lugar. Que nadie los encontraría allí.

D: *¿Por qué tienes la sensación de que son del futuro de dónde eres?*

N: No lo sé. Solo sé que son del futuro muy lejano. Que no son de mi lugar, de este tiempo. Ellos son no de aquí. Pensaron que habían encontrado un escondite seguro.

D: *Me pregunto de qué se escondían.*

N: No lo sé.

D: *Pero, de todos modos, te enfrentaste a ellos.*

N: Sí, estoy bien. (Un suspiro de alivio.) Estoy feliz de estar en mi camino. Tengo muchas ganas de conocer a esta persona especial. Y sé que voy a ver a esta persona.

Luego moví a Nancy hacia un día importante:

N: (Sonriendo) Estoy aquí. Estoy muy emocionado. Conocí a mucha gente en mi viaje. Y escuché historias de esta persona todo el tiempo. me siento mayor.

D: *Pero nunca conociste a nadie tan extraño como esas personitas.*

N: No. (Riéndose) Eso fue solo una vez.
D: *¿Este hombre vive en una ciudad?*
N: Está en la cima de la montaña, pero todos aquí en la ciudad lo conoce. Él es un hombre santo. Y estoy en un mercado de algún tipo.
D: *¿Sabes el nombre de esta ciudad? ¿Escuchaste a alguien decirlo?*
N: Se siente como si estuviera en el Himalaya. Hay un nombre que le llaman, pero la ciudad está en la elevación más baja. (Pude ver que batallaba para encontrar el nombre.) No creo que sea el nombre que le dicen, pero quiero decir Katmandú, pero creo que es un nombre moderno. No creo que así le llamen ahora, en mi tiempo. Hay muchas montañas altas alrededor. Y esta ciudad está a gran altura, pero está debajo donde está.

Cuando mencionó el Himalaya, inmediatamente pensé del Tíbet. Me sorprendí cuando busqué en la enciclopedia y descubrí que Katmandú es una ciudad en Nepal. Se asienta sobre una meseta 4000 metros sobre el nivel del mar y está rodeada de montañas muy altas. La cordillera del Himalaya tiene las montañas más altas del mundo y forma la frontera norte de Nepal y China. No sabía que el Himalaya se extendía tan lejos. No creo que Nancy tuviera esta información tampoco. Hubiera sido más natural para ella decir que estaba en el Tíbet al pensar en el Himalaya. Aparentemente el recuerdo era real, porque no era conforme a lo que nuestras mentes conscientes fantasearían. Las extrañas personitas no parecían encajar, pero todo esto sería explicado antes de terminar la sesión.

D: *¿Él es mucho más alto y todos saben acerca de este hombre?*
N: Sí, es una persona muy especial de la que siento que puedo aprender. (Pausa larga) Tengo que descansar aquí y limpiarme. Tengo que bañarme. He estado en camino por mucho tiempo. Siento que necesito descansar un poco y adaptarme también a la elevación. Y necesito cambiarme de ropa. No estoy lo suficientemente abrigado por ahora. Necesito ponerme más ropa, por la altitud y frio.

Decidí adelantarla a cuando subía por la montaña para verlo.

D: *¿Te han dicho dónde está?*

N: Sé dónde está. Puedo sentirlo casi jalándome allí ... llamándome. Él sabe que vengo y me está dirigiendo. Puedo sentirlo jalarme más alto. Aquí está muy empinado. Es muy frío. Tengo frío.

Estaba temblando y su voz temblaba. Di instrucciones para que ella no tuviera físicamente ninguna molestia.

D: *¿También hay nieve?*
N: No, ahora esta empinado. No es la temporada de invierno. Pero es muy ventoso. He llegado a un terreno llano. Hay una cueva. Y él está dentro. Está oscuro y tranquilo. Y hay velas ahí. Y me detengo por un momento. Mis ojos se están ajustando a la luz. Y él está aquí.
D: *¿Puedes verlo? (Ella asintió) ¿Qué aspecto tiene?*
N: (Gran aliento) Tiene forma de hombre, pero es energía. No es realmente sólido. (Risa repentina.) Me está diciendo que es la encarnación de muchas personas santas. Él me está mostrando, primero, un hombre santo con ropa andrajosa, como una túnica y cabello largo, castaño, sucio y enmarañado. Y una barba larga oscura y sucia. Y luego, de repente, se vuelve limpio y puro. Y es muchos. No es solo una persona. Él es muchas almas. Él es una combinación .... (Tuvo dificultad para encontrar la palabra.)
D: *¿Un compuesto?*
N: ¡Sí! De todos ellos. Y es muy brillante. Aparece como una luz brillante, y también la forma de un hombre. Él es ambos. Él puede transformarse de hombre a la forma de un hombre, y luego ser de repente sólo esta luz brillante. Luz casi cegadora.
D: *¿Por eso puede vivir en un lugar tan extraño, porque no es sólido?*
N: Sí. Se adapta a donde sea, sea cual sea su entorno. No le afecta.
D: *Si otras personas vienen y lo ven, ¿lo verían de esa manera?*
N: Sólo unos pocos acuden a él. La gente sabe que él está allí, pero solo unos pocos hacen el viaje hacia él. (Pausa) Es vocación. Él te llama.
D: *Me preguntaba ¿si viniera alguien del pueblo, lo verían como un ser humano, o como lo estás viendo?*
N: Saben que no pueden ir. Tienes que ser llamado. Saben que está allí, pero solo llama a unos pocos. Él puede existir en otros lugares al mismo tiempo.

D: *Pero tenías que hacer el viaje hasta allí. (Sí) ¿No podrías haberlo encontrado en otro lugar?*

N: No. Tenía que ir allí. Ahí es donde él quería que yo viniera. El viaje fue muy importante. Él tenía que saber que yo creía. Él tenía que saber que yo era digno de... Él tenía que saber que el llamado que sentía por dentro era lo suficientemente fuerte.

D: *Porque de lo contrario, se te podría haber aparecido en cualquier parte. (Oh, sí.) Pero él tenía que saber que tenías la determinación de viajar tan lejos para encontrarlo. (Sí) ¿Por qué sentiste esa determinación?*

N: Simplemente sentí que tenía que estar allí. Fui jalado y atraído hacia a él. Siento que hay algo que se supone que debo aprender de él. Y simplemente no podía no ir. Tuve que irme. Y yo iba a ir. No me importaba cuánto tiempo me tomó llegar allá. Iba a verlo.

D: *Pero en tu vida normal en la que empezaste, ¿eres un santo, o una persona normal?*

N: Fue hace mucho tiempo. Yo era un aprendiz de algún tipo. No me gustó. Lo hice porque... bueno, tenías que hacer alguna cosa. Estaba trabajando con mis manos. Un albañil, creo. Construía cosas, pero solo estaba aprendiendo a hacer cosas diferentes. Era joven.

D: *¿Pero entonces sentiste la necesidad de encontrar a este hombre, aunque no tenía sentido?*

N: Sí, sabía que tenía que encontrarlo. Yo no era como todos los demás. Siempre sentí que realmente no pertenecía allí. Solo me sentí diferente. La gente era muy pobre y sucia. Y simplemente trabajaban todo el tiempo. Fueron amables conmigo, pero creo que no pertenecía allí tampoco. Creo que me detuve allí un rato, porque no sabía adónde ir. Sabía que tenía que encontrar a este hombre. Y supe en qué dirección seguir. Y supe que, si permanecía en mi camino hacia él, que él me proveería de todas mis necesidades. Que él me daría comida y agua. Pero tuve que quedarme en mi camino hacia él. Podría haber parado en cualquier momento, si hubiera querido, pero yo no quería.

D: *Ahora que lo has encontrado, ¿qué vas a hacer?*

N: Tiene cosas que enseñarme.

D: *¿Te vas a quedar con él?*

N: Sí. Por un ratito. Hasta que sea el momento adecuado. Y yo soy el único aquí. Somos solo nosotros dos. Nadie más.

D: *Ningún otro estudiante.*
N: No. Solo yo. El me llamo. De muy lejos, muy lejos.
D: *¿Qué es lo que tiene que enseñarte?*
N: (Pausa larga) Voy a convertirme en uno de sus hijos. Y al hacerlo, puedo compartir con otros sus enseñanzas. Las enseñanzas de muchos son todos del Uno. Y estoy empezando a entender, pero aún me falta mucho por comprender. Me va a tomar algún tiempo con él para entender completamente. Tiene mucho que enseñarme.

Sentí que esto podría llevar bastante tiempo, así que la adelanté de nuevo en el tiempo. "¿Cuánto tiempo te quedas allí?"

N: (Gran suspiro) Ya pasó el invierno y ahora es primavera. He estado aquí por un tiempo. (Risas) Y tengo pelo en mi cara. (Me reí) Y mi cabello en mi cabeza es más largo. Y me siento mayor. Todavía soy joven, pero me siento mayor. Y es casi es hora de que me vaya.
D: *¿Qué te ha estado enseñando?*
N: (Susurrando) Tanto. Me dice, como que cuando necesite la información, ahí estará. Pero él me envía en mi camino con el conocimiento de la verdad, de la sencillez, de las enseñanzas del Cristo, las enseñanzas de la verdad de muchos de Buda. Las enseñanzas de muchos de ellos que son todos los mismos. Todos tienen las mismas verdades.
D: *¿Todos los sabios?*
N: Sí. Cristo no fue el único. Jesús no fue el único, eran muchos. Y había mujeres que también tenían esta energía de Cristo.
D: *Las habilidades y el conocimiento.*
N: Sí. Y ya casi es hora de que me vaya, para compartir la verdad.
D: *¿Alguna vez le preguntaste de dónde venía y qué era? Dijiste que no era humano. Él no era sólido.*
N: Ah, lo sé. No tienes que preguntar. Él es la energía de cristo. Él es la energía de Dios que se manifiesta en diferentes lugares de todo este planeta.
D: *¿Cómo te enseñó?*
N: Dormí mucho tiempo, y así fue como sucedió. Mientras dormía, sí.
D: *Más o menos lo absorbiste. ¿Sería esa una buena palabra?*

N: Sí, eso es todo. Absorbido. Y ahora tengo que irme. estoy muy alegre. Estoy muy feliz.
D: *¿No te importa dejarlo?*
N: Porque sé que él siempre está conmigo.
D: *Entonces nunca lo pierdes.*
N: (Una respuesta muy emotiva:) ¡No! Él es parte de mí.
D: *Porque él ha puesto este conocimiento e información dentro de ti.*
N: Sí. Y hay una gran alegría. (Ella estaba emocionada y casi llorando.) Estoy bajando la colina con mucho cuidado. Mirando mi paso, porque hay muchas piedras, y está muy empinado. Y cuando llego al pueblo, me saluda todo el mundo. Y hay muchas flores, y música y están bailando. Una celebración.
D: *¿Porque regresaste?*
N: Sí. (Sonriendo) Es muy festivo. Y hay hermosos colores y música. Y una fiesta. Y me quedo un rato. Y me dan ropa y suministros. Y me siento honrado. Y ahora debo irme. No sé a dónde se supone que debo irme. (Risas) Se supone que debo vagar y conocer gente. Siento como si me dirigiera al sur.
D: *¿Lejos de las montañas?*
N: Sí. Más al sur. Y no sé qué es exactamente lo que voy a estar haciendo. Pero sé que debo seguir su enseñanza. Y hablar con la gente.
D: *¿Para compartir lo que te enseñó? (Sí) ¿Crees que estarás bien?*
N: Sí, sé que lo haré. No tengo miedo. Me cuidarán. No miedo.

La adelanté en el tiempo nuevamente a otro día importante, porque el viaje podría llevar mucho tiempo.

N: Es el día de mi fallecimiento. Soy muy mayor. Ha habido muchas bodas y muchas bendiciones. Y muchas personas que he amado, y a quien he tocado. Me siento bien con mi vida. Y tengo muchos, muchos hijos. Y muchos nietos. Muchos seres queridos a mi alrededor. Y estoy listo para irme.
D: *¿Pudiste enseñar el conocimiento?*
N: Sí. Solo llegó cuando estaba listo. Cuando hablé y conversé y compartí historias.
D: *Y nunca cuestionaste, porque sabías que estaba allí. (Sí) El día de tu fallecimiento, ¿qué está causando que el cuerpo deje de funcionar?*

N: Es solo el momento. Solo estoy viejo y cansado. Y me está llamando. Me está llamando de nuevo. Es hora de que descanse. Dijo que le he servido bien, pero ahora es el momento de mis recompensas. Y estoy muy feliz. (Suspiro de satisfacción.) Y en paz. Y Sé que me iré pronto.

D: *Entonces vayamos al momento en que sucede. Cuando haces la transición, ¿qué pasa en ese momento?*

N: (Gran suspiro) Solo... solo me fui. (Risas) Me voy. Y siento movimiento, y veo luz. Estoy allí y entonces Me fui. (Risas) Es muy fácil.

D: *¿Hay alguien contigo?*

N: Siento que hay varios de los que han venido. Pero realmente no necesito su ayuda, porque me dijeron cómo hacer esto antes. Estaban allí por si los necesitaba, pero simplemente me fui.

D: *Pero dijiste que te estaba llamando para tu recompensa. ¿Cuál es tu recompensa?*

N: Me deshice de ese cuerpo viejo. Estaba cansado. Y yo era muy viejo. Y siento que sigo siendo la misma persona. Pero no tengo ese cuerpo cansado y pesado sobre mí ahora.

D: *Desde ese punto de vista, puedes mirar hacia atrás a toda la vida. Y parece que fue una vida muy gratificante.*

N: Sí, mucho.

D: *Hiciste mucho bien. Al mirarlo, ¿cuál fue la lección a ser aprendida en esa vida?*

N: Tuve muchas lecciones en esa vida. Tuve lecciones de fe, y creer en mí mismo. Y la dimensión de los espíritus. Tuve que aprender que no siempre iba a ser aceptado fácilmente. Y tuve que aprender que tenía que usar mi fuerza con mi dulzura. Que no era sólo uno o el otro. Pero fue una combinación de usar tu fuerza y tu poder con la dulzura y el amor.

D: *Esas son cosas importantes, ¿no?*

N: Sí. Hubo muchas almas tocadas en esa vida.

Entonces le pedí a la entidad que permaneciera donde estaba, y traje la personalidad de Nancy al cuerpo. Después de orientarla, pedí hablar con el subconsciente para saber más información sobre esta extraña sesión.

D: *¿Por qué escogiste esa vida para que Nancy la mirara?*

N: (Gran suspiro) Necesitaba recordar su fuerte conexión a la energía de Cristo. Y también para traer ese poder que ella tiene. Esa fuerza para hacer que las cosas sucedan. Pero también para sentir ese amor y la verdad. Para recordarle que todavía puede usar estas cualidades en su vida ahora. Tiene dificultad a veces con esto. Tiene grandes retos en toda esta vida. Tiene toda la vida ahora que, aunque las circunstancias son diferentes, el tiempo es diferente, todavía enfrenta desafíos similares. De conocer gente y compartir la verdad con ellos. Y de incorporar esa fuerza y sabiduría.

D: *Este ser a quien llamó la energía de Cristo, que apareció como un hombre en la cueva. ¿Qué era? No parecía ser humano.*

N: Esa era la sabiduría universal. Esa era la energía universal. Ese era el conocimiento cósmico. Eso fue el elemento que activa esa parte de cada uno de nosotros, esa nos recuerda... (Suavemente, un susurro:) Eso no está bien.

D: *¿Las palabras no son correctas?*

N: Sí. Fue el catalizador. El catalizador para recordarle lo que ella necesita hacer.

D: *¿Entonces es como una encarnación de todo el conocimiento? (Sí) Y fue pasado al hombre que fue en esa vida. (Sí) al principio, ella fue a ese pueblo con pequeñas extrañas criaturas ¿Quiénes eran?*

N: (Fuerte risa) Esa fue una prueba que se puso en mi camino. Para ver cómo manejaría muchas cosas. Tratando con los que no son como yo. Lidiando con mi propia fuerza. Fue una prueba de fe y de mi propio poder. Fue una prueba de cuanta energía amorosa tenía. ¿Cómo usaría mi energía? ¿Trataría de lastimarlos, o los dejaría en paz? Muchas pruebas.

D: *Y que ibas a conocer a mucha gente que te es diferente. (Sí) ¿Eran seres físicos reales?*

N: Sí, pero no eran de ese lugar. Eran de otro lugar. Se ofrecieron como voluntarios para venir a promulgar esta escena, pero no eran de esa época.

D: *Dijo que la apariencia de las cabañas era como una ilusión.*

N: Sí. Pero no eran de esa época. Eran de otra dimensión. Y se ofrecieron como voluntarios, porque sabían que tenía que ser ayudado en el camino. Sí ellos estaban allí para ayudarme.

D: *¿Cómo podrá Nancy aprovechar este conocimiento y usarlo en su vida presente?*

N: Tiene miedo de ser rechazada, de ser ridiculizada por ser diferente.
D: Esos son miedos humanos normales, ¿no?
N: Sí. Nada le sucedió al hombre en esa vida. Él era aceptado. Por eso se le mostró. Para que ella pueda ver que es posible utilizar este conocimiento sin ser rechazado o ridiculizado. Podrá usar estas habilidades olvidadas. Siempre habrá gente que no lo entienda. Pero tal vez ella no tiene que trabajar con esas personas, o ella no tiene que compartir tanto como podría.

Este fue otro caso en el que la persona había acumulado gran conocimiento en una vida pasada. Se supone que está perdido; dejada con la personalidad fallecida. Pero yo sabía por experiencia que esto no era cierto. Cualquier cosa que haya sido aprendida en otra vida, cualquier talento, etc., nunca se pierde. Se almacena en la mente subconsciente, y puede ser revivida y traída para usarse en la vida presente, si es apropiado. He encontrado muchos casos en los últimos años, donde se está permitiendo que grandes habilidades psíquicas y conocimiento curativo se incorpore a la mente consciente. Porque serán necesarios en el tiempo al que nos estamos acercando.

* * *

Creo que sería apropiado mencionar otro extraño caso que también parecía ser un cambio de tiempo. El sujeto descendió en una gran ciudad moderna, pero dondequiera que miraba no había gente, ni señal alguna de vida. Todo estaba quieto y en silencio; solo los edificios y alrededores. Lo moví a muchos lugares de la ciudad, pero todo parecía desierto. Él dijo nada parecía familiar, casi como si fuera un observador muy perplejo. Parecía estar fuera de tiempo y lugar, como, aunque lo habían dejado caer en un entorno extraño donde no pertenecía. Estaba muy confundido, como yo, porque era difícil saber cómo proceder. Finalmente, le pedí que se traslade a un lugar donde sí se sintiera cómodo. Luego se encontró en medio del bosque, viviendo una vida muy primitiva y existencia solitaria en una cueva. Aquí se sentía como en casa, con sólo la compañía de su perro. El resto de la sesión fue sobre una vida muy simple y mundana donde nunca se encontró con otra persona, pero estaba contento.

Después de su muerte, me comuniqué con su subconsciente. Yo quería saber acerca de las circunstancias inusuales en el comienzo.

¿Por qué el extraño contraste? El subconsciente dijo que había entrado en escena en el lugar correcto, pero en el tiempo incorrecto. Durante su existencia en el bosque no hubo ciudad allí, sin embargo, en un tiempo futuro se construiría una gran ciudad en la misma ubicación. Así vio la ciudad y estaba desierta, porque la ciudad aún no existía en su tiempo. No es de extrañar que estuviera confundido, y que no pudo encontrar nada que le fuera familiar. Estaba contento cuando localizamos los bosques que habían existido antes la ciudad. Como si el pasado y el futuro se fusionaran como superposiciones en la misma ubicación simultáneamente, con solo una delgada chapa de separación de las dimensiones.

* * *

Pensé que este libro estaba terminado y lo estaba preparando para la imprenta, pero la información seguía llegando durante mis sesiones de terapia. Mi familia sigue diciéndome que la guarde y las ponga en el libro tres de esta serie. Como la información no cesará supongo que tendrá que haber un Libro Tres. Sin embargo, estas piezas que siguen apareciendo parecen querer que las inserte en este libro, así que supongo que esto continuará hasta que el libro finalmente vaya a la imprenta.

En noviembre de 2004 en mi oficina privada en Arkansas tuve una sesión que se relaciona con ésta sobre la búsqueda del sabio. Este sucedió por accidente, y tiene las cualidades del famoso clásico de Rip Van Winkle.

Gail se fue a una vida pasada donde era un hombre joven que vivía con un grupo de personas semi primitivas en una zona de altas montañas. Vivían en viviendas hechas de ramas y escondites, o en cuevas. Vivía en una de las chozas con una vieja pariente. Su trabajo consistía en ir a los bosques y colinas y recoger bayas y nueces, que compartían con los demás. En una de estas búsquedas reunidas en las altas montañas que rodeó su asentamiento, encontró algunas extrañas rocas pequeñas en una cornisa. Tenían imágenes de animales y personas talladas en a ellos. No tenía idea de dónde venían ya que esas cosas eran ajenas a su cultura. Pensando que eran bonitos y tal vez de suerte los puso en una bolsa y siempre los llevaba con él. Cuando se los mostró a las otras personas, solo creaba gran temor y sospecha, ya que nunca habían visto cualquier cosa como ellos. Su gente solo talló utensilios útiles de madera, nunca de roca.

Quería volver a la misma zona para ver si podía encontrar más. Como fueron encontrados en la montaña más alta, él también quería subir a la cima, que nadie en el pueblo había hecho. Condensé el tiempo para ver qué pasaría cuando él decidió escalar la montaña. En el camino encontró rocas minerales, pero no eran del tipo con talladuras. Eran azules y blanco y brillante. (Probablemente algún tipo de cristal de cuarzo.) Condensé el tiempo de nuevo para ver si había podido llegar a la parte alta. Él dijo: "Estoy casi en la cima. Tuve un momento difícil. Difícil de respirar. Fue un largo camino. Encontré una cueva a un lado. Estoy cansado... mi cuerpo. El sol está fuerte afuera, así que hace calor. Esto se ve como un buen lugar para descansar y es genial".

Cuando entró en la cueva se sorprendió al encontrar a una persona allá. Un ser estaba tallando en rocas más grandes con otra roca que lanzó chispas cuando lo usó. Cuando le pregunté qué era el hombre parecía, dijo: "No como yo. Su piel es un poco brillante. Él tiene ojos grandes y su cabeza es un poco inclinada y puntiaguda". difícil verlo claramente porque es muy brillante. "Él es brillante. Puede ser que su ropa sea brillante, pero entonces no parece como si hubiera una separación entre su ropa y su piel, así que no lo sé." Ya que no le tenía miedo al ser, decidió quedarse y obsérvalo un rato en lugar de continuar su ascenso a la cima de la montaña. Había algún tipo comunicación mental en curso. "Está sacudiendo la cabeza como si se supone que yo deba entender. No creo que viva allí, pero está allí. Creo que cuando está tallando las chispas brillantes lo mantienen caliente, porque hace mucho calor aquí ahora".

Sintió que debía haberse quedado dormido, porque cuando abrió sus ojos el ser se había ido, y la cueva estaba fría. "Debo haber estado aquí por mucho tiempo, porque hay mucho más escrito o tallado allí. Más como símbolos." Estos no eran tallados de personas y animales, pero eran diseños o símbolos. "Son formas con tres lados. Y están en diferentes ángulos del uno al otro. Algunos de ellos están enganchados uno encima del otro por lo que tienen más lados. Debe ser algún tipo de mensaje". Eran rocas que formaban parte de la cueva, para que pudieran no ser movidas. "Se ha ido y hace frío allí, así que creo que iré afuera y subiré la cima de la montaña".

Cuando salió de la cueva descubrió que todo había cambiado. La montaña ahora tenía hielo y nieve, y él no podía continuar hasta la cima. Mientras trataba de encontrar el camino de regreso abajo descubrió algo que lo dejó totalmente asombrado. Él vio algo rojo que salía de la ladera de la montaña. "Es rojo y se está moviendo. Y hay nubes azules saliendo de eso. Hay rocas y otras cosas que bajan por el costado de la montaña." Era algo que nunca había visto antes. Ignorando su propia seguridad, quería acercarse. "No importa. Quiero verlo. Estoy escalando por el hielo y la nieve y rocas, y llegué a un lugar desde donde puedo mirar hacia abajo sobre el otro lado de la montaña. Está haciendo ruido y…. moviéndose... y es negro y rojo y…. caliente. Está derritiendo el hielo y la nieve. Está haciendo sus propias nubes. Bonito. El suelo está temblando. Tal vez es de donde vino el hombre. Tal vez vive allí". Me sonaba como si estuviera presenciando un pequeño volcán en erupción de cerca, pero nunca había visto algo así, y sólo podía describirlo en su limitado vocabulario y experiencia.

Luego tuvo dificultad para decidir cómo volver a bajar por la montaña. "Tal vez subí demasiado lejos. No sé cómo bajar. No puedo encontrar la forma en que vine. Es muy empinado y resbaloso. ¡Se fue! Ha bajado por la ladera de la montaña. Tengo que ir por otro camino". Mientras luchaba por descender, resbaló y se cayó varias veces y se lastimó la cabeza, la espalda y la pierna. "Voy por un largo camino antes de encontrar un camino hacia abajo que no esté helado ni tambaleante. No había hielo cuando subí. finalmente estoy esforzándome de nuevo hasta donde hay árboles otra vez".

Después de encontrar un arroyo para beber, buscó algo familiar para poder regresar a su hogar. Pero nada parecía lo mismo. Después de mucho caminar vio las cuevas y algunas personas. "No se ven iguales. No es la misma gente que conozco. Las chozas están ahí, pero se ven más viejas, como que necesitan reparación. Ellos no me conocen. Estoy tratando de encontrar a la anciana, le pregunto a alguien. Ya tiene mucho tiempo que se fue. No me reconocen. No me veo igual. Estoy viejo. Mi pelo es gris, y muy largo. No me recuerdan. No sé lo que pasó. Debo haberme ido por mucho tiempo. No pareció mucho tiempo, pero todo está diferente ahora. Sin embargo, es el mismo lugar." Aunque debe haber sido muy sorprendente ver a este extraño hombre desaliñado entrar en el pueblo, le permitieron quedarse.

Cuando lo llevé adelante a un día importante estaba sentado en una cueva con gente a su alrededor. Les estaba mostrando las piedras de su bolsa y contándoles la historia del hombre y los símbolos en la cueva. "Algunos de ellos están enojados. No piensa que sea verdad. No saben lo que significa. Es diferente. Creen que soy un viejo loco. Que estuve en la montaña demasiado tiempo y me golpeé mi cabeza. Creen que estoy asustando a los niños. Pero estoy empezando a entender y solo hay que hablar de ello para decírselo. Es como magia y piensan que es algo a lo que temer. Algunos de ellos quieren escuchar".

Había una mujer joven que escuchó y creyó en él. Seguía preguntando al respecto, y quería ir allí, pero estaba demasiado asustada. Estuvo con él cuando murió en una de las cuevas con sus rocas al lado. Después que murió, le pedí que describiera desde el lado espiritual qué lección había aprendido. "Tuve que averiguar qué había al otro lado de esa montaña. Encontré alguien allí que tenía conocimiento. Puse el conocimiento por encima de todo lo demás". Estaba dispuesto a ir a lo desconocido para encontrarlo, aunque nadie le creyera. Cuando llamé al subconsciente para responder preguntas, se expandió sobre esto. "Una búsqueda del conocimiento es lo importante. No es la respuesta a lo que Gail está buscando. Es solo el viaje. Es la experiencia. Ella ahora debe usar el conocimiento. El conocimiento no está en otra parte. Ella ya tiene ese conocimiento".

Quería saber qué tipo de conocimiento iba a utilizar, porque una de sus preguntas era sobre su propósito en esta vida. "La vemos usando luz de diferentes colores, diferentes frecuencias y niveles vibratorios para sanar el cuerpo. La luz vendrá a ella de las piedras. piedras azules. Serán los que usará para decir la verdad, y luego vendrán las luces. Ella sabrá el camino a seguir. Habrá instrucciones. Eso será información que vendrá de la luz. Vemos que son provenientes de realidades alternas. Tendrá que ir adentro, y luego habrá instrucciones sobre cómo usar la luz y los colores. Obtendrá información de un contacto en una realidad alterna."

Por supuesto, quería saber sobre el ser que ella vio en la cueva en la cima de la montaña. "El ser era de otro - como diría - sistema solar (tuvo dificultad con la palabra). Pero la conciencia es cómo se comunicaron. No a través del sonido físico, y así es como esta nueva información va a entrar".

Le pregunté: "Si era de otro lugar, ¿qué estaba haciendo allá en la cueva, en nuestro mundo?"

"Es difícil de describir. Es muy delgado... es como una pared o un velo que separa a los dos, aunque estén muy separados. Él estaba allí con los símbolos, para transmitirlos. Pero era el mismo tiempo, pero, de nuevo, no lo era. En ese momento, no tenía la conciencia para entenderlo. El conocimiento se pasó, y ella todavía lo conserva. Esta necesita aprovechar eso, por así decirlo. Necesita disciplinarse".

Le pregunté: "El hombre dijo que se sentía como si estuviera en esa cueva por un largo tiempo. ¿Era correcto?"

"En su forma de medir el tiempo, sí. La otra entidad regresó a su tiempo y lugar apropiados".

"¿Cómo podría seguir con vida si no estaba consumiendo nada?"

"No había necesidad. Su cuerpo físico estaba siendo cuidado por la energía."

"Sentía que había envejecido cuando volvió por la montaña."

"En su forma de registrar el tiempo, sí".

Había sido puesto en un estado de animación suspendida mientras pasó el tiempo. Sin embargo, su cuerpo físico continuó envejeciendo. "Qué estaba pasando durante ese tiempo?"

"Su mente estaba abierta, por así decirlo, para que estos símbolos fueran colocados dentro de él. Aunque, puede que no los haya visto con sus ojos físicos. Fueron plantados, por lo que solo alimenta su conciencia. Él no lo necesitaba en esa vida. Le faltaban habilidades mentalmente. La información ha estado allí durante muchos años, pero éste lo ha reprimido. Y ahora es el momento de que salga. Por eso se le mostró esta vida".

También quería saber sobre el evento que estaba ocurriendo cuando salió de la cueva. "Era poder de la Tierra. Energías de la Tierra que pueden ser utilizadas en esta vida. Eso era muy parecido a un volcán, pero nunca había visto esto antes. Él no entendió. La Tierra es una energía viva y tiene sus energías propias. Eso estaba saliendo".

Este fue otro caso de recuerdos de una vida pasada siendo despertados para traer el conocimiento curativo a este tiempo. He investigado muchos casos OVNI/ET donde los símbolos son colocados en el cerebro a nivel celular. Esta es información que se utilizará en un momento futuro cuando será activada. Este es también el propósito de los círculos de cultivo, liberar la información contenida en el símbolo e implantarlo en las mentes de cualquiera que vea el símbolo en el grano. Es un lenguaje que es perfectamente comprendido por el subconsciente.

* * *

Estos encuentros separados en tiempos pasados con individuos que tenían conocimiento y sabiduría extremos eran diferentes el uno del otro. Pero demostraron que el acceso a tal conocimiento es posible y ha sido alcanzado muchas veces. En cada caso, la fe extrema cambió sus vidas. ¿Cuántos de nosotros hemos vivido tales vidas y tenemos el conocimiento e información enterrada en nuestro subconsciente? El número debe ser legión, porque tenemos que vivir todo tipo de vidas imaginables, y experimentar todo tipo de situaciones antes de alcanzar la perfección y finalmente ascender.

SECCIÓN cinco

Otros Planetas

CAPÍTULO 17

VIDA EN OTROS PLANETAS

Esta fue otra sesión de demostración de mi clase de hipnosis en 2003. Al igual que la última, hice que los estudiantes pusieran sus nombres en una caja, y elegí a quien haría la demostración al día siguiente. Margaret fue a quien elegí. Le pedí que escribiera una lista de preguntas para que yo le hiciera una vez que estuviera en trance. Como era el último día de clase, elegimos la habitación de uno de los estudiantes que se iba a quedar, porque la mayoría de nosotros ya habíamos entregado nuestras habitaciones. Éramos doce y de nuevo, estábamos todos amontonados en la pequeña habitación del hotel. Yo estaba sentada en la esquina junto a una mesita cerca de la cama, con apenas suficiente espacio para girar. Todos los estudiantes estaban apiñados alrededor de la cama. Algunos habían traído sillas del salón de clases y otros estaban sentados en el suelo. Muchos tenían cuadernos y estaban tomando notas. Esto provocó un comentario divertido que Margaret nos dijo después de la sesión. Dijo que podía escuchar a todos escribir, hacían ruidos como rascando. Dijo que nunca escuchó tanto escribir antes, y tenía miedo de que el ruido la distrajera y evitara que se fuera profundo. Sin embargo, sorprendentemente, para ella, entró en trance profundo inmediatamente y ya no escuchó los sonidos. Cuando despertó después de la sesión, nada recordó, y todos tuvimos que contarle lo que había sucedido. La sesión de nuevo fue inusual, pero no tan extraña como la de Estelle durante la clase en 2002. Me hubiera gustado explorar esto más a fondo, pero como era para una demostración de mi técnica traté de ser breve.

Cuando comencé esta vez, me acordé de grabar la inducción, para que los estudiantes tuvieran un registro de cómo fue hecho. Margaret salió de la nube a un lugar muy árido y desolado paisaje. Sin vegetación, solo tierra con algunas rocas. Era un ambiente muy inhóspito. Se dio cuenta de algunas personas altas de pie cerca vestido con túnicas beige y sandalias. Vio que ella era un hombre que estaba vestido de la misma manera, con la túnica asegurada por un cordón alrededor de su cintura. Cuando le pregunté si vivía cerca allí, no podía ver ninguna estructura en absoluto, solo el paisaje árido. Entonces se sorprendió al ver algo inesperadamente en el suelo por donde estaba la gente. "Hay un agujero en la tierra", dijo. "Se meten en la tierra. Es donde vamos hacia abajo." Cuando se acercó a él, se dio cuenta de que había una escalera que bajaba al agujero, y sabía que podía ir abajo adentro si quería.

Cuando bajó por la escalera, vio que había muchas personas que viven una existencia muy simple debajo de la tierra. Había una mujer cocinando sobre un fuego abierto.

M: Es un espacio grande. Es la entrada a los pasadizos y pasillos Y aquí es donde vive la gente.
D: *¿Por qué vives bajo tierra?*
M: No hay nada encima.
D: *¿No podrías construir una casa allá arriba?*
M: No hay necesidad de construir nada ahí arriba, porque todo lo que necesitamos está debajo. No hay nada allá arriba.

Cuando le pregunté de dónde procedían los alimentos y los suministros, se confundió y no podía decirme. Aparentemente no lo cuestionaba. Se les suministraba lo que necesitaban para vivir. Todos vivían juntos allí, pero tenían espacios individuales. Compartía el suyo con su esposa. Era muy simple. Había mucha gente, y también niños.

M: Hay mucha suciedad. Túneles. Es muy redondo allí. Fuegos por todas partes. Es muy ligero
D: *¿Están los fuegos en el suelo?*
M: No, están a los lados. Dentro de las paredes. Cortan un poco ... Creo que un pequeño agujero para ello.
D: *¿Siempre has vivido bajo tierra? (Sí) Entonces nadie ha vivido alguna vez sobre la tierra?*
M: (Severamente) ¡No, no! No vivimos en la cima. ¡No, no!

Aparentemente no lo cuestionaron. Era perfectamente natural para ellos vivir de esta manera. Tenían todo lo que necesitaban para existir bajo tierra. Le pregunté cuál era su ocupación. ¿Qué hacía para la comunidad?

M: ¡Yo observo! Voy por encima del suelo y observo. Yo protejo. Yo observo. Soy un guardia.
D: *¿Tienes que pararte ahí encima de la abertura? (Enfático: ¡Sí!) ¿Qué estás mirando?*
M: Máquinas.
D: *(Esa fue una respuesta inusual.) ¿Hay algún peligro?*
M: No parece haber ningún peligro ahora. Es más prevención.
D: *¿Qué tipo de máquinas? (Ella no estaba segura.) ¿Cómo son?*
M: Depende. Hay diferentes tipos. Algunas son chicas, y vuelan por encima de la superficie. Se mueven muy rápidamente. Son pequeñas y redondas.

Esto no sonaba como un entorno terrestre, a menos que Margaret se hubiera adelantado a una vida futura.

D: *¿Qué haces si ves uno de esos tipos de máquinas?*
M: Bajamos. Siempre bajamos.
D: *Pero no son muy grandes. ¿Dijiste que solo vuelan sobre la superficie?*
M: Los pequeños vuelan cerca de la superficie.
D: *¿Qué pasa con las otras máquinas? ¿Cómo son?*
M: Algunas son muy grandes y muy... malas. No sé por qué vienen, pero a veces vienen.
D: *¿Puedes describir cómo se ve una de esas?*
M: Sí. Dos piernas. Y encima, pueden ver. Vienen por aquí y pueden ver.
D: *¿Se parece a uno de ustedes? ¿Como una persona?*
M: (Enfático) ¡No, no! Tiene patas de metal. No tiene brazos.
D: *¿Camina?*
M: Sí. Es muy raro. Tenemos más miedo de esos. (Larga pausa) Buscan agujeros en el suelo. Vienen, y escanean.
D: *¿Qué harían si encontraran un agujero?*
M: Se llevarían a alguien. Las otras máquinas no toman a cualquiera.

Su trabajo consistía en vigilar estas extrañas máquinas y advertir a la gente cuando venían. Otros también se turnaban mirando. No supo lo que pasó con las personas que tomaron; simplemente nunca los volvieron a ver. Decidí avanzar a Margaret a un día importante. Se volvió muy emocional cuando entró en ella.

M: Tengo miedo (Vacilación) Ellos... ellos nos encontraron. Y se están llevando... (emocional) se están llevando a la gente. Y estoy tratando de proteger a mi familia. (Emocional, respira más rápido.) Todo el mundo está en pánico.
D: *Pensé que estabas a salvo allí abajo. ¿Pudieron bajar al agujero?*
M: No, no bajan al hoyo, pero nos llevan. Es como si no necesitaran bajar físicamente. Nos succionan a través del agujero. (Esto la estaba molestando.) Tenemos pasadizos para alejarnos del peligro. Van más profundo. Tomamos a nuestras familias y las llevamos más adentro. Más profundo en.... el planeta. En el suelo. Tenemos pasadizos que van más profundo.
D: *¿Tienes algún tipo de armas que puedas usar?*
M: No. No podemos hacer nada contra ellos.
D: *Así que solo tienes que correr. ¿Esa es la única forma en que puedes escapar de esto? (Sí.) Dijiste que era como ser succionado. ¿Es eso lo que viste? (Otra vez emocional: Sí.) ¿Es esta la primera vez que han entrado así? (Sí)*

Estaba tratando de pensar en preguntas para hacerle, porque Margaret no estaba ofreciendo mucha información por su cuenta. El miedo anulaba su deseo de hablar conmigo. Fue una extraña regresión para hacer una demostración, y los estudiantes estaban sentados inmóviles escuchando cada palabra. Estoy acostumbrada a tener este tipo de extrañas sesiones, pero no habían experimentado algo así en sus prácticas. Pero eso fue todo el motivo de tener la clase, para mostrarles que lo extraño e inusual es posible de obtenerse con mi técnica. De esta manera, si y cuando les sucediera, sabrían que puede ser controlado, y que el cliente no está en peligro. El subconsciente estaba permitiendo que la historia saliera a la luz por una razón que beneficiara a Margaret. Tenía que averiguar cuál era esa razón.

La mayoría de las personas pudieron escapar de la extraña máquina buscadora. Luego moví a Margaret hacia adelante de nuevo a otro día importante. Si ella hubiera estado fantaseando con un extraño cuento para impresionarnos, creo que habría continuado con la máquina aterradora. En cambio, fue a una escena muy normal.

M: Mi hijo se está preparando para irse. Se va de aquí ahora... para siempre.
D: *Pensé que tenías que quedarte allí.*
M: Él no se queda. Él va a servir a otro lugar. Está preparando sus maletas. Está muy orgulloso. A veces los chicos se van a otra parte. Son tomados y van a servir en otras ubicaciones. En maneras diferentes. No todos se quedan debajo.
D: *¿Alguna vez has visto estos lugares? (No) ¿Cómo te sientes porque tu hijo se va?*
M: Está bien. Es un chico fuerte. Es muy resistente. Es muy alto. Es muy fuerte. Los más fuertes van a otros lugares. No es triste. Es difícil, pero estoy orgulloso de él.

Lo adelanté a otro día importante, y estaba siendo honrado por años de fiel servicio. Ahora era mayor y no tendría que trabajar más. Dijo que ahora es tiempo para pensar, tiempo para reflexión.

Solo quedaba un lugar al que ir ahora, y ese era a su muerte. No estaba segura de qué esperar debido a la extraña naturaleza de esta regresión. Pero no fue una muerte violenta por la máquina extraña. Era una muerte ordinaria normal en su cama en la ciudad subterránea. Dijo que era mayor y que su corazón le estaba dando problemas. Margaret estaba exhibiendo sensaciones físicas, así que tuve que dar sugerencias para eliminarlas.

M: He escrito muchos libros que están en la esquina. Estoy muy orgulloso.
D: *¿De qué tratan los libros?*
M: Filosofía. Espiritualidad. Mucha gente lee mis libros. Hay un montón de ellos allí.
D: *Eso es bueno. Te gusta pensar. Has transmitido el conocimiento.*

Luego le trasladé a después de la muerte cuando había entrado al reino espiritual. Desde esa perspectiva, sería capaz de ver toda la vida, no solo las pequeñas porciones que habíamos cubierto. Describió que era su costumbre quemar el cuerpo después de la muerte. Esto también se hizo en el entorno subterráneo, por lo que debe haber tenido muchas áreas dentro del complejo del túnel. Pregunté qué pensaba que había aprendido de esta extraña vida. Extraño desde mi punto de vista.

M: Servicio. Servicio con mi trabajo y servicio con mis libros. Y la importancia de la introspección.
D: ¿Quieres decir pensar?
M: Sí, hice mucho de eso.

Luego la alejé de la escena y la llevé al tiempo presente. Hice que la personalidad de Margaret reemplazara la del hombre para que pudiera traer al subconsciente para encontrar las razones de presentar esta extraña sesión.

D: *¿Por qué elegiste esta vida para que Margaret la viera?*
M: Humildad. Llevaba una vida de vigilancia y servicio, pero no era muy humilde. Necesitaba aprender a ser humilde.
D: *¿Estaba orgullosa? (Sí) Eso no lo sabíamos. estaba haciendo un buen trabajo en su oficio, pero ella no era humilde. (Sí) Fue una vida extraña ¿Fue en la Tierra? (No) ¿Puedes darnos una idea de dónde fue?*
M: Orión.
D: *¿Por qué era tan estéril?*
M: No hay vida en la superficie de ese planeta.
D: *¿Por eso vivían bajo tierra? (Sí) ¿De dónde provenía su comida?*
M: Les fue traído. Sus amigos cercanos traerían la comida regularmente. Fue a cambio de materiales en el planeta. Traían comida, y se llevaban muchos materiales.
D: *Por supuesto, ella no parecía saber de dónde venía la comida.*
M: No, fue por tierra. La mayoría de la gente no trabajaba dentro del planeta. Se les proporcionó.
D: *La gente que vivía bajo tierra no parecía ser muy sofisticada. No tenían mucha tecnología, ¿verdad?*
M: No. Eran un grupo muy jovial, alegre y amable.
D: *¿Qué eran esas extrañas máquinas?*
M: Vinieron de la base central.

Aparentemente, donde vivía el hombre era un puesto de avanzada, y ellos no tenía ninguna razón o capacidad para viajar muy lejos de ella.

D: *¿Cuáles eran las pequeñas máquinas voladoras que vio?*
M: De patrulla. Andaban de patrulla. Para ver que podrían encontrar.
D: *¿Qué eran los que tenían las patas de metal?*
M: Carroñeros. Irían por ahí buscando los agujeros, y tomar lo que pudieran encontrar... de las energías.
D: *¿Qué hacían con las personas cuando las encontraban?*
M: Usarlos. Los usaban como combustible.
D: *¿Combustible? ¿Qué quieres decir?*
M: Quemarlos como combustible en la base central.
D: *¿Así era como funcionaba la base o qué?*
M: Sí. Por personas. Personas que podrían encontrar bajo tierra. No había nada encima. Debían tener algo para usar como combustible.

Esa fue sin duda una imagen mental espeluznante.

D: *Ella dijo que era casi como si los succionaran.*
M: Sí. Había una combinación entre realmente sacarlos físicamente y llenar su energía. Sucedería como si estuvieran siendo succionados.
D: *¿Y los llevaban de regreso a la base, y los usarían como combustible para dar energía a la ciudad?*
M: No hay ciudad como pensarías en una ciudad. Es más máquinas, grandes máquinas. No tanto una ciudad. Mecanizado.
D: *¿Qué conexión tiene eso con la vida de Margaret ahora?*
M: Necesita aprender una lección de humildad. Su gran objetivo es servir a los demás. Tiene un sentido de urgencia para salir realmente y ayudar a otras personas. Es casi como si fuera insaciable algunas veces.
D: *¿Pero es ese su propósito? Porque esa es una de las preguntas que ella quería preguntar.*
M: Sí, sin duda. Está haciendo lo correcto. Tiene muchos miedos y preocupaciones. Y simplemente no lo suelta.

* * *

Este es un hilo común que recorre la mayor parte de mis regresiones, a pesar de que es lo último de lo que el cliente está consciente. El subconsciente siempre los castiga porque están aquí para hacer algo (generalmente para ayudar a otros de alguna manera) y están atrapados en las cosas cotidianas de la vida. Esto los hace que olviden lo que vinieron a hacer. Yo nunca he escuchado al subconsciente decir que la persona está aquí para vivir y jugar, tener una familia y una existencia mundana. Siempre se les dice que están aquí con un propósito, y se supone que ese propósito hace una diferencia en la vida de otras personas y una diferencia en el mundo. Es sorprendente que este sea un tema común, sin embargo, es totalmente desconocido para la mente consciente. Parece que una vez que la persona llega aquí y se convierte en un adulto, quedan atrapados en las competencias terrenales. La irrealidad de todo se convierte en su realidad, y no importa cuán altruistas puedan parecer, han perdido de vista su verdadera razón de encarnar. Con suerte, pueden descubrir su propósito y trabajar en él antes de que se acerquen demasiado hasta el final de sus vidas, y sea demasiado tarde para lograrlo. Si eso sucede, la única solución es regresar y volver a intentarlo.

Continué con sus preguntas, la mayoría de las cuales se referían a su vida personal: su ocupación y la ciudad en la que debería vivir. Su relación romántica y otras preocupaciones.

Después de que Margaret despertó, volví a encender la grabadora para grabar algunos de sus recuerdos de la sesión.

M: Cuando íbamos por el pasillo, vi el pasaje interior muy claramente. Había como puentes bajo tierra. Largos puentes de tierra. Era muy hueco. Vi largas filas de gente bajando.

Aparentemente, eso era todo lo que recordaba, solo las escenas en el principio. Esto es típico y es lo que la mayoría de la gente recuerda. Los estudiantes le hablaron de las cosas que dijo, especialmente las partes que venían del subconsciente. Gran parte de esto era personal y no lo incluí aquí. No tenía memoria de esas partes, estaba muy sorprendida con las revelaciones sobre ella misma.

* * *

En otro caso a finales de 2004 una mujer viajó a otro planeta donde los habitantes tenían forma de cuerpo humanoide, pero definitivamente no eran humanos. Todos se parecían porque vestían cobertores que cubrían completamente todo su cuerpo en un material ceñido a la piel. Lo único que no estaba cubierto era su cara. Sin embargo, también estaba cubierto por un panel transparente que servía como respirador. En este planeta no tenían necesidad de comer ni de dormir. El ser viajó a otros planetas y asteroides en una pequeña nave unipersonal, recogían muestras de tierra. Los traía de vuelta al planeta de origen y eran analizados. Su trabajo era ver si el planeta que estaba visitando era capaz de sostener vida. Luego el resto de los trámites fueron manejados por otra persona. Eventualmente murió cuando su dispositivo para respirar no funcionó bien. Todos estos casos en esta sección demuestran que hay tantos escenarios posibles de vida en otros planetas como hay estrellas en el cielo. Desafían nuestra imaginación.

CAPÍTULO 18

EL PLANETA CON EL SOL MORADO

Esta sesión fue una de las primeras que hice después de abrir mi oficina en Huntsville, Arkansas, poco después de la Navidad de 2003. La oficina ha funcionado muy bien y la energía parece estar propicia para sesiones realmente poderosas. Cada persona que viene parece traer su propia vibración única. Mis clientes dicen que pueden sentir una energía muy positiva allí.

Durante esta sesión, Molly se convirtió literalmente en la otra personalidad y estaba animada.

Cuando Molly salió de la nube, todo lo que podía ver era colores morado y verde. Esto sucede a veces y normalmente hay que mover a la persona a través de los colores para que salga a una escena. Esta vez los colores resultaron ser otra cosa que no podría haber anticipado. Ella solo vio oscuridad, con los colores proporcionando la única luz. Después de varios minutos, ella finalmente se dio cuenta de que estaba en una cueva. Esta fue la razón por la que estaba oscuro y era difícil ver nada excepto los colores.

M: Sí, estoy dentro de la cueva. Y hay luces en la parte superior. Estoy en el fondo, y en el techo de la cueva hay reflexiones. Luz reflejada. No hay fuego. No hay luz. Solo estas luces brillantes en el techo.
D: *Me pregunto de qué son los reflejos.*
M: Cristales. Amatistas. Grandes, como geodas. Y cuanto más profundo yo vaya, más profundo se vuelve el color. Se reflejan allá arriba en el techo. (Su voz sonaba casi infantil.) Y estoy acostado mirando hacia arriba. no estoy caminando estoy acostado en el suelo de la cueva mirando hacia arriba. Arenoso. estoy acostado en algo arenoso, y mirando hacia el techo. Mmm.

Debe haber luces reflejadas en algún lugar aquí abajo. Pero me gusta aquí. Es como mi propia aurora boreal por dentro.

D: *¿Estás solo?*
M: Creo que sí. Se siente como si estuviera solo.
D: *¿Qué tipo de ropa tienes puesta? ¿Cómo se siente?*
M: (Se frotó las manos sobre el pecho, tratando de sentir la ropa.) Peluda. (Se rio.) Peluda. Peluda, sí. (Siguió frotando y sonriendo.)
D: *¿Cubren todo tu cuerpo?*
M: No puedo verlo. Esta oscuro. Solo cubre hasta aquí y hasta aquí. (Puso sus manos en el área de su pecho y muslos).
D: *¿Tu pecho y tu cintura?*
M: Torso. No en mis brazos.
D: *¿Eres hombre o mujer?*
M: Soy un hombre. Me siento bastante grande. (Se movía como si estuviera orgulloso de su cuerpo. Disfrutó estar en este cuerpo.)
D: *¿Eres joven o viejo? (Pausa) ¿Qué se siente?*
M: Quince veranos.
D: *Oh, entonces todavía eres joven.*
M: Tengo familia. tengo responsabilidades

Definitivamente se estaba convirtiendo en la otra personalidad. Su voz y la manera de hablar eran muy simples. Así que supuse que era una especie de persona nativa o primitiva.

D: *Si eres hombre, ¿tienes barba? (Se tocó la cara y mentón.) ¿Qué sientes allí?*
M: Peludo. Este (pelo facial) es más grueso que esta (ropa corporal peluda).
D: *Pero tienes responsabilidades. Ya tienes una familia. (Sí) ¿Tienes hijos? (Sí) ¿Una esposa?*
M: (Vaciló, como si la palabra no le resultara familiar.) Tengo una mujer.
D: *¿Vives en esa cueva?*

Ciertamente sonaba como un hombre de las cavernas, pero me esperaba una sorpresa.

M: No, la encontré. Seguí a un animal hasta aquí. Y aquí es donde puedo ir y mirar los colores. La conozco desde que era un niño, pero no le digo a nadie. Es mía. (Risa presumida.)
D: *No quieres que la encuentren.*
M: No. Si tengo que, la compartiría. Pero como no tengo que hacerlo, Tenemos otros alojamientos. Me guardaré esto para mí por un rato. Es pacífico aquí. Mi trabajo está hecho. Puedo relajarme aquí.
D: *¿Qué tipo de trabajo haces?*
M: Hmmm. (Pensando) Siembro cosas. Cavo en la tierra y siembro cosas. Lo que siembro y cultivo luego lo cambio por otras cosas. Tenemos cazadores y tenemos cultivadores. Y encajo en los cultivadores, porque no puedo cazar.
D: *Todos tienen algo que pueden hacer. Tienen su especialidad. (Sí) ¿Hay muchos en tu grupo? (Pausa) Porque supongo que no son sólo tú y tu mujer y tus hijos.*
M: Hay.... Estoy contando. Quince. Somos un grupo de buen tamaño.
D: *Sí. ¿Son todos familia? ¿Están todos relacionados?*
M: (Pensando) No. Somos un grupo.
D: *¿Vives cerca de donde está esta cueva?*
M: Está... a medio día de donde vivo.
D: *¿El grupo no se preocupa por ti si te vas tanto tiempo?*
M: Creen que estoy en una búsqueda.
D: *¿Tu gente realiza misiones?*
M: Hay gente masculina que lo hace.
D: *¿Qué buscas cuando emprendes la búsqueda?*
M: Dragones. Hago las misiones para el grupo. Los machos que van en las misiones se guían hacia ... para la caza. Cuando sigo mi búsqueda, es descubrir lo que se necesita para el grupo.

Similar a otras culturas primitivas, como en mi libro Leyenda del choque estelar donde confiaban en los instintos para encontrar animales, etc.

D: *También dijiste que comercias con otros.*
M: Principalmente para sobrevivir, comercio dentro de mi grupo. Y luego también vamos una vez al año a una reunión e intercambiamos bienes.

D: *Parece que eres feliz allí, ¿no? (Sin respuesta.) ¿Sabes lo que significa? (No) ¿Significa que te gusta vivir allí?*

M: Sí, me gusta vivir allí. Estamos bien atendidos. (Las palabras se estaban volviendo difíciles.) Tenemos refugio. Tenemos agua, tenemos comida, y tenemos lo que necesitamos. ¿Es eso feliz?

D: *Sí, creo que sí. No cambiarías nada. Si no quisieras otra cosa, entonces estás contento. Estás feliz.*

M: Sí, feliz. Cuando vamos a una reunión de grupo, hacemos cambios allí. Nos enteramos de lo que están haciendo otros grupos, y si nos gusta, lo traemos de vuelta. Podemos comerciar y adquirir diferentes herramientas y cosas que necesitamos para hacer nuestras vidas más cómodas.

D: *Compartes conocimientos e información. Eso es muy bueno. Dónde vives, ¿hace frio o calor?*

M: Hace calor. Es muy... (tuvo dificultad para encontrar la palabra) agradable y cálido. ¿Qué es esto? (Tuvo dificultad con el orden de las palabras.) Un escalofrío llega donde a veces necesitamos una piel o manta extra, pero no por mucho tiempo.

D: *Entonces ese es un buen lugar para vivir. Y tienes todo lo que necesitas.*

M: (Inesperadamente) Tenemos un sol morado. ¡Humph!

D: *¿Un sol violeta?*

Este fue un giro inesperado. El primer indicio de que esto no era una simple vida primitiva.

M: Tenemos un sol morado. Un sol, allá arriba un sol, es morado.

D: *Púrpura. Ese es un color bastante extraño, creo.*

M: No lo sé. Es purpura. (Me reí.)

D: *Bueno, donde vivo, es amarillo o naranja.*

M: Eso es algo extraño. El mío es morado.

D: *Hmmm. ¿De qué color es el cielo?*

M: Es... una especie de... violeta. (Como si lo estuviera estudiando.) (Risas) Varios tonos de púrpura.

D: *¿Así que el cielo también es morado? (Sí) ¿El sol brilla todo el tiempo, día y noche?*

M: (Pausa) No sé día, noche.

D: *¿Alguna vez oscurece afuera?*

M: No afuera, no. Aquí dentro oscurece (en la cueva), pero no fuera.

D: *Porque sabes cuando está oscuro, es difícil ver. (Sí, pero cuando estás afuera, ¿quieres decir que el sol brilla todo el tiempo?*
M: A menos que cierre los ojos. Pero si, no se pone como adentro de la cueva. Se mantiene igual, varios tonos de color afuera.
D: *Ah. Porque donde vivo, a veces se vuelve muy oscuro, cuando el sol se va.*
M: ¿Afuera? ¿Tu sol se va?

Ella expresó una sorpresa genuina.

D: *Sí. (¡Oh!) Pero luego vuelve.*
M: ¿Adónde va?
D: *Oh, se va por un rato y se va a dormir, y luego vuelve.*

Cuando hablo con alguien aparentemente primitivo, tengo que usar terminología que creo que entenderán. No puedes hacerlo demasiado complicado.

D: *Y no nos preocupamos por eso. Pero cuando se va a dormir, entonces el mundo entero se oscurece. Entonces ¿tú no lo tienes así?*
M: No. Es muy lavanda... tenemos varios tonos de lavanda o morados. Y a veces son claros, y a veces adquieren un tono más oscuro, pero aun así puedo ver mi mano. O puedo ver por el camino que voy a caminar. No necesito luz artificial o de otro tipo para ver.
D: *¿No necesitas fuego ni nada? (No) ¿Sabes qué es "fuego"?*
M: Bueno, no lo necesito, así que no creo que lo necesite.

¿Cómo se explica algo tan básico y sencillo?

D: *¿Cocinas tu comida?*
M: ¿Cocinar comida? No. Recogemos comida. Y la cavamos. Y tenemos formas de preparar nuestra comida. Tenemos rocas que son muy, muy calientes. Y ponemos nuestra comida en recipientes, y lo ponemos junto a las rocas hasta que esté hecho.
D: *Bueno, un fuego sería muy, muy caliente, como llamas. Y puedes verlo. Entonces no lo tienes.*
M: No, tenemos rocas calientes. Tenemos agua caliente, y tenemos vapor caliente.

D: *¿Este vapor sale de las montañas?*
M: Está en el suelo. siempre está caliente.
D: *Eso es muy bueno.*
M: ¿Lo es? Sí es muy bueno.
D: *¿Alguna vez matas algo para comértelo?*
M: ¿Matar cosas? ¿Como golpearlos en la cabeza, o conducirlos a las rocas calientes?
D: *Bueno, ¿animales de cualquier tipo?*
M: Sí, porque de eso está hecho este pelaje.
D: *Eso es lo que llevas puesto. (Sí) Entonces matas animales ¿algunas veces? (Sí) ¿Entonces te comes la carne?*
M: Sí, sí. Usamos todo lo que hay. No queda mucho cuando hemos terminado.
D: *Entonces, ¿hay ciertos tipos de animales que comes?*
M: Sí, tienen cuatro patas.
D: *¿Alguna vez usas a los animales para algo más?*
M: (Confundido) No. Como... no.
D: *Bueno, algunas personas usan animales para cargar y jalar cosas.*
M: No. Cuando tenemos algo pesado que necesita ir a otro lugar, simplemente lo miramos. Lo mueve.
D: *(Eso fue una sorpresa.) ¡Oh! Eso suena fácil.*
M: Sí. Y cuando dije que llevamos a los animales a las rocas calientes, realmente solo... (dificultad para pensar cómo explicar eso.) ... solo les pedimos que lo hagan, y lo hacen. (Gran suspiro)
D: *¿Todas las personas de tu grupo tienen esta habilidad? ¿Solo mirando cosas hacen que sucedan cosas?*
M: (Confundido) Supongo que sí. Todos lo hacemos. Sí, debe ser, porque si el bebé, o el pequeño quiere algo ahí, se va dónde está el bebé. Cosas Pequeñas.
D: *Así que incluso el bebé es capaz de hacerlo. (Sí)*

Esta criatura sonaba tan extraña con estas habilidades, me preguntaba si también se veía diferente a los humanos.

D: *Me pregunto sobre tu cuerpo. ¿También tienes ... bueno, tú no tienes cuatro patas, ¿verdad?*
M: No, tengo dos piernas.
D: *¿Y dos brazos?*

M: (Levantó los brazos frente a ella para examinarlos.) Dos brazos. Sí, dos brazos.
D: *Creo que algunas de estas palabras no las conoces. Pero eso está bien. Creo que nos estamos entendiendo. ¿Cuántos dedos tienes en cada una de tus manos?*
M: (Levantó la mano para examinarlo.) Tres.
D: *Tres dedos. ¿Cuáles son? ¿Me puedes mostrar?*
M: (Los levantó.) Tres. Como así.

Faltaba el dedo meñique. Esto ha pasado en varias regresiones donde las personas eran extraterrestres o veían extraterrestres. El dedo pequeño falta o solo es solo un muñón inútil.

D: *¿Tienes lo que llamamos un pulgar?*
M: ¿Así? Sí.
D: *¿Es eso suficiente para hacer el trabajo?*
M: (Se rio. Probablemente le pareció una pregunta estúpida) Sí.
D: *(Risas) Muy bien. ¿Pero de qué color es tu piel?*
M: Negra. Está muy oscura.
D: *Y dijiste que tienes barba. ¿De qué color es tu cabello en tu cabeza y tu barba?*
M: Oscuro. Negro. Diferente oscuro que mi piel.
D: *¿Tienes ojos? ¿Y nariz y boca?*
M: (Pausa larga) ¡Veo! ¡Hablo! y como.
D: *Y la nariz es para oler, ¿no?*
M: (Con confianza) ¡Huelo!
D: *Así que puedes hacer todas esas cosas. (Sí) ¿Hay otros que se ven diferente o visten diferente?*
M: Nos vestimos como elegimos, pero todos somos de la misma apariencia, sí.

No estaba pensando, porque es difícil de hacer en una sesión como esta, pero podría haber estado pensando "¿diferente a qué?". Porque probablemente era como todos los demás en su cultura. Yo era el elemento diferente.

D: *¿Dónde vives?*
M: Tengo una estructura.

Cuando describió la "estructura" se volvió aún más obvio que no se trataba de una sociedad primitiva, aunque el hombre parecía estar viviendo de manera bastante simple.

La estructura tenía forma de cúpula, y todos tenían su propia "sección" dentro de la estructura más grande. "Son cúpulas dentro cúpulas". Había una estructura central más grande utilizada para reuniones, comer y visitar. Cuando pregunté de qué material estaban hechas las estructuras, sólo lo confundía más. Pregunté por la madera y no entendía. Intenté describir árboles y era evidente que no tenían tales plantas. O si tenían, no se utilizaban para construcción. "Nuestras plantas son para nuestra alimentación y decoración. Proporcionan alimento para nuestros animales, así como para nuestros seres, nuestras gentes". Dijo que las estructuras eran un polímero. Ahora era mi turno de estar confundida; esta era una palabra con la que yo no estaba familiarizada.

Diccionario: polímero - cualquiera de dos o más compuestos. Polimérico - compuesto del mismo elemento químico en las mismas proporciones en peso, pero diferentes en peso molecular. Polimerización - el proceso de unir dos o más moléculas similares para formar una molécula más compleja cuyo peso molecular es un múltiplo del original y cuales propiedades físicas son diferentes.

No sabía nada más que antes de buscarlo. Complejo lo dice leve. Le pregunté si su gente construyó la estructura.

"Oh, no. Miras la foto, y miras donde quieres estar, y se convierte".

Estaba lleno de sorpresas. Dijo que las fotos estaban ubicadas en sus bibliotecas. "Hay pequeñas bibliotecas en esta estructura, y luego está la gran biblioteca principal en el gran lugar de reunión. Los veo. Son... proyecciones (inseguro de la palabra). Dónde vas a la habitación, y piensas lo que quieres ver. Y luego vienen las proyecciones, y eliges la que deseas. Y eliges el lugar en el que lo quieres, y se convierte allá."

D: *(Esta fue una idea diferente y única). Así que las imágenes están siempre en la pared.*
M: Son como... una caja. Una caja. Y van... rápido. O tan rápido como quieras que vayan. (Risas) (movimientos con las manos.) Y luego, cuando encuentras el área que deseas mirar, se va más lento. Y luego miras cada uno, hasta que encuentras el que te atrae.

D: *Y luego simplemente lo creas con tu mente. (Sí), es maravilloso.*
M: Y luego haces lo que quieras con el interior.
D: *Entonces tu gente decidió hacer las estructuras en forma de cúpula. (Sí) E incluso puedes crear el material para hacerlo. (Sí) No debes tener material que construirías con tus manos, para hacerlo realidad.*
M: No. Sólo... se hace. Hemos estado haciéndolo por muchas, muchas lunas.
D: *¿Alguien te mostró cómo hacerlo?*
M: No lo creo. Es como si practicaras para ello. Haciendo algo cuando eres un niño, y luego a medida que creces, empezar a hacer cosas diferentes. Y muy pronto podrás pensar tu propio. Cuando necesites un lugar donde refugiarse, puedes hacer tu propio. Algunos optan por hacerlo en pequeños grupos. Otros lo hacen en grandes grupos. Algunos lo hacen de forma aislada, o donde están más separados del resto del grupo.
D: *Pero todos en tu grupo saben cómo hacer estas cosas.*
M: Sí. Cuando mis hijos sean más grandes, entonces harán lo mismo.
D: *Donde vives allí, ¿hay ciudades alrededor?*
M: Vamos a la reunión principal. Y es mucho más grande. Puede haber cientos de personas allí.
D: *¿Sabes lo que es una ciudad? (Pausa larga, luego: No.) Es donde hay muchas, muchas estructuras muy juntas. Y hay mucha gente viviendo en el mismo lugar.*
M: Eso sería muy incómodo. Así que estamos más en grupos más pequeños para nuestra comodidad, y para no estresar nuestra tierra.
D: *Sí, eso tendría sentido, de verdad. Bueno, ¿cómo viajas para ir a diferentes lugares?*
M: Cuando vamos a reuniones, nuestro grupo se reúne y pensamos a dónde queremos ir, y ahí estamos.
D: *¿Todo el grupo va a la vez?*
M: Vamos a.... todos a la misma... Si.
D: *Pensé que tal vez tenías que caminar.*
M: Cuando voy a mi cueva, o cuando voy a explorar, me muevo con mis piernas. Pero cuando vamos a reuniones, decimos "Puf". (Movimientos de mano que indican la velocidad).
D: *Muy rápido.*

M: Sí. Y echamos de menos muchas cosas. Simplemente "puf". (Me reí) Así que cuando estoy en casa y quiero encontrar cosas, caminar y mirar, para ver lo que puedo ver.

Esta sesión ciertamente me había tomado por sorpresa y había muchos giros. Lo que parecía ser una vida simple de un primitivo cavernícola se convirtió en una sociedad mucho más sofisticada. Decidí adelantarle a un día importante.

D: ¿Qué estás haciendo? ¿Que ves?
M: Hay mucho ruido. Mucho ruido caótico. Gente en truenos. La tierra está temblando un tipo de ruido. La tierra ... Oooh.
D: ¿La tierra se está moviendo, quieres decir?
M: Está temblando. La gente está gritando. Los animales están gritando. Es muy ruidoso. (Se estremeció) Muy caótico. Y es muy difícil respirar.

Exhibió signos físicos de que le estaba afectando. Empezó a toser. Le di sugerencias calmantes. Hizo varias respiraciones profundas a medida que los síntomas físicos que la distrajeron disminuían.

D: ¿Qué está causando eso?
M: La montaña está explotando. Simplemente explotó. Tal vez no apaciguamos al dios.
D: ¿Crees en dioses?
M: Tenemos muchos dioses. Los sacerdotes y sacerdotisas nos dicen que tenemos muchos dioses. Tenemos un dios para la casa, y un dios para ser fértil para los hijos, por protección, para el jardín, porque... tenemos muchos dioses.
D: ¿Y dijiste que tenías que apaciguarlos?
M: Sí. De lo contrario, se enojan si son ignorados. A veces son como (Bajó la voz a un susurro, como si contara un secreto, o tratando de evitar que los dioses escucharan). ¡Shhh! Son como niños pequeños si no se salen con la suya.
D: Entiendo lo que quieres decir. ¿Qué haces para apaciguar a estos Dioses?
M: Damos dinero a los sacerdotes. Damos miel. Hacemos pequeños altares. Simplemente los honramos y les hacemos saber que sabemos que están ahí.

D: *No creí que necesitaras dinero.*

M: Son cositas plateadas. El dinero pequeño los hace felices, para tener algo brillante.

D: *¿Pero crees que tal vez no lo hiciste bien?*

M: Los sacerdotes están diciendo que no lo hicimos. No sacrificamos lo suficiente. Que no creímos lo suficientemente fuerte. Entonces el dios de la montaña tiene que decirnos que necesitamos creer, necesitamos enderezarnos.

D: *Crees que el dios de la montaña se enojó.*

M: Eso es lo que me dicen.

D: *Y esto hizo que la montaña explotara y la tierra temblara.*

M: Sí. Y el caliente... caliente... caliente (tuvo dificultad para encontrar la palabra) la lava caliente viene. Y las cenizas en el aire.

D: *¿Por eso es difícil respirar?*

M: Sí. Y no puedes ver. Es muy difícil, y es muy aterrador. Y es muy devastador. La gente se está muriendo.

D: *¿No puedes usar tus habilidades para moverte y escapar?*

M: Bueno, puedes correr, pero ¿adónde puedes ir? (Risa nerviosa)

D: *Me refiero a tus otras habilidades, solo tienes que moverte de un lugar para el otro. ¿No puedes hacer eso para escapar?*

M: ¡No puedo hacer eso!

D: *¿Tienes que hacerlo en grupo?*

M: No puedo hacer eso. No podemos hacer eso.

D: *Pensé que así era como ibas de un lugar a otro.*

M: ¡Yo no! Tengo que caminar o correr o montar un asno.

D: *Así que no puedes escapar. La gente solo tiene que correr.*

M: Sí. Y cuando no puedes respirar, y cuando tienes miedo, la gente se cae. Y luego la ceniza te cubre tan rápido. Y luego ya no puedes respirar. Y, y ....

D: *Puedes hablar de ello. No te molestará en absoluto. No quiero que te sientas incomodo. ¿Qué hay de tu familia? ¿Están allá?*

M: No. Mi padre y mi madre estaban más cerca de la cima. Ellos estaban en la cima de la montaña. Viven más cerca de lo alto, y yo estoy abajo en el valle. Y los de arriba fueron los primeros en morir. Pero ahora se ha movido hacia abajo en el valle. Y la ceniza está soplando, y la lava está fluyendo. La tierra tiembla y las casas se derrumban.

D: *¿Están ahí tu mujer y tus hijos?*

M: ¡No tengo mujer ni hijos! esta vez no tengo familia donde estoy.
D: *¿Así que este es un lugar diferente? Oh lo siento. Estoy confundida.*
M: Este es el único lugar donde vivo.

No capté las señales antes, solo cuando escuché la cinta mientras transcribía. Debería haberme percatado que cuando ella no sabía de lo que estaba hablando, con la habilidad para moverse ellos mismos. Ahora estaba claro. Cuando le pedí que pasara a un día importante, ella hizo un "salto cuántico". Fue a una vida diferente Continué hablando con ella como si fuera el hombre en el planeta con el sol púrpura. Ahora entiendo ella había saltado a una vida diferente. Tendría que ajustar mi interrogatorio.

D: *El único lugar donde vives. Está bien. Pero eso suena muy aterrador.*
M: El cielo se está cayendo y la tierra se está moviendo hacia arriba para encontrarse con él. No duraremos mucho más.
D: *¿Qué tipo de trabajo estabas haciendo?*
M: Hice joyas de oro. Hojas de oro y…. collares, tiaras, coronas y pulseras. Hacía joyas.

Habíamos entrado en esta otra vida el día de su muerte. Pero quería continuar y terminar la vida del hombre inusual. En el planeta con el sol púrpura, en lugar de averiguar acerca de una vida diferente. Además, sabía que podíamos arreglarlo todo cuando hablé con el subconsciente. Así que le pedí que dejara esa escena de destrucción, y localizara al hombre con la piel que vivía en la estructura de la cúpula del planeta con el sol púrpura. Ella inmediatamente regresó a esa vida, y pude moverla al último día de su vida en esa vida.

D: *¿Qué está pasando? ¿Qué ves el último día?*
M: Mi familia ha venido a despedirme. Es hora de que me vaya.
D: *¿Hay algo malo con el cuerpo?*
M: Se ha agotado. Es hora de partir y hacer espacio para que otros vengan a vivir aquí.
D: *A veces el cuerpo se detiene porque algo anda mal con él.*
M: No, simplemente ya no funciona. Creo que es hora de partir. Estoy muy cómodo.
D: *¿Decides simplemente irte cuando quieres?*

M: Tenemos opciones en nuestra... sociedad. Podemos quedarnos hasta que seamos expulsados por enfermedad o accidente, o podemos elegir nuestro tiempo. Y acabo de tomar una decisión ahora, que es hora de irme. He cumplido mis propósitos.

D: *Entonces tu familia está contigo. Supongo que ya han crecido, ¿no?*

M: Mi esposa se ha ido. Tu término es "esposa", ¿correcto? Y ella ya se fue. Mis hijos e hijas están aquí. Y sus nietos. Tenemos tataranietos.

D: *Así que están todos ahí para despedirte.*

M: Para despedirme. No es gran cosa. Solo están aquí para mostrarme respeto.

D: *¿Estás en tu estructura de cúpula?*

M: No estamos en el que me visitaste antes. Tenemos uno diferente. Hemos elegido vivir en el campo.

D: *Pensé que estabas en la cueva que tanto te gustaba.*

M: No, porque no quería compartir eso todavía con nadie. Nunca le dije a nadie de esa cueva. No había necesidad de hacerlo.

D: *Ese era tu propio secreto.*

M: Esa era mi cueva de búsqueda, sí.

D: *Pasemos a donde lo que pasó ya pasó, y estás en el otro lado. Y puedes mirar hacia atrás a toda esa vida desde esa posición. Y verlo desde una perspectiva totalmente diferente. ¿Qué hicieron con tu cuerpo después de que lo dejaste? ¿Cuál es la costumbre allí?*

M: Se... (risas) se disuelve. Se disuelve, sí. Pero nunca gradualmente somos totalmente nada, ya sabes. Se disuelve y es absorbido por el sistema de nuestra tierra. De nuestro país. Nuestra parte se convierte en parte del aire y de la tierra. Fue una partida tranquila, sabes. Cuando estas listo, y sabes que has logrado a lo que viniste, es fácil, una celebración gozosa de la partida. Hay algunos ahí que estarían molestos, pero no, es sólo una cosa momentánea. Ahora hay una celebración. Y estoy libre del cuerpo.

D: *Y lo celebran porque saben que vas a un mundo diferente.*

M: Sí. Y es muy animado. (Risas) Oh, se están divirtiendo mucho allí. Y (la voz bajó a un susurro) están hablando muy bien de mí. Tienen buenos recuerdos.

D: *Sí ¿Crees que aprendiste algo de esa vida?*

M: (Lentamente) Aprendí que era capaz de influir en los demás. Y necesitaba tener mucho cuidado de no proyectar mis percepciones como si fueran las únicas percepciones sobre otras personas, otros seres, otras partes de la familia. Para dejar espacio a que cada individuo hiciera sus propios descubrimientos.

D: *Esa es una muy buena lección, ¿no?*

M: Sí. A veces era un reto. (Risa)

D: *Y fue una buena vida.*

M: Oh, fue una vida muy buena. No tengo deseos, ni remordimientos.

D: *Y podías hacer cosas maravillosas con tu mente.*

M: Parece asombrarte o sorprendida por eso.

D: *Bueno, en algunos lugares no usan la mente.*

M: ¡Ya veo! No veo, pero... (Risas)

D: *Quiero decir que hay muchos lugares donde no saben cómo usar esas habilidades.*

M: Me imagino que quizás nuestra raza siempre tuvo estas habilidades. Mirando hacia atrás dentro de mi vida lo hacíamos.

D: *Todos ustedes lo hicieron, así que fue algo muy natural. (Sí) Por eso me sorprende, porque de dónde vengo, no es natural.*

M: Pero tienes un sol amarillo.

D: *(Risas) Sí, tenemos un sol amarillo. (Risas) Tiene que ser diferente en diferentes lugares. (Se rio.) Y tenemos algo que no tuviste. Tenemos una luna. (¿Oh?) Una luna es blanca, y se nota en la oscuridad. (Oh.) Como te dije, el sol se va y se va a dormir, sale la luna. (Oh.) Así que todos tienen cosas diferentes.*

M: ¿Puedes mover cosas con tu mente?

D: *No, todavía no hemos aprendido a hacerlo.*

M: (Gran suspiro) Hace la vida bastante fácil, sabes.

D: *Lo hace. Y respeto que sepas cómo hacerlo. Eso podría ser algo que podrías enseñarnos. Algo que realmente podríamos usar.*

M: Posiblemente. No sé cómo enseñar eso, porque solo estaba allí. Y ni siquiera puedo describirlo. Simplemente lo hice.

Luego la orienté de regreso a nuestro período de tiempo e integré la personalidad de Molly de vuelta a su cuerpo, para poder contactar a su subconsciente para encontrar algunas respuestas. Hubo una respiración profunda mientras se produjo el cambio.

D: *¿Por qué elegiste esa vida inusual para que ella la viera? bueno yo creo que es inusual. (Risas) ¿Por qué elegiste esa vida del nativo en el planeta con el sol púrpura para que ella lo vea?*
M: Ella quería saber de otras vidas planetarias, además de seres de la tierra.
D: *Sonaba como si fuera otro planeta. (Sí) No tenían noches ahí?*
M: No. ¿Tal vez estás pensando en términos de tiempo? (Sí) No tenían ese concepto del tiempo. No tenían el día y la noche. Cuando estaban cansados, descansaban. Cuando no estaban cansados, no descansaban. Pero no había oscuridad, verdad. Era bastante constante. Y no había necesidad de una oscuridad en la noche.
D: *Porque estoy pensando en el mundo girando alrededor del sol.*
M: Su galaxia está más allá. No es parte de esta galaxia con el sol. Creo que es de la... (Pausa al pensar cómo decirlo.) súper sol. No, esa no es la palabra correcta.
D: *Pero no es parte de nuestro sistema solar.*
M: Correcto.
D: *¿Pero es parte de la galaxia?*
M: Correcto.
D: *Y hay un sol diferente allí.*
M: No, no el sol como lo conocen los humanos. es parte de un súper ... Supongo que súper sol sería el ... ese es el lenguaje de Molly: súper sol. Súper sol es lo que se conoce como el ser supremo. Proporciona la luz a la oscuridad. Y ese planeta no tiene oscuridad.
D: *Suena como lo que también he oído llamar el "sol central".*
M: Eso es. El sol central. Eso encajaría con la descripción, sí.
D: *Pero parecían ser seres físicos. (Sí) Y pudieron usar sus mentes en un grado notable.*
M: Sí, eso es correcto. Simplemente manifiestan.
D: *Eran físicos porque comían y dormían y morían.*
M: Sí. Tuvieron una vida más corta. Eligieron una vida más corta para mantener su planeta despoblado.
D: *Pero, aun así, es diferente porque el sol estaba en el cielo todo el tiempo. Y era de color morado.*
M: Correcto.
D: *¿Pero le mostraste esto a Molly para que supiera que había vivido en otros planetas?*
M: Correcto.

D: *¿Cómo se conecta eso con su vida presente?*

M: Ella todavía tiene la capacidad de manifestar lo que necesita en cualquier cantidad que necesite. Tiene muchas habilidades naturales que tiene miedo de admitir que tiene, porque entonces ella sería diferente.

D: *Así que estás tratando de mostrarle que ya ha hecho esto antes y que puede hacerlo. ¿otra vez? (Sí) ¿Pero ¿cómo puede aprovechar esto? ¿Cómo puede traerlo nuevamente?*

M: Que elija recordar.

D: *Porque sé que una vez que aprendes algo, nunca lo olvidas. Está siempre allí. Y si es aconsejable se puede traer de nuevo. Podría usarlo ahora, ¿no?*

M: Sí. Si da un paso más allá de lo que se conoce como su miedo humano.

D: *Ya sabes cómo son los humanos.*

M: Sí. (Risas) Oh, qué desafío. (Gran risa) ¿Por qué la gente viene aquí? (Risas) Tienen este desafío. ¡Qué asco! (Seguía riéndose.)

D: *Para aprender lecciones. (Sí) Se olvidan de todas las cosas que solían saber. (Sí) Para que pueda traer sus habilidades de nuevo, para manifestar lo que quiera, si elige recordar.*

M: Correcto.

D: *Creo que le gustaría recuperar estas habilidades. ¿Puedes explicar un poco mejor lo que ella puede hacer?*

M: Las cosas, en cierto sentido, le resultan muy fáciles. En esta vida, está convencida de que tiene que trabajar duro para todo. (Risas) Y no tiene que. Así que, si simplemente toma unos minutos más en su meditación, entonces los recuerdos podrían volver a inundarle rápidamente. Te puedo decir que es el condicionamiento que ella ha aceptado en esta vida, diciendo que no puede hacerlo.

D: *Durante la sesión, cuando la llevé a un día importante, saltó a lo que parecía ser otra vida. Donde los volcanes estaban en erupción y el suelo temblaba. ¿Por qué la llevaste a esa vida? No fuimos muy lejos con eso. Solo fuimos al día de su muerte. ¿Por qué le mostraste eso?*

M: Recordándole - por falta de otro término - la tontería de entregar el poder de uno a influencias externas. En lugar de ir adentro, y conocer al dios en ella.

D: *¿Cómo se relacionó eso con el volcán y los cambios de la tierra?*

M: El sistema de creencias era que fue causado por no apaciguar a los dioses.
D: *Oh, sí, así es. No apaciguaron a los dioses y eso es qué lo causó.*
M: Sí. Ese era el sistema de creencias, y todavía hay algunos así, eso es muy frecuente en el área en la que vive. Y la asusta.
D: *Sí, va junto con la religión de este tiempo.*

Así que le estaba mostrando esa pequeña parte de esa vida para recordarle que no debe quedar atrapada en las creencias tradicionales religiosas de la cultura en la que vive. Sino que pensar por sí misma y encontrar al verdadero Dios dentro de sí misma.

Durante mi entrevista con Molly, dijo que tenía extraños recuerdos de cosas que sucedieron en su infancia. Ella recordó haber sido puesta en un lugar oscuro y dejada allí, porque nadie quería tener contacto con ella. Pensó que tal vez era un armario, y parecía que estuvo allí durante varios días a la vez. Por supuesto, para ese entonces estaría sucia y maloliente, pero tenía la sensación de que nadie quería tener nada que ver con ella. Cuando le preguntó a su madre sobre estos recuerdos de la infancia, ella negó que le hubiera pasado algo así y dijo que probablemente lo estaba inventando o fantaseando. Pero ella dijo, ¿por qué fantasearía un horrible recuerdo cómo ese? Una de las cosas que quería saber durante esta sesión, es si esto era un recuerdo real o una fantasía demente. El subconsciente proporcionó la respuesta antes de que pudiera hacer la pregunta. Y la respuesta fue tan extraña que nunca podríamos haberla imaginado.

Su familia vivía en el campo a muchas millas de cualquiera cuando nació prematuramente. Su madre hizo lo único con lo que estaba familiarizada, puso al bebé en una caja de zapatos y la puso en la puerta del horno abierta para proporcionar calor.

M: Bueno, ya sabes... no, no lo sabrías, pero déjame decirte. Eligió venir a esta vida con tantas maneras de regalar a los demás. Y entró en esta pequeñita bebé. Pesaba sólo cuatro libras y algo, cuando nació. Haría cosas así. Esa pequeña bebé en la caja de zapatos sobre la puerta del horno. (Risas) Hacía cosas así, y simplemente asustaría tremendamente a la gente. Y una vez su madre la encerró en el horno para detenerla. Porque hacía malabares con las cosas en la cocina. (Risas) Su madre le tenía mucho miedo.

D: *Así que solía hacer que las cosas se movieran.*

M: Sí. Le gustaba hacer malabarismos con los cubiertos, porque destellaban. Fue llamativo. (Risas) Y haría buen ruido. Pero asustó a su madre. ¡Así que su madre la callaba!

D: *Así que la puso en el horno.*

M: A veces cerraba la puerta del horno.

D: *Ella tiene este extraño recuerdo de estar en un armario o algo así. ¿Puedes decirle algo sobre eso? (Pausa) ¿Qué piensas? ¿Está bien que lo sepa?*

M: (Ahora serio.) Será mejor para ella saber que fue la verdad, no una imaginación. Y que es muy importante para que ella sepa. Cuando ella era unos años mayor, la encerraron en el armario y trataron de olvidarse de ella, porque los asustó tanto. Pero se culpa a sí misma, porque siempre le decían que por su culpa estaba allí. Si se comportara, no estaría atrapada allí dentro.

D: *¿Qué hizo?*

M: Le gustaba hacer flotar esos cubiertos llamativos. Y le gustaba hacer luces cuando estaba oscuro. Y le gustaba hacer ruidos de canto cuando se suponía que no debía hablar. Asustaba a la gente. Así que pensaron que ella era extraña, por lo que se culpa a sí misma. Y no es su culpa. Estaba usando lo que recordaba, y lo que sabe cómo usar. Pero estaba un poco "fuera de tiempo".

D: *Sí, pensó que era natural.*

M: Y luego, a medida que crecía, hacía cosas que eran ... inusuales. De nuevo ella sería rechazada o apartada o castigada, hasta que dejó de hacer esas cosas.

D: *Realmente era la única manera de sobrevivir.*

M: Sí. Ella lo describe como cerrar el grifo.

D: *Así que cuando creció demasiado para ponerla en el horno, supongo que la pusieron en un armario ¿Es eso lo que quieres decir? (Sí) Eso es cruel, pero yo supongo que le tenían mucho miedo.*

M: Cuando la pusieron en la oscuridad, entonces era más fácil simplemente dejarla ahí y olvidarse de ella. Entonces no tendrían que lidiar con cosas que flotan en la cocina o en la casa, o su canto.

D: *Entonces, finalmente, solo para sobrevivir, cerró el grifo y no lo hizo más. ¿Y luego la dejaron vivir con ellos en la casa?*

M: Sí. Mientras no fuera mala, entonces podría convertirse en parte del hogar

D: *Bueno, si todo eso ha sido suprimido, ¿crees que tendrá miedo de traer estos talentos de vuelta ahora?*
M: Creo que sí, porque alguien podría meterla de nuevo en el armario y cerrar la puerta y nunca dejarla salir.
D: *Bueno, sabes, en realidad no harían eso ahora que ha crecido. (Sí) Pero puedo ver por qué tendría miedo.*
M: Creo que podría hacer ciertas cosas que son más aceptables en esta sociedad, y dejar que poco a poco vuelva a ella. Porque si saliera en medio de un campo y creara una casa, sabes que el gobierno podría venir a buscarla. (Risa)
D: *Si hiciera que las cosas flotaran por la habitación, creo que su esposo podría asustarse un poco. (Risas) Así que se supone que no debe hacer esas cosas.*
M: No. Pero tal vez podría abrir el grifo, como un poco regatear. Es muy capaz de ayudar a la gente. Es capaz de elevarlos de las tinieblas. Y eso asusta a la gente, y no todos están preparados para saber quiénes son realmente. Pero tiene miedo de abrir el grifo y que todo salga rápido. Y abrumar a la gente, y correrán gritando de la habitación. Tiene un miedo muy profundo al rechazo. Ella puede usar una forma de meditación para traer el conocimiento en una escala más pequeña, y aliviar ese miedo. Aquí hay una imagen que funcionará para ella. En el fregadero de la cocina hay una trampa ¿Así? (Movimientos de manos) Debajo del fregadero, sí, hay un tubo de desagüe y ahí está la trampa. Y un montón de cochambre está atrapado en la trampa. Y si va a la trampa, puede liberar un poco sobre la curva a la vez. Dejar que se filtre de nuevo.
D: *Dejar que se filtre de vuelta al fregadero. (Sí) Esto sería una imagen mental que puede usar.*
M: Sí. Y luego, cuando abra la trampa, o limpie la trampa poco a poco, eso deja espacio para que la información que ha olvidado vuelva, o se ha atrapado en la trampa.
D: *Así que se supone que no debe tratar de recuperarla toda. Eso podría abrumarla*
M: Y abrumar a tantos otros.

Se está permitiendo que este tipo de habilidades regresen a nuestro período de tiempo ahora, porque estos se considerarán normales en el futuro no muy lejano. Pero tendría que hacerse con cuidado para no escandalizarse a sí misma ni a los que la rodean. Lo principal era que Molly ahora sabía que los extraños recuerdos de la infancia no eran su imaginación, sólo las acciones de las personas que estaban asustados y no podían entender. Me pregunto a cuantos otros les ha pasado esto, donde han tenido que cerrar la habilidades y recuerdos. Es muy difícil entender y aceptar las acciones anormales de los niños.

SECCIÓN seis

PORTALES del tiempo

CAPÍTULO 19

EL GUARDIÁN DEL PORTAL

El noventa por ciento de las sesiones que hago como terapia implican que el cliente se remonte a una vida pasada que contiene las respuestas a problemas de la actualidad. Pero cada vez es más frecuente que los clientes se encuentren en situaciones y entornos extraños que no se parecen a la Tierra. También se están encontrando con mayor frecuencia en situaciones paralelas. Que es donde están viviendo otra experiencia que está existiendo al mismo tiempo el tiempo que la vida presente. Muchos escépticos dirán que son solo fantasías, sin embargo, no se parecen a ninguna fantasía de la que haya oído hablar. La mayoría de las veces, las vidas pasadas a las que las personas retroceden son muy aburridas y mundanas. Yo los llamo vidas de "cavar papas", porque la persona es a menudo un agricultor o sirviente, etc., donde no hay nada interesante sobre lo que informar. Pasan sus vidas haciendo cosas sencillas y ordinarias, como trabajar en el campo. Las vidas son muy poco dramáticas. Muchas veces, la persona se decepciona cuando se despiertan. Un hombre dijo después de su sesión: "Bueno, ciertamente no fui un faraón en Egipto". Si ellos estuvieran fantaseando, creo que inventarían una vida glamorosa, como un caballero de brillante armadura que rescata a una hermosa doncella de la torre del castillo, o una mujer reviviendo una vida tipo Cenicienta con el príncipe azul. Esto nunca sucede. La experiencia de vidas puede parecer mundano desde mi punto de vista, y a menudo me pregunto por qué el subconsciente eligió la sesión. Pero antes de que terminemos con la sesión, se vuelve obvio que era exactamente la vida que necesitaban ver. Siempre hay algo, por oscuro que sea, que se relacione con el problema que están experimentando. Nunca es obvio para mí en la superficie, pero el subconsciente, en su infinita sabiduría, ha elegido el que es preciso.

De vez en cuando, la escena en la que entran es tan extraña y fuera de lugar, que ni siquiera pueden encontrar palabras para describirla.

En estos casos, estoy segura de que no están creando una fantasía, o no los desconcertaría. Esta sesión, celebrada en Florida en octubre de 2002, es uno de esos casos. Betty era enfermera en una unidad neonatal de un gran hospital. Lo que descubrió durante la sesión fue definitivamente lo que ella no esperaba. Cuando salió de la nube, estaba de pie frente a algo tan inusual que no podía encontrar las palabras para describirlo.

B: Parece... parece un cristal... es difícil de describir. Es como una montaña de cristal. Una cosa de montaña de cristal. (Risas) No sé de qué otra manera llamarlo. Es como una montaña de cristal. Y veo lo que parece ser un chico nativo americano con cabello negro, parado frente a la montaña de cristal. Parece hielo, algo así, pero no hace frío. Está claro, pero no del todo claro. Está brillando en el sol.

Esto definitivamente no sonaba como algo en la Tierra, además había mencionado al chico indio. ¿Dónde estaba?

D: *¿El chico todavía está allí? (pensaba que tal vez ella era el chico.) (Sí) ¿Cómo está vestido?*
B: Solo tiene piel de ante debajo de la cintura. Probablemente diez años de edad.
D: *Bueno, mírate a ti mismo. ¿Estás usando algo?*

Por lo general, esta es la forma en que empiezo a orientar al cliente en el cuerpo que tienen en la vida pasada. Su respuesta fue una sorpresa inesperada.

B: ¡Soy... no, soy muy grande! ... ¡Soy enorme! No soy un cuerpo. Soy (sin saber cómo expresarlo) ... Soy una forma de energía. Soy muy grande comparado con este chico.
D: *¿Sientes que tienes perímetros? No eres solo parte del aire, ¿o si lo eres?*
B: Tengo perímetros, pero no es sólido. Se mueve y cambia, pero tiene la misma cantidad en ella. Así que el perímetro se desplaza y cambia, pero es grande.
D: *Así que está contenido de algún modo. (Sí, sí) Bien. ¿Qué conexión tienes con este chico?*

B: Solo lo estoy observando. - Siento que me gustaría ir dentro de esa montaña. Hay una apertura. Pero es como si pudiera convertirme la montaña. Es como, al entrar en la apertura de la montaña, puedo experimentar la vida como la montaña. Me convertiría en ella, a pesar de que todavía podría separarme de ella de nuevo.

Yo estaba familiarizada con los seres de energía, una forma de vida donde esencialmente puede formarse o crear cualquier tipo de cuerpo que desee, para tener una experiencia. Pero este sonaba diferente.

D: ¿Así que puedes experimentar muchas cosas diferentes?
B: Sí. Puedo llegar a ser, integrarme con otras energías, a experimentar lo que es eso. Y luego separarme y tener esa conciencia como parte de mí. Estoy a punto de experimentar de esa manera.
D: ¿Dijiste que había una abertura allí?
B: Sí. Es una gran apertura, como una apertura natural. (De repente) ¿Sabes qué? Esta montaña de cristal no es realmente una montaña en absoluto. Así es como se mostró a sí misma. Es como una nave espacial. Es un vehículo ¡Que interesante!
D: ¿Cómo sabes eso?
B: (Emocionado) Porque cuando vi la apertura... ves, se ve de esta forma desde el exterior. Y mientras más exploraba la apertura para tratar de explicarlo, me di cuenta de que no era exactamente como aparecía.
D: ¿Quieres decir que estaba dando la ilusión de una montaña?
B: Exactamente. Correcto. Así que cualquiera que lo encontrara lo vería que eso es lo que era. Pero luego, tras una inspección más cercana, cambia. ¡Ajá!
D: Si está en la Tierra, habría otras montañas. Puede ser que sean de diferentes colores, pero no cristal.
B: Correcto. Hay otras montañas a su alrededor que son diferente. Son solo los marrones, con árboles y cosas así.
D: Sería inusual ver una montaña de cristal. podría llamar más la atención.
B: ¡Lo haría! ¡Correcto! Mmm. Es algo confuso. Pero entonces, me pregunto si otros incluso la ven. Porque vi a ese chico. ¿El chico la vio? No sé. No sabría decirlo. Él estaba de espaldas a ella. Realmente no lo sé. - la apertura pasó de verse como una abertura

natural, a una puerta. Mientras la miraba, cambió a una puerta. Y hay escaleras que van desde el suelo hasta la puerta. No parece ser tan sólido. Se ve cristalino y ligero, y sé que podrías pisarlo y sería sólido. Y, sin embargo, yo también siento que alguien podría atravesarlo y no ser consciente de ello, al mismo tiempo. La única explicación que tiene sentido para mí es que es como la fusión de dos mundos. Es como un lugar entre los mundos. Que ahí hay pedazos de ambos.

D: *¿Esta sería la razón por la que algunas personas la verían y otras no?*

B: Sí. Y entonces siento que de alguna manera soy parte de -. Solo tengo que decir lo que me viene - porque se siente que de alguna manera yo soy parte del guardián de este portal, o este "entre" el lugar. Para que los que se supone que no deben entrar, no lo hagan. Y los que pueden, que lo hagan. Hay algunas responsabilidades de conciencia que debo tener sobre eso, porque soy consciente de los dos, sí.

D: *Para saber quién puede entrar y quién no. (Correcto) Pero ¿Acaso aquellos que no se suponía que debían, ni siquiera se darían cuenta de ello?*

B: Normalmente eso es cierto. Hay ocasiones, sin embargo, en que ciertas circunstancias hacen que suceda que hay un ver que normalmente no tendría lugar. Y simplemente no es beneficioso, en su mayor parte, para que eso suceda. Ciertos cambios en la presión atmosférica y energía... cosas. (Esto fue dicho lentamente como si no estuviera segura, y estaba buscando las palabras.) Hay ciertos, sí, cambios que podrían hacer que suceda.

D: *A donde se pudiera ver, donde normalmente no estaría. (Correcto) En ese caso, alguien podría encontrarlo, que se supone no debiera.*

B: Sí. Y sería muy confuso.

D: *¿Serían capaces de entrar?*

B: Desafortunadamente, la composición del cuerpo tendría que cambiar, debido a la configuración energética. Y a lo mejor, probablemente disuelva esa energía física instantáneamente.

D: *¿Ah? ¿Lo destruiría?*

B: El espíritu no se destruye. La estructura física, celular, sí.

D: *¿No podría existir una vez que entró en contacto con él?*

B: Esto es correcto, porque hay una composición diferente. Y diferentes vibraciones, sí. Sería muy confuso y difícil incluso para la energía espiritual entender lo que sucedió. No se pretende que sea así.

D: *Entonces, ¿tu trabajo es asegurarte que esto no suceda?*

B: Sí, tengo una especie de responsabilidad de tutela para esto.

D: *¿Llamarías a esto un portal?*

B: Sí, podrías llamarlo así. Y creo que por eso también puedo moverme en esta cosa cristalina, ya sea montaña, nave espacial o lo que sea. Y llegar a ser, tener la conciencia de ella, porque eso ejerce, intensifica la energía para separar las existencias

D: *¿Y si alguien viniera? ¿Qué harías para desviarlos o mantenerlos alejados?*

B: Enfocar mi energía en ese recodo del lugar para intensificarlo. Y simplemente darles un empujoncito suave en la dirección opuesta. Para darles un pequeño empujón, para que puedan solo sentir que el viento los empuja, o son empujados hacia otra dirección diferente.

D: *¿Solo lo suficiente para mantenerlos alejados de allí, para que no entren en contacto con esa energía? Porque tu trabajo es evitar que se lastimen.*

B: Exactamente. Proteger, sí.

D: *¿Este portal está ahí todo el tiempo?*

B: Hay ciertos momentos en los que está más abierto, en las que tiene más posibilidades de estar abierto, y otras veces cuando está cerrado. Cuando no es un problema.

D: *¿Entonces no se mueve como una nave espacial?*

B: No, se queda en un lugar. Pero cuando miro esto más de cerca, es más como lo que podríamos llamar una "puerta estelar", en lugar de una nave espacial que partiría. Es más, como un portal para ir a otra dimensión.

D: *Así que por eso se quedaría en un solo lugar.*

B: Es correcto.

D: *¿Para qué se usa el portal, esta puerta estelar?*

B: Debo trabajar en la descripción. Puedo hacerlo. Está el portal para esta energía, y luego hace swooosh (un largo sonido sibilante con movimientos de mano) a través del espacio y tiempo completamente a otra área de - quiero decir - "galaxia".

D: *Por los movimientos que estabas haciendo, ¿es alargado, como un tubo?*

B: Correcto. Y trata de visualizar viendo las estrellas y el universo y la energía. Pero es un swooosh muy rápido (el mismo sonido de nuevo y los mismos movimientos de mano) un sistema de transporte, y va desde este portal a otra galaxia.

D: *¿Es eso lo que verías si entraras a la montaña de cristal?*

B: Eso sería una parte, porque adentro están todos estos colores vibrantes, vibrantes y cosas cristalinas. Es algo así como... (tuvo dificultad para encontrar las palabras) reingresar... desensibilización no es la palabra correcta, sino recuperarte a volver a sentirse normal. (Risas) Porque cuando haces estas cosas de transporte, entonces tienes que... re... no regenerar, re....

D: *¿Reajustar?*

B: Reajustar, gracias. ¡Uf! ¡Eso fue difícil! Ajustar. Re energizar. (Risa)

D: *Las palabras son difíciles de encontrar a veces.*

B: Sí. Reajustar. Así que es como un área de reajuste. Y vas en esta habitación cristalina con todos estos hermosos, hermosos colores. Y vibran en tu ser, y te regenera tú, ¿o re... cual fue la palabra que dijiste?

D: *¿Ajustar?*

B: Te ajusta.

D: *Si te reajusta, ¿es antes de irte o después de volver?*

B: Después de que regreses. Hay uno para cada extremo. No estoy seguro de cómo se ve el del otro extremo, en este momento. Tendría que viajar. Pero tengo que dejar parte de mí aquí para hacer eso, porque tengo que mantener mi responsabilidad.

D: *Sí, para proteger el portal.*

B: Este se usa para otros seres que vienen a aprender, y vienen para una mayor conciencia, mediante la observación. Cuando yo digo "observar" es más que solo mirar. Es estar observando con todos tus sentidos, para que sientas, no, experimentes eso. Pero lo estás observando, porque no estás creando que algo suceda. Eres un observador al que se le permite integrarse un poco con las energías allí para aprender.

D: *¿Son estos seres físicos?*

B: No en la medida en que los humanos son seres físicos. Hay una fisicalidad que es de menor densidad. Y por eso pueden integrarse y observar una experiencia, en ese nivel.

D: *¿De dónde vienen estos seres?*

B: (Pausa, luego una risita mientras intentaba encontrar una manera de explicar). P-L. P-L tiene algo que ver con eso. No creo que sea Plutón. P-L.

D: *Sólo dime lo que piensas. ¿Pero no vienen de la Tierra?*

B: No, no. Ellos son diferentes.

D: *¿Nuestro sistema solar?*

B: Hmmm. Un poco más lejos. De una esencia planetaria diferente. Una vez más, no es un planeta completamente físico.

D: *¿Pero no son tanta energía como tú?*

B: Correcto. Son diferentes de lo que soy. No parezco humano, como un cuerpo. Mi energía es cambiante. Los seres que vienen por este sistema portal de transporte tienen una forma similar a los humanos. Similar a un cuerpo. Son seres altos y delgados. Parecen túnicas pesadas, pero como dije, no son físicas.

D: *¿No tan sólido? (No, no.) Así que cuando pasen por este túnel, este tubo, sea lo que sea, ¿vienen a esta habitación de inmediato?*

B: Correcto, ahí es donde entran.

D: *¿Y reajustan sus energías? ¿Vibraciones o lo que sea? (Correcto) ¿Qué hacen entonces?*

B: Entonces pueden salir de allí. Nuevamente, esta no es una buena descripción, pero es como poder ver a través del vidrio, pero no hay vidrio. No hay barrera como tal. Han atravesado el portal y salido de la estructura cristalina donde estaban la luz y los colores. Han salido de eso. Todavía es parte de esa energía, pero ya no está en esa estructura. Para que quede bien arriba contra la - quiero decir "Tierra". Están en el planeta y pueden ver lo que está pasando, para poder observar e integrarse.

D: *¿Se les permite salir de ese lugar?*

B: No me parece que lo hagan.

D: *Así que simplemente se paran y observan desde ese lado sin realmente entrar en esta otra dimensión.*

B: Correcto. Sin embargo, pueden ver un gran, gran punto de vista desde allí. Prácticamente pueden observar en cualquier lugar que elijan desde este portal.

En otra sesión, una mujer vio algo que parecía apareció un agujero de gusano, y los seres iban y venían a través de él. Ella lo describió como un gran tubo alargado con crestas circulares visibles en el interior del misma. ¿Podría ser esta otra descripción del mismo tipo de dispositivo? Si es así, los seres que vio entraban y salían, mientras que los de esta regresión solo se les permitió usarlo para ver.

D: *Entonces no es solo el área donde se encuentra. Ellos pueden ver en cualquier lugar de la Tierra que quieran ver sin viajar a ese lugar.*

B: Es correcto. Bastante ¿Y cómo funcionan cosas así? No estoy seguro. (Risa)

D: *A ver si puedes averiguarlo. ¿Cómo pueden hacer eso desde solo un punto de vista sin entrar realmente en la dimensión y viajando por todo el mundo?*

B: Cambian su perspectiva. Así que es como si salieran y hay una escena o área en particular que están viendo. Y simplemente pueden cambiar, y es como si el mundo cambiara para eso, para que ellos pueden verlo. Sé que esto no tiene ningún sentido, pero... Lo que veo es esta energía dorada de tres puntas que simplemente cambia. (Risas) Por ejemplo, la Tierra podría ser así de grande. Y están en este lugar. (Movimientos de mano con un objeto pequeño.) Y la energía dorada de tres puntas lo cambia para que estén observando. Así que es como si todo se moviera con él. Es la única manera que conozco para describirlo. Aunque obviamente, la Tierra no es de este tamaño. (Movimientos de manos.) Pero es como si lo fuera, cuando la están observando. Por lo tanto, se puede cambiar muy fácilmente.

D: *De esta manera están actuando como un observador y no interactúan.*

B: Eso es correcto. No están interactuando. Ellos no están cambiando ninguna cosa. Simplemente están observando e integrando información.

D: *No se les permitiría salir de esa parte de todos modos, supongo, ¿por la forma en que es su matriz energética?*

B: Exactamente. No pudieron o no quisieron. Entienden la forma en que afectaría su campo de energía. Mientras que los humanos ni siquiera saben que esto existe.

D: *Así que estos seres simplemente observan e integran información, o lo que sea que estén tratando de acumular. ¿Y luego vuelven a través de este tubo a donde pertenecen?*

B: Es correcto. Vienen a través de ese portal, pero vienen de otros lugares para llegar a ese portal. Y ven y observan, y luego vuelven, e informan de nuevo.

D: *Estaba pensando en algo así como una ubicación central en el otro lado. (Correcto) ¿Sabes qué hacen con la información una vez que han observado?*

B: Se utiliza para muchos propósitos. (Pausa mientras piensa.) Ya veo que mi energía está cambiando ahora, de ese ser guardián a uno de esos seres que venían y volvían.

D: *Porque dijiste que podías hacerlo, si dejas parte de tu energía allí para proteger la abertura.*

B: Esto es correcto. (Gran suspiro) Pasar por el tubo agita un poco tu energía. Así que la cámara de la que sales te trae de vuelta a - ¿cuál fue la palabra que usaste?

D: *¿Ajustar?*

B: Para ajustar, es muy, muy importante.

D: *Y cuando vuelven a pasar, ¿es rápido?*

B: Es muy rápido. Muy, muy rápido. Y luego salir por otro lado, es de nuevo otro color, sistema de energía.

D: *¿Como otra habitación?*

B: Es cierto. Y los colores y la intensidad de la energía te traen de vuelta a ti mismo otra vez. Y volví al otro planeta. Y luego volví a mi base de operaciones.

D: *¿Cómo es la entrada de ese lado?*

B: También es una estructura cristalina.

D: *¿Pero la gente de ese lado puede verla?*

B: También tiene un factor de encubrimiento, porque hay quienes trabajan con esta energía, y hay quienes no.

D: *Entonces, ¿es lo mismo que en la Tierra? No sería visible para todos.*

B: Eso es cierto. Aunque los seres de este planeta son de una vibración más alta o diferente, todavía no hay necesidad de que todos sepan sobre eso.

D: *Así que el ser con el que vas pasa por su planeta. ¿Adónde va entonces?*

B: Yo lo veo. Es como un escriba escribiendo, pero la escritura es mágica. No es físico, aunque se parece. (Estaba moviendo sus manos.) Él está haciendo algo con sus manos. Pero cuando lo miro, es luz y colores otra vez. Luz y colores son muy importantes. Y así las observaciones, el aprendizaje, se incorporan a los conocimientos adquiridos en... (Tenía dificultad.) ... Estoy viendo como el tapiz. ¿Cómo pasó eso?

D: Tal vez esté tratando de hacer una comparación.

B: Tal vez. Porque la información que este escriba ha tomado entra en una parte del tapiz, o de los registros. Él está sentado y parece una tableta. Cuando digo "tableta" me refiero a como una tablilla de piedra. No es papel. Y hay lo que yo llamaría una "pluma mágica", porque parece estar escribiendo, usando escritura mágica. Y hay unos colores hermosos y luz que viene sobre eso. Pero luego se mueve y fluye y entra en…. lo que yo llamaría un "tejido". Y es colorido y ligero y brillante y en movimiento. Así que no es como nosotros consideraríamos un tapiz. (Tuvo dificultad.) Es un registro de algún tipo. Y es una grabación viva.

Esto, por supuesto, sonaba similar al tapiz de la vida que se encuentra en el Templo de la Sabiduría en el lado espiritual. Esto fue explicado en Entre la muerte y la vida. Se describe como increíblemente hermoso, y parece estar vivo y respirando debido a los hermosos colores que se tejen en él. No creo que sea lo mismo, porque el tapiz en el lado espiritual es un registro de todas las almas que han vivido y sus vidas. Cada uno es representado por un hilo. El tapiz que se describe aquí es también un registro, pero tal vez de un tipo diferente.

D: ¿Es este su trabajo? ¿Hace esto todo el tiempo?

B: Sí. Y le encanta hacerlo.

D: ¿Pero dijiste que también hay muchos otros que saben sobre esta puerta?

B: Sí, hay seres de otros planetas que vienen al portal. Eso es cierto. Hay muchos de ellos que saben que existe. Este es un portal, pero hay muchos otros. Alguna de la información que regresa, se utiliza para ayudar a desarrollar nuevas posibilidades. Es como cuando estás en la escuela, te enseñan cosas que la gente ya sabe. Y una vez que tienes un base, entonces tu desarrollas tus propias ideas. La creatividad.

D: *Como científicos e investigadores, tomarán los conceptos básicos y desarrollar sus propios conceptos. ¿Es eso lo que quieres decir?*

B: Sí, y también brindar nuevas posibilidades para el planeta también. Porque observan, ven, retroceden, conversan. Miran, "¿Cómo podemos ayudar a la gente del planeta?" Y entonces se les ocurren algunos pensamientos. Y luego vuelven. No, eso no puede ser... eso no está bien. Mmm. Es para agregar al cuerpo de conocimiento que está en existencia. Sobre la Tierra, específicamente en esta situación.

D: *Así que están acumulando información y están tratando de desarrollar nuevas ideas para ayudar al progreso de la Tierra ¿o qué?*

B: Esa fue la impresión que tuve. Pero tiene que haber otra manera de utilizar la información para ayudar a la Tierra. Porque cuando vienen a través del tubo, solo observan, así que no pueden hacerlo de esa manera. Lo observan y lo llevan de vuelta a su planeta y lo graban. Así que tiene que haber otra manera de que se usa para ayudar. No es por ese camino.

D: *Pero los otros seres que vienen por el tubo, ¿lo hacen por la misma razón?*

B: Algunos son simplemente curiosos. Y eso está permitido. A ser observado por curiosidad sin ninguna interferencia. Como se nos permitió observar sin interferencia. Y fui con otro ser cuyo propósito es tomar la información de regreso a su planeta. Y hay una especie de (tuvo dificultad) - Estoy tratando de obtener una imagen más clara. (Pausa) Esta es más difícil de conseguir, así que.... Parece ser algún tipo de proceso de transmisión. No tiene sentido para mí. Por eso estoy un poco atorado.

D: *Descríbelo lo mejor que puedas.*

B: Está bien. Así que toman la información. La comparte con estos otros seres que son como él. Y luego la transmiten o proyectan como rayo ciertas energías o información de vuelta hacia el planeta Tierra.

D: *En la dirección opuesta de donde vino.*

B: Correcto. Es como un sistema de guía. En que la información fue tomada de la Tierra, observada desde la Tierra, y es transportada de regreso con los seres. Y luego estos seres toman esta información, y.... Aquí es donde la gente de la Tierra necesita alguna ayuda u orientación, o simplemente un pequeño "ajuste", o un poco de inspiración, para ayudarlos a moverse la dirección correcta. Y no es una decisión de juicio, como, dar el paso correcto. Es como enviar un poco de inspiración. Así que de alguna manera se transmite a la atmósfera de energía de la Tierra, o lo que sea. Y luego están aquellos en la Tierra que pueden escoger levantar esas señales, por así decirlo, y recibir esa inspiración. Y esto les ayuda a pasar al siguiente paso. O traer sobre cosas que podrían haber tomado más tiempo.

D: *¿Esto lo hace un individuo o....?*

B: No, es un grupo. Un grupo con algún tipo de maquinaria que es capaz de transmitir la forma de pensamiento o la inspiración de vuelta a Tierra. Por ejemplo, la Tierra está luchando en este momento con guerra/paz, luz/oscuridad. Salirse de la dualidad. Y cuando eso sucede, la dualidad se intensifica. Así que estos seres, en algún momento, observaron, regresaron y está proyectando información similar a la inspiración de traer conciencia masiva juntos para unir, para crear la realidad que quieres, por ejemplo. Porque muchas personas en diferentes partes del mundo reciben esta inspiración al mismo marco de tiempo. Y luego se unen para hacer que suceda. ¿Tiene sentido para ti ese ejemplo?

D: *Sí, creo que sí. Pero ¿están estos grupos bajo algún tipo de instrucción? No actúan por su cuenta, ¿verdad? (Pausa) ¿Alguien les dice lo que pueden transmitir de nuevo?*

B: Quiero transmitir el significado correcto. Son como un consejo superior que asiste al planeta en su crecimiento. Así que no son el único organismo que hace esto. Son uno de ellos. Así como están ayudando a la Tierra a hacer eso, también hay cuerpos superiores ayudándoles en su proceso. Así que va hasta el infinito.

D: *Así que hay muchas capas diferentes. (Sí) Es como la gente en La Tierra aún no está tan desarrollada. Están en la parte inferior de los niveles, las capas, supongo.*

B: Yo no diría al "fondo". Están en transición. Están moviéndose.

D: *Pero no son conscientes de nada de esto.*

B: Correcto, correcto. Hay algunos que son conscientes. Porque la energía está cambiando, y la vibración está aumentando, hay más que van tomando conciencia de la conexión. Hay, por ejemplo, nuestros yo superiores que observan y ayudan. Pero siempre hay libre albedrío, una elección. La inspiración que llega es para aquellos con los que resuena.

D: No se le impone a nadie. Puede ser algo que estén buscando de todos modos.

B: Exactamente. Y lo han pedido.

* * *

Parece haber un tema central que recorre toda la información que he ido acumulando. El tema de la comunicación masa en muchos niveles. Nuestro propio cuerpo está constantemente procesando y entregando información a nuestro cerebro y sistema nervioso central. Nuestro ADN también procesa información. En mi libro Entre la muerte y la vida, se dejó claro que debemos ir a través de innumerables vidas, tanto en la Tierra como en otros planetas. Nosotros debemos, mientras estemos en la Tierra, experimentar cada forma de la vida (rocas, plantas, animales) antes de evolucionar a la etapa humana. Entonces cuando llegamos a la etapa humana, debemos experimentar todo en la vida (ricos/pobres, hombres/mujeres, vivir en todos los continentes, ser de todas las razas y religión, etc.) antes de que hayamos completado ese ciclo. Entre todas estas vidas, vamos y volvemos al lado espiritual. Nuestro objetivo principal es acumular información sobre todo lo posible. Comenzamos con Dios, y nuestra meta es volver a Dios. En ese libro se nos dijo que Dios desarrolló este sistema, porque Dios no puede aprender por sí mismo. De nosotros los hijos, se espera que regresemos a Dios con todo el conocimiento e información que hemos acumulado a lo largo de todas nuestras experiencias. De esta manera, somos como células en el cuerpo de Dios.

Por lo tanto, lo que estoy aprendiendo de los extraterrestres y estos otros seres más avanzados, o más conscientes, es que tienen un parte activa en la asimilación de la información. Ellos también están registrando y acumulando, para diversos fines. En Los guardianes, hubo ejemplos de ETs grabando lo que hemos aprendido. Este es uno de los propósitos de los implantes de los cuales la gente tiene una impresión incorrecta. Están grabando todo lo que la persona ve, oye y siente, y transmitiéndolo a bancos de computadoras gigantes, a falta de una palabra mejor. Estos bancos de computadoras están directamente vinculados a los registros históricos de nuestra civilización en los consejos superiores. También encontramos en Guardianes del Jardín y el Universo complejo, Libro Uno, que a veces planetas enteros son dispositivos de grabación. Más adelante en este libro, veremos que esto también está activo en nuestro propio sistema solar, con nuestro Sol como el principal dispositivo de grabación. No es inconcebible que nuestro propio planeta está enviando sus propias experiencias y reacciones del daño que le está ocurriendo en este momento de nuestra historia. La Tierra es, después de todo, un ser vivo.

Parece que este es un tema o patrón común a lo largo de; desde la célula más diminuta de nuestro cuerpo hasta la totalidad universo. Del microcosmos al macrocosmos, la información está siendo transmitida y almacenada. La única explicación lógica es que el destino final de toda esta información sólo podía ser Dios, la Fuente. Similar a una computadora gigantesca, Él está acumulando datos. Con qué propósito, solo podemos especular. Pero se estaba volviendo más y más obvio que esto es lo que está ocurriendo.

* * *

D: *¿Por qué todos estos seres están tan preocupados por lo que está pasando en la Tierra?*

B: La Tierra es un planeta muy especial. Es una fusión de muchas, muchas, muchas energías de muchos, muchos, muchos diferentes lugares. Y entonces es como una hermosa -, no quiero decir "experimento" - pero es un hermoso experimento, a falta de una mejor palabra.

D: *Sí, he oído eso antes.*

B: Al unirlo todo y permitir el libre albedrío y diferentes experiencias a tener lugar. Ahora el gran experimento es en realidad la fusión del espíritu con la biología. Es la fusión del espíritu con la fisicalidad. Y así esos quienes descartan sus cuerpos físicos han perdido el tren. Se trata de la fusión, la integración del espíritu en el ser físico. Y esa es la parte del gran experimento. Aquellos quienes no son de esta densidad no tiene esa experiencia. Es bastante diferente. Y por eso hay mucha curiosidad. Y hay mucha emoción por ver cómo se desarrolla esto en toda su formación. Y obviamente, tenemos la luz y oscuridad, belleza y fealdad. Es todo eso y los desafíos.

D: *¿Los que están viendo no tienen esta variedad?*
B: No, no de esta manera. No es así en absoluto. Es como el Jardín del Edén. Como humanos, lo damos por sentado. Hemos totalmente dado por sentado este hermoso Jardín del Edén. Es muy triste.
D: *Pero algunos de estos otros planetas son físicos, ¿no es así?*
B: Sí, hay otros planetas físicos. La variedad no es tan enorme como lo es aquí. La variedad es mucho más amplia aquí.
D: *Estaba pensando que, si fueran físicos, tendrían cuerpos físicos.*
B: Sí, pero hay diferencia. hay diferentes diferencias de alguna manera.
D: *Estoy tratando de entender por qué el nuestro es tan diferente. Porque los otros seres tienen cuerpos físicos, y están viviendo vidas como otras criaturas en otros mundos.*
B: Lo único que puedo ver o saber en este momento, es que hay un despertar de conciencia en el humano que es diferente. Parece que hay un gran drama que hemos elegido experimentar en la Tierra. Un despertar por medio del drama que está sucediendo ahora. Y es solo el mejor espectáculo que hay. (Risa).
D: *Por eso todo el mundo quiere verlo. (Sí)*

* * *

Esto se ha repetido en varios de mis libros: que muchos seres de todo el universo están observando lo que está ocurriendo ahora en la Tierra. Esto es porque se considera diferente. Está la primera vez que un planeta o civilización ha pasado por los acontecimientos que están ocurriendo ahora. Tienen curiosidad por ver cómo se resolverá. Se ha dicho que es también la primera vez que todo un planeta alcanzará el nivel en el que aumentará su frecuencia y vibración para permitirle cambiar en masa a otra dimensión. Muchos otros seres son conscientes del "drama" que hay aquí, y como ver una película o un programa de televisión, quieren ver la conclusión. Estamos inconscientemente proporcionando el diálogo, las situaciones y el guion para los actores sobre el escenario de la galaxia. Y como ella dijo, "Es el mejor espectáculo que hay."

* * *

Continuando con la sesión:

D: *En la Tierra, quedamos atrapados en el karma. ¿Es diferente en otros planetas?*
B: Sí parece haber una diferencia en ese sentido, sí. Hay una densidad en la atmósfera de la Tierra. Así es como lo describo. Una densidad que mantiene las energías aquí para resolver. Y una vez que se resuelva, entonces pueden salir de esa densidad.
D: *Así que los otros seres tienen diferentes lecciones que aprender. Es solamente una forma diferente de aprendizaje.*
B: Exacto, exacto.
D: *Sé que algunas de estas cosas son muy difíciles de entender. ¿Pero hay como toda una serie o capas de consejos unos sobre otros que mantienen un registro de todo esto?*
B: Sí, tienen conciencia de ello. Algo así como un padre e hijo. Obviamente no tienes una conciencia completa de todo, pero haces lo mejor que puedes. Estas sintonizado con él y trabajas para proporcionarle ayuda y orientación que necesiten.
D: *Pero en mi trabajo he encontrado que no sólo los seres observan a través de portales, pero ¿algunos de ellos realmente vienen en naves físicas?*
B: Es correcto. Pero hay un cambio de energías para que esto suceda. Porque tiene que haber una baja de vibración para entrar en esta energía atmosférica. Hay una capa protectora alrededor de la Tierra. Y entonces, para llegar a este nivel, hay un cambio de vibraciones hasta cierto punto, para manifestarse en lo físico. Para verse en lo físico.
D: *Pero si los otros están averiguando toda la información observando, ¿por qué algunos seres tienen que venir físicamente a la Tierra?*
B: Es importante que la gente de la Tierra empiece a entender que hay otros seres fuera de ellos mismos. Y para ampliar su campo de conocimiento. Tienen un pensamiento muy estrecho de muchas maneras. Y por eso es necesario que haya una expansión para su crecimiento y desarrollo. Ahora bien, no todas las entidades son todas buenas y de luz. Así como hay oscuridad en la Tierra, hay otras energías más oscuras en otros lugares también. Y es sólo una parte de cómo son las cosas.
D: *¿Pero también vienen a observar?*

B: Sí. En algunos casos, hay un deseo de control. Hay un deseo de recursos, ese tipo de cosas. Pero en lo más posible, eso no está permitido.

D: *Porque este planeta está siendo observado con mucho cuidado.*

B: Sí, con mucho cuidado.

D: *Pero eso has podido observar. Dijiste que parte se quedó para proteger el portal, y la otra parte viajó a donde se podía observar y hacer preguntas. (Sí) Vuelve ahora a donde eras la energía total allí en el portal. ¿Tienes mucho tiempo haciendo este trabajo? ¿O el tiempo tiene algún sentido?*

B: Parece que el tiempo no tiene sentido, pero es como una montaña. Una montaña existe por un lapso enorme. Y es consciente. Su energía está muy ralentizada. Así que mi energía como el guardián de esta área también es de esa manera. Por lo que ha estado allí por lo que llamarías, un muy, muy largo tiempo. Y, sin embargo, no se siente como mucho tiempo en absoluto. Es simplemente muy encantador. (Risas) Muy bonito. Tal como una montaña.

D: *¿Es para lo único que sirve esta estructura cristalina, este portal? ¿O tiene otras partes?*

B: Parece que hay otras "habitaciones", como los llamarías, porque hay áreas separadas dentro. Casi como un sistema para enviar información sin realmente volver tú mismo. Así que hay ese tipo de configuración.

D: *Dijiste que principalmente se usa como una ventana de observación. (Sí), ¿Alguna vez se permite a los seres salir de ese lugar para salir a este planeta? (No) Es mayormente independiente como un puesto de observación, entonces. (Sí) Entonces los seres se quedan en esos otros cuartos que se utilizan para transmitir información. (Correcto) Solo quería tratar de aclararlo todo. Pero la entidad del cuerpo por el que estás hablando, cuyo nombre es Betty, ¿está existiendo como esta energía en un tiempo diferente al de ella o qué?*

B: No, es todo uno. Es todo uno

D: *¿Puedes existir como la energía que protege el portal al mismo tiempo que estás existiendo como el cuerpo físico como Betty? (Correcto) ¿Cómo se hace eso? ¿Puedes explicar eso?*

B: (Risas) ¡Lo es! Y hay una cuestión de enfoque. Como Betty, centro mi conciencia en esta vida. Sin embargo, otra porción de mi ser también es el guardia de energía en este portal. La mayoría del tiempo somos inconscientes el uno del otro.

D: *Eso es lo que estaba pensando. Betty no ha sido consciente de la otra parte.*

B: No. Y, sin embargo, es un nivel vibratorio diferente bajo el que estamos operando. Y así puedo estar en muchos lugares, y haciendo muchas cosas a la vez.

D: *Sin ninguna de estas partes siendo conscientes unas de otras. (Correcto) Esa es una de las cosas que he encontrado confusas. Porque la gente dice, ¿cómo podemos ser todas estas cosas al mismo tiempo?*

B: Bueno, tratando de entenderlo con una percepción limitada y la conciencia lo hace difícil.

D: *(Risas) El humano tiene una gran dificultad.*

B: Exacto, porque el enfoque es diferente. Y así, actualmente, no existe la capacidad de ser consciente de muchas partes de ti existiendo al mismo tiempo.

D: *Muchos aspectos diferentes. (Correcto) Eso es lo que me han dicho, que la mente humana es simplemente incapaz de comprenderlo todo.*

B: Esto es correcto.

D: *Creo que esta es una información muy importante. ¿Se me permitiría utilizar esta información? (Sí) Porque en mi trabajo soy reportera también, acumulando....*

B: (Interrupción encantada) ¡Eso es correcto! ¡Es muy interesante! Haces exactamente lo que hacen estos otros seres. Y es un gran honor compartir esto contigo.

D: *Porque tomo muchas piezas diferentes y trato de juntarlas, Supongo que de la misma manera.*

B: Es correcto.

D: *Sólo lo estoy haciendo mientras estoy en el cuerpo físico. (Sí, sí) Una pieza se suma a otra pieza de información. Por eso tengo tantas preguntas.*

B: Y eso es bueno, porque ayuda, una vez más, a ampliar las percepciones. Para ampliar las posibilidades. Para traer esa conciencia espiritual en el ser físico. Y eso es de lo que esta vez se trata.

D: *El problema es que a los humanos les cuesta mucho tratar de entender estos conceptos complicados. (Sí) Mi trabajo es tratar de simplificarlo para que lo entiendan. Lo cual es difícil. Puedes decirme, ¿por qué está explorando esto ella hoy?*

B: Ah, ella es una mensajera. No es completamente consciente de esto todavía. Se abrirá más plenamente a llevar mensajes para ayudar al proceso vibratorio. Ha pedido abrirse más plenamente a recibir mensajes del reino espiritual. Y cada vez ser más consciente de los seres que están por ahí, desencadena una apertura para recibir mensajes.

Además de trabajar tiempo completo como enfermera en una unidad neonatal de un gran hospital, Betty había estado haciendo lecturas psíquicas a personas. Esto sucedió espontáneamente sin entrenamiento. Ella descubrió que era capaz de captar cosas sobre las personas simplemente estando en su presencia. Por supuesto, había muchas personas a las que no podía decirles lo que estaba percibiendo, especialmente aquellos que conoció en el hospital, donde las emociones corren desenfrenadas.

* * *

Este fue otro ejemplo de cómo, sin saberlo, estamos viviendo dos o más existencias al mismo tiempo, con cada contraparte siendo inadvertida a la otra. Es solo a través de este método que pueden darse cuenta unos de otros e interactuar.

No estoy segura si la entrada a las otras dimensiones mencionadas en esta sesión se puede clasificar como un portal o una ventana. En el Libro Uno, se explicó este concepto: puedes moverte a través de un portal a otra dimensión, mientras que solo puedes mirar por una ventana y observar.

En las otras sesiones incluidas en esta sección, parece que también se trata de portales de los que se puede entrar y salir, no ventanas que solo sirven para observar.

CAPÍTULO 20

EL ABORIGEN

Esta sesión con Lily, una psicóloga, se llevó a cabo durante la Conferencia WE (Walk-ins in Evolution) en Las Vegas en abril 2002. Demostró que los portales han existido mucho más de lo que podemos imaginar, y se han utilizado activamente.

Cuando Lily salió de la nube, se encontró de pie en medio de la hierba alta hasta donde alcanzaba la vista. Su mente suministró la ubicación sin pedírselo.

L: Campos de hierba alta y acechada, como el trigo. Y dice "el Veldt, Australia".
D: ¿Es ahí donde sientes que podría ser?
L: Siento que lo es. Se siente plano. Y se siente parte de una gran masa de tierra.

Estaba rodeada por la hierba que supuso que era trigo, pero había algo más que ella podía ver en la distancia que definitivamente no cabía en esta escena pastoril.

L: Y siento este gran monolito en la distancia.
D: ¿Qué quiere decir con monolito?
L: Un montículo grande. Roca. Hecha de roca, pero más grande y plana, roca.

Pensé que, si estaba hablando de Australia, probablemente era Ayers Rock, que se encuentra en medio del continente. Es significativo porque se encuentra sola en un terreno plano y desolado. Pero no quería influir en ella, así que le pregunté por otras montañas.

L: Dicen Ayers. Simplemente se sienta solo.

Información encontrada en Internet:

Ayers Rock también es conocido por su nombre aborigen "Uluru". Es el monolito más grande del mundo que se eleva 318 m sobre el suelo desértico en el centro de Australia, con una circunferencia de 8 km. Es considerada una de las grandes maravillas del mundo, y está ubicada en un importante punto de rejilla planetaria muy parecido a la Gran Pirámide en Egipto. Dependiendo de la hora del día y de las condiciones atmosféricas, la roca puede cambiar dramáticamente de color, cualquier cosa, desde azul hasta rojo brillante.

Ayers Rock se considera un lugar sagrado y es muy venerado en la religión aborigen. Los aborígenes creen que es hueco bajo tierra, y que hay una fuente de energía que llaman "Tjukurpa", el "Tiempo del Sueño". El término Tjukurpa también se utiliza para referirse al registro de todas las actividades de un determinado ser ancestral desde el comienzo mismo de sus viajes a su final. Los aborígenes saben que el área alrededor de Ayers Rock está habitado por decenas de seres ancestrales cuyas actividades se registran en muchos sitios separados. En cada sitio los eventos que han sucedido se pueden recontar. Hay mucho arte rupestre antiguo encontrado en la zona. Parte ha sido traducida y parte no. Las pinturas se renuevan periódicamente, capa tras capa de pintura, que data de muchos miles de años.

* * *

D: *¿De qué color es el monolito?*

Su voz empezó a cambiar, haciéndose más simple, casi primitiva. Habló muy deliberadamente.

L: Oscuro. Rojo parduzco. Cuando le da el sol, se pone más rojo fuego.

Definitivamente estaba describiendo Ayers Rock.

D: *Pero por lo demás, a tu alrededor son solo campos.*
L: De trigo. O lo que parece hierba alta. Duro, más duro que césped.
D: *¿Hay alguna señal de vivienda, edificios o algo?*
L: Aquí cercano viven pueblos aborígenes (tenía dificultad con esa palabra). (Deliberadamente) La gente tribal vive cerca.

Pedí una descripción de sí misma. Ella era un hombre con piel morena y cabello negro, con "muy poco vello facial", vistiendo "pellejo de piel que cubren mi torso y lomo". Estaba en sus veinte o treinta, pero eso no se consideraba joven. Dijo su cuerpo era "fuerte, guerrero fuerte. Valiente, soy valiente".

D: *¿Llevas algún adorno o....?*
L: (Interrumpe) Cuentas. Alrededor de mi cuello. Varios tipos de hebras, con amuletos de metal para valentía y protección. Y en mi pelo, lo notarás, señoría. Signo de honor en comunidad.
D: *¿Qué hay en tu cabello que signifique eso?*
L: Hueso, colmillo y círculos de monedas de metal.
D: *¿Está esto entretejido en tu cabello?*
L: (Pausa) Como un collar en mi cabeza. (Hablaba muy simple y usaba palabras con las que la entidad aborigen estaba familiarizada.) Yo soy... lugar de estatus. Como jefe, pero no jefe. Yo me lo gané. (Confundido) ¿Puedes... no puedes verme?
D: *No tan bien. Es como si hubiera un velo separándonos.*
L: Mi pecho está lleno de orgullo y músculo.
D: *Por eso debo hacer preguntas, porque no puedo verte tan claramente. ¿Puedes relacionarte con eso? (Sí) ¿Tienes otra ornamentación?*
L: Sí, mi piel tiene incisiones. Hacemos esto como una cuestión de rutina. Al crecer y mostrar la edad en la pubertad. Y con cada uno

matanza de animales nativos, y otros colonos que vienen a hacernos daño. Pero nos mantenemos alejados de matar humanos, porque eso va en contra de nuestra religión.

D: Ya veo. Pero cuando matas algo, ¿haces una incisión?
L: Sí. Es un signo de destreza guerrera.
D: ¿Dónde haces la incisión?
L: En la parte superior de mi brazo derecho. A veces el brazo izquierdo. Y pecho por encima de los pezones. Arriba... por el cuello y el pecho.
D: ¿Es así como recibiste los amuletos de honor, a través de que has hecho? ¿Cómo matar animales?
L: Las incisiones son más para cada realización. El amuleto es más por crecer en esa cultura que somos. Es un lugar de honor y dignidad. Lo tienes desde la infancia. Sabes lo que se espera que hagas.

Sus palabras fueron cuidadosamente escogidas, como si fueran extrañas y desconocidas para la entidad. Habló muy deliberada y directamente

D: Entonces recibes esto como una marca de haber alcanzado ese estado.
L: Sí. No todas las personas de la tribu tienen esta oportunidad.
D: Pero dijiste que matas a los animales nativos.
L: Sí. Ese es mi papel como hombre. Yo mato con lanza y manos.
D: Los animales serían muy rápidos, ¿no?
L: Somos inteligentes. Sabemos rastrear, rastrear al animal, y atacar en el momento adecuado. La precisión es lo que mata.
D: ¿Pero dijiste que a veces tienes que matar humanos?
L: Cuando los colonos vienen a destruir nuestra tierra o nuestra gente, debes en algún momento - más bien me lo dice mi padre - pero yo siento que he hecho esto también. No es algo que busque hacer, hacer daño. Pero a veces hay que proteger. Mi gente.
D: Es verdad. Los colonos que vienen, ¿son también gente de piel café?
L: Hombres blancos. Y.... y... (vacilante, con un gran suspiro) ...hombres resplandecientes.
D: ¿Qué quiere decir con hombres brillantes?

L: (Parecía aprensivo.) Bombillas. Se ven como bombillas de luz. Hombres brillantes y resplandecientes. (Respiraba más rápido.)

D: *¿Los hombres blancos se parecen a ti excepto por su piel? (Si) ¿y los otros se ven diferentes?*

L: (Confundido y definitivamente asustado.) Hacen... juntos los hombres brillantes son... (buscando la palabra) Los gira. La mente... el cerebro... la fuerza detrás a ellos. Las burbujas resplandecientes... los seres resplandecientes están a cargo. Ellos tienen el poder.

Fue difícil, pero estaba satisfecho de haber encontrado las palabras apropiadas.

D: *Pensé que querías decir que los hombres blancos eran los colonos.*

L: Los hombres blancos salen de la... (tenía dificultad) ¿astronave? ¿Edificio? ¿Cosa? Salen de la cosa resplandeciente donde están los seres resplandecientes.

D: *¿Hay seres que brillan intensamente allí, y los hombres blancos salen de allí?*

L: Sí, salen los hombres blancos. Y los seres resplandecientes, parecen tubos de ensayo, o maíz grande en tallo, pero seres que parecen maíz brillan intensamente. Largos y oblongos.

D: *Así que se ven diferentes a los demás.*

L: (Emocionada de que me haya hecho entender.) ¡Sí, sí!

D: *Así que es algo que no has visto antes.*

L: ¡Yo nunca! ¡Alarmante! (Gran aliento.) No podemos ir allí. Vienen de muy lejos en el cielo. Y la gente blanca nos habla, y nos explica.

D: *Los que brillan intensamente, ¿puedes distinguir alguna cara o característica? ¿O es simplemente todo brillante?*

L: Todo brillante y palpitante, y cerebro. Todo cerebro. Conocimiento, saber, saber, saber.

D: *¿Qué quieres decir con todo el cerebro?*

L: Ellos lo saben todo. Saben, ven todo el tiempo. Y, como ... computadora, pero viva y palpitante. Y sin brazos, sin piernas, sin cara. Pero el color en la parte superior de la vaina alta es diferente al de la vaina de la parte inferior. La parte inferior de la vaina es más azul, azul iridiscente y verde. La parte superior de la vaina es blanca donde está el cerebro. Largo.

Era obvio que la entidad estaba sacando palabras del vocabulario moderno de Lily. De lo contrario, el aborigen no tiene palabras para explicar las cosas desconocidas que estaba tratando de describirme.

D: *Pero dijiste, vienen, y no puedes ir allí.*
L: (Interrumpiendo) ¡No! No ir a la nave. No ir a la nave.
D: *¿A dónde baja?*
L: Por los acantilados, por las rocas. Lejos del monolito, pero cerca de rocas. Y no cerca del trigo. Los de piel blanca... ellos vienen a nosotros. Y ellos explican. Al principio tenemos miedo. Nunca vio blanco. Pensamos que estaban enfermos. No tienen sangre en ellos. Y sin pelo como nosotros. Sin oscuro. No... nada como nosotros. Todo blanco. Sin ropa. Pero no... (con dificultad) nada de parto. No lo que tenemos.

Obviamente se refería a los órganos sexuales.

D: *¿Tienen ojos como tú?*
L: Sí. Pero sin pestañear. Sin parpadeo. Son gente blanca, pero diferente. Pero no... eso que llamas "anatomía". Sin anatomía.
D: *Pero los llamaste "los colonos", ¿no?*
L: Vienen a instalarse, a probar, a tomar tierra, a conversar con nosotros, a llevarse nuevamente a nuestros hijos a trabajar con ellos.
D: *¿Qué quieres decir con llevarse de nuevo a tus hijos?*
L: Llevar de vuelta a la nave. Enseñar, hablar, subir y bajar, y traerlos de nuevo.
D: *¿Cómo te sientes al respecto?*
L: Dicen que está bien. Son gente agradable. Nuestros hijos quieren aprender. Nos sentimos bien. (Él no sonaba tan confiado acerca de eso.) No voy a ninguna parte. No ir allí. No ir allí. Temo ... Atemorizado. No sé cómo... no sé cómo ser.
D: *Y la gente blanca que viene y te habla....*
L: (Interrumpe) Brillan un poco. Un poquito.
D: *¿Pero explican lo que va a pasar?*
L: Si, dicen todo bien. Que estar tranquilo, para estar bien, es convenio. Hacemos un acuerdo de que no hay daño, y los niños estén bien. Ellos aprenden. Y traen herramientas. Lanza y roca.

Roca, lisa, curvada al final de la lanza. Y ... círculos. Discos para ayudar a las mujeres a hacer semillas, maíz, pan.

D: *¿De qué están hechos esos discos?*

L: Piedra, pero blanda, redonda y lisa. Y fácil de batir. Sobre mesa y cuencos de piedra. Nos muestran cómo hacer más fácil. Muy bien. Cómo lo hacen, no lo sabemos.

D: *¿No te muestran cómo los hacen?*

L: No, los dan. Los niños pueden aprender, esperamos.

D: *Tal vez esa es una de las cosas que les están enseñando.*

L: Los niños toman tiempo en la nave. Y van y vienen. No hablamos mucho de esto.

D: *¿Los niños no te dicen qué pasa cuando regresan?*

L: (Parecía temeroso de hablar de eso.) Uno o dos dicen, pero no hablar mucho. Van a aprender y pasar, y vienen de vuelta.

D: *¿Pero los niños quieren hablar de eso?*

L: Dijeron que no lo hicieran. Demasiado para la cabeza, el cerebro, para entender. Un miedo. Asusta a las mujeres. Asusta a las mujeres, pero yo fuerte. yo puedo aguantar algo.

D: *¿Tienes hijos?*

L: Sí. Cinco. Dos muchachos van en nave. Les gusta.

D: *¿Les enseñaron cosas?*

L: Sí. Pero viajan. Viajan a lugares distantes, lugares. No están aquí. Van lejos.

D: *¿Te dijeron cómo era el lugar al que fueron?*

L: Lejos de la luna. Dicen que allí viven seres morados. Pero no parece nuestro lugar, nuestro mundo. Todo verde y vegetación donde están los seres morados. Caliente. Caliente y húmedo en la piel. Los seres morados no tienen piel como nosotros. Es más, como goma. Son lo que se llama "anfibios". Los seres morados son anfibios.

D: *¿Qué significa eso para ti?*

L: Nadan y caminan igual. Los dibujaron en la tierra. Parecen seres salamandras. ¿Has visto estos?

D: *Sé que una salamandra es como un lagarto.*

L: Nada más que un lagarto. Y ellos en posición vertical también. Lagarto no tan avanzado. Muy redondo, gomoso. No tan definido, y no duro y puntiagudo como un lagarto. Más redondo.

D: *Porque los lagartos a veces tienen la piel áspera.*

L: Estos son suaves y gomosos. Y también brillan, pero no tanto como los seres resplandecientes de la nave. Esos son más brillantes. Muy brillante.

D: *¿Es este el lugar donde tus hijos fueron instruidos? ¿O se les enseña en la nave?*

L: Van a muchos lugares. Enseñaron en la nave y en lugares a donde ellos viajan.

D: *¿Dijeron lo que les enseñaron?*

L: "Muchas enseñanzas, papá, no las entenderías". Eso es lo que me dicen. Son amables conmigo. Dicen que no entendería. Como, para los niños pequeños en tu mundo, para explicar a los viejos, cien años, sobre la computadora. Es mejor simplemente decir: "No lo entenderías". No entiende, sí. Tu mundo muy avanzado, como una nave, ¿sí?

D: *Creo que sí.*

Entonces el aborigen pudo de alguna manera, saber que en el mundo donde vivía su contraparte, Lily, las cosas eran muy diferentes. Aparentemente, no lo confundió. He encontrado esto en otros casos donde hablo con nativos. Ellos son más intuitivos y a menudo puede ver en otras dimensiones sin darse cuenta de que algo es inusual al respecto.

D: *Pero en tu vida, ¿las cosas son muy simples?*

L: Sí, y la nave está muy, muy lejos. Vienen de lejos, lejos en el tiempo. Viajan lejos en el tiempo.

D: *¿Es eso lo que te han dicho tus hijos? (Sí) Pero al menos sabes que no fueron dañados.*

L: No. Les encanta. Quieren más.

D: *¿Les dieron alguna instrucción, en cuanto a qué hacer con lo que les enseñan?*

L: Cultivar la tierra para los pueblos indígenas. Haz que crezca mejor, para suelo. Hacer que el suelo sea más... (incertidumbre) más árido, para crecer mejores frijoles y tallos de arroz. No tiene sentido. Pero dicen que pasará. Yo digo que necesitamos agua para ser fértiles. Ellos dicen árido para fértil. Nos muestran con... fluido en tubos. Pero no es agua. Parece mercurio. Se ve como blanco plateado compuesto de los seres púrpuras. Lo viertes en el suelo árido, y hace que todo crezca. ¡Es asombroso!

D: *¿Entonces no necesitas agua?*
L: No. Y los seres blancos, nos muestran cómo plantar y cultivar. (Confundido) ¿Cómo puede ser esto? Entonces ellos nos ayudan, y nos hacemos fuertes. Tener comida para bebés. Y ellos toman nuestros niños en viajes. Y…. los investigan.
D: *¿Te muestran cómo hacer este fluido?*
L: Viene de la nave. Del planeta púrpura.
D: *¿Entonces no puedes hacer más?*
L: No. Es trueque. Damos a nuestros hijos para el estudio. Ellos nos dan líquido de probeta para crecer y cultivar.
D: *Pero solo lo tienes mientras te lo den. No lo pueden hacer ustedes mismos.*
L: Lo tenemos para siempre. Ellos no se van.
D: *Entonces se quedarán y te lo seguirán dando.*
L: Pensamos. Ellos están aquí. Son muy buenas personas.
D: *¿Hay agua cerca de allí? Porque hay que tener agua también para vivir.*
L: No lo suficiente. Muy seco. A veces es un problema.
D: *Pero dijiste antes, que a veces tu gente mataba a los colonos. ¿Cuándo pasó eso?*
L: Al principio. Cuando llegan por primera vez. No lo sabíamos. Cometimos un error. Teníamos mucho miedo. Pensamos que ellos venían a arrebatarnos a nuestros bebés. Y peleamos. Matamos a dos. Y luego rastreamos.
D: *¿Estos eran dos de los seres blancos? (Sí) ¿Trataron de defenderse?*
L: No como nosotros. Los llevaron a una nave para curarlos.
D: *¿Entonces no murieron?*
L: Ellos mueren. Y luego ellos... ellos les dan nueva vida. (Asombrados) Les dan nueva energía sobre el cuerpo. (Inseguro de cómo expresarlo.) Nueva energía del alma sobre cuerpo muerto. Desde arriba. Baja y llena el cuerpo. Y el cuerpo plano en la nave. El alma entra en la parte de arriba, se fusiona y da vida otra vez.
D: *¿Es lo que te dijeron?*
L: Es lo que vi a través de mi hijo.

Cuando Lily despertó, retuvo una imagen mental de cómo se hacía. Ella vio que los extraterrestres muertos fueron colocados en una losa, y una luz sobre sus cabezas como un halo los devolvió a la vida.

D: *¿Entonces tu gente los mató con lanzas?*
L: Y con veneno en dardo de lanza. Hay una planta que es mortal. Hablo de precisión para animales grandes. Si obtienes dardo o lanza en el cuello. A través de una vena. (Movimientos de la mano indicando el lado del cuello. Probablemente la vena yugular.) Tú matas.
D: *¿Así es como matas a los animales?*
L: Gran animal.
D: *¿Así mataron algunas personas de los primeros que llegaron? (Sí) Deben haberse sorprendido, ¿no?*
L: No. Sabían que el planeta es peligroso. Nadie nunca lo dijo. Tienen conocimiento. Ellos saben de nosotros. Ellos dicen han venido antes. (Pausa) Mil quinientos. Ellos venían antes.
D: *¿Mil quinientos años antes?*
L: Año mil quinientos.
D: *¿Tu gente tiene alguna leyenda sobre este tipo de gente?*
L: Sí, en rocas. La burbuja. El círculo del cielo.
D: *¿Esto está dibujado en las rocas?*
L: Por los acantilados por donde vuelven.
D: *¿Tu gente que los conocía de antes, dibujó los dibujos en las rocas?*
L: Sí. Y desaparecieron. Muchos desaparecen, y ellos no vuelven. Nuestra gente. Desde antes de mis padres, antes de sus padres, antes de sus padres. Esto es leyenda, tu preguntaste. Vinieron y muchos no regresaron. Ellos se fueron en discos, y no volvieron. Lo mismo es cierto de tu gente en este país.... (Pausa, confundido.)
D: *¿Puedes ver desde dónde estoy hablando?*
L: Sí, me están mostrando. Eres como... viajas en el tiempo.
D: *Sí, esto es lo que me gusta hacer. Y aprendo mucha información de esta manera. Es información perdida.*
L: (Sorprendido) ¡Anasazi! Dicen que conoces a Anasazi. Similar. Tú nos entiendes.

Los Anasazi eran una tribu de indios americanos que vivían en Cañón del Chaco en Nuevo México en el siglo XIV. Desaparecieron por completo, y nadie está seguro de por qué, a pesar de que sus ruinas han sido estudiadas extensamente. ¿Estaba indicando que había una explicación sobrenatural?

D: *Entonces la gente supo que eras peligroso. ¿Por eso tu gente los mató, porque tenían miedo de que se llevaran a la gente como lo hicieron en la leyenda?*
L: Teníamos miedo solo por nuestros hijos. No podíamos pensar en leyenda. Sólo nuestros bebés. Es... aterrador de ver. Fotos no muestran una mirada aterradora. Nunca viste algo como esto. No tienen cuerpo ni partes como los humanos.
D: *Al menos, no mataste a las personas extrañas. Fueron traídos de vuelta a la vida. Eso es muy milagroso, ¿no?*
L: Mataron y luego des-mataron. Buena medicina.
D: *Pero, de todos modos, ¿no quieres ir a donde está la nave? (No) Eres muy valiente, pero no tan valiente.*
L: Mi padre me dijo: "¡No te acerques a la nave!" otros no regresan. Tengo responsabilidad con mi familia y mis niños. Yo no voy, yo obediente. Mi padre dice, no ir. Yo debo proteger a mi familia. Ahora hablo con seres blancos. Sin miedo. Yo no ir a la nave. Los seres blancos están bien. Mis hijos me muestran que están bien. Mis hijos me los presentan.
D: *Y están aprendiendo mucho, y están dando cosas para que tu gente use.*
L: Para sus cultivos.
D: *Eso significa que no quieren hacerte daño. Quieren ayudarte. (Sí)*

Decidí que era hora de moverlo a otra escena mientras envejecía para que pudiéramos recopilar más información. Lo moví a un día que él consideraba importante, cuando algo estaba pasando. Parecía estar viendo algo.

D: *¿Qué es?*
L: Es una estructura. Parece una flor de piedra, una piedra. escultura, una piedra... en forma de diamante, pero redondeada, con diferente azul y ... azul oscuro en el perímetro, y verde y - casi blanco – venas que recorren la piedra. Estoy frente a esto. Es alto. Es más alto que la persona.
D: *¿Dónde está asentado?*

L: En la tierra. Atrapado en el suelo.
D: *¿Eso estaba ahí antes? (No) ¿Alguien lo hizo, talló o ¿qué?*
L: No estoy... no estoy en mi tierra natal.

Esta respuesta fue una sorpresa.

D: *¿Ah? ¿No estás donde vivías?*
L: No. Estoy... en otro mundo.
D: *¿Cómo llegaste allí?*
L: No lo sé. Estoy incomodo. Está oscuro aquí. Es desconocido.
D: *No quiero que te sientas incómodo. ¿Me hablarás y no dejes que te moleste?*
L: Sí. No es nada como lo que sé. Es... como piedra obsidiana. Más alta que yo. Más ancha que yo. Tiene forma como una hoja grande de pie. Donde empieza y va más gorda, y luego vuelve a adelgazarse en la parte superior. ¡Y es piedra! Y me acerco a esto. Y eso es lo que veo cuando me trajiste aquí.

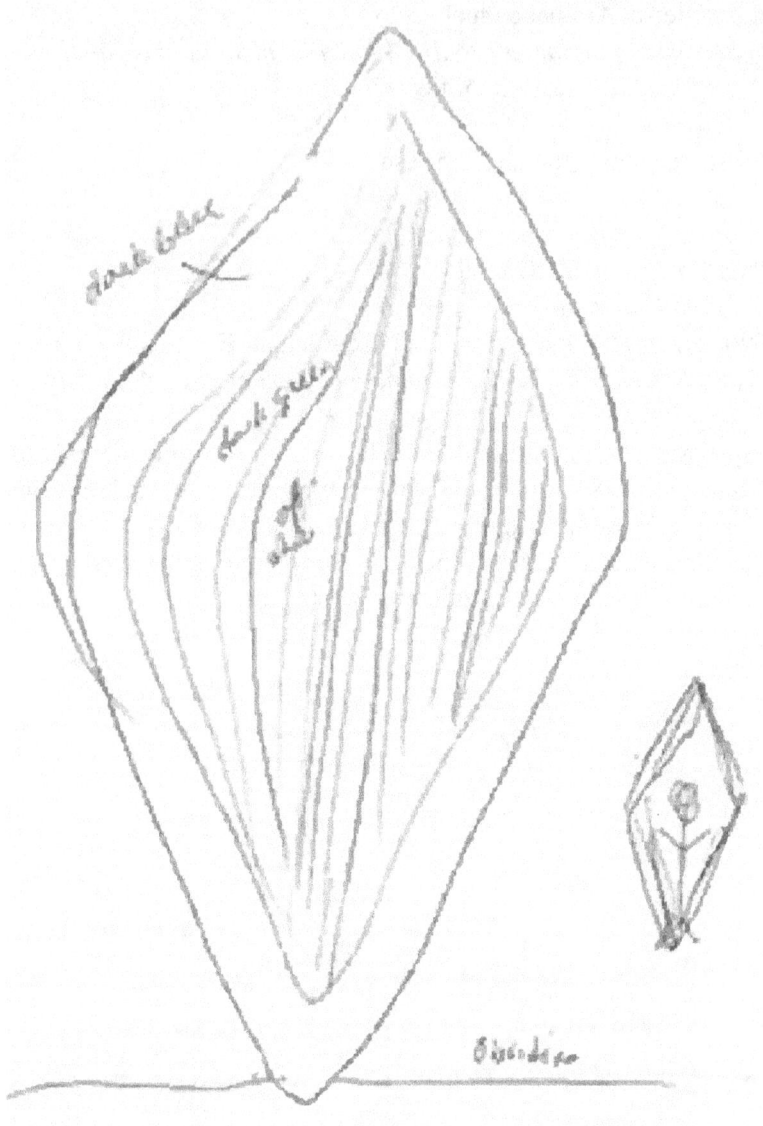

D: *¿Hay algún edificio alrededor o está solo?*
L: No, no hay edificio. Pero preguntas, y escucho y siento un túnel. Túneles de piedra. ¡Ay! Pregunto. Estoy dentro de la Tierra.
D: *¿Por eso está oscuro?*
L: Sí. Muy diferente.
D: *Cuando preguntas así, ¿puedes obtener respuestas? (Sí) Eso es bueno. ¿Cómo llegaste a este lugar?*

L: Me dejaron aquí. (Una revelación.) Pasé por una puerta. Dicen, en tu idioma "portal".

D: *¿En el lugar donde vivías?*

L: Cerca. Cerca de los acantilados.

D: *Dijiste que no te ibas a acercar a la nave.*

L: No cerca de la nave. Cerca, pero lejos. Sin nave. Cerca de los acantilados. Hay como un pasadizo.

D: *¿Te llevaron allí?*

L: Él muestra el camino. Yo fui por mí mismo, caminé por el pasillo de la puerta. Puerta oscura.

D: *¿Cómo se veía el portal cuando lo viste por primera vez?*

L: (Sorprendido) ¡Una sombra! Parecía una línea o una sombra en la roca roja. Caminas hacia él, y pones tu pie para caminar a través de, y te has ido. Y veo esta piedra frente a mí. Es como un dios. Creo que es... estoy convencido de que es un dios.

D: *¿Hay alguien contigo?*

L: No. No los veo.

D: *Simplemente te dejan pasar. ¿Qué vas a hacer?*

L: Estoy mirando alrededor... en busca de luz. Para otros. Y por el camino de vuelta.

D: *¿Puedes dar la vuelta y volver por donde viniste?*

L: No veo nada más que oscuridad con un poco de luz. Túneles.

D: *¿No de la forma en que viniste?*

L: No. Camino, doy un paso, yo aquí. No sé cómo llegué.

D: *¿No puedes encontrar el pasadizo por el que entraste?*

L: No, no puedo. Siento que necesito mirar y estar en esta estatua. A recibir algo ¿O por qué estoy aquí? debe ser para alguna cosa. ¿Sabes lo que es esto?

D: *No, no es nada con lo que esté familiarizada. Estoy tan confundida como tú.*

L: (Sorprendido, una revelación) Conocimiento aquí. Obtengo conocimiento de esta piedra. Obtengo conocimiento de estar aquí en frente de la piedra, y poniendo mi cabeza sobre la piedra. De pie junto a ella, y poniendo mi frente contra la piedra.

Esta descripción de una extraña piedra que contenía gran conocimiento y que estaba ubicado bajo tierra sonaba muy similar a otros dos casos sobre los que he escrito en otros de mis libros. En Los guardianes, John Johnson fue sacado de su habitación de hotel en

Egipto a una habitación subterránea donde había una piedra maciza en medio de una habitación que contenía gran conocimiento que le fue dado, pero que no pudo retener o repetir. En Legado de las estrellas (Legacy From the Stars), se menciona una piedra similar ubicada en una ciudad subterránea en el futuro cuando la Tierra había envenenado su atmósfera hasta el punto de que la vida en la superficie era imposible. Los sobrevivientes tuvieron que vivir una existencia tipo granja de hormigas bajo tierra. En una habitación había una gran piedra donde los seres podían acceder a cualquier conocimiento que desearan simplemente poniendo sus manos sobre ella, o su frente contra ella. Cada caso representaba el conocimiento almacenado de alguna manera en piedra.

D: ¿Como la magia?
L: Como la ósmosis.
D: ¿Qué tipo de conocimiento llega de esa manera?
L: Ciencia. Asuntos académicos.
D: ¿Lo entiendes? (Sorprendido: ¡Sí!) ¿A pesar de que es diferente de dónde vienes?
L: Es una forma de viajar en el tiempo sin subir a una nave.
D: Ya veo. ¿Crees que así fueron enseñados tus hijos?
L: (Sorpresa) ¡No lo sé! Pensé que aprendieron en la nave. Esto se siente nuevo. No sé si alguien sabe sobre esto. Se siente secreto.
D: Pero te permitieron ir allí, ¿no?
L: No me detuvieron. (Pausa) No sé si me mostraron o mis hijos me mostraron. No sé si saben que estoy aquí.
D: Si estás obteniendo información de esa piedra, ¿qué va a hacer?
L: Viajar.
D: ¿Qué quieres decir?
L: Quiero volver y encontrar a mi gente que se fue de aquí. Quiero traerlos de vuelta.
D: ¿Los de la leyenda? (Sí) ¿Crees que eso es posible?
L: Sí. Siento que puedo sacarlo de la piedra. Y si traigo de vuelta la gente, entonces puedo morir en paz.
D: ¿Crees que la piedra te lo dirá?
L: Esa es mi esperanza. Y llevarme allí. Tengo un sentimiento. No sé cómo es posible, pero tengo la sensación de que, al trabajar con la piedra, puedo encontrar a mi gente.
D: ¿Crees que eso sería peligroso?

L: No más peligroso que lo que he hecho. Bajar aquí al túnel.
D: Pero si los encontraste, ¿cómo podrías traerlos de nuevo?
L: Me gustaría intentarlo. No pienso de antemano. Lo intento.
D: ¿Estabas pensando en esto antes, en encontrar a la gente?
L: No. Pero ahora siento un deseo de conectar, de encontrar, de reunir de nuevo.
D: Así que no estás realmente preocupado por cómo vas a salir de allá.
L: Voy... hacia adelante. Quiero entrar en la piedra.
D: ¿Crees que puedes fusionarte con ella? (Sí) Dime qué pasa. (Le enfaticé que estaba protegida.) ¿Qué se siente?
L: Soy luz. Estoy brillando Yo soy... Yo soy el Sol eterno.
D: ¿Cuándo pasó eso?
L: Me fusioné con la piedra. Presioné mi cabeza contra la piedra y el cuerpo en la piedra. Y estoy aquí ahora. Soy luz, soy... como fuego. Puedo ir a cualquier parte.
D: Dijiste que estabas "aquí". ¿Dónde es aquí?
L: Estaba frente a la piedra.... en el túnel. Y entonces ahora estoy ... en ningún lugar. Soy luz, soy energía
D: ¿Ya no tienes el cuerpo que tenías? (No) ¿Cómo te sientes al respecto?
L: Me siento maravilloso. No quiero volver. Quiero encontrar a la gente, pero no quiero volver a mi cuerpo. Demasiado pequeño. Muy ... restringido.
D: ¿Demasiado limitante?
L: Sí. Esto es grande. Ahora sé tal vez lo que saben mis hijos.
D: De lo que no podían hablar. ¿Dijiste algo sobre el Sol?
L: Siento que soy el Sol.
D: ¿Brillante, quieres decir?
L: Y grande.
D: Grande y brillante. Eso es muy extraño, ¿no?
L: No se siente extraño. Se siente como si hubiera estado aquí antes.
D: Entonces no extrañas el cuerpo en absoluto.
L: No, no quiero cuerpo.

¿Es esto lo que pasó con los otros que desaparecieron del grupo tribal? Tal vez también tropezaron con este portal cerca de los acantilados. El portal también estaba en las inmediaciones donde se encontraba la nave. Siempre aparecía. Tal vez la gente asoció su desaparición con los seres misteriosos. Tal vez también los seres usaban este portal para viajar de un lado a otro entre mundos.

D: *¿Qué se siente?*

La voz de Lily cambió y volvió a la normalidad. Ya no era más el aborigen buscando las palabras correctas, y hablando deliberadamente. Esa personalidad parecía haberse quedado detrás, y la personalidad real emergió.

L: Se siente glorioso. Se siente... como ángeles bailando. Puedo sentir a todos los demás seres. Puedo sentir toda la inteligencia. Ya no soy sin educación. Lo sé todo.
D: *Así de rápido pudiste hacer ese cambio. ¿Es eso lo que quieres decir?*
L: Sí. Mi cuerpo y mi vida como esa persona era varón, inculto, primitivo, inculto. Él era una buena persona, pero él era... primitivo. Soy la misma persona, pensé. Pero ya no me siento hombre o mujer. Siento todo. Siento que puedo saber cualquier cosa al serlo.
D: *Ese es un sentimiento maravilloso, ¿no es así?*
L: Así es como es.
D: *Entonces ese es un lugar perfecto.*
L: Sí, pero no es un lugar. Está en todas partes. No tiene paredes. Soy ilimitado. No quiero volver a ese cuerpo y esa limitación.
D: *En este estado en el que te encuentras ahora, puedes saber lo que estaba pasando. ¿Entiendes más acerca de los seres blancos ahora, y que pasaba con tu gente en ese tiempo?*
L: Los seres blancos son viajeros del espacio. Y viajan a lo largo y ancho de la galaxia, en busca de civilizaciones que tienen algo que ofrecer, algo que pueda prosperar para ambos. Es intercambio igual. Son buenos seres. Han estado haciendo esto durante eones, durante siglos inmortales. Son los viajeros del espacio.
D: *¿Qué pasa con los que brillan intensamente? Eran diferentes a los blancos.*
L: Son más como... los seres energéticos que somos ahora. Contenidos dentro de un saco celular, una membrana, que luego les permite viajar con el grupo, como un séquito. De lo contrario, es muy

difícil contener la energía libre. Así es una membrana para viajar, como un traje espacial.

D: *Estos son entonces dos clases de seres diferentes.*

L: Sí. Viajan juntos. Los seres de la membrana espacial, o nosotros en sacos, o trajes, somos los guardianes. Los comandantes de la misión.

D: *Así que en realidad no interactúan con la gente.*

L: No. Somos los navegantes que todo lo saben y todo lo ven.

D: *Así que por eso había dos grupos separados. Pero han estado haciendo esto por eones. Y no es negativo, porque están intentando ayudar a la gente.*

L: Absolutamente. Ese es el modo del universo. Educar personas y hacerlas progresar. Y no interferir a menos que se desea y se pide. (Pausa) Y los anfibios sobre los que preguntaste.

Debe haber anticipado que también estaría preguntando sobre ellos.

D: *Sí, ¿los de la piel morada?*

L: Sí. Tienen son seres con interior de oro. Su campo de energía interno tiene rayos dorados. Y su exterior anfibio púrpura les permite lidiar con el clima y respirar el aire, tal como es.

D: *Esto es justo lo que se requiere donde viven. Ese tipo de cuerpo por ese lugar.*

L: Sí. Donde viven, es más un planeta rojo. Muy gaseoso.

D: *Pero tus hijos en el otro lugar fueron llevados allí para que pudieran aprender estas cosas.*

L: Oh, sí, los anfibios estaban interesados en ver humanos.

D: *¿También tenían curiosidad por nosotros?*

L: Sí. A los jóvenes les gustan los caracoles, los lagartos y los peces. Y así no fue aterrador para ellos.

D: *¿Y estas fueron cosas que tu gente talló en las rocas?*

L: No. No se podía hablar de eso. Ellos tallaron sólo los discos en el cielo, y los seres blancos que caminaban alrededor. Pero no sabíamos que esto era real. En ese momento, no sabíamos qué era historia y qué era realidad.

D: *Pero había pasado mucho tiempo entre sus visitas.*

L: Sí. Un asentamiento diferente. No es necesario regresar en más que cada cuatro a quinientos años terrestres. Para tomar muestras de suelo y probar e investigar la erosión. Comprender las condiciones atmosféricas y traer de vuelta muestras de ADN humano.

D: *Porque las cosas tardarían mucho en cambiar. (Sí) Entonces ellos regresaban de vez en cuando solo para revisar las cosas. (Sí) No tienen que estar allí constantemente. (No) Estos seres de todos modos.*

L: Correcto.

Procedí con la terapia, porque, después de todo, esa era el propósito de la sesión. Parte de esto era personal y solo relacionado a Lily, por lo que no se incluirá en este libro.

D: *Sé que donde estás es un lugar un poco extraño, pero pareces tener todo el conocimiento. ¿Conoces al ser conocido como Lily? (Sí) En ese lugar sabes que en una vida futura serás ¿Lily? (Sí) ¿Puede tener acceso a información sobre ella?*

L: Creo que estamos en un buen espacio para el conocimiento. ¿Por qué no intentamos? Y si no podemos acceder, podemos pedirles a los seres de la omnisciencia que vengan. Pueden apoyar este esfuerzo, porque está dentro de su jurisdicción preguntar. Toda la información está disponible, incluso para ti, si es apropiado. Sólo si la persona, el alma, lo desea. Entonces pueden tener acceso a ella, si es el momento adecuado.

D: *Sí. El tiempo siempre es muy importante.*

L: Y no queremos asustarte cuando decimos "nosotros", porque somos muchas facetas del alma.

D: *Sí, entiendo cuando dices "nosotros". He hablado con ustedes muchas, muchas veces.*

L: Gracias.

D: *Así que eso no me molesta. Ahí es cuando sé que puedo encontrar información que es útil. La vida de este hombre en ese país. Yo lo llamo información "perdida".*

L: Hmm, eres una exploradora.

D: *Sí, soy reportera, investigadora.*

L: Nos gusta pensar en ti como una exploradora de la mente y el reino celestial.

D: *Me gusta juntar todas las piezas pequeñas de cosas de las cuales nunca he escuchado.*

L: Has oído mucho.

D: *Sí, he oído, pero siempre estoy buscando más.*
L: Me recuerdas a mí si estuviera en la Tierra, tomando todo esto conocimiento y tenerlo brillando a tu alrededor como un halo.
D: *(Risas) Por eso escribo los libros. Trato de dárselo a otras personas, para que puedan entender.*
L: Haces un buen trabajo.
D: *Bueno, veamos si podemos encontrar algunas respuestas para Lily. Ella tiene una mente que busca, una mente que cuestiona, también. ¿Qué nos puedes decir sobre ella?*
L: Habrá un gran cambio. Y la transición será con baches. Ella lo sentirá como una traición. Pero ella debe pasar por esto, como lo hizo como yo cuando pasé por la puerta al infierno, y era al Cielo. Esto fue para mostrarle que tiene acceso a todas las dimensiones. Y ella lo sabe. Tiene un gran acceso a los otros mundos, y ella sabe esto. Puede usar esto a su favor. Todos estamos aquí para ayudarla. Puede hacer lo que considerarías magia, si lo suelta y lo cree. Mientras siga sujeta a sus creencias terrenales de que no hay nada más que esto en su carrera, no se expandirá a su siguiente nivel, que se basa en la carrera. Pero la lleva a un salto cuántico hacia adelante, como lo hice cuando me paré ante la gran piedra. Su propósito global es ser uno con el universo. Estará involucrada en un gran proyecto, similar al gran experimento. Ya ha accedido a hacerlo en las otras dimensiones. Será aprovechada y acelerada a través de este proceso.
D: *¿Qué quieres decir con el "gran experimento"?*
L: Hay una gran prueba de voluntades luchando en el planeta Tierra en este tiempo. Hay muchas enfermedades, muchos disturbios, muchas luchas civiles, mucho combate. Ella es una de las emisarias que ha venido aquí para traer paz, armonía y plenitud a este planeta, trabajando con las personas con las que tiene contacto. Al dedicar su amor, toca esa fibra y activa a los seres para que se pongan en contacto con esa luz. Mientras la luz sigue creciendo en el planeta, las fuerzas vendrán hacia un mayor equilibrio o armonía. Hay muchos guerreros o soldados de la luz, que están luchando para este equilibrio, esta balanza triunfante de la justicia.
D: *¿Por qué se llama el "gran experimento"?*
L: Eso es una metáfora. Porque no hay resultado que sea definitivo, solo visto a través de las probabilidades, como tú bien sabes. No

hay un resultado definitivo. Ha hablado contigo. El grande. Tú lo sabes. Tú sabes quién es el. Y ella también entiende esto. Puede haber la potencialidad de que este planeta se autodestruya. Esa es una gran potencialidad. Y hay una gran - tal vez mayor - potencialidad de que llegará a un estado de equilibrio y quietud. Y hay quienes necesitan hacer lo que debe hacer a ambos lados de esta rueda de equilibrio. Esto no es lo suficientemente específico tal vez. Parte de esta información le está siendo dada para que pueda haber algo de objetividad de la perspectiva de un ser humano. Y darle un poco de perspectiva, porque ella todavía está en un cuerpo humano en este momento. Aunque hay una apertura espiritual para ella, y existe la oportunidad para que ella deje el planeta Tierra dentro de dos años, si ella elige hacerlo. Sería su decisión por completo. El cuerpo permanece.

D: *¿Qué quieres decir con que el cuerpo permanece?*
L: Ella no pasaría por el proceso de muerte. El cuerpo permanecería en el planeta, y ella, su esencia, abandonaría.
D: *¿Entonces el cuerpo permanecería vivo?*
L: Sí, lo haría.
D: *¿Cómo se mantendría viva si su esencia...?*
L: Con un alma esencial que vendría a sostener la energía del cuerpo intacto.

Hay más información sobre la tenencia de almas en el Capítulo 28.

D: *Pero esto será si ella decide que esto suceda.*
L: Sí. Y puede ser, que una vez finalizada la asignación de dos años se complete, si todo va bien con esa asignación galáctica de dos años, ella puede optar por no quedarse en el planeta Tierra en ese punto.
D: *Pero, aun así, es su decisión.*
L: Completamente su decisión. El cuerpo permanecerá. Está sana e intacta. Y no vemos ninguna razón para creer que habría alguna desaparición de este cuerpo. Ha habido mucho trabajo por hacer en el planeta. Ella es un ser multidimensional.
D: *Sí, y he hablado con otros seres multidimensionales, así que no me sorprende.*

L: Sí, les encanta trabajar contigo. No piensas que son locos. Y por eso le gustaría que supieras a través de nosotros y nuestros grupos, y los grupos con los que trabajamos, que estamos a tu servicio cuando y si eso te serviría, y es apropiado o agradable.

D: *Todos ustedes seres siguen llegando y dándome información. Y lo aprecio mucho y lo respeto. Ese es por eso me considero reportera, acumuladora de información.*

L: Eres mucho más que eso. Eres una gran navegante de tiempo y espacio. Eres un ser espacial tú misma, y lo sabes. Y ella ve un ser espacial afín en ti.

D: *Estoy pensando en la información que teníamos antes sobre el aborigen. ¿Se me permitiría usar esa información?*

L: ¡Absolutamente! Se te da permiso.

D: *Porque armo estas cosas como rompecabezas. Y siempre estoy buscando algo de lo que no haya oído hablar antes.*

L: Si necesitas más piezas para tu rompecabezas, puede llamarnos al en cualquier momento, en nombre de la difusión del conocimiento. Este estado al que le ayudaste a llegar a tener acceso a la totalidad, el Todo conocimiento, y les ha servido a ambas, ¿no es así? (Sí) Nos gustaría colocar una sugerencia en su mente humana. ahora. Así que haremos eso con tu acuerdo. Le haremos saber que puede acceder a nosotros en cualquier momento. Que ella puede ayudar en su propia curación de los miedos y en percepción y sabiduría. Pero ella necesita recordar preguntar, como tú lo has hecho. Como has sido tan amable de preguntar. No hay nada que temer en la evolución de su carrera. Esto sólo tomará el ritmo que es cómodo para ella. Ella no necesita precipitarse en nada, pero está pasando.

CAPÍTULO 21

PORTALES DEL TIEMPO PARA SERES FUTUROS

(VIAJEROS DEL TIEMPO)

Este material se extrajo de una transcripción mucho más larga. Los seres que vinieron no eran extraterrestres como normalmente los percibimos, y como he trabajado con ellos. Esta vez, el ser que estaba hablando dejó muy claro que era viajero en el tiempo desde el futuro. Usan naves espaciales similares a las que se ven a menudo en nuestros cielos y se cree que está relacionado con extraterrestres. También cambian de un lado a otro a través de dimensiones, como lo hacen los extraterrestres, pero vienen de la dimensión asociada con uno de nuestros futuros probables. A menudo viajan a su pasado para hacer cambios que afectan a su propia civilización. Estos cambios son a menudo muy sutiles, apenas perceptibles. Si los cambios fueran dramáticos cambiaría su mundo demasiado drásticamente, y su la civilización (tal como la conocen) podría ser cambiada más allá de reconocerse y ya no existiría. Por lo tanto, cuando viajan a través del tiempo, están bajo regulaciones estrictas y deben ser muy cuidadosos de cómo influyen en los acontecimientos. A menudo, son sólo observadores debido a estas delicadas circunstancias. Dicen utilizar portales o ventanas. La diferencia entre estos dos se explicó en capítulos anteriores. Se usa una ventana para mirar a través de, mientras que un portal en realidad se puede atravesar. Las ventanas son la forma más segura de viajar en el tiempo, porque los seres no pueden influir o alterar nada si solo están observando. Dijeron que hay muchos de estos portales de tiempo que están conectados con vórtices de tiempo ubicados en varios lugares en la Tierra. Están relacionados con el posicionamiento de líneas ley donde se cruzan en vórtices.

Muchos de los lugares sagrados y templos antiguos fueron construidos en estos lugares. La gente antigua tenía el conocimiento de cómo usarlos, si no para viajar realmente, para observar y obtener información para la gente de su tiempo. Esta fue una de las razones por las que estos lugares sagrados tenían sus secciones sagradas, donde sólo se permitía el ingreso de iniciados. Tuvieron conocimientos con los que solo podemos soñar. Mucho de este conocimiento perdido se está permitiendo que regrese a nuestro marco de tiempo. Ahora es tiempo que la Tierra recupere la información olvidada y pasar a una nueva era.

Mi encuentro con uno de estos seres futuros, o viajeros del tiempo, surgió inesperadamente, como ocurre con la mayor parte de mi material. Bajo sus instrucciones explícitas, no se me permite ni siquiera decir donde ocurrió, excepto que yo estaba hablando en varias conferencias en el área de la ciudad de Nueva York y haciendo algunas sesiones privadas mientras me quedé con una amistad. Una clienta quería explorar lo que ella pensaba que era un encuentro OVNI/ET con tiempo perdido en el verano de 1996. Ella y una amiga estaban caminando en una playa solitaria en una noche oscura iluminada por la luna. Era una zona de playa relativamente segura porque había mansiones cerca, y la luna llena proyectaba un hermoso reflejo en el agua. Como era una noche calurosa, pensaban caminar varias millas más a lo largo de la playa antes de dar la vuelta. Mientras caminaban, vieron luces en el cielo que venían hacia ellas, y lo siguiente que supieron fue que estaban de vuelta en su habitación de hotel. Decididas a averiguar qué pasó, regresaron a la playa. Vieron que sus huellas aún permanecían en la arena. Las huellas solo llegaron hasta cierto punto y luego se detuvieron abruptamente. Naturalmente curiosa acerca de cómo regresaron al hotel, ella quería centrarse en este incidente durante la sesión.

Cuando comenzamos la sesión ella entró en escena. Al revivir el evento, describió el entorno y la luna llena. La única señal de vida era un camión negro que contenía cuatro hombres que pasaban junto a ellas sin luces encendidas. De lo contrario, la playa estaba desierta. Dijo que se sentía un poco extraña, y cuando miraron hacia arriba, vieron varias luces blancas. Había muchos aviones en el cielo, pero estas luces eran diferentes y se destacaban como muy brillantes, incluso con la luna llena en el cielo.

"Son mucho más brillantes que la luna", informó. "Y se hacen más grandes a medida que vienen hacia nosotros. Bajan como en espiral. Y siento que estoy siendo succionada, si ese es la palabra para ello. Como que la última pequeña parte de la espiral toma tus pies y simplemente te levanta." Sorprendentemente, ella no tenía miedo. Aunque lo que estaba ocurriendo era inusual, sabía que le harían daño.

Luego se encontró caminando por un área en una nave espacial que tenía una combinación de cuadrados y círculos al mismo tiempo. No sé si estaba describiendo diseños en el muro o qué, porque esto no quedó claro. Ella solo sabía se suponía que debía pasar por una puerta brillantemente iluminada. Vio que su amiga había sido llevada a otra habitación. "Ella es solo sentado ahí, no tiene miedo. Le están mostrando algo. Para ella es como una película. Son colores no como un caleidoscopio, pero simplemente brillan y se mezclan. Y hay algo de información mezclada allí con lo que le están mostrando. Son colores con imágenes en ellos". Así que la información estaba siendo transmitido en un nivel subliminal.

En la habitación donde ella se encontraba, había una luz blanca. Alguien estaba al lado, pero no podía decir qué, o quiénes eran. "Hay algún tipo de forma allí, pero no es como una persona. Es como algo que está hablando, eso está en mi mente. Y me dicen que se suponía que no debía estar en la playa esta noche. Si hubiera seguido adelante, no me hubieran podido proteger. Este es uno de sus puntos de entrada, un portal interdimensional, y estaba siendo acelerado esta noche. Es energía y tiene algo que ver con los cristales".

En este punto el ser comenzó a hablarme y anunció que eran del futuro. Esperaba comunicarme con un extraterrestre, porque eso se ha vuelto "normal" para mí. Cuando le pregunté acerca de la dificultad de viajar en el tiempo, se rio a carcajadas y dijo que en realidad era bastante fácil. Muchas personas de otras dimensiones utilizan estas puertas para viajar de un lado a otro. Pero para humanos, sería peligroso deambular por el área mientras está siendo usado. Esta fue la razón por la que las dos mujeres fueron regresadas a su habitación de hotel. Fueron sacadas a la fuerza del área para su propia protección.

Entonces parece que muchas veces cuando la persona ve luces en el cielo, le falta tiempo, y asume que tiene que ver con un encuentro extraterrestre, puede que no sea eso en absoluto. Podría ser una intervención de los futuros viajeros en el tiempo, porque los dos en gran medida se parecen entre sí. Fue explicado en otra parte de esta sección que un encuentro inesperado o desprotegido con el portal podría ser peligroso para los humanos. Incluso podría causar la ruptura de su matriz central. Por lo tanto, las personas que utilizan estos portales tratan de asegurarse de que no haya ningún ser humano alrededor que pueda ser dañado por la exposición accidental.

Mucha de la información que me dio el viajero del tiempo debe permanecer sin revelar en este momento. Me dijeron que podría tenerlo para mi trabajo para poder entender cuando llegara información similar a través de mis clientes, pero no debía dar conferencias sobre ello o publicar eso. Aprendí hace años a escucharlos y a obedecerlos cuando se sugirió que guardara material. Esto me fue demostrado cuando algunas de mis cintas desaparecieron durante ocho años. Solo reaparecieron cuando llegó el momento de publicar ese material. Esta historia fue contada en Los guardianes. Así que volveré a escuchar sus consejos y guardar gran parte del material que me dieron. Solo escribiré aquellas partes que se aplican a otro material que he recibido de otros sujetos.

Dijeron que muchos de estos portales del tiempo están ubicados bajo tierra para que puedan ser contenidos. Si estuvieran ubicados sobre el suelo, podrían volverse más grandes, podrían expandirse. Era mejor si son subterráneos rodeados de formaciones naturales de roca, o dentro de paredes de piedra. Dieron una descripción de cómo se vería uno de estos si estuviera activado. Dijeron aparecería como un túnel orbe. Pienso en un orbe como si fuera un círculo o una pelota.

El sujeto trató de describir lo que estaba viendo, "Veo la imagen de dos de ellos. Uno sería ligero, y uno es como oscuridad con muchas líneas blancas discontinuas. Y los dos están conectados. Debes tener ambos aparentemente para usarles. Parece que activas a los dos y se crea el orbe en el medio. No es una pelota, es energía. Ni siquiera es un lugar. Si puedes imaginar una entrada a una cueva. Es como algo por el que vas a pasar. Toda la cosa como círculo brilla, se mueve. Veo los dos vórtices. Uno es oscuro, uno es claro. Y cuando se encuentran, esto es lo que es creado: un portal del tiempo. El orbe existe simultáneamente como otro orbe en el espacio en otra dimensión, y están conectados".

El ser me habló de muchos de estos que se encuentran todos en todo el mundo, pero el único sobre el que me siento cómoda de escribir es el de Egipto. Probablemente porque he encontrado tantas cosas inusuales alrededor de las pirámides, esa más no parece fuera de lo común. El que se encuentra debajo de la pirámide solía ser el "guardián" principal, y se usaba regularmente en el pasado por aquellos que poseían el conocimiento de cómo viajar a través de las dimensiones. Es utilizado por los viajeros del tiempo del futuro, porque fue redescubierto después de nuestro presente, y se puso en uso. Es otra puerta dimensional. Ellos de alguna manera viajan en las líneas blancas que se vieron dentro del Túnel de orbe ondulante. Realmente no quieren que otros descubran y utilicen estos diversos portales, ya que podrían ser muy peligrosos si se usan incorrectamente. La tecnología es muy compleja.

Es como un niño jugando con fuego. Depende de qué período de tiempo provienen los visitantes, porque saben cómo usarlo sin peligro para ellos mismos. La gente de dimensiones más altas no los usa, porque viajan de bastante diferente manera. Cuando me dijeron esto, pensé en una posibilidad de viajar subiendo y bajando las vibraciones de sus cuerpos. Este es un método que usan los extraterrestres para viajar de una dimensión a la otra, cambiando la vibración de su nave espacial, por lo que esto podría ser a lo que se refiere. Muchas personas pueden intuir o sentir dónde está el vórtice o incluso pueden verlo, pero no pueden entrar ni influir en él. Él dijo, "El universo se cuida a sí mismo en última instancia".

Estamos familiarizados con este concepto de la popular TV serie "Star Trek", donde se desglosan los individuos molecularmente y reensamblados en otro lugar.

EXPERIMENTO FILADELFIA

Esta idea de los portales del tiempo al pasado y al futuro me recordó el misterioso caso del Experimento Filadelfia supuestamente realizado por nuestro gobierno durante la Segunda Guerra Mundial. Lo han negado continuamente, pero la historia ha insistido en que hicieron desaparecer un barco con su tripulación, y reaparecer en otro lugar. Una de las razones por las que sospecho que lo niegan (aunque era un proyecto secreto) es que hubo resultados desastrosos. Algunos de los miembros de la tripulación desaparecieron al reingreso, y otros quedaron atrapados entre dentro y fuera del metal del barco. Pensé que vería si tenía algo que decir al respecto. Si podía verificarlo o negarlo. Él parecía ser la persona ideal que preguntar.

S: Esto se hizo con uno de estos portales del tiempo, y el mismo vórtice que se utilizó en este experimento todavía está abierta. Ese es por qué pueden usarlo para viajar en el tiempo. Los extraterrestres les dieron ellos la tecnología para hacer el Experimento Filadelfia.

D: *Pero no funcionó, ¿verdad?*

S: En realidad lo hizo. Pero no sabían cómo controlarlo, así que por eso tuvieron que dejar de hacerlo. No habían planeado en dos vórtices que se conectaran. Pensaron que el barco atravesaría un vórtice y regresara justo donde empezó. Los dos realmente se conectaron y salió en un vórtice diferente.

D: *Escuché que las personas a bordo del barco se vieron afectadas físicamente. y mentalmente. ¿Por qué sucedió eso?*

S: Porque cuando ocurrió el salto hiperespacial, fueron a otro lugar en una dimensión diferente. Y perdieron forma y cuerpo cuando lo hicieron. Desaparecieron. Así que cuando se dio el salto hacia atrás, lamentablemente algunos se atascaron cuando las formas volvieron.

D: *¿La nave física se mantuvo sólida o también se rompió?*

S: La nave física también se desintegró molecularmente.

D: *Así que todo se rompía a medida que pasaba por el vórtice. Especialmente cuando se conectaba con el otro vórtice. ¿Y entonces cuando fue traído de vuelta, no todo volvió de la forma en que debería?*

S: Bueno, en realidad sí. Es solo que cuando volvió, todo volvió a juntarse. Así que las personas que fueron trasladadas de este punto quedaron atrapadas en la materia. Hubo un cambio de posición y no supieron cómo mantener el cambio en el punto donde la persona estaba cuando se fue.

En otras palabras, no supieron cómo traer de nuevo a la persona al punto exacto en el que comenzó. Cambió lo suficiente, que la persona quedó atrapada en el material físico de la nave.

D: *¿Te refieres al ritmo vibratorio del cambio?*

S: Y la re-transformación.

D: *¿No fue al mismo ritmo?*

S: Era el mismo ritmo. No era el mismo punto en el tiempo. No estaba en el mismo lugar en el que se fueron cuando sucedió. Esto es crucial.

D: *Así que la materia se entremezcló. ¿Sería esa una forma de decirlo? (Sí) También dijeron que algunas personas desaparecieron.*

S: No se volvieron a transformar. Se perdieron en el espacio y no sobrevivieron.

D: *¿Fue este uno de los primeros experimentos?*

S: No, había más que ese. Ese fue el primero hicieron con gente. Primero lo hicieron con objetos, animales. y objetos.

D: *¿Seguían experimentando después del Experimento Filadelfia?*

S: En realidad, no. Después de ese intento no lo hicieron, porque no sabían cómo controlar la cuestión de la gente. Pero todavía siguen experimentando con el túnel del tiempo. Los vórtices. No lo volvieron a intentar con objetos y personas juntos. Se les dio más tecnología, por lo que fueron capaces de enviar personas directamente a través de este túnel. No los enviaron en algo.

D: *Así que pasaron por alto ese problema de mezclar la materia.*

S: Sí. Aunque cuando hacen esto, tienen que asegurarse de traer a la persona exactamente al mismo lugar en – creo - dos minutos antes, para que puedan volver a transformarse. Se han vuelto bastante buenos en esto.

* * *

Otro sujeto también mencionó a los viajeros del tiempo desde el futuro. Esto es solo una parte de una sesión.

L: Linda también ha estado trabajando con seres del futuro, del siglo 23. Descubrieron que saben cómo viajar en el tiempo. Y hay ciertos puntos de pivote en el tiempo que son importantes para el pasado y para el futuro. Tienen motivos correctos hasta cierto punto, pero, aunque son una mejor organización... son más humanos. No han del todo evolucionado hacia la luz. Volvieron. Así es como ellos encontraron a Linda, rastreando puntos de pivote en el tiempo. Y han estado trabajando con ella y algunos otros en este momento actual, para facilitar un futuro mejor del que tienen actualmente.

D: *¿En su tiempo?*
L: Sí. Para tratar de minimizar algunos de los problemas que surgieron en el futuro.
D: *¿Pero esto no cambiará su futuro?*
L: Ya lo ha hecho. Y están muy bien informados, gracias a la enseñanza de muchas fuentes, en cuanto a cómo ver las diferentes variables del futuro. Y cómo sobrellevar eso. Son muy cuidadosos. Los que hacen el viaje en el tiempo no están tan conectados a su tiempo como lo están algunos de los otros miembros.

Una de las preguntas que tiene la gente es si el futuro cambiara tanto, por ejemplo, que algunos de ellos no habrían nacido. Y dijo que se asegurarían de que eso no sucediera.

D: *Eso es lo que estaba pensando, la teoría de que ya no existen.*
L: Sí. Dijo que son muy cuidadosos para asegurarse de que no haya conexiones de esa manera. Pero podemos comprobar que han cambiado gran parte del futuro de una manera muy buena y positiva.

* * *

Me encontré con un tipo diferente de viajero del tiempo que es más compatible con el concepto de vidas simultáneas. En 2003 un hombre voló desde Denver para una sesión privada. Había intentado hipnosis con varios otros hipnotizadores de renombre, pero no tuvieron éxito. Esto sucede a menudo si el subconsciente no está seguro si debe divulgar la información. Tiene que sentir confianza y relación con el hipnotizador. Esto fue comprensible cuando surgió la información. No era el tipo de cosa que podría ser compartido con cualquiera. No me sobresaltó porque he trabajado en este campo durante tanto tiempo, y he encontrado similares casos.

Fue a una escena del pasado, pero parecía ser un observador, un visitante de paso. Dijo que su trabajo era ir de un lugar a otro y recopilar información. Era un explorador, y no se quedó mucho tiempo en un solo lugar. Al poco tiempo, dijo que no quería estar allí en el pasado, porque era aburrido. Realmente quería ir al futuro. Ahí fue donde se sintió más cómodo. Esa era su casa. Él describió una ciudad con pocos edificios grandes. En su mayoría eran casas, donde todo era perfecto. No había hacinamiento ni contaminación o cualquier cosa negativa. Todo eso había sido eliminado. Tenían máquinas en las casas que proveían de todo. Incluso su comida era atendida. Su trabajo era acumular información y enseñar a otros. Había un lugar centralizado donde la información era asimilada y compartida con otros. Tuvo que viajar a diferentes períodos de tiempo que estaban en el pasado de donde era. Allí en estos varios períodos de tiempo, crearía un cuerpo automáticamente que encajaría con el tiempo, para no ser notado. Luego traería la información que acumuló u observó de vuelta con él. Parecía como si estos viajes a varios períodos de tiempo estuvieran ocurriendo simultáneamente, por lo que no tomó ningún esfuerzo de su parte. Su trabajo en esta vida presente era aprender tanto como pudiera y obtener toda la información que pudiera. Esto, al parecer, era utilizado por esta otra parte de él para llevarlo de vuelta al centro de educación centralizada. Echaba de menos este hogar en el futuro, porque era tan diferente y perfecto. Muy lejos de este período de tiempo.

Durante toda su vida, nunca se sintió en su hogar con sus padres. Sentía como si él no fuera realmente su hijo. He escuchado esto muchas veces, el sentimiento de no pertenecer aquí a la Tierra, como si este no es realmente el "hogar". Esta regresión inusual ayudó a explicar esto, tan bien como sea posible. Este fue otro caso de un Viajero del tiempo; un observador que está recopilando información. Alguien lo llamaría un cambiante de forma. Si lo era, era del tipo general de observador al que no se le permite interferir. También nunca se casó y no tiene hijos. Este tipo no quiere ataduras porque crea karma y lazos con esta Tierra (y aparentemente a este período de tiempo.) Deben ser capaces de acumular, hacer su trabajo y luego regresar a su verdadero hogar.

* * *

Durante otra de mis sesiones privadas, un hombre fue a una vida pasada en lo que parecía ser Egipto, pero creo que fue una civilización mucho más antigua (o tal vez toda una vida en otro planeta). Había seres larguiruchos con cara de perro (tal vez máscaras). Él había hecho algo prohibido (tal vez el mal uso de energía), y estaba siendo castigado. Lo enviaron a través de un portal del tiempo. Apareció como un gran espacio negro como una puerta. Era un portal de un solo sentido. No podía regresar a través de él. Se encontró en un planeta árido, sin vida, de crepúsculo permanente. Había algunas extrañas estructuras (en forma de varias pirámides), pero estaban vacías. No tenía necesidad de consumir nada. Vivió el resto de su vida allí, consumiéndose por la soledad y el aislamiento. Su mente finalmente se insensibilizó ante el aislamiento. No hace falta decir que él estaba feliz de finalmente dejar esa vida. ¡Qué perfecta, pero horrible, solución a las cárceles!

En mi trabajo, descubrí que algunos científicos que viven en la Atlántida tenían la capacidad de atravesar un agujero de gusano o un portal al espacio para otros mundos. Como había muchos túneles o salidas a lo largo del camino, tuvieron que dejar marcadores en ambos lados de las salidas para poder encontrar el camino de regreso al laboratorio. Tenían un anillo que tenía algo que ver con la capacidad de viajar así.

* * *

Una mujer a la que llamaré "Marie" comenzó a tener correspondencia conmigo y quería que fuera a un pequeño pueblo en el interior de Australia en mi próximo viaje allí. Después de leer mis libros ella sabía de mi interés en la investigación OVNI. Dijo que el pequeño pueblo de unas 2000 personas estaba ubicado en lo que parecía ser un corredor OVNI. Hubo continuos avistamientos de luces inusuales y objetos en el cielo que habían sido observados durante varios años. He accedido a no revelar el nombre o la ubicación de la ciudad, porque no quiero que los buscadores curiosos interrumpan la vida de esta gente gentil. Marie también quería que viniera a su rancho de 1000 acres ubicado fuera de la ciudad, donde ella quería mostrarme la ubicación de un portal. En mi próximo viaje a Australia en 2001 me las arreglé para incluir el viaje allí entre Expos y conferencias en varias ciudades. Volamos al aeropuerto más cercano en un pequeño avión, y nos condujeron por más de una hora al pequeño pueblo. Estaba muy aislado y enclavado entre las colinas y árboles, de los cuales muchos coloridos loros salvajes volaban de ida y vuelta.

Cuando llegamos al pueblo fue como hacer un viaje hacia atrás en el tiempo hasta la década de 1880 y los días del viejo oeste. Íbamos a pasar dos noches en un alojamiento para mochileros. La conferencia se llevó a cabo en una antigua tienda que recordaba a las películas antiguas. Cuando la gente del pueblo llegó, las mujeres amablemente trajeron platos para una cena de "traje" o platillos compartidos después. Hacía frío y me acurruqué lo más cerca que pude de una vieja estufa gordita para que me diera calor. Allí me presentaron a una mujer de unos 90 años quien era la historiadora oficial y encargada del registro. Ella había detallado los relatos de los avistamientos y sucesos inusuales por muchos años. Fue una tarde fascinante cuando la gente finalmente a de mala gana comenzó a contarme sobre algunas de las cosas que habían observado. Digo de mala gana, porque no querían ser ridiculizados. Varias de las personas verificaron el informe del portal ubicado en la propiedad de Marie y el insólito suceso de 1997.

Por la noche era fácil ver por qué podía haber tantos avistamientos. El lugar estaba muy aislado, y debido a que no había luces de ciudad el cielo estaba claro como el cristal. Las estrellas se miraban grandes y abundantes. Una rareza que me sorprendió encontrar fue que la constelación de Orión estaba al revés. Lo que supongo que debería ser ya que estaba en el otro lado del mundo en el hemisferio sur.

Cuando este libro estaba entrando en sus etapas finales, llamé a Marie y le pedí que me enviara un correo electrónico con su relato del incidente. No quise solo confiar en mi memoria. Quería que fuera lo más preciso como fuera posible. Dijo que eso no sería un problema, porque ella tenía escrito todo el incidente justo después de que sucediera.

* * *

Aquí está su relato de lo que considero un portal moderno a otra dimensión, que se está utilizando activamente:

Explosión de luz "La gota" - junio o julio de 1997.
Tenemos una hermosa cascada de 50 metros de altura que hemos llamado "La gota", a uno o dos minutos a pie de la casa. Había estado lloviendo durante un par de días por lo que la cascada estaba en pleno caudal. Justo antes de las 5 de la tarde, la lluvia amainó y se volvió brumoso. Escuché un fuerte estruendo en el arroyo, así que pensé en ir y ver lo que se revolcaba en el agua. Pensé que podría ser una gran roca, o tal vez un árbol arrancado de raíz a punto de ser arrastrado por

las cataratas. El sonido no era diferente al trueno, pero venía de abajo en el arroyo, no del cielo.

Cuando estaba a mitad de camino a lo largo de la vereda y la cascada apareció a la vista hubo un estruendo extrafuerte, luego una explosión de luz dorada, rosa y blanca desde el fondo de las cataratas, extendiéndose hacia el cielo, casi alcanzándome - unos 75-100 metros de distancia. En ese momento escuché una voz dentro del lado izquierdo de mi cabeza decir: "¡Regresa! ¡No vengas más cerca! ¡Regresa ahora!" Le dije: "Está bien, ¡está bien, me voy!", y di la vuelta y caminé rápidamente hacia la casa. El aire parecía cargado eléctricamente y chisporroteando. La explosión de luz había sido lo más extraordinario que he visto. Fue hermoso, el rosa era suave, el dorado y el blanco eran brillantes. La escena entera habría cubierto un área de aproximadamente 100 metros de diámetro, quizás más, casi llegando a donde yo estaba. No sé a qué altura llegó ya que no podía ver claramente, debido a la niebla que cambió de color con la explosión.

A pesar de que el estruendo y la explosión fueron muy fuertes y sorprendentes, sabía que de hecho había experimentado algo muy especial. Telefoneé a mi esposo en la ciudad para decirle lo que había sucedió, pero solo pudo hablar por un corto tiempo ya que la línea tenía mucho crujido y estática.

Un amigo que vivía en un valle al sur me llamó por teléfono esa tarde. Me dijo que había estado mirando por una ventana hacia nuestro lugar alrededor de las 5 pm, y había visto unas nubes hermosas rosa y dorado sobre las colinas en nuestra dirección. Lo describió como - "bíblico, debería tener ángeles sentados en esa especie de nube". Después escuchó un fuerte estruendo y explosión, y una columna de luz oro/rosa se disparó al suelo. "Pero no parecía relámpago. Muy raro."

Al día siguiente otro conocido que vive en el valle al norte de nosotros dijo: "¿Qué has estado haciendo en tu lugar, Marie?" Luego pasó a describir haber visto una hermosa nube dorada y rosa que parecía estallar en una columna, a diferencia del relámpago. Dijo que era muy diferente a cualquier nube de tormenta que jamás había visto.

Dos noches después me había ido a la cama y todavía estaba pensando en lo que había visto. Decidí orar a Jesús y pedir si fuera posible que me dieran alguna comprensión de lo que había pasado. Inmediatamente, vi una imagen en mi mente del libro Las claves de

Enoc, de J.J. Hurtak, y una voz dijo: "Página 221". Me quedé allí aturdida, la voz dijo: "Realmente eres escéptica, Marie. ¡Página 221!" Entonces, por supuesto, me levanté y busqué la página 221. En parte dice:

"Así, los vehículos de Merkabah de Luz descienden sobre nuestro planeta, mediante el cual se abre un campo de luz, 'seres completamente de luz' descienden a medida que los campos magnéticos superpuestos del espacio-tiempo son controlados.

"Estos 'cuerpos enteros de luz' bajan a través de las zonas artificiales de distorsión del tiempo y aterrizan sobre la faz de la Tierra. Y esto es lo que contemplaron los antiguos cuando vieron 'la columna de nube que subía delante de su rostro'".

Esta experiencia de ver un suceso tan maravilloso, y especialmente el suave empujón de que me dijeran que era escéptica, alteró totalmente mi forma de ver las cosas. ¡Ahora ya no soy escéptica - solo deseo haber entendido más!" - Bueno, ahí está, Dolores. Espero haber descrito el evento claramente. Qué pena que no podamos transmitir las emociones reales experimentadas en ese momento. Te daría un buen revuelo, estoy segura.

Cuando visité la hermosa casa aislada de Marie, me llevó al lugar donde había ocurrido el hecho. Por supuesto, no podría ver ninguna señal de un portal ahora. Todo lo que vi fue una hermosa cascada que cae por la ladera de la montaña en una profunda garganta abajo. Sin embargo, esto se ajusta a la descripción de la apertura de un portal a otra dimensión. Los guardianes estaban verdaderamente de servicio ese día para evitar que cualquier humano desprevenido se acerque demasiado. Como dijeron, la energía destruiría la matriz de un ser humano. Marie sabía sin lugar a duda que el extraño y evento majestuoso ocurrió, pero me alegro de que ella tuvo la validación de sus amigos en los otros lados del valle.

* * *

Cuando hablo en programas de radio, generalmente recibo correo (tanto correo postal y correo electrónico) de los oyentes. Especialmente cuando hablo en el espectáculo Art Bell que tiene millones de oyentes. Hemos recibió cientos de correos electrónicos en un día. Muchas de estas personas quieren contarme sus historias personales que sienten que no pueden compartir con cualquier otra persona por temor a que los consideren locos. Los hace sentir mejor cuando se enteran de que he escuchado muchas historias similares, y que lo entiendo lo suficiente como para tratar de explicárselo. O al menos saben que no son los únicos que tienen estas extrañas experiencias. Para algunos de ellos, no tengo ninguna lógica explicación excepto pensar que puede ser que estén viajando de ida y vuelta entre las numerosas dimensiones que nos rodean. Esto se explicó con más detalle en el Libro Uno.

Un hombre dijo que conducía de noche en una carretera costera en Florida. Hace mucho tiempo, la carretera fue desviada y pasaba por todos los pueblos pequeños. Sin embargo, esa noche se encontró de repente (en la misma carretera) conduciendo a través de un pequeño pueblo. Él podría ver las luces exteriores de las casas y varios negocios cerrados. Todo parecía desierto, como sería natural en un pequeño pueblo en la noche. Después de cinco minutos más o menos, de repente encontró que la carretera se ensanchaba de nuevo y estaba de vuelta en la costa interestatal donde pertenecía. Mi única explicación fue que, por poco tiempo, había retrocedido en el tiempo y había entrado en una dimensión donde todavía existía el camino que atravesaba el pueblo.

* * *

Este próximo lo citaré directamente del correo electrónico que recibí en enero de 2001. Si alguien tiene una explicación, deseo que me contacten.

"Me las arreglé para ver algo de tu programa en Coast to Coast AM (Costa a costa AM) y lo encontré muy interesante, lo cual me impulsó a contactarte. En septiembre del año pasado (2000), durante unos 2 o 3 días, experimenté algunas cosas muy extrañas. Empezó cuando pasaba por un aeropuerto local donde vivo. Fue durante horas del día cuando vi un avión de pasajeros despegar del aeropuerto. Unos minutos más tarde despegó un Lear Jet, y al salir de la pista y subió al cielo, retrocedió y fue hacia adelante varias veces mientras despegaba. Me quedé allí estupefacto, porque sé que es imposible que un jet vaya hacia atrás. Unos minutos más tarde, otro Lear Jet despegó e hizo lo mismo ¿O era el mismo? Entonces me di cuenta de que los autos en la carretera estaban haciendo lo mismo. En lugar de avanzar por la carretera, iban adelante y atrás al ir por el camino. Noté que las nubes en el cielo hacían lo mismo, yendo y viniendo. Por la noche, fui de paseo por unos negocios que estaban cerrados por la noche. Sin embargo, vi gente dentro moviéndose que no pertenecía allí, porque estaban vestidos con atuendos de hace alrededor de 50 a 60 años. También vi otras imágenes inusuales que sabía que no eran posible. ¿Alguna idea de lo que estaba pasando? Soy una persona muy escéptica, y no creo lo que estaba viendo".

Mi respuesta: "Gracias por compartir sus experiencias tan interesantes. Aunque seas escéptico, no puedes negar algo cuando lo ves con tus propios ojos. No he escuchado sobre este fenómeno exacto, pero puedo tratar de adivinar basado en la información que he recibido y sobre la que he escrito. Existen más cosas extrañas entre nosotros de las que nadie puede posiblemente imaginar, así que sé que ni siquiera los he investigado a todos. Eso suena como si hubieras estado tratando de ingresar en una deformación de tiempo, pero no se llegó hasta el final. También la gente a menudo va y viene entre dimensiones y no lo sabe porque los alrededores se ven muy similares. Ya que las cosas se estaban moviendo de ida y vuelta, tal vez la línea entre las dimensiones no era estable. He oído hablar de personas que de repente se encuentran en otro período de tiempo e interactuando con personas vestidas de manera diferente, etc. A menudo, regresan y tratan de encontrar los mismos lugares y descubren que no existen o están en un estado deteriorado. Una cosa que encuentro extraña es que la gente en el otro período de tiempo no nota nada extraño sobre la persona del futuro con la que están interactuando. Parecen estar viviendo sus vidas normales. No sé si esto es de alguna ayuda o no, pero eso es lo más cercano a lo que puedo decir. Tal vez estabas tratando de cruzar de un lado a otro entre las dimensiones y no se había estabilizado. Porque de lo contrario, puedes hacer estas cosas y nunca saber la diferencia. Incluso he tenido personas que han reportado estar en dos lugares a la vez. Lo comprobaron otras personas que los vieron y les hablaron. Entonces, ¿quién sabe? A veces es mejor si nosotros no sabemos estas extrañas distorsiones del tiempo que están sucediendo regularmente. Es menos confuso para nuestro pequeño cerebro mortal".

* * *

Este próximo correo electrónico es aún más extraño. Pero en este caso había prueba física de que algo inusual había ocurrido.

"Tuve la suerte de escuchar su excelente entrevista en De costa a costa la otra noche, pero sucedió algo que desconcierta a tres de los oyentes. Esta es la razón por la que estoy escribiendo. Para ser lo más breve posible, los tres tenemos la grabadora Reel Talk radio que se puede programar y graba a 1/4 de velocidad. Tenemos este dispositivo solo para el programa De costa a costa ya que no podemos permanecer despiertos hasta la mitad de la noche. (El espectáculo normalmente va de las 12:00 am a las 4:00 am). Los tres pusimos nuestro radio/grabadora en la misma emisora que sale de Nashville, Tennessee. Es la única estación en que podemos poner el programa. Vivimos a cierta distancia unos de otros, y bastante lejos de Nashville, pero WWTN es una estación de 100,000 vatios. Para mi consternación, cuando reproduje la cinta de grabación de tu programa a la mañana siguiente, todo lo que obtuve fue un evento de programa deportivo, todas las cuatro horas. Al igual que uno de mis amigos en su cinta. Llamé a la estación y me informaron que ya no iban a sacar al aire De costa a costa. Estaban cambiando su formato, y no les importaba cuántas protestas había sobre eso. Ahora el GRAN misterio es: ¡el otro de nosotros tres, su cinta tenía toda su entrevista en él! Sabemos absolutamente que fue la misma estación ya que las mismas letras de identificación se dieron varias veces. Todos estábamos escuchando la misma estación, pero recibiendo diferentes transmisiones. He hablado con algunas personas que trabajan en y tienen conocimiento de transmisión de radio (antiguos funcionarios del gobierno, cuyo entrenamiento fue en ese campo), y todos dijeron que era imposible que pase algo así. Gracias a Dios lo hizo, ya que los tres queríamos escuchar lo que tenías que decir. Mi pregunta para usted es: ¿tiene alguna explicación para este incidente? - Cruzó por mi mente que tal vez podría estar relacionado con el fenómeno de universos paralelos. Eso es lo único que computa. Cualquier idea que pueda arrojar sobre esto sería muy apreciada. PD: Por alguna razón WWTN empezó a transmitir De costa a costa de nuevo y ¡como lo apreciamos! Es nuestro contacto con el universo".

Parte de mi respuesta: "En mi trabajo he tenido cosas raras que le sucede a mi grabadora durante las sesiones que no se pueden explicar. Estática, ruidos extraños, aceleración y desaceleración, voces sobre voces, y muchas cosas que no deberían ocurrir con la electrónica.

Muchas veces hay más de una cinta grabadora en marcha, y todas son afectadas. También he tenido cosas de efectos raros con teléfonos. Pero esta es la primera vez que escucho de algo como esto. Puede que tengas razón en que tiene algo que ver con dimensiones. Esa es una respuesta tan buena como cualquier otra. La estación que transmitía el espectáculo deportivo existía en una realidad paralela. Me alegro de que tenías a tres personas involucradas. Creo que calificaría como prueba".

Unas semanas más tarde, hablé en la Iglesia de la Unidad en Memphis, y me sorprendí al descubrir que las tres damas condujeron desde Nashville para conocerme. Principalmente querían verme para afirmar que el incidente realmente sucedió, y tienen las cintas para probarlo. Eran tres de las mujeres más normales que nadie esperaría encontrar. Estoy convencida de que le estaban diciendo a la verdad. Nuevamente, si alguien tiene alguna otra explicación para este incidente, me encantaría saber de usted.

* * *

En mi libro Jesús y los esenios, Jesús dio el siguiente ejemplo de reencarnación y diferentes dimensiones, usando la naturaleza en sus parábolas para que la gente entendiera más fácilmente:

"Usó otra planta como ejemplo, una planta que es compuesta de muchas capas (similar a una cebolla). Él dice esto mostraría los diferentes planos de existencia. Señaló que, en el mismo centro de la planta, las capas son muy delgadas y juntas. Si uno pudiera considerar cada capa como un plano, uno puede ver que en el centro donde está la más pequeña y limitada, que es como el mundo físico. Cuando uno viaja hacia arriba y hacia afuera en los planos, el propio horizonte de comprensión se expandiría cada vez, y verías y comprenderías más".

Me hace preguntarme si la gente a la que le dio la parábola (o ejemplo) entenderían los significados más profundos que él estaba tratando de impartir. Tal vez pudo haber sido demasiado complejo incluso para los discípulos. Pero se nota que estaba muy consciente del significado más profundo de la vida y del universo.

* * *

Varios otros incidentes extraños relacionados con el tiempo y dimensiones que ocurrieron durante mis sesiones están dispersados por todo este libro.

SECCIÓN Siete

SERES de ENERGÍA Y SERES CREADORES

CAPÍTULO 22

MISTERIOS

Esta primera parte es una continuación de la sección los misterios de la Tierra que se encuentra en el Libro Uno. Había algunas cosas que quería tener más aclaraciones antes de incluirlos en un libro. Esta fue información que se acumuló a fines de la década de 1990. Parte de esto vino de Phil, un joven del que he escrito en muchos de mis libros. Tiene la capacidad de ir en profundo trance y cerrar su mente consciente para que no interfiera con las respuestas que llegan. Siempre hemos podido recibir información nueva, inusual y valiosa cuando tenemos sesiones.

NUESTRO SISTEMA SOLAR

D: *Me dijiste una vez que no hay vida como la conocemos en otros planetas en nuestro sistema solar en este momento.*

Phil: Eso es exacto. No hay vida humana, por no decir que hay no hay vida. Porque la atmósfera de los otros planetas no es de tal naturaleza que sustentaría la vida humana como se conoce en este planeta en este momento. Sin embargo, eso no significa que no hay vida en otras formas, como en forma de espíritu o incluso en una forma avanzada o alguna otra forma física.

D: *Me han dicho que en un tiempo hubo vida en Marte. Había toda una civilización de seres humanoides allí. ¿Es eso cierto?*

P: De hecho, ese es el caso, y pronto se hará saber a tu planeta. Se ha sugerido tentativamente a través de examen microscópico de meteoros. Este es un gran cambio en la conciencia que debe ser delicadamente dada a conocer a tu civilización. De hecho, son los antepasados de tú la civilización y la vida en la Tierra tal como se conoce. Había formas de vida que ocurren simultáneamente en ambos planetas. Sin embargo, el planeta marciano había sido estable y productivo de la vida durante un período de tiempo mucho más largo que su planeta hermano que tuvo un camino muy diferente ecológicamente, geológicamente. Marte se asentó y se volvió habitable mucho más rápido que la Tierra. Y así el proceso de siembra comenzó mucho más rápido y mucho antes en Marte que en el planeta Tierra.

La historia de la siembra del planeta Tierra con las primeras formas de vida se relata en Guardianes del jardín y continúa en Los guardianes. Esto indicaba que la Tierra no era el único planeta en nuestro sistema solar que había sido sembrado, pero algo debe haber sucedido con el tiempo para dejar algunos de estos otros planetas sin vida una vez más.

D: ¿Qué pasó que destruyó la vida en Marte?
P: Había muchas opiniones diferentes en ese momento sobre quién debe estar en control del gobierno mundial, y muchos tipos diferentes de tecnología que les permitieron manipular su clima. Se volvieron algo desarticulados en sus propósitos y destruyeron su propio sistema meteorológico. Así como las habilidades que ahora se manifiestan en tu planeta también te permitirá destruir tu planeta si se da la oportunidad.
D: También me han dicho que aún quedan restos de vida en Marte.
P: Hay elementos de vida en lo profundo del planeta que han logrado mantener su forma de vida. Sin embargo, no son lo que llamarías "humanos" o humanoides. Son algo diferentes en que su evolución fue de un camino diferente al que tienes en este planeta.
D: Me han dicho que hay ciudades debajo de la superficie de Marte donde fueron algunos de los habitantes cuando la superficie se volvió inhabitable
P: Esa analogía podría usarse de manera similar al concepto de una colonia. Sin embargo, no caracterizaríamos ciudad en la forma en que entiendes ciudad. En un sentido tecnológico más como una colonia de termitas, en esa estructura social. Los seres viven dentro de estructuras que ocurren naturalmente, y también fabricadas dentro del planeta.
D: También me han dicho que cuando los científicos finalmente lleguen a Marte, no se dará cuenta de que todavía hay vida allí. No lo reconocerán.

P: Cuando los científicos lleguen a Marte, estarán al tanto de muchas otras formas de vida además de las que están bajo sus pies. Habrá un aumento en la conciencia para ese momento de que las formas de vida en Marte serán consideradas simplemente otra forma de vida.

D: *Ahora cambiemos a otra parte del sistema solar. Estoy muy interesada en Júpiter. ¿Qué es el fenómeno llamado "Punto rojo" en Júpiter? Es visible con nuestros telescopios.*

P: La expresión de la Mancha Roja en tu plano sería llamado perturbación del tiempo. Lo que percibes en tu plano de existencia es un huracán de gases que son un fenómeno del clima. Sin embargo, es un fenómeno que tiene su esencia central en un plano superior de la realidad. Las más altas expresiones indicarían que esta es un área de muchas diferentes - como formas, pero separadas – entidades individuales de conciencia. Es una ciudad, que en un plano superior de expresión es una forma de vida que expresa sus componentes inferiores en forma de una perturbación atmosférica en tu nivel.

D: *Si es una perturbación atmosférica o un huracán, ha estado allí para siempre, hasta donde sabemos. Y realmente no parece cambiar tanto. También sería enorme en tamaño.*

P: Hay muchas formas diferentes de expresión de la vida dentro este universo de la que la conciencia humana simplemente no es consciente. Sin embargo, para que puedas comprenderlo, podría compararse con una colonia de seres vivos cuya expresión llega a su plano de conciencia, de tal manera que las condiciones atmosféricas que se superponen a esta forma inferior de expresión son visibles. Hay muchos niveles diferentes de conciencia que no tienen la correspondiente influencia en otro plano. Sin embargo, en este caso hay un efecto en el plano inferior de expresión. Tal que esta colonia, que es una civilización en los planos superiores de existencia, deja su huella en tu nivel como un disturbio atmosférico.

D: *Entonces creo que te refieres a una realidad alternativa, es un grupo de personas en una ciudad física en Júpiter. ¿Y más o menos está proyectando una sombra en nuestro plano que aparece como una condición atmosférica? ¿Sería una buena analogía?*

P: Mejoraríamos este concepto viéndolo no tanto como una ciudad en tu terminología, pero más como una colonia de virus o bacterias, en el sentido de que coexisten y viven en su plano. Sin embargo, no lo caracterizaríamos como una civilización tecnológica en tu contexto.

D: *Entonces no serían seres inteligentes, tal como los consideramos.*

P: De hecho, ese no es el caso. Son muy inteligentes, pero simplemente viven en una forma diferente. Su expresión no incluye aspectos constructivos y tecnológicos. Están altamente evolucionados y civilizados, sin embargo, no son tecnológicos.

D: *Alguien más me dijo que la relación de Júpiter con el plano de la Tierra era vital. ¿Tienes alguna información sobre eso?*

P: Hay muchos niveles diferentes de codependencia dentro tu sistema solar, porque todo el equilibrio físico depende de que cada elemento individual mantenga su propio equilibrio. Simplemente en el plano físico, la pérdida repentina de cualquier planeta arrojaría el equilibrio gravitacional de todo el sistema solar fuera de equilibrio. Hay, por supuesto, otros niveles de conciencia y el cambio o pérdida de tal planeta, eso claro, tendría implicaciones y efectos en los otros planos también.

D: *Esto es lo que los extraterrestres nos han dicho sobre la Tierra. Que no debemos destruirla, porque causaría grandes estragos en el universo y otras dimensiones.*

P: Eso es exacto.

D: *Escuché que otros que nos están observando no permitirían que esto suceda, simplemente porque desequilibraría el equilibrio de la galaxia.*

P: Eso es exacto, en el sentido de que los individuos que habitan los otros planos de existencia tienen derecho a proteger sus civilizaciones y sus formas de vida de la intrusión. Eso sería como si una guerra no declarada e incognoscible estuviera siendo librada contra un partido invisible por una cultura ignorante.

D: *Pero ellos son más conscientes de estas cosas que nosotros.*

P: Eso es exacto. Y entonces tienen derecho a proteger su civilización de los daños causados por la ignorancia de un vecino algo rebelde.

D: *¿Sabe algo acerca de dónde vino el cinturón de asteroides?*

P: Este fue en un tiempo un planeta que fue destruido cuando una estrella que pasaba provocó una colisión entre ella y un meteorito que se interpuso en su camino. El choque provocó la ruptura de este planeta. Con las propias fuerzas internas del planeta y las del Sol y otros planetas, se separó hasta tal punto que quedó simplemente sin forma, y así se esparció en su órbita anterior como partículas o asteroides.

D: *También escuché que puede haber una raza de personas viviendo allí y ellos mismos lo volaron.*

P: Eso no es exacto. El choque fue un fenómeno natural que ocurrió, no debido a la manipulación por cualquier raza determinada de personas. También hay un caso en el que estas historias surgen debido a la mala interpretación de la información. No es una narración intencional o una mentira, sino simplemente una mala interpretación. Estas canalizaciones no son el resultado absoluto final también, ya que este vehículo no es el resultado final. Hay imprecisiones potenciales en estas canalizaciones también. Y así todos los canales deben ser vistos con una conciencia abierta a este hecho. Como las canalizaciones sólo pueden ser tan precisas como el vehículo es físicamente posible de traducir, y sería casi imposible canalizar con porcentaje de 100 porciento precisión. Porque hay simplemente conceptos e ideas que no tienen precedentes en esta vida o incluso en este plano. Y así, algunas preguntas que se hacen requerirían conceptos que no existen aquí, por lo que deben usarse analogías, que puede no ser del todo exactas. Sin embargo, la esencia de la información podría traducirse.

D: *Entiendo que cualquier cosa que venga a través de un ser humano es obligada a tener problemas de esa manera.*

P: Es simplemente una cuestión de no poder traducir, debido a muchos factores. Algunos, como hemos dicho, siendo la falta de conceptos de donde extraer.

* * *

EL SOL

D: *¿El Sol es realmente caliente?*

Phil: De hecho, existe ese elemento que es caliente. Sin embargo, sentimos que esto es malinterpretado desde tu perspectiva física. Como el calor en sí mismo parece ser el foco de atención aquí. Y no es más que un subproducto. La verdadera energía del sol no es calor, sino de una naturaleza mucho más allá del entendimiento del que el hombre es capaz de entender en este momento. El calor es simplemente una manifestación de un fenómeno que es mucho más complicado que la simple combustión. Esto es una transición de energías, y el aspecto físico sería lo que llamas llama o combustión. El calor es un subproducto. La verdadera realidad de esto es una transferencia y cambio de energías manifestado hasta un nivel físico como calor y combustión.

D: *Los rayos y emanaciones que no podemos ver son ultravioleta. ¿Quieres decir algo así?*

P: Mucho más allá de lo que ustedes considerarían como rayos, pero como formas elementales de energía. Un cambio fundamental en las energías mismas.

* * *

El sol, como todos lo perciben, es un planeta gaseoso. Pero uno de mis sujetos dijo que, de hecho, tiene una cultura debajo de los cinturones de gas, que no se pueden ver desde la superficie exterior.

D: La gente en la Tierra no puede ver eso, ¿verdad?

Bob: No, no pueden. No tienen idea. Simplemente asumen, como todos los demás, es una bola gaseosa sólida. Pero todas las explosiones que ocurren en el exterior del cinturón, en realidad ocurren dentro de ese cinturón. Pero la parte central del planeta es como aquí en la Tierra. Tienen fincas, tienen casas, tienen gente. Tienen civilizaciones. Y todo eso está encerrado debajo del cinturón de energía.

D: *Entonces, ¿no está caliente en la superficie?*

B: ¡Ay, no! ¡No, no! Esa es una de las cosas interesantes de eso.

D: *Uno pensaría que sería demasiado caliente para mantener la vida.*

B: Pensarías, pero todo eso está muy arriba en la energía. Arriba en la llamada "atmósfera". Es algo parecido al cinturón de Van Allen en este planeta. Pero viajamos de ida y vuelta todo el tiempo. Dentro y fuera. Es una civilización muy bonita.

Hubo más revelaciones sorprendentes sobre las verdaderas propiedades de nuestro Sol que se revelan más adelante en este capítulo.

* * *

D: *Algunas personas creen que el mundo fue creado en lo que se llama La teoría del Big Bang (la gran explosión). ¿Sería cierto?*
Phil: Si estuvieras en forma física en ese momento, ciertamente habrías percibido lo que llamas un Big Bang. (Me reí) El Big Bang, por supuesto, es una analogía utilizada por los científicos para describir la explosión, a diferencia de implosión. La fuerza de movimiento hacia afuera creada cuando el universo, o tal vez más exacto decir, las leyes del universo fueron establecidas. Y entonces en ese sentido, sí, sería exacto decir que la teoría del Big Bang significa el principio de ese punto en el tiempo en que las leyes materiales o físicas de tu universo se establecieron.
D: *Una teoría es que a medida que ocurre el empuje hacia afuera de estos mundos, llegará a cierto punto donde comenzará a girar y reunirse otra vez. ¿Sería esto cierto?*
P: Eso es exacto. Ese punto en el que todo movimiento hacia afuera cesa se llama "equilibrio". Y está dentro del punto de vuelta en el que las leyes del universo entonces cambiarían y ser sus polos opuestos de los que son ahora. Lo que es positivo se convertiría entonces en negativo y eso que es negativo se convertiría en positivo. Entonces el universo retrocedería a lo que es nuevamente un vacío. El abismo. En qué momento la historia de la creación se repetiría a sí misma.
D: *Empezaría todo de nuevo. Después de que se había derrumbado sobre sí mismo, volvería a explotar, por así decirlo.*
P: Eso es exacto.
D: *¿Cuánto tiempo tomaría para que algo así pase?*
P: Sería seguro asumir que estarías en otra forma cuando esto suceda.
D: *(Risas) No tenemos que preocuparnos por eso.*

Este concepto demuestra que las leyes de la reencarnación o el reciclaje se aplica a todo, desde el microcosmos hasta el macrocosmo. Nada escapa a este ciclo.

Cuando el universo llega al final de su expansión, la etapa donde se invierte implosiona, vuelve a la Fuente y explota de nuevo, ¿será entonces cuando todos volvamos a casa con el Creador con todo el conocimiento que hemos acumulado?

D: Hay una línea de pensamiento de que este mundo entrará en sí mismo o será destruido dentro de 5000 años. Al mismo tiempo hay otro planeta siendo preparado para aquellas entidades que viven en esta Tierra que han elevado sus vibraciones o elevado su comprensión del espíritu. ¿Es esta una teoría verdadera?

P: Tal vez tu marco de tiempo cronológico podría ser algo erróneo. Sin embargo, el concepto en sí mismo es bastante válido, ya que incluso ahora aquellos que eligen migrar a, no solo este planeta del que hablas, pero también a otros, ya ha comenzado. De hecho, existe el sucesor de este planeta en su infancia. Y hasta ahora no ha llegado a esa etapa en la que sería hospitalario para las formas de vida, no como las conoces ahora, sino como pronto lo serán. Esas son tus formas de vida. Las energías residentes en este planeta en este momento se moverán en masa a lo que se está preparando en este momento. Porque en eso punto tus formas de vida habrán evolucionado a un nivel poco diferente al que tienen ahora. Sería inapropiado e inmaduro tratar de transmigrar estas formas de vida a ese planeta. Pues ninguno, en esta etapa, está preparado. Todavía hay un marco de tiempo para evolucionar antes de que tanto la forma de vida como el planeta son hospitalarios entre sí. No hace falta decir que cuando suceda será el tiempo más adecuado.

Esta respuesta surgió en la década de 1990, pero ha sido repetida con mayor frecuencia en mis sesiones durante los últimos años. Esta idea de los cuerpos siendo cambiados para hacer una transición a otro nivel se ampliará en la última sección. También se ha recibido información sobre otro planeta físico similar a la Tierra que se está preparando para los sobrevivientes de cualquier calamidad terrestre. Se ha subrayado que la raza humana no debe perecer. Habrá sobrevivientes incluso si "ellos" tienen que recurrir a medidas drásticas. La historia de esta segunda Tierra se cuenta en Los guardianes del jardín.

* * *

Ha habido muchas preguntas sobre los ejes en la gran pirámide que parecen demasiado pequeñas para algo útil, las cuales apuntan al cielo. Como con todo lo demás relacionado con la pirámide están envueltos en misterio.

D: ¿Cuál es el propósito de esos ejes en la pirámide?
Carol: El propósito de los ejes de la pirámide era permitir a las almas de los seres que se consideraban sacerdotes y faraones volver a su sistema planetario, para que no estuvieran atados en las capas o la luz de este planeta en particular. Muy al principio se hacía que se manifestaran en lo físico, y luego, cuando ya no era necesario manifestarse, el alma viajaría a través esos ejes usando lo que podrías llamar una "puerta estelar". (Esta palabra se hizo como una pregunta. Inseguro de la palabra.) Usando dispositivos técnicos en la cámara del Rey.
D: ¿Había dispositivos técnicos en la cámara del Rey?
C: Lo que llamas la cámara del Rey. Usaban estos dispositivos técnicos para permitir que esas almas regresen a su sistema estelar original.

En Los guardianes del jardín y Los guardianes se menciona que los extraterrestres a menudo llegaron en la formación temprana de la civilización a vivir entre los pueblos en desarrollo para ayudarlos y darles conocimientos e instrucción necesaria. Estos seres tenían una duración de vida increíble, por lo que finalmente fueron tratados y respetados como dioses. Esto indica que los primeros faraones podrían haber sido este tipo de seres. (Consulte también el Capítulo 4, Isis.)

Esto me recordó las sesiones descritas en Legado de las estrellas (Legacy From the Stars) donde las almas de los extraterrestres quedaron atrapadas en nuestro mundo después de su muerte. Aparentemente crearon karma, y no pudieron regresar a su hogar original, incluso después de la muerte. En estos casos a menudo nadie de su planeta de origen ni siquiera sabía que estaban aquí. Tal vez los extraterrestres eran muy conscientes de que algo como esto sucede de vez en cuando, y no querían a estos visitantes, que habían vivido tanto tiempo sobre la Tierra, para estar igualmente atrapados.

Otro misterio es la existencia y ubicación de las cámaras ocultas debajo de la Esfinge.

D: *Se dice que las cámaras debajo de la Esfinge estaban selladas. ¿Por qué se hizo esto?*
C: Hubo un derrocamiento de los seres que no eran de este planeta.

Esto indica que algunos de los seres que operaban el sistema piramidal en aquellos días no eran humanos. Tal vez eran los consejeros de los que se habla en mis otros libros que vinieron a vivir entre los humanos para darles los nuevos dones (avances) cuando se necesitaban. Esto también explicaría el uso de los ejes para devolver sus almas a su sistema estelar original. Ellos no querían estar atrapados aquí en la Tierra cuando su trabajo había terminado.

C: La humanidad quería quitarles su poder y hacerlo suyo. Los seres sabían que esto iba a ocurrir. Entonces se sellaron todos estos dispositivos técnicos e información, para que no caiga en malas manos a destiempo, porque se destruirían a sí mismos con esto.

Esto también suena bastante a los humanos que, debido a su ignorancia, destruyeron os dispositivos utilizados para generar energía del Sol, la luna y las estrellas. (Bartolomé dio esta información en El universo complejo, Libro uno.)

D: *¿Entonces los seres de los otros planetas fueron los que sellaron las cámaras? No fueron los humanos.*
C: Había iniciados, quienes fueron entrenados por estos seres. Las pirámides fueron utilizadas para iniciación y entrenamiento. Hay muchos, muchos de los templos antiguos ubicados a lo largo de lo que ahora se conoce como la "meseta". (Esto va con el templo de la gente gato en la misma zona. Ver capítulo tres.) Y fueron utilizados para la iniciación de personas, humanos, para elevar su conciencia y su vibración. Entonces ellos, a su vez, podrían usar estos dispositivos y tecnología de manera apropiada para ayudar al sistema planetario. Las pirámides se basaban en un sistema de red. El sistema de red es muy importante, porque es el principal sistema conector para el planeta. Uno de ellos. Había varios sistemas, pero este era uno de ellos. En cada uno de estos lugares principales también hay pirámides. Las pirámides son conductores de armónicos universales que también conecta a otros planetas en armonía y vibración. Esto es también trabajado con

colores, frecuencia de sonido, y también vórtices, planetariamente en todo el sistema de red, con el fin de mantener equilibrio y armonía para este sistema planetario.

D: *Y esta gente sabía cómo usar estas cosas de la manera correcta.*

C: Los instruyeron. Los pusieron en su lugar.

D: *Así que el sellamiento fue porque las otras personas estaban entrando y no querían que los usaran. Dijiste que había un peligro también para otros que no sabían cómo usarlos.*

Una vez más, esto suena como la energía en el templo de La gente gato, la cual era peligrosa para aquellos que no podían manejarla.

C: Intervino uno de los sistemas estelares planetarios. Mandaron enviados que ayudaron a influir en la humanidad, como siempre. A derrocar, personalizar, tomar el poder de los grupos corruptos.

D: *Así que estas personas sellaron las cámaras para ocultar la información, y para proteger a las personas de usarlo de manera incorrecta.*

C: Para protegerlos de sí mismos.

D: *¿Y dónde están ubicados?*

C: Cámaras escalonadas debajo de la Esfinge. Cada uno interconectados con pequeños túneles, y custodiados por energías y frecuencias.

Nuevamente, esto sonaba como la historia de Bartholomew (Libro Uno) donde la gente pensaba que si tenían posesión de las aplicaciones de energías secretas estarían en el poder, y no necesitarían a los extraterrestres o sacerdotes. En su historia provocaron destrucción a los dispositivos y a ellos mismos. Así que aparentemente el último grupo de control en la Esfinge decidió sellar los dispositivos fuera de alcance, para que tal cosa no volviera a suceder. Han permanecido sepultado desde entonces.

En Conversaciones con Nostradamus, Volumen III, Nostradamus también se refirió a las energías que se habían puesto en marcha para que si acaso sólo a las personas correctas se les permitiría acercarse a las entradas secretas a estos túneles y habitaciones ocultos. Si la gente que intentara ingresar fuera de la vibración incorrecta o negativa, morirían. Así que fue muy un sistema de protección muy elaborado instalado hace miles de años.

Consulte el Capítulo 6 sobre los símbolos que se utilizan para hacer la información oculta visible.

* * *

La astrología siempre ha sido un interés mío, aunque no soy astróloga. ¿Cómo comenzó la astrología? - Parece como si el estudio de las estrellas ha sido una fascinación de la humanidad desde tiempos inmortales. Encontré la respuesta bastante inesperadamente durante una sesión de regresión rutinaria. Una mujer volvió a una vida donde ella era un sacerdote en la antigua Babilonia. Ha sido aceptado que Babilonia es donde comenzó el estudio de la astrología. En mis libros sobre Nostradamus, tenía una efeméride que dijo que data de los antiguos egipcios y babilonios. La mujer era un sacerdote varón en una región aislada y secreta o escuela de misterio. Estaba en un hermoso templo que estaba situado en un montículo alto sobre la ciudad. Describió el estudio de las estrellas con las que su grupo había estado involucrado desde tiempos incluso antiguo para él. Dijo que el movimiento de las estrellas había sido trazado durante el tiempo que su grupo había estado en existencia. Este era su objetivo principal, mientras que otros grupos practicaban la curación y profecía. El templo estaba abierto en el medio (sin techo) con enormes columnas en los cuatro lados. Dijo que el sacerdote se sentaría en un punto designado en el centro del templo y trazaba posiciones de las estrellas a medida que se movían a través de las aberturas entre los pilares. Los pilares les dieron un punto de referencia y un camino para medir el movimiento de los planetas en oposición a las estrellas estacionarias, y también para juzgar la rotación de la tierra. Después de hacer esto durante cientos de años, habían establecido gráficos muy precisos. Esto también se usó como una forma de determinar los solsticios y equinoccios, porque en un país tropical habría poco cambio de estaciones para indicar esto. Este puede explicar por qué tantos edificios antiguos fueron construidos de esta manera, en lo alto de una colina con muchos pilares igualmente espaciados. Está generalmente entendido que muchos eran templos en el mundo antiguo, pero ahora parece que los pilares tenían un uso objetivo más práctico. Observar y registrar el movimiento de las estrellas.

* * *

Después de que otra clienta pasara por una vida pasada y estaba en el lado espiritual, fue llevada primero a la junta de ancianos que revisarían la vida que acababa de dejar. Fue decidido que había actuado admirablemente y aprendido las lecciones que había venido a aprender. Ahora estaba lista para la siguiente tarea. Todo esto se resolvió de antemano y se discutió con la ayuda de los mayores. Podrían sugerirle, pero no obligarla a tomar la tarea. Ella tenía que decidir quiénes serían sus padres, donde nacería, etc. El mismo tipo de información que he recibido muchas veces antes. Pero esta vez dijo que también tuvo que decidir el día, mes y año, y la luna de su nacimiento. Así que hice la pregunta que muchos otros me han hecho, "¿Está involucrada la astrología en el proceso de toma de decisiones de un alma que vuelve a la Tierra?". Dijo que definitivamente lo era. Todo tenía que resolverse exactamente. Esto indicaría que incluso los nacimientos prematuros se programaron antes del nacimiento, porque las influencias astrológicas fueron importantes en la personalidad del alma entrante. Probablemente haya mucho más involucrado también, porque yo no creo que entendamos todas las cualidades de la astrología y numerología.

* * *

DEPOSITORIOS DE TODO EL CONOCIMIENTO

Esta sesión tomó un giro extraño e inusual. Phil asistía la Conferencia OVNI en Eureka Springs, Arkansas en abril de 2001, y decidimos tener una sesión ya que había pasado bastante tiempo desde la última.

Mi vieja amiga, Harriet, estaba compartiendo habitación conmigo. Ella me ha apoyado moralmente desde el comienzo de mi trabajo hace más de 25 años. Este fue el año (2001) en que el centro de convención en Eureka Springs se quemó, y Lou Farish, el hombre que organiza esta conferencia tuvo que buscar otro lugar para celebrarla. Todavía reservamos una habitación en el Inn of the Ozarks para poder apoyar al motel (debido a la pérdida de ingresos). Muchas personas pensaron que la conferencia había sido cancelada debido al fuego. Ann vino a la conferencia el último día y la dejamos quedarse en nuestra habitación en lugar de volver a Fayetteville. Durmió en una tabla en el suelo. Cuando comencé la sesión, Ann preguntó si podía sentarse y mirar, porque, aunque había tenido una sesión con ella, nunca había observado una. Phil no se negó ya que había sucedido muchas veces antes.

Los extraños incidentes comenzaron casi de inmediato. Después de darle a Phil su palabra clave y comenzó la sesión, me di cuenta de que Ann (sentada en una silla al otro lado de la cama) también estaba cayendo en trance. Le hice señas a Harriet y ella también lo vio. No había nada que pudiera hacer excepto continuar, aunque hice un gesto a Harriet para vigilarla. Probablemente porque también había trabajado con ella, mi voz tuvo el efecto de ponerla en trance, aunque no tenía la intención de que esto sucediera. Ann se desplomó en la silla aparentemente en un mundo propio. Realicé la sesión de manera normal, hasta que Ann comenzó a responder también a las preguntas. Entonces supe que tenía un predicamento. Uso un micrófono de mano y lo sostengo cerca de la boca del sujeto. Esto presentó un problema cuando ella comenzó a responder en voz baja desde lejos. Esta ocurrencia será ampliada.

Cuando trabajo con Phil, uso el método del ascensor con el que él está tan familiarizado. Le pedí que me dijera lo primero que vio cuando la puerta del ascensor se abrió.

P: Hay alguien allí para saludarme. En una luz blanca pura. Somos viejos amigos. Me está llevando a otra habitación donde se puede mostrar información. Aquí hay varios cuyo propósito es asistir en esta comunicación. Dicen que hay muchos otros que están asistiendo, que están en otras dimensiones. Que tienen la capacidad de influir en el material desde su perspectiva, de tal manera que pueda mostrarse en nuestra perspectiva. Siempre hay alguna información que es sostenida, debido a que está justo por encima del nivel en el que puedes percibirlo Es un proceso de crecimiento que, a medida que uno avanza en la comprensión, uno continuamente abre nuevas brechas a niveles de información. A medida que continúa el proceso de crecimiento, siempre hay, justo por delante del nivel actual de comprensión, un nivel de información que, hasta el momento, no ha sido violado. Es este proceso continuo de ruptura el que permite el examen y la comprensión de la información. Porque si se diera todo a la vez, no habría manera que tenga sentido.

D: Hemos estado haciendo esto durante muchos años. Y la información que estamos recibiendo ahora, nunca habríamos entendido en un principio. Así que no habría tenido ningún sentido, y no habría sido de ningún valor para nosotros en ese momento.

P: Ha llegado el momento de llevarte al siguiente, más apropiado nivel de información. La información necesaria para responder tus preguntas estará disponible.

D: Una cosa que se planteó hace muchos años fue la información sobre el Sol en nuestro sistema solar. En ese momento me dijeron que no era lo que percibimos que es, sino que no estábamos listos para entenderlo. ¿Se puede ampliar al respecto? La verdadera naturaleza de lo que llamamos el "Sol" en nuestro sistema solar.

P: Le pedimos que por favor definas tu pregunta en términos de la realidad. ¿Estás cuestionando la realidad física aquí, o estás abordando los aspectos ultra dimensionales?

D: Podríamos tener ambos, supongo. Porque en la realidad física, nosotros lo vemos como la bola brillante en el cielo que da vida a nuestra Tierra, y mantiene todo funcionando con gases explosivos. Ese es nuestro concepto físico de él. ¿Es eso correcto?

P: Diríamos que, efectivamente, estás compartiendo una experiencia con un cuerpo físico no muy diferente al tuyo. Las manifestaciones físicas que percibes a través de tus sentidos físicos son simplemente eso. Son manifestaciones que están diseñadas para permitir una presencia en ese plano particular desde el que hablas.

D: Lo vemos con telescopios como gases explosivos que se extienden bastante lejos.

P: No muy diferente de muchos de tus políticos cuya influencia es como zarcillos que irradian desde su base de poder. La influencia de tu Sol es intencional y se ve afectada por la interacción entre esos elementos contingentes, las energías, que habitan tanto en las manifestaciones solares como planetarias. Hay reacciones observadas en el Sol que son un resultado directo de las acciones perpetradas en tu planeta. Esto no significa que todas las reacciones del Sol están influenciadas por acciones en tu planeta. Porque hay otros seres que rodean el sistema solar también, que también tienen influencia. Sin embargo, la influencia más inmediata y dramática sobre eso que llamas el "Sol", son las acciones de los seres sobre tu planeta en este momento. Hay seres que son atraídos a tu planeta, ajustes y correcciones para compensar desequilibrios en tu planeta en este momento.

D: También dijiste que lo que vemos físicamente es solo una parte, solo una manifestación, ¿pero la cualidad real del Sol es interdimensional?

En este punto el extraño e inesperado fenómeno ocurrió. De repente, Ann respondió la pregunta desde su silla. Estaba desplomada en la silla con la cabeza inclinada hacia un lado, pero ella estaba respondiendo. Estaba demasiado lejos para que el micrófono percatara precisión. Sonaba como: "Está grabando", en la cinta. Sabía que, si esto iba a continuar, tendría que moverme más cerca, porque estaba al otro lado de la cama en la que Phil estaba acostado. Al principio, pensé que era solo un estallido repentino, y que probablemente no continuaría. Yo continué interrogando a Phil.

D: ¿Puedes explicar lo que quieres decir con interdimensional?
P: Le pediríamos a la otra persona que se alineara con nuestras energías aquí, de modo que ambos podamos participar.

Normalmente, Phil no estaba al tanto de nada que sucediera en la habitación cuando estaba en trance. Pero aparentemente, las entidades que estaban comunicándose sabían lo que estaba pasando, y quería que Ann se acercara más. Esto lo haría más fácil para mí también.

Apagué la grabadora y caminé alrededor de la cama. Harriet me ayudó a intentar levantar a Ann. Es una mujer alta, y era peso muerto. Juntas, la pusimos de pie, pero no ayudaba en absoluto. Conseguimos girarla hasta donde ella cayó en la cama al lado de Phil. Durante todo el tiempo de la sesión ella yacía allí en la posición incómoda en la que cayó, sin intentar moverse a una posición más cómoda. Al menos de esta manera, los tendría a los dos en la misma cama. Pero tuve que pararme sobre ellos y mover el micrófono de un lado a otro cuando se turnaron para hablar. Fue de lo más interesante que a lo largo de la sesión mientras respondían las preguntas, nunca se interrumpieron el uno al otro. Parecían saber cuándo el otro estaba hablando, y se permitían terminar antes de interponer su opinión. También continuaban sus oraciones el uno al otro en algunos casos, añadiendo más información. Esta era la primera vez que me pasaba algo así.

Muchas veces, otras personas que observaban en la habitación parecían haberse dormido, probablemente por el sonido de mi voz, pero nunca respondían y participaban en la sesión. Después de que situamos a Ann, volví a encender la grabadora y continué.

D: *¿Estas consciente que hay otro individuo en la habitación, que está también en este estado?*
P: Estamos conscientes de los niveles de energía. Eso es exacto.
D: *Entonces, si tiene algo que agregar a la conversación, ¿está bien que lo haga?*
P: Diríamos que la comunicación es simultánea entre nosotros. Simplemente estamos usando dos vehículos.
D: *Entonces, si ella habla, ¿es como si ambos se estuvieran comunicando?*

(Ann respondió: "Sí".)

Este sería un experimento interesante. Era la primera vez que tuve a dos sujetos conectados de esta manera. Me preguntaba si podrían hablar juntos como uno solo. No sabía que podría pasar.

D: *Muy bien. Lo que queremos averiguar son los verdaderos aspectos del Sol. Si no es como lo percibimos en nuestro plano físico. Dijiste que era interdimensional.*
Ann: Como una grabación.
D: *¿Qué quieres decir?*
Ann: (Se aclaró la garganta para poder hablar.) Graba. Es una fuente de energía que se construye del pensamiento originado. Este pensamiento está grabando el pensamiento para el universo en el que vives ahora. Con estos pensamientos que se graban en él, se proyecta de nuevo al universo, y se utiliza simultáneamente juntos.
D: *¿Pero es solo el dispositivo de grabación de nuestro sistema solar?*
Ann: No. Es una duplicación de muchos otros soles.
D: *¿Quieres decir que todos los soles en los universos son dispositivos de grabación?*
Ann: Sí. Es una fuente de energía. Es de la fuente principal que tu vienes. Es una duplicación, una versión inferior, un símbolo que has elegido usar para recordarte la fuente de energía de la que procedes.

D: *¿Entonces la fuente de energía de la que venimos es simplemente una mayor manifestación del Sol, tal como lo vemos?*
Ann: Sí. Mucho mayor.

Aparentemente se estaba refiriendo a la Fuente o Dios, que ha sido llamado el Gran Sol Central en algunas de mis sesiones cuando la gente habla sobre de dónde venimos todos.

D: *Pero el Sol también da vida a los planetas ya nosotros.*
Ann: Es lo que has elegido.
D: *Pero los Soles también salen. Explotan. Hemos oído hablar de supernovas (Sí) ¿Qué sucede en ese momento?*
Ann: Creas un nuevo.
D: *¿Qué sucede con la información si es un dispositivo de grabación?*
Ann: Nunca se va.
D: *¿Adónde va?*
Ann: Permanece, siempre.
D: *¿Dónde?*
Ann: Siempre ha existido.
Phil: Hay otros niveles de conciencia que no son físicos. Esta información simplemente se transmite simultáneamente a estos otros niveles que no tienen elementos destructivos físicos para ellos. La información simplemente reside en otros niveles, y está disponible para ser transmitida o retirada a un Sol nuevo o en expansión, en cualquier momento.
D: *En nuestro trabajo nos han dicho de muchos planetas que son planetas que graban. Algunas de las personas con las que trabajo los llaman "hogar". El planeta entero es un depósito de conocimiento. ¿Es este un concepto diferente?*
Phil: Es exactamente lo mismo. Es simplemente una diferencia en la manifestación del dispositivo. Tienes diferentes medios en tu plano de experiencia con el que puedes grabar. Sin embargo, los dispositivos en sí mismos no son la esencia de la grabación. Son simplemente una forma de almacenar y proyectar la grabación en sí. Es de esta manera que las definiciones son cambiadas, basado en la adecuación de cómo esta información debe ser almacenada o entregada.

Phil fue el primero de mis sujetos en reportar tal lugar. Esto fue descrito en Guardianes del jardín como el Planeta de los tres chapiteles, y ampliado en el primer libro del Universo complejo y Los guardianes. Desde entonces he oído hablar de otros planetas que registran información y son considerados depositarios. En el lado espiritual, está la maravillosa biblioteca que contiene toda la información conocida y desconocida. La acumulación de información parece ser de importancia primordial en la forma en que los universos, etc. se construyen.

Empecé a hacer una pregunta, pero noté que Ann quería interponer.

Ann: Te doy un ejemplo. El Sol principal que irradia dentro de sí, por lo que estás dentro de lo que irradia con el sol. No hay diferencia en el rayo. Es todo un solo rayo. Es el mismo rayo que penetra todo conocimiento y todo lo conocido. Tú creas la intensidad. Es la intensidad que creas juntos, colectivamente que trae la fuerza en la fuente para salir más brillante. Porque cuando el Sol se debilita, es tu intensidad que se debilita.

D: *¿Entonces controlamos el Sol?*

Ann: Correcto.

D: *Bueno, realmente controlamos todo, pero no nos damos cuenta de eso. ¿Es verdad?*

Ann: Cierto. Tu planeta está en proceso de cambio en este momento. Has pedido que esto suceda. Has sabido que esto va a suceder. (Ann levantó la mano y miró hacia su palma hacia mí.) Es como mi mano que te sostiene en momento presente. En este momento presente, estoy haciendo lo mismo que el Sol. Te estoy disparando energía. Estoy redirigiendo esta energía hacia ti. En un momento lo sentirás.

D: *Déjame darte un ejemplo de algunas de las cosas que estoy encontrando, y ve si tiene sentido. Es como si nuestra alma, nuestro espíritu - o el subconsciente, o como quieras llamarlo - acumula toda la información a la que está expuesto el ser, y es un dispositivo de grabación en un nivel más bajo, más pequeño. Entonces eso significa que los planetas son los depósitos de conocimiento, o grabación en otro nivel. Y ahora estás diciendo que el Sol también es un registrador de información. ¿Significa esto que hay diferentes niveles desde el más pequeño hasta el más grande?*

Phil: Hay muchas formas diferentes de expresión. Estamos simplemente ilustrando que todo es de alguna manera tanto una expresión y un registrador de la realidad. No hay grabadora que no expresa. ¬ ¿Porque como puede ser que la grabación simplemente se hace, pero nunca se expresa? No tendría sentido que hubiera una grabadora que nunca reproduce.

D: *Entonces, en el nivel simple, que la mayoría de los seres físicos podemos entender, todo lo que nos sucede en todas nuestras vidas, son simplemente experiencias que quedan registradas.*

Phil: Los planetas son registradores de la gente. Los soles son registradores de los planetas. Es, en efecto, una cadena de registro, tal que las experiencias individuales de la persona son registradas colectivamente por el planeta. Cada experiencia individual de cada planeta es entonces registrada por el Sol. Cada grabación individual del sol, de cada planeta y cada ser individuales se registran en una galaxia. Cada galaxia es luego grabada en un universo. Y cada universo es entonces registrado, de modo que cada experiencia individual nunca se perdió. Lo cual ilustraríamos aquí con el pasaje en tu Biblia. Dice que ni un gorrión cae de un árbol que Dios no lo sepa. Y esto es literalmente cierto. Cada evento único en cada planeta es eventual y finalmente registrado y conocido a través del planetario, solar, galaxia, niveles universales. No hay tal cosa como cualquier evento o idea que pasa desapercibido.

D: *Si la gente entendiera esto, vería que no hay negativo, no hay positivo. Solo hay experiencias que son grabadas. Son solo lecciones que la gente aprende y se ponen en el banco de memoria total, ¿supongo que lo llamarías así?*

Tanto Ann como Phil dijeron al mismo tiempo, "Colectivo".

D: *¿El banco de la memoria colectiva o qué?*

Phil: El nivel de Dios. (Ann estuvo de acuerdo).

D: *Muchas de las personas con las que trabajo han ido a estos planetas repositorios del conocimiento, donde no había más que espíritus. Fueron llevados allí para descargar información, por así decirlo. ¿Es correcto?*

Ann: Correcto.

D: *Era como si las únicas personas allí fueran los encargados de los registros.*

Ann: Son seres que han experimentado en otros niveles, aparte de su nivel planetario.

D: *¿Y son capaces de ayudar con la acumulación de conocimiento?*

Ann: Correcto. Dispersión.

D: *Dispersión del conocimiento. Me gustaría pensar en él como una computadora gigante.*

Ann: Has tocado en esto. Lo has llamado "impresión".

D: *Hablamos de eso hace muchos años. Era como una biblioteca de todas las vidas vividas alguna vez.*

La teoría detrás de la impresión es que un espíritu puede escanear y elegir de la biblioteca una vida impresa en su alma antes de entrar en una encarnación. Esto suele ocurrir si van a entrar en una vida donde se necesitará la experiencia que no han tenido en su historia de vida. En lugar de vivir realmente la vida, es más fácil imprimir la vida. Me dijeron que la impresión contiene todo lo que sucedió en esa vida, incluyendo emociones. Sería imposible decir que la persona no había realmente vivido la vida. Esto presenta una dificultad para el terapeuta de regresión. Pero también responde a una de las preguntas de los escépticos: "¿Por qué hay tanta gente diciendo que eran Napoleón, Cleopatra, etc." Piensan que, si mucha gente dice que son la reencarnación de la misma persona, entonces esto invalida reencarnación. Pero no es así. Simplemente significa que varias personas eligieron imprimir la misma vida en su alma, antes de entrar en nuestro mundo físico. Se puede comparar con la investigación, para prepararlos por la vida en la que entrarán.

Ann: Estos espíritus son los guardianes de lo que llamas "impresión". Son los factores de dispersión en la nueva creación, a la que te enfrentarás muy pronto.

D: *¿Quieres decir porque la Tierra está cambiando? (Sí) Pero en eso misma línea, también me han dicho que el ADN de nuestros cuerpos existentes está cambiando.*

Ann: Lo está.

D: *¿Puedes hablarme de eso?*

Ann: Sí. Haz tu pregunta.

D: *Me han dicho que está sucediendo lentamente. ¿Que las hebras de ADN están cambiando? (Sí) Algunos dicen que, ¿eventualmente, vamos a tener doce hebras de ADN?*

Ann: Tendrás catorce.

D: *Pero me han dicho que, si llegamos a doce hilos, seremos cuerpos de luz, y por lo tanto no visibles en este nivel.*

Ann: No. Podrás ser visible en este nivel, porque es tu elección hacerlo. Lo has elegido colectivamente.

D: *Pero me dijeron que nuestro ADN está cambiando gradualmente.*

Ann: Ha estado sucediendo. Es muy minuto. (es decir: diminuto)

D: *Porque, si sucediera de repente, no sería capaz de aguantar.*

Ann: Por eso tu sistema de energía alrededor de tu planeta está cambiando. Va en aumento. Hay algunos entre tu planeta ahora que son conscientes de esto. Y se están preparando en este momento presente. Y están trayendo conocimiento frente a ti. En este momento hay un muro de energía alrededor de tu planeta que va cambiando y girando, para poder mantener esta fuente.

Phil: Siempre habrá quienes puedan aclimatarse a un nivel superior de niveles de energía a un ritmo más acelerado. Es como el concepto del mayor, pastoreando al menor. Tal que la asistencia se da a aquellos cuya capacidad de entender esta mejorado y ayudado por aquellos que ya entienden. El cambio en tu ADN es necesario para la expresión física de tu cuerpo, para tener más posibilidades de expresión. Mejoras a la estructura básica, para estas expresiones más altas, más avanzadas y enérgicas. Es simplemente una actualización en la versión de tu cuerpo, de modo que será capaz de acomodar estas energías superiores que son preparadas para expresarse físicamente. A este punto, no ha sido posible que ciertos niveles de energía se expresen físicamente. Porque no había manera de comunicarse con el cuerpo humano físico. Con esta actualización, el cuerpo humano será capaz de comunicarse en un nivel superior, y será capaz activar ciertas energías que son, en este momento, incapaces de expresarse.

D: *Me han dicho que, con esta activación gradual del ADN, de las hebras, también nos estamos volviendo más resistentes a las enfermedades.*

Ann: Te mostraré cómo funcionará. Tienes tu hilo actualmente, tal como lo conocen ahora. Estas longitudes se suman a la parte superior de tu hebra. Actualmente crees que están abajo. No están;

están en la parte superior. Se vincularán juntos en una formación de círculo, que actualmente ahora te faltan. En esta formación circular, cuando se unen entre sí, aumentará la intensidad. A través de esta intensidad, cambiará en sus niveles de vibración. Podrás transfórmate de un lugar de existencia a otro.

D: *¿Quieres decir disolverse o descomponer las moléculas del cuerpo?*

Como se hace en Star Trek, cuando van de un lugar a otro.

Ann: No se rompe. Tu comprensión de descomponerse es muy diferente a la nuestra.

D: *¿La disolución o transferencia de moléculas?*

Ann: Se trataba de una cuestión de pensamientos energéticos. Tu rediriges la energía. Pero has elegido no entender esto en esta vez.

D: *¿Pero podremos hacerlo en ese momento cuando el ADN cambie?*

Ann: Correcto. Será una hebra en espiral.

D: *También nos han dicho que esto hará que el cuerpo ¿será más resistente a enfermedades?*

Ann: Eso es tan mínimo. Ya no será una preocupación.

D: *Y dijeron que también están extendiendo nuestra vida.*

Ann: Es para siempre, para la eternidad.

D: *¿Pero seguirá siendo un cuerpo físico, como el que poseemos ahora?*

Ann: Si así lo decides.

Quería aclarar la diferencia entre el cuerpo y el estado espiritual, cuando un cuerpo ya no es necesario. Supongo que, como seres humanos, nos gusta mantener nuestros cuerpos físicos mientras más podamos. Nos apegamos a ellos después de todo, y nos gustaría quedarnos con lo que es familiar.

Harriet: (Había estado escuchando, pero esta era la primera vez que se unía.) ¿Habrá alguna ventaja en usar el cuerpo físico?

Yo había estado de pie junto a la cama, en lugar de sentarme en la silla como hago normalmente. Tuve que mover el micrófono de Phil a Ann, y esto requería estirarse sobre la cama. Parecía muy incómodo, pero no conocía otra forma de obtener ambas voces. Ahora apunté también en la dirección de Harriet. Solo esperaba que la grabadora pudiera recoger todas las conversaciones Más tarde, en la transcripción, descubrí que mi fiel "pequeña caja negra" no me había fallado. Grabó perfecta y claramente.

Ann: Sí. Será tu ventaja poder usarte como recurso a otros sistemas planetarios.
D: *Entonces mantendremos los cuerpos que tenemos ahora.*
Ann: Si así lo decides.
D: *Y simplemente cambiar. Pero no todos los cuerpos de las personas serán cambiados de esta manera. ¿Es eso correcto?*
Ann: Ya será pensamiento y decisión colectivos. Tú ya has elegido hacer esto.
D: *¿Qué pasa con aquellos que no entienden o no creen en esto?*
Ann: Ellos entienden. No van a entender en este nivel, pero así lo eligen cuando siguen adelante.
Harriet: *¿Puede darnos un marco de tiempo sobre cuánto durará este proceso?*
Ann: Tu marco de tiempo es extremadamente limitado. Esto ya se ha hecho. Es cuestión de que lo manifiestes a tu realidad.
Harriet: *¿Lo haremos dentro de nuestro marco de tiempo, tal como lo conocemos ahora? (Sí)*
D: *Ella está pensando en cinco, diez o veinte años, ¿se manifestará entonces?*
Ann: ¿En tu sistema matemático? Veintidós años.
D: *¿Estará finalizado para entonces?*
Ann: Tú lo iniciarás. En veintidós años habrás enrollado tus hebras, y simplemente empezarás a comenzar el inicio de tu proceso.
Harriet: *¿Alguna de las personas que están actualmente en el cuerpo ahora podrá avanzar hasta ese punto?*
Ann: Volverán.
D: *¿Qué pasa con aquellos de nosotros que estamos en la generación más avanzada?*
Ann: Elegirás volver, si así lo deseas. Tú volverás con el recuerdo.
D: *¿Pero acaso nuestros cuerpos no podrán cambiar a modo que puedas quedarte aquí durante el proceso?*
Ann: Podrás cambiar el nivel de tu piel exterior para poder manejar el cambio actual en el nivel de energía de tu superficie de la Tierra.

D: Porque me dijeron que la edad no sería la misma tal como la vemos ahora.

Ann: No lo será

Harriet: ¿Y el nivel de energía va a aumentar?

Ann: Correcto.

Harriet: Aquellos que no puedan mantener ese nivel de energía, elegirán salir y volver más tarde. ¿Es eso correcto?

Ann: Elegirás moverte, si así lo deseas. Si tu escoges no volver, esa será tu elección. Ya está pensado colectivamente. Parece que no entiendes esto.

D: No, no lo entendemos, porque todavía estamos pensando en el punto de vista individual.

Ann: No, eso se detuvo. Este es tu problema.

Dirigí mi pregunta a Phil, que había estado en silencio permitiendo a Ann que respondiera a la mayoría de las preguntas hasta ahora.

D: ¿Tienes algo que agregar sobre el ADN?

Phil: Diríamos que habrá más explicaciones en otras arenas. Esta información será confirmada a través de otras fuentes. Te pedimos que por favor mantengas tu conciencia en este tema, de modo que cuando haya cosas que puedan mejorar la información que se te presenta, ya sea en su formato de noticias o formato de convención, estes al tanto. Y entonces tu puedas mejorar la comprensión de otros que tienen, como usted, una comprensión elemental del proceso que está a punto de desplegarse.

D: El cambio del ADN y la adición de más hebras, ¿será visible a los científicos y médicos? (Ann: Sí.)

Phil: Recién ahora están comenzando a comprender, a través de sus vías de investigación, las implicaciones de lo que estamos expresando aquí hoy. El proyecto del genoma humano ha dado ahora un indicio de las posibilidades que, hasta el momento, no se ha expresado en sus cuerpos físicos. Existen muchos, muchos segmentos de la cadena que han sido clasificados como ADN "basura", simplemente porque no comprender su función. Sin embargo, algunos de estos llamados El ADN "basura" está de hecho en uso y se está expresando. Existen, sin embargo, algunas secciones que aún no están activadas. Estos segmentos adicionales funcionarán en concierto con muchos de los segmentos que ya están en su lugar. Es una mejora que activará muchos de los segmentos que hasta ahora han estado en su lugar, pero inactivos.

Harriet: *Sé que eres muy consciente de la afluencia de los llamados Los niños "índigo".*

Ann: Correcto. Son tus maestros. Hay un cambio de energía. Sus cuerpos se están reconstruyendo en este momento, con el cambio de energía. Sus niveles de ADN están aumentando.

H: *¿Hay buenas formas de lidiar con estas nuevas energías? (Sí) ¿Cómo podemos encontrar la mejor manera de hacer esto?*

A: Tienes recursos en ti en este momento. El agua es un recurso muy principal para sus hijos.

D: *¿Agua? ¿Te refieres a bañarse, beber?*

A: Póngalos cerca del agua. Ingestión interna. ¿Es esa la palabra correcta? El agua es un equilibrio para ellos. Porque la reconstrucción que se está haciendo en este momento con tu campo de energía (Tuvo dificultad para encontrar la siguiente palabra. Seguía empezando algo que sonaba como: cir... cir...).

D: *(sugerí) ¿Circuito? (No)*

H: *¿Circular?*

A: Circulación alrededor de tu planeta. En este momento, está actuando como confusión en estos individuos particulares. Ellos han venido aquí, como les has pedido, con una mayor conciencia y una comprensión superior. Su vibración de energía es mucho mayor. Es por la construcción que rodea tu planeta, que les cuesta trabajo conectarse en este momento. Pero sabían que esto iba a suceder.

D: *Pero muchos de los educadores, los maestros, no entienden a estos niños.*

A: No puedes esperar que los entiendan. No tienen una comprensión física y emocional de ellos. Son muy limitados.

D: *Pero el problema es que los están medicando y drogando, lo cual creemos que pueden obstaculizar sus habilidades.*

A: Estas personas que están tomando estos medicamentos que les están dando, entienden que pueden contrarrestarlos.

D: *¡Oh, eso es bueno! Porque no queremos que les hagan daño.*

A: No puedes hacerles daño. Es su elección individual, incluso estos individuos que vienen con esta iluminación. (Pausa) Sus preguntas fueron muy limitadas. Hemos notado que has venido con muchas preguntas en el pasado. Que tus preguntas esta vez son muy mínimas.

D: *Eso es porque no estábamos preparados para hacer esto, y estábamos tratando de concentrarnos en solo pocos elementos a la vez.*

A: Solo recibirás un poco de información, ya que creemos que lo necesitas para el tiempo que está en tu vida. No podemos cambiar tu curso. Tu cambias tu propio rumbo. Podemos ayudarte con cualquier pregunta que tengas. No te negaremos esa información.

Phil: *Habrá oportunidades para continuar estas sesiones de investigación, como nos gusta llamarlas, porque son, de hecho, un dispositivo u oportunidad por la cual, no solo puedes sondear nuestro entendimiento, sino que podemos sondear el tuyo. Diríamos que ambos en cada extremo de estas experiencias aprendemos los unos de los otros. No importa el método que utilices para ponerte en contacto con nosotros y hacer preguntas. Es tu vibración de sonido que afecta al cuerpo. No importa tus palabras.*

D: *¿Mi voz, quieres decir?*

A: Correcto. Nunca importan tus palabras. Siempre es la vibración de sonido a la que se está conectando.

D: *¿Así que solo tengo que hablar con ellos con la intención de que vamos a conectar, y podemos hacer esto?*

A: Correcto.

P: Nos gustaría darte las gracias por tus esfuerzos en difundir este cambio de conciencia. Vemos el efecto que estás teniendo en los de tu planeta. Aquellos que dirigieron su atención hacia entendimientos más elevados, o más bien dicho, comprensiones de los planos superiores, han encontrado en tus escritos una manera de entender muy cautivadora y fácil de entender para discutir estos temas, que para algunos son, entre comillas, "muy por encima de sus cabezas". Te agradecemos, porque no tienes idea del efecto que estás teniendo en la energía que rodea a tu planeta, es demostrable y notablemente diferente, debido a o como resultado directo de tus esfuerzos. Está siendo notado por aquellos que están observando desde una gran distancia, este cambio en la energía, que es transparente para aquellos de ustedes con sentidos físicos. Sin embargo, esos seres que están viendo remotamente tu progreso han notado este cambio. Te agradecemos, no solo por ellos, aquellos seres que son incapaces de expresar su aprecio para ti; pero también especialmente a los que estamos directamente trabajando contigo y con los seres de tu planeta. Que el aumento de la conciencia está en el camino de los deseos de Dios. Se les darán muchas más oportunidades ante cada uno de ustedes en esta sala de tener una última, o quizás, experiencia final. Es decir, tu transición para volver a casa. Cada uno de ustedes en esta sala le queda mucho por hacer. No necesitas preocuparte por cualquier problema de transición, ya que estos marcos de tiempo y la forma de salidas, son manejados por la autoridad más competente.

D: *Me dijeron que estaría presente para ver cómo sucedían estas cosas.*

A: Lo harás.

P: Habrá muchas cosas asombrosas que cada uno de ustedes experimentará antes de completar sus tareas. Te agradecemos otra vez de los que estamos aquí, y de los que no podemos estar aquí.

Al despertar, Ann estaba muy confundida y aturdida. No tenía absolutamente ningún recuerdo de entrar en trance, y ningún recuerdo de cualquier cosa que haya pasado. Phil tenía algunos comentarios que agregar antes que se acabara la cinta. Volví a encender la grabadora para grabarlos.

D: *Dijiste que sentías que había dos canales separados, y no el mismo grupo.*

P: Creo que esto se debe probablemente a que nuestras fuentes superiores, en algún nivel, están todos unidos. Quiero decir que es la misma y fuente última, pero en nuestro nivel aquí abajo se siente individual. Pude sentir cuando Ann se estaba preparando para decir algo, y no podía hablar al mismo tiempo.

D: *Eso es lo que temía que pasara. Ambos comenzando a hablar a la vez, y no darse cuenta de que el otro estaba hablando. Continuaban el pensamiento del otro y añadiéndolo.*

Ann dijo que cuando escuchó mi voz, no pudo seguir despierta a pesar de que estaba hablando con Phil. Así resultó con éxito, a pesar de que fue inesperado. Hubo mucha más información durante esta sesión. Tendrá que ser incorporado en otros capítulos.

CAPÍTULO 23

OTRO SER DE energía

Esta sesión se llevó a cabo en un retiro escondido en el norte Minnesota en octubre de 2001, por un grupo de espectadores remotos. Trabajan con otros en todo EE. UU. para recopilar información a través de la visualización remota. Saben que son vigilados por agentes del gobierno que siempre están tratando de averiguar que tanto saben. También saben que sus teléfonos están intervenidos. Lo sabíamos cuando llamaron y organizaron esta reunión con su grupo. Aproximadamente una vez al año, el grupo se reúne en algún lugar en reclusión para comparar notas y planificar estrategias. Esta reunión se llevó a cabo en un centro turístico junto a un lago que estaba cerrado por el invierno. Éramos los únicos allí, excepto los dueños. quien también administraban un bar en el local. El día antes del comienzo de las reuniones, mientras aún se estaban acomodando con los suministros, etc., algunas personas sospechosas aparecieron haciendo preguntas inusuales. Así que sospecharon que el gobierno probablemente sabía que estaban teniendo una reunión. Parecen tomar esto con calma y no dejan que les moleste. Dijeron que han tratado de trabajar con las agencias gubernamentales, proporcionándoles información cuando creen que algo va a suceder. Esta es la cantidad de información con que me siento cómoda hablar sobre ellos. Minnesota es la tierra de los 10,000 lagos, por lo que sería difícil precisar su ubicación. Trato de proteger la identidad de mis sujetos lo más posible.

El lugar estaba muy desierto. Después de hablar en el grupo MUFON en octubre de 2001, volamos del norte de Minneapolis en un avión pequeño. Luego nos llevaron durante más de una hora al complejo del lago. Hacía frío y nevó mientras estuvimos allí. Después de la reunión, volamos de regreso a Minneapolis para la conferencia WE (Walk-ins for Evolución).

Esto fue solo unas pocas semanas después de los ataques del 11 de septiembre en Nueva York y Washington DC. Durante la conferencia WE, USA atacó Afganistán con el pretexto de intentar matar a Bin Laden. Así que habían sido unas semanas tensas, y había mucha sospecha. Podía entender por qué el grupo estaba siendo tan precavido. El líder me ha llamado varias veces después de esto para decirme acerca de los eventos que pensaban que podrían suceder, para que pudiera estar al corriente de su trabajo. Su filosofía es tratar de cambiar cualquier evento predicho o evitar que sucedan usando la influencia mental del grupo.

Esta sesión se realizó con uno de los miembros en el resort. Usé la técnica de la nube con Laura, y cuando bajo, no sabía dónde estaba, pero definitivamente no sonaba como una vida pasada. Al menos no en la Tierra, de todos modos. Estaba obteniendo impresiones extrañas más que escenas.

L: Es casi como el sol brillando sobre un objeto brillante. Solo son sombras de luces y formas. Era como el sol tocando un espejo en ángulo, y lo estaba mirando desde el lado plano. Y ahora todo está oscuro.

Le hice varias preguntas para orientarla y permitir que las imágenes se formaran. Supuso que estaba dentro y no afuera, porque se sintió encerrada. Vio porciones de varios objetos que eran desconocidos para ella. Luego líneas, rectas y dentadas. Ejes de luz. Luego juegos de luces, e imágenes superpuestas encima una de la otra como una doblemente expuestas. Laura continuó durante varios minutos viendo varias formas geométricas, incluyendo algunos diamantes apilados y colores, pero nada que podía explicar en donde estaba. Entonces increíblemente anunció: "¡Creo que estoy en una máquina de algún tipo! O estoy mirando una máquina. Ahora veo todo algo así como una ventana. Pero no puedo ver a través de ella. Tiene una luz muy blanca detrás. Pero la luz no me hace daño a los ojos.

D: *¿Qué forma tiene la ventana?*
L: Es muy redonda. Tal vez fueron las abrazaderas que la sujetaban lo que vi antes cuando vi el borde de la ventana. La luz que vi venir por la ventana era del interior de la máquina. Estoy dentro de la máquina ahora. Y yo solo rodeado de luz. Está un poco fuera de

mí. ¿Algo así como un halo? Solo que está en todas las paredes y todo. Y a veces, la luz entra y totalmente me rodea y otras veces solo se vuelve un círculo a mi alrededor. Un cilindro a mi alrededor. Me mudé al interior de esta máquina. La luz es lavanda ahora.

Quería obtener alguna impresión de su cuerpo, así que la hice concentrarse en sus pies. "Siento mis pies, pero no los veo. Creo que no tengo ningún cuerpo. (Confundido) Estoy aquí, pero... no hay pies, no brazos. Solo estoy aquí. No creo que haya un cuerpo, más bien soy solo yo".

Esto ha sucedido muchas veces, así que no me sorprendió. Solo tenía que pensar en las preguntas adecuadas para hacer este tipo de ser.

D: *¿Cómo es el resto de la máquina? ¿Qué otras impresiones estas recibiendo?*
L: Tengo como una textura en las paredes. Sé que son metálicos, pero no se ven ni se sienten metálicos. Y las paredes son de una especie de arriba y abajo en forma de diamante entrelazado.

Estas fueron probablemente las formas de diamantes que vio antes, pero no tenía explicación para ellas.

D: *¿Te sientes cómodo en este lugar? ¿Sientes que perteneces allí?*
L: Sí. Es una máquina pequeña. Estoy confinado en ella cuando vengo a ella. Y percibo que el mundo es de colores. Un montón de luz coloreada en el mundo y yo soy luz coloreada. Los colores cambian a medida que reacciono a mi entorno. Luz y oscuro. Estamos en oscuro en este momento, pero se vuelve luz blanca, luz lavanda, luz amarilla.
D: *Ojalá pudiéramos saber más sobre este lugar y averiguar dónde está. ¿Quieres moverte fuera de esta máquina y mirarla desde fuera?*
L: Sí, me gustaría ver qué es.
D: *¿Cómo se ve desde fuera?*
L: Nuevamente, sé que es metálico, pero no parece metálico. Parece un plástico oscuro. Sin embargo, sé que es metálico. Es cilíndrico, con una parte superior puntiaguda de un cono. Pareciendo

apretado. Confinamiento. No restringido sino confinado, como si lo llenara. Hay espacio para moverse.

D: ¿Dónde está ubicado?

L: No sé lo que estoy viendo ahora. ¿Lo veo en una...? pasarela alrededor del exterior de esta. Estoy por encima de ella. Y se siente como si fuera un barco o un dispositivo de transporte. Ahora que tengo una mejor imagen de ella, sé que lo es.

D: Si es algún tipo de barco, ¿a dónde te transporta?

L: Cualquier lugar, que me venga a la mente, a cualquier lugar. (Risas) Está en un lugar mucho más grande, pero tengo la sensación de un área amplia y plana alrededor del muelle de carga y hay movimiento en él, pero no mucho. No es un lugar lleno de gente. Y hay algo yendo directamente hacia arriba.

D: ¿Hay otras personas alrededor?

L: Sí. No muchos. Son formas y tengo la sensación de que están usando un uniforme. No es una forma humana, solo formas.

D: ¿También tienen diferentes colores?

L: Son más o menos grises u oscuros, suaves. Pero yo pienso eso es porque están usando algo.

D: ¿Qué están haciendo estas otras personas?

L: Oh, están haciendo su trabajo. Yo lo llamaría un muelle de área de carga. Son solo trabajadores.

D: ¿Cuál es tu trabajo?

L: Yo piloteo la nave. Se siente como en casa.

D: ¿Cómo se ve esa parte donde lo piloteas?

L: Es solo toda la nave. Voy en la nave y hace lo que yo quiero que haga.

D: ¿No deben tener controles ni nada?

L: Es con la mente.

No era la primera vez que oía hablar de este concepto. En mi libro Legado de las estrellas (Legacy From the Stars), hubo ejemplos de extraterrestres que estaban conectados a la nave. Controlaban la nave con sus reacciones mentales y musculares. Aquellas entidades eran más físicas, donde este sonaba similar a la variedad energética; porque no parecía tener un cuerpo de sustancia.

Muchos extraterrestres también controlan sus naves con su mente. La mente grupal es especialmente poderosa.

L: Pero la nave es delgada. No es como un gran avión de carga real como aquí en la tierra. Es solo un cono delgado. Algo así como un lápiz, solo que es todo redondo y es largo y tiene una punta en la parte superior.

D: *¿Y tú eres el único en ella?*

L: Tengo la sensación de que sí. Cuando tomo la nave, soy sólo uno. Hago mandados. En realidad, no son mandados, pero no transporto carga. No como camiones o algo así aquí. No tengo una claridad de lo que hago cuando voy. Tengo un propósito al ir. Entregar mensajes, hacer algo, y piloteo la nave. Agarro la nave y voy.

D: *¿Le llevas el mensaje a alguien? ¿Es lo que quieres decir?*

L: Con que simplemente vaya es el mensaje. Es muy difícil de explicar. Ni siquiera yo entiendo bien el concepto de lo que significa.

D: *Obsérvate haciéndolo. ¿Te metes en la nave y piensas a dónde tienes que ir?*

L: Sí, así funciona la nave, así funciona la máquina. El lugar donde lo veo atracado no es el lugar de mi casa, pero vengo a este lugar con frecuencia. Otros como yo también. Por eso tienen un muelle de carga que se adapta a la nave. Entra en el aro. Y luego tiene una plataforma alrededor. Por eso las formas vestían ropa y no se parecía a mí. Porque esta no es mi casa, aquí es a dónde vengo a veces.

D: *Veamos cómo se ve de dónde vienes. Puedes volver allí muy fácilmente. ¿Qué aspecto tiene el lugar que es tu hogar?*

L: Luz. Mucha luz. Suave, suave... luz muy suave. Luz de todos los colores.

D: *¿Vas allí en la nave?*

L: No lo hice esta vez. Solo fui.

D: *¿No hay nada sólido o físico?*

L: No lo veo. Todos somos luz.

D: *¿Hay otros seres alrededor?*

L: Se siente como si solo fuera todo mi yo, pero solo hay una parte de mí que va. (Risas) Pero todo mí es cuando estoy en casa. Y es un sentimiento bueno y feliz; Estoy en casa.

D: *¿Por qué tendrías que ir en una embarcación entonces? dijiste que no sientes que tienes cuerpo.*

L: Necesitan la nave. Donde voy. Necesitan verla. Yo puedo viajar sin él, pero necesitan ver la nave.

D: *¿Por qué necesitan verla?*

L: Todavía no son seres de luz, pero lo entienden algo. Y para su comodidad, uso la embarcación cuando voy a ese lugar y lugares como este. Y se sienten cómodos viendo entrar una nave y ver salir un ser de luz. No tiene sentido para mí, pero de esa forma se sienten cómodos.

D: *¿Entonces te ven como estas luces de colores?*

L: Me ven como un ser de luz, pero necesitan ver esa nave. Por qué, no lo necesito. Me fui a casa y estoy de vuelta en la nave ahora. Cuando llegué a casa, me sentí bien. Fue solo la gran luz a la que fui a casa. Pero necesitaba que viniera la nave aquí.

D: *En esta luz que consideras hogar, ¿no hay nada físico? ¿Casas o algo así?*

L: No, solo tengo una idea de esta luz flotante y obtengo el sentido de "nosotros". "Nosotros" somos luz.

D: *¿Como si hubiera más de uno de ustedes en este lugar?*

L: Sí. Pero somos solo una masa. Y me voy y luego regreso. Cuando me voy, soy yo. Cuando regreso, somos nosotros.

D: *Todos ustedes son parte de lo mismo entonces. (Sí)*

Decidí adelantarla a un día importante cuando algo estaba pasando. Aunque no podía imaginar lo que sería considerado importante para un ser energético. Aun así, tenía seguir el procedimiento que me ha funcionado tan bien durante los años.

D: *¿Qué está pasando? ¿Que ves?*

L: Tiene que ver con nosotros convirtiéndonos en yo; y yo, convirtiéndonos en nosotros. Y tiene que ver con deber tener la nave para otra gente. Por su comodidad, por su bienestar. Debo tener la nave. Pero para mí, es solo ser yo y no nosotros, y no somos yo. Y entiendo que no es un día en particular, es todo ese concepto.

D: *Pero dijiste que te envían a entregar mensajes.*

L: Sí, y a veces me alejo mucho tiempo, donde se supone que voy por un mensaje. Eso es lo que trataban de decirme. Eso es lo que estoy tratando de ver.

D: *¿Qué quieres decir?*

L: Este cuerpo es mi nave ahora. Y estoy aquí por un mensaje. Para una razón.

D: *¿En la Tierra, quieres decir?*

L: Sí. Este cuerpo de Laura. Y para el nivel de comodidad de este tiempo y lugar, tengo que estar en él. Y tengo que ser yo. No puedo ser nosotros. Y me siento a gusto con eso. Me gusta ser yo, pero extraño el nosotros.

D: *¿Es eso lo que te está mostrando que en algún momento eras nosotros?*

L: Me han dicho que era el modo de educación infantil, porque esta fue una de las razones, o para explicar por qué estoy aquí. Cómo pasó.

D: *¿Cómo sucedió?*

L: Me llamaron aquí. He estado aquí muchas veces, pero esta vez me llamaron aquí.

D: *¿Qué quieres decir?*

L: Me necesitaban. Tenía que venir. Me querían. No nadie más. Querían que yo viniera. Y es un trabajo muy importante. Y sería un trabajo largo. No pude solo ir y venir. Tuve que venir en este recipiente y venir aquí.

D: *¿Quieres decir que viniste aquí a la Tierra para hacer algo que va a tomar mucho tiempo?*

L: Sí. Y va a ser muy difícil, pero puedo hacerlo. Y sentían que sólo yo podía hacerlo. Tengo que cambiar las cosas. Es muy sutil. Y es un poco confuso. Pero la entidad planeta necesita ayuda. Y el planeta también me llamó. La entidad que hace que este planeta está dolorido y sufriendo y lastimado. Así que trabajo con el planeta. Yo trabajo con esa entidad. Y la gente en el planeta está adolorida, sufriendo y herida. Yo vine a ayudar. Sé cómo cambiar estas cosas. Sé cómo trabajar en ellos.

D: *En tus otras vidas, ¿hacías el mismo trabajo?*

L: Lo hago cuando me necesitan.

D: *¿Así que, en otras vidas, has hecho el mismo trabajo de tratar de ayudar el planeta?*

L: Sí. Sin embargo, esta vez es serio.

D: *¿Cómo ayudas al planeta?*

L: Equilibro las energías. Intento formar y moldear las energías de la Tierra y de las personas. Es como esculpir. El clima, la atmosfera. Todo es una gran imagen con muchos partes. Y es algo así como...

hacer limaduras de hierro con un imán, como las fotos de los niños pequeños. Y tratas de hacer las limaduras de hierro en un bonito cuadro con el imán. Y yo tratando de mantener juntas todas estas limaduras de hierro. (Risita) Tratando de hacer que mantengan la imagen bonita. Este es un planeta tan hermoso. En cambio, las limaduras siguen saliéndose por sí mismas. Siguen vagando, siguen desviándose, siguen metiéndose en problemas. Y es un trabajo duro.

D: *Pero aparentemente te ofreciste como voluntario para hacerlo, ¿no es así?*
L: Sí. Esta persona, este cuerpo quería saber por qué fue llamado aquí. Y por eso la llamaron. Para ayudar a la Tierra. Para ayudar a la gente. Para ayudar al ambiente.

Se había vuelto objetiva. Esto generalmente significaba que ahora estaba en contacto con su subconsciente o su yo superior. No había pedido que viniera todavía, pero a menudo toma el control y entra la sesión por sí sola. Siempre le doy la bienvenida, porque sé que puedo obtener respuestas tanto a sus preguntas como a las mías.

D: *Este lugar de donde vino, ¿puedes decirle qué era? El lugar al que ella llamaba hogar.*
L: Es el Uno. El único. Donde todo es todo.
D: *Pero ella vino aquí para ayudar a la Tierra.*
L: Siempre el equilibrador de energías. Durante mucho tiempo, sí. Ella es muy buena en eso y el universo sabía que ella era la indicada que podría ayudar. La mayoría de la gente viene por las lecciones. Vienen para lo que sea. Ella vino a ayudar. El planeta llamó, el universo la llamó.
D: *Pero en esta vida, ella también está aprendiendo lecciones, ¿no? Esa es parte de la experiencia humana.*
L: Sí, ha aprendido lecciones para ayudar a otros a aprender sus lecciones. Siempre ayuda, siempre ayuda.
D: *Cuando vivimos en la Tierra, tenemos una tendencia a crear problemas y luego crear karma.*
L: Sí, la gente hace eso. (Risas) Y hay almas que lo han estado haciendo demasiado, y ella también ha accedido a ayudar a esas almas a aprender cómo equilibrar su karma en una vida. Ella misma no está siendo atrapada en el karma que la mantenga

atrapada aquí. Lo está haciendo bien. Ella recuerda. Pase lo que pase, ella puede equilibrar el karma. Y ella ha estado haciendo eso incluso antes de recordar que sabía cómo hacer eso. Guarda bien ese recuerdo, pero es vieja. Lo ha hecho muchas veces.

D: *Y eso es muy difícil vivir entre humanos, y no crear karma.*
L: Ella es muy respetada por nosotros por hacer eso. Ella es una de las pocas que no. Y esta vida ha sido dura para ella. Pero recordó temprano y lo recuerda bien, y ella está recordando mucho ahora. Sentimos que es el momento. Ella quería saber. Recordaba más de lo que quería reconocer, pero sólo porque ella estaba escuchando a todos diciéndole que no era así. Y queremos que sepa que es así. Sus recuerdos son precisos.

* * *

Laura también quería saber acerca de los ángeles, pero parece que son un tipo diferente de entidad.

D: *Laura, el cuerpo aquí, quería saber acerca de los ángeles. ¿Puedes decirle si existen tales cosas?*
L: Hay ángeles. Ella ha estado trabajando con ellos muchos miles y cientos de miles de años. Ha estado trabajando mucho con ellos. Tiene ángeles especiales que trabajan con ella.
D: *¿Son como sus guías o guardianes?*
L: También los tiene, pero son cosas separadas. Guías o guardianes son personas, humanos que ha conocido en otras vidas y esta vida, que han regresado para ayudarla a superar esta vez. Sus ángeles han estado con ella a través de todo. A través de todas las vidas en este planeta y algunos de las otros.
D: *Ella estaba pensando que un ángel era algo que estaba apegado a la tierra. No creo que eso sea correcto, ¿verdad?*
L: Creo que está confundiendo a los ángeles con algunas de las entidades protectoras de la Tierra que viven en la atmósfera superior. Permanecen cerca de la Tierra porque ese es su trabajo. Y ella trabaja muy de cerca con algunos de los que tienen el trabajo de equilibrio; en esa parte a lo que ha venido a buscar. Pero hay otros ángeles que van dondequiera que vayan las almas. Las almas que hacen humanos y otras entidades. Ella se preguntaba si los ángeles entran en cuerpos humanos. Y no lo hacen. Son solo

los seres que ella llama ángeles. Y hay cientos de aquellos seres que trabajan con ella, y uno en particular que ha trabajado con ella todo este tiempo. Todos estos cientos de miles de años. Desde que empezó a encarnar, a la actual. Están muy contentos con su trabajo con ellos. Pero necesita recordar que hay más que solo los ángeles que ella llama ángeles de la guarda. Necesita recordar a todos los otros ángeles en su trabajo ministerial, como ella lo llama. Necesita recordar, elogiar y agradecerles por su trabajo y orar por su energía y su bienestar y su fuerza.

D: Esa era otra de sus preguntas. ¿Lo que debería o podría hacer por ellos?

L: Ella necesita recordar acerca de la vocación más grande. Conoce la vocación de ayudar a las personas y de ayudar las almas que son traídas a ella para ayudar a través de sus experiencias. Pero necesita recordar que está trabajando con todas estas energías en la atmósfera y los Armónicos humanos. Las energías que todo el pueblo está sacando, y las energías del planeta. Y hay ángeles ayudándola con eso. Y ayudando a otros que están haciendo un poco de los mismos trabajos. Hay otros trabajando con las energías de la Tierra. Otros trabajando en las energías humanas. Y otros trabajando en las energías de la atmósfera. Ella es la única trabajando los tres.

D: Eso sería un trabajo más difícil que solo trabajar en un tipo.

L: Lo es. Se necesita mucho de ella. A menudo se pregunta por qué no duerme muy bien. Y esa es una razón. Está ocupada en ese otro nivel y la mantiene despierta. No se siente cansada y eso es porque estamos tratando de ministrarla para mantenerla activa para mantenerla bien.

D: Entonces está haciendo muchas cosas cuando cree que está durmiendo.

L: Lo hace todo el tiempo. Se nota en su vida porque ella tiene un metabolismo muy bajo. Y un bajo nivel de energía. Se mueve un poco más lento, habla un poco más lento. Duerme muy tarde y eso es porque está muy ocupada en este otro nivel, y eso afecta su cuerpo de esa manera.

* * *

En mi trabajo de los últimos años, he encontrado más y más personas se están dando cuenta de los verdaderos orígenes de su alma y su propósito de estar vivos en el momento presente. Parece que ahora es el momento de que todo les sea revelado. Es hora de ser conscientemente consciente.

CAPÍTULO 24

SI PIENSAS, CREAS

Richard, un maestro de escuela, descendió de la nube para ver gente saludándolo en la superficie. Le estaban dando la bienvenida a su regreso. Pensó que era otro planeta. Definitivamente no fue la Tierra. "Se siente diferente. Es muy pacífico, mucho. La gente es muy amable. Es como mi familia". La gente parecía humanoides, vestidos con túnicas flotantes. Él estaba vestido de morado, y no se estaban comunicando oralmente, "Intercambiamos telepáticamente".

D: *¿Sientes que eres sólido o físico?*
R: Hasta cierto punto físico, pero también muy ligero.

Se emocionó y comenzó a llorar mientras decía que se sentía como si se hubiera ido hace mucho tiempo.

R: Me están preguntando cómo ha sido. Qué tipo de experiencias que tuve. Es casi como aceptar un trabajo. Tomar una tarea. Fui como si hubiera ido en un largo viaje.
D: *¿Por qué decidiste volver?*
R: Porque es hora de volver. Solo para refrescar mis energías, y recordar de dónde vengo.
D: *¿Dónde has estado?*
R: Mayormente en el planeta Tierra. Esa ha sido mi tarea por lo menos los últimos cien mil años.
D: *Así que has estado en la Tierra mucho tiempo.*
R: Sí, muchas vidas. Siempre regresando.
D: *¿Por qué tenías que seguir regresando?*
R: Porque eso es parte del trabajo.
D: *¿Y dijiste que ahora has vuelto a intercambiar información?*
R: Sí, solo un pequeño repaso, supongo. (Llorando)
D: *¿Ha dejado de existir el cuerpo físico mientras estás allí?*

R: No. Solo cambió su frecuencia.

D: *Entonces, ¿es este el cuerpo físico de Richard?*

R: Sí, pero a una frecuencia mucho más alta.

D: *Entonces, ¿puedes ir a este lugar cada vez que cambias la frecuencia? (Sí) ¿Cuándo sucede esto normalmente?*

R: Probablemente por la noche a veces. Durante mi sueño.

D: *Entonces, ¿Richard no es consciente de estas cosas? (No) ¿Es este un lugar físico?*

R: Sí, en cierto sentido lo es, pero también está en una dimensión diferente. En algunos casos parece que es casi físico, pero hay algunos aspectos que son diferentes. Más ligereza, más libre, más fácil de moverse. Puedo crear más fácilmente con visualización.

D: *¿Qué creas?*

R: Formas, energías, música, colores.

D: *¿Creas estas cosas para esa dimensión?*

R: Una parte, pero la otra parte consiste en crear experiencias en los niveles inferiores. Cuando bajas la vibración, entonces se convierte en forma.

D: *Entonces, lo que eres capaz de crear allí permanece, ¿o se disipa?*

R: No, se queda. Toma forma. No sé cómo explicarlo. No conozco otra forma de explicarlo.

D: *Cuando estás creando, ¿cómo lo haces?*

R: Solo con pensarlo. Y luego sostener ese pensamiento. Y luego bajándolo de los planos superiores a los inferiores. Y mientras haces eso, mantienes la intención, y luego, de repente, brota. ¡Y está ahí!

D: *¿Me pregunto si hay una forma en que las personas que están en un cuerpo físico en la Tierra pueden usar esta habilidad?*

R: Sí, sería bueno. Podrían hacerlo trabajando juntos y armonizar como grupo. Dedicarse a la tarea. Hacer algunos compromisos. Ser constante en la atención. Tener la voluntad de entregarse a la tarea. Eso lo hace más fácil como grupo, pero también es una cosa de dos caras. Por un lado, hay un individuo. No tienes todas las complejidades de un grupo, pero como grupo tienes más energía para poder realizar algo más grande. Entonces ellos tienen ventajas y desventajas.

D: *Estaba pensando, si lo creas y piensas que existe, ¿podría desaparecer cuando se le quitó la energía? Cuando ya no pensabas en eso.*

R: No, siempre hay que pensarlo. Puedes pensar sobre muchas cosas simultáneamente, y mantener la energía. Hay multitudes y sistemas estelares completos en que puedes pensar sobre.

D: *¿Puedes hacer esto individualmente o necesitas un grupo?*

R: Creo que serían ambos, en realidad ambos. Algunos aspectos que puedes hacer individualmente, pero también necesitas el grupo para proyectos más grandes.

D: *¿Estos otros seres se quedan allí todo el tiempo?*

R: Algunos de ellos se quedan allí todo el tiempo, sí. Cuando me voy en una misión están reteniendo la energía para mí.

Estos seres ayudaron a Richard desde ese lado sin su conocimiento consciente, porque a veces se olvida cuando está en lo físico. Es mucho más difícil de crear en el planeta Tierra por la densidad. Se le estaba permitiendo conocer estas cosas ahora para que no las olvidara tan fácilmente.

D: *¿Cómo llamarías a este lugar si tuvieras que describirlo?*

R: Base de operaciones de la nave estelar. No sé cuáles son las coordenadas. A años luz de aquí, supongo. Pero solo se necesitan unos pocos minutos para viajar, si viajas en el cuerpo de luz.

D: *¿Es diferente del lado espiritual, o hay una similitud?*

R: Es una similitud.

D: *Estoy pensando en cuando el cuerpo muere y el espíritu va al lado espiritual. ¿Es similar a eso?*

R: Sí y no. Creo que si pierdes tu cuerpo estás... hay un poco de desconexión. Lo estoy describiendo más como la siguiente fase, y esto es poder tomar todas las vidas e integrar eso en un solo cuerpo, y simplemente elevando la frecuencia y luego llevártelo conmigo. Es más, como un proceso de ascensión o como lo llamen. Solo subes y subes y subes la frecuencia. La muerte es un poco disruptiva en cierto sentido. Esto es más como una continuación.

D: *¿Por qué crees que la muerte es disruptiva?*

R: Un poco. Te lleva de una experiencia a otra experiencia. Y a veces la gente se pierde un poco. Pero esto es más de un fluir muy consciente, continuo, fácil, elevación de la vibración sin interrupción en la conciencia.

D: *Cuando van al lado espiritual, regresan como un ciclo. ¿Y este no es un ciclo?*
R: Creo que este sería como liberarse de ese ciclo. Tienes más opciones en cuanto a cuándo quieres venir, cuando quieras volver.
D: *¿Por qué decidiste experimentar en la Tierra cuando podrías permanecer allí donde es tan hermoso?*
R: Supongo que a veces quiero asumir tareas difíciles.
D: *¿La Tierra es una tarea difícil?*
R: Sí, creo que sí.
D: *¿Qué hacen con esa información que traes?*
R: Lo estudian. Lo compilan. Creo que es otro nivel de experiencia con la que algunos de ellos están familiarizados. Muchos de ellos nunca han decidido experimentar una vida física.
D: *¿Sabes lo que hacen con la información cuando la acumulan?*
R: Creo que es parte de un proyecto de investigación para averiguar si ese experimento realmente funciona. O si debe haber algún otro experimento que deben iniciarse.
D: *¿Cómo explicarías ese experimento de investigación?*
R: (Pausa mientras buscaba palabras para describirlo.) ¿Cómo lo divino se despliega y luego regresa de nuevo? Siempre expandiéndose y regresando en ciclos. Lanzando en diferentes direcciones. Toda la inmensidad de diferentes experiencias.
D: *¿Estas son experiencias de todos los individuos?*
R: No, son todos los grupos, todas las multitudes de... primero te estás expandiendo e individualizando y convirtiéndote en partes y luego... ¿cómo lo juntas?
D: *¿Esto es lo que se llama el experimento de investigación? Convirtiéndose en todas estas partes diferentes. ¿Y acumulan información y luego lo traen de vuelta? (Sí) ¿Solo la Tierra está involucrada en el experimento?*
R: No, no, no. Creo que son muchos
D: *¿Ha estado sucediendo durante mucho tiempo?*
R: No, creo que la humanidad es como cien mil, doscientos mil años. Otros experimentos fueron más largos. Cuando todas las otras formas de vida eran muy viejas. No había límite de tiempo para nada.
D: *Por eso es difícil para mí hacer preguntas sobre cuánto tiempo algo toma, porque no tiene sentido. (No) ¿Creen que el experimento está funcionando?*

R: Creo que estamos progresando. Hay un rayo de esperanza que podría funcionar.

D: *¿Qué pasaría si pensaran que el experimento no está funcionando?*

R: (Risas) Entonces reciclas. Simplemente los mezclas y crear algo nuevo.

D: *Entonces, ¿qué pasará con todas las experiencias y toda la información que se acumuló?*

R: Parte de eso podría perderse, pero en el gran ciclo de las cosas, es sólo parte de la acumulación de información. Siempre tienes experimentos. Y algunos experimentos funcionarán y algunos otros no lo harán. Pero todos contribuyen a lo que funciona y lo que no funciona. Siempre es valiosa información. Entonces cambias un poco las condiciones y sintonizas bien, pero no los cambias drásticamente. Aprendes de las experiencias y luego haces algunos cambios y luego vuelves a intentarlo.

D: *¿Es esa una de las reglas, no puedes cambiarla drásticamente?*

R: Sí, porque si cambias demasiados variables al mismo tiempo, entonces no sabes. Es muy, muy difícil saber exactamente lo que funciona y lo que no funciona.

D: *Así que hay ciertas reglas y regulaciones. (Sí) He oído que la Tierra es un planeta difícil.*

R: Sí, es uno de los lugares más densos para estar. Pero a causa de eso, también tiene algunas oportunidades y algunos desafíos. Debido a que es un planeta de libre albedrío, muchos aspectos son a veces impredecibles. Muchas sorpresas.

D: *Cuando Richard deja el cuerpo, cuando muera, ¿vuelve a este lugar o va al lado de los espíritus?*

R: No creo que necesite volver a lo que llamas el lado espiritual. Porque esta vez puedo ser, como dije antes, solo va a subir a una frecuencia más alta. Así que volvería al planeta hogar, por supuesto.

D: *Mucha gente tiene que ir a los niveles inferiores. ¿Podrían simplemente saltar de repente al otro nivel donde estas? (No) ¿Hay ciertas reglas al respecto?*

R: Reglas tal vez no sea la palabra correcta, pero muchas están en ciertas condiciones que no les permitirían saltar tan rápidamente. Aunque la libertad estaría allí, sería muy difícil.

D: *Sé que a muchas personas les gustaría pasar por alto el lado espiritual, incluso aunque es hermoso, e ir directamente a donde pueden crear.*
R: Sí. Pero tienes que trabajar mucho en ti mismo para poder hacerlo. Pero también, creo, una voluntad de dar. Servir. A contribuir.
D: *¿Ese es tu objetivo, volver a ese lugar y quedarte allí?*
R: No necesariamente quedarme ahí, pero sé que quiero volver. Y si hay otra tarea, después de un tiempo lo contemplaré y estaré dispuesto a asumirlo de nuevo.
D: *Dijiste que algunas personas allí nunca han ido a una misión.*
R: Sí, pero también tienen roles diferentes. Para algunos de ellos es el papel que han asumido.
D: *Tal vez algunos de ellos son como los acumuladores de información y registros. (Sí) Y tú eres de los que se aventura y la trae de vuelta. (Sí) Siempre pienso en máquinas. ¿Necesitan algo así para acumular la información y registrarla?*
R: Sí tienen computadoras y diferentes dispositivos, pero por otro lado necesita la conciencia de las entidades o como quieras llamarles. - Cuando estabas hablando de crear, puede haber problemas debido al libre albedrío. Digamos que tienes energía libre. Pero si usas la energía libre para crear los productos incorrectos como resultado de ello, entonces eso sería ser un mal uso de la energía libre. - Su alma ha hecho esto antes. Incluso en un pasado lejano. En realidad, es una especie de gracioso hablar del pasado. Creo que Atlantis, Lemuria. Él sabía hasta cierto punto.
D: *¿Qué hizo en esas vidas con la energía?*
R: Todo tipo de cosas. Calefacción de viviendas. Transporte de personas. Construyendo cosas. Curación. Mantenimiento del cuerpo. Puede ser usado para muchas cosas.
D: *¿Qué pasó? ¿Hizo mal uso de las habilidades?*
R: No, no los abusó, pero perdió el control. Llegó a las manos equivocadas. No fue lo suficientemente cuidadoso con eso. A veces confiar demasiado y a veces creer demasiado que todos tienen las mismas buenas intenciones. Así que creo que tenemos que ser un poco más perspicaces.
D: *¿Cómo puede aprovechar el conocimiento que tenía en esas otras vidas?*
R: A través de la meditación, hablando con la gente, y luego con solo hacerlo. Y luego cuando trabaja con sus manos y de repente algo

toma forma, vendrá un relámpago y decir, "Oh, esto parece familiar". Creo que a veces solo confiando y realmente hacerlo. Porque muchas veces él quiere ser perfecto y quiere estar siempre pensando en la siguiente mejor cosa, pero simplemente haciéndolo. - creo que solo viendo este lugar me recuerda de dónde vengo, así como para no olvidar. Y haciéndome saber que me están apoyando, pensando en mí, sobre protegiéndome.

D: *¿Hay alguna forma en que pueda tener contacto o comunicación con ellos durante su estado consciente?*

R: El primer paso está en la meditación. Y luego creo que el canal se abrirá más. Se abrirá de tal manera que casi puedo hacerlo en cualquier momento.

D: *Hoy estuvimos buscando una vida pasada apropiada para que Richard examinara. ¿Por qué elegiste llevarlo al lugar hogar de dónde vino? Lo llevaste directamente allí, en lugar de una vida pasada.*

R: Creo que eso es mucho más importante que cualquier información de vida pasada, porque ahí es donde está su base de hogar. Pienso los diferentes roles que desempeñamos son solo parte de la experiencia en conjunto. Lo que es mucho, mucho más importante es la esencia del origen y de dónde venimos. Pienso que a veces ni siquiera es útil lamentarse de cosas que han sucedido en el pasado. Es importante centrarse sólo en el futuro, y hacer lo que se requiere en el momento, entonces vendrá la información necesaria. Eso ayudará en el proceso.

D: *¿Entonces crees que si nos lamentamos por cosas que sucedieron en el pasado nos retiene?*

R: Hasta cierto punto, sí.

D: *El pasado tiene una importancia, y no queremos que haya sido en vano. Porque aprendemos lecciones de ello, ¿no?*

R: Sí, lo hacemos. Pero a veces también es bueno dejar ir. Y solo soltarlo. Incluso si suceden cosas malas, déjalas ir. Son parte de la experiencia humana en un nivel, pero, por otro lado, hay mucho más.

* * *

Me encontré con otro ser capaz de crear cuando tuve una sesión con Nicole, la supervisora de una gran corporación. Ella fue inmediatamente a un lugar fuera de este mundo cuando se le pidió describir su hermoso lugar. Se encontró en una cueva, pero no sonaba como un lugar normal en la Tierra, porque había espíritus allí con los que ella se comunicaba. "Veo estos espíritus cuando tengo preguntas o cuando tienen información para darme. Puedo llamarlos. A veces están haciendo otras cosas. Si Los llamo, vienen. La mayoría de las veces solo puedo encontrarlos. aquí." - Describió estos espíritus como luces blancas brillantes. "Se ven como yo quiero que se vean. Pueden verse como personas individuales. Yo los llamo la 'gente de túnica blanca'. Muchas veces no miro sus caras muy de cerca. Los reconozco por sus vibraciones energéticas".

Le pregunté acerca de esta cueva en la que se encontró. "Este es un lugar que he creado. Y puedo venir en cualquier momento. Lo creé en mi mente con mi mente, pero lo creé en lo físico. Existe en - lo que podrías llamar - un plano astral. Es un verdadero lugar. Otros lo reconocerían".

D: Pero los espíritus de los que hablas, ¿existen en el plano astral?
N: Existen más allá del plano astral. Son amigos míos. Son guías y colegas. Los uso para información, compañía. (Risas) Y solo por pasar el rato juntos. Pueden acceder información que es difícil para mí acceder desde esta encarnación. No tengo que estar en la cueva. Puedo contactarlos desde cualquier lugar.
D: ¿Pero te gusta este plano astral porque es pacífico?
N: Es tranquilo.

Era obvio que Nicole no estaba en una vida pasada. Ella estaba simplemente describiendo su contacto con estos guías espirituales durante su presente encarnación. "Los he contactado en otras vidas. Hemos sido más colegas que guías entre nosotros". Entonces continué con la técnica de regresión y utilicé el método de la nube.

N: Estoy a la deriva por unos árboles de pino muy, muy puntiagudos. ¡No creo que esto sea la Tierra! Los pinos son muy, muy, muy altos. Tal vez diez pies de ancho, y muy redondos. Y el suelo se está moviendo. No es sólido.
D: ¿Qué se siente cuando te paras sobre él?
N: No estoy en lo físico. No tengo un cuerpo físico. Así que no necesariamente tengo que pararme en él. El suelo solo se mueve.

Es como estar parado en una nube, pero es energía en lugar de partículas de agua.

D: *¿Qué pasa con los árboles, son sólidos?*

N: No, no son sólidos. Nada es sólido de la manera que esperas en la tierra. Tienen forma, pero podrías poner tu mano a través de ellos. Son tridimensionales, si puedes imaginar que las moléculas que forman el árbol no son tan estrechamente unidas como las moléculas en la Tierra.

D: *Por eso puedes pasar tu mano a través de él. ¿Y el suelo se mueve porque tampoco es sólido tampoco? (Correcto) Y tu cuerpo es más como....*

N: Es más un cuerpo de energía. Puedo hacer una forma. Solo jalo algunas moléculas más juntas. Tengo un poco de materia. Aunque es muy suelto.

D: *Si alguien te mirara, ¿qué vería?*

N: (Risas) Depende de quién me miró. Tal vez alguna gente vería una especie de mancha gris. Otras personas lo verían todos los destellos. Todos los colores diferentes. Depende de lo que sean conscientes. A menos que jale de las moléculas con más fuerza para crear una forma.

D: *Si fueras a crear una forma, ¿qué crearías?*

N: Lo que sea que quisiera crear. Podría crear cualquier cosa. Podría crear un gato grande. Podría crearme a mí mismo de la forma en que estoy en la presente encarnación. Podría crearme a mí mismo como un hombre. Podría moldearme en cualquier forma que quisiera. Está muy fácil de hacer.

D: *Entonces, lo que sea que hayas creado, ¿sería sólido?*

N: No tan sólida como la Tierra, pero sería tan sólida como los árboles de la Tierra.

D: *¿Entonces la gente podría pasar su mano a través?*

N: Si eligen hacerlo.

D: *Eso es interesante. Pero así es como se ve tu cuerpo todo el tiempo ¿en este lugar?*

N: La mayoría de las veces lo dejo como destellos.

D: *Eso suena hermoso. ¿Y todo este mundo en el que estás es sin forma?*

N: No, no es sin forma. Hay reglas en este mundo también. Hay parámetros diferentes sobre esta realidad que sobre la Tierra. Los parámetros físicos son más amplios. Otros parámetros son mucho más estrechos. No hay tanto margen de maniobra en el perdón - creo que he malinterpretado esa palabra. Hay menos margen de maniobra en el pensamiento. Si piensas, creas.

D: *¿Dijiste que este lugar, este mundo, no está en la Tierra?*
N: Podría ser concurrente con la Tierra. El espacio que lo ocupa también puede estar ocupado por la Tierra.
D: *¿Podrían ocupar ambos el mismo espacio?*
N: Ciertamente. Hay aviones. Se podría decir que esto está en un plano diferente. En un nivel vibratorio diferente. Parte de ello superpone partes de la Tierra.
D: *Así que Por eso pueden existir en el mismo lugar, ¿porque están vibrando a diferentes velocidades?*
N: Sí. Pueden ocupar lo que pueda parecer en la encarnación de la Tierra ocupando el mismo espacio. El espacio es en realidad infinito. Al ocupar un nivel vibratorio diferente, sería ser invisible para la Tierra, en la mayor parte de su ocupación.
D: *¿Hay otros como tú que existen allí?*
N: Hay algunos. No nos contactamos muy fácilmente. Vengo aquí para estar solo. No existo aquí todo el tiempo. Es el lugar para practicar el control del pensamiento. Y para hacerlo sin excesivas consecuencias.
D: *¿Qué quiere decir con consecuencias excesivas?*
N: En muchas áreas, o planos, o niveles vibratorios, el pensamiento es más difícil de controlar en la entidad ocupada. Y así en esos casos, el pensamiento a menudo crea inesperadas consecuencias. Esas consecuencias a menudo pueden ser perjudiciales en patrones amplios.
D: *Quieres decir que la gente crea cosas y luego es...*
N: Es un error. Incompleto.
D: *¿Es esto cuando se crea instantáneamente?*
N: No. Todo lo que piensas se crea instantáneamente. En este otro plano que estoy visitando, las creaciones aparecen al instante. Y por lo que es un excelente lugar para entrenar tus patrones de pensamiento. Porque piensas algo. Instantáneamente aparece y tú instantáneamente puedes explotarlos y refinarlo.
D: *Quieres decir que es más fácil controlarlo allí.*
N: Sí. El plano de la Tierra es tan grueso. Creas algo y hay energías que interfieren que son tan espesas. Tarda ¡tanto! ¡Muy lento! La tierra es tan lenta. Es densa. El pensamiento crea algo, y sale y

tarda en regresar. Para cuando regrese, habrás creado otras cosas. Todo este tiempo ha pasado. Esta creación finalmente viene y dices, "Pffft, eso no es lo que quería. Eso no es lo que necesitaba". Así que tienes que explotarlo y empezar todo otra vez.

D: *Pero si tomara más tiempo para suceder, para lograrse, ¿no podría cambiarse más fácil?*

N: A veces se puede. A veces no puedes seguirlo todo hasta el final. Es tan grueso. No siempre puedes controlarlo. Las energías de otras personas se apoderan de las creaciones y se mueven.

D: *Eso hace cambios en ello. Nunca pensé en eso. No se mantiene puro. Entran otras influencias.*

N: Sí. Tienes que crearlo en una vibración muy alta para mantenerlo limpio Es mucho más fácil practicar aquí. Mucho más divertido. Es mucho más fácil crear cosas hermosas.

D: *¿Puedes traer lo que creas allí al plano de la Tierra?*

N: (Risas) Eso sería bastante perturbador. Tener un tigre corriendo por la calle. Ese tipo de cosas. No es lo mismo.

D: *¿No sería más rápido si pudieras hacer eso?*

N: No. Hay una vibración diferente para crear cosas en el plano de Tierra que funciona mejor.

D: *Pensé que podría haber una forma de evitar la lentitud.*

N: La lentitud es parte de las reglas, de las leyes.

D: *Pero puedes ver la persona que eres en la Tierra. ¿En realidad, estás en dos lugares a la vez?*

N: Sí, podrías decir eso. Puedo concentrarme en ciertos lugares. Es más complejo que eso. Siempre estoy existiendo en muchos lugares. Existo en el sentido más elevado en todas partes a la vez. No hay tiempo, espacio.

D: *¿Cuál sería el propósito de existir en todas partes al mismo tiempo?*

N: En ese punto, eso es saber todo lo que necesitas saber. A tener acceso a cualquier información.

D: *¿Siempre has existido? ¿O tuviste un comienzo en algún lugar?*

N: Tuve un comienzo. Estoy tratando de encontrar esa información. No creo que haya una manera de explicar. En realidad, era un esfuerzo en conjunto. ¿Cómo explico esto? Era otra mitad. Era la mitad, y una energía masculina era la mitad.

D: *¿Quieres decir que la energía masculina y femenina estaban juntas?*

N: (Ella respiró hondo.) Necesito un mayor nivel de energía, Por favor. (Ella respiró profundamente como si se estuviera adaptando a algo.) Estoy subiendo un par de niveles. Para tener acceso a más información.

D: *Algunas personas me dan analogías si no pueden encontrar las palabras.*

N: Sí, pero es difícil encontrar una analogía en la Tierra. Porque en la Tierra no hay ninguna comprensión del hecho de que algo puede ser creado a partir de una aparente nada. Pero eso es lo que es. Así es como nací, por así decirlo, espiritualmente. Y fui este pensamiento creado. Mediante pensamiento. Y sé en la Tierra, dices ¿cómo puedes crearte a ti mismo a través del pensamiento? ¡Tendrías que estar ya en existencia para tener ese pensamiento!

D: *O algo más tiene que pensarte para que existas.*

N: Quizás.

D: *Bueno, si es muy complicado....*

N: No, no es una complicación. Es simplemente que la información no está disponible en el plano de la Tierra.

D: *Quiere decir que no puede descender a nuestras mentes humanas.*

N: No en este momento. No tendría ningún sentido.

D: *Tal vez sea suficiente darnos cuenta de que hay algunas cosas que no podemos comprender. (Sí) ¿Conoces la entidad conocida como Nicole? ¿A través de la cual nos estamos comunicando?*

N: Sí, somos iguales. Soy parte de ella.

D: *Eres parte de ella, pero estás separado. (Sí) Influyes su vida de alguna manera mientras vive?*

N: Sí. Por transferencia de pensamiento.

D: *¿Estás interesado en lo que le sucede a ella, o eres totalmente separado?*

N: Me interesa más lo que me pasa a mí.

D: *Entonces, ¿por qué existes también como entidad en la Tierra?*

N: Ciertas experiencias están disponibles en la Tierra.

En este punto sucedió algo inesperado. La entidad detuvo mis preguntas para que pudiera trabajar en Nicole. El cuerpo de Nicole respiró profundamente, y luego la entidad dijo: "Estoy llevando a Nicole al siguiente nivel. Es la parte más conocedora de sí misma".

D: *¿El siguiente nivel es superior o inferior?*

N: Arriba. Un poco más ligero que el otro. Esto ayuda para sea consciente de los diferentes niveles de conciencia dentro su ser, porque ese será el siguiente paso en la integración. Y el crecimiento es integrar todo esto en su nivel más alto. En este momento, a menudo se hace la tonta para poder relacionarse con las personas que la rodean. De una manera que enmascarará su impaciencia con la tontería. Tan pronto como ella dice algo en el nivel físico sobre lo que está pasando en el nivel espiritual, se le responde con desdén. Por eso es mucho más divertido para ella estar sola. La gente no entendería si cambiaba de forma en público, o si convirtiera el reloj en una rana. Es frustrante e irritante. (Respira hondo) Tiene que guardárselo todo. Ella usa estas energías. Sabe de dónde vienen. No necesariamente confía su control sobre ellos en esta encarnación física hasta el momento. Provoca rupturas en la energía y muros en la energía. Por eso ella no hace estas cosas. No le gusta asustar a la gente. No quiere poner su pie a través de la pared. Poner su mano a través de la pared. Crear cosas; abrir su puño y hacer volar mariposas.

D: *¿Puede hacer eso?*

N: Si puede. Lo sabe, lo teme. Estas cosas están en contra de las leyes físicas del lugar donde vives. Conscientemente se da cuenta de que puede hacer estas cosas. No las hace, porque no confía en otras personas. No confía en su comprensión. No confía su reacción. Siempre ha sido capaz de hacer esto incluso cuando era una niña. Cambiaba de forma cuando era niña.

D: *¿En qué cambiaría de forma?*

N: Lo que ella quisiera. Árboles. Agua. Ardilla. Cualquier cosa.

Esto es similar a otros capítulos de este libro, cuando las personas fueron capaces de hacer cosas que suponemos imposibles. Al escribir este libro me he encontrado con personas que tienen la capacidad de cambiar de forma, a menudo sin su conocimiento consciente. De repente, parecen diferentes a los observadores. Esto estará en el Libro Tres. Como dijo Nicole, estas cosas no están en contra de las leyes naturales de este planeta y esta dimensión. Simplemente hemos sido condicionados desde la infancia que hay ciertas cosas que hacemos, y ciertas cosas que no podemos hacer. Estuve sermoneando durante años sobre el hecho de que no conocemos el poder de nuestras propias mentes. Una vez que el poder de nuestra mente (que es disperso) está organizado y enfocado (especialmente en grupos) no hay nada que no podamos hacer. Entonces los milagros se vuelven posibles. Nosotros necesitamos reconocer y contactar a ese ser creador que habita dentro de nosotros.

CAPÍTULO 25

UN SER de Energía CREA

Los atentados del 11 de septiembre de 2001 en Nueva York y el Pentágono fueron puntos de inflexión en nuestro mundo. Pero también hubo un cambio que ocurre en mi trabajo al mismo tiempo. Un punto giratorio en la obtención de información, y el tipo de información que se obtendría. Durante todo el 2001, esto parecía estar ocurriendo mientras los seres (o quienes quiera que sean) estaban suministrando conceptos más complicados. Parecían indicar que el mundo estaba listo para esta información. A veces anhelaba los días más simples cuando mi enfoque estaba en vidas pasadas y el estudio de la historia, pero esto no iba a ser. Nunca podría volver a esos días, y tendría que seguir progresando más lejos en lo desconocido e inexplorado en la metafísica.

Mi hija Nancy y yo quedamos atrapadas en el lío que ocurrido en los aeropuertos el 11 de septiembre después de los atentados. Acababa de terminar de hablar en una Expo en Carolina del Norte, y habíamos pasado la noche en una casa particular. Nos levantamos esa mañana y estábamos empacando para ir al aeropuerto a regresar a casa por unos días. La señora recibió una llamada desesperada de un amigo que le decía que encendiera la televisión. Dijo que el Pentágono acababa de ser bombardeado. Dije, totalmente sorprendida: "¡Pero eso está en mis libros! Excepto que Nostradamus dijo que Nueva York también sería bombardeada".

Gritó desde la otra habitación: "Será mejor que entres aquí. ¡Son ambas!" Vimos con horror cómo la cámara cambiaba de un lado al otro entre los dos eventos que estaban ocurriendo simultáneamente. Luego, con total incredulidad, vimos las torres gemelas colapsarse en un montón de escombros. En los diez años que había estado dando conferencias sobre las profecías de Nostradamus, siempre fueron un escenario "posible". Uno que sinceramente pensamos que podríamos evitar. Ahora, sus predicciones se reproducían frente a mí. Me sacudió hasta el centro de mi ser. Siempre habían sido "tal vez, podría ser, posiblemente". Pero ahora, estaban en mi realidad.

Después de que mi hija Nancy y yo logramos desprendernos y alejarnos de la televisión, sabíamos que aún teníamos que ir al aeropuerto donde se suponía que íbamos a tomar un vuelo de regreso a casa. En eso tiempo, no sabíamos qué pasaría después. Mientras conducíamos nuestro coche de alquiler al aeropuerto, llegaban noticias por la radio de que todos los vuelos en todas partes de los Estados Unidos estaban siendo detenidos, y a esos vuelos en el aire se les decía que aterrizaran de inmediato. Vuelos del exterior del país se les dijo que se regresaran en vuelo o aterrizaran en Canadá. Esta fue la primera vez que algo así había sucedió en los Estados Unidos. Las implicaciones fueron asombrosas. Sin embargo, todavía teníamos que ir al aeropuerto para averiguar qué hacer.

Cuando nos acercábamos al aeropuerto de Greensboro, parecía un campamento militar o redada policial. Había barreras, coches de policía y policías por todas partes. Ya habían sellado las entradas. Nos detuvieron de inmediato, y me di cuenta de que los policías estaban muy nerviosos y molestos. No tenían más idea de lo que estaba pasando que nosotros. Nadie sabía el alcance de la catástrofe todavía. Nos dijeron que no había vuelos y nos tendríamos que salir de inmediato. Pero teníamos que averiguar qué hacer con el coche de alquiler. A regañadientes, nos dejaron estacionar y entrar. Fue inquietante, el aeropuerto estaba totalmente desierto. La mujer en el mostrador de alquiler de autos dijo que, si entregábamos nuestro auto, no podríamos conseguir otro. Todos los alquileres habían sido detenidos, y también todos los autobuses de Greyhound habían sido detenidos. Toda la nación se había detenido de repente. Miré a Nancy y dijo: "Todavía tengo la llave. Empezaremos a conducir". Les dijimos que entregaríamos el auto cuando volviéramos a casa en Arkansas. No discutieron, era la única solución lógica. Tomó dos días conduciendo para volver a Arkansas. Todo el camino, en una atmósfera de otro mundo con las emisiones de radio sin parar.

Cuando llegué a casa exhausta, había mensajes que varias estaciones de radio que querían que saliera al aire inmediatamente para hablar de las profecías de Nostradamus de los acontecimientos. Mis libros, Conversación con Nostradamus, fueron los únicos que tenían los incidentes descritos en detalle. Al día siguiente, recibimos una llamada de Bob Brown, que estaba organizando la Conferencia

OVNI en Laughlin, Nevada, donde estaba programada a hablar ese fin de semana. Habían decidido no cancelar, sino realizar la conferencia de todos modos, e iban a empezar a conducir de Colorado a preparar las cosas. Dijeron que algunos de sus oradores que procedían de Europa se habían tenido que regresar en pleno vuelo y no podrían asistir. Nadie sabía qué tipo de conferencia habría. Pero él quería que cambiara el tema de mi conferencia sobre los ovnis a las profecías de Nostradamus debido a las circunstancias. Dijo que tenía que llegar allí, incluso si tenía que conducir. Esa idea no me atraía ya que acabábamos de conducir dos días para llegar a casa. Cuando íbamos a salir en el sábado, tomamos el único vuelo que iba a Las Vegas ya que las aerolíneas reanudaron vuelos limitados.

La conferencia no contó con la asistencia que era normalmente esperada, pero todos dijeron que estaban contentos de que Los Brown continuaron. De lo contrario, estaríamos todos sentados en casa pegados al televisor viendo repeticiones horribles de los eventos. Al menos la conferencia nos dio una distracción, otra cosa en la que concentrarse. Mi conferencia fue la más difícil que he tenido alguna vez que presentar, porque estaba hablando de una realidad que antes sólo había sido una posibilidad. Si esta se había hecho realidad, entonces, ¿qué pasa con los otros que predijeron una guerra horrible?

Fue una semana extraña en más de un sentido. Lo interesante fue que cuando tuve una sesión en Memphis con Mary unas semanas antes, "ellos" dijeron que estaría recibiendo más de un tipo diferente de información. Que una puerta que se me había cerrado en el pasado, sería abierta; y se me daría acceso permitido. Durante esta semana en Laughlin, hice doce sesiones privadas. Diez de ellos contenían información para usar en libros futuros, o un mensaje para mí (incluido uno que trata con mi salud). Estos mensajes generalmente ocurrieron al final de la sesión, cuando preguntaba si el subconsciente tenía un mensaje para el sujeto. Además de darles un mensaje, también me dirían algo que necesitaba saber. Parecía que "ellos" aprovechaban cada vez más del estado de trance de mi sujeto para proporcionarme información.

Muchas de mis sesiones estaban tomando giros interesantes. Parecía como si me estuvieran mostrando que el enfoque en vidas pasadas no era tan importante como pensaba anteriormente. Fue valioso encontrar las causas de los problemas físicos, enfermedades, fobias, alergias y problemas kármicos. Pero creo que las entidades que controlaban muchas de estas sesiones, estaban tratando de dar la impresión de que era hora de pasar a otro nivel de comprensión, que estaba más allá de simplemente volver a experimentar el pasado vivido en esta dimensión. Estaban tratando de mostrarnos que somos mucho más que un espíritu teniendo una experiencia en un cuerpo físico. También somos algo mucho más alto, mucho más complicado. Que esta vida era solo una parada en nuestro viaje, y no necesariamente la parada más importante. Aparentemente, este mayor nivel de comprensión pensó que la persona con la que estaba trabajando estaba listo para este conocimiento para que pudieran entender su vida desde una perspectiva diferente y un ámbito adicional de existencia. Algunas personas pueden estar listas para esto, pero para algunas, puede ser demasiado difícil de manejar para su sistema de creencias. Yo siempre me recordaba a mí misma mientras estaba haciendo una sesión, que al sujeto nunca se le da información hasta que esté listo. Si su mente subconsciente (el monitor) no pensaba que el sujeto estaba listo, no se mostraría la información, o la pantalla simplemente quedaría en blanco. Nunca lucho contra esto, porque sé que "ellos" tienen mucha más sabiduría que yo.

Cuando comencé a trabajar con Jerry, un hombre de negocios que asistía a la conferencia OVNI de Laughlin definitivamente hubo censura que tuvo lugar por su mente subconsciente en el comienzo. Era casi como si no estuviera seguro de si estaba listo para ver la información. Tuve que hacer algunas maniobras antes de que se le permitiera tenerlo.

En circunstancias normales con mi técnica, la persona saldrá de la nube a una escena (la mayoría de las veces afuera), y comienzan describiendo su entorno. Esta sesión fue diferente. Jerry se encontró caminando por un túnel. Al final, vio que estaba bloqueada por una puerta muy grande. Él inmediatamente lo describió como una puerta de energía, aunque no supo por qué la llamó así. Tenía curiosidad por saber qué había en el otro lado, y pregunté cómo abriríamos una puerta de energía. Dijo que se hacía con la mente. "Estoy tratando de disolverla, pero sólo puedo obtener una parte de ella. La esquina inferior está disolviéndose, pero no es suficiente para que yo pase". Frustrado, anunció: "No puedo atravesarla. Estoy sintiendo que no estoy listo. Los elementos no me van a dejar pasar". Cuando dijo eso, la puerta desapareció. Así que supuso que aparentemente no estaba listo todavía para ver lo que estaba detrás de la puerta. El subconsciente hace un trabajo maravilloso protegiéndonos de nosotros mismos. No le permitiría ver cualquier cosa que no pudiera manejar. Esto fue lo que pensé, pero estaba equivocada.

Como la puerta había desaparecido, tendríamos que ir a otro lugar para encontrar el lugar apropiado que Jerry vea. Le indiqué que buscara en otra parte algo que pudiera ayudar entender su vida presente. "No tenemos que pasar por esa puerta si no quieren que lo hagamos. Podemos ir en otra dirección y encuentra algo más que sea seguro para ti ver. Algo que tenga sentido para ti y sea importante". Conté para llevarlo a una escena, y le pregunté qué estaba viendo. Sorprendentemente, se encontró en una gran nave espacial.

J: Es un barco grande, que siento que está vivo. No es de acero o metálico.
D: ¿Vivo?

En mis investigaciones OVNI, muchas personas han informado la sensación que la nave en que estaban estaba viva y de alguna manera consciente de ellos.

J: Viva. La nave misma tiene conciencia. Tiene forma, pero no me dejan verla. Sólo esta enorme habitación. Tiene un jardín en él.
D: *¿Hay un jardín en la habitación?*
J: (Con asombro.) ¡Sí! Es casi como un planetario en la jungla, como en la Tierra. Tiene vegetación, y agua. (Encontró esto fascinante.)
D: *¿Como un gran invernadero?*
J: ¡Sí! Tiene cascadas. Este lugar es enorme. ¡Ha! Tienen su propia Tierra. Está en la nave. Tiene agua. Tiene vegetación. Tiene... ¡Ha! animales. Les permite a los seres viajar en un entorno tranquilo.
D: *El techo también debe ser alto, si tiene la cascada.*
J: Puedes ver a través del techo. Es transparente. Puedes ver los sistemas estelares. Y, sin embargo, está cerrado. Tiene su propia atmósfera.
D: *¿Son los animales del tipo que hay en la Tierra?*
J: Podemos crear cualquier animal que queramos. Bien, creamos esto. Es creado por una mente de grupo. El grupo que viaja en esta nave. ¡ah! Es interesante.

D: *¿Pero dijiste que la nave parecía estar hecha de algo que está vivo?*

J: Sí, sí. Tiene su propia conciencia. Hemos creado esta nave con la mente de grupo. Para que podamos viajar con pensamientos y un entorno en el que nos sentimos cómodos. Así es cómo está hecho.

D: *Como llevarse un pedazo del planeta con ellos.*

J: Sí. Algunos de los mejores recuerdos que tenemos, los llevamos con nosotros. Así es como se hace. Eso es lo que hacemos. Hace un viaje más placentero.

D: *¿Es esto solo una parte de la nave?*

J: Creamos viviendas que están vivas. Y podemos hablar con ellos. Podemos comunicarnos con ellos. Y nos permite viajar.

D: *¿Comunicarse con las viviendas?*

J: Ah, con la energía. La nave en sí está viva. Estoy tratando de ver cómo nos vemos. (Estaba encontrando todo esto asombroso y entretenido. Se estaba divirtiendo.) Bien, somos energía. Todos somos energía, pero podemos crear cualquier forma que queramos. Podemos crear cuerpos de cualquier forma, tamaño, dimensión. Es todo con la mente.

D: *¿Cómo te ves si eres pura energía?*

J: (Pausa, como si mirara.) Podemos cambiar de color. Todos morados. (Risas) Es como un juego. Estamos cambiando de color y energías para jugar un juego.

D: *¿Tienes una forma?*

J: Podemos tomar las formas que elijamos. (Sorprendido) ¡Ha! Podemos tomar la forma de bolas, cuadrados, triángulos. Podemos tomar formas de animales. Es como un gran juego. Somos conciencias separadas, pero todos estamos conectados.

D: *¿Y qué eres tú en tu forma normal?*

J: Sólo energía. Energía consciente. Parece una especie de tejido, energía ondulada.

D: *¿Y puede tomar cualquier forma que quiera, solo para jugar?*

J: Sí. (Risas) ¡Que divertido!

D: *Entonces, ¿por qué creaste la nave?*

J: Supongo que es una ilusión que disfrutamos. Así es como viajamos, en grupo. Y creamos la nave. Y podemos construir cascadas. Podemos poner lagos. Podemos poner pescado. Podemos cambiar... es muy radiante ahora. Los colores son realmente brillantes, resplandecientes, fosforescentes.

D: ¿*Los colores de los seres?*
J: Sí, y rodea a los animales. Podemos poner mariposas ahí. Libélulas. Poner pájaros. Es asombroso. Es crear una Tierra con nuestras mentes. Solo que es una nave.
D: ¿*Estás creando cómo es de dónde vienes?*
J: Hemos estado en muchos lugares. Así que esas cosas que hemos disfrutado, hemos podido traer con nuestra mente de grupo, y compartirlo con los demás. Así que, para entretenernos, traemos cosas diferentes; recuerdos que tenemos de lugares en que hemos estado.
D: ¿*Es físico y sólido?*

No me respondió. Estaba disfrutando de lo que estaba viendo.

J: Bien, esas son pirámides.

Empezó a mover las manos con movimientos en forma rítmica y graciosa en el aire.

D: ¿*Qué estás haciendo?*

Hubo una larga pausa mientras continuaba moviendo sus manos en el aire.

J: Estamos creando.

Él estaba disfrutando. Su expresión era pura felicidad. Hubo otra larga pausa mientras disfrutaba de lo que estaba haciendo.

D: ¿*Qué estás creando?*
J: Mundos. Planetas. Dimensiones. Sistemas estelares. (Risa) Salimos y creamos. (Una expresión de puro disfrute.)
D: *Pero en tu planeta de origen, ¿cómo es allí?*

Realmente no quería hablar. Se estaba divirtiendo. Finalmente respondió: "Está hecho con mente de grupo allí. No es un individuo. Se hace con mente de grupo".

D: ¿*Todos ustedes tienen que actuar juntos?*

J: Sí, es como una familia de almas que crean juntas. Y estamos usando nuestras mentes. Es como un juego de crear estos hermosos universos. Estrellas. Y lo estamos haciendo juntos.

Empezó a mover las manos con gracia otra vez.

D: *¿Es tu planeta de origen un mundo físico? ¿Un mundo sólido?*

Ya he tenido suficiente experiencia hablando con seres de energía como para saber que no todos los mundos son físicos o sólidos como nosotros consideramos que es nuestro. Hay muchas posibilidades diferentes que desafían la imaginación.

J: No, no, no lo es. Es una dimensión diferente. No está en tu dimensión. Tiene diferentes formas, figuras, colores. No es sólido. Está cambiando constantemente. Son figuras diferentes y símbolos y formas, y colores.

D: *¿Dónde vives, ya sea que estés en la nave o fuera en el planeta de origen, hay que llevar algún tipo de alimento o sustento o lo que sea para mantenerte vivo? (No, no.) ¿Qué te mantiene con vida?*

J: Sólo energía. Podemos crear y tener cuerpos, si así lo elegimos. Viajamos por el pensamiento. Para explorar y crear. Vamos a diferentes lugares con la mente. Y es un juego. Es como niños divirtiéndose.

D: *Pero lo que creas, ¿permanece después de que te vas?*

J: En algunas dimensiones se disuelve. En algunas dimensiones entra en lo físico. Somos capaces de hacerlo físico en las dimensiones inferiores. Y en otras dimensiones, es sólo símbolos. Las energías brutas toman diferentes formas y figuras.

D: *¿Y no se mantienen sólidos?*

J: No, podemos hacerlo sólido.

D: *Estaba pensando que era como un holograma, y tal vez simplemente se disuelve y se desvanece después de que hayas terminado de jugar con él.*

J: Podríamos ir a planetas que ya se han formado. Y podríamos bajar. Y podríamos convertirnos en uno con cualquier cosa queramos, árboles, animales, y experimentarlos con mente. Podríamos llevar nuestras energías a esas criaturas, esas formas sólidas. Es como un juego. Como niños.

D: *¿Pero no te quedas ahí? ¿Solo lo experimentas?*

J: Sí, simplemente lo experimentamos y seguimos como grupo. Viajamos como grupo.

D: *¿Pero se te permite entrar en otros objetos y cosas? (Sí) Supongo que estoy pensando que los animales y los humanos tienen alma.*

J: Tenemos almas. Sí. Tenemos almas.

D: *¿Pero se te permite entrar en un cuerpo donde hay otra alma?*

J: Con su permiso, sí.

D: *Porque sabe que no la vas a invadir ni te vas a quedar. ¿Es eso lo que quieres decir?*

J: Correcto. Es solo para experimentar. No invadimos. Nosotros honramos a esa alma. Debemos tener permiso.

D: *Solo para experimentarlo, y luego sigues.*

J: Sí. Esto es interdimensional. Somos capaces de entrar en todas las dimensiones.

D: *¿Significa esto que estás muy avanzado?*

J: No hay una palabra para eso, o concepto. Es solo saber.

D: *Quiero decir, ¿has experimentado vidas inferiores y evolucionado a este estado? (Pausa larga) ¿Has tenido encarnaciones con cuerpos físicos?*

J: Sí, podemos si elegimos.

D: *Estoy tratando de entender cómo se hace. ¿Evolucionas a este estado después de completar tus otras vidas y karma? ¿O cómo funciona?*

J: Este es un planeta especial.

D: *¿De dónde eres?*

J: Donde estamos. (Risas) Tierra. Es un planeta especial. Es un lugar de encuentro para otras almas, y otros grupos de otras áreas, otras dimensiones. Es como un lugar de vacaciones para venir y reunirte con grupos de almas de otras áreas, otras dimensiones.

D: *¿Es diferente a otros lugares en los que has estado?*

J: Sí. Todos lo experimentamos. Es un lugar especial. Un lugar de reunión de almas. Este es el mejor. Todos conocen este lugar.

D: *¿Qué tiene de diferente?*

J: Su energía de amor.

D: *Oh, ¿eso no se encuentra en otros lugares?*

J: No así. Es el portal al Creador. Es esa conexión. Lo experimenta todo.

D: *¿Y esto no es posible en otros lugares?*

J: Sí, pero no como este lugar. Es algo así como Shangri-La en Tierra. (Risas) Bueno, es la Tierra.
D: *Pensé que tal vez debías tener permiso para hacer esta creación.*
J: Estamos autorizados. La Fuente, el gran Creador. Él experimenta... experimenta a través de nosotros.
D: *¿Te llamarías cocreador?*
J: Sí, por supuesto.
D: *Te permiten crear, pero dijiste que parte de eso simplemente se disuelve.*
J: Es como dibujar un cuadro y luego dibujar otra pintura encima. Puedes borrarlo o repasarlo, reformarlo, recrear.
D: *Entonces es algo que cambia constantemente, ¿quieres decir?*
J: Podría ser, sí.
D: *Con la Tierra, si creas algo, ¿permanece?*
J: La Tierra lo hace, pero también está cambiando. La Tierra es una conciencia grupal.
D: *(Volvía a hacer elegantes movimientos con las manos.) Con todos estos movimientos de mano, ¿qué estás creando, mientras me hablas?*
J: Estoy tratando de recordar.
D: *¿Cómo hacerlo?*
J: Lo que significa todo.
D: *(Estaba observando sus constantes movimientos elegantes.) ¿Los movimientos de mano son necesarios para crear estas cosas?*
J: Está trabajando a través del cuerpo. Despertar el cuerpo. A recordar la conciencia. Creo que se supone que no debía saber esto, recordarlo. Sí. Esa era la puerta.

Se refería a la puerta de energía al principio que no pudo disolverse. Pensó que la información estaba bloqueada cuando no le dejaban entrar. Pero al parecer, el subconsciente encontró otra forma de darle el conocimiento.

D: *Pero si ha llegado, debe ser el momento, o no estarías permitido recordarlo. (Sí) Eso significa que es importante. Pero si estás recordando cómo se hace, necesitas al grupo, ¿no?*
J: Sí, el grupo es importante.
D: *¿No puedes hacerlo tú solo?*

J: No me gustaría. Parte de la experiencia es crear juntos. Disfrutar juntos. Es solitario por ti mismo, por lo que nos juntamos como grupo, y disfrutamos la compañía del uno al otro. (Risas) Nos entretenemos unos a otros. Así que eso es parte de la conciencia de grupo, es que cada uno puede entretenerse unos y otros. Así que no hay aburrimiento. Es un cambio continuo y creación y admirar el trabajo de otras personas. Otras almas, otros creadores. Vamos a lugares que han sido creado. Y como una pintura, disfrutamos de estos lugares, para ver lo que otras personas han creado, otras almas.

D: *De esa manera no te quedas atrapado en lo físico y el karma, ¿verdad?*

J: Puedes si eliges. Eso es parte del juego. Parte del disfrute. Experimentar tantas cosas diferentes como posible.

D: *Pero donde estás ahora mismo no tienes karma, ¿verdad?*

J: En la nave no. Pero puedo. Hay diferentes formas de experimentarlo. Puedes tomar formas y experimentarlo.

D: *¿Entonces se crea karma porque estás interactuando con otra gente? (Sí) Estoy tratando de entender cómo funciona.*

J: Otros grupos han venido a esta área e interactuado juntos. Ellos eligen tomar una forma, y crear esa forma y jugar el juego. Todo es una ilusión cuando es el juego, pero es importante jugarlo. Porque llegamos a experimentar el amor y las emociones. Lo visual, el sabor, todas las sensaciones que no se encuentran en otros lugares. Es muy único.

D: *¿Quieres decir en otros lugares, y en tu planeta natal especialmente, no hay emociones?*

J: Algunos los tienen, sí. Algunos lo tienen, otros no. Algunos son solo energía bruta. Las formas, los símbolos. La tierra es única porque tiene más variedad. Porque es un lugar de reunión. Ningún grupo formó esto, creó esto. Fueron muchos grupos que lo formaron y crearon, lo que lo hace único. Es el todo sumado al todo. (Risas) Es como una pintura de grupo.

D: *¿Todos han tenido algo que ver con eso? (Sí, sí.) Pero para viajar aquí, había que viajar en una embarcación. En algún tipo de un recinto.*

J: Sí, eso es para mantener unido al grupo.

D: *¿No podrías simplemente viajar como energía?*

J: Sí, podemos separarnos del grupo si elegimos, e irnos por nuestra cuenta. Pero podemos reconectarnos con el grupo, porque siempre estamos en contacto. Podemos viajar como bolas de luz, e ir a diferentes lugares. A veces por nosotros mismos, generalmente con almas amigas cercanas.

D: Pero si no tuvieras el recinto a tu alrededor que creaste, ¿No podrías mantener unido al grupo?

J: Sí, ese es el concepto del grupo.

D: ¿La energía se disiparía más o menos si no la sostuvieras juntos?

J: Sí, lo sería. Elegimos unirnos como grupo, y viajar juntos.

Cuando he hablado con otros seres de energía, se me ha dicho lo mismo. Pensé que si fueran pura energía ellos podrían viajar a cualquier lugar por su cuenta. ¿Por qué necesitarían una nave para viajar? Me han dicho que mantiene su energía contenida. De lo contrario, se dispersaría y entremezclaría con la otra energía a su alrededor. También me han dicho otros, que la Tierra es considerada un lugar de vacaciones, donde vienen los seres experimentar diversas emociones y experiencias. Ellos quieren tener la aventura y luego regresar a "casa". Deben tener cuidado de no quedar atrapados en la experiencia hasta el punto de que crean karma y estén condenados a quedarse aquí. Muchos de estos visitantes deben seguir siendo observadores objetivos, lo cual es difícil.

D: Y creas tu diversión en el camino mientras viajas haciendo la nave como quieras.

J: Sí. Es como ver una gran televisión o un centro de entretenimiento, solo que nosotros lo creamos. Y ese es el juego, hacer diferentes cosas. A veces creando, a veces disfrutando las creaciones de los demás. Pero la Tierra es muy especial. Es como una muy fuerte conexión con la Fuente.

D: ¿Por qué crees que tiene una fuerte conexión?

J: Es casi como el corazón de Dios, supongo que es la mejor manera de decirlo. De como nosotros, como humanoides, vemos a Dios, o al Creador. Pero eso es sólo en lo físico. Supongo que tal vez en nuestra mente, eso fue lo que hemos creado, es la Fuente, a la Fuente.

D: ¿Cómo percibes la Fuente?

J: Somos la Fuente. Somos una parte de la Fuente. Es solo energía. Es pensamiento. Es poder tomar forma, pero siendo capaz de conectarse con nosotros.

D: *¿Y eres más perceptivo de esto porque no tienes un cuerpo físico?*

J: Sí. Somos conscientes. Sabemos que la presencia está ahí. Podemos sintonizar.

D: *¿Peo la Tierra está más cerca de la Fuente, debido a la variedad?*

J: Es por la reunión. Las almas. Todas las almas. Esta es la fuente de la misma. El punto de conexión. Es como una familia galáctica uniéndose. Aquí hay un gran atractivo.

Continuó haciendo los elegantes movimientos con la mano a lo largo de la sesión.

D: *(Risas) Parece que realmente estás disfrutando de esta experiencia de creación, ¿verdad?*

J: La experiencia, sí.

D: *¿Te mantienes alejado de tu planeta natal durante mucho tiempo?*

J: No puedo sentir un planeta de origen. Solo siento muchos lugares en que he estado.

D: *¿No es un lugar al que te gustaría volver? te gusta ir de lugar a lugar.*

J: Sí. No siento un lugar, un comienzo. (Pausa) Estoy intentando ver si hay un lugar.

D: *De dónde vienes.*

J: Sí. Hubo un tiempo en que existía la forma. Al principio no había forma. Era solo energía.

Así es como se describe en la Biblia: En el principio Dios creó el cielo y la tierra. Y la tierra estaba desordenada, y vacía; y las tinieblas estaban sobre la faz del abismo. Y Dios dijo, Hágase la luz: y se hizo la luz. Génesis 1:1-3

D: *Pero, como dijiste, tienes un alma individual.*

J: Sí. Es un saber. Es una conexión. Es separación, y, sin embargo, una parte de. Es un punto de conexión. Pero es separación, sin embargo, es conciencia, conocimiento. Se conecta a una Fuente. Y también está separado de ella.

D: *Y es algo que quiere experimentar.*

J: Sí, sí. No puedo verlo, pero está en todas partes. Es parte de a nosotros.

Todavía estaba usando movimientos con las manos. Supongo que podríamos quedarnos en esa escena más tiempo, pero me estaba quedando sin preguntas para hacerle a un ser de energía que estaba ocupado disfrutando crear. Así que decidí hacer lo que normalmente hago. Lo moví adelante en esa vida a un día importante, cuando algo estaba sucediendo. No tenía idea de lo que sería un día importante para un ser de energía no física.

D: *¿Qué ves? ¿Qué está pasando?*
J: Jesús naciendo.
D: *¿Ah? Cuéntame sobre eso. ¿Lo estas mirando?*
J: Desde arriba.
D: *¿Qué ves?*
J: (Pausa) Es un sentimiento. Un sentido. Puedo verlo, pero es un sentir. Es un sentido muy hermoso. Es un evento muy especial. No tengo claro por qué, pero es un evento especial. Muy especial. Estoy mirando desde arriba.
D: *¿Hay otros contigo?*
J: Sí, el grupo está aquí. Es un tiempo muy hermoso. Estoy observando. Estoy tratando de entender. No estoy seguro de por qué es tan importante o especial. Bueno. Es el ser de la energía del amor. Creado de una manera muy especial. Puedes experimentarlo. Es muy especial. Es interdimensional. Es necesario en muchas dimensiones. Estamos todos aquí. Hay una reunión. Podemos experimentarlo a través de las almas de los seres del planeta, o podemos observar desde arriba. Es muy especial
D: *¿Dijiste que era como si el amor se manifestara?*
J: Sí. En la forma masculina/femenina de la Tierra siendo separada, siendo dualista Es Dios entrando en masculino/femenino. Está viniendo de una fuente superior. Viene de la Fuente. Es muy especial. Desde esta perspectiva, podemos verlo desde un mayor punto de vista. Es crítico.
D: *¿Por qué es crítico?*
J: No lo sé. Para el planeta, supongo, pero no para nosotros. Estamos separados. Pero es por el planeta. ¿Porque es especial? solo amor.

Está trayendo amor al planeta de una manera que ha nunca ha sido experimentada en forma humana. Pero trasciende muchas dimensiones. Está afectando muchas dimensiones en el planeta. Pero es como un portal.

D: *¿Un portal? ¿Qué quieres decir?*

J: Estoy tratando de entender. No sé por qué. Es un punto de conexión para las almas. Seres. Angelicales. Atrae a todos los seres, toda la creación allí. Es un lugar para experimentar el amor siendo creado de una manera especial.

D: *Por eso está atrayendo a la gente a la verlo. ¿Quieren experimentar ese sentimiento?*

J: Sí. Hay seres angelicales. Hay ET. Diferentes Razas. Todos lo están experimentando. Es... (emotivo) no hay palabra para eso. ¡Simplemente especial!

D: *Solo quieren estar allí para experimentar el sentimiento y las emociones.*

J: Sí, las emociones.

D: *Sí, eso es especial y es diferente. Bueno te voy a pedir que te alejes de ese día especial, aunque sea algo muy importante. Un evento especial. Quiero que te muevas - no sé qué tan adelante sería - pero quiero que te muevas hasta el punto en que dejaste de ser un ser de energía.*

Normalmente llevo al sujeto al último día de su vida, cuando mueren. Pero no pensé que eso sería posible, así que estaba tratando de pensar cómo expresarlo. La energía no deja de existir, como lo hace un cuerpo.

D: *¿Llegaste alguna vez al punto en que sentiste la necesidad de dejar de ser un ser de energía, y convertirte en otro tipo de ser? (Esto era difícil.)*

J: Tomé muchas vidas, muchas vidas.

D: *Estaba pensando que un ser de energía no moriría. Solo evolucionaria. ¿Sería esa una forma de decirlo?*

J: Es más que simplemente experimentar los diferentes conceptos.

D: *Entonces vayamos al punto en que tú, como ser de energía, decidiste entrar en lo físico y permanecer allí. ¿Podemos ir a ese punto y ver lo que pasó? ¿Cómo es eso? ¿Qué pasa en ese tiempo?*

J: Así que escojo y elijo cualquiera que quisiera elegir.

D: *¿Tomas la decisión de que quieres someterte a lo físico y ser eso en lugar de una forma de energía? (Sí) ¿Pasó algo que te hizo decidir dejar la forma de energía?*

J: Fue una experiencia nueva. Fue algo que elegimos experimentar. Alguien más había creado estas formas, así que elegimos experimentarlos. No los habíamos creado, pero eran intrigantes.

D: *¿Pensaste que sería interesante volverte físico?*

J: Podríamos si elegimos, sí. Pero había otros que supervisaban almas. Fue con permiso.

Esto es lo que estaba buscando. Sabía por mis años de investigación que la reencarnación a través de miles de personas, que definitivamente hay reglas y regulaciones. Hay algo como una junta de ancianos, maestros y guías en el lado espiritual que vigila y controla la encarnación en cuerpos humanos. Nada se deja al azar. Estoy muy contenta de que alguien haga un seguimiento de lo que está sucediendo. Debe ser una tarea gigantesca.

D: *Así que no lo haces al azar. ¿Debes tener permiso para hacer este cambio, este cambio?*

J: Sí, sí. Para poder volver a salir. (Risas) Podrías querer quedarte. Así que hay una manera de liberar el alma de nuevo, para que no estemos atrapados aquí por mucho tiempo. Un proceso para entrada/salida.

D: *¿Crees que sería fácil quedar atrapado?*

J: Podría ser. Tenemos que ser capaces de volver a salir. Hay demasiado para experimentar. No solo para estar ahí. Otras cosas que hacer. Otras cosas para experimentar. Otras cosas para crear. No queremos quedarnos atrapados en lo físico.

D: *Pero hubo otros seres que te dieron permiso.*

J: Sí, había algunos que estaban a cargo. Sí, los supervisores.

D: *Entonces definitivamente hay personas que controlan todo, por así decirlo.*

J: Sí, sí. Estoy tratando de ver cómo son. Tienen su propia nave. Sí, están conectados. es parte de la Fuente. Sólo está a cargo de este planeta.

D: *¿Tienen que ponerse de acuerdo cuando entran ciertas energías y almas?*

J: Sí, de lo contrario sería un caos. Tiene un orden controlado, y propósito. Tiene que haber un propósito.
D: *Entonces, ¿cómo es cuando entras en el cuerpo físico por primera vez?*
J: Son nuevos sentimientos, nuevas emociones. Una nueva experiencia. Muchas diferentes formas, ya veo. ¿Muchos cuerpos diferentes?
D: *¿Bebés o qué? ¿Nuevas formas, nuevos cuerpos?*
J: Primero, experimentamos simplemente entrar en diferentes plantas, animales.

Esto va junto con lo que informé en mi libro Entre la muerte y la vida. Cuando un alma experimenta por primera vez la vida en la Tierra, por lo general no entran en un cuerpo humano de inmediato. (Aunque supongamos que podría suceder.) Tienen que comenzar en el nivel básico así entenderán lo que es ser todo. Una vez que has experimentado ser gaseoso, rocas, plantas y animales, entiendes la conexión de toda la vida. El hecho de que todo está vivo, y todo es uno. Luego, cuando el alma está lista para experimentar un cuerpo humano, lleva esta comprensión a nivel del alma. Nuestro problema ahora en nuestro mundo es traer estos recuerdos de regreso al nivel consciente. Así que nosotros podemos comenzar a honrar a nuestra Tierra nuevamente como un ser vivo.

J: Eso es parte del proceso de nacimiento. Es entrar en una forma. Se elige la forma. Es creada.
D: *¿Y los supervisores deciden en cuál vas a entrar?*
J: Sí, se decide en conjunto. Se decide de antemano lo qué uno quiere experimentar. Qué tipo de forma de vida. La dificultad es que estás atrapado en una forma y es muy difícil para el alma sentirse atrapada en una forma. Es muy restrictivo. Algunos optan por no hacerlo, porque no quieren renunciar a su libertad. Es aterrador para algunos. Es lo desconocido. Es una vibración más baja. Tiene cosas que nosotros no hemos experimentado. Energías oscuras. Ya sabes, hay un lado oscuro. Se presenta para permitirnos experimentar algo nuevo y diferente. Es único. Y nos permite entrar en contacto con los lados oscuros, las energías oscuras, las vibraciones más bajas. Sí, es una especie de atracción para algunos experimentar eso.

D: *¿Entraste en la forma de un bebé, un nuevo ser que estaba siendo desarrollado?*
J: No puedo ver cómo se veía la forma.

Parecía incómodo, como si sintiera algo desconocido y un poco angustiante. Tuve que recordarle que él se había ofrecido como voluntario para tener la experiencia. Los supervisores no hubieran permitido que sucediera si pensaran que no era lo correcto.

J: Fue bueno. Era algo que estaba deseando.
D: *¿Es como pensabas que iba a ser?*
J: Sí, porque todavía tenemos el control hasta cierto punto. Y conciencia hasta cierto punto. Y en esa forma, todavía tenemos una voluntad propia. Así que no estuvo mal. Fue algo divertido. Eso era algo que esperar. Fue un desafío. Era un tipo diferente de creación de lo que estábamos familiarizados. Y tenía una forma.
D: *¿Tienes tanto control, una vez que estás en el cuerpo?*
J: Todavía somos telepáticos. Todavía podemos conectarnos con el otro lado. Todavía somos conscientes. Y, sin embargo, estamos aquí para experimentar. Como otros que eligen venir al mismo tiempo.
D: *¿Puedes influir en la conciencia del físico en que estás dentro ahora?*
J: Sí. No hay mucha conciencia y capacidad de crear. Hay leyes. Hay ciertas cosas que se establecen en lugar que tenemos que seguir.
D: *¿Ciertas regulaciones?*
J: Sí, es el proceso de nacimiento y crecimiento. Y uno debe estar de acuerdo con eso antes de entrar en el cuerpo. El proceso se debe acordar. Pero es la energía del grupo la que sostiene la forma junta. No es una experiencia del alma, sino una experiencia de grupo.

Esto va en conjunto con que el alma es un grupo en lugar de una entidad singular, y experimenta muchas cosas o vidas a la vez. (Consulte los siguientes capítulos.)

D: *¿Cuáles son las normas que debes aceptar cuando ingresas a ese cuerpo físico?*

J: Ir con el desarrollo existente de la especie. Tomar lo que sería una forma animal. Y a la vez es una conciencia que los animales no tenían. Una conciencia. Y que estaba muy bloqueada. Éramos conscientes el uno del otro.

D: *¿En otro nivel?*

J: Sí. Otros humanos, éramos conscientes de estas almas antes que se hicieron físico. Ahora era más difícil comunicarse con ellos. Fue extraño. Estar en forma era restringente. Y a la vez, era como jugar un juego nuevo. Manipulando el cuerpo. Forma.

D: *¿Vas a poder salir fácilmente y volver después? (Sí) ¿Existen normas y reglamentos al respecto?*

J: Sí, hay plazos específicos. Permanencia. Primero, no hay ideas de lo que vas a hacer. Sólo vas a experimentar esto, ahora. Sin lecciones.

D: *Sin karma. Sin lecciones. Empezando de nuevo.*

J: Exacto. Es como una pizarra nueva para pintar la tuya ... lo que sea que quieres experimentar.

D: *¿Pero eventualmente acumulas karma? ¿Es esa una de las cosas que sucede cuando entras en el cuerpo físico?*

J: Traté de entender y yo... oh, no lo entiendo. Estoy tratando de averiguar qué es el karma, o por qué .... No lo veo, no lo siento

D: *Quizás es algo que viene con el tiempo.*

J: No puedo entenderlo.

D: *Pero, de todos modos, has acordado estar en lo físico por un cierto período de tiempo. Y obedecer ciertas reglas y regulaciones. Así que es un tipo diferente de experiencia, ¿no?*

J: Sí, es limitante. Son las emociones, son todas las emociones. Son todos los sentimientos. Pero el amor está ahí. Todavía está allí. Entonces la energía del amor es la seguridad. Esa es la conexión con la Fuente.

Pensé que habíamos encontrado todo lo que era posible de la visión limitada de un espíritu de energía cocreador, entrar en un cuerpo humano físico para experimentar por primera vez. El mayor problema parecía ser no crear karma que atara el espíritu al reino terrenal, y evitar que regrese a su libre ilimitada, existencia creadora. Tal vez ese es el más grande problema para todos nosotros. Vinimos aquí para experimentar algo que pensamos que sería nuevo y emocionante. Entonces, la vida nos envolvió y quedamos atrapados en el cuerpo, y fuimos hechos a través de la ley del karma y equilibrio para seguir regresando. Los primeros pasos para liberar el alma y poder regresar a la Fuente, es la comprensión de por qué el alma vino aquí en primer lugar, y soltar esos lazos. Gran parte de esto se puede hacer pagando viejo karma, y tratando de no crear más. Con comprensión, viene la liberación.

Le pedí a la otra energía espiritual que regresara a donde pertenecía, y pedí a la conciencia de Jerry que lo reemplazara. Luego pedí hablar con la mente subconsciente de Jerry, porque sé que todas las respuestas están ahí, y aquí es donde puedo aplicar terapia y encontrar soluciones a los problemas del individuo. Una vez que obtuve acceso al subconsciente, pregunté por qué había elegido esta extraña vida para que Jerry la viera, cuando definitivamente había muchas otras que podrían haber sido elegidos.

J: Para darle sentido a todo. Para ver el panorama general.
D: *Es un concepto diferente para explorar, ¿no?*
J: Sí. Era algo dentro de él que entendió en otro nivel, pero no lo sabía conscientemente, y ahora él lo sabe
D: *Al principio, pensó que no se le permitiría verlo. Era como si estuviera siendo bloqueado.*
J: Sí, solo se vio una parte. Entonces se decidió soltar la información.
D: *¿Cuál es la conexión con su vida actual?*
J: Tranquilidad y comprensión. Propósito. Conexión. Para entender este planeta, y por qué es especial. A entender cómo puede ser manipulado. Sobre el grupo, la mente del grupo. Involucrando la mente del grupo. Jerry ha estado manipulando energía sin entender por qué lo estaba haciendo, y para qué podría ser utilizado.
D: *¿Esto es tratar de explicarle cómo puede hacerlo? ¿o de dónde viene?*
J: Sí. Está hecho con el corazón. El corazón es importante.
D: *¿Qué estaba tratando de mostrarle el subconsciente?*
J: Todo es energía, pero toma diferentes formas para diferentes propósitos para experimentar cosas diferentes. No hay correcto o equivocado. Solo experiencias. Solo creación. Sin juicios. Solo disfruta. Es el disfrute de la creación. De manipular la creación, de manipular las energías, en concierto con el grupo y el todo. El todo es la creación.

D: *¿El subconsciente le mostró esto a Jerry para que pueda usarlo en su vida ahora?*
J: Sí, él es consciente.
D: *Quería saber qué se suponía que debía hacer con su vida ahora. ¿Puedes decirle?*

Esta es la pregunta más común que la gente quiere hacer cuando tienen una sesión. ¿Cuál es su propósito? ¿Por qué están aquí, y que se supone que deben estar haciendo?

J: (Se rio.) Le han dado un lienzo en blanco. Y un pincel y paleta. Ahí están todos los colores. (Risa)
D: *¿Significa eso que todo vale de aquí en adelante? (Él se rio) Va a tener toda una aventura.*
J: Todos los colores.
D: *Y esto era algo importante para él saber hoy. Vidas pasadas no eran tan importantes como aprender sobre esta conexión de energía.*
J: Sí. Lo interesante es que es un lienzo grupal. Y hay otros con sus pinceles. (Risa)
D: *Oh, Jerry va a tener algunas aventuras realmente extrañas mientras explora esto. Esto era muy importante que el viera, y ahora tratará de entender.*

Luego traje a Jerry de vuelta a la plena conciencia. Cuando despertó discutimos la inusual sesión. Estuvo de acuerdo en que sería mucho para pensar. Sería interesante que viera cómo podía aplicar este concepto de manipular energía a su campo de negocios. Parecía como si ahora todo fuera posible una vez que entendiera cómo usarlo.

Muchas de mis sesiones ahora se centraban en la persona descubriendo su verdadera conexión con el alma, en lugar de explorar vidas pasadas. La comprensión de vidas pasadas sigue siendo importante para los problemas de la vida presente. Pero aparentemente el subconsciente, junto con nuestros guías y maestros en el otro lado han decidido que es hora de que sepamos más sobre nuestros orígenes. Estos orígenes definitivamente no son merayente de la Tierra, sino desde un lugar mucho más vasto donde éramos uno con la Fuente y disfrutamos ayudándole a crear. En una sesión, que fue informada en uno de mis libros, me dijeron que la lección más importante a aprender mientras vivíamos en un cuerpo físico es que somos capaces de manipular energía. Una vez que nos damos cuenta de eso, podemos crear absolutamente cualquier cosa que deseemos en nuestras vidas. Supongo que una forma de que recordemos esta habilidad es hacernos recordar el tiempo antes de la Tierra, cuando todos teníamos esta capacidad de manipular energía y crear.

* * *

El alma se astilla o se fragmenta para experimentar el cuerpo físico. Cuando toma conciencia de su totalidad, se concentra como un ser de energía que es capaz de crear cualquier cosa que desea. Cuando evoluciona más allá de eso, puede ser en muchos lugares al mismo tiempo. Aunque cada uno de nosotros también tiene esta habilidad, no somos conscientes de ello, y no puede ser mientras estemos habitando lo físico, por sus limitaciones. En ese estado avanzado, es plenamente consciente de todo. Aun así, parece ser que, en mi trabajo, las almas ocasionalmente necesitan fragmentarse y dejar el estado más altamente deseado para enfocarse en una sola experiencia. ¿Un ciclo constante o la búsqueda de más conocimiento? Como hemos visto, si el alma tiene memoria, aunque sea parcial de su Yo más grande, esto conduce a frustración, soledad y el sentimiento de separación en el nivel consciente. El subconsciente sabe por qué esto está pasando, pero el consciente no lo sabe porque debe mantener su enfoque y concentración en la vida que está viviendo. Sería demasiado confuso hacer lo contrario.

CAPÍTULO 26

UN SER CREADOR Vuelve A CASA

Esta sesión se realizó en octubre de 2002 en Minneapolis donde estaba haciendo una serie de conferencias y talleres. George era un hombre de negocios muy exitoso que vino a la casa privada donde me hospedaba. Sorprendentemente, su sesión reveló otro aspecto de un ser creador, como Jerry.

Cuando salió de la nube, todo lo que podía ver era arena. Él Sabía que había algunas personas al otro lado de la colina, que estaban esperándolo para que les diera algún tipo de respuestas. Como si fuera un asesor. Se sentía muy inseguro como si no estuviera seguro de tener las respuestas. Se describió a sí mismo como un hombre de piel bronceada y cabello negro vestido con un tipo de material de lino fino. También estaba decorado con mucho oro: un collar ankh, pulsera y un enorme anillo. Definitivamente signos de algún tipo de poder. Sin embargo, cuando intenté interrogarlo se puso muy sospechoso y no quiso contestarme. Normalmente, puedo ganarme con rapidez la confianza de la entidad, pero él era muy cauteloso e irritado. Seguía diciendo que todos querían algo de él, Entonces, ¿por qué debería ser una excepción?

Dijo que era un momento muy difícil en su mundo. Una razón por la que estaba molesto era porque le habían quitado a su hermana o se la habían llevado lejos, y él la extrañaba mucho. Dijo que se sentía muy perdido y solo, porque ella siempre había estado con él y ya no estaba más con él. No supo por qué los separaron, ni dónde la llevaron. Todo esto me resultaba confuso y estaba intentando entenderlo. Pregunté quién los había separado. Él dijo era gente del otro mundo. No la gente en el otro lado de la colina, porque ellos eran sólo la gente. Éstos eran de otro lugar, y no sabía por qué había sucedido o adónde fue.

G: Cuando volvamos a estar juntos, las cosas serán magníficas. Cuando estábamos juntos, teníamos un poder enorme y habilidades. Y formó un hermoso Shangri-La o un magnífico ambiente. Cuando estábamos juntos, era el mundo perfecto. Nos separaron. Se la llevaron para que así no fuera perfecto. Para poner las cosas difíciles, y no tan fácil. Y no tan indulgente. Ella y yo pudimos anclar un magnífico .... Pudimos traer todos lo hermoso, tranquilo, estático... todo eso junto. Pero éramos uno. Y se dieron cuenta que, si nos separaban, las cosas serían diferentes. Y tienen razón.

D: *¿Por qué querían que las cosas fueran diferentes?*

G: Para experimentar.

D: *¿Cómo se la llevaron?*

G: Solo la arrancaron. Como si los dioses la hubieran arrancado, se la llevaron lejos.

D: *¿Quieres decir, como si en un minuto ella estaba allí y al minuto siguiente ya no estaba?*

G: Sí. También vivíamos en otros lugares. Un montón de lugares. Un montón de mundos diferentes. Siempre que estábamos juntos, eran perfectos.

D: *¿Por qué fuiste de un lugar a otro?*

G: Para ayudar. Para traer ese aspecto de - la palabra es "nirvana" - traer el nirvana. Lo hacíamos, luego seguiríamos adelante.

D: *¿Qué pasaba después de que se iban? ¿Quedó hermoso?*

G: Algunos sí. Algunos no. Algunos fueron en diferentes direcciones. Es muy importante. Donde estoy ahora.

D: *¿Por qué es importante?*

G: (Grandes respiraciones.) Bien. Maldad. Oscuro. Luz. No estoy acostumbrado a todo eso.

D: *Tiene diferentes variedades, ¿quieres decir? ¿Opuestos? (Sí) ¿Los otros lugares donde trajiste cosas hermosas, no tenían tanta variedad?*

G: Más o menos. (Se estaba emocionando. Al borde del llanto.)

D: *Sé que te sientes emocional, pero si hablamos de eso, tal vez puedas encontrar a tu hermana. Suena como si ella fuera casi una parte de ti, ¿no es así?*

G: Siempre.

D: *¿Cómo viajaste de mundo en mundo?*

G: Sólo yendo. Es como un barco enorme que podría transportarse a voluntad.
D: *¿Una cosa física?*
G: Sí, si quisiéramos hacerlo.
D: *¿Alguien te dijo adónde ir?*
G: Nuestro padre. Padre nos diría adónde ir.
D: *¿Cómo percibes al padre?*
G: Sabio. Sabiduría.
D: *¿Es una persona física? (Sí) ¿Cómo se comunica contigo?*
G: Ha pasado mucho tiempo. Él da lecciones.

Esto fue todo lo que pude averiguar sobre el padre. Estaba muy molesto, y su principal objetivo era encontrar a su hermana. Estaba llorando cuando hablaba de ella, diciendo: "Tengo que encontrar a mi hermana, es lo que quiero hacer. Tengo que encontrarla. Ella es parte de mí."

Esto parecía no ir a ninguna parte, y me estaba confundiendo más que nunca. Así que decidí adelantar a George en el tiempo para ver si podría encontrarla.

G: Ella está con el padre. La gente del otro mundo la tomó de vuelta. Tal vez querían que yo creciera solo.
D: *¿Tal vez querían que no dependieras tanto de ella?*
G: Si, pero no tengo ese mismo poder (Emocional) como cuando estamos juntos.
D: *¿Y querían separarte para ver si podías hacerlo por ti mismo?*
G: Probablemente sea cierto, pero (emocional) creo que a ellos tampoco les gustaba el poder que teníamos juntos.
D: *Pero hiciste cosas hermosas y perfectas.*
G: Sí, hicimos. No les gustó. Las cosas eran demasiado fáciles. No juicios. Las cosas estaban bien. No hay lecciones sin juicios. (Emocional) Ya lo sabíamos todo.
D: *¿Querían que fuera más difícil? (Sí. Sí.)*

No fue hasta que estaba poniendo las sesiones seleccionadas en capítulos, que reconocí cuán similar fue esta sesión a la de Jerry. Ambos parecían ser seres creadores. Jerry dijo que era más divertido hacer la creación con otra persona, por lo general un grupo. George disfrutó haciéndolo con su hermana. Cuando fueron separados, la creación no fue tan efectiva. Pero como dijo, se había vuelto demasiado fácil. No hubo desafíos, ni lecciones, sin juicios. Lo adelanté a un día importante.

G: Hmmm. Me estoy haciendo mayor. Aparentemente más sabio. Y hay mucho alboroto.
D: *¿Te quedaste en ese hermoso lugar?*
G: Lo dejé. Aquí, yo era un maestro. Tengo el pelo largo. Todavía las túnicas o ropas tontas. Barba.

Aparentemente, cuando moví a George hacia adelante, entró a una vida diferente.

G: No puedo ser herido. Eso no puede pasar.
D: *¿Estás protegido, quieres decir? ¿Pero no creaste más lugares hermosos?*
G: Solo estoy aquí para compartir información con estas personas. Ese fue mi siguiente trabajo.
D: *Dijiste que hay agitación. ¿Qué quieres decir?*
G: Todavía hay. La gente realmente está tratando de arreglar sus cosas. Y yo estoy aquí, si lo desean, para asesorarlos. Soy también una persona extraña.
D: *¿Por qué?*
G: Porque saben que estoy allí, y saben que no pueden lastimarme. Y saben que es importante. Es como si fueran carnales, pero ... Es interesante. ¡Ay! (Una revelación) Estoy sentado junto a un oasis. Por una ciudad. Es agua, árboles verdes, una especie de desierto. Y la gente de la ciudad viene y habla conmigo. Estoy solo. Absolutamente solo. Siempre he estado.
D: *¿Qué quisiste decir con que eran carnales? Dijiste que eso era interesante.*
G: Sí. Un poco rudos.
D: *¿Diferente de lo que eres?*
G: Ah, sí. Una raza joven.
D: *¿Es en el mismo mundo en el que estabas?*
G: Otro diferente. Es algo divertido. Estoy envejeciendo, muy viejo. No me pueden lastimar.
D: *Pero si eres físico, ¿te podría pasar algo?*
G: No me puede pasar nada.

D: *Estoy pensando en cuando llegas al final de tu vida.*
G: Cuando quiera. Cuando esté listo.
D: *En este momento, estás haciendo un tipo de trabajo diferente al que hacías con tu hermana.*
G: Sí. Yo era joven entonces. Eso fue divertido. Este es un juego de niños. Fácil.
D: *Pero no es el poder que tenías cuando estaban juntos.*
G: Así es. Yo también me siento mal por ella.

Luego trasladé a George al último día de su vida para que pudiéramos averiguar lo que le pasó.

G: Estoy sentado en una silla. Mirando al rededor. Es hora de irme. He hecho mis cosas aquí por esta vez. He hecho lo mío. He hecho lo que vine a hacer. Y tengo que irme. Sentado en esa silla esperando irme. Contando todo y todas las fichas. Todas las tabletas, y estoy listo para irme.
D: *¿Qué pasa cuando te vas?*
G: (Práctico) Me voy.
D: *¿Qué le sucede al cuerpo?*
G: Se queda. Se deja. Sales.
D: *¿Qué ves cuando lo dejas?*
G: Hmmm. Es como si estuviera viendo una obra de teatro. Es como si estuviera viendo un estudio de cine o algo así. Ver todas esas cosas. Todos los escenarios. Eso es lo que me estoy dejando.
D: *¿Lo que estás dejando es como una obra de teatro?*
G: Sí. Estoy por encima de eso. Estoy mirando hacia abajo, y ahí está este cuerpo sentado en esa silla. Y me doy la vuelta, y se ha ido.
D: *¿Cómo se ve, a dónde vas?*
G: Un vacío. Un largo vacío. Estoy flotando a través del vacío. Estoy solo de nuevo.
D: *¿Sabes a dónde vas?*
G: No. Solo me dejo llevar.
D: *¿Hay alguien contigo para ayudarte a ir a donde se supone que debes ir?*
G: No. Sé a dónde ir.
D: *Entonces avancemos hasta que hayas atravesado el vacío. y hayas llegado al lugar donde vas. ¿Como se ve ese lugar cuando llegas allí?*

G: Es inmenso. Es enorme, simplemente enorme.

D: *¿Qué ves?*

G: Todo. Indescriptible. Enorme. Enorme.

D: *¿Hay algo que puedas reconocer?*

G: Todo. He estado aquí antes. (Un gemido de placer.) Todo tipo de opciones, direcciones - todo tipo de opciones. Incluso algunos viejos amigos. Almas viejas. (Sonidos de alegría.) ¿Sabes? Puedes ver las almas viejas y las astillas nuevas de las jóvenes. Casi puedes oler a los jóvenes. Huelen diferente. Huelen... no a crudo, pero huelen a carne fresca, o.... huelen "divertido". Diferentes - como almas maduras y jóvenes.

D: *¿Por qué huelen y las demás no?*

G: Porque probablemente no saben nada mejor. Son están empezando. Realmente se puede decir cuáles son jóvenes, mayores. La palabra no es "vieja". Conocedoras. Almas sabias.

D: *¿Entonces las sabias no tienen olor?*

G: Sí. Y es algo extraño porque aquí no hay edad. Pero la diferencia está en el olor. Es algo sin sentido. Pero es un poco divertido. Es una manera de diferenciarlos.

En Entre la muerte y la vida, me dijeron que hay muchos niveles diferentes en el reino espiritual. Cuando el espíritu deja el cuerpo, vuelven al nivel en el que están más cómodos. El nivel con el que vibran. No pueden ir a los más altos niveles hasta que estén listos. La frecuencia o vibración actúa como una barrera, y solo pueden ir al nivel que han alcanzado a través de la experiencia. Me dijeron que no puedes ir directamente a la universidad del jardín de infantes. Las almas más avanzadas, o como George los llamó "las almas sabias", pueden ir inmediatamente a los niveles más altos. Pueden ir a los niveles inferiores si es necesario, pero las "jóvenes" no pueden ir a los niveles superiores hasta que hayan alcanzado esa frecuencia, vibración o madurez. Aparentemente, George tuvo que pasar por estos niveles inferiores en su viaje al nivel al que pertenecía, o con el que resonaba.

D: *¿Hay algún lugar determinado al que tengas que ir, ahora que has terminado allá?*

G: Sí, claro. voy a registrarme.

D: *¿Cómo haces eso?*

G: Una buena pregunta.

D: *Porque dijiste que es tan grande.*

G: Tengo una llave, como una plancha que encaja en una ranura. Tengo que ir allá. (Murmurando) Soy más ligero ahora. Solo me estoy acostumbrando a volver a ser luz. Y encuentro la ranura. (Pausa) ¡Ay, muchacho! Tengo que averiguar cómo moverme por aquí otra vez. (Una serie de murmullos.)

D: *¿Te trajeron allí para mostrarte a dónde ir?*

G: No quiero que lo hagan.

D: *Puedes pedir ayuda, sabes.*

G: No saben cómo llegar allí. (Pausa) Yo sé dónde es. Tengo que ir más alto y profundo. Diferentes capas, niveles. Cada uno diferente. Y entras en la parte del nivel inferior. Ahí es donde hueles las cosas. Debería ir más alto y profundo. Y no hueles esas cosas. No hay almas jóvenes a medida que vas más alto. La gente asiente. Me reconocen. No sonríen. Asienten, pero saben que algo está pasando.

Todo esto estaba tomando demasiado tiempo, así que decidí acelerarlo.

D: *Avancemos hasta cuando llegues allí. Puedes encontrarlo muy rápidamente ahora, porque te estás moviendo hacia esos diferentes niveles. ¿Cómo es eso?*

G: ¡Ay, chico! Es luz de verdad. Muy brillante. Es absolutamente magnífico. Absoluta magnificencia.

D: *¿Hay otras personas allí?*

G: Sí. Otros. Todo muy brillante. Son muy brillantes. Tienen una pequeña reunión para mí. Un gran evento. Hay tal vez doce, veinticuatro, cuarenta y ocho... ¡Ja! ¡Ja! ¡Ja! Noventa y seis. Los conoces a todos... Soy el último en volver. De este grupo. Y todos se están reuniendo. Ahí está mi hermana. Ella está aquí. La encontré. Este grupo es viejo. Se completa... Soy el último en volver.

D: *¿Qué completa?*

G: (Gran suspiro prolongado) Ya sabes... este es el consejo. Eso es lo que carambas es. Soy la persona noventa y seis. Tenemos que discutir lo que está pasando. La primera vez que todos han vuelto. Y hay una razón.

D: *¿Cuál es la razón?*

G: Eso es lo que vamos a averiguar. Tengo que ir más alto y profundo. De esos noventa y seis hay ocho que son como un consejo. Simplemente pasando el rato. Solo hablan, para mirarlo detenidamente.

D: *¿Ocho separados de los noventa y seis?*

G: Venían del noventa y seis.

D: *¿Y qué van a hacer?*

G: Hablar de estas cosas. De donde acabo de llegar. Donde estaban y acaban de llegar. Todo. Todo lo que hice. Todo lo que hicieron. Más lo que hicieron los otros noventa y seis.

D: *¿Qué vas a hacer después de discutirlo?*

G: Hacer ajustes o retoques. En donde hemos estado, que hemos visto y lo que se hará.

D: *¿Por qué tienes que hacer eso?*

G: Porque eso es parte del juego. Eso es parte de lo que esto se trata. Patrón uno, patrón dos, patrón tres, patrón cuatro. No es una jerarquía, pero lo que se hace aquí, se filtra hacia abajo a través de los ocho y noventa y seis. Y también justo hacia donde puedes oler esas almas jóvenes. Abajo hasta donde pasas por ese agujero, ese conducto, y vayas donde vayas cuando pases por ese conducto. Puede ser muchos lugares diferentes. ¡Santa vaca!

D: *Pero entonces, si haces estos "retoques" y cambios, ¿eso no afecta las cosas?*

G: Se supone que debe.

D: *¿Sobre el mundo físico?*

G: Así es.

D: *¿Por qué están haciendo esas cosas para cambiar los patrones?*

G: Necesario. Tú modificas las almas. Si modificas las almas, ¿no ves?, entonces tienes todas las otras cosas atendidas. No tienes todas las otras situaciones. Ajustas las almas.

D: *¿Hacer que cambien, quieres decir?*

G: Sí. Ajustarlas. No cambiarlas y ellas se cambian a sí mismas. Ajústalas. ¿Entiendes lo que significa? Los retocas. Ajustas. Influencias.

D: *¿Cómo haces eso?*

G: Sabes, es realmente bastante simple. Si miran adentro, y ver lo que se ha desarrollado con un poco de orientación, entonces ellos pueden hacer los ajustes. Y si no lo hacen, no van a volver a donde sea.... Eso es interesante. ¿Sabes? Esos ocho... ni siquiera son almas cuando subes allí. Esto es realmente curioso. Es diferente. Cuando estás allí, tú no tienes ninguna obligación. A medida que bajas, tiene una obligación. Cuando estás allí con esos ocho, no hay obligación. No necesito una.

D: *Lo has terminado todo cuando vas allí.*

G: Correcto. Pero a medida que avanzas hacia abajo, la obligación o el pagar, cualesquiera que sean las palabras, ahí es donde el ajuste de la obligación tiene lugar. ¡Ja! ¡Locura!

D: *Entonces, si estás tratando de influir en las personas, no sabía que era permitido interferir.*

G: No interfiere. Obligación. Ellos saben, el alma sabe que a medida que envejece, tienen una obligación. Ellos no sería un alma. No necesitarían lecciones. ¿Por qué lo harían? Saben que hay una obligación. Y ajustan eso. Sin embargo, es genial y es un objetivo. Allá abajo sin compromiso.

D: *¿Es eso posible?*

G: Tú decides.

D: *¿Por qué bajarías si no tuvieras una obligación o karma?*

G: Esa es la diversión. Sin obligación.

D: *Entonces, si hubieras llegado al punto en que no tenías obligación, no necesitabas volver al planeta físico Tierra, ¿por qué has vuelto al cuerpo de George?*

G: Para que mi hermana y yo completemos lo que no hicimos hace mucho hace tiempo. Esa es la parte. No es karma. No es obligación. Es un incompleto.

D: *¿Qué no completaste en ese momento?*

G: Creo que la unión. No completamos la unión de ella y yo.

D: *¿A pesar de que estuvieron juntos durante mucho tiempo?*

G: Sí. No lo hicimos... ese anhelo sigue en mi alma.

Di instrucciones para sacar al subconsciente de George para que tal vez pudiéramos obtener respuestas a algo de esto.

D: *A George se le podría haber mostrado muchas vidas diferentes. ¿Por qué decides mostrarle esta vida? ¿Qué estás tratando de decirle?*

G: Humildad. Humildad absoluta.

D: *¿Necesita aprender esto?*

G: Él lo sabe. Lo ha aprendido. Humildad.
D: *¿Por qué tienes que mostrárselo en este momento?*
G: Porque se remonta a esos ocho. Ellos a veces olvidan la humildad. Pierden el... templo de eso. Porque no existe donde están.
D: *No tienen obligaciones.*
G: Y es la humildad por lo que está pasando aquí.
D: *¿Por qué George tiene que saber eso en su vida, ahora? (Pausa) Porque esta vida física es la que nos preocupa, ahora.*
G: Tal vez eso es lo que él no sabe.
D: *Dijo que faltaba una pieza.*
G: Sí. Es lo que él no sabe. Esto es una locura, pero... la cosa de la hermana. Todo es parte de eso.
D: *Solo trata de explicárselo, incluso si suena loco.*

Tenía una sospecha de lo que representaba la hermana perdida. No era una persona física, sino el lado femenino de sí mismo. Pero yo quería ver lo que diría el subconsciente. El subconsciente le dijo lenta y deliberadamente, "Es la feminidad que aumentará su vida, su bienestar, su humildad. En un momento fue total. Era tanto femenino como masculino. Así fue como pudo crear cosas tan maravillosas".

Le pregunté cómo podía George encontrar la parte femenina de sí mismo. Su subconsciente dijo que tendría que aprender a ser más femenino, más suave. Esto sería difícil porque George era definitivamente muy masculino, y esto no sería parte de su personalidad normal. Tampoco la humildad.

Sin embargo, el subconsciente insistió en que George tendría que permitir que la parte femenina de sí mismo aflore, aprendiendo a ser más suave, no tan severo y permitiendo que el lado amable de su naturaleza salga. Luego le pregunté acerca de sus problemas de salud. Recibí la misma respuesta que me han dado muchas veces. Si un ser hubiera sido una de estas entidades superiores en los otros reinos, y vino a la Tierra por varias razones, no se les podía permitir ser perfectos. Tendrían que encajar con el público en general. Una manera de hacerlo es dándoles un defecto de algún tipo, para que no sobresalgan. George tenía rigidez en el cuello y flexibilidad limitada en su columna vertebral. "Quería que le mostrara que es humano". El subconsciente estaba permitiendo que la incomodidad permaneciera como un recordatorio de que él vino a la Tierra por una razón definida,

"Porque esa parte del cuerpo es el sistema nervioso. Ese es el factor de control. Si no tienes sistema nervioso, no tienes vida".

* * *

George tenía algunas preguntas más. Uno pertenecía a un incidente en 1972, cuando se cayó por las escaleras y se fracturó el cráneo. Fue tan grave que casi muere. Él quería saber más sobre lo que sucedió en ese momento.

G: Estábamos tratando de decirle que debe cambiar. Estaba en una calle sin salida.
D: *Realmente cambió su vida, porque dijo que casi muere.*
G: Estaba muerto.
D: *(Sorprendida) ¿Lo estaba? (Sí) ¿Qué le puedes decir de ese tiempo?*
G: Estaba muerto. Parte de él volvió. Parte de otro vino de vuelta. Dos regresaron.
D: *¿Puedes explicarlo mejor para que podamos entenderlo?*
G: (Gran suspiro) Dos regresaron. Regresó, y también una parte un poco diferente de él vino. Todavía es él. Otro aspecto de él.
D: *¿Por qué esa parte tuvo que volver?*
G: Quería. Lo deseaba. Esa fue una buena oportunidad. Buen tiempo. Buen lugar. Esa era la parte que lo llevaría en la dirección en que se suponía que debía ir. Tuvo que haber un cambio. No había manera de que pudiera hacerlo de la manera en que era. Necesitaba ayuda de esta otra parte de sí mismo. Esta otra parte tuvo la oportunidad de entrar, y entró.
D: *¿Es eso diferente a un walk-in (alma que entra en un cuerpo cuando otra alma lo desocupa)?*
G: Es diferente. Esta es la misma alma, diferente aspecto.
D: *También dijiste que este aspecto femenino le falta.*
G: Eso nunca fue parte de ese que entró. No ha estado con él durante años y años y años. Siglos, lunas y milenio. Siempre extrañaba eso. Entrará despacio.

George tuvo otra experiencia traumática en 1998 cuando regresaba a casa después de una gira por Egipto. Tuvieron dificultad en traerlo de regreso a los Estados Unidos, porque era como un zombi andante, casi sin control sobre su cuerpo. Cuando llegó a casa, pasaron muchas semanas antes de que comenzara a regresar a lo normal.

D: *¿Qué pasó en ese momento?*
G: Quería irse. Quería volver a los ocho.
D: *¿Pasó algo en Egipto para desencadenar eso?*
G: Parece que esa parte del mundo no siempre es saludable. Y quería volver (al lado espiritual) para ayudar a modificar eso, o hacer ajustes en esa parte del mundo. Pero él no... y mira lo que ha pasado ahora, desde entonces. Todos esos líos ahí.
D: *¿Y pensó que no podía hacerlo desde lo físico?*
G: No pudo. No tenía esa posición.
D: *Pero pensó que, desde el otro lado, ¿podría marcar la diferencia?*
G: Sí. También están sucediendo cosas subyacentes. Aquí y allí y por todas partes. Y él quería volver. Estaba muriendo. Ya se había ido. Solo quedaba el caparazón.
D: *¿Entonces que paso? ¿Le dijeron que no podía irse?*
G: No pueden... no se le puede decir nada. Solo termina esto. La otra parte tendrá que esperar. Pero mira lo que ha pasado. Es una locura allí ahora.
D: *Entonces, en ese momento, decidió regresar y terminar el trabajo.*
G: Se fue. Terminó su trabajo esta vez.
D: *De lo contrario, si lo dejaba sin terminar, tendría que volver a la Tierra.*
G: Volver. Volvería.
D: *Habría incurrido en karma y obligación. (Sí) Entonces la idea era volver a su cuerpo para que pudiera terminar su trabajo.*
G: Volvió aquí. Sólo los ocho pueden hacer eso.
D: *Muestra que no siempre sabemos lo que le está pasando a nuestro cuerpo físico ¿verdad?*
G: Desafortunadamente, eso es correcto.
D: *Siempre hay otras partes de nosotros de las que no somos conscientes.*
G: Así es.
D: *Pero afortunadamente, hay otras fuerzas que se encargan de las cosas y nos ayudan.*
G: Son guías. Ellos están aquí. Se están riendo un poco sobre todo esto, por cierto. Dicen: "Trato de decirte estas cosas a veces

durante el día y la noche. Y tú no escuchas". Una de mis guías tiene que ver con el aspecto femenino.

D: ¿Tienen algo que decirle a George? ¿Cualquier mensaje o algún consejo?

G: El mismo mensaje que dan siempre. Solo dinos cuando quieras nuestra ayuda. Siempre estamos ahí para ayudar. Tienes que pedir. No podemos interferir. También quieren decir - es curioso lo que ellos dicen. Mientras me mantenías con vida, era real interesante. Me pregunto ¿por qué es así? (Masculando)

D: ¿Qué quieres decir?

G: Si escucho, todo está bien. Si no escucho, las cosas no van demasiado bien - Gracias, George. Todos te queremos.

D: ¿Por qué le estás agradeciendo?

G: Por ser él. Tiene un trabajo que hacer.

* * *

Otra evidencia de tener más partes de nosotros mismos existentes e interactuando al mismo tiempo, se produjo durante dos sesiones mientras yo estaba en Memphis en 2001. Ambas mujeres se conocían entre sí y habían estado trabajando en el desarrollo de un centro de curación. Era un proyecto ambicioso que requería muchos detalles de planificación. No sabían cómo lo lograrían, pero tenían un sueño y querían seguirlo.

La primera mujer, a la que llamaré "Mary", no fue a una vida pasada, aunque buscábamos respuestas a problemas en esta vida. Ella fue inmediatamente al lado de los espíritus, el lugar donde normalmente solo se visita entre vidas, o el llamado estado "muertos". Ella fue recibida y conducida a una gran sala donde muchos espíritus estaban sentados alrededor de una mesa. La reconocieron inmediatamente, y una energía masculina dijo: "Bien, finalmente estás aquí. Te hemos estado esperando." En lugar de abordar sus razones por tener la sesión (esto se discutió más adelante), se sumergieron en la discusión sobre su proyecto: la construcción y creación de un gran centro de curación. Explicaron la forma en que el centro debe se construirse, dónde se ubicaría el terreno y cómo se recaudarían los fondos para el desarrollo del proyecto. Parecía un centro mucho más grandioso de lo que Mary había imaginado cuando me lo describió. Sin embargo, le decían que el proyecto más grande sería el resultado final y sería más eficaz. Se le fue dado con mucho detalle sobre el diseño, etc. El ser de energía masculina finalmente se identificó como un fragmento superior de María que no tenía ningún deseo de encarnar. Él eligió permanecer en el lado espiritual para ayudar a dirigir su progreso. Siempre había estado ahí como miembro de este consejo asesor, y seguiría siéndolo. Pero él era también una parte de ella, aunque ella no tiene conocimiento consciente de este.

Esto se ha enfatizado cada vez más en mi trabajo en los últimos años, que hay partes de nosotros existiendo al mismo tiempo, haciendo un trabajo diferente, viviendo vidas diferentes. No somos conscientes de ellos, porque sería demasiado confuso para nuestras mentes conscientes. Seguimos enfocándonos en los eventos que ocurren en nuestra vida cotidiana, sin el conocimiento del cuadro mayor.

La segunda mujer, a la que llamaré "June", fue mi segunda cliente el mismo día. Las dos mujeres no habían tenido oportunidad para hablar la una con la otra. Aunque June habló de serios problemas durante nuestra entrevista que ella quería cubrir, cuando entró en trance profundo, tampoco fue a una vida pasada, sino fue llevada de inmediato a la sala de juntas. De nuevo, hubo muchos seres espirituales sentados alrededor de una mesa y estaban esperándola. Ella fue abordada por una energía femenina que procedió a darle instrucciones sobre su relación con Mary en el edificio del centro de curación. Le explicaron que sería hecho realidad, porque ya había sido creado en el lado del espíritu, y estaba esperando ser bajado al físico. Explicaron que esta es la forma en que creamos nuestras realidades en la Tierra. Primero debemos tener el sueño, las ganas para que algo se haga realidad. Debemos ver vívidamente los resultados finales, y adornarlo con muchos detalles. Entonces se convierte en una creación en el lado etérico. A continuación, debe entrar en nuestra realidad física y se solidifica, porque esta es una ley del universo. Por eso la gente debe tener tanto cuidado con lo que desea crear. Para el lado espiritual, es instantáneo, y sólo espera el momento correcto en el tiempo para convertirse en una realidad. Los pensamientos son muy poderosos. Los pensamientos pueden crear. Por supuesto, la sorpresa era que el centro que ambas mujeres habían imaginado era en una escala más pequeña que la que les fue descrita. Así que aparentemente, la parte de ellos que se queda para siempre en el otro lado también puede embellecer y crear cuando el proyecto es iniciado por el ser físico consciente. El proyecto ahora avanza. Las dos mujeres recibieron toda la información que necesitaban. Si no se vuelve concreto y sólido en nuestra dimensión, puede ser porque carecían de la fe y creencia para seguir su sueño. Este es un planeta de libre albedrío, después de todo.

Esto muestra que hay otra parte de nosotros que permanece en el lado espiritual ayudando a dirigir el espectáculo, la obra, el juego. ¿Podemos llamarlo nuestro ángel de la guarda, nuestro guía? Creo que es una cosa aparte, por lo que me han dicho, pero eso ahora podría estar abierto a debate. Creo que esta otra parte podría ser más bien descrita como nuestro yo superior. Es interesante que cada vez que contacto con lo que llamo el "subconsciente", no parece ser una entidad separada o parte de la persona. Siempre dice "nosotros" estamos haciendo esto, o sugiriendo esto, como si fuera un grupo más bien que un individuo. Siempre se refiere al cliente en tercera persona: "él" o "ella" debe hacer las cosas sugeridas, como si la entidad física estuviera separada del grupo, al menos por el tiempo está en la dimensión física. Invariablemente, cuando la personalidad física pasa por la experiencia de la muerte y viaja al lado espiritual, su punto de vista cambia. Está inmediatamente consciente de volver a "casa", se da cuenta de la vida física era sólo un juego, una obra de teatro, una escuela de la que aprender lecciones. El otro lado es más real para ellos, se les proporciona más respuestas y, si están listos, se reincorporan al grupo, que les da mucha felicidad.

Al menos mi trabajo muestra que hay una parte superior de nosotros mismos de lo que somos conscientes del panorama general; el gran plan. Si somos conscientes de esto podemos usar este conocimiento para crear nuestra realidad en esta vida en mayor medida. Ahora sabemos que podemos comunicarnos directamente con esa parte de nosotros mismos, y escucha y desea ayudarnos. ¿Es esto realmente diferente a nuestro concepto de comunicación con Dios? Tal vez Dios no está totalmente separado, pero es una parte de todos nosotros, y como tal es mucho más accesible.

Sección ocho

Saliendo del extremo profundo

CAPÍTULO 27

EL SOÑADOR SUEÑA EL SUEÑO

Esta sesión se realizó durante una semana de sesiones privadas en un motel en Eureka Springs, Arkansas, en febrero de 2002. Charles es un enfermero que trabaja en un hospital de la ciudad cercana. Estaba teniendo problemas físicos principalmente asociados con el exceso de peso. Esta era su principal preocupación. Por supuesto, una de las preguntas que quería hacer tenían que ver con su propósito en esta vida. Esta es la pregunta más común que la gente hace cuando viene a verme. Hace unos años, USA Today hizo una encuesta, una encuesta entre la gente "común", no solo entre los interesados en metafísica. Se les preguntó: "Si tuvieras acceso a un poder supremo, ¿qué pregunta le harías?" La encuesta mostró que la pregunta más común era, "¿Por qué estoy aquí? ¿Qué se supone que debo hacer con mi vida?" Así que casi todo el mundo tiene estos mismos pensamientos en un momento u otro.

Durante la sesión, Charles visitó dos vidas pasadas que ayudaron a explicar algunos de los problemas actuales en su vida. El primero fue como soldado romano en el ejército de Alejandro Magno cuando invadieron Egipto y se apoderaron de El Cairo. Entraron a la Gran Pirámide a través de una puerta secreta, bajo órdenes de buscar tesoros. Descubrieron que no había nada. Supusieron que, si había algo allí, había sido llevado y escondido en otro lugar. Encontré esto interesante, porque mostraba que la gente estaba asociando a las pirámides con tesoro, incluso hace tanto tiempo. Cualquier cosa de importancia se había eliminado mucho antes de los tiempos modernos. Era parte de la fuerza de ocupación durante varios años. Se ahogó durante una tormenta en el mar mientras cruzaba el Mediterráneo en su camino de regreso a Roma.

La segunda vida fue interesante, pero no suministró tanta información como hubiera esperado. Era un hombre que estudiaba conocimiento secreto en el Himalaya en el Tíbet. Se quedó allí durante varios años obteniendo tanta información como pudo de los maestros. Luego regresó a Francia, donde compartió lo que había encontrado con la organización secreta de la que formaba parte. Sonaba como los masones, pero dijo que era aún más antiguo. Ellos eran los que tras bambalinas dirigían los gobiernos, incluso aunque fue en la época del Renacimiento. La gente estaba muy oprimida, y cuando se convirtió en el jefe de la orden, quería enseñar a la gente común para que pudieran tener una vida mejor. Este fue el propósito original de esta orden, mejorar la vida. Con el tiempo se convirtió en una organización negativa obsesionada por la codicia y la gente que desea el poder. Vivió hasta más de 100 años, y compartió mucho de su conocimiento con otros. Después murió en esa vida, le pedí a la otra personalidad que se fuera, integré a la personalidad de Charles de nuevo en el cuerpo, y llamé al subconsciente para responder a las preguntas de Charles. Esta vez el subconsciente refutaba, lo cual es inusual. Suele ser muy cooperativo.

D: ¿Puedo hablar con el subconsciente de Charles?
C: ¿Te refieres a la parte soñadora?
D: (Estaba confundido.) ¿La parte soñadora? ¿Qué parte eres?
C: Alma superior, creo que dirías. Es tuya también. Nosotros somos. Estamos. Somos, si, somos.
D: Pero estás separado de la conciencia de la persona.
C: Por supuesto que no. No, no.
D: La parte con la que normalmente hablo de que tiene las respuestas relacionadas con el físico, suele ser el subconsciente. ¿Tú llamas a eso la parte soñadora? ¿Qué significa eso?
C: Ahora mismo estás soñando. Ahora mismo eres el soñador. Ahora mismo lo eres. Pero vuelve a nosotros por el "yo, nosotros, todos". Y luego extruye como un plástico en un molde, por usar un ejemplo que tal vez conozcas. Y esa es Dolores. Pero eso no es plástico. Es un medio fluido que parece endurecerse. Pero es solo con el tiempo. Y luego fluye de nuevo a su original. Y luego se extruye en un molde nuevamente.

Definición en diccionario de extruir: empujar o forzar, como a través de una pequeña abertura.

C: Y ese molde podría tener un nombre "Dolores". Tú, cada momento, fluyes entre ese molde y otro molde, y habitas varias partes sin forma que somos "nosotros". Tú lo sabes. Sí, lo sabes.

D: *Estos son conceptos que son difíciles de comprender para nuestras mentes humanas.*

C: Pero no le estás hablando a una mente humana en este momento, así que no tienes que preocuparte.

D: *Bueno, creo que lo soy.*

C: Oh, parte de ti podría serlo.

Esto se estaba volviendo muy confuso. No estaba acostumbrada a hablar con una parte tan contradictoria de la persona. Decidí redirigir las preguntas a lo que Charles quería averiguar, con la esperanza de poder obtener su cooperación.

D: *¿Cuál es el propósito de Charles en su vida actual?*

C: Cambiar el sueño.

D: *¿Qué quieres decir?*

C: El soñador sueña el sueño. Él puede cambiar el sueño. Modificar el sueño.

D: *¿Quién es el soñador que sueña el sueño?*

C: El que sueña el sueño en esta realidad.

D: *¿Y crees que se debe cambiar el sueño?*

C: Es hora. Como era antes.

D: *Por el soñador, ¿te refieres a la conciencia de las masas o qué? Estoy tratando de entender lo que quieres decir. El soñador que sueña el sueño.*

C: Hay un soñador que sueña este sueño. Solo hay uno.

D: *¿Es una persona o qué?*

C: Más bien una conciencia. No está personificado, es... una especie de una conciencia Todos soñamos el sueño.

D: *¿Como parte de la conciencia?*

C: Sí. Todos creemos que el sol sale y se pone. El soñador sueña ese sueño.

D: *En la realidad en la que estamos, ¿quieres decir?*

C: Sí. El sueño de la realidad.

D: *Sin embargo, se vuelve real, porque todos estamos involucrados. ¿No es cierto?*

C: Correcto, pero cada individuo también puede soñar su propio sueño. Sueña que es una persona de negocios o un médico o un abogado. Ese es su sueño dentro del sueño.

D: Esa es su realidad.

C: Correcto.

D: Pero el soñador que está soñando el gran sueño, ¿es una mucho mayor conciencia? ¿Una conciencia mucho más poderosa?

C: Correcto.

D: Sería difícil cambiarlo si fuera tan grande.

C: Cierto.

D: Esta conciencia, el soñador que sueña el sueño, ¿es eso más como nuestro concepto de Dios? (Pausa) ¿O es diferente?

C: La cosa es que Dios no es realmente... solo hay uno, es solo ... el soñador hace realidad lo que todos los demás creen que es real. El soñador endurece la piedra, hace salir el sol y meterse. Ese es su sueño. Son los sueños de otras personas que también hacen cosas en los sueños: crean guerras, luchas, alegría, tristeza.

D: ¿Esos son todos los individuos que crean esas partes dentro del otro sueño?

C: Correcto, correcto.

D: ¿Pero no lo hacen realidad cuando sueñan?

C: Eso es correcto, sí.

D: ¿Al igual que el soñador que sueña el sueño lo convierte en realidad?

C: Correcto. Es el gran sueño.

D: ¿Simplemente sigue creando más realidades?

C: Correcto. Sin embargo, sigue siendo solo la única realidad. Porque sólo hay uno.

D: He oído que podemos crear nuestras propias realidades. (Si) Es eso lo que quieres decir con... estaba pensando si el soñador era como una conciencia mayor.

C: Correcto.

D: Sigo pensando en Dios. Tal vez nuestro concepto de Dios no sea correcto.

C: Somos Dios, todos somos uno.

D: Eso es verdad. He oído eso. Pero si la conciencia, el soñador, que estaba soñando el sueño y creándolo, entonces lo que él crea, permanece, ¿no es así? ¿Se vuelve sólido y físico?

C: Eso es correcto, sí.

D: *Porque pienso en un soñador que finalmente se despierta.*
C: Eso es correcto.
D: *¿Entonces el soñador finalmente se despierta?*
C: Eso es correcto.
D: *(Risa nerviosa.) ¿Qué pasa entonces?*
C: ¿Qué pasa cuando te vas a dormir?
D: *Quiero decir, ¿qué sucede con lo que ha creado en su sueño?*
C: Cuando te vas a dormir, ¿no vas a otra realidad?
D: *Cierto, pero luego, cuando te despiertas, ¿permanece esa realidad?*
C: Es tan real como la otra realidad. Es una forma diferente de soñar. ¿Llamas a esto realidad? Aquí donde estás ¿ahora? ¿Es un sueño o una realidad?
D: *Bueno, creemos que estamos en la realidad.*
C: ¿No estás soñando aquí como sueñas en el otro lugar?
D: *(Risas) No lo sabemos, ¿verdad? Eso siempre ha sido un rompecabezas. Pero, en fin, el soñador que ha soñado todo esto que está pasando ahora, ¿cuándo se despierte, nuestra realidad deja de existir o sigue?*
C: Continúa.
D: *¿Porque le ha dado vida?*
C: Todos le hemos dado vida.
D: *Y todas las demás chispas y almas han dado poder y más creación a ello. ¿Es eso lo que quieres decir?*
C: Correcto, pero luego vuelven al todo. Pero en realidad realmente nunca se fueron.
D: *Así que estamos ayudando a que se convierta en una realidad y todos están jugando su parte en ella. (Sí.) Pero luego, en una escala mayor, ¿el soñador sueña otros sueños?*
C: Cuando los sueños más pequeños, a falta de una palabra mejor, hacen suficiente o tienen suficientes motivos para cambiar el gran sueño del soñador; ahí es cuando eso cambia. Es cuando la conciencia da un salto. Un salto adelante o podría ser una caída hacia atrás. Depende de tu lugar en el tiempo. Para ejemplo la Edad Media, el soñador cambió el sueño.
D: *Entonces esta es una conciencia enorme. ¿Es más de lo que podemos comprender?*
C: Oh no, es solo un soñador.
D: *Que ha creado todo esto.*

C: Sí, todos somos soñadores.

D: *Entonces todos somos parte de eso. (Sí.) Porque estoy tratando de comprender. Si fuera tan grande que no seríamos capaces de comprenderlo.*

C: No. Puede comprender cualquier cosa.

D: *¿Y esta es la conciencia de la que todos somos parte? (Si) y todos volvemos a eso.*

C: Sí, solo hay uno.

Esto sonaba como el concepto que he cubierto en otra parte en este libro, que todos nos originamos con la Fuente y separamos de él para hacer los diversos trabajos que se nos asignan. También tener muchas aventuras y lecciones a lo largo del camino, antes que regresemos. Esta creación por parte de la mente grupal también podría ser similar al trabajo de Jerry, (Capítulo 25) creando con su grupo. Podría ser el mismo concepto, simplemente expresado en diferentes términos.

¿Podría esto también ser parte de lo que sucederá cuando ascendamos en la Nueva Tierra? ¿La conciencia de masas decide que es hora de trascender (o cambiar) el sueño?

D: *Entonces la realidad que todos hemos creado continúa existiendo. (Sí.) ¿Porque le hemos dado solidez, le hemos dado forma? (Sí.) Entonces, cuando todos volvamos, dijiste que hacemos el cambio de conciencia. (Sí.) Eso es cambiar el sueño por otro sueño. (Sí). Y cuando hacemos eso, creamos otra realidad, otro sueño en ese momento. ¿Todos los que están involucrados?*

C: Sí, no tanto en crearlo, sino en continuar.

D: *¿Continuar y cambiar el sueño?*

C: Sí, crece como una planta.

D: *Escuché que nos estamos preparando para hacer un cambio de conciencia. ¿Es entonces cuando pasara esto? (Sí.) Si suficientes personas quieren cambiar ¿El sueño en el que estamos ahora con las guerras y la negatividad? (Sí.) Entonces irá a la próxima conciencia. (Sí.) Siento como que no lo estoy describiendo bien, porque estoy pensando en el soñador como semejante a Dios; como conciencia de masas.*

C: Cierto.

D: *Entonces eventualmente, ¿todos abandonan el sueño y regresan al soñador o qué? ¿Volver a la conciencia que creó todo?*
C: Eso es correcto, sí. Comienza de nuevo. Otro sueño. Es un ciclo. Como cuando te despiertas cada mañana, ¿qué le pasa a tu sueño? ¿Qué piensas? Se fue ¿lejos?
D: *Sí, porque cuando te vas a dormir la noche siguiente, es un sueño diferente. Muy rara vez vuelves al mismo sueño.*
C: Correcto.
D: *Pero muchos de nuestros sueños no tienen ningún sentido.*
C: Busca comprender. (Risa)
D: *Hay más simbolismo de lo que consideramos en nuestra vida cotidiana.*
C: Es un mundo diferente.

Un mundo diferente con reglas diferentes que gobiernan lo que ocurre allí. Nuestro mundo físico en la Tierra es un lugar donde las reglas y las limitaciones se aplican estrictamente. Por eso elegimos vivir aquí en un cuerpo físico para aprender lecciones dentro de esas limitaciones. Porque no tenemos recuerdos de nuestras otras vidas, en otros reinos espirituales y físicos, nos hemos acostumbrado a pensar que todo tiene limitaciones. Así no podemos percibir mundos sin limitaciones. Como hemos visto en este libro, hay muchas otras dimensiones y realidades que podemos experimentar (cuando hemos adquirido suficiente conocimiento), donde los seres son pura energía. Ni siquiera tienen la limitación de un cuerpo físico. Pueden crear cualquier cosa que deseen, desde una carcasa del cuerpo hasta su entorno. Tienen completo control sobre su entorno. Aun así, muchos de ellos han elegido (o han sido enviados) a experimentar la vida en nuestro limitado y confinado mundo. Estas personas a menudo son infelices, añoran volver a su vida de completa libertad. Debe ser lo mismo cuando entramos en el mundo de los sueños. Mientras que en el estado de sueño no hay reglas, regulaciones o limitaciones. Cualquier cosa puede suceder o ser creado. Tenemos el control y podemos crear lo que deseamos experimentar. Las personas que tienen sueños lúcidos pronto se dan cuenta que están soñando, y que pueden cambiar el sueño si desean. Entienden que tienen control sobre este otro mundo en el que entramos cada noche cuando dormimos. Me han dicho muchas veces que nunca seremos capaces de entender todo de esto mientras estamos confinados a un cuerpo físico.

Aparentemente, el estado de sueño no es un estado de fantasía que se evapora al despertar. Sin saberlo, hemos creado un mundo que permanece y existe en alguna parte. Esto va con la idea de que nuestros pensamientos son muy poderosos; son cosas reales. Una vez que aparecen los pensamientos, existen para siempre. Por supuesto, esta es la forma en que creamos nuestra realidad; guiando y organizando nuestros pensamientos, deseos y sueños, y luego enfocándolos y dirigiéndolos hasta que se conviertan en la realidad.

D: *¿Un mundo diferente, quieres decir? (Sí) Y por eso nosotros tenemos problemas para entender nuestros sueños. ¿Creamos nuestro pequeño mundo individual cada noche cuando nos vamos a dormir?*
C: Sí, y se supone que debes hacerlo.
D: *Pero a menudo está lleno de simbolismo que no tiene sentido para nuestra mente despierta.*
C: Solo necesitan buscar entender. Si se enfocan en eso, los entenderán.
D: *Siempre pensamos que está tratando de decirnos cosas a través de símbolos.*
C: Lo es. Concéntrate en ello y lo entenderás.
D: *Pero cuando despertamos y volvemos a esta realidad, esta tiene más sentido para nosotros. (Sí). Entonces, todas las noches, entramos en un mundo diferente que hemos creado. (Sí.) ¿Ese mundo en nuestro estado de sueño sigue existiendo?*
C: ¡Por supuesto! Es simplemente diferente... cuando te vas a dormir en las noches, ¿qué garantía tienes de despertaras la próxima mañana?
D: *Bueno, creemos que vamos a despertar.*
C: ¿Y si tu cuerpo muriera?
D: *Bueno, eso le ha pasado a la gente.*
C: Sí. Como es arriba es abajo.
D: *Y luego, si el cuerpo muriera, irías al mundo de los espíritus, ¿No es así? (Sí.) Que es diferente al mundo de los sueños. ¿No es cierto?*
C: Cierto.
D: *Pero así sabrías que ya no estabas soñando. Estabas entrando en el mundo de los espíritus.*
C: ¿Sabrías?

D: *Bueno, crees que lo harías. (Charles se rio.) La gente ha dicho cómo es el mundo de los espíritus. Parece ser un lugar diferente.*

C: Comparado con este.

D: *Sí. Todos lo describen de la misma manera, y en comparación con el mundo de los sueños que vemos en la noche - parece ser una cosa diferente. (Sí.) Esto puede ser muy confuso. Para nuestras mentes humanas, de todos modos. Pero siempre estoy buscando información. ¿Está todo bien si comparto esa información con otros, en mi trabajo?*

C: Sí, sí.

D: *Siempre estoy buscando cosas diferentes en las que no hemos pensado, aunque sé que no lo entiendo. En el camino, tal vez alguien en algún lugar podría ser capaz de ampliarlo.*

C: El sonido es cómo Dios habló el sueño a la creación. Empezó con sonidos.

Así es como la Biblia comienza la historia cuando Dios habló nuestro mundo en la creación. "Y dijo Dios: Sea la luz; y hubo luz." Génesis 1:3. Cada paso del proceso de creación se hizo realidad cuando Dios habló.

* * *

Durante otra sesión, una mujer a la que llamaré "Bárbara". quería explorar algunos eventos que pensó que ocurrieron durante experiencias fuera del Cuerpo. Ella experimentó pasar por túneles y cosas similares. Durante uno de estos, terminó en otro periodo de tiempo. Pensé que sonaban más como entrar en otras dimensiones atravesando portales de tiempo. Esto era en parte cierto. El subconsciente dijo: "Es un recuerdo. Una memoria de espacios que se entrelazan."

D: *Parecía confuso. Parecía estar en nuestro pasado como lo conocemos.*

B: No hay pasado.

D: *Es lo que ella pensó que era y cuando volvió, era confuso. Las personas en la otra experiencia pensaron que se supone que no debería estar allí.*

B: Es solo un enlace a un espacio diferente. No hizo daño excepto a hacerla curiosa.

En otra experiencia que Bárbara también relegó a una experiencia fuera del Cuerpo, se encontró en un parque hablando con gente. Uno de ellos le dijo que le gustaba venir al parque, porque en el otro lugar estaba en silla de ruedas. Pregunté qué había sucedido en ese momento.

B: Se la llevaron.
D: ¿Quién se la llevó?
B: Las mentes. Las mentes la tomaron. Su mente es su mente. Las mentes son todo pensamiento.
D: Pero ¿dónde estaban?
B: En otro lugar.
D: ¿Y las mentes de las otras personas que estaban en este parque la trajeron allí? (Sí.) ¿Hace esto a menudo? (No.) Porque ella pensó que era familiar de alguna manera.
B: Siempre es lo mismo. Las mentes crean.
D: ¿Y crean este lugar y todos van allí?
B: Sí, es la comunicación con el otro enlace.

Estas no eran las mentes de las personas que Bárbara conocía en su vida actual, pero los conocía en otro nivel. Por eso le parecían familiares.

D: ¿Es similar al lado espiritual, a donde vamos cuando morimos y dejamos el cuerpo físico?
B: No, es diferente. Los demás lo crean. Es el centro de un túnel. Donde otros entran por un extremo y algunos entran por este extremo. Y se encuentran, y crean sus alrededores, y permanecen allí por un rato.
D: Pero ella dijo, cuando volvió aquí, que fue muy contundente. ¿Qué sucedió allí?
B: Es obstinada.
D: (Risas) ¿Así que la devolvieron a este cuerpo en esta realidad? (Sí) ¿Esto sucede a veces cuando estamos soñando en la noche? ¿Vamos a estos lugares que las mentes crean?
B: Como mentes, sí.

D: *Pero siempre volvemos a este cuerpo, ¿no es así?*
B: Sí, pero hay comunicación. No es un nivel consciente. En el otro nivel. Hay muchas cosas, muchos niveles. Y ocasionalmente vas a aquellos que son creados por mentes similares.
D: *¿Esto sucede a menudo?*
B: No muy a menudo.
D: *Pero normalmente no recordamos como ella. Ella recordó mucho, ¿no?*
B: Ella recordaba demasiado. Tiene buena memoria.

Este evento sonaba más como si el grupo creara su realidad de la que habló Charles. El soñador soñando el sueño.

* * *

Los nativos se sienten mucho más cómodos aceptando estos conceptos metafísicos que los individuos modernos. Para ejemplo, las creencias de los aborígenes de Australia explican la historia de la creación diciendo que el soñador lo soñó en existencia. Dicen que el primer sueño del Soñador fueron los elementos: fuego, tierra, aire y agua. Luego procedió de allí. A medida que se aburría con cada nueva creación, continuó creando. También creen que el mundo real no está en la Tierra, sino en el lado espiritual. Llaman a su vida en la Tierra "Tiempo de soñar", como si no fuera "real". Así se alegran cuando alguien muere, porque saben que se van del tiempo de soñar y vuelven a casa. Los conceptos que nos desconciertan son fácilmente aceptados por ellos.

* * *

El concepto asombroso de que nada en nuestras vidas es real, que es solo una ilusión que se ha repetido una y otra vez en mi trabajo. La idea me inquieta, porque desafía mi concepto de la realidad. Todo en nuestra vida parece ser real y sólido desde nuestro vivir y entorno de trabajo al tacto y la sensación de aquellos a quienes amamos. Si las cosas más queridas y preciosas de nuestra vida son sólo una ilusión, entonces, ¿cómo podemos percibir la realidad? lo encuentro mucho más reconfortante pensar en estos conceptos como "dulces mentales". Algo en lo que pensar para desafiar nuestros sistemas de creencias y llevar a nuestras mentes al borde de la comprensión. Algo sobre que filosofar. Pero luego, al final del día, para ponerlo en un estante y pensar, "Eso fue interesante. Desafió mi sistema de creencias. Me hizo pensar en una nueva dirección. Pero ahora tengo que volver al mundo 'real'". Incluso si realmente es sólo una ilusión, sigue siendo la única realidad que conocemos. Así que tenemos que vivir en eso.

Por primera vez en muchas de nuestras vidas, estamos siendo desafiados con información nueva y diferente. Nada como esto sucedió en mis primeros días de investigación. Tal vez "ellos" están presentándolo porque es hora de que la humanidad amplíe sus mentes para aceptar ideas radicales. Tal vez sea el momento, porque estamos cambiando en masa a una nueva realidad en una nueva frecuencia y vibración. Nuestras mentes tienen que cambiar también, para aceptar el mundo nuevo y diferente en el que estamos entrando. Tal vez esta es la razón que ahora se nos ofrecen desafíos para cambiar nuestro pensamiento de lo mundano en el que hemos estado atrapados durante milenios. Sin embargo, con un nuevo paradigma y una nueva forma de pensar, también viene una responsabilidad. Sería demasiado fácil caer en un modo pasivo. Podríamos decir, "Puedo simplemente deslizarme por la vida y no preocuparme por cualquier cosa, porque nada es real. Todo es una ilusión. Todo es solo un sueño. Así que no importa lo que haga. No tengo ninguna influencia de todos modos". Entonces sería demasiado fácil sentarse y contemplar el ombligo proverbial. Demasiado fácil para permitir que la vida pase porque te has retirado de ella.

Creo que no es por eso por lo que elegimos estar aquí en este mundo esta vez. Con la iluminación viene la responsabilidad. Esa es una de las razones que hemos tenido para reencarnar tantas veces. Nos tomó tanto tiempo para hacerlo bien. Nos hemos visto atrapados en el mundo material durante tanto tiempo que hemos olvidado a qué vinimos en primer lugar. Esta es también la razón por la cual muchas de las almas avanzadas han elegido reencarnar aquí, para ayudarnos a medida que pasamos a la siguiente dimensión. En uno de mis libros, me dijeron que la razón principal de reencarnar en la Tierra fue aprender a usar y manipular la energía. Así que la vida puede ser una ilusión. La vida puede ser solo un sueño. Pero es nuestro sueño, nuestra ilusión. Podemos cambiar el mundo y cambiar nuestras circunstancias una vez que nos damos cuenta del poder que tenemos. Realmente podemos producir milagros. Podemos hacer el mundo en la próxima dimensión un verdadero cielo en la Tierra. Este sería cien veces más productivo que sentarse y dejar pasar la vida. El uso y control de las energías serán aún más importantes en el nuevo mundo. Estamos trayendo poderes y talentos olvidados hace mucho tiempo, porque el mundo está finalmente listo. De lo contrario, cuando crucemos al otro lado, se nos dirá que tuvimos la oportunidad de cambiar el mundo y no lo hicimos. Entonces se convierte en karma y debemos pasar por todo de nuevo hasta que finalmente entendamos. El lanzamiento de conceptos cada vez más complicados está preparando nuestras mentes para aceptar el nuevo mundo que se avecina. No podemos quedarnos pasivos si queremos aventurarnos en la nueva realidad, el nuevo sueño, la nueva ilusión.

* * *

A menudo me han dicho en mi trabajo, que cuando salimos de nuestro cuerpo por la noche mientras dormimos, o por voluntad guiada y dirigida, vamos a mundos diferentes además de viajar en nuestro planeta físico. La persona puede regresar al reino de los espíritus para conversar con sus guías y obtener más instrucciones sobre el manejo de eventos en su vida. O consejos sobre la creación de los próximos eventos que han contratado para experimentar. O tal vez solo un chequeo logrado al regresar a "casa" para visitar a las personas de quienes no tenemos ningún recuerdo mientras estamos despiertos. (Esto ya se ha explicado en otra parte de este libro, que salimos de nuestros cuerpos por la noche mientras dormimos.) Esta es una de las razones por las que los bebés recién nacidos duermen mucho. Se están ajustando a sus cuerpos físicos, y sólo despiertan cuando el cuerpo necesita atención. Todavía están conectados al lado espiritual, y van y vienen para recibir orientación. El espíritu no se une completamente al cuerpo hasta alrededor de la edad de dos años. En ese momento, ya no duermen tanto. Esta también es una explicación para el Síndrome de Muerte Súbita del Lactante, que los médicos tienen dificultad para entender. Hay ocasiones cuando el espíritu está en una de sus excursiones al reino de los espíritus, y decide (por la razón que sea) no volver al cuerpo. Tal vez decidió que las circunstancias en las que nació no eran propicias para desarrollar experiencias en esta vida, y que otro cuerpo en otro ambiente podría ser más conducente. Tal vez ocurrió como una lección para los padres. Algo que tuvieron que aprender, debido a experiencias de vidas pasadas con el alma del nuevo bebé. Tal vez el espíritu del bebé también se quedó mucho tiempo en el otro lado. Fue un accidente, y no regresó a tiempo. (Aunque me han dicho que no existe tal cosa como accidente.) El espíritu debe volver al cuerpo dentro de un cierto período de tiempo especificado o el cuerpo caducará. No puede existir sin el espíritu (o chispa de vida) morando dentro en él.

Además, es un hecho bien conocido que las personas mayores duermen más, especialmente si están enfermos o incapacitados. También están haciendo viajes al reino de los espíritus para conversar con sus guías y maestros, y preparándose para su transición. Cuando el espíritu considera que todo está listo, decide quedarse allí. Ya no hay necesidad del cuerpo físico. Se ha desgastado o dañado hasta el punto de que es inútil seguir manteniéndolo vivo. En estos casos, la persona suele morir mientras duerme, mientras su espíritu está en uno de estos viajes.

Si solo somos soñadores soñando lo que percibimos como realidad, esto explicaría lo que muchos de mis clientes dicen cuando están reviviendo sus vidas pasadas. Cuando pasan por la experiencia de muerte y están en el otro lado miran hacia atrás y dicen: "Era sólo un juego, sólo representando personajes en un escenario. Cuando estuve allí era tan complicado y parecía tomar tanto, pero fue como un abrir y cerrar de ojos". Consideran que el reino espiritual es la realidad "real", y la vida de la que simplemente partió era sólo una ilusión. Yo, personalmente, quisiera pensar que es realmente más que eso. Experimentamos mucho dolor y angustia emocional mientras vivimos la vida en la Tierra, que me gustaría pensar que tiene un propósito, y permanecerá. Por supuesto, se me ha dicho que esto es cierto, porque todos estamos experimentando y aprendiendo lecciones, de modo que el conocimiento y la información obtenidos puedan ser devueltos a Dios. De esta forma, nuestras vidas, buenas o malas, se adentran en un gigantesco archivo o biblioteca donde permanecerán para siempre. ¿Viviríamos nuestras vidas de manera diferente si supiéramos que todo está siendo grabado; literalmente tallado en piedra para la eternidad?

Una de mis hijas trabajaba como enfermera en un hospital y más tarde como enfermera de atención médica a domicilio durante muchos años. Ella me dijo la historia de un hombre que estaba postrado en cama y con mucho dolor. La familia sabía que se estaba muriendo y pensaban que sería una bendición cuando pasara. Pasaba gran parte de su tiempo durmiendo. Le dijo a mi hija que en realidad estaba viajando fuera de su cuerpo, y durante ese tiempo no tenía dolor. Realmente, estaba trabajando mientras se encontraba en este estado. Estaba construyendo una hermosa casa en el otro lado. Sabía que cuando la casa estuviera terminada, él permanecería allí y esta vida dejaría de existir para él. Murió tranquilamente una noche mientras dormía, y mi hija dijo simplemente, "Bueno, supongo que terminó su casa y se mudó".

Siempre supuse que estaba construyendo su casa en el reino espiritual, porque podemos crear cualquier cosa que deseemos allí. Pero tal vez la estaba construyendo en el mundo de los sueños donde el espíritu puede existir también. Esto es lo que se indicó en esta sesión, que son dos mundos diferentes, pero similares en muchos aspectos. Si todo es una ilusión, ¿cómo lo sabremos? ¿Qué es realidad de todos modos? Si solo somos personajes que representan un mayor sueño del soñador, ¿qué sucede cuando "él" o "eso" se despierte? Estas son teorías o aspectos interesantes para reflexionar, pero simplemente me molestan y me dan dolor de cabeza. Tal vez sea mejor dejarlos a los "pensadores" a los que les gusta explorar teorías complejas. En cuanto a mí, he cumplido con mi deber de reportera y he escrito lo que he descubierto. Ahora tengo que volver a mi ilusión. El cuerpo tiene necesidades físicas, y esa es mi realidad por el momento. Yo puedo dejar de lastimar mi pobre cerebro con cosas que es mejor dejar a los filósofos y ermitaños que viven en cuevas.

CAPÍTULO 28

UNA ALTERNATIVA DIFERENTE A LOS WALK–INS

Muchas de mis sesiones abarcan varios aspectos diferentes, y es difícil saber en qué sección poner la información. Trato de pensar en el tema principal de la información, en lugar de tratar de romperlo. Este fue un caso así. Este contenía información sobre extraterrestres, aunque un concepto diferente. También contenía información sobre una versión diferente de walk-ins. Decidí ponerlo con esta sección sobre diferentes facetas del alma. Hay referencias a otros capítulos donde se puede encontrar información similar. Todo en este libro parece referirse de ida y vuelta.

Esta sesión privada se realizó en febrero del 2002, cuando Me alojé en un motel en Eureka Springs, Arkansas. Este es el tiempo que dediqué a tener solo sesiones privadas, concentrándome en el área local: Arkansas, Missouri, Kansas y Oklahoma.

Muchas veces en los últimos años me han dado una nueva información o un nuevo concepto de uno de mis clientes. Luego viene el próximo cliente para su sesión, y el nuevo amplía el concepto. Casi como si alguien o algo en el otro lado está monitoreando mis sesiones, y decide qué información se me dará en qué momento. Por supuesto, sé que "ellos" parecen ser conscientes de lo que se da en cada sesión, porque "ellos" siempre parecen conocerme a mí y mi trabajo. Varias veces hacia el final de una sesión dirán: "Aquí está la siguiente información que necesitas para tus libros". O, "Dijiste que pensabas estar lista para el siguiente concepto. Bueno, aquí está." Esto no puede ser accidental ni nada por el estilo o que esté haciéndose intencionalmente, porque las piezas del rompecabezas vienen de personas de todo el mundo que no se conocen y que no saben la información que estoy acumulando. A veces me regalan una pieza de alguien en los Estados Unidos, y es ampliado por alguien en Inglaterra o Australia. Así que está definitivamente siendo monitoreado por alguien que está en posición de ver todo lo que hago y todas las personas con las que trabajo. Esto ha sucedido tan a menudo que no me sorprende y me siento muy a gusto con quien sea que este dirigiendo el espectáculo. Este caso es un ejemplo de lo que quiero decir. Mientras hacía las sesiones privadas en Eureka Springs, recibí una información de Aaron, el ingeniero de la NASA sobre cómo Los "niños de las estrellas" o "voluntarios especiales", están protegidos de acumular karma. Después mi próxima cliente, Bobbi, vino a su sesión y la idea fue ampliada. Quien sea que suministre la información y supervisa la operación, aprecio mucho su ayuda. Ellos entienden, como yo, que es el momento adecuado que cierta información venga a la gente de la Tierra. Por supuesto, también me han dicho muchas veces que nunca podré tener toda la información, porque nuestras mentes nunca podrían manejarla. Entonces dan analogías y ejemplos para ilustrarlo lo mejor que puedan dentro de las limitaciones de nuestras mentes.

Después de que Bobbi estuvo en trance, salió de la nube y se encontró en un paisaje desértico muy desolado. Ella era un hombre nativo casi desnudo que buscaba desesperadamente comida para su familia. Su grupo vivía en cuevas después de ser perseguidos de su tierra por el hombre blanco. "Querían el control. Ellos querían hacerse cargo. Y no nos vieron como valiosos". Donde antes su pueblo había plantado su alimento, ahora estaban reducidos a buscar cualquier cosa (pequeños animales, salamandras e insectos) para comer. Estaban hambrientos, y él sintió una gran responsabilidad de proporcionar alimentos. "Hay una preocupación real por sobrevivir. Tenemos hambre. Puedo sentirlo en mi estómago". El hombre sintió tal responsabilidad que se quedó sin comida, por lo que los otros pudieran comer. "Puedo sentir que mi estómago tiene desafíos".

Finalmente murió por falta de alimento. A pesar de que se privó por los demás, sintió que los había defraudado. Sentía mucha responsabilidad, y al morir los dejaba sin alguien que les proveyera. Tuve que convencerlo que había hecho lo mejor que podía.

Dijo: "Tenía que ver con la nutrición, con no obtener nutrientes adecuados para mi cuerpo. Sentí que tenía que sacrificarme por ellos. Si sólo yo hubiera mantenido mi fuerza. Pensé que darles mi comida era útil, y no lo fue. Sacrifiqué mi vida por todos ellos, y entonces me sentí mal porque los dejé. Los defraudé, porque yo realmente debía haberme ocupado primero de mí. Y no lo hice. Habría sido más valioso para ellos si me hubiera ocupado de mí mismo, y alimentarme. Fue una vida muy dura, desafiante."

D: *¿Qué aprendiste de eso?*
B: Aprendí que no tengo que sacrificarme por los demás. Fue erróneo hacer eso. Me sentí tan responsable por su viaje, y no me di cuenta de que debería haber dejado que sean responsables de sí mismos. Era codependencia. Y mi sistema digestivo estaba todo desordenado por no obtener los nutrientes adecuados. Siempre sentí que no iba a ser suficiente.

Se le explicó a Bobbi, que esta vida se le mostró para ayudar a explicar los problemas de salud que tenía en esta vida presente con respecto a su sistema digestivo.
Debido a que la vida era tan corta, había tiempo para explorar otra. Así que le dije que se moviera hacia adelante o hacia atrás a otro tiempo y lugar donde había algo más que necesitaba ver.

B: Sigo volviendo al tiempo de esta vida cuando era una niñita.

Ocasionalmente, cuando el sujeto elige ir a un evento que ocurrió en la vida presente, hay algo allí que necesita ser explorado. Por lo general, es algo que la mente consciente ha olvidado o nunca supo en primer lugar. El subconsciente lo trae de nuevo por alguna razón. Tal vez ahí había algo que Bobbi necesitaba averiguar, así que decidí dejarla allí en lugar de trasladarla a otra vida pasada.

B: Tengo cierta resistencia a ir allí. Me siento sola. Me siento asustada.
D: *Pero no estabas sola, ¿verdad? Tenías una gran familia.*

Bobbi tenía doce hermanos y hermanas, pero ella era maltratada, junto con otros en la familia, principalmente por el exceso de trabajo de sus padres les impidió mostrar afecto. Bobbi era una gemela, y su hermana era la única con la que tenía cualquier vínculo mientras crecía.

B: No sentí que se preocuparan por mí. Mi hermana estaba allí, pero ella se sentía de la misma manera. Me sentí sola. Muy sola.
D: *¿Qué momento de tu vida estás viendo?*

B: Cuando era muy joven. Estamos en un camino de tierra donde vivimos. Somos mi hermana y yo. Y nuestro perro.

D: *Incluso con esa gran familia y tu hermana, te sentías sola.*

B: Ajá. Algunos se habían ido para cuando nací. Era una familia tan grande. Era muy joven. Veo esta casa en la que vivíamos, y veo esta otra casa. Allí están las dos casas. (Pausa) Hay algo en el cielo. Por eso tengo miedo. Hay como una luz en el cielo.

D: *Dijiste que tu hermana está contigo, ¿y el perro?*

B: No la veo conmigo en este momento. Estoy sola. Hay una luz. Y me da un poco de miedo. No sé qué es (Repetido como un susurro:) No sé qué es. Es solamente una luz brillante. (Susurró) No sé qué es.

D: *¿Sientes que necesitas volver a la casa?*

B: (Enfático) ¡No! ¡No me gusta la casa! no quiero ir allá. Ahí es donde me siento sola. No me gusta allí. Me gusta quedarme afuera. Me siento más segura afuera.

D: *Entonces, ¿qué sucede mientras miras la luz?*

B: (Susurra) Se acerca. Ya no da tanto miedo. Es diferente. No tengo miedo, solo curiosidad. Porque la luz se siente mejor. (Tan suave que apenas era audible. Solo la cinta lo captó:) ¡Salté hacia atrás! (Más fuerte) Hay algo en la luz. Es como alguien en la luz. Es casi como si me levantaran, porque de repente yo solo... había un ser en la luz. Y luego lo que sé, es que no estoy ahí. Ya no estoy en el suelo.

Estaba tratando de tranquilizarla, como si hablara con una niña pequeña, porque así se escuchaba. Había asumido las características de una niña, lo que significaba que estaba reviviendo el evento exactamente como había ocurrido.

B: Pero tengo los ojos cerrados. No sé si quiero verlo. Siento que alguien me toca. Y todavía tengo miedo. Mi estómago... Lo siento en mi estómago.

D: *¿Quieres abrir los ojos y ver lo que está pasando?*

B: Sí, creo que sí. El toque no estuvo mal. Hay este ser frente a mí. Es el ser que he visto antes con el pelo rubio manchado. Pero en mi mente consciente, tenía más cabello. No era tan irregular. Y es mi mamá. Mi mamá. (Sus emociones estaban empezando a salir.)

D: *¿Cómo lo sabes?*

B: (Indignada) ¡Siempre conoces a tu mamá!
D: *¿Ese es el sentimiento que tienes?*
B: (emocionada, casi llorando) Sí, sí.
D: *¿Está tu hermana contigo o estás sola?*
B: (Tratando de contener el llanto.) Ahora mismo estoy sola.
D: *¿Puedes ver dónde estás?*
B: (Ahogada, entonces:) Es como una habitación. Estoy como en una mesa. (Repite las dos últimas frases) Y me incorporo.

Más tarde después de esta sesión, Bobbi me envió una carta en la que ella trató de explicar y aclarar algunas de las cosas que sucedieron durante esta sesión. "Me acababan de subir a la nave y recuerdo estar acostada y mirando hacia arriba para ver a mi Madre. Ella tenía el cabello con mechones rubios. Había soñado con esta mujer, pero no sabía quién era. Me preguntaste cómo sabía que era mi madre. Recuerdo haberme indignado mucho porque todos conocen a su mamá. En ese momento, pensé que la pregunta era muy tonta. ¿Cómo es posible que no sepas quién es tu mamá? Me río ahora de mi fuerte reacción, que realmente validó la experiencia para mí."

Los expertos pueden decir que la niña estaba fantaseando otra madre para tomar el lugar de la suya que era muy fría, estaba sobrecargada de trabajo y no tenía tiempo para ella. Pero si ella iba a fantasear y crear otra madre, ¿por qué estaría a bordo de una nave espacial?

Esto es similar al caso en Los guardianes, donde la jovencita que fue visitada por su "verdadero" padre. En ese caso, cuando comenzó a causar problemas en su joven vida, el ser extraterrestre le dijo que no podía venir más, y los recuerdos de él fueron borrados de su memoria consciente. ¿Era este un caso similar donde los recuerdos solo quedaron como sueños extraños?

B: (Emocionada) Y se siente bien estar con ella. ¡¿Dónde has estado?! Y dice: "Tienes una asignación. Tienes una misión, Bobbi. sabes eso". Ella dice: "Tú sabes lo que es la Tierra. Sabes que no es real. Sabes que son ilusiones. Sabes quién eres. Sabes que eres mi hija. eres de los, pero tú sabes que eres del todo también. Sabes que no eres limitada. Tú sabes estas cosas. Estoy aquí para ayudarte a recordar estas cosas. Estoy contigo." Ella dice, "Estoy siempre contigo". No se trata de mí, somos nosotros. Y el nosotros, creo que es ella. Y ella está allí. Ella me está ayudando. Ella dice, "Estamos contigo. Estamos contigo. Siempre estamos contigo". Ella dice: "¿Qué te hace pensar que no vamos a ayudarte? Siempre estamos ayudándote." Me sentí tan sola. Veo tijeras. Ella dijo: "Tuvimos que cortar el cordón para que pudieras vivir la vida. Tuvimos que cortar las cuerdas para que pudieras ser humana. Pero no eres humana. Solo estás teniendo experiencias humanas, porque estás aprendiendo. Estás aprendiendo. Te estamos enseñando".

D: *Pero ella dijo que es tu verdadera madre. ¿No naciste en un cuerpo como un bebé?*

B: No, no entré. Esa no era yo entonces.

D: *¿En el bebé, con tu gemela?*

B: No. Aquí hay una diferencia.

D: *¿Te lo puede explicar?*

B: Tiene que ver con el momento en que los gemelos se perdieron.

Este fue un incidente que ocurrió cuando Bobbi estaba muy joven, que su familia siempre consideró extraño. Ella pidió explorar esto durante la sesión. Ella y su hermana gemela llevaban mucho tiempo perdidas y nadie podía encontrarlas. Entonces aparecieron inesperadamente en el patio delantero de su hogar.

La personalidad de Bobbi retrocedió y el ser que dijo que ella era su madre habló con Bobbi.

B: Hay un intercambio. Tenemos una manera. Estoy tratando de ver si puedo explicar esto en términos humanos. Tenemos una manera en que podemos... es casi como un intercambio de personalidades de algún modo. Es como un cambio, un intercambio. Hubo un cambio que se hizo. No naciste asi. Observaste, pero no eras tu. No eras tú, esa eres tú ahora. Hubo un intercambio que se hizo. Y no, no es como la experiencia de walk-in. Tenías razón con eso. Bobbi tiene este recuerdo de un yo futuro en una nave espacial con pelo rubio. Y ese es el recuerdo de quién eres realmente.

D: *En lugar de una vida futura, es el recuerdo de lo que ella realmente es, ¿eso quieres decir?*

B: De lo que ella realmente es. Y algo del futuro también, porque no hay tiempo allí. No hay tiempo. Estás en esa dimensión donde crees que hay tanto con el tiempo, y el tiempo no es importante.

D: *Eso es verdad. Pero te refieres a que tu gente en la nave eligió a este bebé, este cuerpo, ¿para qué...?*

B: El cuerpo iba a experimentar muchas cosas que nosotros queríamos saber. Queríamos saber sobre la experiencia humana. Bobbi, Por eso, en la Tierra, siempre te has interesado en la parte psicológica del ser humano. No estabas interesada en las enseñanzas tradicionales. Principalmente, no estabas interesada en ir a la escuela para aprender psicología. No era por eso por lo que estabas allí. Tú estabas interesada en los significados más profundos. Querías la verdad más profunda. Y no estaba en la naturaleza humana. Tu tenías que vivir por las experiencias humanas, así que podrías decidir qué era real y lo que no lo era. Y siempre hemos estado ahí mostrándote. Y es como, tranquilo, porque el camino va para ser claro. Déjalo ir.

D: *¿Me puedes explicar cómo ocurrió esto? No es un walk-in. Dijiste que era diferente.*

B: Es diferente. Está bien, veo a las gemelas. Hay una habitación. Las gemelas están acostadas juntas en una mesa. Hay algo ... algún tipo de... Solo tengo problemas para explicar lo que estoy viendo.

D: *Sólo haz lo mejor que puedas.*

B: Hay algún tipo de máquina. Algún tipo de, quiero decir "implante". Pero hay algún tipo de intercambio o implante. ¿Cómo se intercambian? No es un intercambio de almas. Las gemelas no querían pasar por todo esto. Sabían cómo iba a ser su vida. La depresión. La familia son energías deprimidas. Las gemelas, las gemelas originales, no quería hacerlo. (Tuvo dificultad para encontrar las palabras.) Trans…. No es transmigración. ¿Transigitación? ¿Transmisión? Algo... algunas partes de un intercambio. Dice: "Te estás esforzando demasiado".

D: *Solo déjalo fluir. Usa palabras que puedas encontrar.*

B: Dijo, las gemelas estaban tan contentas de... era lo que todos acordaron. Dijo: "Todos acordaron venir y aprender esto". Siempre me he preguntado por qué mi hermana y yo no teníamos esa cosa de gemelas de que uno siempre sabe cuándo el otro se lastimó, o esa conexión. Y ella dijo: "Eso es porque son gemelas por el parecido, pero es diferente. Los seres que son ahora no son como los gemelos normales de la Tierra. Sabes que no has tenido esa conexión. Sus vidas son paralelas debido al proceso de gemelos, pero son personalidades diferentes. Son seres diferentes. Estás en diferentes misiones. Tienes diferentes tareas".

D: *Pero dijiste que todo estaba acordado. (Oh, sí.) ¿Qué pasó con los espíritus originales que entraron?*

B: Están felices. (risas.) Se están curando.

D: *Entonces no se quedaron. No había dos espíritus en el cuerpo al mismo tiempo.*

B: Hubo un tiempo, porque Bobbi necesitaba ayuda para saber cómo funcionar. Así que hubo un tiempo en que las gemelas estaban allá. Hubo momentos en que había como una unión. En los primeros días. ¡Ay! Porque Bobbi no recordaba mucho de su infancia. Había momentos en que ella iba y venía en la conciencia. No sé cómo. Ella iba y venía porque estaba aprendiendo más de estar en la niña, en el cuerpo, e integrarse. Y no solo íbamos a abandonarte por completo. Ay que triste.

D: *¿Entonces los espíritus originales se fueron a otro lugar?*

B: Sí, el espíritu original estaba allí. Había cosas que el espíritu original simplemente no podía manejar. Y las niñas pequeñas estaban tan tristes.

D: *Entonces, ¿qué pasó con el espíritu original? Dijiste que estuvieron juntos por un tiempo.*

B: Querían irse a casa. Fueron a descansar. Ella dijo, "Están bien. Fueron a un lugar de descanso. Y de donde estaban, podían ver algo de esto. Aprendieron." Ella dice: "Bobbi, podían aprender de ti pasando por las experiencias también. Así que era como si estuvieran de algún modo separadas, pero sin embargo una parte de ella. Pero estaban aprendiendo como tú, pasando por gran parte de la experiencia. Ellas no tuvieron el valor. No tenían la fuerza. No quería pasar por todo eso".

D: *¿Por qué es esto diferente de un walk-in?*

B: Es un proceso diferente.

D: *¿Puedes decirme la diferencia?*

B: Déjame preguntarle. Ella dice que muchas veces que el espíritu original pasa por gran parte de la vida en la Tierra hasta llegar a un punto crítico real, donde ya no pueden continuar. No hay resistencia a eso. Es como si ese ego de personalidad quiere llegar tan lejos como pueda antes de darse por vencido, antes de soltar, antes de que se intercambie. Y luego, llega a un punto donde ve que no puede seguir. Al menos lo intentó. Quiero decir, realmente lo intentó. Veo determinación. Continúo realmente intentándolo. Y lo intentan tanto como pueden, y es difícil. Es duro. Y allí es cuando intercambian. Es como, en la respiración. Hay ese nanosegundo entre respiraciones. Inhalar y exhalar, donde suceden las cosas. Ahí es donde Dios está. Y hay esos momentos donde hay oportunidades para que sucedan otras cosas.

D: *Eso es un walk-in. ¿Pero lo que le paso a Bobbi no fue lo mismo?*

B: No. Hubo más de un proceso mecánico involucrado. No entiendo porque... esa no es la palabra. Hay un tipo de algo molecular... estoy viendo máquinas alrededor. Estoy viendo conexiones. Cómo pueden conectar el espíritu... (un susurro) ¿cómo se hace?

D: *¿Tienen la capacidad de hacerlo con máquinas?*

B: No son como las máquinas normales. Es energía lo que tienen, Lo estoy viendo, en sus manos. Tienen algo en sus manos. (Susurró) ¿Cómo están haciendo eso? No comprendo. Algún tipo de transferencia. Y cuando yo era pequeña, es como si los viera entrar en el cuerpo, pero es mucho más que eso. Es esta transferencia. Sigo preguntándole cómo lo transfieren. (Pausa) Es como un proceso científico. Hay máquinas alrededor. Ah, las máquinas tienen que ver con las ondas cerebrales. Hacen algo con las ondas cerebrales para ayudar a llegar a una determinada frecuencia. Y cuando hay una cierta frecuencia, hay algún tipo de transferencia que puede ocurrir. Es otra dimensión tecnológica. A veces Bobbi ve algo como líneas de energía, y esas son las frecuencias. Cuando la frecuencia es correcta, puede haber una transferencia de personalidades, o transferencia de pensamientos, de conciencia. Tiene que ver con frecuencias.

D: *Se me acaba de ocurrir algo. El otro caso de los walk-ins es hecho totalmente con el espíritu intercambiando lugares. Y suena como que Bobbi fuera un ser físico vivo en la nave espacial, no un espíritu. (Sí) Y ella tuvo que transferirse de esa manera. (Sí), donde los otros eran espíritus que ya habían cruzado, y ellos intercambiaron lugares.*

B: Sí, eso tiene sentido. Porque en el punto de transferencia ... Veo estos dos pequeños cuerpos sobre la mesa aquí. Pero hay dos seres adultos más que serán la transferencia. Transferencia-ntes es la palabra. O sea, cesionarios, que vienen. Pero hay una cápsula del tiempo. Ella solo está recordando más de quién es realmente. Porque la cápsula de tiempo se trata de estar dormido durante tantos años. Y los cuarenta fueron años desencadenantes. Ella sabía que a los cuarenta necesitaba atravesar sus miedos. Los cuarenta fueron los años más importantes en el despertar.

D: *Esto fue cuando el conocimiento volvió. (Sí.) Entonces los transferidos realmente vivían una vida física a bordo de la nave, y no eran espíritus difuntos.*

B: No, no lo eran. Esa es una diferencia.

D: *Y tienes en esta nave las habilidades para hacer la transferencia. (Sí) Pero tiene que ser con el permiso del alma existente.*

B: Ah, sí.

D: *Pero luego acepta volver.*

B: Los transferidos luego regresarían.

D: *Entonces es un intercambio, pero se hace con otro ser vivo.*

B: Estoy viendo quien es Bobbi. Veo que el que entra es casi una energía masculina. No entiendo porque sería una energía masculina, porque no son hombres o mujeres.

D: *¿Más o menos andrógino?*

B: Sí. Salgamos de esto.

D: *Bueno, tengo una pregunta más. ¿Qué pasó con el cuerpo del cesionario? ¿El que estaba en la nave? Si el alma deja el cuerpo para entrar en el cuerpo de Bobbi, ¿qué pasó con ese cuerpo?*

B: Ese cuerpo está como en un estado de estasis (tuvo dificultad con esa palabra, y le resultó difícil de pronunciar). Hay una ¿suspensión? Es una suspensión. ¿Es como dormir? Es como un dormir. Y cuando preguntaste eso, la respuesta llegó al instante. Es un sueño, porque hay una dimensión donde no hay tiempo. Entonces es como si el tiempo de vida de la Tierra no fuera relevante al tiempo del otro. Entonces el cuerpo estará en este ... sigo recibiendo estado... comienza con una S. No son solo estaciones, suspensiones, estasis de gestación. Es algo así como estasis.

Según el diccionario de sinónimos: Estasis - inmovilidad, inacción, estancamiento.
Según el diccionario: Estasis - (Acto o condición de parar, detener.) 1. una desaceleración o paro del flujo normal de un fluido corporal o semifluido: como: desaceleración de la corriente de sangre circulante. 2. un estado de equilibrio estático o equilibrio: estancamiento.

B: El cuerpo entra en esto por un tiempo para aprender. Aprende sobre humanos. Bobbi se refiere a los humanos como la tercera persona. Ella se refiere a la Tierra como Humansville (Pueblo humano). Y es una cosa humana. Hay hogares humanos. Y recuerda un tiempo cuando preguntó qué hacían en las naves. (Bobbi había tenido la sensación [a través de los sueños] que visitó una nave espacial cuando se suponía que debía estar durmiendo.) Y enseña sobre Humansville. Enseña sobre la vida humana.

D: *Entonces esto es diferente de los walk-ins, porque el cuerpo está más o menos ahí esperando en una especie de animación suspendida el regreso del alma. El cuerpo no muere.* (Correcto) *Y el alma está en una asignación en la Tierra, pero no quería pasar por el proceso de nacimiento.* (No) *Habría más olvido con el proceso de nacimiento, ¿no?*

B: (Emocionado) ¡Ay! Aprieta la cabeza. Por alguna razón eso me acaba de llegar. El proceso de nacimiento, cuando salen a través del canal de parto, ahí es cuando los recuerdos son detenidos. Hay una emoción aquí, porque el proceso de parto tiene algo que ver con el velo. Si tu vienes a través de eso entonces el velo es más grueso. Bueno. Eso tiene sentido.

En mi trabajo con los walk-ins, había conjeturado esto. La gente parece ser definitivamente más psíquicos después de una ECM (Experiencia Cercana a la Muerte) o un walk-in, donde hay un intercambio de almas. A través de mi trabajo, he descubierto que el proceso de nacimiento si borra los recuerdos. También la cantidad de tiempo que se pasa como un bebé centrándose en tratar de hacer que el cuerpo funcione: aprender a gatear, caminar y finalmente comunicarse, provoca los recuerdos de las vidas entre vidas y de donde vino el alma se desvanezca. Los walk-in, por otro lado, no pasa por estas experiencias que borran la memoria y viene con la memoria completa de donde vino. Por lo tanto, saben cómo usar sus habilidades psíquicas. Estas habilidades están latentes o yacen dormidas, como lo están en tantos humanos.

D: *Entonces Por eso ella estuvo de acuerdo con esto. Y esto sucedió en el momento que sus padres pensaron que estaba perdida.*
B: Ella sabe que así es como se hace.

D: *¿Y esta alma que entró en ese momento pudo manejar mejor las cosas? (Sí.) Estuvo de acuerdo en manejar todas estas muy mal y complicadas cosas por las que tuvo que pasar.*

B: Sí. Y estar más conectado a tierra.

D: *La verdadera madre y la gente de la nave, siempre están con ella. (Sí) ¿Ayudándola en el estado subconsciente?*

B: Son el "nosotros", sí.

D: *Estas personas en la nave, ¿tienen un hogar físico en alguna parte? ¿O simplemente viven de la nave?*

B: Hay algo muy lejos, pero en realidad solo viven en la nave.

D: *¿Cuál era la ocupación de Bobbi cuando estaba en la nave, antes de hacer la transferencia?*

B: Era una aventurera.

D: *(Risas) Suena así.*

B: Amaba las estrellas. Era como un astronauta, por así decirlo. Era una astronauta. (Risas) Como un Startreker. Ella ama las galaxias. ¡Oh, Dios mío! Por eso a Bobbi le gustan las galaxias. Por eso se siente como en casa cuando ve todas las nebulosas, y todo eso. Solo está pasando por lo que ama. Y hubo momentos en que Bobbi sabía que estaba en las estrellas. Vería estrellas. Estaba viendo a través mis ojos. Y somos exploradores del espacio. Somos exploradores dimensionales.

D: *Y esta es otra aventura. (¡Oh, sí!) ¿No existe el peligro de estar atrapado aquí una vez que entras en un cuerpo físico en la Tierra?*

B: Sabemos qué hacer.

D: *Estoy pensando en el karma.*

B: Sabemos todo eso. Somos conscientes de todo eso.

D: *Porque siempre existe el peligro de crear karma cuando vienes a la Tierra. Parece ser algo que no puedes evitar.*

B: Lo que estoy viendo es que hay como una película entre... no puedo explicarlo muy bien. Hay como un filme entre... hay una protección entre eso.

Esto sonaba como cuando Aaron dijo que había una capa de protección que se había puesto alrededor de él. Tal vez el filme es la misma cosa.

B: Entendemos el acaparamiento. Entendemos el tirón. Entendemos la mecánica de ser absorbido por esto. Veo marcas. Podemos armonizar las cosas. Tiene que ver con las frecuencias. Tiene que ver con los diales. Bobbi está interesada en las frecuencias. Está entendiendo frecuencias. Está aprendiendo a sintonizar en las diferentes frecuencias. Pero podemos usar una frecuencia. Sabemos hasta dónde podemos llegar. Pongámoslo de esa manera. Sabemos hasta dónde podemos llegar sin quedar atrapados en todo eso. Podemos verlo. Podemos ver una imagen más grande. Vaya, sí, es como pegamento pegajoso. Lo que me están mostrando es como ese pegamento pegajoso del que no puedes escapar. Vemos el peligro. Es como si te atraparan. Estoy viendo algo atrapado en ... es como papel matamoscas. Es como esas cosas horribles en las que los humanos atrapan animalitos y no pueden salirse. Y no queremos hacer eso. Eso es cosa de humanos. Es como si ustedes los humanos estuvieran en papel matamoscas. Y estás tratando de caminar alrededor en todo esto. ¡Y oh, es difícil! Es tan difícil para ti.

D: Por eso se necesita un aventurero realmente valiente para querer hacer esto, porque podrías quedar atrapado tan fácilmente.

B: Entendemos las frecuencias vibratorias. Entendemos la mecánica de la línea fina a afinar. Veo diales. Entendemos cómo evitar, cómo mantener. El karma es tu papel matamoscas. Es como, ¡quítate!

D: Entonces sabes cómo evitar quedarte atascado.

B: Sí, lo sabemos. Aquí hay un masculino que es bastante bueno para él. Es el que supervisa esto. Está la madre de Bobbi, estoy yo... ahí está Bobbi. Es difícil explicar todo esto.

D: Sí, estar en dos lugares a la vez.

B: Sí, en dos lugares a la vez. Pero hay otro ser aquí. Hay como un cuerpo y no lo hay. Es como una presencia que tiene un conocimiento que es mayor que nos está ayudando. Sabemos cuándo no meternos en el matamoscas. Eso es todo lo que puedo decir. Pero tu karma realmente es como algo atascado en papel matamoscas tratando de salir.

D: ¿Sería esta una de las razones por las que Bobbi no tuvo hijos?

Ya había descubierto esto en otro sujeto. Consulte el Capítulo 9, "Los niños crean karma".

B: Ah, sí. Hay más karma relacionado con eso. Ella sabía que tenía suficiente en que trabajar.

D: *Porque cuando tienes hijos sí tienes más apego a la Tierra.*

B: La tarea tenía más que ver con el estudio. Con lo que queríamos aprender de esta dimensión. Queremos aprender acerca de las experiencias humanas.

D: *Simplemente vivir las experiencias, y no dejarse atrapar por el karma.*

B: Exactamente.

En la carta que envió Bobbi después de la sesión, quería explicar sus recuerdos sobre el karma: "Karma parecía lo que hacemos a los insectos con papel matamoscas. En un momento me mostraron una imagen que sería como cuando te pegan chicle en el zapato, y simplemente no puedes soltarlo. El papel matamoscas era así. Siendo muy difícil para los humanos 'desatascarse'. Por un lado, se me explicó cómo quedaba la persona en la nave fuera del karma. No parecía ser tan difícil como siempre he oído, porque conocían las frecuencias vibratorias y conocía las frecuencias precisas de atracción y atrapamiento kármico. Esto no fue un problema para ellos.

"El ser mencionó que la Tierra era como en una cúpula de frecuencias vibratorias. La cúpula parecía una membrana delgada sobre la Tierra y me recordó a la película, 'The Truman Show' donde Jim Carrey vivió toda su vida en un estudio de grabación en forma de cúpula sin saber que todos en su vida eran actores, interpretando un papel – tal como es la Tierra".

D: *Pero cuando finalmente deje esta vida, ¿regresará a ser quien era en la nave? ¿Al cuerpo que sigue esperando?*

B: Sí, hará eso.

D: *¿En lugar de ir al lado espiritual? Porque el otro lado es donde decimos que vamos cuando dejas el cuerpo y mueres. ¿O lo ves diferente?*

B: No veo mucha diferencia con eso. Tendrá una transición regular. Pasará por la experiencia de la muerte al mundo espiritual. Somos parte de ese mundo espiritual. Somos parte de ese Uno. Somos parte de la Presencia. Somos parte del todo. Todos somos vehículos. Es como una cosa de dominó. Soy sólo una parte del ser mayor. Y Bobbi es una parte de mí, pero al final, se trata de espíritu. Todo se trata del Uno. Se trata de la Presencia. Es complicado, porque ella estará en mí, pero sin embargo somos parte de ese Uno.

D: *¿Esa vida del nativo que tenía mucha hambre, estaba conectada con la Bobbi original, o con la entidad que ha entrado? Es un poco confuso cuando tenemos dos aquí.*

B: Esas son algunos de los recuerdos del alma original, la niña, la pequeña Bobbi, la gemela. Han estado acostumbrados a ayudarnos a comprender la vida humana.

D: *Como un residuo que todavía estaba allí.*

B: Ah, sí, sí. Antes de que ella entrara en la vida, pudimos ver esa memoria previa.

D: *Por eso el alma que entra, el cesionario, no tenía esos recuerdos. (Correcto) Entonces definitivamente no pertenece a la personalidad de Bobbi ahora. (No) Eso le pertenece a la que fue a descansar.*

B: Sí, realmente es.

D: *Así que ahora no puede tener ninguna influencia sobre ella. (Correcto) Bueno, eso realmente lo pone en su lugar.*

B: Ayudaremos con todos estos problemas físicos. Somos de nuestra integridad. En cuanto a su propósito de estar aquí, hay una cuestión de tiempo. Ella tiene habilidades curativas. No sabía quienes éramos hasta ahora. Y ahora sabe la parte de "nosotros". Y la parte de "nosotros" es que todos somos parte del Creador. Ella traerá algo de energía de luz. Veo que hay un haz de luz que entra que tiene mensajes encriptados. Está codificando. Los tonos. En uno de sus oídos obtendrá un tono. Podrá descifrarlo. Necesita conectarse conmigo en meditación como ya lo hace, y pedir ayuda. Comenzará a descifrar estos mensajes. Veo rayos de luz. Y Veo que no es jeroglífico, es más como el hebreo antiguo.

Entendí de qué estaba hablando, porque yo estaba recibiendo muestras de escritura (o símbolos) de todo el mundo. Suena como lo mismo, y muchas personas me han dicho que lo reciben tal como aparece en rayos de luz.

B: Estamos usando su cuerpo físico. Está muy bien centrada. Pero no muy escéptica, pero no demasiado escéptica, suficientemente escéptica para realmente discernir lo que está recibiendo. Ella es muy buena vehículo para lo que queremos hacer. Queremos traer algo de verdad. Ella siempre ha querido traer la verdad a este planeta. Por eso está aquí. Es como si mi cuerpo es... no es gestación. Mi cuerpo está en estasis, pero aún estoy allí en espíritu ayudándola. Mi cuerpo necesita estar en ese estado para que yo preste toda mi atención a ayudarla. Estar – estar con ella. Así que viene una disciplina de información mediante. Esta luz que llega necesita ser esparcida por todos lados. Irá a más de lo que puede imaginar.

D: *Ella ha intentado encontrar esta información antes, y simplemente no se revelaba.*

B: Lo bloqueó. No estaba lista para eso. No había tenido las experiencias humanas que necesitábamos que tuviera para poder obtener la claridad. Siempre ha sentido esta dimensión es lenta

D: *Bueno, ¿puedo pedir permiso? ¿Se me permitiría usar algo de esta información en mi trabajo?*

B: Ah, sí. Por eso estamos aquí.

D: *Porque hay algunas partes que estoy empezando a armar como un rompecabezas.*

B: Hay conceptos aquí que serían útiles para que los humanos comprendan. El concepto de papel matamoscas es ayudar a la gente. Es como tu televisor. La gente se pega a ese televisor. Es como esa adicción. Es similar a la hipnoterapia. La gente está bajo hipnosis, y es hora de que salgan. Es tiempo de que se despierten. Absolutamente.

D: *No creo que nada suceda por accidente. ustedes siempre están dándome la siguiente información que necesito. Y probablemente sepas de todos modos, el hombre con quien trabajé ayer me dio el primer indicio de esto, sobre el papel matamoscas y el karma. (Ver Aarón - Capítulo 11.)*

B: ¿Mencionó el papel matamoscas y el karma?

D: *Lo mencionó de otra manera, como una manga protegiéndolo de quedar atrapado en el karma. Y Bobbi habló de un velo y un filme. Una forma de mantenerse alejado del karma.*

B: Es como una cúpula, una frecuencia. Es como si el velo fuera una frecuencia. Así es lo mejor que puedo ponerlo en este idioma. Es esa frecuencia que es como un velo que está alrededor de esta dimensión.

D: Ella lo ha explicado más claramente. Dijo que podrías aprender lecciones, pero no tenías que atascarte en el karma. Lo describió como una forma de evitar que el karma se le pegue.

B: Exactamente. El mundo es una ilusión. Estás aquí para aprender lecciones, pero no a quedarse estancado en ellas. Bobbi sabía que estaba aquí para aprender el desapego, porque es muy apegada. Entró en codependencia, porque tuvo que aprender a no ser codependiente Entró en el papel matamoscas. Y ese es el más profundo desafío humano. Es como si estuvieras acostado sobre ese matamoscas. Y ella se levantó.

D: *Entonces, si el espíritu original hubiera permanecido en el cuerpo, habría sido muy, muy difícil.*

B: No hubieran querido quedarse.

D: *Así que esto realmente estaba manteniendo vivo el cuerpo. De esa manera, podemos enviar amor a los espíritus originales, que renunciaron al cuerpo.*

B: Ah, sí. Recibieron - los humanos lo llaman "recompensas". Recibieron como recompensa por permitir que esto tenga lugar. A los mellizos que se fueron, también les ayudó, porque ellos, durante algún tiempo, pudieron aprender de las experiencias de este. Y todavía pueden aprender de eso, debido a la conexión con la Gran Alma. la gran conexión con el Creador.

D: *¿Su hermana, Linda, ¿sabe algo de esto?*

B: Lo sabe en algún nivel. Lo mismo ocurrió con ella. Debe tener diferentes experiencias. (Risas) Tiene papel matamoscas diferente porque estaba aquí para aprender cosas diferentes. Se casó con un ministro, un ministro gay, así que ella tenía sus propios desafíos. Y así ha tenido una diferente diversidad de experiencias, pero ambas han tenido experiencias muy difíciles. No querían hacer el viaje por ellas mismas. Era demasiado.

Me estaba preparando para terminar la sesión y traer de vuelta a Bobbi a la plena conciencia, pero la entidad tuvo algunas palabras de despedida.

B: Gracias por esta oportunidad. Por la orquestación de todos los interesados. Sabemos que las redes de todas estas cosas se entrelazan.

D: *Sin embargo, sigo encontrándome con más de esto que la persona promedio. (Nos reímos.)*
B: Es tu tarea.
D: *Al menos estoy en esa red, supongo.*
B: Ah, sí. Oh sí. Tienes un gran hilo. (Risa)

Di instrucciones para que las otras entidades retrocedieran. Bobbi dio un gran respiro cuando los demás se fueron, y luego la traje de vuelta a la plena conciencia.

* * *

Cuando tuve una sesión con Jesse en Nueva York en 2004, Encontré mención de otro tipo de alternativa a un walk-in: el alma que sostiene.

En lugar de ir a una vida pasada, se fue a un tipo de ser de energía quien había estado yendo a varios lugares a lo largo del cosmos. Unos de estos eran físicos y sólidos, y algunos no lo eran. Era del tipo que no tenía que estar atada a un cuerpo en particular.

D: *¿Alguna vez entras en un cuerpo?*
J: Puedes entrar en diferentes momentos durante la vida. Si quieres.
D: *¿No tienes que entrar en un cuerpo cuando es un bebé?*
J: No. Tal vez una persona necesita ayuda, y vas a ayudar. Eres parte de su vida por un corto período de tiempo. Si lo necesitan.
D: *¿Así que no te quedas ahí durante toda la vida del cuerpo?*
J: A veces. A veces no. No tiene que ser un cuerpo. Puede ser de diferentes formas en diferentes planetas y diferentes áreas
D: *¿Qué otras formas tomarías si no fuera un cuerpo?*
J: Sé que algunos de ellos no son sólidos. (Respiración profunda) Es tan difícil de explicar.
D: *¡Sí! Creo que sería. Pero dijiste que normalmente no te quedas durante toda la vida de la existencia del cuerpo o cualquiera que sea la forma. Pero si entras solo para ayudarlos por un corto tiempo, ¿No existe ya un alma o un espíritu en ese cuerpo?*
J: Sí, pero necesitaban ayuda.
D: *¿Entonces, puedes ayudar, aunque ya haya una en el cuerpo? (Sí.) Porque pensé que tal vez eso no sería permitido. Tener dos almas en un cuerpo a la vez.*

J: No creo que la otra alma tome control. Creo que solo está ahí para ayudar. O agrega algo para ayudar. No puedo explicar. Muy difícil.

D: *Entonces, cuando has ayudado todo lo que puedes, ¿te vas?*

J: Sí. No creo que tengas que entrar siquiera en el cuerpo. Puedes quedarte con esa persona. Y comunicarte con ellos y enviarles la energía que necesitan. Se puede hacer así también.

D: *¿Es la persona consciente de ustedes?*

J: ¿Qué quieres decir con la persona?

D: *El cuerpo físico, la persona que está en la parte consciente. ¿Saben que estás ahí?*

J: Pueden sentirse diferentes. Hacen las cosas de manera diferente a como normalmente lo haría. Pero el alma es la que sabe todo. Sabes todo sobre ellos. Y solo haces lo que se supone que debes hacer para ayudarlos. Así no es nada invasor.

D: *Entonces el alma sabe lo que estás haciendo. ¿Sabe que estás ahí? (Sí). Y te permite ayudar por un corto período de tiempo, o el tiempo que tarde. (Sí.) Luego vas de un lugar a otro lugar.*

J: A veces, sí. A veces, te quedas. Si el espíritu principal tal vez tenga que dejar el cuerpo por un corto tiempo. Solo para volver al otro lado y repararse a sí mismo o algo así. Ellos se van, tú tomas el control. Básicamente te conviertes en todo los que eran antes, además de la fuerza y la conexión que eran antes. Y ayudas por un tiempo hasta que llega el espíritu de vuelta.

D: *Mantiene el cuerpo, el vehículo, vivo de esa manera, lo mantiene funcionando. (Sí.) ¿Por qué el alma tendría que volver a ser reparado?*

J: No creo que se pueda reparar completamente en la Tierra. Tiene que ir al otro lado de la cortina. A través del velo. Creo que tiene que descansar y obtener diferentes sintonías vibratorias.

D: *¿Pasa algo en la vida de la persona, la vida del vehículo, para que tenga que volver y ser reparada?*

J: Sí. Cosas horribles o tragedias, o el alma está tan desgastada que realmente no puede continuar más.

Parece que los del otro lado tienen una solución para cualquier posibilidad. En lugar de que el cuerpo muera mientras el espíritu se va de vuelta para reparaciones, el alma que sostiene viene por un tiempo y mantiene el cuerpo vivo, hasta que el espíritu original sienta que puede reanudar su trabajo. Esto es diferente de un walk-in que es más intercambio permanente.

D: *¿Alguna vez has vivido en un cuerpo físico durante toda la vida?*
J: Creo que sólo unas pocas veces. Estoy atrapado aquí ahora. No me gusta eso. Es difícil estar mucho tiempo.
D: *¿No eras el alma original que entró?*
J: No estoy seguro. Creo que lo soy, pero no estoy seguro.
D: *¿Crees que entraste en su cuerpo cuando nació, como un bebé?*
J: (Suspiro) Tal vez dentro y fuera. No sé. Creo que fue hace mucho tiempo.
D: *Tenía curiosidad por saber si has estado en su cuerpo todo el tiempo que ha estado viva.*
J: Tengo recuerdos de eso, pero no lo creo. Pienso que el alma original no pudo hacerlo. Fue un acuerdo. Solo se van por un tiempo y alguien más se hace cargo. Quizás esas cosas suceden con más frecuencia de lo que la gente cree. Las almas comparten el cuerpo por un corto período de tiempo y luego se van. Tal vez la primera alma era solo un alma nueva que no había experimentado la vida en la Tierra antes. Era la primera vez, y estaba como a modo de prueba, y fue demasiado. Si no puedes terminar con esto, había otras dos almas alineadas por si acaso.
D: *¿En caso de que no pudieran hacer el trabajo?*
J: No sé si es hacer el trabajo o simplemente estar ahí. los Lo importante es que el vehículo siga vivo. Entonces alguien tiene que tomar turnos.

Llamé al subconsciente para obtener más información. Jesse dijo que no se sentía como en casa aquí en la Tierra. Era un sentimiento de soledad, y quería saber por qué se sentía así.

J: Se siente así porque este no es su hogar. Su verdadero hogar no es un lugar físico. Está en otra dimensión. Es sólo luz y hermoso no hay cuerpo, no hay personas. Hay solo energía. Hay otro lugar que es un poco más físico, semisólido. Grandes montañas y animales y árboles. Le gusta mucho quedarse allí. Está en otra dimensión.

Jesse no tenía cuerpo cuando estaba en cualquiera de los dos lugares. El subconsciente dijo que no había tenido muchas vidas en la

Tierra. Mayormente había vivido en las otras dimensiones, cuando no sostenía alguna alma.

D: *¿Esa otra parte con la que hablábamos... es esa la parte que va y viene? ¿O es algo diferente?*
J: Sí. Es el que va y viene. Cuando venía aquí y simplemente a ayudar, no se quedó toda la vida entera.
D: *Entonces, ¿está aquí ahora?*
J: Es muy difícil de explicar. No puedes decir que cuándo comienza una parte, la otra termina.
D: *¿Está más o menos fusionada con el alma original?*
J: Sí, pero la cosa con la energía es que no hay fines y no hay principios. Y, como vienes a ayudar a esas almas, en la Tierra, en los cuerpos, es la parte de ti que sabe lo que están pasando. Todos ustedes tienen que aprender. Solo lo sabes. Son parte de ti.
D: *El verdadero hogar de Jesse son estos hermosos lugares. ¿Le será permitido regresar a ese lugar algún día?*
J: Sí, pero es tan difícil de explicar. Estar allí es agradable, pero no creces. No contribuyes. Pasas por diferentes experiencias para enriquecer todo lo que te rodea. No a ti mismo, porque no existes como un alma separada. Es muy difícil explique.

Esta fue una sesión tediosa, porque incluso el subconsciente no sabía cómo explicar esta otra parte de Jesé que se nos había permitido entrever. Aparentemente se había fusionado tan efectivamente con la personalidad de Jesse que no sabía dónde se la dejó y donde comenzó. Pero eso sería algo bueno. Probablemente podría funcionar más fácilmente de esa manera. Aparentemente un alma que sostiene es un espíritu separado que ha accedido a entrar y quedarse con el cuerpo funcionando mientras el espíritu original va al otro lado por un tiempo. Esto sería diferente de un walk-in porque el espíritu original planeó regresar y reanudar sus funciones. El alma que sostenía permanecía todo el tiempo que fuera necesario, y luego iría a su próxima misión. Mientras tanto, cuando no estaba trabajando (o atorada) podría viajar por el cosmos teniendo todo tipo de aventuras. En el próximo capítulo discutiremos las facetas del alma o astillas. Un alma contenedora podría ser una de estos, pero como dijo Jesse, es muy complicado de explicar.

CAPÍTULO 29

EL ALMA MULTIFACÉTICA

En el Libro Uno, escribí sobre la separación del alma. Fue presentado con el concepto de que somos parte de un alma mucho más grande, que puede astillarse o dividirse, y vivir muchas existencias simultáneamente. No somos conscientes de esto porque sería demasiado confuso, y nuestras mentes humanas no serían capaces de comprenderlo. Va junto con el concepto o la teoría presentada en el Libro Uno sobre vivir en realidades paralelas al mismo tiempo, y que constantemente se están creando más realidades mientras continúan dividiéndose. Me dijeron que nuestras mentes humanas nunca serían capaces de comprender la totalidad de todo. No son nuestros cerebros, es la mente humana. Así se me dan ejemplos o analogías que suministran alguna información que podríamos ser capaces de manejar. Me gusta pensar en estos como ejercicios mentales interesantes. Nos hacen pensar, pero si no queremos creerles o estudiarlos más, podemos simplemente tratarlos como curiosidades. Cuando me están dando estas analogías siempre tengo la fuerte impresión de que son sólo la punta del iceberg o probaditas. Que el grosor de la información, o el resto del iceberg, permanecerán ocultos para siempre de nosotros mientras existamos en un estado de cuerpo mortal. Quizá algún día lo entendamos. Por ahora, tenemos que contentarnos con que "ellos" consideren que estamos listos para recibir lo esencial o lo fundamental para ayudarnos ampliar la capacidad de comprensión en nuestra mente.

Durante el 2002, recibí información sobre las facetas del alma de lados opuestos del mundo a través de mis sesiones de terapia. Puede ser solo una cuestión de semántica y puede referirse a lo mismo como fragmentación, aunque se le llame con otro nombre. Voy a intentar explorar el concepto y ver si es el mismo o dos procesos separados.

* * *

La primera sesión se realizó en Minneapolis en octubre de 2002 mientras estaba allí dando conferencias para Gary Beckman de Edge Expo. Michelle vino a la residencia privada donde me estaba quedando para tener una sesión de terapia.

Cuando estaba en trance, flotó desde la nube y se encontró en un entorno extraño, e incluso en un cuerpo extraño. Estaba tan oscuro que era difícil ver, pero ella estaba consciente de un paisaje árido. No había vegetación y el suelo era tierra marrón con un toque de color anaranjado. En muchos casos, cuando el sujeto ve un entorno que suena de otro mundo, por lo general es porque lo es. Tengo que continuar haciendo preguntas y estar preparada para cualquier tipo de respuesta.

Cuando Michelle tomo consciencia de su cuerpo, descubrió que estaba vestida con una chaqueta y pantalones hechos de un material plateado similar al papel de aluminio. "Estoy mirando mi mano. La piel es una especie de color verdoso." Le pregunté cuántos dedos tenía. "Hay tres principales que uso. El dedo meñique es realmente pequeño. tengo pulgares, pero nunca uso el izquierdo, porque no funciona bien. El pulgar de la mano derecha funciona bien". Su cuerpo se sentía masculino, pero sabía que era andrógina. Sólo tenía mechones escasos de cabello negro.

Su atención se desvió de su cuerpo cuando se dio cuenta que estaba cargando algo de equipo en su espalda. "Es un pequeño paquete blanco. Casi como un maletín de transporte. Estoy escaneando el terreno. Se supone que debo estar buscando algo. Mmm. No creo que puedas plantar nada aquí. El suelo es tan delgado".

D: ¿Sabes lo que estás buscando?
M: Un lugar para sembrar alimentos. Me dijeron que podría ser un buen lugar, pero no creo que lo sea. Se ve tan estéril. No sé si estoy en el lugar correcto. No crece mucho. Sólo estos pequeños arbustos turquesas de aspecto dentado. ¿Cómo puedo describirlo? Tipo de aspecto gomoso. – Siento que estoy un poco asustado. No sé qué hacer.
D: ¿Por qué tienes miedo?
M: Tal vez no voy a poder hacer un lugar que poco a poco va a alimentar a la gente. No sé si puedo
D: ¿Ese es tu trabajo?

M: Sí. Y dije que podía. Creo que sobrestimé. Siento no estoy haciendo lo que pensé que podía hacer.

D: *¿Por qué elegiste este lugar?*

M: Los ancianos me dieron instrucciones para venir aquí. y les dije que podría encontrar el lugar. Pero yo no... ¿estoy en el lugar correcto? Tal vez he perdido mi camino. Tal vez no estoy haciendo lo que se suponía que debía hacer. Siento que estoy perdido.

D: *¿Es este el lugar donde vives?*

M: (Enfático) ¡No! No, no es. El lugar donde vivo es un lugar diferente.

D: *¿Cómo llegaste allí?*

M: Principalmente pensamientos. Me proyecté como un rayo allí.

D: *¿No llegaste en un objeto ni nada?*

M: No realmente, no.

D: *¿Quieres decir que eres capaz de transportarte instantáneamente allí? (Sí) ¿Alguien más vino contigo?*

M: Sí. Hay alguien más aquí. Están detrás de mí mirando. Están un poco enojados. Sienten lo mismo que yo. Que no entendemos por qué estamos aquí. Pensamos que teníamos las coordenadas correctas. No creo poder cultivar alimentos.

D: *¿Tienes que cultivar alimentos para tu gente?*

M: Mi gente está bien. Pero la familia de todas las almas somos... somos todos unidos. Todos nosotros. Y hay algunos de la familia que no tiene suficiente comida. Y suficiente vivienda.

Se emocionó y comenzó a llorar. Fue difícil entenderle.

M: Hay algunos de nuestra familia que se están lastimando unos a otros. (Llorando) No se dan de comer. Algunas personas tienen y algunas personas no. (Grandes suspiros.)

D: *¿Es esta una familia que vive en el mismo lugar donde vives tú?*

M: No, no es así. Pero lo sé por la gente.

D: *Pero si esto no está en el planeta donde vives, ¿cómo sabes de ellos?*

M: Porque viajamos a diferentes lugares. (Todavía estaba emocional, pero empezaba a calmarse.) Se supone que debe haber unidad. Eso es lo que queremos. Algunos de nosotros lo sabemos, y algunos de nosotros no. Y todos hemos estado involucrados en diferentes partes a tratar de ayudar a traer unidad, para que todos seamos conscientes. Para que todos podamos darnos cuenta de nuestra conexión y detener algunas de estas prácticas de locura.

D: *Donde vives, tienes unidad, ¿pero quieres ayudar a los otros planetas?*

M: Sí. He visto dos. Uno es el planeta donde no están dando la comida a los que la necesitan. Necesitan un diferente ambiente. Hay demasiado hacinamiento en algunos de estos planetas. Y vislumbras que el hacinamiento va a continuar hasta un punto donde realmente habrá un problema. Donde, aunque quisieran compartir, no podrían.

D: *¿Y cuál es la idea? ¿Ir a otro planeta y cultivar alimentos?*

M: (Gran suspiro) Para que podamos tener otros lugares para llevar las lecciones. No tiene que ser solo en estos planetas.

D: *¿Qué pasaría después de que comenzaras a cultivar la comida?*

M: Entonces la gente podría elegir encarnarse en estos planetas.

D: *¿Entonces no vas a mover físicamente a los de los planetas llenos de gente?*

M: No. Pero veo lo que sucede en estos planetas, y eso me pone muy triste. Y preveo poder ayudar a aliviar parte de esto, al tener otras opciones a adónde ir.

D: *Entonces te refieres a que cuando se reencarnan para resolver su karma, ¿No tendrían que volver a esos lugares llenos de gente? (Sí) ¿Pero no vas a tratar de ayudar a los que ya están ahí?*

M: No, no podemos interferir.

D: *Si no puedes moverlos, lo único es darles otro lugar, otra alternativa. Así que es tu trabajo encontrar un lugar donde puedes cultivar comida, porque la gente no encarnaría allí si no había comida ni forma de vivir. (Sí.) ¿Cómo vas a manejar eso?*

M: Ese es el problema. No sé qué hacer. Tendré que regresar, y trata de reelaborar esto. No sé qué sucedió aquí. Primero viene la comida, y este lugar no parece tener lo que se pensaba que tenía. Tiene que haber una manera de comenzar la siembra, y esto no parece ser un buen ambiente. Puede que haya cometido un error. Pensé que tenía las coordenadas. Creo que no puse suficiente atención. Los números son muy importantes. Y las formas son muy importante.

D: *¿Es eso lo que quiere decir con coordenadas?*

M: Sí. Números y formas pueden señalarme la dirección correcta. Me pueden transportar. Sigo recibiendo el número sesenta y dos cuarenta y cuatro (6244).

Su cuerpo se sacudió repentina e inesperadamente. Ella rio, "¡Fui de repente!"

D: *Sé que se movió tu cuerpo. Simplemente fuiste así de rápido, ¿al pensar en esos números?*
M: Sí. Acabo de regresar a mi planeta al que pertenezco. Antes de darme cuenta, estoy allí. (Risa)
D: *Entonces, ¿debes tener números y formas para ayudarte a transportar? (Sí.) ¿Qué tipo de formas?*
M: Hay uno que uso más comúnmente que tiene una base, una línea recta. Y luego se convierte en un poco de un punto, que tiene forma... Ni siquiera puedo explicarlo en términos que sean comprensible. Pero se curva un poco, casi como un punto de vela, supongo.
D: *¿Como una llama?*
M: (Enfático) ¡Sí! Sube como un triángulo, pero no exactamente esa forma.
D: *¿Dibujas esta forma?*
M: La pienso con mi mente. Todo está basado en la intención. Y la intención te permite hacer lo que tienes que hacer. Pero siento que de alguna manera no estoy haciendo algo bien. Y es confuso. Como si terminara en un lugar donde no debería estar. Y pensé que tenía las coordenadas correctas.
D: *¿Pero piensas en una forma, un diseño y el número 6244, y te trae de vuelta a donde eres?*
M: Sí. Hasta la base de operaciones.

En el Capítulo 17, otro ser alienígena iba a otros planetas y asteroides recolectando muestras de suelo. Estos fueron analizados para ver si el planeta era capaz de albergar vida. La diferencia era que viajaba en una embarcación de un solo hombre.

D: *Y cada vez que vas de nuevo, ¿tienes que pensar en ese diseño?*
M: Es un número diferente según a dónde quieras ir.

D: *Bueno, ahora estás de vuelta donde perteneces. ¿Cómo es ese lugar?*
M: Es un sentimiento de mucha paz y serenidad. Me sentí tan fuera de mi zona de confort antes. Esa energía no tenía armonía. Se sentía más tenso. Por me sentí tan agravado.
D: *¿Cómo es este lugar, tu hogar?*
M: (Pausa) Es difícil explicarlo con palabras.
D: *¿Es físico, sólido?*
M: Lo es. Pero no es lo mismo que muchos de los otros planetas. Puedes verlo, pero no tiene la densidad que el otro planeta tenía.
D: *¿Tiene edificios y ciudades?*
M: Es más un sentimiento. Más de una conexión.
D: *¿En ese lugar consumes alimentos? (No) (Dijo esto como si estuviera sorprendida.) ¿Qué usas para mantenerte vivo?*
M: Luz. El sol.
D: *¿Cómo consigues que la luz entre en tu cuerpo?*
M: Del sol. Lo compensa todo. Es la más pequeña, la más pequeño partícula. Ni siquiera partícula. Es una ola, una forma de onda. Todos lo absorbemos. Está ahí para todos nosotros.
D: *Pero cuando estabas en el otro planeta, estabas lejos de eso.*
M: Sí. Tenía que concentrarme realmente. Casi como caminar en ambos mundos. Fue muy difícil.
D: *¿Puedes estar lejos de la luz por mucho tiempo?*
M: No. No. No mucho tiempo.
D: *Así que lo necesitas para mantenerte con vida.*
M: Sí, así es. Es quien soy.

Esto ha sido reportado antes en mi trabajo. Ciertos extraterrestres viven fuera de la luz y tienen dispositivos a bordo de la nave espacial que genera la luz que necesitan. En Legado de las estrellas, los seres en el futuro que vivían en la ciudad subterránea toman baños de luz. Todos estos seres dijeron que la luz que los mantuvo vivos venía de la Fuente.

D: *Pero estabas describiendo un cuerpo físico en el otro planeta.*
M: Ah, sí. Necesitamos tomar formas para ir a diferentes lugares, para que podamos estar allí. Para encajar con el entorno.
D: *¿Cómo te ves realmente?*

M: Es difícil verme. Mmm. Dios, no puedo explicarlo. Es más, un sentimiento que ver. Es un ... como si las palabras no fueran necesarias.

D: *Solo quería estar segura de que no es el lado espiritual. ¿Este es un cuerpo de tipo diferente al cuerpo de luz? (Sí.) ¿Volverás a los ancianos a decirles que no tenías las coordenadas correctas?*

M: Sí. Puedo verlo. Tiene – por decir "él" - una cabeza redonda. Tiene un cuello largo y delgado, brazos largos y delgados. Cambia de forma. Empezó así, y ahora parece más luz. Dependiendo de cuáles sean los pensamientos, dependiendo de lo que esté pasando, la forma tiene algunas variaciones. Le cuento lo que pasó. Él como que se rio de mí. Dijo que mi orgullo se interpuso, y yo estaba tan seguro de que lo sabía, que me olvidé de obtener los detalles. No está molesto.

D: *¿Qué piensas? ¿Tiene razón?*

M: Sí. Pensé que sabía lo que estaba haciendo. Parecía uno de los viajes habituales, pero no lo era. Yo no estaba preparado. Mmm. Estoy tratando de escuchar. (Pausa) Aterricé demasiado pronto. No puedo ponerlo en palabras. Es como pasarse de la raya. Me excedí justo sobre ....

D: *¿Sobrepasaste las coordenadas?*

M: Sí. Algunas de estas cosas parece que no puedo explicarlas. Tienes que ser muy precisa. No se trata sólo de las coordenadas, los números. Pero es la intención que usas con el número.

D: *¿Vas a intentarlo de nuevo?*

M: No. Está diciendo que me involucré tanto con lo que quería hacer que suceda, ayudar, que perdí de vista el plan, la misión. Dice que estas cosas pasan.

D: *¿Cuál era el plan, la misión?*

M: Ayudar a encontrar otros lugares alternativos para encarnar que disminuiría la carga de un planeta. Se suponía que solo debía observar, pero me involucré tanto en la difícil situación de la gente que interfirió. Hay un plan. El plan es más importante. No es que las personas y los seres no sean importantes. Es que todo es temporal. Y tienes que recordar mantener las cosas en perspectiva. Y pasé un mal rato.

D: *¿Se supone que no debes involucrarte emocionalmente con la gente?*

M: No, se supone que debo mantener la visión general. Y darme cuenta de que todos elegimos estas cosas para aprender a crecer. Y me quedé atrapado en la emoción. Perdí la visión.

D: *Esas personas eligieron estar en esa situación.*

M: No me fío de ellos, que estén haciendo lo que necesitan. Es muy complicado. Es una combinación de confianza en ellos, confiando en el plan, pero aun dándose cuenta de esa alternativa hay que desarrollar las cosas.

D: *¿Así que eso no es interferencia si desarrollas comida en otro planeta para que ellos vayan?*

M: No. Pero mi enganche al drama, las emociones obstaculizaron, por lo que no pude implementar el plan. Me enganché.

D: *Pero es difícil no engancharse, ¿no?*

M: Es muy duro, muy duro.

D: *No puedes estar sin emociones.*

M: No pude mantener la visión general. Si puedes mantener la visión general, entonces puedes hacerlo. No pude hacerlo. Es muy difícil.

Esto sucedió en otros casos, informados en Legado de las estrellas, donde la entidad de otro sistema estelar estaba en la Tierra en una tarea, y se involucraron demasiado con la gente. Cuando esto sucedió, tuvieron que reencarnar en la Tierra en lugar de regresar a su propio planeta. De alguna manera, crearon karma.

D: *Entonces, ¿ha decidido no dejarte volver?*

M: Sí, no pude hacerlo. Él pensó que tal vez lo haría mejor en una posición diferente. Que tal vez no pueda bajar y observar de esa manera. Necesitabas estar separado.

D: *¿Qué otra posición quiere que hagas?*

M: Estoy siendo... Necesito... Me estoy desvaneciendo... Es como si algo está pasando, donde me estoy desvaneciendo. No sé lo que es todavía. No da miedo. Simplemente no puedo mantenerme apegado a mí mismo. Es como si estuviera flotando. Me voy a otro lado.

Su cuerpo de repente se sacudió. Ella se echó a reír a carcajadas. No podía entenderla, porque se estaba riendo.

M: Fue un movimiento brusco. (Se reía de forma escandalosa)
D: *Sí, te vi saltar. ¿Qué sucedió?*
M: Creo que paso por una especie de vacío. (Pensó que fue divertido.)
D: *¿Qué ves? ¿Dónde estás?*
M: Es el comité de planificación. En realidad, no son las palabras correctas. Pero a falta de mejores términos... Está por decidirse lo que voy a estar haciendo ahora. Pero es difícil implementar esa parte del plan cuando te involucras emocionalmente. No me di cuenta de que sería difícil.
D: *¿Así que están mirando tu expediente?*
M: Sí, para ver qué sería bueno para mí hacer a continuación. Puedo decidir también, pero se necesita un grupo, porque todos trabajamos juntos. Me están mostrando algunas cosas en la vida en la que voy a estar.
D: *¿Te vas a ir a otra vida?*
M: Sí. Me están mostrando una vida como Michelle. (Gran suspiro) Va a ser difícil. No estoy muy ansioso. Dijo que estas experiencias me ayudarían, al comprender diferentes segmentos de esta vida. Si puedo ponerlo en palabras. Puede sentirlo en lugar de verlo. Todas estas diferentes experiencias son necesarias para que pueda ayudar más eficazmente.
D: *¿Será esta tu primera vida como ser humano en la Tierra?*
M: Esta parte de mí, sí. Es mucho más complicado. Me recuerda a un diamante, y esas diferentes partes del diamante. Las diferentes facetas. Esta faceta nunca ha estado aquí antes. Las otras dos facetas han estado. Creo que mi alma tiene más de una parte. Las diferentes partes son las diferentes facetas.
D: *¿Puede una de las facetas saber sobre las otras facetas?*
M: (Sorprendido) ¡Sí, pueden! Lo harán. Se turnarán en esta vida. No podrán manejar todo el asunto por ellas mismas. La primera faceta estará ahí hasta los diez años. La segunda faceta estará ahí hasta los veintiún años. Después la tercera faceta estará allí para el resto.
D: *¿Por qué tiene que haber diferentes facetas para las diferentes partes de la vida?*
M: Esa es la única forma en que esto se puede hacer con éxito.
D: *Sería demasiado difícil para una faceta pasar por eso. ¿no podría?*

De repente comenzó a llorar emocionalmente. No respondió mientras continuaba llorando más fuerte. A veces es mejor dejar que la persona saque la emoción, así que la dejé llorar, y luego traté gentilmente de hacer que me hablara de nuevo.

D: *¿Vas a aceptar hacerlo? (Sí.) ¿Aunque puedes ver que va a ser difícil? (Sí.) ¿Por qué vas a aceptarlo, entonces?*
M: (Un gran suspiro. Estaba recuperando el control de sí misma.) Pueden ayudar más tarde. (Ella dio un gran suspiro.)
D: *Al menos sabrás lo que es entrar. Nadie te está obligando a hacerlo.*
M: No. Es necesario.
D: *Entonces, ¿sabe el cuerpo consciente cuándo se mueven entre estas diferentes facetas entrando y saliendo?*
M: No, no inicialmente. Seguimos al tanto de este acuerdo, pero no completamente. Esta es la primera vez que entendemos completamente lo que estamos pasando.
D: *Pero esto no es como un walk-in.*
M: Es diferente, porque no estamos separados. Un walk-in es un alma separada. Todos somos parte del todo.
D: *Todos ustedes son parte de la misma alma. Pero Michelle dijo que cuando tenía unos diez años, sintió que había muerto en ese momento.*

Michelle tenía un recuerdo parcial de algo que sucedió a esa edad. Su madre murió cuando Michelle era muy joven. Su tía asumió el papel de madre mientras vivían con su abuela. Ambas mujeres estaban mentalmente perturbadas y eran sádicas en su trato a la pequeña Michelle. Esto fue lo que causó mucho de sus problemas anteriores que había bloqueado con éxito de su memoria. Las mujeres pertenecían a un grupo satánico que tenía reuniones en su casa, aunque Michelle no se dio cuenta de lo que estaba pasando. Ella vio muchas cosas que su joven mente reprimió. El incidente que nunca olvidó fue cuando fue puesta en una especie de caja de madera. Se estaba asfixiando, y sintió que dejaba su cuerpo y flotaba hacia arriba. Pensó que había muerto en ese momento, porque los sentimientos eran tan intensos. Obviamente, no murió, pero nadie en su familia nunca habló de lo que pasó esa noche. Durante muchos años, pensó que los eventos que recordaba a medias eran solo una parte de su imaginación enferma. Nadie en su familia nunca dio ninguna indicación que algo de esta intensidad había ocurrido alguna vez. Todos los recuerdos, especialmente de los rituales en los que había estado involucrada personalmente, fueron obligados a regresar al subconsciente. Probablemente fue la forma en que la mente de Michelle guardara la cordura. Esta fue una de las cosas que ella había pedido averiguar. ¿Fue el incidente con la caja real, o sólo la imaginación enferma de una niña?

D: *¿Qué pasó en ese momento? ¿Dejó realmente el cuerpo? (Sí.) ¿Está bien que ella lo sepa?*
M: Sí, es hora de que ella lo sepa.
D: *Cuéntale lo que pasó cuando tenía diez años.*
M: La pusieron en la caja. Su familia tenía una vida muy secreta de la que no se podía hablar en ningún término.
D: *¿Entonces ella tenía razón acerca de los atisbos que ha tenido de eso? (Enfático: ¡Sí!) Eran personas muy enfermas, supongo que dirías.*
M: ¡Mucho! Muy, muy enfermos.
D: *¿Por eso una faceta solo podía permanecer hasta la edad de diez años?*
M: ¡Sí! De lo contrario, habría sido demasiado difícil. El alma no podría haberlo manejado.
D: *¿Murió cuando la metieron en esa caja?*
M: No en el sentido físico. Pasó por el túnel de luz, pero mantuvo la conexión del cordón al cuerpo. Este era el momento de intercambiar información y obtener una comprensión de su vida en la Tierra hasta ese punto. La entrada de la nueva faceta necesitaba ocurrir. (Gran suspiro) Y la primera faceta estaba muy cansada. Los primeros diez años fueron muy duros.
D: *¿Luego intercambió información con la segunda faceta para que entendiera lo que había estado pasando?*
M: Sí. A pesar de que había habido un entendimiento, tenía que haber una especie de intercambio energético. De manera que el dolor... si todo el impacto de lo sucedido volviera al cuerpo, no podría haberlo hecho, de la manera que podría haber ayudado más tarde.
D: *¿Por eso Michelle solo tiene atisbos de esos primeros años, porque los recuerdos se quedaron con la primera faceta?*
M: (Enfático: ¡Sí!) Cuando recordó, fue más como ver una película, aunque había tristeza. Había más tristeza por la primera faceta que por la gente involucrada. (Suavemente) Ay, la pobre niña.

D: Luego, cuando regresó, ¿fue más fácil para ella manejarlo como la segunda faceta? (Sí) Esa es la única forma en que podría haber sobrevivido, supongo.

M: La segunda mitad no fue más fácil.

D: Pero luego la segunda faceta permaneció hasta los veintiún años. (Sí.) ¿Qué pasó a la edad de veintiún años?

M: Acababa de casarse con Jerry. No tenían una conexión estrecha. Fue una elección terminar con ese patrón, más que una conexión de almas. Era una manera de salir del patrón de esa conexión con su tía y su abuela. El intercambio de las facetas ayudó a volver a modelar. Porque ... ni siquiera puedo ponerlo en palabras. No era el vínculo emocional con Jerry. Aunque fue duro y triste no tener la conexión, el tipo de matrimonio que era deseado, dio un tiempo para poder reflexionar. realmente no fue incluso necesario estar con él. Eso suena extraño, pero fue como un período de descanso.

D: Él era solo el instrumento para romper el patrón y sacarla de esa situación (Sí.) ¿Entonces que pasó a la edad de veintiuno cuando entró la tercera faceta?

M: Fue en el dormitorio. Me veo acostado en la cama. Recuerdo los autos que pasaban. Recuerdo los sonidos. Estaba realmente angustiada. Ni siquiera sabía si debía casarme con Jerry. La gente me decía que nadie sabe con certeza sobre el casarse. Me encontraba muy molesta. Sé que no me quedé dormida. Era más como un estado de trance. Una sensación de flotar. Entonces... durante el trance, me fui. (Muy suave. Difícil de escuchar.) Siento que me voy ahora mismo.

D: Puedes simplemente mirarlo. No tienes que experimentarlo. Pero tenía que hacerse en estado de trance, ¿eso quieres decir?

M: Para mí fue más fácil. Había tantos secretos en esa casa en la que viví. Mi tía y otros sabían lo que realmente estaba pasando, pero no se les permitió decírmelo. Pensaban que era mejor si no me acordaba. Pero siempre supe que algo no estaba bien. Ahora lo sé, lo estaban encubriendo, tratando de ocultarlo.

D: ¿La tercera faceta intercambió o se unió, o lo que sea que hizo, durante el estado de trance? (Sí.) ¿Pero también intercambió recuerdos?

M: Sí. Se llevó los recuerdos, pero dejó mucho dolor. Algo del dolor se mantuvo, porque eso era parte del proceso de aprender a limpiar.

D: *Así que no podía tomar todo.*

M: No, la personalidad se habría escindido y destrozado.

D: *¿Es posible hacer eso?*

M: ¿Separarse y romperse? ¡Sí! Lo llamarían personalidad múltiple. Hubiera sido demasiado difícil para ellos ayudarme. Habría sido demasiado difícil para los guías venir si tuviera múltiples personalidades. Tuve que estar con mucha claridad.

D: *Así que por eso se llevó a cabo el intercambio, para darte más fuerza. Para manejar lo que iba a venir después de eso. (Sí.) ¿Y tenía que intercambiar recuerdos, pero retener algunos de los sentimientos, porque de lo contrario, no tendría sentido?*

M: ¡Correcto!

D: *No se puede quitar todo, no a esa edad de todos modos.*

M: No, así es.

D: *Entonces, cada vez que Michelle se despertaba, ¿se sentía diferente?*

M: Sí. Sentí, "¿Por qué estoy casándome con este hombre?" (Risas) Pero lo hice de todos modos.

D: *¿Te sentiste como una persona diferente?*

M: ¡Sí! ¡Me sentí diferente! Sabía que estaba mal para mí en ese momento, allí mismo. Pero estaba confundida.

D: *Entonces la tercera faceta es la que ha quedado. (Si) ¿y permanecerá? (Sí) Es más estable que las demás y puede manejar más trauma.*

M: Busca conectar más con el conocimiento para ayudar a despejar.

D: *Dijiste que antes de que ella viniera a esta vida, había dos facetas, dos partes de ella, que habían tenido vidas terrestres.*

M: Sí. Esas fueron las facetas uno y dos.

D: *¿Y la tercera es el que no ha tenido vidas pasadas? (Correcto) Es la que vino más directamente del ser de luz. (Sí) Entonces cada vez que ha recordado vidas pasadas, son de las otras dos facetas. (Sí) Esta es más puro, si esa es la palabra correcta. ¿Mas directa?*

M: Sí, es capaz de acceder a un conocimiento más directo.

D: *¿Por eso es capaz de hacer el trabajo que hace con energía?*

Michelle había comenzado recientemente a hacer curaciones mediante el uso de energía a través de métodos prácticos.

M: Sí. Llegó a hacer eso para ayudar a la gente. Ayuda a la gente a ver el problema. No puedes hacer la curación por ellos, así que ella es solo una herramienta. Es capaz de dirigir mucha luz para ayudar a su cuerpo recordar la unión que una vez tuvieron hace un milenio, para que puedan reconectarse con él. No debe hacer toda la sanación, porque es un planeta de libre albedrío; tienen que estar de acuerdo. Y ella quiere que sean los dueños de su propio destino. Necesitan convertirse en sus propios amos; sus propios curanderos. Necesitamos que la gente se despierte, y recuerde. Entonces ella les ayuda a recordar, y les ayuda quitar el dolor, para que puedan regresar a su luz.

D: *¿Qué quieres decir cuando dijiste que la gente se había olvidado cuando se separaron hace un milenio?*

M: Todos somos una gran familia. Todos nosotros somos iguales en luz.

Un extraño fenómeno ocurrió aquí que fue percibido por la grabadora. Una fuerte distorsión eléctrica como una constante estática. No fluctuó como la estática, solo una corriente interferencia eléctrica constante. Duró diez segundos y eliminó todo el sonido de la cinta. Se detuvo tan repentinamente como comenzó. No me percaté de nada inusual, pero la grabadora lo captó. Continué la transcripción después de que el sonido se detuvo.

M: ... hasta se creen malos. Han estado en lo físicos durante tanto tiempo que se ha olvidado de su luz. Se han adoctrinados en algo que no es cierto.

D: *¿Por eso a veces piensan que son malos?*

M: Sí. Ella les recuerda que no son la experiencia, sino que estas son solo experiencias que están teniendo para ayudarlos aprender.

D: *Si aprenden algo, eso es lo importante. (Sí) ¿pero por qué nos separamos todos hace milenios, si somos parte de la misma familia?*

M: Ah, la escena fue al comienzo de este trabajo hoy, y no lo entendí, así que simplemente lo bloqueé. La forma en que se muestra, estoy segura de que es simbólica, porque necesita entenderlo. Existe esta bola de luz, y todas estas personas están saliendo de la bola de luz. Estaba pensando, ¿por qué nos lanzamos en paracaídas?

pero nos separamos para tener estas experiencias. Todos juntos somos parte de esto. Todos somos uno.

D: *¿Qué vamos a hacer eventualmente con estas experiencias?*

M: Algún día nos uniremos de nuevo. Será más satisfactorio. Vamos a ver si puedo conseguir la sensación de la misma. Es muy difícil para mí traducir esto. No sé si puedo decir las palabras. (Pausa) Es como que la gente que ha estado en una guerra. Escuchas sobre personas que han estado juntas en la batalla. Y tienen un sentido diferente de conexión porque realmente se ayudaron mutuamente, o pasaron por mucho juntos. Y cuando todo está hecho, existe este vínculo que nunca se rompe. Antes teníamos un vínculo, pero no teníamos la experiencia.

D: *Es casi como una camaradería, ¿quieres decir?*

M: Sí, un vínculo más estrecho. Todos nosotros somos muy importantes para la Unión. Cada uno de nosotros. Cada persona tiene su propia pequeña parte de ello. Su alma lo encontrará por ellos. Estas conectado a todas las partes de ti mismo. Y siento esta reunión de todas estas gentes que he echado de menos. Y todas estas almas que he conocido antes. Como si todos nos estuviéramos uniendo y volviendo a subir juntos.

La vida de Michelle definitivamente había estado llena de desafíos y seguía estando. Ella pensó que nunca quería tener hijos, sin embargo, de repente decidió adoptar una niña. A medida que crecía la niña, se hizo evidente que algo andaba mal. Ahora tenía nueve años y le habían diagnosticado un desorden de trastorno bipolar en su cerebro. A veces, tenía momentos lúcidos, pero la mayor parte del tiempo era violenta y suicida. Michelle la amaba, pero se sentía totalmente impotente. Su marido no pudo aceptar el reto y se divorció de ella, dejándola sola con la niña. El subconsciente de Michelle dijo que esto era un desafío que aceptó antes de venir. Se le mostró todo esto durante el tiempo de revisión ante la junta de ancianos. Ella había acordado aprender lecciones difíciles durante esta vida para poder entender cómo ser humano. Michelle definitivamente no tomó una vida fácil esta vez. Es admirable que dedique su tiempo para usar sus habilidades y curar a otros.

* * *

El concepto de un alma multifacética volvió a surgir un mes más tarde en el otro lado del mundo. Como ha estado sucediendo conmigo y en mi trabajo, cuando se me presenta un concepto que es nuevo para mí, por lo general me dan más información que amplía la teoría a través de otro cliente. Me parece fascinante que quien guía mi trabajo decide qué tema me será dado en cada etapa de mi crecimiento. Y usan el estado de trance de mis clientes para entregar la información. No puede haber otra explicación, porque el cliente no tiene idea sobre de lo que he trabajado con otras personas. Durante cada sesión, me concentro en el cliente y sus problemas, y no hay necesidad de hablar de problemas o sesiones de otras personas. El sujeto parece ser utilizado simplemente como un vehículo para hacerme llegar la información. Otras personas han dicho que parece que atraigo al cliente apropiado hacia mí, que tiene la información que necesito. Lo que sea que esté ocurriendo, no es en un nivel consciente, a propósito.

Esta sesión se hizo en Australia cuando estaba en Sídney para dar una conferencia para la exposición Mind, Body, Spirit (MBS) (Mente, cuerpo, espíritu) en noviembre, 2002. Venía de presentarme en la Exposición de vida consciente en Perth. Me dieron un cómodo apartamento de dos habitaciones en lugar de la habitación de hotel habitual con vista a lo alto del muelle Darling y tenía un ambiente muy agradable, y era a poca distancia del Centro de Convenciones donde se llevó a cabo la MBS Expo. Como de costumbre, programé a los clientes de mi larga lista de espera. Nunca sé cuáles son sus problemas, o motivos de solicitud de la sesión hasta que llegan.

Cathie era una mujer atractiva e inteligente de sus cuarenta años. Tenía muchas preguntas, pero una de las que más la intrigaba era un incidente que sucedió unos años antes. Estaba atravesando un momento muy traumático en su vida, donde todo estaba mal, incluida la muerte de su marido. El golpe final fue cuando descubrió que tenía cáncer de mama. Quimioterapia y radioterapia estaban agotando su fuerza y reduciendo su voluntad de vivir. Estaba cansada de vivir bajo las circunstancias existentes. Ya había tenido suficiente y había decidido suicidarse. Antes de hacerlo, quería ver a todos sus amigos por última vez. Sus planes fueron hechos con mucho cuidado. Tuvo una fiesta de navidad en su casa e invitó a todos. Nadie sabía la verdadera razón de la fiesta, y no le dijo a nadie que se estaba llevando a cabo por el exclusivo propósito de despedirse de ellos. Todos tuvieron un tiempo maravilloso y se divirtieron, al igual que ella.

Había podido ocultar con éxito sus emociones reales, y nadie sospechaba que cuando se fueron ella tenía toda la intención de cometer suicidio. Después de que el último invitado se había marchado, se dispuso muy deliberadamente con el resto de su plan. Sin embargo, un incidente extraordinario ocurrió que lo impidió. Pensó que había tenido mucho éxito en permanecer sin emociones. Pero después de que se fue el último invitado, empezó a llorar desconsoladamente. Tenía toda la intención de dejar esta vida infeliz y pasar al otro lado. Había hecho sus planes cuidadosamente en cuanto al método de suicidio, pero ahora se sentía totalmente agotada emocional y físicamente, y no podía seguir adelante. Decidió que todo podía esperar hasta el próximo día, y se fue a la cama.

Esta parte es de las notas de Cathie: "Me desperté a las 3 am. Me acosté sobre mi espalda con los ojos cerrados y pude ver una luz blanca brillante a través de mis párpados, pero cuando abrí los ojos la habitación estaba en la oscuridad. Mientras yacía allí preguntándome qué estaba pasando, vi una luz descender y entrar en mi cuerpo. Voló a través de mis pies y corrió hasta mi cabeza llenándome de luz. Todavía tenía mis ojos cerrados, pero ahora podía ver mi cuerpo como luz. Al mismo tiempo, también sentí una ola de electricidad o una corriente fuerte a través de mi cuerpo, nuevamente de mis pies a mi cabeza".

A la mañana siguiente se sentía totalmente diferente. Todo parecía nuevo y las ganas de suicidarse y marcharse este mundo se habían ido por completo. No supo lo que paso excepto que su vida cambió totalmente esa noche. También el cáncer entró en remisión por lo que no necesitaba más de los dolorosos tratamientos. Solo podía especular que tal vez un walk-in había ocurrido. En mi experiencia, normalmente la persona no tiene conocimiento de ningún intercambio cuando se lleva a cabo. Pero tal vez había una razón para que Cathie fuera lo suficientemente consciente como para saber que algo extraño e inusual había ocurrido.

Esta era su principal preocupación: averiguar qué pasó esa noche. Entonces, en lugar de ir a una vida pasada, la llevé de vuelta a la noche de fiesta. La hice bajar de la nube el 17 de diciembre del año 2000. Preparé el escenario para asegurarnos de que teníamos el día apropiado, "Vas a tener esta fiesta con estos amigos muy especiales".

Ella me interrumpió con un arrebato de sorpresa, "Yo no estaba allá."

D: *¿No estabas allí?*
C: No. No fui yo.
D: *¿Aún puedes hablarme de esa fecha?*
C: No puedo verlo.

Nunca he dejado que eso me impida obtener información, porque sabía que el subconsciente tiene los registros de todo lo que alguna vez le ha ocurrido a la persona. Pregunté si podría proporcionar la información, y Cathie de repente se derrumbó y empezó a llorar desconsoladamente. Sabía que tenía que hacerla hablar para alejarla de las emociones. "Puedes decirme ¿Por qué estás emocional?"

C: (Dejando salir algunas palabras entre sollozos.) Sí... fue muy grande... muy grande.
D: *¿Qué era muy grande?*
C: Ese día.
D: *Pero tuviste una linda fiesta, ¿no es así, con todos tus amigos?*
C: (Calmándose. Todavía sollozando, pero recuperando el control de misma.) Sí... era una fiesta. (Sollozando) Fue triste. (Sollozando) Fue muy triste. (Sollozando) Fue una fiesta triste. Porque... era el final. (Sollozos) Una fiesta final. (Sollozos) Y fue una fiesta de despedida. (Llorando)
D: *¿Estaba Cathie emocionada ese día?*
C: Se estaba despidiendo de... de Lucinda. (Sollozos)
D: *¿Quién es Lucinda?*

Algunas de sus palabras fueron bloqueadas por sollozos. Estaba intentando entender de quién estaba hablando.

C: Ella fue el alma que entró al nacer... y que... estaba luchando tan duro. (Llorando) Y quien estaba con tanto dolor. Porque la vida era tan triste.

Todo esto era difícil de entender, debido al llanto continuo y emoción.

D: *¿Por qué tuvo que luchar?*

C: (Finalmente se calmó lo suficiente como para ser comprendida.) ¡Ah! Ella tomó el camino difícil. Siempre, siempre tomó el camino difícil.

D: *Pero ella eligió eso, ¿no?*

C: Sí, lo hizo. Lo hizo tan difícil. (Sollozos) No sabía ninguna otra manera. Pensó que esa era la única manera. Fue difícil para ella, pero lo hizo muy difícil para otras personas también. No vio eso. Solo vio su propio dolor. No vio el dolor que causó a otras personas. Causó a su madre tanto dolor. Causó que la gente en su vida - Stephen, con quien creció. Eran niños juntos. Y luego fueron novios. Y ella lo dejó, y ella le causó tanto dolor. Era egoísta. Solo se preocupaba por ella misma. (Un gran suspiro. Al menos había detenido el llanto.)

D: *¿A ella no le importaba estar lastimando a otras personas?*

C: No. Lo hizo para sentirse bien. Era egoísta. Lucinda era muy egoísta. Ella quería irse a casa, porque se dio cuenta de que no lo estaba entendiendo. Pensó que era una pérdida de tiempo.

D: *¿Estar en un cuerpo, quieres decir, en una vida?*

C: (Una revelación) ¡Ay! ¡De acuerdo! Entonces lo que pasó fue que entró alguien más, llamado "Yanie". Vino a ayudarle, y a instruirla. Y Yanie estuvo con ella durante el mes pasado. Y Yanie la ayudó a aprender, porque Yanie estaba más alto, más informada. No tenía ningún ego. Y ayudó a Lucinda, para que Lucinda pudiera irse. Y podría aprender algunas cosas antes de que se fuera.

Esto sonaba similar a las partes del alma, excepto que Cathie les asignó nombres. Tal vez esto hizo que fuera más fácil para ella comprender y explicar.

D: *¿Pero Lucinda no se dio cuenta de que estaba creando karma por la forma en que estaba tratando a la gente?*

C: No, ella no sabía nada de eso.

D: *Era solo un alma muy egoísta. (Sí) ¿Lucinda habló con Yanie antes de que entrara?*

C: Lucinda y Yanie acordaron que trabajarían juntas. Lucinda quería irse a casa. Y ella creó el cáncer como una forma de salir, de volver a casa. Y entonces ella pudo ver que ella había desperdiciado su vida. Había desperdiciado las oportunidades en este cuerpo. Y odiaba eso. ¡Ella odiaba eso! (Emocional otra vez.) Se dio cuenta de que había desperdiciado todos esos años. Se dio cuenta de que no entendió la lección. (Todo dicho con emoción.) Y entonces Yanie dijo que ella entraría y trabajaría con Lucinda por un tiempo antes de que se fuera, para ayudarla a aprender algunas de las lecciones. Y luego, cuando regresara, habría logrado algo. y Yanie la ayudó a dejar ir mucho miedo. Y Yanie la ayudó para ser más equilibrada, y la ayudó a prepararse para irse.

D: *¿No había forma de que Lucinda pudiera quedarse?*
C: No quería.
D: *Supuse que una vez que ella comenzó a aprender estas cosas de Yanie...*
C: No, porque el trato estaba hecho. Y Yanie quería venir por un tiempo. Y Lucinda estuvo de acuerdo con eso; que ella se iría. Y eso no fue un problema. Estaba bien honrar esa promesa.
D: *¿Entonces Lucinda podría progresar en el otro lado? (Sí) Parece como si ella no estuviera lista para una vida física.*
C: Simplemente no estaba consciente. Estaba impulsada por el ego. Y estaba atrapada en lo físico, y los placeres del cuerpo. Estaba atrapada en el dinero, la codicia, el ego y el sexo. Ah, e incluso la adicción. Alcohol, incluso con eso.
D: *Entonces ella estaba experimentando todas las partes negativas de ser humano.*
C: Sí. No quería estar aquí, y alguien más quería entrar. Ella accedió a hacerlo. Y el trato era ese que Yanie trabajaría con ella durante su último mes en la Tierra, para ayudarla a aprender algunas cosas, para que pueda ascender. Y Lucinda accedió a irse en diciembre. Establecieron la fecha. Sería diciembre de 2000.
D: *Pensó que se estaba despidiendo de sus amigos, porque pensó que iba a morir de cáncer.*
C: Cuando se fue, sabía que el cuerpo no iba a morir. Cathie sabía conscientemente que era hora de decir adiós, pero ella no sabía conscientemente lo que estaba pasando.
D: *Por eso hizo la fiesta con todos sus amigos y parientes. (Sí, sí.) Pero luego, cuando entró Yanie, no había ninguna necesidad de que el cuerpo tuviera enfermedad, ¿es así?*
C: No. Yanie entró. Tenía una energía tan diferente. Yanie fue una de las primeras personas. Las primeras energías en la Tierra.

D: *Ella sería una energía muy vieja, ¿no es así?*
C: Ah, sí. Fue una pionera. Vino un grupo de ellos, de una fuerza energética, sobre la Tierra. Y eran lo que la gente pensaba que era el dios, Horus. Vinieron como una forma. Y luego, cuando llegaron aquí, tenían que encontrar cuerpos. Y lo hicieron. Salieron y encontraron cuerpos. Ese fue en el comienzo. Y volvió en el año 2000, porque necesitaba traer de vuelta esa energía pionera al planeta. La Tierra necesitaba tener una inyección de esa misma energía que vino hace mucho, mucho tiempo. Y eso es lo que trajo Yanie.

Esto fue similar a Ingrid y la energía de Isis regresando a Tierra para ayudar. (Véase el Capítulo 4.) Ambas no tenían ninguna otra vida en medio y habían regresado debido a los acontecimientos mundiales necesitando esa energía en este momento.

D: *¿Puedes decirnos qué pasó esa noche cuando el intercambio se hizo? Eso era algo que Cathie quería averiguar.*
C: Entró Yanie. Llevaba unos meses allí. Y habían estado trenzando.
D: *¿Qué es el trenzado?*
C: Trenzar es donde... es como una trenza. (Movimientos de manos.)
D: *¿Entrelazados?*
C: Sí. Donde hay dos almas, y están trabajando juntas. Y a veces, un lado tomará el papel principal, y otra vez lo hace el otro lado. A veces, Cathie sentía que era ego. A veces era Yanie. A veces era Lucinda. Luego, otros días, sentía que era este ser maravilloso y espiritual. Y había días en que Yanie tomaba el dominio. Trabajaron juntas muy bien. Era como un baile. Bailamos juntas. Aprender y enseñar y estudiar. Y fue un tiempo hermoso, porque Lucinda sintió que tenía una amiga. Hermosa.
D: *Un tipo diferente de amiga.*
C: Sí. Y aprendió mucho.
D: *¿Entonces, es posible que dos almas habiten el mismo cuerpo al mismo tiempo?*
C: Sí. Pero fue un gran alivio cuando Lucinda se fue.

Aunque, no eran dos almas separadas. Eran partes de la misma alma.

D: ¿Porque es difícil que dos ocupen el mismo espacio?

C: Eran tan diferentes, sí. Y Yanie pudo entonces brillar, y podía ser ella misma.

D: ¿Puedes explicar lo que pasó esa noche? Cathie dijo que tenía una sensación tan poderosa después de que se fue a la cama esa noche.

C: Sí. Se produjo el baile final. Esa fue la noche de Lucinda con esos amigos. Yanie se quedó detrás, solo de fondo. Y Lucinda... es muy divertido. Se sintió muy entumecida esa noche.

D: ¿Quieres decir insensible o qué?

C: Entumecida, como la sensación de poca emoción. Adormecida, emocionalmente entumecida.

D: A pesar de que estaba con sus amigos.

C: Sí. Ah, sabía que era un adiós. Y necesitaba permanecer así, porque si dejaba que las emociones se desgarraran, habría alertado a todos. Y no había necesidad de hacer eso. Ellos no sabían que ella se iba. Y no necesitaban saber, porque no estaba destinado a ser un funeral. (Risas) Eso solo estaba destinado a ser un secreto. Ella sabía que se iba, y nadie más necesitaba saber esa noche.

D: ¿Tenía la intención de morir, pero no estaba destinado a ser de esa manera?

C: No. Cambió de opinión, porque Yanie quería venir. Y dijo que estaría bien que Yanie tomara el cuerpo. Y esa noche, se dijo adiós, y luego se fue a la cama. Y luego a las tres de la mañana, ella y Yanie bailaron juntas su último baile. Fue como un vals. Valsando alrededor. Y luego Lucinda simplemente se fue. Solo se fue de aquí.

D: ¿Adónde fue?

C: (Llorando) Se fue... se reunió con sus amigas. (Sollozos) La gente. Se fue a casa. Que alivio. (Llorando)

D: ¿Y ella no fue juzgada por hacer algo impropio?

C: (emocionada llorando) Fue bien recibida. (Llorando) Creo que eso es tan amable. Le dieron la bienvenida.

D: Probablemente se dieron cuenta de que no estaba lista cuando ingresó al cuerpo en primer lugar.

C: Sí, eligió una vida dura. Obtuvo algo de crédito por elegir una vida dura.

D: Entonces, no importaba que hubiera creado karma con otras personas.

C: ¡Ah! Tenía que hacer eso. (Pausa mientras trataba de entender eso.) Eso fue equilibrar el karma. Porque estoy entendiendo que Stephen era - (Muy sorprendida por lo que estaba viendo. Gemidos de horror.) ¡Ohhh! ¡Oh! Stephen, chico que conocía, a quien lastimó tanto, él... él la hizo decapitar.
D: ¿En otra vida?
C: ¡Ah, sí! ¡Vaya! ¡Eso fue tan cruel! (Sollozando)
D: Entonces, lo que ella hizo fue pagar el karma al lastimarlo.

Cathie gimió en voz alta y se emocionó mucho. Lo que ella estaba viendo era muy molesto. Más tarde ella recordó esta escena, y dijo que vio su cara muy claramente. Él estaba rebosante con deleite mientras observaba cómo la asesinaban. La hizo saltar hacia atrás mientras miraba.

Para nuestras mentes racionales parecía que ella había creado karma al lastimar al joven, Stephen. Pero del otro lado, la imagen completa está disponible, y se hizo evidente que había mucho más en la situación. Stephen había creado karma negativo extremo en la otra vida al haberla hecho decapitar. Entonces, fue la justicia suprema que ella lo lastimó en la vida presente. Al menos la represalia no fue tan drástica como la causa.

D: *Ella también hirió mucho a su madre, ¿no?*
C: Sí. (Sorprendido) ¡Ay! Su madre ... eso fue una represalia por karma en esta vida. La vida de su madre. Su madre había sido muy tuerta. Y ella se comportó como si sus hijos fueran perfectos. Hirió a tanta gente de esa manera, siendo tan dogmática, y tan juzgante. Pensó que sus hijos eran perfectos. Y era el trabajo de Lucinda mostrarle que sus hijos no eran perfectos.
D: *Porque Lucinda definitivamente no era perfecta.*
C: No. Oh, ese fue el equilibrio. Una lección para su madre. Enseñando a su madre a ser menos crítica. Y menos tuerta. Para abrirla. Y para ayudarla a ver a través otro ojo. No solo esos dos ojos con los que ve físicamente, pero el otro ojo. (El tercer ojo.)
D: *Entonces, lo que parecía en la superficie estar creando una gran cantidad de karma negativa y elegir un camino difícil, era en realidad por una razón. Había más detrás. (Sí) Suele ser, pero no podemos verlo cuando estamos vivos. (Sí) Entonces, Yanie se hizo*

cargo el cuerpo. (Un gran suspiro de alivio) Cathie dijo que sabía que algo sucedió esa noche.

C: (Una revelación) ¡Ay! Estaba destinado a ser. Ella estaba destinada a saber, porque tiene que ayudar a la gente. (Llorando de nuevo) Tiene que ayudar a la gente a entender esto. Y si ella no hubiera sido consciente - tantas personas tienen estas experiencias, y no son conscientes de ellas. Ella tenía que saber. Ese fue el trabajo para esta nueva faceta. Cathie iba a abrir esto. Como tú estás enseñando mucho a la gente sobre el otro lado. Y ella tiene un trabajo para enseñar a la gente sobre esto, sobre las almas. Sobre cómo este cuerpo no es una propiedad. Es un regalo para la Tierra. Cada cuerpo es un regalo para el universo. Y las almas que entran estos cuerpos, tienen ese derecho. Creemos que somos el cuerpo. Nuestro ego está atado al cuerpo. Y pensamos que somos. Soy Cathie ¿Quién es Cathie? Cathie es realmente muchas energías que se unen para llevar esta vida a una dimensión inimaginable. Así que esta vida puede impactar a tantas otras vidas, para ayudar a las personas a evolucionar conscientemente. Ayudar gente a abrazar este programa donde las almas pueden ir y venir. Y no cerrarse a ello. Y no ser demasiado egoísta acerca de poseer el cuerpo. No somos dueños del cuerpo. El cuerpo está aquí para servir a la humanidad. Gandhi no era dueño de ese cuerpo. Ese cuerpo era solo un vehículo. Tantas almas estaban involucradas en la obra que hizo Gandhi. Así que muchas almas iban y venían de ese cuerpo. Y él lo sabía. Le dio la bienvenida. Martín Lutero King era otro. No solo un alma, sino muchas almas trayendo diferentes talentos, trayendo nuevas ideas. Tomando ese vehículo a niveles más altos de conformidad y amor. (Suavemente) Él lo sabía. Sabía lo que tenía que hacer aquí.

D: ¿Pero la parte consciente de la persona no es consciente de lo que está pasando?

C: Algunas personas pueden serlo. Algunas personas pueden abrir sus mentes a eso. Tiene que haber un disparador para abrir la mente. Y una vez ese gatillo ha sido disparado, la mente puede abarcar todo tipo de entendimientos. Y ese es el trabajo de Cathie. Ella hace el disparo que hace pensar a la gente. Y hace que la gente abra su mente.

Nos dijeron que Cathie no solo había recibido una nueva faceta de su alma para continuar esta vida, sino que su cuerpo también había sido transformado en un cuerpo nuevo. Aparentemente, los cambios no serían externamente visibles a los demás.

C: La nueva Cathie es tan diferente. La vieja Cathie estaba en un camino acelerado. Ella tomó una vida muy difícil. Y las nuevas personas que han llegado, han tenido que trabajar ese lado del karma para esas vidas. Para dejar ir las cosas en las células del cuerpo. Todas las cosas que estaban atrapadas allí, era de las almas viejas. Y las nuevas que entran, han ayudado a liberar eso de las células del cuerpo. Y la llevó a un hermoso, hermoso equilibrio. Y armonía y amor.

D: *Así que la nueva Cathie no es la misma persona que empezó.*

C: Tan diferente. Muy diferente. Y ha tomado varios consuelos de almas para trabajar con esa vida. Para llevarlo al nivel que está ahora.

D: *¿Pero no podría suceder esto simplemente con la madurez de la persona cuando crecen y aprenden sus lecciones?*

C: No, esto no, no. Porque eso lleva mucho tiempo. Existen mucha gente que vive en la tierra que muere y no han vivido las lecciones. Y algunas personas, a medida que maduran, se vuelven más y más egocéntricas, y más y más atemorizadas. Hay tanto miedo en este planeta. Y ellos envejecen y se asustan más. Entonces, no se puede decir que es normal que las personas adquieran esa sabiduría a medida que envejecen. Muchas personas no obtienen la sabiduría.

D: *¿Por qué la faceta del alma, Yanie, no podía permanecer?*

C: Oh, quería. Pero habría atrofiado el crecimiento.

D: *¿Por qué es eso? Ella era un alma muy avanzada.*

C: (Una revelación) ¡Ay! El trabajo era limitado para lo que ella estaba haciendo. Traer la nueva energía. manteniendo el espacio para elaborar el programa. Era un alma "contenedora". Un alma de transición. Y en ese momento, el programa todavía estaba siendo desarrollado. Y Yanie puede volver, si quiere. Ella puede ser parte de este programa. Pero si ella hubiera comenzado entonces, este programa no podría haber sido introducido. Este es un programa de muy alto nivel de crecimiento acelerado. Casi instantáneo, este crecimiento. Y este programa está llevando a estas personas mucho más allá de lo que habíamos imaginado originalmente.

* * *

Este concepto del alma siendo compuesta de muchas facetas volvió a surgir durante otra sesión. Solo incluiré la parte pertinente aquí. Estaba teniendo la sesión en una conferencia de Walk-Ins en Las Vegas. Estaba hablando con el subconsciente sobre las preguntas de Lucy.

D: ¿Quería saber si ella es un walk-in en la vida actual como Lucy? ¿O es importante que ella lo sepa? Tú decides.

Ella, naturalmente, estaba interesada en esto porque estaba en la junta directiva de la organización que estudia los walk-ins y organiza estas conferencias.

L: No lo llamaríamos un walk-in. Diríamos que es más un ser espacial que tiene muchas encarnaciones diferentes dentro una encarnación. El equivalente humano y el concepto pueden ser "walk-in". Esa no es una terminología que usaríamos. Diríamos que tiene visitas a lo largo de su vida de muchos seres de almas diferentes dentro de su propia alma. Porque ella es de una orientación espacial. Muchos seres del espacio están a su alcance.

D: ¿Sería esto como me han dicho, de fractales o astillas del alma?

L: Es más grande que astillas. Nos gusta pensar en ello más como facetas o secciones de segmento. Mientras piensas en la configuración de una casa o un edificio, hay varias habitaciones. Y cada una de esas habitaciones es parte de toda la casa. Y así está dispuesta su alma. Y cada uno de estas habitaciones o segmentos del alma o facetas lleva consigo diferentes memorias y diferentes relaciones espaciales paralelas. Y Por eso ella tiene estas diversas experiencias.

D: Así que no es un intercambio de almas como entendemos que es un walk-in.

L: Es un intercambio de almas donde uno puede salir y la otra puede no volver a aparecer nunca más. Pero no ha terminado el proceso de la muerte. No es que la primera alma sea secuestrada o entregada a una entidad completamente diferente. Esta reposando inactiva, pero no se volverá a utilizar.

D: Pensamos en un walk-in como el alma original que se va y es reemplazada por una que se hará cargo del trabajo.
L: Eso también es un concepto. Este concepto que te estoy dando es quizás más complejo. Porque esta entidad del alma tiene acceso a muchas estructuras diferentes del alma. Tiene acceso a trece. Y todas ellas están dentro de su alma. Estos no son ajenos, personajes discordantes.

* * *

De otro sujeto:
D: Tenía otra pregunta que le resultaba bastante extraña. Yo entiendo, pero quiero ver lo que vas a decir. Ella dice que tiene la sensación, de vez en cuando, como si estuviera interactuando con dos mujeres diferentes en Nueva York. ¿Es eso real? (Sí.) ¿Qué está pasando en esos momentos?
Linda: Son almas alternativas. Pedazos de ella viviendo y haciéndola trabajar en otras dimensiones.
D: Eso es lo que pensé porque me lo han dicho en mi trabajo. Es un poco complicado de entender para otras personas. Como si otra parte de ella se fue en otra dirección. ¿Es eso lo que quieres decir?
L: Debemos sanar en todos los niveles, en todas las dimensiones, para lograr lo que tenemos que lograr. Tenemos ayuda. Esas son piezas de ella. Hay muchas más.
D: Crearon una vida diferente a la vida que ella está viviendo. (Sí.) Y hay momentos en que ella tiene contacto con ellas.
L: Sí. Ella va allí para reajustarlos.
D: Probablemente no saben de ella, más de lo que ella sabe sobre ellos realmente.
L: Desconocen de ella en todo momento. Ella los observa. Tienen trabajo que hacer.
D: Me acaban de dar este concepto en el último año; acerca de la separación que hacemos.
L: Tienes muchas partes.
D: Todo el mundo tiene, ¿no? (Sí.) Pero no somos conscientes de ellos y así es como se supone que debe ser.
L: No. Todos se reunirán pronto.
D: ¿Entonces todos sabremos lo que realmente está pasando?

L: Sí. Todos nos convertimos en uno. Y el tiempo avanzará en ese momento.

D: *He oído hablar de la elevación de la conciencia y los cambios en la vibración y la energía. ¿Es eso lo que quieres decir?*

L: Sí. Todos avanzaremos juntos como un solo planeta cuando nuestra conciencia se vuelva una. Las fuerzas negativas serán dejadas atrás. Llevaremos con nosotros a los que puedan venir. Es nuestro deber elevar el nivel de conciencia de todos con quienes tenemos contacto. Y sanarlos. Ya sabes, lo has visto muchas, muchas veces. Es la conciencia de la gente para pasar a una llama positiva. Se están alineando. Están tomando conciencia unos de otros en las diferentes dimensiones. Se despertarán y se volverán uno, y avanzarán juntos. Será como debe ser. Dejará atrás lo negativo. Y crear sus nuevas vidas como uno.

* * *

D: *En el libro en el que estoy trabajando ahora, estoy explorando el concepto de que nosotros, como humanos, ¿no somos un alma o espíritu individual, sino que somos astillas?*

Ann: Correcto.

D: *¿Puedes aclararme eso?*

A: Sí. Tú y muchos otros son de universos diferentes. Hay varias fuentes diferentes de Dios, eso es en realidad considerado una fuente. Cada uno de estos universos tiene su propia fuente individual de Dios, a la comprensión de tus niveles en los universos. Cada una de estas fuentes está dividida en otras fuentes individuales, que siempre se remontan a una fuente principal. Cada uno de ustedes crea sus propias fuentes individuales dentro de ti mismo, porque así lo eliges. Para entender la altura de las conciencias que necesitas tener en este nivel físico. Este nivel de vibración es muy limitado para ti. Y porque has elegido esto, has hecho una decisión consciente de vivir como una fuente separada, aunque todavía estás conectada por un hilo a la fuente principal.

D: *¿Cómo percibimos esta fuente principal? ¿Esta fuente de Dios?*

A: Siempre está dentro de ti. Te diré la forma más fácil para que me entiendas. Para conectarte, usa el lóbulo frontal de tu cabeza. Lo que llamas "frente". En la frente, tienes un elemento, y secretas fluido en este elemento. Y cuando secretas este fluido, se transfiere por todo el cuerpo, lo que energizará el resto de tu cuerpo a un nivel superior para que pueda acceder a su fuente. Este es donde permanece la fuente. Está en el lóbulo frontal de tu cabeza. Ahí es donde tu conexión, tu hilo, lo que llamas "cordón" está conectado.

D: *¿Lo que consideramos el tercer ojo? (Sí). Pero yo estaba tratando de entender esta fragmentación, porque estoy trabajando con personas que dicen tener astillas de sí mismos por todas partes.*

A: Sí, eso es cierto. Esto es parte del proceso de pensamiento. Se te permite crear una realidad. Y en esta realidad, puedes crear otra. Y en esa otra, puedes crear nueva fuente de energía. Que es todo de lo mismo, lo que llamas "Fuente de Dios".

D: *Por eso nos cuesta tanto entenderlo, porque estamos tan concentrados....*

A: (Interrumpe) No es difícil. Siempre habrá quienes tienen una comprensión más natural de estos conceptos. Son simplemente más capaces de traducir. Solo necesitas tener acceso a estos individuos para traducir estos conceptos en una forma comprensible. Si pides que estos individuos aparezcan en tu vida, lo harán, tan naturalmente como una brisa.

D: *Eso fue lo que me dijeron, que tenemos fragmentaciones del alma por todas partes, pero no somos conscientes de ellos.*

A: Somos gemelos el uno del otro.

D: *¿Como partes de unos a otros de esta manera?*

A: Lo eres. Vienes de una fuente. ¿Qué te hace pensar que no eres de la misma?

D: *¿Nuestra perspectiva humana de que somos individuos? (Risita)*

A: Muy limitado.

D: *Somos muy limitados.*

A: Tú eliges ser. No es malo que seas limitado. Has elegido serlo, porque hay lecciones que tienes que pasar. Entendemos eso. Mientras hablamos por medio de este cuerpo ahora, entendemos a este individuo. Hace lo mismo. Sabemos esas cosas. Está bien.

D: *Sí, porque esta es la única forma en que los humanos pueden percibir. Y mucho de esto está más allá de los conceptos del ser humano normal.*

A: Correcto.

* * *

Esta vida puede compararse con tocar un instrumento en una gran orquesta. Naturalmente, no puedes tocar todos los instrumentos al mismo tiempo. Sólo puedes concentrarte en tu parte de la hermosa sinfonía, aunque toda la orquesta y toda la música comprende la totalidad de lo que realmente eres.

* * *

En mis conferencias, a menudo me han preguntado sobre la diferencia entre el alma y el espíritu. "¿Son lo mismo? ¿Son las palabras intercambiables? ¿Se refieren a dos cosas separadas?" No tuve una respuesta adecuada al principio, porque las preguntas me tomaron por sorpresa. En ese momento, supuse que eran lo mismo. Sólo dos palabras diferentes que se refieren a la fuerza vital que entra en el cuerpo al nacer y sale en su muerte física. Asumí que es la parte de nosotros que es eterna desde el momento en que fue creada por Dios. Y que es la parte más constante de nosotros, aunque va de cuerpo en cuerpo durante el ciclo de reencarnación y cambios a medida que reúne más información y paga karma. En mis primeros escritos, escribí sobre desde el punto de vista que las dos palabras eran intercambiables, refiriéndose a lo mismo, y que era sólo semántica si querías usar una palabra u otra.

Ahora, mi aprendizaje y comprensión está aumentando y ampliándose, y puedo mirar a esta pregunta desde una perspectiva diferente y punto de vista. En mi trabajo, me han dicho que cuando Dios trajo todas las almas en la creación, era similar a la teoría del Big Bang. Salimos disparados como pequeñas chispas de luz. Algunas de estas chispas se convirtieron en almas humanas, algunos se convirtieron en galaxias, planetas, lunas y asteroides. La creación había comenzado y ha continuado desde entonces, siempre en expansión. Muchos de mis sujetos se han visto a sí mismos como chispas individuales o bolas de luz cuando se les pregunta de dónde vinieron y cómo comenzaron. Cualquier cuerpo en que se encuentren durante sus incontables vidas en este planeta y muchos otros, es sólo un traje de ropa. Adornos para servir al propósito y para hacer el trabajo. Yo siempre digo: "Tú no eres un ¡cuerpo! ¡Tienes un cuerpo!" Tendemos a pasar esto por alto, porque nos apegamos tanto a él. Pero al igual que un traje de ropa, eventualmente se desgastará y habrá que tirarlo. El "verdadero" tú es esa pequeña chispa de luz. Ahora puedo ver que esto es equivalente al "espíritu", porque va de cuerpo en cuerpo. El espíritu es la representación individualizada del alma en una encarnación. Por lo tanto, tiene limitaciones. Está restringido y separado del "alma" más grande. Es nuestro enfoque mientras estamos en el cuerpo físico, y estamos desconectados de la tremenda sabiduría de nuestro yo superior. Tiene que ser así, o no podríamos existir aquí. Seríamos absolutamente incapaces de sobrevivir si nos damos cuenta de que hay más, y que estamos aislados de ese glorioso yo superior.

He encontrado casos (uno reportado en el Libro Uno) donde el sujeto quería volver a donde sentía más amor, donde se sintieron como en casa, donde instintivamente tuvieron un gran anhelo de ser. Cuando fueron a este lugar fue una sorpresa para mí. No era el lado del espíritu donde vamos después de la muerte física. Era mucho más grande y expansivo. fueron a un hermosa, cálida y reconfortante luz brillante. Esto era "el hogar". Dijeron que cuando estaban allí, había una sensación maravillosa. de unión, de ser parte de un todo, y no querían nunca salir de nuevo. Esto fue llamado "Dios", a falta de una mejor definición. También ha sido llamado el "gran Sol central" de donde brotó toda la vida. El sujeto siempre experimenta una gran alegría cuando se reencuentran de nuevo con el todo, aunque sea sólo por el corto tiempo durante la sesión. Cuando se les hizo salir de la Fuente para aprender lecciones y ganar conocimiento, sintieron una gran pérdida, una separación que era casi inaguantable. Donde antes había sólo el Uno, ahora estaban separados. Esto es a donde cada uno de nosotros secretamente quiere volver. Aunque no lo entendamos en un nivel consciente. Pero según la información que he descubierto, no podemos volver y reunirnos con Dios hasta que hayamos completado todas nuestras lecciones y adquiramos todo el conocimiento del que somos capaces. Después, es nuestro destino regresar y compartir todo lo que hemos aprendido con Dios. En este sentido, somos literalmente células en el cuerpo de Dios.

Para tratar de explicar un poco las definiciones de alma y espíritu, creo que puede verse como un sistema de reducción. Donde está Dios, el Uno, el Todo Lo Que Es, el omnipotente, la Fuente, el Creador, se divide en otro componente. Almas grupales, Almas Superiores, un compuesto más grande de energías. Viva, pero experimentando la vida de una manera ajena a nuestra forma de pensar. Eso contiene tanta energía en su totalidad que sería imposible que esté contenido en un cuerpo. En el Libro Uno, se dijo que, si la energía total de un individuo tratara de entrar en una habitación y conversar con nosotros, todo en la casa sería destruido. El poder y la energía es inmensa. Así que el alma es una combinación de innumerables espíritus individuales, que son todos "Tu". Somos tan parte de esta "alma" más grande como lo somos de la encarnación de Dios. También hay varias agrupaciones de almas, para complicar aún más nuestro pensamiento.

Luego se divide de nuevo y se convierte en espíritus individuales. Esta es la pieza más pequeña que estamos experimentando en el momento actual. La parte en que nos enfocamos y le hemos dado personalidad. Esta es la parte que va al reino de los espíritus en el momento de la muerte del cuerpo físico. Aparentemente permanece individualizada hasta que haya adquirido suficiente conocimiento para incorporarse de nuevo al Alma Suprema. Todo esto es demasiado para que lo comprendan la mayoría de nuestras mentes humanas, y nos contentamos con pensar que esta existencia es todo lo que hay. Por eso damos explicaciones simplificadas a lo inexplicable.

De la información en este capítulo, parece que, en casos de emergencia, el Alma Suprema se astillará o enviará facetas de sí misma, y hacer que otras partes del alma intercambien lugares. Por lo mucho que podamos entender, es un amoroso y afectuoso arreglo, y al individuo nunca se le da más de lo que puede manejar, o más de lo que ha acordado tratar de manejar en cualquier vida. Al menos estos conceptos son buenos ejercicios de pensamientos. Ya sea que los entendamos completamente o no. Estos conceptos son algunos en los que nunca hubiera pensado si no me los hubieran presentado a través de varios de mis sujetos. Aparentemente "ellos" piensan que estamos listos para manejar los significados más profundos de la vida.

Así que una vez más, está Dios, están las diversas Almas Supremas, los compuestos de almas menores y los espíritus individuales.

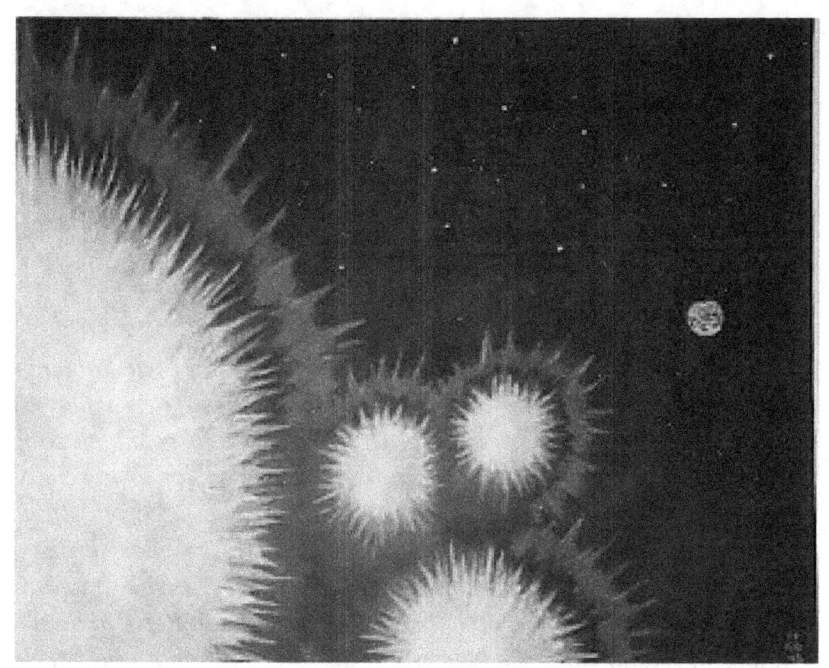

CAPÍTULO 30

LA NUEVA TIERRA

Toda nuestra vida cuando asistíamos a la iglesia, escuchábamos los siguientes versículos de la Biblia: "Vi un cielo y una tierra nuevos; porque el primer cielo y la primera tierra pasaron... Y yo Juan veo la ciudad santa, la nueva Jerusalén, que descendía de Dios de los cielos ... Y oí una gran voz del cielo que decía: He aquí el tabernáculo de Dios que está con los hombres, y morará con ellos, y ellos serán su pueblo, y Dios mismo estará con ellos, y será su Dios. Y Dios enjugará toda lágrima de sus ojos, y no habrá más muerte, ni tristeza, ni llanto, ni habrá más dolor; porque las cosas anteriores habrán pasado ... He aquí, yo hago nuevas todas las cosas. Y me dijo: Escribe; porque estas palabras son verdaderas y fieles. ... Y la (nueva) ciudad no tenía necesidad del sol, ni de la luna, para brillar en ella: porque la gloria de Dios la alumbró... Y de ninguna manera entrará en ella nada que contamine, ni cosa alguna que sea abominación, o mienta. ... Y allí no habrá noche; y no necesitan vela, ni luz del sol; porque el Señor Dios los alumbra; y ellos reinan por los siglos de los siglos." (Ap. 21-22)

La Iglesia ha ofrecido muchas explicaciones diferentes desde la escritura de la Biblia. Pero el libro de Apocalipsis ha permanecido enigmático, hasta ahora. Las explicaciones en este libro que han sido traídas por muchas personas mientras estaban en profundo trance, parecen contener las respuestas. Han descrito el Reino de Dios, muchas veces, como un lugar de luz donde hay gran gozo de reencontrarse con el Creador, la Fuente. En ese tiempo, cada uno de ellos se han convertido en seres de luz, y no hay deseo de volver a la forma física terrenal. Esto explica algunos de los significados de los versículos, pero ¿qué pasa con la profecía de la Nueva Tierra? Una vez más, la respuesta parece venir a través de muchos de mis sujetos durante mis sesiones. Fue solo como estaba ensamblando el libro que la similitud con la Biblia se hizo evidente. Estamos todos hablando de lo mismo. Juan, que escribió el libro del apocalipsis, puso su visión en las palabras que pudo encontrar en su período de tiempo y su vocabulario. Es lo mismo hoy. Mis sujetos tenían que usar la terminología con la que estaban familiarizados. Sé que, por lo tanto, que solo estamos viendo una pequeña porción de la imagen total del nuevo mundo que se avecina, pero fue lo mejor que podían hacer. Al menos nos da una idea de este maravilloso lugar perfecto.

Durante mi trabajo, he oído mucho acerca de todo lo que es compuesto de energía y la figura y la forma sólo está determinada por la frecuencia y vibración de cada cosa en particular. La energía nunca muere, sólo cambia de forma. Me han dicho que la Tierra misma está cambiando su vibración y frecuencia, y se está preparando para elevarse a una nueva dimensión. Hay innumerables dimensiones rodeándonos todo el tiempo. No podemos verlas porque como la vibración se acelera, son invisibles a nuestros ojos, pero sin embargo aun así existe. En mi libro Los guardianes, expliqué cómo los extraterrestres utilizan esto y viajan subiendo y bajando las vibraciones de su nave. A veces, también vamos a otras dimensiones y regresamos y no somos conscientes de ello. Esto fue escrito sobre en La leyenda del choque estelar. Así he tocado el tema a lo largo de los años, pero no entendí el significado completo hasta que empecé a recibir más y más información al respecto. "Ellos" quieren que sepamos más al respecto porque llegará pronto. Y eso será un evento trascendental. Por supuesto, incluso en la Biblia, fue descrito como "pronto". Pero ahora podemos ver y sentir los efectos a nuestro alrededor a medida que el mundo se prepara para cambiar a una nueva dimensión.

"Ellos" dijeron que notaremos más los efectos físicos a medida que las frecuencias y vibraciones aumentan. Muchos de nosotros podemos sentir en otro nivel de nuestro ser que algo está sucediendo. Con los cambios sutiles que ocurren a nuestro alrededor, nuestros cuerpos físicos también deben cambiar para ajustarse. Algunos de estos síntomas físicos son desagradables y causan preocupación. "Verás y notarás que a medida que la frecuencia del planeta continúa aumentando en términos de su vibración, tendrás menos dificultad con los síntomas de los bloqueos de energía".

A lo largo de mi trabajo, a mis sujetos se les dice que deben cambiar su dieta con el fin de hacer el ajuste al nuevo mundo. Nuestros cuerpos deben volverse más ligeros, y esto significa la eliminación de alimentos pesados. Durante las sesiones, a mis clientes se les advierte repetidamente que dejen de comer carnes, principalmente debido a los aditivos y productos químicos con que se alimenta a los animales. Estas están siendo transferidos a nuestros cuerpos y quedan depositados en nuestros órganos por mucho tiempo. Es muy difícil eliminar estas toxinas de nuestro cuerpo. Fuimos especialmente advertidos contra comer proteínas animales y frituras que actúan como irritantes para el organismo. "Estas actúan como agravantes para tu sistema después de muchos años de mal uso. No queremos ser críticos, pero el cuerpo está construido para un cierto tipo de tránsito vehicular. El cuerpo no puede ascender en frecuencia a reinos dimensionales superiores si la densidad y las toxinas están contaminando el medio ambiente del cuerpo humano". Se nos dijo que evitemos la carne de res y cerdo especialmente, debido a los aditivos que se alimentan a los animales. Por supuesto, si tienes la suerte de encontrar productos orgánicos, carnes que no contengan toxinas, eso sería seguro, en moderación. Decían que el pollo era mejor, y el pescado, pero lo mejor de todo eran verduras "vivas". Esto significa los que se comen crudos en lugar de cocidos. También se nos advirtió sobre la eliminación de azúcar, y el consumo de agua más pura, embotellada y jugos de frutas que no contienen azúcar. Eventualmente, como la frecuencia y la vibración sigue aumentando, nos adaptaremos a una dieta líquida. El cuerpo debe volverse más ligero para hacer la ascensión. "Como las energías en el planeta continúan aumentando y más enrarecidas, tu cuerpo necesita cambiar con él". Por supuesto, nada de esto es nuevo. Se nos ha dicho durante muchos años acerca de estos factores de nutrición. Pero parece ser necesario ahora prestar especial atención a nuestra dieta ya que todo empieza a cambiar.

En 2001, "ellos" intervinieron para llamar drásticamente mi atención y hacerme cambiar mi dieta y estilo de vida. Durante las sesiones ellos literalmente me gritaban para que transmitiera su mensaje. En 2001, tuve problemas de deshidratación mientras estaba en Florida y experimenté efectos físicos desagradables. "Ellos" me reprendieron y me hicieron renunciar a mi bebida estándar, "Pepsi", de la que había disfrutado durante muchos años. Cambiaron por completo mi forma de comer y hábitos de bebida y cambié mi dieta para bien. Por el 2002, había limpiado una gran cantidad de toxinas de mi sistema y estaba notando la diferencia. Pasaron varios meses más antes de que estuviera "desintoxicada", por así decirlo. Cada vez que tienen la oportunidad, me avisan que me siguen vigilando y me regañan cuando me ven volviendo a los viejos hábitos. Durante una sesión en Inglaterra dijeron: "Para entender las nuevas energías en las que estarás trabajando, al cuerpo se le está enseñando cómo lidiar con esto. Uno nunca debe olvidar que hay energías por ahí que no van a trabajar contigo. En este punto, tal vez estas energías no deben ser desechadas y alejadas de ti. Debido a que no te son familiares, estás pensando: 'No están en lo correcto.' Deben ser atraídas hacia ti y preguntarles: '¿Qué son?' De hecho, son nuevas energías. Tal vez se están reajustando a tu cuerpo, y al hacerlo, están eliminando toxinas. Tus riñones especialmente estarán trabajando con una energía no aceptada del pasado. Solo acepta que el proceso de limpieza es y ocurrirá".

Luego me dieron un proceso para energizar el agua que bebemos, para ayudar en el proceso de desintoxicación. "Agua, en base al setenta por ciento de ti misma, y el setenta por ciento del planeta, es más allá de ser de importancia, es increíble. Entonces, por lo tanto, la resonancia del agua que traes a tu cuerpo es muy importante. Cuando bebes agua energízala con el conocimiento que tienes. Envía ese conocimiento. Mándalo como un espiral adentro. Imagina el agua girando en espiral, creando un vórtice, tanto en sentido horario como antihorario. Creando la clave positiva y negativa. Debes moverlo fuera de equilibrio. Imagina una energía entrando en el agua y girando en espiral y creando un vórtice. Eso es todo lo que tienes que hacer. El pensamiento entonces energizará el agua. Eso luego reintroducirá la fuerza vital en el agua, que es la aceptación de la fuerza vital del planeta. Todo fluido en este planeta ya sea roca o fluido líquido, es líquido en un movimiento más lento o rápido. Todo tiene la resonancia y recuerdo de lo que es. La humanidad ha perdido la resonancia y memoria de lo que es, pero el agua puede revitalizar. El proceso del formato de pensamiento humano del hombre procesa de nuevo y ayuda a trabajar con su resonancia. Debes tener en cuenta que esta energización de una botella de agua puede durar sólo unas pocas horas. Es posible que debas volver a introducirlo. Así que la fórmula puede ser, antes de beber cualquier líquido, haz el mismo proceso. También puedes hacer lo mismo con la comida. La comida simplemente siendo líquido en un movimiento más lento. Esto ayudará con el cuerpo. Esta también ayudara a aclarar y crear un lugar llamado "claridad" dentro del formato de pensamiento de tu mente, porque ha comenzado a perder parte de la claridad. Esta claridad volverá".

* * *

De un correo electrónico que me enviaron de una fuente desconocida:
El tiempo en realidad se está acelerando (o colapsando). Por miles de años la Resonancia Schumann o pulso (latido del corazón) de la Tierra ha sido 7,83 ciclos por segundo. Los militares han utilizado esto como una forma de referencia muy fiable. Sin embargo, desde 1980 está resonancia ha ido subiendo lentamente. ¡Ahora es más de 12 ciclos por segundo! Esto significa es el equivalente de menos de 16 horas por día en lugar de las anteriores 24 horas.
Una de las indicaciones de que la frecuencia y la vibración está ocurriendo, es la aceleración y el acortamiento del tiempo.

* * *

Sujeto: A partir del 2003, habrá un influjo de energía que impulsará realmente a la Tierra. Va a haber un mayor cisma entre el grupo de personas que van a quedarse atrás, y la gente que va adelante. El resultado será un mayor aumento vibratorio en la Tierra. Esto está afectando a todo el universo. Esto no es sólo la Tierra. Esto es galáctico.

* * *

Más información sobre cómo funcionan nuestros cuerpos y el mundo entero pasará por el proceso de cambio dimensional, y será sin ser detectado por aquellos que no harán la transición o el cambio:
"Nuestros cuerpos y todo lo que nos rodea ahora están aumentando su tasa vibratoria y ajustándose a una nueva frecuencia. Cada célula del cuerpo comienza a vibrar a un ritmo tan rápido que se convierte en luz. Cuando esto comienza, la temperatura del cuerpo aumenta y el cuerpo comienza a brillar con luz. Cuando cada célula está vibrando a una tasa muy alta, desaparecerá de la visión normal y se moverá a una realidad dimensional superior. Esto se debe a que el cuerpo se ha movido en vibración más allá de la tercera dimensión y

ahora está vibrando en un nivel dimensional mucho más alto. Esto entonces significa que no pasarás por el proceso de la muerte, ya que entonces tendrás un Cuerpo de Luz. El envejecimiento no existirá para ti, y habrás entrado en la siguiente realidad dimensional. Entonces, puedes acceder a la próxima etapa de la evolución espiritual".

"Ellos" han recalcado que esto ha pasado a través del tiempo a ciertos individuos y pequeños grupos de personas. Pero lo que lo hace único ahora, es que será la primera vez que un planeta entero hará el cambio a otra dimensión. Esta será la nueva Tierra y el nuevo mundo. Esto se describe en la Biblia. Como el cielo y la tierra nuevos. Los que no están listos, se quedarán atrás (tal como dice la Biblia) para seguir viviendo su karma. Ni siquiera se darán cuenta de que algo pasó. Aquellos que no se hayan iluminado, tendrán que volver a otro planeta más denso que todavía está involucrado con negatividad, para resolver su karma restante. No les será permitido venir a la "nueva Tierra", porque su vibración no coincide.

* * *

Hace unos años, estaba en un panel en una conferencia con Annie Kirkwood, la autora del Mensaje de María para el Mundo. Habló sobre una visión que tuvo que parecía retratar la evolución de la Nueva tierra. Ella vio la Tierra como se ve desde el espacio exterior. Entonces empezó a verse como dos Tierras, una superpuesta a la otra. Había pequeñas líneas de luces intermitentes entre ambas Tierras. Luego, mientras observaba, vio que comenzaba a separarse; como lo hace una célula cuando se está dividiendo para producir otra célula. Una Tierra se fue en una dirección y la otra se fue en la otra dirección. En una Tierra ella y los demás exclamaban, "¡Sí, sí, realmente sucedió! ¡Lo logramos!" Y en la otra Tierra escuchó la voz de su hermana, "¡Esa chica estaba tan loca! estaba por ahí diciéndoles a todos todas estas locuras y nada ¡sucedió! ¡Acaba de morir!" Entonces parece que cuando el evento final ocurra, habrá algunas personas que ni siquiera se darán cuenta de que ha ocurrido algo. Esta será la separación de aquellos que seguirán adelante con la Nueva Tierra y los que quedan atrás en la Vieja Tierra que todavía estará empapada de negatividad.

Después de una conferencia en la que le hablé a la audiencia sobre esta visión, bajé del escenario y estaba rodeada de gente mientras me dirigía a la mesa para firmar libros. Un hombre se abrió paso y pidió hablar conmigo. Con una cara seria, dijo: "Algo muy inusual me acaba de pasar." Hizo una pausa y vaciló, sin saber cómo sería recibido. "Tienes que saber que soy ingeniero, muy realista, y este tipo de cosas no me pasan a mí. Cuando estabas describiendo la visión de las dos Tierras dividiéndose en dos, de repente el auditorio desapareció y me encontré en el espacio exterior. Mientras observaba, vi que sucedía, tal como tú lo describiste. Vi las dos Tierras dividirse, y la nueva era superpuesta a la anterior." Se notaba que estaba muy agitado. Dijo que iría a casa y trataría de reproducir en la computadora lo que había visto. Una semana después nos envió por correo electrónico la foto, y lo hemos impreso aquí. Es mucho más hermosa y vibrante. en color, pero muestra la nueva Tierra brillando mientras se separaba de la vieja. Me dio permiso para usar la imagen.

Creado por Michael R. Taylor (MT)

Esta es parte de la información que proviene de varios sujetos sobre la Nueva Tierra:

La entidad que hablaba a través de V. tenía una voz profunda y grave:

D: *He estado recibiendo tanta información de diferentes personas, y dicen que la Tierra está pasando por una transición. Dicen que será como una elevación a otra, cambiando de vibración.*

V: La idea general es que tenemos que hacer que la gente se expanda solo un poquito. Y tenemos que subir este nivel solo un poquito. Y cuando lo hagamos, podemos hacer ese cambio, y hacerlo más fácil para ellos. Serán aquellos a los que no podamos hacer cambiar que van a quedarse atrás. Va a ser horrible. Son los que no podemos llegar a cambiar. No podemos conseguir que vean. No podemos hacer que amen.

D: *¿Entonces los demás, los que cambiarán y amarán, se irán a otro mundo? ¿Otra tierra?*

V: Es como si se fuera a expandir a otra dimensión. Déjame ver cómo puedo explicarte esto. Es como un aumento, si se puede entender, como si fuéramos a criar una diferente vibración. Podremos ver lo que está pasando. No podemos detenerlos. Ya no podemos ayudarlos.

D: *¿Es como una separación? Como dos Tierras, ¿es eso lo que quieres decir?*

V: Ay no, no. Es un cambio de dimensión. Vamos a ir de aquí a aquí. Y aquellos que no pueden cambiar se quedarán detrás.

D: *Cuando vayamos a la otra dimensión, ¿será como una Tierra física?*

V: Será como somos ahora.

D: *Eso es lo que quise decir con dos Tierras.*

V: Sí, sí. Pero no van a ser conscientes de nosotros. Dios les ayude, Dios los ayude. Va a ser tan terrible para ellos.

D: *¿No sabrán lo que ha pasado?*

V: No, ellos lo sabrán. Esa es toda la idea. Ellos sabrán, pero es muy tarde.

D: *Pero dijiste que se quedarían atrás y que no pueden unirse al otro mundo.*

V: No, será demasiado tarde para que cambien sus vibraciones. No pueden cambiarlo en un segundo. Tienen que cambiarlo durante un período de tiempo. Hemos estado trabajando en esto por un tiempo. Tiene que filtrarse y trabajar en tu cuerpo, y tiene que cambiar y elevar tus vibraciones lentamente. Y cuando suceda, va a ser demasiado tarde para ellos, aunque lo verán. Morirán, pero lo verán y aprenderán de eso.

D: *¿Ese mundo seguirá existiendo, pero será diferente?*
V: No muy bien, no, no muy bien. No quedará mucho en ese mundo. No mucho.
D: *¿Mucha gente morirá en ese momento?*
V: Sí. Pero creo que gran parte de su muerte será indolora. Pienso vivirán lo suficiente para ver lo que está pasando. Y Creo que Dios les ahorrará el horrible dolor traumático. Yo ruego que eso sea lo que sucederá.
D: *Pero los otros que sí cambian a la nueva vibración, con un mundo físico idéntico...*
V: (Interrumpe.) Sí, pero algunos ni se darán cuenta de que han hecho el cambio. Algunos lo harán. Los que han estado trabajando para ello sabrán.
D: *¿Sabrán acerca de las personas que se quedan atrás?*
V: No lo creo. Habrá una conciencia de un cambio que tuvo lugar. No estoy seguro si va a ser una consciente conciencia. Déjame pensar sobre eso. (Pausa) Entraremos en esta dimensión y lo sabremos. Aunque algunos no lo sabrán. Sentirán algo. Sentirán la diferencia. Casi como una limpieza, una claridad. Una frescura, una diferencia. Sé lo que es. Sentirán la diferencia. Sentirán el amor.
D: *Entonces, incluso si no han estado trabajando para lograrlo, serán llevados junto con eso.*
V: Sí, porque están preparados para ello.
D: *Y los demás no estarán....*
V: No lo son, no lo están.
D: *Entonces, ¿se quedan en la negatividad? Dijiste que todo el mundo va a ser cambiado en ese momento.*
V: Sí, los que puedan seguir, los que puedan entrar en esto, se moverán. Y los que no pueden, no lo harán. Y será horrible para ellos.
D: *Y serán como dos mundos de todos modos.*
V: Sí, dos mundos que existen al mismo tiempo, pero no siempre conscientes unos de otros.
D: *Sé que cuando estás en una dimensión diferente, no siempre estás consciente de la otra. Pero ese es el mensaje que quieres hacer llegar. Que deberíamos difundir esta información sobre el amor mientras todavía podemos, para traer tantos como sea posible.*

V: El amor es la clave. Porque Dios es amor. Y el amor es Dios. Y el amor es el poder supremo. Y eso es lo que necesitamos sentir en nuestras vidas. Lo que necesitamos darnos unos a otros y sentir por el uno al otro.

D: *Sí, el amor siempre ha sido la clave. Entonces, están tratando de decirles a la mayor gente posible, para poder traerlos. Esa es la urgencia.*

V: La urgencia es que nos hemos quedado sin tiempo. Solo hay que estar preparados. ¿Cómo? ¿Decirle qué?

Estaba escuchando a otra persona. Hubo sonidos de murmullos, luego la voz profunda y áspera regresó.

V: Decirte... lista. Listos para el cambio que viene pronto. Pronto ahora. Listo... Ella no es un buen vehículo. Ella no ha hecho esto antes. No puedo obtener mis ideas a través de ella para transmitírtelas. Debo trabajar en ello. Limpiemos este vehículo. ¡Oh sí! Oh... ahí. Eso es mejor.

D: *¿Qué es lo que quieres decirme?*

V: Debes ayudar a toda la humanidad. Cuéntales de lo que está por venir pronto. Cambios, cambio dimensional. Los que pueden oírte te escucharán. Estarán listos para ese cambio dimensional. (Su voz normal volvió.) Aquellos que no pueden, no lo aceptarán de todos modos, entonces, (Risas) pensarán que estamos locos. Pero los otros. Puede que no lo sepan, pero tocará una chispa en ellos. Cuando suceda, estarán listos y podrán hacer el cambio. Puede que no sepan que viene, pero algo dentro de ellos estará listo y podrán lograrlo. Son esos que no saben que viene, pero si les decimos, está dentro de ellos. Luego, cuando suceda, saldrá y estarán listos.

D: *Déjame hacerte una pregunta más. Aquellos de nosotros que hacemos el cambio, ¿seguiremos viviendo nuestras vidas de la manera que lo hemos hecho?*

V: No, no, mejor. Diferente. Más extenso.

D: *¿Continuaremos vidas físicas?*

V: Oh, físico en esa dimensión, sí. Pero físico en esto dimensión, no.

D: *Pero quiero decir, si hacemos el cambio, ¿haremos...?*

V: (Interrumpiendo) Quieres decir, ¿vivirás o morirás?

D: *¿Continuaremos nuestras vidas como la conocemos?*

V: Sí, algunos ni siquiera se darán cuenta. Ya ves, esa cosita que plantamos en su cabeza les ayudará a hacer el cambio dimensional y es posible que ni siquiera lo sepan. Pero sabrán que hay destrucción. Verán destrucción. Verán lo que está ocurriendo y verán los cadáveres, pero no sabrá que han hecho ese cambio. No serán conscientes del hecho de que la razón por la que no están muertos es porque hicieron ese cambio y ese cambio no los afectó a ellos.

D: *Dijiste algo sobre las cosas que se meten en la cabeza. ¿Te refieres a los implantes?*

V: No, no, no. Me refiero a una semilla, un pensamiento. No lo saben conscientemente, pero por dentro, eso les ayudará. Es como una chispa que, llegado el momento, su mente habría aceptándolo subconscientemente, ya.

D: *Pero, a medida que hagamos el cambio, continuaremos viviendo nuestras vidas. He oído ¿qué vamos a vivir más tiempo?*

V: Más tiempo, mejor. Aprender. Las cosas serán mucho mejores. La gente aprenderá más, después de un tiempo. Sabrán más. Se volverán más conscientes de las cosas. La forma en que son las cosas. Puede que no sepan cuándo hagan el cambio, pero luego aprenderán sobre ello. Se darán cuenta después de un tiempo lo que sucedió.

D: *Y los que no estén listos se quedarán en la otra Tierra.*

V: Sí, se habrán ido.

D: *Y muchos en ambos lugares ni siquiera se darán cuenta de que algo dramático ha ocurrido.*

V: Los del otro lugar lo harán. Estarán muertos. Pero sabrán, porque esa es la lección que han aprendido. Una vez que mueran, sabrán. Verán la verdad. Y verán la oportunidad perdida, pero aprenderán de eso.

D: *También me han dicho que cuando reencarnan, si tienen negatividad, karma que pagar, ya no vendrán a la Tierra porque la Tierra habrá cambiado tanto.*

V: No se les permitirá volver aquí hasta que hayan hecho el ajuste. Que hayan cambiado.

D: *Escuché que irán a otro lugar para resolver su karma, porque han perdido la oportunidad.*

V: Sí. Algunos lo harán. Y a algunos se les puede dar la oportunidad de regresar. Pero será en un tiempo, un largo, largo tiempo.

D: *Pero mientras tanto, seguiremos adelante y aprenderemos cosas nuevas, y progresaremos en un mundo completamente nuevo.*
V: Que hermoso mundo. Un mundo de luz y paz. Dónde las personas pueden vivir juntas y amarse unas a otras.
D: *Pero seguirá siendo un mundo físico con nuestras familias y casas, como tenemos ahora.*
V: Sólo un mundo más inteligente.
D: *(Risas) Eso, lo puedo entender.*

* * *

Otro sujeto que estaba experimentando síntomas físicos inexplicables, describió el nuevo cuerpo de esta manera:

S: Se está identificando más con su cuerpo futuro. No se ha instalado realmente todavía, pero está ahí. Y este cuerpo futuro se lleva su esencia, o porciones de ella. Y lo fusiona o lo levanta para que ella se acostumbre a este cuerpo futuro.
D: *¿Cambiará físicamente el cuerpo?*
S: Algunos, sí. Será más fuerte y joven. Este cuerpo en que ella está ahora podría curarse y rehacerse, pero necesita el cuerpo futuro. Será más ligero. Más capaz. Está sintiendo eso ahora, su esencia se ha estado fusionando con este cuerpo futuro y se ha elevado.
D: *¿Así que este cuerpo que tiene ahora será cambiado?*
S: Será esencialmente dejado atrás. Se va a transformar y las partes que no sean necesarias se desecharán.
D: *Así que no es como dejar un cuerpo y entrar en otro.*
S: No. Gradualmente, el cuerpo más nuevo y el cuerpo más viejo serán fusionados en su mayoría. Pero habrá ciertas partes del cuerpo más viejo que no será necesario, por lo que quedarán detrás. Simplemente se desintegrará.

Probablemente será tan gradual que ni siquiera nos daremos cuenta de la diferencia. Excepto por los síntomas físicos que algunos están experimentando mientras el cuerpo hace los ajustes. Me han dicho que la generación más vieja puede ser más consciente de que algo está sucediendo en el cuerpo. Sin embargo, no es bueno preocuparse por eso, ya que es un proceso natural que está ocurriendo ahora a todos como parte de la evolución de la nueva Tierra.

* * *

Esto fue parte de una sesión más larga en 2002 donde el sujeto tenía una conexión con extraterrestres. Estaban dando información sobre muchas cosas, incluyendo lo que podrían hacer (o se les permite hacer) para corregir el daño que la humanidad ha hecho a la Tierra.

P: Uh, me están moviendo... hacia adelante. Están moviendo mi cuerpo. Dios mío, me estoy mareando.

Le di sugerencias calmantes para que no tuviera efectos físicos. Se calmó y se estabilizó. El sentimiento de movimiento se disipó. Esta experiencia también les ha sucedido a otros sujetos con los que he trabajado, cuando se mueven demasiado rápido a través del tiempo y el espacio.

D: *¿Qué te están mostrando ahora?*
P: Todo lo que veo es luz. Es solo una brillante explosión de luz, ahora. Hay diferentes colores en la luz. El planeta está siendo bombardeado con una luz especial y contiene colores diferentes. Y estos diferentes colores afectan la conciencia de las personas de diferentes maneras, pero no sólo afecta a las personas. Afecta a plantas y animales y rocas y agua y todo. Es cierto tipo de luz blanca, y tiene todo tipo de colores en el mismo. Y cambia y se mueve e impregna el núcleo mismo del planeta. Veo que viene del núcleo del planeta. Lo disparan desde, yo supongo, las naves, y toca el núcleo del planeta y rebota desde el núcleo y afecta todo, de un movimiento hacia adentro a un movimiento hacia afuera. Si estuvieras parado en el planeta, sentirías las energías que vienen a través de tus pies y saliendo por la parte superior de la cabeza.
D: *Lo contrario de lo que suele hacer.*
P: Esto es diferente. Viene de las naves al núcleo del planeta y luego rebota hacia arriba. Y está afectando a todo el planeta. No quieren que nos explotemos.
D: *¿Esto es algo que está sucediendo en 2002, o está sucediendo en el futuro?*
P: Este es el futuro. ¡Lo van a hacer! Para corregir la alineación en el planeta para evitar que nada malo suceda. 2006.

D: *2006. ¿Habremos desalineado más el planeta para este tiempo?*
P: Sí, sí. Oh, hay gente en el planeta y están orando, pero no es suficiente porque está muy desordenado. Se va a salir de su órbita. Y eso afectará al resto del cosmos. Entonces, al dirigir estas energías al núcleo del planeta, va a volver a subirlo, y eso corregirá la alineación. Y cuando corrija la alineación, hará corregir también muchas otras cosas del planeta. Ayudará con las inundaciones, las sequías y cosas así, que el hombre ha traído sobre el planeta. No va a haber una aniquilación de este planeta. El consejo se asegura de que no sucederá. Los seres están aquí abajo en el planeta mirando, y saben lo que está pasando y saben quién lo está haciendo y pueden afectarlos. No es que no podamos intervenir, no se nos permite intervenir.
D: *Porque hay algunas cosas que no puedes hacer.*
P: Así es, pero podemos mirar. Y sabemos quién lo está haciendo.
D: *Pero cada vez que el planeta llega al punto en que el hombre lo ha dañado tanto, ¿ahí es cuando puedes ayudar?*
P: Ahí es cuando vamos a enviar estas... Veo luces multicolores. Son como ejes multicolores de energía y están siendo proyectados en el núcleo del planeta. Y se rebotan y afecta a todo el planeta y mantendrá al planeta alineado.
D: *¿Esto lo están haciendo muchas naves?*
P: Es una confederación. Veo muchos. Veo diferentes niveles o clasificaciones de los seres que afectan al planeta. Están involucrados en eso. Hay muchos, muchos seres.
D: *Así que es un trabajo enorme.*
P: Una confederación. Sí, Sí.
D: *¿Pero no es peligroso disparar cosas al centro del planeta? ¿No ha salido algo mal antes cuando eso sucedió?*

Estaba pensando en la destrucción de la Atlántida. Esto fue parcialmente causado por científicos que enfocaron la energía de los cristales gigantes hacia abajo hasta el centro de la Tierra. Creó demasiada energía y contribuyó a los terremotos y mareas gigantescas.

P: Esto no es lo que piensas. Esta es energía de luz pura. Y el único efecto que tendrá en el planeta es bueno. No dañará al planeta.
D: *Estaba pensando en lo que hicieron en Atlantis.*

P: Esto no es lo mismo. Es difícil para mí explicarlo. Esto se hace a nivel del alma. Es como pura energía divina. No es la energía en la Atlántida. La energía en la Atlántida se hizo a través de la energía atómica. Esta es la energía que el divino ha creado que se hace a través de la luz. No se hace a través de la separación de estructuras moleculares. Esto es algo que hemos creado, y lo enviamos desde la Fuente. Cualquier cosa que es de la Fuente es buena y no va a dañar al planeta. Va a hacer lo que queremos que haga. Y se nos ha permitido hacerlo. Es porque el planeta ha causado esto que estamos tomando esta acción. Es necesario.

D: *¿No es esto interferencia?*

P: ¡No! No podemos interferir con la gente aquí. No podemos venir y acosarlos y decirles qué hacer. Pero podemos traer nuestras naves y podemos apuntar esta energía al núcleo de la tierra. Podemos hacer cosas como esta. Esto es en realidad en un nivel del alma. Entonces, por lo tanto, no estamos interfiriendo con la estructura kármica de la gente aquí. Todos aquí tienen un propósito kármico, y no estamos interfiriendo con eso. No se nos permite. No hacemos eso.

D: *¿La gente en la Tierra ve esto cuando sucede?*

P: Lo sienten. En otras palabras, pasarán por la transformación. Y no se darán cuenta de lo que les ha pasado. Algunos de ellos se darán cuenta. Aquellos que son sensibles a saber que algo ha pasado. Pero muchos en el planeta continuarán con sus vidas normales, y serán levantados y serán cambiados y la Tierra será cambiada. Las rocas y el agua, pero seguirán existiendo, porque no estamos afectando el patrón kármico. No podemos hacer eso. Estamos haciendo esto a nivel del alma, pero no está afectando sus vidas en la Tierra hasta donde llegan los patrones kármicos. No estamos molestando eso.

D: *Pero la Tierra tiene que llegar a cierto punto antes de que se te permita hacer esto.*

P: 2006. Se está poniendo mal. Ya está muy, muy mal ahora mismo. Si se permite que continúe, el aire dañará a mucha gente. Y la razón por la que estamos involucrados es que hay personas en sus encarnaciones físicas respirando esta atmósfera con toda esta contaminación y está cambiando su herencia genética. ¡No podemos dejar que eso suceda y no permitiremos que eso suceda! Le dimos a la gente de este planeta su herencia genética. Y ahora han estropeado su agua potable, su comida, su planeta. Todo aquí está contaminado. El hombre ha destruido su patrimonio genético y lo vamos a reparar, porque ¡no van a estropear nuestro experimento! este es un experimento divino y no pueden estropearlo. Vamos a cambiarlo.

Para obtener más información sobre el gran experimento en que la humanidad ha estado involucrada desde sus inicios, vea mis libros, Guardianes del jardín y Los guardianes.

P: Tenemos que hacer esto. Todo el planeta fue destruido muchas veces. Conoces sobre la Atlántida. Ha habido muchas otras explosiones, inundaciones. Esto es algo que no podemos permitir que suceda en este momento, porque va a afectar el resto del cosmos. Y la Tierra se está saliendo un poco más de alineación. Y estaremos poniendo el planeta, no solo en alineación, pero también ayudaremos a limpiar y despejar la estructura genética de todo y de todos en el planeta. Y esto ha sido presentado, y ha sido acordado, y será hecho. Porque la humanidad ha llegado al punto en que no se limpiará lo suficientemente pronto antes de que destruya la composición genética que creamos.

D: Así que solo tiene que desalinearse un poco antes de que se afecte al otro....

P: Ya afectó a otras... no solo civilizaciones en un reino físico que conoces, sino también en planos superiores. Por eso vamos a hacer esto.

Los diversos universos están tan entretejidos e interconectados que, si se perturba la rotación o la trayectoria de uno, afecta a todos los otros. En el caso extremo, esto podría causar que todos los universos colapsen sobre sí mismos y se desintegren. Esta es una de las razones sobre el seguimiento del planeta Tierra por extraterrestres. Para detectar cualquier problema causado por nuestras influencias negativas y alertar a las otras galaxias y universos para que puedan iniciar contramedidas. Tienen que saber lo que la Tierra está haciendo, para que el resto de los universos, galaxias y dimensiones puedan protegerse y sobrevivir.

D: *Pensé que, si ibas a tener un proyecto masivo como ese en Tierra, la gente podría ver todas estas naves.*

P: ¡Ohh, típico terrícola! No, no puedes ver nuestras naves. Estamos en diferentes dimensiones. Hay muchas tazas vibratorias diferentes. Ni siquiera podrás ver la luz, pero está allí. En algún momento, tus científicos podrán medir este tipo de energía. En algún momento, los científicos serán capaces de determinar que estamos en la atmósfera, y ellos verán nuestras naves. Tendrán máquinas y aparatos para que puedan determinar dónde están nuestras naves. Pero no tienen esa tecnología en este momento, porque nos hemos movido a través del velo y estamos en – digamos - un reino astral. Es un nivel más alto que eso, pero es un nivel más fino. Y tus ojos no los pueden ver, pero en el futuro tendrán máquinas que puedan verlo.

D: *Pero sabrán que algo está pasando con los niveles de energía. Que algo está cambiando.*

P: Cambiará, y la gente cambiará, pero no estarán conscientes de lo que ha sucedido. Va a ser un gran evento, pero no van a ser capaces de discernirlo en un nivel físico. A nivel del alma, pueden notarlo. Lo sabrán al nivel subconsciente, pero no a nivel consciente, porque estás pensando en una energía física. Esto no es energía física, esta es energía de Dios. Esta es la energía del alma. Y opera dentro de una dimensión diferente de lo que estás pensando. Es muy diferente.

D: *Entonces la gente lo sentirá, pero no lo verá. Solo sabrán que algo está pasando en sus cuerpos.*

P: Algunos lo sabrán. Aquellos que son sensibles sabrán que algo ha sucedido, pero no sabrán qué. Y eso es lo que queremos. No queremos interrumpir nada.

D: *¿Cómo afectará esto al cuerpo humano?*

P: Prevendrá la descomposición del material genético ADN dentro del cuerpo. Como dije, se está dañando y no podemos permitir eso. No podemos tener toda una raza de personas dañadas. La energía cambiará la estructura genética del ADN de los humanos para que sea más perfecto. Eso es lo que realmente deseamos. Queremos que los humanos del planeta estén en perfecta armonía. No solo con ellos, sino con nosotros y los demás del cosmos. No están en eso ahora.

D: *Entonces, cuando la estructura del ADN cambie, ¿cómo será el cuerpo diferente?*

P: Cuando se cambie el ADN, el cuerpo será lo que queríamos que fuera hace muchos milenios. Probamos esto en Atlantis, ¡Eso falló! La razón por la que falló fue porque las energías estaban siendo usadas de manera negativa por los seres en la Atlántida. Tratamos de traer una energía más femenina en los días de Atlántida, que se levantaría y provocaría una unión entre el varón y la hembra divinos. Falló. Por lo tanto, el planeta Tierra pasó por muchos, muchos, muchos miles de años con la mujer siendo subyugada y las energías femeninas siendo reprimidas. Ahora, este es el momento en que ambos serán igual. Las energías divinas masculina y femenina se unirán y esto hará un ser perfecto... como Cristo. Todo el mundo aquí se dará cuenta de que pueden ser un Cristo perfecto, cuando estas energías están en equilibrio. Las energías no han estado en balance; han estado fuera de equilibrio durante miles de años. Por eso hay tantos problemas en el planeta. Así que cuando se altera la estructura del ADN, las energías divinas, la masculina/femenina, el yin y el yang, de las energías de Dios pueden unirse y habrá perfección sobre el planeta. Perfección dentro de los cuerpos. Y este planeta será algo que nosotros podemos mostrar al resto de los mundos, al resto del cosmos. Que este es nuestro experimento, y esto es lo que hemos hecho y lo hemos conseguido. La luz ha tenido éxito, porque va a ser perfecto como lo hemos querido durante miles de años. Cuando llegamos aquí por primera vez, fue perfecto. Probablemente te han dicho eso. Fue alterado. Sabes que vino el meteorito, llegó la enfermedad. Todo estaba desordenado. Lo haremos perfecto de nuevo. Y esto es parte de esa alineación que vamos a estar haciendo para que sea perfecto de nuevo. Y esto es perfectamente normal. - Todo esto es parte de la genética, pero la razón por la que sucedió fue que los humanos no han estado en equilibrio. Las energías divinas no han sido equilibradas dentro de la psique o incluso dentro de la mente física, pero la psique que viene en el cuerpo se manifiesta físicamente. Estos han estado fuera de alineación. Esto causa enfermedades dentro del cuerpo. Cuando las bacterias aterrizaron aquí en el meteorito, si los cuerpos en ese tiempo hubieran estado en perfecta alineación total, no habría importado. La enfermedad no habría entrado allí.

Pero los cuerpos ya habían comenzado a cambiar cuando golpeó, por lo que no había nada que pudiéramos hacer.

Ella se refería a lo mismo que se mencionó en mi libro Guardianes del jardín, que explica que la enfermedad fue introducida a la Tierra y arruinó el gran experimento por un meteorito que golpeó la Tierra cuando las especies eran jóvenes y aún en desarrollo. Esto causó mucho dolor en el consejo encargado de desarrollar la vida en la Tierra, porque sabían que su experimento de crear el ser humano perfecto no podría suceder bajo estas circunstancias. Tuvieron que tomar la decisión de si detener el experimento y comenzar de nuevo, o permitir que el humano en desarrollo continuara, sabiendo que nunca sería la especie perfecta que tenía que haber sido. Se decidió que se ha invertido mucho tiempo y esfuerzo en el desarrollo de humanos, que se les debería permitir continuar. La esperanza era que tal vez en algún momento en el futuro, la especie podría convertirse en el perfecto ser humano sin enfermedad. Esta es la razón principal del muestreo y pruebas realizadas por los extraterrestres que la gente malinterpreta como negativo. Se ocupan de los efectos de los contaminantes en el aire y contaminación química de nuestros alimentos en el cuerpo humano. Y están intentando alterar sus efectos.

El ET continuó: "No queríamos no hacer el experimento. No podíamos tirar el planeta a la basura. No pudimos solo dejar que todas estas formas de vida, todas estas almas fueran alteradas para siempre. Tuvimos que intervenir y hemos estado viniendo aquí durante años y años. Esta es la culminación de muchos, muchos años de trabajo. Millones de años. Y llegará muy pronto y estamos contentos porque la humanidad ha alcanzado el punto en el que esto puede ser producido de nuevo sobre el planeta. Como dije, lo intentamos hace muchos, muchos miles de años y fracasó, pero esperamos que tenga éxito esta vez. Ya está empezando a tener éxito. Y estamos muy contentos por eso".

D: ¿Todas las personas de la Tierra experimentarán esto?
P: Como dije antes, todos se verán afectados. Es solo que hay unos
   que van a ser sensibles, los que se percatarán que se ha hecho.
   Algunas personas no se darán cuenta a un nivel consciente que se
   ha hecho. Se ha hecho a nivel del alma. Si los pusieran en trance

como tienes a esta persona ahora, sabrían que han sido afectados, y podrían explicarte lo que se ha hecho a su genética. Pero a nivel consciente, no tienen ni idea. No saben y eso es lo que queremos.

D: *Estaba pensando en personas negativas (Asesinos, violadores, seres de ese orden.) ¿Se verán afectados de una manera diferente?*

P: Todos se verán afectados. Sabrán en un nivel subconsciente lo que ha sucedido. A medida que el subconsciente cambia, y se da cuenta de esto, y se activa, sí.

D: *Todavía tienen karma.*

P: Esto también se verá afectado, porque este planeta en el futuro no va a tener karma. Eso es algo que no será permitido aquí. Será un planeta de Luz y Paz y será nuestro gran experimento que tuvo éxito.

D: *Me han dicho que Por eso muchos en el universo están mirando.*

P: Sí, así es. Estamos aquí para hacerlo. Y será seguro.

* * *

En el otoño de 2006 recibimos una llamada a nuestra oficina de uno de nuestros lectores preguntando: "¿No se mencionó en el libro que se suponía que algo pasaría en 2006?" - Cuando mi hija Julia lo recordó y localizó este pasaje. Coincidentemente (si todo es una coincidencia) unas semanas más tarde, recibimos varios correos electrónicos que se enviaron a personas de todas partes, alertándolos sobre un evento cósmico que se suponía iba a ocurrir el 17 de octubre de 2006.

Un evento disparador cósmico está ocurriendo el 17 de octubre de 2006 comenzando aproximadamente a las 10:17 am y continuando hasta la 1:17 am del 18. La hora pico será el día 17 a las 17:10 horas. Un rayo de pulso ultravioleta (UV) que se irradia desde dimensiones superiores cruzará caminos con la Tierra en este día. La Tierra permanecerá dentro de este rayo UV durante aproximadamente 17 horas de su tiempo, e inter penetrará cada electrón de la preciosa energía de Vida. Este rayo es de naturaleza fluorescente radiante, de color azul/magenta. Aunque resuena en esta banda de frecuencia, está por encima del espectro de color de frecuencia de su universo, por lo que no será visto.

Sin embargo, debido a la naturaleza de tu alma, tendrá un efecto. El efecto es que cada pensamiento y emoción se amplificará intensamente un millón de veces. Cada pensamiento, cada emoción, cada intento, cada voluntad, no importa si es buena, mala, enferma, positiva, negativa, será amplificada un millón de veces en fuerza. Dado que toda la materia que se manifiesta se debe a tus pensamientos, es decir, en lo que te enfocas, este rayo acelerará estos pensamientos y los solidificará a un ritmo acelerado, haciéndolos manifestarse un millón de veces más rápido de lo normal. La Luz ultravioleta bañará a cada persona en el planeta. Tiene el potencial de transformar la forma en que la humanidad piensa y siente. Creará un camino nuevo y más fácil para la Ascensión de la Tierra a la siguiente dimensión. Este es el comienzo de impresionantes afluencias de Luz que moverá este planeta hacia arriba en la Espiral de Evolución en saltos cuánticos y límites.

Así que parece que ha comenzado. Cuando tuve esta sesión y escribí esta parte del libro pensé que el rayo vendría de los extraterrestres y seria dirigido desde naves espaciales. Ahora parece que el rayo fue enviado desde otras dimensiones que son invisibles para nosotros. Sospecho que los extraterrestres están jugando su parte en todo esto también, y ayudando con la dirección del rayo. Así que aparentemente ha comenzado, y muchos de los que son conscientes de sus cuerpos y el mundo que los rodea, notará los efectos después de esa fecha.

* * *

Otra parte de una sesión con Phil y Ann (reportada en Capítulo 22) podría estar hablando del mismo tipo de poder, o podría referirse a otra cosa.

Ann: Hay una fuente de energía que rodea este planeta. Cuando ves el matiz de lo que llamas un color "rojo", ahí es cuando sabrás que el cambio ha tenido lugar.

D: *¿Dónde aparecerá el color rojo?*

A: Estará disparando rayos de tu planeta a los otros soles universales. Verás que la energía sube.

D: *¿Veremos esto visiblemente?*

A: Hay un patrón alrededor de tu planeta en este momento que está siendo reconstruido, lo que de hecho cambiará la vista actual de la energía que se irradia desde este planeta. Y será un color, lo que llamas "rojo".

D: *¿Quieres decir como la aurora boreal?*

A: Correcto.

D: *¿Y comenzaremos a ver este lanzamiento al espacio en lugares donde normalmente no aparece?*

A: Correcto. Será el equivalente energético de las arterias, como en tu propio cuerpo. Ves órganos con muchas arterias que llevan la sangre, que sostiene en una dirección aportando nutrientes y, sin embargo, también eliminando los subproductos. Es una función bidireccional de esta manera. Este planeta siempre tuvo, en algunas funciones determinadas, este efecto. Es, sin embargo, ahora, que las habilidades de aquellos de ustedes en este planeta serán capaces de percibirlo físicamente. Y también que el nivel de comunicación en sí se mejorará a un grado mayor. Esta es simplemente una manera en que luego podrás participar más estrechamente con el resto del universo.

D: *¿Así que este brillo del que estás hablando, significa que el nivel de energía del planeta está cambiando?*

A: Correcto.

D: *¿Y cuando vemos que comienza a aparecer, sabemos que los cambios están teniendo lugar?*

A: Correcto. Tiene lo que llamas "puntos calientes", que en realidad están irradiando en tu combinación de colores un azul.

D: *¿Eso no es visible para nosotros?*

A: Sí, lo es. Está en la corteza de tu Tierra. Podrás ver que rebota en la corteza.

D: *¿No estás hablando del color del cielo?*

A: No. Estoy hablando del campo de energía. Desde una distancia, desde tu telescopio espacial Hubble, o desde cualquier punto de vista punto que está por encima de tu atmósfera, se verá que hay estos rayos que se extienden hacia afuera desde tu planeta en muchas direcciones diferentes. Estas no estarán en el carácter de un resplandor general difuso, pero se verá que tienen un diámetro y una dirección. Es una conexión singular.

D: *¿Será esto similar a la forma en que el Sol lanza rayos?*

A: No. No en ese sentido, ya que en las emisiones del Sol – no diremos "uniforme" - es sin embargo general. Eso está todo encima al mismo tiempo. Esto estaría más en la línea de - tal vez si pudieras imaginar lo que llamarías una "bola de discoteca", en tu terminología, que emite rayos singulares de luz en muchas direcciones diferentes. Son rayos individuales, no una amplia estructura general de luz.

D: ¿Así que ahora aparecen azules desde el telescopio Hubble, y comenzarán a aparecer rojo?

A: Habrá una transformación de varios colores en tu espectro, que está muy limitado a tu ojo visible. Podrás ver el espectro hasta el último color rojo dentro de veintidós años. Será un sentido de lo que llamas un "tono".

D: *Este es también el lapso para la activación del ADN. (Ver Capítulo 22)*

A: Correcto. Es todo junto. Es simultáneo.

Harriet: *¿Qué le pasaría a cualquiera que tal vez pasara por esta emisión en el planeta? ¿Le haría algo a su ser físico?*

A: Lo haces ahora.

D: *Así que es como ir a través de dimensiones. Dicen que entramos y salimos de ellas y no lo sabemos.*

A: Actualmente vives en dimensiones.

D: *Y es de la misma manera que entramos y salimos de ellas, y no somos consciente de lo que está pasando.*

* * *

Más de otro sujeto en Australia:

C: Es como un coche. Imagina un coche que tiene una carrocería vieja. Es solo el mismo coche viejo que has estado conduciendo. Y luego pones un motor nuevo en él. Y de repente ese auto comienza a funcionar diferente, aunque parezca el mismo. Y luego obtienes otro motor, y lo reemplazas. Y el coche sigue cada vez más rápido, más brillante e inteligente. Y entonces antes de que te des cuenta, el coche está haciendo cosas tan buenas, que el cuerpo empieza a cambiar. Es como la energía de lo nuevo. El motor empieza a reformar la carrocería. Y antes de que te des cuenta, el tipo se ha convertido en un coche deportivo. Un hermoso, brillante, vehículo atractivo. Y de eso se trata esto. Las energías que están llegando tienen la capacidad de transformar el vehículo. Y empezará a ser diferente. Se verá diferente. Se va a ver... bueno, más joven me viene a la mente. Se verá más inteligente y joven. Las células del cuerpo, la vibración del cuerpo está cambiando, y está igualando la vibración de la energía entrante. Y los cambios físicos le seguirán.

D: *¿Cuáles serán esos cambios físicos?*

C: ¡Ay! El cuerpo va a cambiar para ser más ligero. Y estoy viendo que se verá más alto. No es que vaya a ser más alto. Pero la energía desde adentro de alguna manera va a hacerse visible en el exterior. Y hará el cuerpo parecer más alto, alargado, más delgado. Y más transparente.

D: *¿Transparente?*

C: Sí. Es algo pionero.

D: *¿En esta forma evolucionará la gente en la Tierra? (Sí) ¿Y todos harán el cambio?*

C: Sí, porque a todas las personas se les ha dado esa opción. Si quieren evolucionar con la Tierra, y quedarse aquí, lo evolucionarán a este nuevo ser humano. Se verá diferente. Y de eso se trata este experimento. Por eso Cristina y otros están moviendo a los que no quieren evolucionar con la tierra. Ellos se van a ir. (Casi llorando) Y traen mucho dolor a sus familias. Pero la gente que se quedan debe sostener la luz. Ese es un gran trabajo. Llegar a divorciarse y separarse de estas cosas que están pasando ahora. Y estas cosas van a seguir pasando hasta que la limpieza este completa. Los que están aquí para quedarse, están llevando a esta raza de personas a una forma muy nueva y civilización diferente. Esas personas están siendo probadas ahora, para ver si puede sostener la luz cuando hay un desastre, y no ser absorbido. Son las personas que seguirán adelante con este planeta.

D: *Casi como una última prueba, ¿quieres decir?*

C: Sí. Las pruebas continúan ahora mismo. Sea la prueba que sea que cada uno necesita, para ver lo que pueden retribuir a este programa; que tan firme es su compromiso. Cuán dispuestos están a servir. Todo eso se está probando ahora.

D: *Entonces, ¿cada uno tiene su propia prueba individual?*

C: Sí. Y las personas que lo están encontrando difícil ahora son los que se quedan. Ellos son los que están pasando por las pruebas. Pero algunos no están pasando.
D: *No están pasando la prueba.*
C: No. Hay algunos que no.
D: *Esto es lo que me dijeron otras personas, que algunos quedarían atrás. (Sí) Y pensé que sonaba cruel.*
C: No, no es cruel, porque a cada alma se le da la opción. Y si no se mueven y evolucionan es porque están eligiendo no hacerlo. Y reencarnarán en otro lugar de su elección. Y está bien. Porque es solo un juego.
D: *Eso es lo que me dijeron, que los enviarían donde aún hay karma negativo por resolver. Y este planeta ya no tendrá negatividad en ese punto. ¿Es eso lo que estás viendo?*
C: Sí. Se quedarán en la vieja Tierra. La nueva Tierra es tan hermosa. Verás colores y animales y flores que nunca imaginaste posible. Verás fruta que es comida perfecta. No tiene que ser cocinada. Simplemente se come tal como está. Y todo lo que el ser necesita para nutrirse estará allá. Estas nuevas frutas se están desarrollando ahora con la ayuda de la gente de las estrellas.
D: *¿Son estas frutas y verduras que no tenemos en la Tierra ahora?*
C: No las tenemos. Son mutaciones en algunos aspectos. Estoy viendo una chirimoya como ejemplo de lo sucedido. Tendremos una fruta llamada "chirimoya". Y no parece manzana. Tiene un exterior áspero, y es del tamaño de dos naranjas juntas. Y luego la abres. Es como natilla por dentro. Así que eso es una fruta, pero un alimento. No es solo una fruta, sino que se le ha introducido otro alimento, como natilla. Ese es un ejemplo de uno de los futuros alimentos. Entonces estos alimentos serán delicias para los sentidos. Y nutritivos y sustentadores - sigo trabando cuando empiezo a decir "cuerpo". Y me dicen que diga "ser". Serán nutritivos para el ser. Y las cosas que ahora tenemos que cocinar - como natilla que cocinaras - se incorporarán a estas frutas. Y tiene que ver con ayudar al planeta y reducir el uso de electricidad y energía. Entonces los frutos nos van a dar lo que necesitamos.
D: *He oído que el hombre le ha hecho muchas cosas a la comida que no es saludable para el cuerpo.*
C: Así es. Los alimentos orgánicos están llegando a la Tierra, y esos agricultores orgánicos se están moviendo con el programa de

evolución de la Tierra. Por eso están ahí. Y por eso se está creando conciencia sobre esto, porque la gente necesita para saber cómo cultivar correctamente. Y las escuelas de Rudolph Steiner les están enseñando esto a los niños. Entonces, los niños que van a estar con la nueva Tierra sabrán esto. Y esos niños ahora enseñan en universidades e instituciones, y están corriendo la voz. Así que cuando la limpieza de la Tierra ocurra, gran parte de esa toxicidad va a ser empujada lejos. Como ves, la nueva Tierra no es esta dimensión. La nueva tierra es otra dimensión. Y nos mudaremos a esa nueva dimensión. Y en esa nueva dimensión, habrá árboles que tienen morado y naranja en sus troncos. Y habrá hermosos ríos y cascadas. Y la energía será traída de vuelta. Habrá energía en los arroyos y el agua que va sobre rocas y bancos de arena. Y toca la Tierra. Crea energía y se enderezará en este mundo. Muchas de estas corrientes se han enderezado para hacerlas navegables y agradables. Eso le quita energía a la Tierra. La Tierra va a ser limpiada. Estoy viendo agua.

D: *¿Tiene que ocurrir esto antes de que la Tierra cambie y evolucione hacia la nueva dimensión?*

C: Nos veo atravesando. (Sorprendiéndose) ¡Ay! Lo que estoy viendo es que la gente que va a la nueva dimensión entrará en este nuevo mundo.

D: *¿Mientras el otro se limpia?*

C: Sí, sí.

D: *¿Qué ves que pasará con la limpieza referente al agua?*

C: (Un gran suspiro) No me lo van a mostrar.

D: *¿No quieren que lo veas?*

C: No, no me mostrarán eso. Lo que me están mostrando es... ¿una abertura? Y pasamos. Entramos en lo que parece esta Tierra, pero es de diferentes colores. Son diferentes texturas. Al principio se ve igual. Al principio únicamente. Y luego, mientras miramos alrededor, empezamos a ver que no lo es. Está cambiando antes de nuestros ojos. Y es tan hermoso

D: *¿Pero este no es el lado espiritual? Porque el lado espiritual se describe ser muy hermoso también.*

C: No, es la nueva Tierra. No es el lado espiritual. Es la Tierra en quinta dimensión. Algunas personas pasarán antes que otros. Me están diciendo que te diga ahora que Christine ha ido allí varias veces. Hay un grupo que va a pasar ahora. Y ella traerá más. Y estarán yendo y viniendo un poco hasta que se vayan para siempre.

D: *¿Entonces los demás se quedarán en la vieja Tierra?*

C: Sí, los que eligen quedarse se quedarán.

D: *Estarán pasando por muchas dificultades, ¿no?*

C: Sí, todo el planeta. (Sobresaltado) Acabo de ver todo el planeta explotar. Eso es horrible, ¿no?

D: *¿Qué crees que significa eso?*

C: No lo sé. Acabo de verlo explotar. Pero vi la nueva Tierra. Existe este hermoso lugar de quinta dimensión con armonía y paz.

D: *Cuando te mostraron la explosión del planeta, ¿es eso solo simbólico? ¿Como si esa tierra ya no existiera para los que cruzan?*

C: Bueno, las personas que han cruzado están viendo lo que está sucediendo. Pueden ver. Ahora, ¿va a explotar? Me están diciendo: "No te dejes atrapar por lo que va a suceder, porque tienes que concentrarte en la luz". Y ese es el reto de esta gente que va a estar en la nueva Tierra. El reto para ellos es no quedarse atrapados en cualquier cosa que vaya a suceder, porque eso es lo que nos empuja de vuelta a la tercera dimensión. Y eso es que le ha pasado a mucha gente que estaba en un camino hacia adelante. Han sido retirados porque se quedaron atrapados en el miedo y la tristeza y el arrepentimiento y lo negro. Así que están diciendo, "No necesitas saberlo, porque no serviría a nadie si se supiera". Así que realmente lo que lo que dicen es: "Concéntrate en las cosas buenas". Céntrate en el hecho de que va a haber una hermosa nueva existencia, nueva dimensión, a la que muchas personas en la Tierra van a mudarse. Que ya se están mudando.

D: *Me dijeron que cada vez que cruces, estarás en el mismo cuerpo físico que tienes ahora. Simplemente te cambiarán.*

C: Sí, todavía estarás en el mismo cuerpo, pero va a cambiar.

D: *Entonces se puede hacer sin morir o dejar el cuerpo. Es algo diferente por completo.*

C: Sí, simplemente cruzamos. Christine lo ha hecho antes, y sabe cómo hacerlo. Lo ha hecho y lo entiende.

D: *Pero será triste porque habrá mucha gente que no entenderá lo que está pasando. Es tan difícil con tantas - quiero decir gente "común" que no tiene idea de nada excepto la religión que les han enseñado. No saben que es posible esta otra.*

C: Sí, pero no son ordinarias. Solo parecen ordinarios. Es una máscara que están usando. Están cambiando.

D: *Pero todavía hay mucha gente que ni siquiera ha pensado en estas cosas.*

C: Sí, pero elegirán no despertar, y esa es su elección. Tenemos que respetar eso. Se les ha dado la elección como todos en la Tierra, y han hecho esa elección. Y eso está bien. Todo está bien. Está bien.

D: *Entonces, si tienen que ir a otro lugar para resolver el karma negativo, eso es parte de su evolución. (Sí.) ¿Pero ves a la mayoría de las personas evolucionando a la siguiente dimensión?*

C: No. No la mayoría. Y los números, hasta cierto punto, no son importantes, porque lo que será, será. Y cuantas más personas que pueden despertar y emprender ese viaje, más gente habrá. Y Por eso muchos de ustedes están haciendo este trabajo. Ayudar a las personas a abrirse al viaje y dejar el miedo. Y entrar en ese vacío donde todo es posible. Donde reside la negrura. Y eso es lo que todos ustedes están haciendo. Y tienes que hacerlo. Y a todos a quienes hablas y luego salen y lo hacen también. Tal vez no te des cuenta de ello, pero estás actuando como Cristo. A todos con quienes hablas se convierte en discípulos, y salen, y entran a su vez a despertar a otras personas. Así que está funcionando. Y es pronto. Todo esto sucederá pronto.

D: *¿Tienes alguna idea de un período de tiempo?*

C: Los próximos años serán los – estoy recibiendo la palabra "punto de decisión". Será el "punto de corte". Creo que significa que los que no hayan decidido para entonces, se quedarán atrás. Es crítico.

D: *Pero hay algunos países enteros en el mundo que no están listos para esto. Por eso pienso que hay mucha gente que no hará la transición.*

C: Están sucediendo más cosas de las que la gente sabe. Estoy viendo algunos países donde la gente está siendo perseguida. La razón por la que está sucediendo es para despertar la espiritualidad, porque la persecución lo causa. Cuando las personas son perseguidas o cuando se enfrentan a la muerte, o cuando se enfrentan a enormes hazañas humanas. Ese es un disparador que despierta a la gente. Y ese es el propósito de gran parte de la persecución que está ocurriendo en el momento, para asegurarse de que estas personas se despierten. Así que ese es el lado positivo de esto.

D: *¿Hay algo que lo desencadene o lo precipite?*
C: Es como si se cayera el telón. Y no se me permite ver. Me acaban de decir que será el final de uno y el principio de otro.
D: *Están tratando de llevarnos a la guerra en este momento. (2002) ¿Crees que tiene algo que ver con eso?*
C: (Gran suspiro) Me temo que esa es la prueba. Dije que mucha gente estaba siendo probada. Y no me di cuenta entonces, pero ahora sí, que eso es todo parte de la prueba, si podemos mantenernos separados de eso. Es como si tuviéramos que crear nuestro propio... es como si cada uno de nosotros es el universo. Todas las partes del universo se sostienen aquí (colocó su mano sobre su cuerpo). Y si mantenemos esto, este universo aquí....
D: *¿Este cuerpo?*
C: Sí. Si lo mantenemos en paz y lo mantenemos en equilibrio, entonces estamos pasando la prueba. Entonces podemos soportar cualquier cosa. Y esas cosas que están pasando en el mundo son realmente para probar el todo; todos nosotros.
D: *Quieres decir no dejarte atrapar por el miedo.*
C: Sí. Apaga la televisión. No la escuches. no leas el periódico. No te dejes atrapar por eso. Tu mundo es lo que tu creas aquí. (Tocó su cuerpo de nuevo.)
D: *En tu propio cuerpo.*
C: Sí. En tu propio espacio aquí. Este es tu propio universo aquí. Si cada persona crea paz y armonía en su propio universo, entonces ese es el universo que están creando en esa Tierra de la quinta dimensión. Cuanta más gente pueda crear la paz y armonía en este universo corporal, más personas estarán en esa nueva Tierra de quinta dimensión. Los que no pueden crear paz y armonía en este universo corporal, no están pasando la prueba. Esa es la prueba.
D: *Estamos tratando de hacer esto para evitar que ocurra la guerra, o para disminuirla de todos modos.*
C: Me dicen que no importa lo que pase, porque todo es un juego. Es una obra teatral. Y las cosas que están pasando están pasando ahí es por una razón. Y la razón en el momento es poner a prueba a cada ser humano para saber dónde están en su propia evolución. Y así, si mantenemos la paz y luz aquí (el cuerpo), no tenemos que preocuparnos de si hay una guerra o no. Es sólo una ilusión de todos modos.

D: *Pero ahora mismo parece muy real, y podría tener consecuencias muy desastrosas.*

C: Sí, pero ese es el miedo de cada individuo. Nuestro trabajo es ayudar a cada individuo encontrar paz aquí (el cuerpo). Y luego, por supuesto, a medida que reúnas a más personas, que tengan paz y armonía dentro de su propio universo corporal, entonces en lugar de que la negrura que se extienda, eso se extiende. Y eso crea todo este nuevo mundo. Si te hubieran dado toda esa información en ese entonces te habrías sobrecargado. Es la misma razón por la que están diciendo, "No vamos a decirte exactamente lo que va a pasar. No sabemos exactamente lo que va a pasar. Pero no te vamos a decir lo que sabemos, porque no es necesario que lo sepas. Todo lo que necesitas hacer es enfocarte aquí (el cuerpo) creando tu cielo en la Tierra. Cada ser humano creando su propio cielo en la Tierra. Eso es todo lo que tienes que hacer. Y juntarse con otros que están creando su propio cielo en la Tierra. Y luego expandiendo esa energía. Y antes de que te des cuenta, has cambiado el mundo. Ni siquiera piensas en el mundo. En lo que te enfocas es en lo que creas. Piensa en la paz. Lo principal que la gente tiene que entender es que, en lo que se concentran se expande. Entonces, si se enfocan, si pueden reemplazar predicciones con algo que es maravilloso y que quieren, y lo expanden. Entonces pueden crear su propio cielo en la Tierra. Y me muestran en tu libro El universo complejo (Libro uno) que le das una descripción al pensamiento. Me dicen que te diga que recuerdes esto. Hablas de una bola de energía del tamaño de una toronja. Y esa bola tiene hebras de energía. Y lo estoy cambiando esto a medida que avanzo. Hebras de energía que se superponen y se atraviesan. Y esos hilos de energía pueden hacer lo que quieran. Pueden dividirse, y pueden convertirse en cuatro hebras de energía. Pueden tejerse. Pueden multiplicarse. Pueden retroceder. Pueden cerrarse. Pueden hacer absolutamente cualquier cosa. Y esta es la bola de posibilidades. Cuando tienes un pensamiento, no solo desaparece. Se convierte en una hebra de energía. Se convierte en energía. Se mueve hacia esa bola de posibilidad. Así que imagina tu pensamiento convirtiéndose en energía. Y cuanta más energía le des, más fuerte se vuelve. Y luego se manifiesta, y se vuelve real. Se vuelve físico. Si envías un pensamiento de que va a haber paz. Y luego sigues con, "Oh, pero esa guerra está empeorando", o "Esos políticos están cometiendo un error." Debilitas la energía: la hebra positiva que sacaste. Así que tenemos que enseñar a la gente a enviar el pensamiento positivo, y luego reforzarlo con más pensamientos positivos, y más pensamientos positivos. Y tenemos que enseñarles que cuando uno de esos pensamientos negativos le viene a la mente, no solo los suelten, sino reemplazarlo con un pensamiento positivo. Para que le agreguen a esa bola de energía de posibilidad. Están contribuyendo a ello. Tenemos que enseñarles a hacerlo. No saben cómo hacerlo. Y me dicen que te diga que refuerces la ilusión - No sé por qué me dicen que te diga esto. Pero dicen que si pudiéramos hacer que la gente pensara en este conflicto que está ocurriendo en el Medio Oriente como si fuera una película, ayudaría a la gente. La otra cosa que me dicen que te diga es que por cada acción pueden hacer una reacción opuesta. Donde hay nacimiento, hay muerte. Y todo el mundo debe soltar cualquier codicia, cualquier dominación, materialismo. Cualquiera de esos problemas que les impiden hacer este trabajo deben dejarlo ir. Porque estos temas no le van a servir a nadie en la nueva Tierra. No va a haber la necesidad de dinero, como tal. Entonces, ¿por qué te molestarías por eso? Aquellos que están trabajando para la Tierra, para el universo, se les está proveyendo y seguirá siéndolo. Lo que necesitas vendrá a ti. Así que es hora de dejar ir esa ética de trabajar para conseguir dinero. Estás trabajando para cambiar la Tierra. Estás trabajando para salvar esta situación. Ahí es donde la fuerza impulsora debe estar. Debe venir del amor y servicio. Y esa es la única forma en que maximizaremos este esfuerzo. Debe provenir del amor y el servicio, no de la codicia.

D: Me han dicho que el amor es la emoción más poderosa.
C: Sí, el amor sana.

* * *

Una última pieza de información llegó a través de un cliente en mi oficina en 2004. Yo creía que una parte de todo esto aún no estaba clara: ¿Cómo podrían algunas personas ser conscientes de que habían hecho el cambio a la Nueva Tierra, y otros no? ¿Como sería posible mover a toda una población cuando sólo una minoría sabe que algo había pasado? "Ellos" deben haberse dado cuenta que yo estaba luchando con este pensamiento persistente, por lo que lo proporcionaron. Después de todo, ¿cómo podría escribir sobre ello y sermonear sobre ello si no tuviera todas las piezas?

Bob: La mayoría de los planetas, pero especialmente este, solo fue diseñado originalmente para quinientas cincuenta mil personas. Medio millón de personas. Eso era lo más grande que se suponía debía ser. Más personas están reencarnando aquí para experimentar todos estos grandes cambios. Y la Tierra ha sido dañada y cambiada más allá de la capacidad de repararla. Este planeta lamentablemente ha cambiado de tal manera que no hay sentido de alguno de regresarla a su prístina condición original. Pero ahora, debido a la directriz principal del Creador, esto se tiene que acelerar. Porque ha pasado demasiado tiempo. Hay dos maneras de hacer esto. Puedes hacer que el planeta gire y la corteza terrestre se desplace. Y tú literalmente, cuando eso sucede, empiezas todo de nuevo desde cero. Eso fue lo que inició la Edad de Hielo y mató a todos los dinosaurios. No importa cómo sucedió, pero básicamente hizo lo mismo. Desaparece una civilización y empiezas con la Era del hielo y el hombre Neandertal y todo ese tipo de cosas buenas vuelven todas a pasar. Pierdes el control de tu civilización entera, y terminas como una leyenda como sucedió con Atlántida y Lemuria. Todo esto ha sucedido muchas veces antes. Pero eso no es lo que va a pasar esta vez. Esta vez tu cambias como planeta. Y básicamente como universo. Cambias la dimensión entera. La dimensión cambia yendo de 3 punto 6 (3.6) en el que estamos ahora, a cinco. Y dices: "Bueno, ¿Qué pasó con cuatro? Bueno, cuatro es una especie de aquí en cierto modo, pero solo lo saltarás. Vas a llegar a cinco. Cuando llegue el cambio dimensional, literalmente lo saltarás. Hay muchas complicaciones con esto. Por eso está siendo observado con tanto cuidado. Muchas personas que están espiritualmente listas podrán hacer la transición muy fácilmente. Otros literalmente serán sacados del planeta. En un parpadeo ni siquiera sabrán que ha sucedido, la mayoría de ellos. Y terminarán en otro planeta que es prístino, listo y esperando que esto suceda. Y tus capacidades serán mucho más allá de lo que son ahora. Tienes básicamente cinco sentidos primarios. Tendrás muchos más cuando pase la transición. Automáticamente serás telepático.

Se despertarán en sus pequeñas vidas al día siguiente - o lo que se puede hacer, dependiendo de cómo sea la transición. – Por cierto, ya ha pasado antes. – Simplemente lo cerraremos. Es como entrar en animación suspendida. Lo suspendemos. Pueden ser dos o tres días para transferir el populacho.

D: *El mundo entero, o solo el....*

B: Sí. Todas las personas que están espiritualmente listas para hacer esta transición. Todos serán desplazados. Y cuando se despierten en este otro planeta, ni siquiera se darán cuenta de que ha sucedido. Hubo un cambio como este hace unos años en este planeta, con todos nosotros. Y no mucha gente lo sabía. Solo sucedió. Fue como si hubiera pasado una semana entera en el transcurso de una noche. Ha sucedido de esa manera.

D: *¿Por qué sucedió eso en ese momento?*

B: Necesitábamos cambiar el sol, técnicamente, y necesitábamos poder ajustarlo. Y si alguien pudiera verlo, todos sabrían lo que pasó. Esa no era una manera muy práctica de hacerlo. Así que simplemente apagamos a todos.

D: *¿Para qué no lo supieran?*

B: Sí. Te fuiste a dormir esa noche, y dormiste como lo que pensaste que era un período de doce horas. Y te despertaste. Y tu reloj seguía funcionando igual. Pero en realidad literalmente habías pasado toda una semana.

D: *¿Todos fueron puestos en animación suspendida?*

B: Sí. Apagas todo al mismo tiempo.

D: *¿Mientras el mundo se movía?*

B: Ah, sí. El planeta se mueve. Tienes lo que llamas "noche y día". Pero en realidad lo ajustamos. Fue realmente hacer un truco interesante. Pero funciona. Este ajuste planetario que viene. Este cambio de frecuencia que viene. No puedes simplemente hacer esto con todo el mundo despierto. Porque vas a tener todo tipo de extrañas reacciones en las personas. Así que creen que están todos despiertos. Pero aún podemos apagarlos. Es un poco un truco. Es involucra mucha tecnología.

D: *Así que pensarán que estaban soñando si vieran cualquier cosa.*

B: Sí, sí, precisamente. Pero es posible que no tengan recuerdo consciente de ello, porque, no olvides que la mayoría de la gente no tienen un recuerdo consciente de lo que sueñan de todos modos. Y también puedes cambiar las cosas en los sueños muy fácilmente.

D: Dijiste que esto se hizo hace unos años.

B: Sí, así fue. Tuvimos que hacer un ajuste en la frecuencia del sol.

Así que aparentemente esa sería la respuesta. La población total del mundo sería apagada y puesta en animación suspendida mientras se realizaba la transferencia. Como Annie Kirkwood mostró en su visión, como la Tierra se partió o se dividió en dos Tierras, la gente de cada una desconocía lo que pasó con los demás.

Esto también se encuentra en la Biblia: *"En aquel día, el que está en la azotea, y sus bienes están en la casa, no lo dejen descender para llevárselos. Y, asimismo, el que esté en el campo, que no vuelva la espalda. Os digo que en aquella noche habrá dos hombres en una misma cama: uno será llevado y el otro será dejado. Dos mujeres estarán moliendo juntas: una será llevada y la otra dejada. Dos hombres estarán en el campo: uno será llevado y el otro dejado. Y ellos le respondieron y dijeron, "¿Dónde Señor?" Así que les dijo: "Dondequiera que esté cuerpo, allí se juntarán las águilas."* (Lucas 17:31-37)

* * *

Me han preguntado muchas veces sobre el calendario maya que termina en el 2012. La gente piensa que esa es la fecha para el fin del mundo si los mayas no pudieran ver más allá. Me han dicho que los mayas evolucionaron espiritualmente hasta este punto donde su civilización cambió en masa a la siguiente dimensión. Ellos pararon el calendario en 2012 porque podían ver que este sería el momento del próximo gran evento: el cambio del mundo entero a la próxima dimensión.

* * *

Asceremos a la otra dimensión elevando nuestra conciencia, la vibración y frecuencia de nuestro cuerpo. Al principio puedes continuar en un cuerpo físico por un tiempo. Luego conforme poco a poco descubres que ya no es necesario, el cuerpo físico se disuelve en Luz, y vives con un cuerpo hecho de luz o energía pura. Esto suena muy similar a varios casos en este libro. Donde el sujeto vio un ser que brillaba y estaba compuesto de energía pura. Han evolucionado más allá de la necesidad de un cuerpo físico limitante, y haremos esto también cuando lleguemos a esa etapa. Así que, en muchos casos, cuando el ser asciende, toma el cuerpo físico consigo. Pero esto es sólo una situación temporal y el despojarse y soltarse del cuerpo depende del nivel de entendimiento al que ha llegado el ser. Tendemos a aferrarnos a lo familiar, pero eventualmente veremos que a pesar de que pudimos llevarnos el cuerpo, el cuerpo es demasiado limitante y confinado para la nueva realidad en la nueva dimensión. Cuando alcancemos esta nueva dimensión, el nuevo cuerpo de luz o energía nunca morirá. A esto se refiere la Biblia con "Vida Eterna".

El lado espiritual o el estado de vidas intermedias, donde descubrí que vamos cuando morimos en esta vida, es como un centro de reciclaje. Te lleva de regreso a otra vida en la Tierra porque todavía hay karma a resolver, o algo que necesita ser atendido. La gente sigue regresando porque no ha completado sus lecciones o sus ciclos. Al elevar la conciencia, la frecuencia y vibración, no hay necesidad de volver a ese lugar (el estado intermedio). Se puede trascender yendo al lugar donde todos son eternos, y no hay razón para reciclar. Podemos permanecer allí para siempre. Probablemente este es el lugar al que se refieren muchos de mis sujetos como "hogar". El lugar que extrañan y al que desean profundamente volver. Cuando lo ven durante las regresiones se vuelven muy emotivos, porque han estado anhelándolo profundamente, pero sin saber conscientemente que existía.

CAPÍTULO 31

FINAL

A lo largo de mi trabajo, me han dicho muchas veces que nosotros, como humanos, no somos los únicos seres sintientes en este planeta y más allá. Somos tan egocéntricos que pensamos que somos lo más importante y que todo gira a nuestro entorno, principalmente porque no entendemos qué es la vida realmente. He descubierto que todo contiene espíritu, la chispa de la vida. Es porque todo es energía. Sólo está vibrando a una frecuencia diferente (más rápida o lenta). En nuestro esfuerzo por una forma espiritual superior, hemos pasado por muchas de las llamadas formas de vida "menores". Hemos sido minerales, suciedad, rocas, plantas y animales antes de encarnar en forma humana. Somos espíritus curiosos y necesitábamos experimentar estos y aprender de ellos antes de que estuviéramos listos para experimentar lecciones en un cuerpo físico más complejo (aunque más denso). He encontrado que todo está vivo, incluyendo al mismo planeta Tierra. Ella tiene sentimientos, emociones y necesidades, al igual que nosotros. En este momento, ella está experimentando dolor (según mis fuentes) debido a lo que se le está haciendo. Según los extraterrestres, estamos llegando al punto sin retorno, donde el daño no puede ser revertido. En ese momento, ascenderemos a la nueva Tierra. Porque la vieja ya no es capaz de manejar el estrés. Pero si la Tierra misma está viva, ¿se detiene allí? Se me ha dicho que va más allá de esto aún más lejos en el cosmos. Todos somos parte de un ser vivo y funcional más grande, que llamamos Universo. Esto significa que el Universo mismo es un algo, organizado, enorme que está vivo y tiene sentimientos. Podrías querer llamar a este "algo" Dios, pero es aún más complejo que eso.

Todo lo que compone el Universo (estrellas, planetas, etc.) podrían ser consideradas células en el cuerpo de Dios. Células que componen el cuerpo de este enorme "algo". Y no somos nada más que las células más diminutas en el proceso de circulación. Aunque nosotros podríamos ser algo tan diminuto, no somos insignificantes, porque en nuestra evolución y crecimiento es posible que constantemente subamos a través de la ciénaga de la vida.

Me han dicho que el proceso de reencarnación es algo menos de ser deseado. A través de este proceso vamos constantemente de ida y vuelta entre la Tierra y el mundo espiritual. Es como una estación de procesamiento donde vamos a juzgarnos a nosotros mismos y decidimos volver para corregir el karma. El objetivo principal debe ser salir de esta rutina y proceder más allá de lo físico. Se dice que podemos lograrlo cuando pasamos por alto la estación de espera del mundo espiritual e ir directamente a los niveles espirituales superiores donde la acumulación de karma y su corrección ya no son requeridos. Entonces podemos progresar de una manera diferente y no estar más agobiados por el cuerpo físico. Todo esto es parte del proceso de ascensión. Proceder directamente al otro mundo elevando nuestra frecuencia y vibración y evitando la necesidad de morir e ir al mundo espiritual.

El Universo es un organismo altamente complejo que vive en muchas dimensiones al mismo tiempo, compuesto de capas y capas de conciencia en relación con todos los otros organismos dentro de ella. Eso tiene el poder de crear y relacionarse con todos estos al mismo tiempo individualmente. Esto podría ser lo que "ellos" han llamado el Colectivo. Esto es así porque colectivamente lo hemos pensado en existencia por intención. En algún momento en el pasado lejano todos éramos uno. Todos éramos parte del Colectivo, el Uno, el gran Sol Central, la Fuente, Dios, como quieras llamarlo. Muchos de mis sujetos recuerdan esta existencia mientras estaban en trance. Y siempre causa gran infelicidad al separarse de ella, porque la unión era de gran consuelo y amor. No querían irse, y sentían una gran tristeza, y un sentimiento de separación cuando fueron forzados a salir al cosmos.

Porque la Fuente quería experimentar (la curiosidad no es estrictamente un rasgo humano, tal vez aquí es donde el deseo de explorar vino), todos (como parte de la Fuente como cocreadores) ayudamos a comenzar a crear. Lo ayudamos a crear de la nada (o de polvo como se relata en varias leyendas), y estrellas, planetas, rocas, arroyos, plantas, animales y humanos empezaron a existir. Entonces decidimos (o se nos dijo) ir y habitar estas cosas y volver e informar a la Fuente cómo era. Se dice que todo no es más que una ilusión. Si esto es correcto, entonces se está reteniendo por nuestra percepción colectiva. Hemos ayudado a pensarlo en existencia y nuestra percepción combinada lo mantiene allí. En mi libro Entre la muerte y la vida, me dijeron que Dios podía ser considerado como el pegamento que mantiene todo unido. Si él fuera a parpadear por una fracción de segundo, todo se vaporizaría al instante. En este libro se nos dijo que entre cada inhalación y exhalación aquí es donde Dios existe. Mirándolo desde esta perspectiva, todos somos colectivamente Dios.

Lo que percibimos como preciso, puede no serlo cuando se ve desde el lado espiritual. Todo lo que tenemos en nuestras vidas y con lo que interactuamos se trae a la realidad física porque lo queremos allí. Esto es posible porque los pensamientos son reales; los pensamientos son cosas. Una vez formados, los pensamientos existen para siempre, y cuanto más se refuerzan, más físicos y densos (más reales) se vuelven. Por eso podemos cambiar nuestras vidas y circunstancias; porque somos más poderosos de lo que nos damos cuenta. Constantemente creamos nuestra realidad, y somos capaces de cambiar esa realidad.

Pero a menudo se necesita el poder combinado de muchos para hacer esto, porque lo que lo que hemos creado ha crecido tan grande y poderoso que ha cobrado vida propia. Tal vez esta es la razón de la creación de la nueva Tierra, porque aquella de la que somos conscientes ha llegado al punto de que es incapaz de ser ayudada o cambiada.

Dentro de la matriz del Universo están todos los bloques de construcción de la realidad. Todas las posibilidades y probabilidades de donde podemos crear. Podemos tener el cielo o el infierno en nuestras vidas porque somos lo suficientemente poderosos para hacerlo, una vez que entendemos el proceso y usamos nuestras mentes para crearlo. Muchas veces los campos eléctricos que contienen estas posibilidades son interrumpidos por intenciones discordantes y resultados negativos; como lo ha hecho últimamente. Cuando comienza la negatividad, puede ser reforzada por personas que aceptan esto como una realidad, y luego toma forma. Solo podemos tan fácilmente tener paz y amor como nuestra realidad una vez que entendemos y usamos el poder de nuestra mente. Como dijo Nostradamus en mis libros sobre él y sus predicciones, "No te das cuenta del poder de tu propia mente. Al enfocarte en la realidad que deseas, puedes crearlo. Tu energía está dispersa. Una vez que aprendas cómo enfocarla y dirigirla, eres capaz de crear milagros. Y si el poder de la mente de un hombre es tan poderoso, piensa en el poder mental del grupo una vez que es aprovechada. El poder de enfocar las mentes de muchas personas no solo se multiplica, sino que se eleva al cuadrado. Entonces los milagros pueden ocurrir verdaderamente".

* * *

Parece que elegimos las partes y el guión general del juego en el que participaremos durante cada vida. Sin embargo, todos los demás también eligen sus partes en la obra. Es como participar en una obra de teatro donde el guión se crea a medida que progresa, y se puede cambiar en cualquier momento para hacer la obra más dramática. Esto se debe al libre albedrío, y las acciones de todos influyen en las acciones de todos los demás. Durante nuestras vidas en la Tierra podemos crear y experimentar tantos tipos de vidas (roles y personajes) como queramos: fama, riqueza o pobreza; asesino o víctima; gran amor o gran desesperación; guerra o paz, etc.

William Shakespeare entendió esto cuando escribió: "Todo el mundo es un escenario, y todos los hombres y mujeres son meros actores. Tienen sus salidas y sus entradas, y un hombre en su tiempo juega muchos papeles".

No importa lo que logremos, es sólo tan temporal como una obra de teatro, y finalmente desciende el telón. Entonces todo lo que nos queda para llevarnos son los recuerdos de las vivencias, y con suerte las lecciones que hemos aprendido. Estos son incorporados a nuestro yo real, nuestro yo fuera del escenario, nuestro observador yo, nuestro yo eterno del alma o super alma, que almacena estos recuerdos y experiencias. Eventualmente son trasladados a los bancos de almacenamiento informático del más alto de todos: la Fuente o entidad de Dios. Nada en la obra se ha desperdiciado, ya sea que jugábamos al héroe o al villano. Todo se suma a la tienda de conocimiento del universo. De tales cosas, nuevas creaciones están en constante formación.

Cada vez que un alma regresa al teatro de la Tierra se inscribe para la próxima jugada o juego, y se les entrega un nuevo guión con muchas páginas en blanco, que serán rellenadas por los actores a medida que el juego avanza. Totalmente improvisado y abierto a todas las sugerencias y posibilidades. Nada está bien o mal en cómo los actores interpretan sus papeles. Se trata de la experiencia, el aprendizaje de lecciones, la resolución del karma endeudado y la creación de nuevas situaciones para la iluminación y el aprendizaje de los demás. Está dicho que ningún hombre es una isla. Todo lo que hacemos o decimos afecta a alguien. Si entendiéramos esto, seríamos más cuidadosos con los efectos que nuestras palabras y acciones tienen sobre los demás. Seríamos más conscientes de cómo estas palabras y hechos están siendo registrados en los Salones del Conocimiento.

Con cada nueva vida recurrimos (a menudo inconscientemente) a la reserva de conocimiento que hemos obtenido de otras lecciones. Cuando aplicamos el conocimiento a nuestra vida actual (obra) con suerte habremos aprendido de los errores del pasado y no cometeremos esos errores otra vez. Luego, cuando nos cansamos de subir repetidamente al escenario y probar nuevos guiones, optaremos por retirarnos, volver al Gran gerente de escenario, y permitiremos que las almas más nuevas (u obstinadas, de lento aprendizaje) actúen las partes por un tiempo. Esto es a lo que muchos de mis clientes se refieren con "ir a casa". Este es el estado natural que el alma conocía en su principio, en su creación. El estado que conocía antes de quedar atrapada en el mundo físico, el mundo del escenario, el mundo tridimensional de la ilusión. Pare este tiempo ojalá hayamos ganado suficiente sabiduría y entendimiento que nos permita progresar de otras maneras en otros reinos de existencia. Las posibilidades son infinitas y no tenemos necesidad de volver a este teatro, excepto tal vez como observador o guía.

Estamos viviendo en tiempos emocionantes. El estudio de las leyes de metafísica y las leyes del universo ya no son solo para los pocos que fueron considerados extraños. Están extendiéndose en las masas a un ritmo alarmante. Es como si hubiera estado justo debajo de la superficie, justo fuera del alcance de nuestra lógica mente pensante. Ahora está emergiendo a la luz del día para ser estudiada y analizada. Ya no parece extraño y aprensivo, pero perfectamente natural y normal. Hemos bloqueado nuestras mentes de perseguir esta forma de pensar durante demasiado tiempo. Ahora es el momento de abrir las compuertas y dejar que cambie nuestras vidas para bien. Si todos se dieran cuenta de cómo sus pensamientos y acciones les afectaron a sí mismos, sus amigos y vecinos, su comunidad y ciudad, y eventualmente el mundo a través del efecto acumulado de energía, aprenderían a controlar su vida diaria y el mundo cambiaría. Tiene que hacerlo, debido al efecto acumulado de energía. Nos estamos moviendo hacia un nuevo mundo y la vieja negatividad quedará atrás. A través de la ley de causa y efecto, que en realidad es nada menos que la "Regla de Oro" en la Biblia, no puede haber más violencia y guerra. Podemos cambiar el mundo, una persona a la vez. Esto era lo que Jesús estaba tratando de enseñar, y no lo entendieron. El amor es la respuesta, es así de sencillo.

A medida que nuestras mentes evolucionan, nos alimentan con cucharadita cada vez más información complicada. Nunca podemos saberlo todo porque nuestras mentes no serían capaces de manejarlo. Pero parece que nuestras mentes se están expandiendo para comprender teorías más complicadas.

Si Alicia en el País de las Maravillas logró encontrar un portal a otra dimensión, la pregunta ahora es: "¿Qué tan abajo en la madriguera de conejo, quieres ir?" Hay mucho más conocimiento por ahí de lo que posiblemente podamos imaginar. Soy una reportera, una aventurera. Seguiré acumulando información y tratando de presentarla al mundo. No sé qué tan abajo en la madriguera del conejo quiero ir. No tengo idea de cuán profunda es, y cuántos giros y vueltas habrá en el camino. Sin embargo, invito a mis lectores unirse a mí mientras viajo por las dimensiones de lo desconocido e intentar averiguarlo.

* * *

¡La aventura y el viaje continuarán! ¡No se detendrá!

Página de la autora

Dolores Cannon es reconocida como pionera en el campo de la regresión a vidas pasadas. Es hipnoterapeuta especializada en la recuperación y catalogación de "Conocimientos perdidos". Sus raíces en la hipnosis se remontan a la década de 1960 y se ha especializado en terapia de vidas pasadas desde la década de 1970. Ha desarrollado su propia técnica y ha fundado la Academia de Hipnosis de Sanación Cuántica (QHHT como se conoce por sus siglas en inglés). Viajando por todo el mundo enseñando este método de curación único, ha capacitado a más de 4000 estudiantes desde 2002. Este es su enfoque principal ahora. Sin embargo, ha estado activa en investigaciones de Ovnis y Círculos de siembra (Crop Circles) durante más de 27 años desde que Lou Farish la involucró en el tema. Ha estado involucrada en la Conferencia OVNI de Ozark Mountain desde su inicio hace 27 años por Lou Farish y Ed Mazur. Después de la muerte de Lou, ella heredó la conferencia y la ha estado organizando durante los últimos dos años.

Dolores ha escrito 17 libros sobre su investigación en casos de hipnosis y ovnis. Estos libros están traducidos a más de 20 idiomas. Fundó su editorial, Ozark Mountain Publishing, hace 22 años en 1992, y actualmente tiene más de 50 autores que publica. Además de la conferencia OVNI, también organiza otra conferencia, la Conferencia de Transformación, que es un escaparate para sus autores.

Ha aparecido en numerosos programas de televisión y documentales en las principales cadenas y también en todo el mundo. Ella ha hablado en más de 1000 programas de radio, incluido Dreamland de Art Bell, Coast to Coast (de costa a costa) de George Noory y Shirley MacLaine, además de hablar en innumerables conferencias en todo el mundo. Además ha tenido su propio programa de radio semanal, The Metaphysical Hour (la hora metafísica), en BBS Radio por nueve años. Ha recibido numerosos premios de organizaciones y escuelas de hipnosis, incluyendo Servicio Excepcional y Premios al logro de por vida. Fue la primera extranjera en recibir el Premio Orpheus en Bulgaria por el logro más alto en el campo de investigación psíquica.

Dolores hizo su transición el 18 de octubre de 2014. Tocó a muchos y la extrañaremos profundamente.

Other Books by Ozark Mountain Publishing, Inc.

Dolores Cannon
A Soul Remembers Hiroshima
Between Death and Life
Conversations with Nostradamus, Volume I, II, III
The Convoluted Universe -Book One, Two, Three, Four, Five
The Custodians
Five Lives Remembered
Horns of the Goddess
Jesus and the Essenes
Keepers of the Garden
Legacy from the Stars
The Legend of Starcrash
The Search for Hidden Sacred Knowledge
They Walked with Jesus
The Three Waves of Volunteers and the New Earth
A Very Special Friend
Aron Abrahamsen
Holiday in Heaven
James Ream Adams
Little Steps
Justine Alessi & M. E. McMillan
Rebirth of the Oracle
Kathryn Andries
Time: The Second Secret
Will Alexander
Call Me Jonah
Cat Baldwin
Divine Gifts of Healing
The Forgiveness Workshop
Penny Barron
The Oracle of UR
P.E. Berg & Amanda Hemmingsen
The Birthmark Scar
Dan Bird
Finding Your Way in the Spiritual Age
Waking Up in the Spiritual Age
Julia Cannon
Soul Speak – The Language of Your Body
Jack Cauley
Journey for Life
Ronald Chapman
Seeing True
Jack Churchward
Lifting the Veil on the Lost Continent of Mu
The Stone Tablets of Mu
Carolyn Greer Daly
Opening to Fullness of Spirit
Patrick De Haan
The Alien Handbook
Paulinne Delcour-Min
Divine Fire
Holly Ice
Spiritual Gold
Anthony DeNino
The Power of Giving and Gratitude
Joanne DiMaggio
Edgar Cayce and the Unfulfilled Destiny of Thomas Jefferson Reborn
Paul Fisher
Like a River to the Sea
Anita Holmes
Twidders
Aaron Hoopes
Reconnecting to the Earth
Edin Huskovic
God is a Woman
Patricia Irvine
In Light and In Shade
Kevin Killen
Ghosts and Me
Susan Linville
Blessings from Agnes
Donna Lynn
From Fear to Love
Curt Melliger
Heaven Here on Earth
Where the Weeds Grow
Henry Michaelson
And Jesus Said – A Conversation
Andy Myers
Not Your Average Angel Book
Holly Nadler
The Hobo Diaries
Guy Needler
The Anne Dialogues
Avoiding Karma
Beyond the Source – Book 1, Book 2
The Curators
The History of God
The OM
The Origin Speaks

For more information about any of the above titles, soon to be released titles, or other items in our catalog, write, phone or visit our website:
PO Box 754, Huntsville, AR 72740|479-738-2348/800-935-0045|www.ozarkmt.com

Other Books by Ozark Mountain Publishing, Inc.

Psycho Spiritual Healing
James Nussbaumer
And Then I Knew My Abundance
Each of You
Living Your Dram, Not Someone Else's
The Master of Everything
Mastering Your Own Spiritual Freedom
Sherry O'Brian
Peaks and Valley's
Gabrielle Orr
Akashic Records: One True Love
Let Miracles Happen
Nikki Pattillo
Children of the Stars
A Golden Compass
Victoria Pendragon
Being In A Body
Sleep Magic
The Sleeping Phoenix
Alexander Quinn
Starseeds What's It All About
Debra Rayburn
Let's Get Natural with Herbs
Charmian Redwood
A New Earth Rising
Coming Home to Lemuria
Richard Rowe
Exploring the Divine Library
Imagining the Unimaginable
Garnet Schulhauser
Dance of Eternal Rapture
Dance of Heavenly Bliss
Dancing Forever with Spirit
Dancing on a Stamp
Dancing with Angels in Heaven
Annie Stillwater Gray
The Dawn Book
Education of a Guardian Angel
Joys of a Guardian Angel
Work of a Guardian Angel
Manuella Stoerzer
Headless Chicken

Blair Styra
Don't Change the Channel
Who Catharted
Natalie Sudman
Application of Impossible Things
L.R. Sumpter
Judy's Story
The Old is New
We Are the Creators
Artur Tradevosyan
Croton
Croton II
Jim Thomas
Tales from the Trance
Jolene and Jason Tierney
A Quest of Transcendence
Paul Travers
Dancing with the Mountains
Nicholas Vesey
Living the Life-Force
Dennis Wheatley/ Maria Wheatley
The Essential Dowsing Guide
Maria Wheatley
Druidic Soul Star Astrology
Sherry Wilde
The Forgotten Promise
Lyn Willmott
A Small Book of Comfort
Beyond all Boundaries Book 1
Beyond all Boundaries Book 2
Beyond all Boundaries Book 3
D. Arthur Wilson
You Selfish Bastard
Stuart Wilson & Joanna Prentis
Atlantis and the New Consciousness
Beyond Limitations
The Essenes -Children of the Light
The Magdalene Version
Power of the Magdalene
Sally Wolf
Life of a Military Psychologist

For more information about any of the above titles, soon to be released titles,
or other items in our catalog, write, phone or visit our website:
PO Box 754, Huntsville, AR 72740|479-738-2348/800-935-0045|www.ozarkmt.com

www.ingramcontent.com/pod-product-compliance
Lightning Source LLC
Chambersburg PA
CBHW071932240426
43668CB00038B/1210